LA RELIURE
TRADITIONNELLE
1995

HISTOIRE ET THÉORIE

DU

SYMBOLISME RELIGIEUX

POITIERS. — TYPOGRAPHIE DE A. DUPRÉ.

HISTOIRE ET THÉORIE

DU

SYMBOLISME RELIGIEUX

AVANT ET DEPUIS LE CHRISTIANISME

Contenant :

L'EXPLICATION DE TOUS LES MOYENS SYMBOLIQUES EMPLOYÉS DANS L'ART PLASTIQUE, MONUMENTAL
ET DÉCORATIF CHEZ LES ANCIENS ET LES MODERNES, AVEC LES PRINCIPES DE LEUR
APPLICATION A TOUTES LES PARTIES DE L'ART CHRÉTIEN, D'APRÈS LA BIBLE, LES
ARTISTES PAÏENS, LES PÈRES DE L'ÉGLISE, LES LÉGENDES, ET LA PRATIQUE
DU MOYEN AGE ET DE LA RENAISSANCE ;

OUVRAGE

Nécessaire aux architectes, aux théologiens, aux peintres-verriers, aux décorateurs,
aux archéologues et à tous ceux qui sont appelés à diriger la Construction ou la
Restauration des édifices religieux,

PAR

M. L'ABBÉ AUBER

Chanoine de l'Église de Poitiers, Historiographe du diocèse, Membre des Académies des Quirites de
Rome, des Sciences du Hainaut et de l'Institut des provinces de France ; ancien Président
annuel de la Société des Antiquaires de l'Ouest, Correspondant de la Société des
Antiquaires de France, etc., etc.

*Et dicebant : Quis revolvet nobis lapidem
monumenti ? — et respicientes viderunt
revolutum lapidem.* (Marc, XVI, 4.)

TOME DEUXIÈME

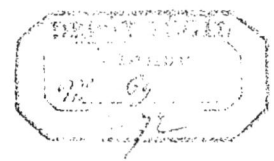

PARIS	POITIERS
LIBRAIRIE A. FRANCK	A. DUPRÉ, imprimeur-éditeur
67, RUE RICHELIEU, 67.	RUE NATIONALE.

1871.

HISTOIRE
ET THÉORIE
DU SYMBOLISME RELIGIEUX

DEUXIÈME PARTIE.

DU SYMBOLISME DANS LA BIBLE ET LES PÈRES DE L'ÉGLISE.

CHAPITRE I.

CONSIDÉRATIONS GÉNÉRALES SUR LES CAUSES ET LES DÉVELOPPEMENTS SUCCESSIFS DU SYMBOLISME CHRÉTIEN.

Après l'étude des causes premières, rien n'intéresse dans la science comme la marche et les progrès successifs des connaissances acquises. S'il faut le plus souvent de laborieuses recherches pour suivre, au milieu de la lumière qu'on lui a faite, un phénomène si attachant, ne trouve-t-on pas à jouir de ces découvertes un charme réel qui dédommage de beaucoup de veilles ? Et en cela il ne s'agit pas

Le spiritualisme, source du symbo-

lisme moderne, et de l'intérêt qu'il excite.

toujours de la source longtemps ignorée d'un fleuve fameux, ni des premières lueurs d'un astre nouveau qui semble chaque soir s'élever d'un degré de plus au-dessus des lointaines limites de l'horizon ; c'est aussi dans les méditations silencieuses de la philosophie, au milieu de quelques livres, ou dans une simple réunion de souvenirs même récents, que peuvent s'accomplir quelques-unes de ces mystérieuses jouissances de la pensée. Qu'était l'archéologie il y a quarante ans ? qu'était le symbolisme surtout ? L'une n'était même pas de ce monde ; l'autre était absolument ignoré, et voilà qu'à force d'investigations et de découvertes, tous deux se sont élevés à la hauteur d'une science, et préoccupent à eux seuls bien plus d'esprits distingués que n'ont jamais fait les plus importantes questions de géographie ou d'astronomie pratique. C'est qu'au fond de ces théories nouvellement ravivées vit un principe de spiritualisme que les autres n'ont point, et que là où le spiritualisme existe, il attire à lui les préférences populaires ; il range de son côté cet instinct des masses qui s'attache plus ardemment aux choses pourvues d'un caractère de durée ou d'immortalité. Et telle est la cause de l'universalité des images symboliques et de la faveur qu'elles ont constamment obtenue chez tous les peuples et dans tous les temps. Nous l'avons vu : il n'est pas une peuplade sauvage de l'ancien monde, comme de la nouvelle civilisation, qui n'ait connu ce langage des signes ; pas une science, une langue dans laquelle on ne l'ait employé. Il est vrai également que, de nos jours, s'il revit mieux compris et plus apprécié, c'est au sentiment religieux qu'il doit cette résurrection ménagée par des études plus sérieuses des devoirs et des destinées de l'âme humaine ; et par là nous voyons encore quels étroits liens l'attachent à la religion révélée, comme jadis il avait alimenté de ses ingénieuses chimères les croyances confuses nées sur les ruines de l'altière Babel.

Objet de cette seconde partie.

C'est la merveilleuse histoire de ce symbolisme nouveau

qu'il nous faut tracer par un rapide aperçu avant de passer au développement des principes qu'il adopta et des théories qui l'animèrent. Remontons donc en peu de mots aux causes du symbolisme chrétien; parcourons ses phases consécutives; voyons quelles lois il a suivies dans son application à l'art catholique depuis ses premières manifestations jusqu'à nous.

Ce triple exposé sera comme l'abrégé de ce qui nous reste à dire, et l'introduction de cette seconde partie de notre ouvrage.

Tout culte a une propagande à exercer, dont l'activité et la persistance se proportionnent à l'ardeur des convictions qu'il inspire. S'il est une invention humaine née du cerveau de quelques sectaires, prétendus réformateurs comme on en vit tant, poussés par la bile de l'orgueil ou le ressort de l'intérêt vers des nouveautés lucratives, il n'épargnera rien d'abord pour multiplier ses conquêtes et en étendre le champ; son zèle, nourri par l'esprit de révolte, immolera, au nom même du bonheur de l'humanité, tout ce que l'homme avait noblement adoré, aimé, choyé avant lui; et ces emportements fanatiques iront jusqu'à la ruine des arts, jusqu'au mépris affecté de toutes les sciences, sous prétexte de ne laisser régner que le principe criminel de leur détestable régénération. Mais un jour vient tôt ou tard où de ceux-ci même naissent des conséquences de mort : les nouveautés n'ont gagné, en vieillissant un peu, que de s'ennuyer d'elles-mêmes; cette foi, qui n'avait d'appui et de sanction que dans des passions à satisfaire, s'éclipse devant le mépris ou l'indifférence; elle finit, selon ses infaillibles destinées, par disparaître sans avoir rien créé pour compenser sa défaite.

L'hérésie détruit le sens artistique; la vérité religieuse le fait renaître.

La vérité adopte, dès son apparition, un tout autre système d'économie humanitaire. Calme et douce, aimant les hommes pour eux-mêmes, apportant aux sociétés les éléments de prospérité vitale et les joies intimes de la conscience, elle appelle, protège et encourage tout ce qui peut embellir dans notre passage sur la terre les quelques jours que le ciel nous y a marqués. Comme elle a en vue, avec les générations présentes, toutes celles de l'avenir jusqu'à la dernière aurore du monde, elle ne se fatigue pas de sa tâche ; les dogmes qu'elle enseigna, la morale prêchée par elle au berceau du premier homme, sont encore les mêmes ; ils n'auront pas changé quand viendra le suprême instant de la destruction de toutes choses. Le vrai, le beau et le bon, que la philosophie matérialiste a cherchés, sans les trouver, dans les utopies d'une imagination de sophiste, sont donc en elle ; et cette possession que personne n'a le droit de lui disputer, ce trésor divin qu'elle seule peut communiquer à ses disciples, elle tend sans cesse à nous l'assimiler par ses entretiens ineffables. Comme il est dans son essence de propager sa doctrine, elle enseigne par vocation, et, riche de toutes les sciences qui lui doivent leur éclat, de tous les arts dont elle se couronne, elle puise de toutes parts dans la nature, qu'elle anime par eux, les poétiques matériaux de ses divines leçons.

Caractère général du symbolisme chrétien. On ne refusera pas au catholicisme ces caractères, qui n'appartiennent qu'à lui. Protecteur, à son origine, de tout ce qui est grand et élevé, il dut s'approprier tous les prodiges de l'intelligence et emprunter aux moindres manifestations de la science des moyens de jeter partout la connaissance de Dieu et de ses attributs, du Verbe et des merveilles de son Incarnation, de l'Église et de son action providentielle sur la terre. Il partit de ce principe, posé par l'Apôtre des nations, que les vérités cachées qui se rapportent à la connaissance de Dieu émanent, comme autant de rayons lumineux, de la contemplation des choses créées (1) ; et dès lors, marchant sur les traces de l'ancienne Loi, dont les révélations

---

(1) « Invisibilia enim Ipsius a creatura mundi, per ea quæ facta sunt intellecta, conspiciuntur. » (*Rom.*, I, 20.)

nous avaient montré la Trinité divine conversant avec les hommes, le Père bénissant de sa main protectrice les œuvres qu'elle avait façonnées (1) ; le Fils préconisé sous les images les plus sensibles, depuis celles des Patriarches jusqu'à la pierre du désert (2) ; l'Esprit, enfin, planant sur les eaux primitives qu'il fécondait, remplissant ensuite l'univers échappé du chaos, et comparé, pour son influence sur les âmes, à des fleuves d'eau vive qui en jaillissent pour rafraîchir et purifier (3) ; sur ces traces, disons-nous, et à l'imitation de ceux qui nous les indiquèrent, le christianisme s'efforça de vivifier son enseignement par la multiplicité de ses symboles, hiéroglyphiques sanctifiés qui ne diffèrent de ceux de l'Égypte que par leur popularité largement calculée, et dont l'expression, si mystérieuse à présent pour le grand nombre, fut d'une intelligence tellement facile aux siècles de foi, qu'ils en firent leur langue hiératique (4). Le but du symbolisme chrétien fut donc continuellement de *rattacher l'homme* à Dieu par la reproduction artistique des dogmes et des pratiques de la *religion*. Nous verrons que cette pensée génératrice se fit jour dès que notre culte succéda aux cérémonies de la synagogue ; nous la verrons

(1) « Aperis tu manum tuam, et imples omne animal benedictione. » (*Ps.*, CXLIV, 16.)

(2) « Hæc autem omnia in figura contingebant illis. » (1 *Cor.*, x, 11.) — « Petra autem erat Christus. » (*Ibid.*, x, 4.)

(3) « Spiritus Dei ferebatur super aquas. » (*Gen.*, I, 2.) — « Spiritus Domini replevit orbem terrarum. » (*Sap.*, I, 7.) — « Effundam Spiritum meum super omnem carnem, et prophetabunt filii vestri. » (*Joel*, II, 28.) — « Qui credit in Me, sicut dicit Scriptura, flumina de ventre ejus fluent aquæ vivæ. » (*Joan.*, VII, 38.)

(4) Ce rapprochement entre un certain nombre de symboles chrétiens et les hiéroglyphes de l'Égypte n'a pas échappé aux archéologues expérimentés. M. Godard, d'Angers, l'a signalé en 1841 avec beaucoup de justesse, quoique avec le simple caractère d'une conjecture, au congrès archéologique de cette ville. (Voir *Bulletin monumental*, t. V, p. 513.) — Nous verrons bien d'autres emprunts de ce genre faits aux principes mêmes des hérésies, en dépit des dénégations un peu trop hâtives de quelques-uns de nos princes de la science, et en particulier de feu M. Charles Le Normand.

dans l'Évangile même, où le Sauveur daigna s'en servir en ses immortelles paraboles, que S. Jérôme signale comme un des plus utiles ressorts de sa divine prédication (1). C'est aussi de quoi ne douta jamais le moyen âge. Un poète, que nous avons quelque raison d'attribuer au douzième siècle, et dont nous parlerons comme étant l'un des plus curieux symbolistes de ce temps-là, n'a pas eu d'autre intention en écrivant, dit son éditeur, que de nous apprendre à aimer les vertus, à détester les vices, à nous appliquer aux bonnes mœurs (2). Ce serait déjà la plus complète apologie et de la doctrine révélée et de ce moyen de démonstration qu'elle ne cesse d'employer. Ce moyen est sa poésie propre, qui vit de figures et qui se joue agréablement au milieu des fictions et des images pour arriver à l'esprit et au cœur; c'est sa haute et surnaturelle mythologie (qu'on nous passe ce mot) mêlant une douce voix aux accents de la vérité (3), comme une mère attentive couvre d'un miel séducteur le bord du vase quelque peu amer où son enfant malade doit boire la santé et la vie (4).

Sa cause originelle dans le besoin d'enseigner.

En sorte que, pour faire goûter les sévères exigences de ses principes moraux, la religion du monde restauré en

(1) « Ut quod per simplex præceptum ab auditoribus teneri non potest, per similitudinem exemplaque teneatur. » (S. Hieronym., *In Matthæum*, lib. III, cap. XVIII.)

(2) « Est utilitas libri ut perlecto... discamus virtutes amare, vitia frangere et bonis moribus inhærere...—Intentio autoris est christianos in hoc libro a vitiis retrahere ad virtutes. » (*Physiologus* Theobaldi Episcopi *de naturis duodecim animalium*, in præfat.;—édition gothique sans date, mais que nous croyons du quinzième siècle.)

(3) . . . . Auguste vérité..., .
Viens, parle, et s'il est vrai que la fable autrefois
Sut à tes fiers accents mêler sa douce voix...;
Si sa main délicate orna ta tête altière,
Si son ombre embellit les traits de ta lumière...
(*Henriade*.)

(4) Cosi all' egro fanciul porgiamo aspersi
Di soave licor gli orli del vaso ;
Succhi amari ingannato intanto ei beve,
E dall' inganno suo vita riceve.
(Tasso, *Jerusal. liberata*, canto I.)

Jésus-Christ s'aida des séductions de la vue ; elle donna aux formes plastiques les charmes attrayants de la vertu et les repoussantes laideurs du vice ; pour exposer ses mystères à l'esprit scrutateur de l'homme qu'elle voulait persuader, elle confia son prosélytisme aux arts du dessin ; elle s'adjugea jusqu'aux mensonges de la fable antique ; elle les dissémina, mais avec prudence, depuis les catacombes jusqu'aux églises construites aux époques les plus florissantes de la foi catholique, afin de mieux faire sentir l'attractive douceur du Fils de Dieu, qui devint un Orphée, et la force toute-puissante de la vertu chrétienne, qui fut personnifiée dans Hercule, comme elle l'avait été dans le fils de Manué. Et dans cette attribution qu'elle osa se faire des dépouilles de ses ennemis, dans cette juste et noble usurpation du royaume des âmes, conquis à force de sanglantes victoires, qui pourrait lui reprocher une hardiesse habile et lui contester un droit légitime ? Quel vainqueur a dédaigné la bonne épée de son adversaire tué sur le champ de bataille ? quel ennemi triomphant s'est jamais cru interdit l'usage et la disposition des splendides palais d'un roi vaincu ? L'Église n'hésita point à suivre une marche si naturelle. Des temples consacrés aux dieux de marbre et de bronze, elle fit les temples du Dieu vivant ; du Panthéon d'Agrippa, Notre-Dame-de-la-Rotonde ; la basilique des Saints-Apôtres s'éleva sur la prison Mamertine, comme elle donna à ses papes, rois de la Rome nouvelle, ce palais de Latran qu'habitait un sénateur romain. Ce symbolisme-là, pour avoir été moins médité, ne perdait rien de son éloquence ; car, au fond, il indiquait une tendance à laquelle devrait céder plus d'une fois l'esprit radicalement modifié du paganisme ; et comme celui-ci n'avait trouvé que dans les symboles mythologiques la beauté spiritualiste de ses œuvres d'art, de même la beauté chrétienne, dominant toutes les autres de la sublime hauteur de son origine, usa de la forme en faveur des conceptions de l'esprit, l'étendit, la divisa, l'appliqua à tous les objets de son enseignement, et ne laissa rien dans son iconographie ou son architecture qui pût être considéré comme une matière inerte, comme une ornementation sans valeur. En travaillant ainsi pour l'instruction ou l'édification des fidèles, le prêtre, architecte, peintre, ou dirigeant ceux qui tenaient le ciseau ou la palette, pouvait écrire au-dessous de ces œuvres, comme le pape Sixte III, au cinquième siècle : *Sixtus, episcopus plebi Dei*, ou, comme un curé de Saint-Nizier de Troyes, au quinzième : *Sancto plebi Dei*. Ces deux époques touchent également aux deux extrémités de la chaîne des temps chrétiens, et l'on voit par elle de quelle façon, en cela comme dans ses dogmes et sa morale, elle a conservé les mêmes principes de zèle et les mêmes éléments de conviction (1). Pourquoi le christianisme, doué de telles inspirations et d'une si fertile persistance, eût-il manqué à l'intelligence des peuples? C'est réellement lui qui donna au monde extérieur une signification religieuse; par lui, ce monde a changé sa substance : de lourd et de grossier qu'il était devenu en perdant l'empreinte de la main divine, nous le voyons s'élancer à une ère nouvelle et plus parfaite, la seule qui convienne, en effet, à des âmes immortelles, pour lesquelles seules il fut créé.

Ses principes fondamentaux plus étudiés et mieux connus.

On voit combien nous sommes loin des théories hasardées il y a trente ans sur les causes efficientes ou finales du symbolisme. On s'imaginait alors qu'il nous était venu des régions longtemps mystérieuses de la Germanie. Expliquant sa nature, d'abord si austère et si brute, par les sombres inspirations d'un climat nuageux, on n'y voulait lire que les traditions et les fables de la Scandinavie, de la Saxonie et de la Norwége; on tâtonnait encore, en s'égarant de plus en plus dans ce labyrinthe obscur, où bientôt les sentiers allaient se redresser et le jour se faire (2). Mais ce qui préoccu-

(1) M. Didron, *Iconographie chrétienne*, introduction, p. 2.
(2) Des exceptions se seraient trouvées à ce principe général que les sculptures de nos édifices chrétiens sont toutes empruntées à des idées

pait le moins était ce qu'on doit regarder à présent comme plus inconstestable. Au lieu de rechercher l'idée mère de cette création, prétendue allemande, dans les histoires nationales des peuples septentrionaux, toujours altérée par les détails d'une portée historique assez équivoque, il aurait fallu soulever le voile des transmissions religieuses, fouiller les livres indigènes, et surtout reconnaître dans cette iconographie, si bizarre en apparence, des symboles des dogmes fondamentaux de toutes les religions, le bien et le mal, la vie humaine et la vie d'outre-tombe, les châtiments éternels du crime et les impérissables récompenses de la vertu. C'était encore le christianisme couvant chez ces hordes à demi sauvages les grands principes conservateurs de toute société, et, quoique inconnu encore, perpétuant, pour les révéler à l'avenir, les vérités inscrites au Décalogue de Moïse, avec les promesses et les menaces qui en furent l'indispensable ratification.

Instruire, prêcher, commenter l'Évangile, en laisser la trace plus profonde dans les âmes, le faire arriver au cœur et à la mémoire par les yeux, ce fut donc le but de notre symbolisme, à nous chrétiens, mais avec ce caractère de plus, que n'eut jamais assez le symbolisme antique, d'une tendance non interrompue à séparer l'homme de la terre, à spiritualiser la partie matérielle de son être et à l'élever par de continuels désirs vers le ciel, où sont toutes ses espérances. Telle fut la cause de sa naissance, de sa vie, de ses progrès; c'est l'explication de toute notre iconographie

---

du christianisme. Le P. Arthur Martin a expliqué avec beaucoup de sagacité et de vraisemblance des piliers de la cathédrale de Frizingue tirés de la mythologie septentrionale, dans le troisième volume de ses *Mélanges d'archéologie et d'histoire.* Il a vu aussi une tradition scandinave sur un chapiteau de l'église romane de Cunaud. (Voir *Bulletin monumental*, t. XIX, p. 552, et t. XX, p. 331.) Mais, outre que ces exemples seraient peut-être sujets à contestation, ils ne seraient que fort rares et ne concluraient pas contre l'expérience maintenant reçue partout. Nous reviendrons sur ce dernier fait.

sacrée, dans laquelle il faut bien se garder, nous nous hâtons de le dire et nous comptons le prouver, de voir en rien le caprice des imaginations artistiques, la fantaisie de travailleurs satiriques ou facétieux, non plus que l'inintelligente profusion d'éléments inutiles ou muets, pris au hasard et accolés sans discernement aux façades ou aux corniches intérieures de nos églises. Quelque ardents qu'aient pu se montrer les champions (devenus plus froids) de cet étrange système, il faut bien reconnaître, avec tous les égards dus à ces erreurs professées de bonne foi, qu'une pareille thèse n'était pas soutenable, et quelques-uns doivent s'étonner, après des études qu'un quart de siècle a pu compléter, d'avoir laissé dans les livres de tels écrits et à l'écho d'aussi légères paroles.

Cette cause une fois assignée au symbolisme, on aperçoit son origine; ses phases diverses, son extension, sa décadence se lient étroitement à l'influence plus ou moins active de l'esprit religieux, et il reste d'autant plus pur de toute pensée matérialiste que la Foi est plus respectée, le culte plus aimé, et son but mieux apprécié des sociétés qui doivent à l'un et à l'autre le sentiment de la vie spirituelle.

Ses sources dans la Bible, Admettant donc, comme il est vrai, qu'il date des premiers jours du monde, et qu'il se trouve mêlé dès lors à tous les faits religieux qui unissent l'homme au Créateur, si nous le voyons, en étudiant les annales génésiaques dans les noms significatifs donnés par Adam, avec l'approbation de Dieu lui-même, aux choses et aux animaux dont il est constitué le maître; si nous le découvrons dans la colombe pacifique du déluge dont l'olivier présage la fin, dans l'arc-en-ciel pris à témoin d'une nouvelle alliance entre les descendants de Noé et le Tout-Puissant, qu'ils adorent, il n'est pas moins dans toute la suite des faits historiques de la Bible; et l'indissoluble liaison formée entre les deux Testaments, entre la Loi dont la synagogue resta dépositaire, et celle plus parfaite que promulgua le Sauveur, explique de reste comment le symbolisme dut passer du cérémonial aboli dans celui de l'Église naissante. L'Ancien Testament n'étant, de l'aveu de tous ceux qui ont étudié les divines Écritures, que la figure et l'annonce du Nouveau, nous lisons dans celui-ci la réalisation des promesses de l'autre, et jamais le symbole et la figure significative ne furent autant prodigués que dans ces livres où le Sauveur se représente complaisamment sous les traits du Bon Pasteur, de l'ami qui frappe et attend à la porte, de l'éclair qui paraît en même temps aux deux pôles du monde, de la vigne dont ses disciples sont les branches, et de tant d'autres similitudes pleines de force, et d'un sens toujours facile à saisir pour qui sait lui ouvrir un cœur simple et droit. Là le divin Maître vient remplacer les Patriarches, vérifier en Lui les prédictions des Prophètes ; Il s'y revêt du caractère des anciens chefs de son peuple primitif ; Il s'annonce comme le Docteur qu'ils ont désiré d'entendre ; Il est l'Agneau mystique des anciens sacrifices, le bouc émissaire qui porte les péchés de sa nation, et quand ses Apôtres, continuant sa mission réparatrice, auront multiplié dans leurs discours et leurs écrits ces mêmes rapprochements, d'où rejaillissent sur lui les splendeurs de tant de caractères divins, ce sera Lui encore, Centre commun de tous les mystères, qui se fera dans l'Apocalypse l'objet principal des plus énergiques images. C'est de là que partira bientôt, pour agir dans les écrits des Théologiens et des Pères, dans l'histoire et dans la légende, dans les arts convoqués surtout à ce festin des intelligences chrétiennes, l'idée-principe qui porte avec elle la vie spirituelle, et répand sur la terre la connaissance de Dieu par Jésus-Christ, émanation la plus sensible comme la plus excellente de la nature et de la substance divines.

La théologie,

Tout symbole chez nous se range donc autour de l'Incarnation, d'où tout dérive. Il en est la prédication perma-

et la liturgie.

nente, et par là l'auxiliaire obligé du théologien, de l'orateur, du catéchiste, de l'architecte, du peintre, du sculpteur. La liturgie en est pleine et le verse sur les moindres détails de la prière, des cérémonies et du Sacrifice. Elle consacre, elle bénit tout par des symboles, dont le plus grand nombre renferme d'ingénieuses réminiscences, d'attachantes allégories ; c'est le plus souvent par des emprunts faits aux rites tombés à ses pieds que le christianisme professe son symbolisme, et, à mesure que son action civilisatrice se développe et grandit, il développe cette puissance des signes, il en imbibe la vie de ses enfants, il en marque ses édifices, il en fait un instinct irrésistible à ceux qui l'étudient ou l'enseignent : tellement qu'il est partout avec lui par le seul esprit de ses adeptes, et avant qu'aucun livre officiel en ait fait une prescription formelle. Dès le principe, ses églises sont orientées ; ses catacombes s'ornent de fresques et de sculptures où la croix paraît sous toutes les formes, où les colombes innocentes boivent le sang de l'Agneau à la coupe eucharistique ; où la vigne et l'épi s'entrelacent ; où les instruments des divers états se reproduisent, comme plus tard dans nos cimetières, en manière de signes, d'écriture populaire, constatant là ou là les restes d'un personnage à qui ces instruments furent familiers.

Ses premiers essais sur l'architecture.
Quand les persécutions qui retardèrent l'essor des artistes eurent cessé, l'architecture reprit son magnifique élan. La basilique, d'abord romaine, se transforme, se plie par sa distribution intérieure aux besoins des grandes affluences ; elle affecte des détails qui leur rappellent des mystères accomplis, elle s'ornemente, se fait un style à part, devient romane, elle traduit par l'ensemble de ses allures fortes et imposantes les graves pensées subies par l'univers subjugué.

— Un mouvement de transition se manifeste au douzième siècle. La société européenne se repose des longues fatigues imposées par les cruelles attaques des hordes du Nord, enfin dispersées et soumises ; la féodalité déroule et fixe ses chevaleresques institutions, les peuples recommencent à sourire, et l'art, qui reflète toujours les impressions de la société qui l'anime, se dégage de ses mornes inspirations, et tend, par des essais qui respirent déjà quelque grâce, à cette magnifique période de sa vie morale qu'on appelle le treizième siècle.

C'est alors que le symbole catholique peut se mirer dans toute l'abondance de ses fécondes pensées, dans toute la beauté de son expression esthétique. On accuse les archéologues modernes de se donner trop à cette époque immortelle, de l'admirer d'un amour trop exclusif, de faire trop grande sa part dans les éloges qu'ils prodiguent au moyen âge. Qu'on leur montre donc une période aussi remarquable pour le sentiment du beau religieux, pour l'exécution spiritualiste des grandes pensées, pour le nombre des monuments chrétiens qui nous saisissent encore, pour les hommes qui traitèrent de la science théologique, pour l'éclosion de tant de chefs-d'œuvre en tous genres, qui lui durent leurs mâles et suaves merveilles!.... Avant lui, l'art manque des charmes extérieurs qu'il reçoit sous son influence; après lui, il abandonne la majestueuse simplicité des formes, qui commencent à se tourmenter dès le siècle suivant, à sortir des règles savantes et pures, à donner dans la recherche de beautés douteuses par le superflu et l'afféterie des ornements. Avant lui, le symbolisme avait sans doute poursuivi sa marche ascendante, et il l'avait abordée riche déjà d'une fertile moisson; mais avec lui il arrive à son apogée, il touche à son but, il couronne sa course par l'expansion de la plus haute poétique de l'art. Jusqu'alors le symbole avait été sévère de formes, souvent austère, parfois rebutant, non pas tant peut-être par l'inhabileté des mains qui le traitèrent que par une raison mystique patronnée en certaines écoles. Il devient tout autre, et dans le gracieux de ses dessins, dans le svelte de ses sculptures, dans l'air de vie qui perce à travers ses physionomies et ses costumes, dans la souplesse de ses feuillages et de sa statuaire, on voit

Belle expression du symbolisme architectural aux douzième et treizième siècles.

l'esprit régénérateur souffler aux sociétés contemporaines une âme nouvelle pourvue au plus haut degré du sentiment de la beauté chrétienne. Si cette magnifique floraison doit passer, si des orages prochains, en rapprochant la pensée humaine de la terre, en livrant aux flammes ces glorieux produits de notre foi, refroidissent cette ardeur des *maîtres de l'œuvre*, du moins la grande ère de S. Thomas d'Aquin et de S. Louis léguera à l'avenir de sublimes modèles dans ces temples où le symbolisme a placé son trône à côté de Dieu même. Là, on le voit partout vivifier la pierre muette et seconder par sa pieuse éloquence la grâce mystérieuse de la chaire et de l'autel. Répandu sur la vaste surface des façades et des tympans, attaché aux voûtes, aux architraves et jusqu'aux plus secrètes encoignures de l'édifice, il varie à l'infini les ressources de son étonnante souplesse dans une infinité de modillons; images naïves de toutes nos pensées. Il végète dans les chapiteaux des colonnes touffues, s'agite sous l'apparence du quadrupède et de l'oiseau, et, pour jeter à ce merveilleux spectacle un jour qui soit encore du mystère, les vitraux font rayonner dans l'enceinte, avec l'histoire de nos pères, des couleurs choisies qui y parlent un langage de foi par leur harmonieuse opposition.

C'est principalement dans l'Église que le but du symbolisme est sensible; si toutes ces choses dont le sens a diminué avec l'amour des vérités saintes n'y avaient été comme autant de leçons, à quoi y eussent-elles servi? comment les y aurait-on introduites et souffertes? Et si l'on veut bien observer que la doctrine ainsi traduite était comprise de tous, que ceux qui ne savaient pas lire, mais à qui les instructions orales des pasteurs avaient communiqué la science sacrée, y lisaient en action ce que les livres ne pouvaient leur dire, pourra-t-on nier une intention explicite de donner en ces pages peintes ou sculptées une nourriture spirituelle aux grands et aux petits, dont elles aidaient la mémoire et soutenaient l'attention?

Variété infinie de ses ressources pour l'instruction populaire.

Mais il est dans la destinée des choses humaines de voir s'affaiblir tôt ou tard les plus beaux caractères, et quand le bien a repris ses droits usurpés par le mal ou seulement par le médiocre, la faiblesse de notre origine se fait sentir en de malheureuses concessions que le mal réclame encore, et s'il arrive qu'on les lui fasse, c'est d'abord peut-être le médiocre, mais certainement bientôt c'est le mal qui revient. Ainsi en fut-il de la science et de la pratique du symbole religieux après ce beau triomphe du treizième siècle. Quelque temps encore se conservèrent dans l'architecture et les autres arts du dessin les traditions sacrées ; on se fit un devoir de les y maintenir ; mais plusieurs causes, que nous dirons bientôt, contribuèrent à lancer peu après dans les aberrations qui amenèrent l'oubli et la ruine totale des études traditionnelles. Ce fut lorsque l'anxiété des esprits, toujours fort peu profitable aux calmes études des choses liturgiques, vint les détourner du silence, de la prière et de la méditation, qui l'entretenaient si bien dans les monastères. Alors le froid positivisme de ces raisonneurs incroyants, qui ne voulurent plus de *l'Esprit qui vivifie*, s'attacha exclusivement à *la lettre qui tue*.

Causes de sa décadence.

Cet indigne et déplorable système arrêta les dernières pulsations du spiritualisme, et l'art, remontant par la sécheresse de ses idées et l'antique matérialisme de ses formes jusqu'au paganisme d'Auguste et de Périclès, osa répudier le symbolisme et se détourna en ricanant des basiliques de Chartres, de Reims et de Bourges, pour n'admirer plus que des frontons et des péristyles du Capitole et du Parthénon. Sur ce point, qui a si justement soulevé l'animadversion des intelligences d'élite dont les efforts ont amené et entretenu le mouvement actuel, quelques autres semblent vouloir revenir ; ils motivent par le grandiose de certains beaux édifices de la Renaissance une indulgence de mauvais aloi. Nous n'admettrons pas ce retour à des égarements si justement condamnés. Pour nous, comme pour beaucoup d'autres, Saint-Pierre de Rome, en dépit de ses dimensions imposantes et de ses richesses d'emprunt, ne vaudra jamais, quant à l'esthétique du genre, la moindre de nos cathédrales gothiques, avec son plan, ses portails et ses clochers, racontant par tous leurs détails quelque chose des mystères catholiques. C'est là seulement qu'est restée la vénérable empreinte du souffle divin; partout ailleurs, c'est l'art classique peut-être, aux façons compassées, aux lignes inflexibles et froides ; ce c'est pas l'art chrétien resté national pendant les treize siècles des plus beaux triomphes du christianisme ; car alors il n'y avait, au point de vue religieux, qu'une seule nation en Europe : c'était l'Europe elle-même, dont les peuples se tenaient enlacés dans les intérêts communs, dont les rois reconnaissaient, comme tous leurs sujets ensemble, le Roi-Pontife pour chef suprême : Chef que des passions mauvaises peuvent faire méconnaître parfois, mais vers lequel revenaient toujours enfin ces fières ambitions qu'une conscience de prêtre ne voulait ni subir ni flatter.

Lois du symbolisme transmises par la tradition bien plus que par des théories écrites.

Nous venons d'esquisser la marche du symbolisme à travers les phases principales de son existence. Or un phénomène curieux doit y être remarqué : pendant cette vie si pleine, soumise aux influences contradictoires de tant d'événements politiques ou religieux, c'est à peine si l'on aperçoit une législation écrite lui imposant des règles précises et la restreignant dans quelque mesure d'un cercle limité. La tradition, presque seule, a maintenu et accrédité la pratique; quant à la théorie, on ne la trouve nulle part, et nos plus riches dépôts de livres, quels que soient les trésors encore cachés qu'on en espère, ne semblent pas devoir nous divulguer jamais d'autres renseignements que ceux dont nous jouissons. C'est donc moins les livres spéciaux qu'il faut chercher, que les Pères et les théologiens qu'il faut lire pour s'éclairer à cet égard. Nous savons déjà de quel secours nous peuvent être les commentateurs de l'Écriture; nous avons fait connaissance avec quelques-uns d'entre eux qui, depuis le temps des Apôtres jusqu'au moyen âge, ont levé si souvent dans leurs écrits le voile des allégories bibliques. Pour eux, comme pour ceux qui les suivirent jusqu'aux onzième et douzième siècles, c'est l'exposition des idées morales qui domine l'exégèse catholique; ce sont les applications attentives des faits et de la doctrine évangélique à la conduite de la vie chrétienne; mais rien n'énonce, sinon en quelques traces imperceptibles et d'une portée assez équivoque, la moindre intention de ramener à ce grand but la marche déjà rapide du christianisme.

Dès son berceau, l'Église nous parle, dans les écrits de ses plus célèbres interprètes, de certaines coutumes acceptées, telles que la forme des temples, leur orientation, le genre d'ornement qu'on y adoptait. Les canons apostoliques, S. Paulin de Nole, Prudence et Eusèbe de Césarée, S. Grégoire de Tours, notre S. Fortunat de Poitiers, et beaucoup d'autres nous ont laissé d'intéressantes descriptions des premiers monuments ouverts à notre culte. Ils s'y occupent bien plus de l'ensemble et des ornements que d'un sens mystique attaché à quelques détails spéciaux. Ce sens existe néanmoins; on voit bien dès lors se dessiner la nef sous la figure mystique d'un vaisseau, barque de Pierre guidée par Jésus-Christ au milieu des tempêtes qui éprouvent son inébranlable solidité; on lui voit prendre, sous la forme de croix latine ou grecque, l'empreinte des souvenirs du Calvaire; les fonts sacrés, par où le néophyte s'introduit à la vie spirituelle, précèdent le parvis destiné à la pénitence publique, et ainsi de beaucoup d'autres parties de ces beaux et religieux édifices favorisés par Constantin et ses successeurs à Rome, à Byzance et à Jérusalem. Mais rien n'indique une règle précise d'après laquelle on doive s'attacher à ces observances, pourtant si généralement admises. —Il en est de même des enjolivements du mobilier, des tentures, des vases sacrés, où l'œil de l'observateur saisit, après

Leurs traces positives dans l'Église.

tant de siècles, une intention symbolique et que rien ne semble imposer, quoique de toutes parts elle apparaisse. Tertullien parle clairement du bon Pasteur ramenant sur ses épaules la brebis égarée, qu'on représentait de son temps sur les calices (1). — Il établit, dans les termes les plus évidents, la relation consacrée longtemps avant lui entre Jésus-Christ et le poisson, dont la dénomination grecque se compose de monogrammes mystiques ; il fait valoir une ressemblance connue et acceptée entre ce petit être, dont la vie ne s'entretient que dans l'eau, et le chrétien, dont l'âme n'est sauvée qu'en se tenant avec fidélité dans l'eau mystérieuse de son baptême (2). A la même époque, nous voyons S. Méliton, évêque de Sardes, dont nous parlerons bientôt plus au long, recueillir les passages du Pentateuque et des Prophètes qui s'appliquent à Notre-Seigneur Jésus-Christ. — Ces exemples démontrent certainement une suite d'études déjà admise sur le symbolisme, et le résultat de principes adoptés. Qu'on nomme Tertullien ou tout autre celui qui les préconise et les propage, toujours est-il qu'on leur suppose dès lors une signification incontestable : l'art est trouvé, peu importe la théorie ; si cachée qu'elle soit, elle existe, puisqu'on en voit l'application partout.

Raisons de cette absence de règles écrites.

Chercherons-nous la cause de ce silence que gardent systématiquement les premiers écrivains du christianisme sur ce point d'un intérêt aussi légitime? On peut la voir dans le soin qu'avaient les premiers fidèles de dérober aux païens les mystères de la religion, et tout ce qui tenait à l'expansion de la doctrine (3). D'ailleurs, les symboles devaient

(1) « ... Ovis perdita a Domino requisita et humeris ejus revecta..., picturæ calicum vestrorum. » (*De Pudicitia*, cap. VII, initio.) — « Patrocinabitur Pastor quem in calice depingis. » (*Ibid.*, cap. X, med. p.)
(2) « Nos pisciculi secundum ἰχθύν nostrum Jesum Christum in aqua nascimur, nec aliter quam in aqua permanendo salvi sumus. » (*De Baptismo*, cap. I ; édit. Migne, t. I, col. 1198.)
(3) Voir un opuscule fort intéressant et fort concluant de M. Caillette de l'Hervilliers sur *La Loi du secret dans la primitive Église*, in-8°, Paris, 1862. Cet écrit, d'un petit nombre de pages, que nous avons

être encore en fort petit nombre, le dogme et la morale ne recourant qu'à ceux dont le secours paraissait indispensable, alors surtout qu'on était fort peu préoccupé de l'extérieur d'un culte interdit et des règles d'une discipline à peine formée. Les monuments eux-mêmes n'appelaient que fort peu l'attention des artistes, se bornant aux cellules des catacombes, où les mêmes sujets se retrouvent fréquemment répétés, et fort souvent encore empruntés, par une ingénieuse hardiesse, aux idées religieuses des persécuteurs. Telles furent sans doute les raisons qui imposèrent aux premiers chrétiens l'obligation de se taire sur l'admission des allégories, qui leur étaient néanmoins très-familières. A cet égard donc, point d'enseignement public. Il n'en faut pas conclure que dans les leçons de la famille, la même réserve ait été gardée; c'était, au contraire, dans l'intérêt d'un secret précieux que les termes sacramentels durent se cacher aux profanes sous le voile de mots à double sens, et les réalités dogmatiques sous des images comprises des seuls initiés.

Après trois siècles cependant, ou dans les intervalles laissés aux persécutions, on vit poindre le symbolisme sinon à l'égard de tel ou tel dogme, au moins en faveur du principe chrétien, dans les écrits des apologistes. S. Justin, Athénagore, Tertullien, Lactance et d'autres qui illustrèrent les deux ou trois premiers siècles, laissent volontiers percer dans leur langage l'art d'élever les choses naturelles à la hauteur de véritables symboles. Pour eux, le dimanche est le jour des réunions saintes et de la prière, parce qu'il rappelle la création du monde et la résurrection du Sau-

Première apparition du symbolisme ostensible.

---

déjà cité (t. 1, p. 5), est fort concluant, tant pour l'assertion que nous émettons ici de l'usage des symboles dès les premiers jours du christianisme, que pour prouver contre les protestants, d'après une longue énumération des Pères et d'écrivains sacrés, l'existence du dogme eucharistique, dont ils ne veulent voir l'origine que dans une invention du deuxième siècle.

veur (1). Le baptême est une lumière autant qu'une purification (2). On arrive enfin, à travers les rangs pressés des écrivains ecclésiastiques, et de siècle en siècle, jusqu'à ceux où, après les obscurités qui suivirent les passagères lueurs du règne de Charlemagne, une renaissance se fait dans les lettres et dans les arts sous les merveilleux auspices de S. Bernard et de Philippe-Auguste, de S. Thomas d'Aquin et de S. Louis. Alors l'idée chrétienne verse de toutes parts son doux et majestueux éclat. Les croisades ont relié l'Asie à l'Europe; l'Orient nous envoie, avec des pensées nouvelles pour l'art monumental, le langage figuré des armoiries; le blason ajoute un fleuron de plus à la couronne déjà si riche du symbolisme; la France voit éclore ses troubadours, l'Allemagne ses minnesingers. Partout l'intelligence s'émeut et saisit sa part de la sphère plus vaste où va s'ébattre l'esprit humain.

Premiers écrits didactiques sur cette matière.

C'est à ce mouvement général qu'il faut attribuer l'apparition des ouvrages, qu'on pourrait appeler didactiques, sur la matière du symbolisme chrétien. Ce qu'avaient fait au VIIe siècle Bède et Isidore de Séville, plus généralement connus que beaucoup d'autres écrivains de la même époque, fut réduit en science spéculative par Hugues de Saint-Victor, dans ses *Commentaires de la Bible* et son *Abrégé d'histoire naturelle;* par Jean Bélhet, dans ses *Offices* et autres traités en grand nombre; par Vincent de Beauvais, dans ses œuvres encyclopédiques; par Jacques de Voragine, dans sa *Légende d'or,* et surtout par Guillaume Durant, dans son *Rational des offices divins.* A ces noms redevenus justement célèbres

---

(1) « Die solis omnes simul convenimus, tum quia prima hæc dies est qua Deus cum tenebras et materiam vertisset, mundum creavit, tum quia Jesus Christus salvator noster eadem die ex mortuis resurrexit. » (S. Justini martyris *Apologia prima ad Antoninum pium imperat.,* n°s 67-68.)

(2) « Et ducuntur a nobis ubi aqua est..., communes preces et pro nobismetipsis et pro eo qui illuminatus est..., intento animo facturi. » (*Ibid.,* n° 65.)

après un long oubli de leurs services, nous pouvons ajouter Dante et sa *Divine Comédie;* Tauler et ses ouvrages soit oratoires, soit mystiques ; Gerson avec ses pieux et savants traités ascétiques, puis les bestiaires, les *Physiologues* et autres écrits spéciaux qui, au treizième siècle surtout, et, depuis, jusqu'au dix-septième siècle, suivirent cet élan de vie artistique dont Luther et Calvin étouffèrent les gracieuses manifestations.

Le onzième siècle, et certainement les cinq ou six précédents, dont il ne nous reste qu'un très-petit nombre d'édifices catholiques, avaient traduit dans la sculpture et dans la peinture morale les idées liturgiques tirées des livres des docteurs. Quelques lambeaux coloriés demeurés, grâce à des couches multiples de badigeons séculaires, sur les surfaces intérieures de vieilles églises ; des rondes-bosses, plus nombreuses et d'assez grossière expression, appendues encore aux pourtours extérieurs des façades, des latéraux ou des absides, indiquent assez clairement une intention longtemps déniée, mais qui s'élucide enfin et ne permet plus d'hésiter sur le sens général qui convient à tant d'inutilités prétendues. Ces expressions, pour nous inintelligibles peut-être, ne l'étaient pas apparemment pour ceux qui les créaient ; elles parlaient certainement une langue qu'on a voulu en vain leur contester à mesure que l'art du tailleur d'images se perfectionna sous l'influence de modèles plus purs ou d'une idée moins assombrie ; on les vit changer leur laideur en beauté ; leur faire anguleux et sec s'effaça sous des contours séduisants ; les sujets se multiplièrent variés à l'infini, et de longs poèmes de pierre envahirent les frontons et les nefs de nos cathédrales.

Étudier la raison de cette imagerie mystérieuse ; interpréter ces poses singulières, ces physionomies hideuses tour à tour et si placides ; dire pourquoi tant de postures équivoques et parfois scabreuses en apparence ; classer des milliers d'animaux, de fleurs, d'objets inconnus, de formes

Application de la science symbolique aux édifices religieux.

Époques de progrès ; variété raisonnée des formes qu'on y adopte.

étranges d'après une méthode qu'avouent sans restriction la Bible et l'histoire, le dogme et la liturgie ; discerner au milieu de ces contrastes ce qui est du mensonge ou de la vérité, de l'orthodoxie ou de l'erreur ; expliquer les rôles des personnages par leurs costumes ou leurs attributs ; s'éclairer dans cette marche lente et tâtonneuse des lueurs parfois assez problématiques de monogrammes ou d'inscriptions destinées jadis à en dissiper les ténèbres, c'était la tâche de la science symbolistique ; ce sera la nôtre, s'il plaît à Dieu.

Système moderne d'opposition contre le sens trop peu étudié de ces symboles.

Mais avant d'arriver à lire ces curieuses allégories, à se former une manière d'interprétation qu'appuient évidemment les données de la foi, combien de combats ont été livrés, de positions enlevées et reprises dans le champ clos des discussions archéologiques ! Tout d'abord il fallut distinguer parmi les combattants deux sortes d'hommes d'une compétence bien différente : d'un côté, ceux que des études spéciales éclairaient nettement sur le fond et les détails, et qui, familiarisés avec l'Écriture sainte, les Pères et les autres sources de la pensée chrétienne, devinaient au premier aperçu la leçon répandue sur les pages ouvertes de ce livre monumental ; de l'autre, une foule d'antagonistes embrouillés dans la matière, s'obstinaient à répudier un spiritualisme incompris ; ils oubliaient, dans l'ignorance, bien pardonnable d'ailleurs, des premières bases d'un bon jugement, qu'ils devaient chercher sous ces ombres, encore trop épaisses pour leurs regards inexpérimentés, quelque analogie au moins supposable entre l'objet de leurs investigations et le lieu vénérable auquel il se trouvait appliqué.

Vanité et irréflexion de cette critique.

Aussi que de fois nous vîmes des rêveurs à imagination ardente poser leurs prétendues découvertes à la place de la simple et froide raison ! Les uns invoquaient le caprice d'artistes laissés à eux-mêmes et se faisant d'indécentes distractions des rires fous et des grimaces horribles attachés à la pierre par un ciseau prévaricateur ; les autres attestaient avec complaisance l'esprit satirique du pauvre peuple (car on croyait alors que le peuple du moyen âge était bien plus à plaindre que celui de notre temps), se vengeant par les mains du propriétaire persécuté des vexations du clergé persécuteur; c'était la caricature, *la presse du temps*, disait-on, poursuivant le *parti prêtre* de ses sarcasmes, auxquels sans doute ce *parti*, alors le plus intelligent de tous sans contredit, n'entendait rien ou fermait volontairement les yeux... C'était, en un mot, la honte ou la dérision de l'Église, contrairement à toutes les histoires, à l'esprit si religieux des populations et aux droits que le clergé exerçait alors exclusivement sur l'édification et l'ameublement du lieu saint. Certains confondirent une époque moins orthodoxe de l'art religieux avec celle où tout fut conforme, dans ses fécondes révélations, à la foi la plus irréprochable. On vit des combattants pousser le paradoxe jusqu'à refuser une expression symbolique à cette zoologie extra-naturelle qui vivait aux cloîtres des monastères, aux galeries des combles et des tours, aux modillons des latéraux et aux ronds-points de nos plus vastes églises. S. Bernard, mal compris dans un passage de ses écrits, lu rapidement et dans un texte incomplet, fut rangé parmi nos antagonistes; on nous opposa Aristote se faisant quadrupède sur un chapiteau, sur un autre Virgile hissé dans un panier; puis l'âne qui flûte, celui qui pince de la harpe, la truie qui file, le renard qui prêche des poules; enfin des faits légendaires qu'on ne savait pas encore apprécier, et des monstres hybrides sous lesquels on ne voyait, pour bonne cause, ni les péchés capitaux ni le *rictus* infernal de Satan et de ses anges suppliciés. On méconnaissait donc à la fois et le sens de cette surprenante iconographie et les phases si diverses de l'histoire du symbolisme.

Pour s'extasier un peu moins sur ces fameux scandales, causes innocentes de si honorables scrupules et de si chaleureuses dissertations, on aurait dû observer un peu plus

<small>Comment on eût embrassé plus raisonnablement le parti contraire.</small>

ou attendre encore quelques années. On eût dès lors aisément distingué les nuances qui séparent sur la mappemonde archéologique les régions méridionales de celles du Nord, les races germaniques, au ciel froid et attristé, de celles de nos contrées, au soleil chaud et brillant. On se fût aperçu qu'après le treizième siècle, où l'art se montra si jaloux de la noble austérité de ses principes religieux, vinrent deux autres non moins remarquables par le grand nombre de leurs monuments, et qui se fourvoyèrent dans une route beaucoup moins heureuse.

<small>Causes multiples de l'affaiblissement du symbolisme avec celui de la foi.</small>

Les quatorzième et quinzième, en effet, virent surgir et se développer les germes de la décadence architecturale dans les troubles publics qui, de toutes parts, enlacèrent l'Europe. Les guerres de peuple à peuple succédèrent, sur le sol occidental, à celles dont les croisades les avaient préservées pendant deux cents ans ; les disputes de la France avec l'Angleterre, l'émancipation des petits États de la Confédération helvétique, et d'autres événements d'aussi grande importance en Allemagne, en Espagne et en Italie, tout en couvrant de sang ces beaux territoires, préoccupaient les esprits d'intérêts qui n'étaient plus ceux du spiritualisme chrétien. Sous cette influence malheureuse, naissaient les poétiques exagérations et les déclamations ardentes de Pétrarque contre le Saint-Siége, les impardonnables obscénités de Boccace, les audacieuses révoltes de Wiclef. Vers ce temps aussi, la peinture à l'huile, inventée ou retrouvée, de 1400 à 1410, par les frères Van-Heyck, dégoûta des vastes pages de peinture murale où le symbolisme trouvait un champ que la plus large toile ne lui donna plus qu'avec parcimonie. — Puis le schisme d'Avignon et les disputes sur les droits de l'Église et la valeur de ses chefs. De toutes ces causes se formèrent les fatales émotions de l'esprit public, de cet esprit qui s'engage si aisément dans les erreurs sur la foi aussitôt qu'il commence à secouer le joug de la discipline ; et, enfin, comme indispensable conséquence de cette révolution dans les idées religieuses, la révolution artistique, dont le principal caractère fut de transmettre aux mains des laïques ce que les clercs avaient seuls jusqu'alors élaboré ou conduit. On sait combien les évêques, les prêtres et les moines avaient eu de succès dans l'art des constructions monumentales ; de quel zèle les populations avaient secondé le leur, et quelles preuves fournit l'histoire des immenses travaux opérés sous cette direction par des mains fidèles depuis le septième siècle jusqu'au commencement du quinzième (1).

De pieuses associations, formées d'abord sous les murs des monastères et des évêchés, s'étaient multipliées alors dans tous les grands centres, et transportées partout où les appelait la gloire de Dieu intéressée à la création de nos glorieuses basiliques. L'art se propagea ainsi et devint populaire ; son symbolisme, compris de tous, se vulgarisa jusqu'à l'intelligence des plus petits détails, et par lui les mystères de la foi chrétienne n'apparurent plus à la mémoire et au cœur qu'escortés de cet entourage si divers d'innombrables signes, devenus les auxiliaires obligés de la science religieuse. Voilà des variantes que l'histoire constate dans la marche de l'architecture catholique.

Mais, s'il arriva que cette science doctrinale, troublée dans sa limpidité par les hérésies dogmatiques ou sociales, se changea en esprit d'opposition dans une foule d'âmes malheureusement séduites ; si, par une de ces ingratitudes dont l'Église, plus que personne, eut toujours à gémir, ces enfants trompés tournèrent contre la réputation de leur Mère des talents littéraires qu'elle ne leur avait donnés que pour la défendre et la servir ; si enfin la négation de quelques dogmes fondamentaux par les hussites et les autres prédécesseurs de Luther ébranlèrent dans les pauvres victimes de ces détestables sectaires la foi aux croyances communes, et affaibli-

Qu'il n'en faut pas exagérer la portée ni les conséquences dans l'art chrétien.

---

(1) Cf. M. de Caumont, *Histoire sommaire de l'architecture au moyen âge*, p. 60, et de 175 à 180 ; — in-8°, 1837.

rent d'autant la science religieuse qui s'exprimait par des symboles et des allusions, nous ne pouvons admettre, avec quelques autorités suspectes d'irréflexion et peut-être d'une certaine ignorance dans l'espèce, que l'irruption des idées profanes dans l'architecture religieuse ait été assez puissante pour y remplacer, par la caricature et la critique amère des mœurs et des usages de l'Église, le respect filial et les pensées sérieuses qui, de tout temps, y avaient revêtu, à son profit et à sa gloire, les formes consacrées d'un symbolisme aussi savant que respectueux. En temps et lieu, nous dirons comment trop d'erreurs se sont faites, comment de graves autorités se sont égarées, et, au risque de déplaire à quelques-uns de nos maîtres, il faudra bien signaler, en faveur de la vérité méconnue, d'étranges assertions plutôt dictées par des préventions personnelles ou des idées préconçues que par une suffisante méditation du sujet. Qu'il nous suffise ici d'indiquer, comme se rattachant au plan que nous suivons dans ce chapitre, la source innocente de ces doctes et regrettables mécomptes.

<small>De l'emploi des légendes, et qu'elles ont toujours leur symbolisme.</small>
Les fausses idées que se sont faites assez souvent les adversaires du symbolisme, et la ténacité qu'ils ont mise à trouver des intentions hostiles dans certaines images historiées, ne viennent que du peu de connaissance qu'ils s'étaient faite des légendes racontées par les auteurs du moyen âge, et qu'on n'a bien comprises qu'après avoir mieux lu les romances et les fabliaux. L'essor donné à la littérature et surtout à la poésie par les Académies et Universités fondées en Italie, en Allemagne, en France et en Angleterre, depuis celle d'Oxford, en 1300, jusqu'à la renaissance de la littérature ancienne, vers 1470, avait imprimé un mouvement nouveau à la pensée. L'art dut nécessairement s'en ressentir, et les mains laïques, plus mêlées que jamais aux œuvres d'architecture religieuse, purent choisir les sujets de leurs sculptures dans ces *moralités* nombreuses qui, écrites et chantées naguère pour les seigneurs et les châ-

telaines dans les cours et les tournois, avaient aussi, bien certainement, leur côté symbolique et leur leçon transparente, beaucoup moins satirique parfois qu'on ne veut la faire, surtout lorsqu'il y était question de l'Église, de ses dogmes et de ses habitudes. Qui croirait, par exemple, que le meunier se sauvant sur un âne et chargé d'une bourse, dans une des stalles de Mortain, sculptées vers la fin du quinzième siècle, ne fût plutôt une application du septième précepte du Décalogue qu'un « trait satirique contre les moines et le clergé, qui ruinaient en dîmes et en exactions le pauvre laboureur? » Quelques concessions que le clergé et les moines eussent faites de leur œuvre à un maître huchier de ce temps-là, ils n'étaient probablement pas imbéciles jusqu'à se laisser de la sorte morigéner par ce menuisier insolent. Et puis, qu'est-ce donc encore, de bonne foi, que ces *dîmes et ces exactions des moines contre le pauvre laboureur?* L'histoire mieux connue ne consacre plus ni cet état de victime ni cette tyrannie, sujet de tant de larmes perdues. La plume, toujours spirituelle, qui écrivait cela en 1839, ne le répéterait pas aujourd'hui. Nous l'aimons trop pour la désigner plus clairement, et d'ailleurs, en finissant les étranges descriptions qui l'occupèrent avec trop de complaisance, elle semble revenir à des pensées plus dignes en adoptant celles que nous avions émises depuis longtemps déjà à cet égard (1).

Avouons donc, en présence de si frappants exemples, qu'on traitait alors avec une inconcevable légèreté, sous les auspices d'une idée dont on ne voulait pas démordre, des faits graves qu'un tant soit peu d'examen eût forcé d'apprécier plus justement.

Le peuple d'Angles, petite ville du Poitou (Vendée), attribue à « une des victimes des courses nocturnes de Gallery »

<small>La chasse Gallery.</small>

---

(1) Voir (*Bulletin de la Société des antiquaires de l'Ouest*, t. I, p. 100) notre *Dissertation sur les manuscrits avant l'imprimerie.*

une certaine gargouille placée sur le pignon de l'église. Cette tradition, recueillie par un homme de goût, peut avoir quelque crédit dans l'esprit des petites gens de la contrée; mais si répandue que soit la légende de la *Chasse-Gallery*, cette course fantastique racontée dans toutes les langues de l'Europe, et dont nos paysans parlent encore sans trop la définir, cette sculpture ainsi interprétée, ne nous semble qu'une fausse application du conte ingénieux de nos pères. A ne la considérer qu'en elle-même, on voit bien qu'elle peut avoir au sommet de l'édifice sacré la simple destination de tant d'autres qui y représentent Satan attaché par sa condamnation éternelle à ces dehors du royaume de Dieu d'où il s'est exilé (1). L'époque seule de l'église, qui est des douzième et treizième siècles, d'un temps où la légende s'immisçait encore fort rarement en Poitou dans l'ornementation architecturale, nous paraîtrait appuyer ce sentiment; mais, fût-ce là une épisode de la fameuse tradition, nous dirions que c'est encore un symbole du démon ou de l'âme qui s'est laissé prendre à ses piéges; car toutes ces inventions des fabliaux et des histoires merveilleuses n'étaient jamais que des allégories cachant une leçon morale, et que le sculpteur religieux pouvait très-convenablement s'attribuer. Il ne faut pas oublier que l'homme rencontré par l'esprit malin pendant la chasse nocturne, et forcé d'enfourcher le fatal coursier qui le précipitait bientôt après dans une mare, n'y pouvait être noyé s'il avait pris de l'eau bénite à son réveil (2).

(1) « Absorpti sunt juncti petræ judices eorum. » (*Ps.*, CXL, 6) — On sait que les *juges*, dans le langage biblique, expriment souvent les grands, les puissants, les princes du monde, et c'est dans ce sens que nous avons vu les démons nommés par S. Paul *principes aeris hujus*. — Le christianisme plaça ces princes, en punition de leur orgueil révolté, comme autant de soutiens ou d'*employés* de la Maison de Dieu. Voilà, par exemple, une satire de bon aloi !
(2) Voir l'*Histoire de Guillery*, rééditée et annotée par M. B. Fillon, p. 31 et suiv., in-8°, Fontenay-le-Comte, 1848.

C'est de la sorte que fort souvent nous observerons dans ce vaste champ ouvert au symbolisme des types dont le sens paraîtra obscur, même introuvable, parce qu'on n'en verra pas aussitôt la véritable origine. Au lieu de contredire et de nier, il vaudra mieux s'abstenir alors et attendre; des recherches plus suivies, des études plus patientes feront trouver des analogues qu'entoureront certains détails dont un esprit exercé se fera d'utiles commentaires; et en partant du principe fondamental que tout a un sens sérieux et sacré dans l'ornementation d'une église, on arrivera infailliblement à une solution de l'énigme digne de la pensée chrétienne et de ceux qui s'ingénièrent à l'exprimer.

Mais finissons-en avec ces considérations générales. Nous pouvons maintenant revenir sur chacune des observations qui précèdent, en les développant dans leurs curieuses conséquences, en y rattachant les riches détails dont notre sujet est plein. De sérieuses études, une attention soutenue, une complète abstention de tout esprit de système, un examen sévère des textes et des autorités que nous avons choisis, tels sont les moyens que nous espérons mettre en œuvre pour démontrer des vérités incontestables sur mille points importants qui restent encore obscurs ou inaperçus.

CHAPITRE II.

L'ÉCRITURE SAINTE.

Estime des âges de foi pour l'Écriture sainte.—Comment on en est sorti; comment on y revient.

Quand nos pères croyaient et priaient, quand la lecture des Livres saints consolait leurs âmes et remplissait une partie de leurs jours donnés aux soins de la famille et aux bonnes œuvres qu'inspire la foi, l'intelligence des Écritures bibliques n'était pas rare : la religion n'en était que mieux connue, plus aimée par conséquent, et ce qu'elle tirait de ce trésor commun des deux Testaments du Père de famille revenait au bien des enfants et à leur progrès moral. Alors l'étude de la loi divine n'occupait pas seulement les prêtres ; le jurisconsulte, l'homme de lettres, le savant aimait à y trouver sa lecture habituelle. On la citait comme autorité au barreau, dans l'éloquence écrite, dans les dissertations des académies ; partout elle était admise, partout respectée; l'artiste, à plus forte raison, la fréquentait, s'inspirait d'elle, l'étudiait sérieusement, et de ses réflexions naissaient maintes fois les plus beaux sujets de ses travaux. Cette heureuse fécondité de l'art chrétien guidé par le sentiment religieux de la société dura jusqu'à ce que le protestantisme eût profané l'usage des Livres saints en déclarant que chacun y pouvait trouver un sens à sa manière. Dès lors, la multiplicité des interprétations, les contradictions nécessaires qu'elles durent enfanter amenèrent le mépris, puis l'affaiblissement de la foi, puis l'oubli complet, presque général, des grands principes, et enfin l'irréligion, qui alla, comme dans Voltaire, jusqu'à se moquer du texte (1); dans Rousseau, jusqu'à exalter les beautés de l'Évangile pour mieux le contredire et l'attaquer (2), et, dans tous leurs subalternes, jusqu'à la plus grossière indécence et l'ignorance la plus épaisse.

Au milieu de ces attaques, les Livres saints, comme la vérité dont ils sont l'organe, n'en répandent pas moins leurs torrents de lumière sur leurs blasphémateurs plus ou moins obscurs. D'innombrables commentaires, dictés par l'expérience des choses sacrées, vivaient dans les Pères, dans les auteurs ascétiques, dans les livres des prédicateurs, dans la prière publique; ils se perpétuaient dans une foule de précieux manuscrits, restes curieux des âges de foi qui semblaient y travailler dans la prévision des siècles d'incrédulité froide et improductive qui devaient les suivre, et au milieu desquels nous aurions perdu, négligé ou trouvé impossibles de tels chefs-d'œuvre. Mais on reconnaissait les pages sacrées, intactes et fidèles, sur les pierres de nos églises et dans les moindres détails de leur ornementation ; et ce qu'on avait oublié d'y voir, ce qu'on ne savait plus y lire, y reparaît de nos jours dès que l'œil et l'intelligence plus attentifs et plus religieux commencent à s'informer du sens de ces mystérieuses figures, dont le langage à part n'a presque jamais, ailleurs que dans les Livres saints, leur véritable interprétation.

L'Écriture est donc la source primitive du symbolisme chrétien, soit qu'on le considère dans ses simples théories philosophiques, insaisissables à tout autre élément que la pensée, soit qu'on l'étudie dans ses applications plastiques, dans ses formes sensibles données aux mouvements ou aux œuvres d'art. Les Pères de l'Église y ont puisé leurs catéchèses sur la doctrine, sur la morale, sur la liturgie. L'Église

<small>Elle est la principale source de la science chrétienne;</small>

---

(1) *Lettres de quelques Juifs* ; *Paraphrase du Cantique de Salomon*, etc., etc.
(2) *Émile*, profession de foi du vicaire savoyard.

y a vu, dès le commencement, la théologie de ses conciles et de leurs décisions ; les docteurs ne peuvent, en traitant les vérités spéculatives ou pratiques, s'écarter de ses pures inspirations. En elle est donc toute l'orthodoxie du catholicisme, et, s'il admet certains points de doctrine qui ne s'y trouvent pas expressément, quelques usages sacrés dont on n'y voie pas la trace précise et distincte, c'est que, dès l'origine, l'Église a reçu par tradition, sans aucun intermédiaire écrit, ces choses saintes que les Apôtres, ses fondateurs avec Jésus-Christ, lui ont transmises, lesquelles, confiées oralement d'une première génération chrétienne à une autre, nous sont parvenues à travers les siècles, entourées du respectueux assentiment que méritait une telle origine. Ces choses doivent donc être acceptées de la main de notre Mère commune comme autant de vérités incontestables, sur la valeur desquelles il n'est pas plus permis de discuter que sur les propositions fondamentales de la foi.

et du symbolisme de l'art.

Ainsi il ne faut pas oublier que les dogmes, aussi bien que les bases pratiques de la vie chrétienne, ne sont parfois dans la Bible qu'à l'état latent. Ici une phrase, là un mot ont pu suffire à définir, à imposer un fait dogmatique ou moral, qui par cela même acquiert une certitude de l'ordre le plus élevé, et implique une obligation imprescriptible de croire, ou de faire, ou de s'abstenir. Nous savons déjà et verrons bien mieux désormais combien cette expression nette, précise, absolue, a fourni d'innombrables motifs au symbolisme de l'art chrétien.

Nécessité de l'étudier sérieusement.

Pour acquérir une juste connaissance de l'Écriture, en résoudre les difficultés, et en comprendre le sens quelquefois très-obscur, il faut savoir les règles posées par les maîtres de cette science, les appliquer à cette étude et les suivre ainsi dans leur marche éclairée. Dès lors, on arrivera comme eux à une suffisante érudition, sans laquelle on ne pourrait ni utiliser la lecture de ces pages vénérables, ni sentir quelle juste application on en peut faire à l'art catholique.

Mais, avant tout, posons deux principes comme fondements nécessaires de toutes les règles d'interprétation.

Principes fondamentaux de cette étude.

Et d'abord, on doit voir dans le texte biblique la parole de Dieu inspirée par son Esprit, dépôt par conséquent de toute vérité surnaturelle, d'où toute vérité secondaire découle. Il faut convenir que cette parole destinée au gouvernement du monde moral renferme une doctrine infaillible dont une seule lettre, une virgule même, ne doit être enlevée; pas plus qu'elle ne peut rester inefficace sans compromettre l'éternel avenir de la conscience infidèle qui la rejette, ou la dédaigne, ou n'y conforme point ses actions.

C'est que les livres canoniques sont moins l'ouvrage des hommes que de Dieu. C'est une vérité de foi qu'ils furent divinement inspirés, c'est-à-dire qu'une communication divine a révélé à l'écrivain les choses qu'il devait écrire, ce qui s'est fait pour les prophéties et les mystères; et que, pour les écrits historiques et doctrinaux dont le fond était déjà connu naturellement des auteurs sacrés, une assistance spéciale d'en haut les a préservés de toute erreur soit de fait, soit d'appréciation. Nous avons, entre autres témoignages de la ferme croyance où était l'antiquité sur ce dogme de l'inspiration divine, cette formelle assertion de S. Pierre: *Spiritu Sancto inspirati locuti sunt sancti Dei homines* (1).

1° Elle est la parole de Dieu inspirée; — caractères de cette inspiration.

Comment pourrait-il en être autrement? En des matières d'une aussi haute importance, dit S. Augustin, il suffit d'une seule erreur, d'un seul mensonge reconnu pour qu'il ne reste plus dans ces livres une seule phrase à l'abri des controverses de l'incrédulité (2).

Secondement, l'Église seule possède la vérité du sens des Écritures; celui qu'elle a défini est le vrai, celui qu'elle

2° Elle ne peut être interprétée que dans le sens de l'Église.

---

(1) 2 *Petr.*, I, 21;— ou encore: « Non enim voluntate humana allata est aliquando prophetia » (*ibid.*); — et S. Paul: « Omnis Scriptura divinitus inspirata... » (*Tim.*, III, 6).
(2) S. August. *Epist. ad Hieronymum.*

adopte est acceptable, celui qu'elle condamne doit être proscrit. Il n'en pourrait être autrement sans exposer la doctrine aux victoires de l'hérésie, sans consentir à l'amoindrissement et à la ruine de la foi (1). — Cette autorité absolue et donnée exclusivement à l'Église par le Sauveur (2) était encore indispensable, parce qu'il est des endroits dans l'Écriture difficiles à expliquer, comme le dit S. Pierre : *difficilia intellectu* (3). S'il y a divergence, Elle examine, Elle

(1) « Depositum custodi, devitans profanas vocum novitates, et oppositiones falsi nominis scientiæ quam quidam promittentes circa fidem erraverunt. » (1 *Tim.*, VI, 20.)

(2) Avant de quitter ses Apôtres pour remonter au ciel, Jésus-Christ leur dit : *Hæc sunt verba quæ locutus sum ad vos;* puis il leur donna l'intelligence des Écritures : *Aperuit illis sensum, ut intelligerent Scripturas* (Luc, XXIV, 44). De plus, il leur promet que l'Esprit-Saint viendra en eux : *Ego mitto promissum Patris mei in vos* (ibid., 49). Cette promesse s'accomplit au jour de la Pentecôte : *Repleti sunt omnes Spiritu Sancto* (Act., II, 4); et le premier fruit de cette infusion miraculeuse est de parler toutes les langues connues, et S. Pierre commence à expliquer les prophéties, et bientôt tous les Apôtres reçoivent le même don pour toutes les parties du monde où leur zèle les a poussés. C'était bien là évidemment user du pouvoir d'interprétation qui leur avait été donné; mais ce pouvoir ne pouvait se borner à eux seuls. Quand le Maître leur eut expressément confié l'enseignement de toutes les nations : *Docete omnes gentes..., docentes eos servare omnia quæcumque mandavi vobis;* lorsqu'il donne l'assurance qu'il les assistera dans cette œuvre jusqu'à la fin des temps : *Ecce Ego vobiscum sum usque ad consummationem sæculi* (Matth., XXVIII, 19), c'est bien à ses Apôtres qu'il parle, à l'Église d'alors par conséquent, et il ne restreint pas plus ce pouvoir à eux seuls, qu'il n'a voulu restreindre tous les autres à ce petit nombre d'hommes qui, dans quelques années, seront tous morts: il entend donc bien que, *jusqu'à la fin des temps*, leurs successeurs, nantis de la même autorité, recueilleront ce même héritage de sa parole, s'en constitueront les gardiens, les défenseurs et les interprètes. Voyez dans quels cahos d'opinions contradictoires se sont jetés les millions de sectes qui dévorent le sein du protestantisme, et dites si l'unité et l'intégrité de la foi seraient possibles en dehors de cette autorité unique et divinement inspirée qui maintient le sens des Livres sacrés et les sauve de l'abîme des hérésies.

(3) « Quæ indocti et stabiles depravant, sicut et cæteras Scripturas, ad suam ipsorum perditionem. » (2 *Petr.*, III, 16.) Et, un peu avant, l'Apôtre affirme que le sens des Écritures ne peut être remis à l'interprétation de chacun, et que c'est là le point fondamental de l'unité catholique : *Hoc primum intelligentes quod omnis prophetia Scripturæ*

prononce : la cause est finie, et la décision est aussi irrévocable qu'elle est infaillible.

L'Église a pour organe, dans l'explication des Écritures, les Souverains Pontifes, qui ont reçu, comme S. Pierre, leur chef après Jésus-Christ, l'infaillibilité de la doctrine lorsqu'ils en énoncent le sens en qualité de chef de l'Église, et tenant la place de celui à qui le Sauveur promit une foi incapable de faiblir (1). Les Pères et les Docteurs, à quelque degré de la hiérarchie qu'ils soient placés, dans le sacerdoce ou en dehors de ses rangs, font également autorité dans l'espèce, pourvu que leurs écrits aient reçu l'approbation au moins tacite du Saint-Siége, et qu'il y ait entre eux, dans les choses qui tiennent à la foi et à la morale, un accord moralement unanime (2). En suivant ces maîtres, on ne risque pas de s'égarer, ni sur le fond des idées, ni sur la valeur des termes; on se tient dans les limites du vrai et du bon, et l'on s'attache, sans péril pour la foi, aux interprétations qu'ils ont données, ou même à celles qui, sans avoir été encore indiquées, n'offriraient point un sens opposé au sens généralement reçu.

Quels sont les organes de cette interprétation?

Ces principes font comprendre de quelle importance il est d'étudier sérieusement, pour en bien parler, pour en penser sagement, une matière aussi délicate. Ils expliquent

Raisons d'étudier l'Écriture sainte. — Analyse sommaire de chacun des livres bi-

---

propria interpretatione non fit (ibid., I, 20). On se demande comment le protestantisme résiste à de pareilles autorités, qu'il admet d'ailleurs. Il est donc aussi peu d'accord avec lui-même sur ce point que sur tant d'autres. Luther rejette l'authenticité de cette épître de S. Pierre; Calvin l'adopte; la société biblique la distribue. Si Luther est conséquent, que sont les autres?...

(1) « Rogavi pro te ut non deficiat fides tua. » (*Luc.*, XXII, 32.)
(2) « In rebus fidei et morum, ad ædificationem doctrinæ christianæ pertinentium. » (*Concil. Tridentin.*, sess. IV, de editione et usu sacror. Libror.) — On voit clairement par là comment l'Église est amenée à noter, comme contraires à la foi, à la discipline ou aux mœurs, certains livres mis à l'*index*: le silence, à l'égard de tant d'écrits souverainement nuisibles, équivaudrait à une approbation, et l'Église se suiciderait ainsi en se livrant d'elle-même aux mains de ses ennemis.

bliques d'après S. Jérôme.

aussi comment se sont trompés si grossièrement ceux qui, en maintes rencontres, ont chargé leurs discours ou leurs écrits de passages scripturaires aussi mal choisis que mal entendus par eux. C'est pourquoi nous voulons être utile à ceux qui, sans s'être adonnés à ces études spéciales, en cherchent cependant la clef véritable. Avant donc d'aborder le développement des moyens symboliques de l'Écriture, faisons une revue succincte des livres divers dont se compose la Bible, telle que le Concile de Trente l'a reconnue, telle que, d'après ses prescriptions, elle doit être acceptée par les fidèles pour sainte et canonique (1). A cette fin, nous allons suivre en partie l'exposé court et lucide des commentateurs, et en particulier ceux de S. Isidore de Séville, de Hugues de Saint-Victor, dans son Exégétique (2), et de S. Jérôme, dans une de ses lettres à Paulin. Cette lettre et plusieurs autres sur la même matière ont été imprimées à la suite de toutes les éditions modernes de la Vulgate.

La Genèse

La GENÈSE raconte l'histoire du monde depuis la création jusqu'à l'entrée de Jacob et de ses enfants en Égypte; l'ouvrage des six jours, la chute de l'homme et la promesse de la Rédemption; la succession des Patriarches jusqu'à Noé; le déluge, la dispersion des peuples après la confusion des langues; les histoires d'Abraham, de Jacob et de Joseph forment l'ensemble de ce livre.

L'Exode.

L'EXODE nous apprend les particularités du séjour des Hébreux en Égypte, les dix plaies qui obligèrent Pharaon à leur permettre d'en sortir, la promulgation du Décalogue et

---

(1) « Quinam sint (sacri Libri) qui ab ipsa synodo suscipiuntur... Si quis autem libros ipsos integros, cum omnibus suis partibus, prout in Ecclesia catholica legi consueverunt, et in veteri vulgata latina editione habentur, pro sacris et canonicis non susceperit, et traditiones prædictas sciens et prudens contempserit, anathema sit. » (*Conc. Trid.*, sess. IV.)

(2) Voir S. Isidor. Hispalens., *Etymologiarum* lib. VI, cap. I et II; mihi, t. III, cap. CCXXIX. — Hugo à Sancto-Victore, *Exegetica in sacr. Script.*, cap. V et seq. (mihi, t. I, cap. XIII et seq.)

d'autres événements qui sont remplis, comme ceux de la Genèse, de significations d'une haute importance.

Rendu à la liberté, le peuple de Dieu reçoit les prescriptions de Moïse sur le culte qu'exige ce Dieu libérateur. Tout ce qui regarde l'Ordre sacerdotal et les sacrifices est indiqué minutieusement dans ce livre, appelé pour cette raison Lévitique, dont le symbolisme est des plus remarquables et s'est perpétué en beaucoup de détails dans l'Église chrétienne. *Le Lévitique.*

Les Nombres donnent le dénombrement des tribus et des familles israélites, la prophétie de Balaam, les campements dans le désert de Sinaï : énumération, dit S. Jérôme, pleine de mystères, où le symbolisme des nombres arithmétiques entre pour beaucoup (1). *Les Nombres.*

Le Deutéronome est comme *une seconde loi*, c'est-à-dire une exposition plus large et plus détaillée de la première. C'est une image anticipée de la Loi Évangélique. Moïse, auteur de ce livre et des quatre précédents, y conduit l'histoire sacrée jusqu'à une époque très-rapprochée de sa mort. Cet ensemble des écrits du pieux historien retient le nom collectif de *Pentateuque*, des *Cinq livres*. *Le Deutéronome.*

Josué, successeur de ce grand homme dans la conduite du peuple, est la figure de Notre-Seigneur par son nom (*Seigneur, Sauveur*), non moins que par ses actes. Il passe le Jourdain, il subjugue les ennemis, il distribue leurs terres au peuple vainqueur, sous les types figuratifs des villes, des bourgades, des fleuves, des torrents, et des limites qu'il trace autour de ses nouvelles possessions, il montre d'avance le royaume spirituel de l'Église et de la Jérusalem céleste. *Josué.*

Les Juges contiennent les événements historiques arrivés depuis la mort de Josué jusqu'à l'établissement de la monar- *Les Juges.*

---

(1) Nous voyons dans ces termes une mention expresse de ce symbolisme des nombres et de l'importance qu'y attache S. Jérôme, l'un des plus savants hommes des premiers temps chrétiens. Nous avons traité de ce sujet dans le chapitre vi de notre première partie.

chie des Juifs. Là, des hommes choisis de Dieu, bien plus que par les suffrages de la multitude, règlent les affaires de la nation. Gédéon, Jephté, Samson, la prophétesse Débora, Samuel et d'autres, répandent la terreur autour du peuple privilégié par la valeur de leurs armes, et font fleurir l'ordre et la prospérité par la sagesse de leur administration. Mais sous ces dehors glorieux se cachent des trésors de doctrine. Ces grands hommes, ces femmes illustres deviennent toujours des figures prophétiques du Sauveur. C'est encore la pensée de S. Jérôme, dont l'autorité est si respectée dans l'herméneutique des Livres saints (1).

Ruth.

RUTH est un épisode court, mais tout parfumé de simplicité et de fraîcheur, tiré de l'histoire précédente. Cette noble et digne femme est une des ancêtres du fils de Dieu selon la chair. Le saint Docteur que nous suivons en fait cet « antre caché dans le désert, » d'où le Seigneur devait faire sortir « l'Agneau dominateur de la terre (2). » La généralité des interprètes lui a trouvé aussi d'admirables traits de ressemblance avec une autre Ruth, *saturée de douleurs* au pied de la Croix (3), et qui fut la Mère véritable du Dieu crucifié.

Les Rois.

L'histoire des ROIS se compose de quatre livres, auxquels il faut joindre les deux des PARALIPOMÈNES, ou *résumés* et quelquefois *développements*, recueillis par Esdras, de ces quatre qu'on croit écrits par Samuel; puis encore les deux livres d'ESDRAS, dont le second est attribué à Néhémie (4).

---

(1) « In *Judicum* libro, quot principes populi, tot figuræ sunt. » (*Ep. ad Paul.*)

(2) « Emitte Agnum dominatorem terræ, de petra deserti ad montem filiæ Sion. » (*Is.*, XVI.)

(3) Ruth, *Saturata*.

(4) Esdras, *adjutor*; Nehemias, *consolatio*: c'est tout un dans l'hébreu; et ces deux noms, qui conviennent bien aux deux personnages qui les portent, sont, comme tant d'autres, un *signe* des consolantes fonctions auxquelles Dieu les a appelés pour le rétablissement dans la Palestine de son peuple captif dans la Babylonie.— On connaît un 3e et un 4e livre d'Esdras, placés ordinairement dans nos bibles à la suite

Ce corps de chronique renferme les événements arrivés depuis l'élévation de Saül à la couronne jusqu'au rétablissement du temple et des murs de Jérusalem après le retour de la captivité. Là encore, d'importantes figures signalées par nos plus imposantes autorités : la mort du grand-prêtre Héli, celle du roi Saül présagent l'abolition de la Loi ancienne. Sadoc et David, qui les remplacent, sont l'image du règne et du sacerdoce nouveaux de Jésus-Christ. Ainsi, à ne considérer que des faits historiques, rien que de fort simple ; mais pénétrez le sens caché sous la lettre, épiez-y les symboles, et, dans les deux tribus restées fidèles, vous découvrez la petitesse relative de l'Église et la guerre continuelle que lui fera la haine de ses ennemis (1).

Tobie, aussi bien que Judith et Esther, sont des récits qui ne semblent séparés qu'en raison de leur importance morale des livres historiques racontant soit la captivité des Juifs en Assyrie, soit les premières guerres de Nabuchodonosor Ier contre la Judée. Ils renferment d'admirables enseignements de chasteté, de confiance en Dieu, de vie pure au milieu des attraits des passions mondaines, et l'Église y a trouvé de nombreuses et touchantes allusions aux vertus de la Vierge Mère, modèle parfait de la femme forte, dignement représentée par celles qui sauvent leur peuple de la fureur d'Holopherne et de la noire jalousie d'Aman.

<small>Tobie.</small>

Le magnifique poème de Job, que S. Jérôme place à la suite du Pentateuque parce qu'il l'attribue à Moïse, avec la plupart des Pères grecs et syriens, mais que d'autres, fort anciennement, avaient donné à un autre auteur inconnu, se trouve dans la Vulgate à la suite des trois récits précédents, sans doute comme ayant paru lui-même une narration du même genre. Quoi qu'il en soit, c'est une sublime leçon de patience

<small>Job.</small>

---

de l'Apocalypse, et que l'Église n'accepte pas comme authentiques. Ils ont paru à d'estimables critiques de beaucoup postérieurs au siècle d'Esdras.

(1) S. Jérôme, *ubi suprà*.

chrétienne, de résignation héroïque, et une thèse philosophique de la plus haute portée en faveur de ces lois inconnues de la Providence, qui éprouve le juste ici-bas par toutes les amertumes, afin de bien démontrer que la récompense est ailleurs. On sent comment les ineffables angoisses de ce saint persécuté, comment ses plaintes sur la dureté ou l'éloignement de ses amis, ses abaissements inouïs, et la gloire qui lui est enfin rendue, sont applicables au Juste par excellence, à l'Agneau sacrifié qui souffrit volontairement pour le monde déchu, et qui, après les ignominies et le martyre de la croix, trouva dans sa résurrection la plus irrésistible preuve de sa divinité, et l'éternelle compensation de ses douleurs. L'Église consacre mille fois ce rapprochement dans l'Office de la Semaine Sainte.

Les Psaumes. — Les PSAUMES viennent ensuite, toujours comme un appendice des livres historiques; car c'est David, le plus grand des rois d'Israël, et sans contredit le plus grand poète du monde, qui est l'auteur de la plupart au moins de ces chants inspirés. Les vicissitudes de l'Église, les souffrances et la gloire de son divin chef, font de ces sublimes cantiques autant de prophéties, qui ont rangé le saint roi parmi les oracles sacrés.

Les livres sapientiaux. — Les traités de morale et de philosophie religieuse connus sous les titres de PROVERBES et de l'ECCLÉSIASTE sont du roi Salomon, fils de David. Il a fait aussi le CANTIQUE DES CANTIQUES, dans lequel il célèbre la mystique union de Jésus-Christ et de l'Église. Nous analyserons en particulier ce dernier poème comme offrant dans son ensemble une image symbolique d'un fait réalisé dans l'avenir. On attribue à ce même prince le livre de LA SAGESSE. — L'ECCLÉSIASTIQUE est de Jésus, fils de Sirach, qui s'y propose l'institution des bonnes mœurs par des conseils, donnés, comme dans les autres livres qui l'accompagnent, à ceux qui veulent former leur vie sur la Loi de Dieu. Ces cinq livres, avec ceux de Job et des Psaumes, ont mérité, par la beauté et le but élevé de leur doctrine, d'être appelés *Sapientiaux*. Ils sont pleins de maximes d'une grande profondeur, d'une rare expérience du monde et du cœur humain, et font surgir à chaque page de saisissantes allusions au règne futur de la Sagesse éternelle sur les âmes, par la venue prédite et attendue de l'adorable Rédempteur.

C'est encore comme œuvre de Salomon ou d'un autre écrivain qui a vécu sous les rois que cet ensemble de sublimes moralistes trouve sa place dans le grand recueil de la Bible, après les livres historiques.

Il en est ainsi des PROPHÈTES, qui se suivent immédiatement au nombre de seize, dont quatre GRANDS et douze PETITS. La première de ces dénominations n'est pas tant due à l'importance des événements qu'ils prédisent (puisqu'on lit dans tous, et en termes les plus clairs, l'annonce du Messie) qu'à l'étendue de ces livres où furent déposées leurs inspirations. ISAÏE paraît au solitaire de Bethléem moins un prophète qu'un évangéliste. — JÉRÉMIE verse sur la ruine de Jérusalem des pleurs qui ne s'appliquent pas moins au crucifiement du divin Maître. — EZÉCHIEL, au milieu de ses obscurités difficiles, aborde toutefois les choses de la Loi de grâce. — DANIEL, enfin, déroule aux yeux de ses contemporains la suite des empires, cachés encore dans un avenir de quatre à cinq siècles. Ce sont là de miraculeuses autorités ; et la richesse de leurs images, la vivacité de leurs mouvements poétiques, la chaleur du style qui, chez eux, anime toujours le sentiment lui-même, sont autant de qualités littéraires qui, outre le mérite suréminent du fond de leur œuvre, y donnent à la forme un charme des plus attachants.

<small>Les grands Prophètes.</small>

Les PETITS PROPHÈTES ne sont pas moins admirables de force, de suavité et de tendresse dans l'expression ; ils n'ont ni moins de profondeur ni moins d'élévation dans la pensée. Pour la plupart, ils sont resserrés en un cadre de peu d'étendue, et si l'on compte quatorze chapitres, encore assez courts dans *Osée* et dans *Zacharie*, neuf dans *Amos* et sept

<small>Les petits Prophètes.</small>

dans *Michée*, les autres en ont beaucoup moins, car *Jonas* se réduit à quatre, ainsi que *Malachie*; *Nahum* n'en a que trois, comme *Joël*, *Habacuc* et *Sophonie*; *Aggée* en a deux, et il ne s'en trouve qu'un dans *Abdias*. C'est que nos petits prophètes virent leur mission bornée par Dieu à de certaines circonstances passagères; ils furent faits pour elles, et ils disparurent pour toujours, après leur rôle terminé, de la scène que la Providence ne leur avait ouverte que pour ces quelques moments. Les autres, au contraire, gardèrent de longues années, pendant une grande partie de la Captivité, par exemple, le mandat qu'ils avaient reçu de Dieu près de ce peuple qui n'avait plus pour rois que des vainqueurs et des tyrans. Mais, tous, grands et petits, tendent à la même fin. Dans leurs prophéties ou dans leur personne, ils représentent plus ou moins longtemps d'avance le Christ Sauveur, l'Église triomphante ou persécutée; de telle sorte que plus tard les enfants de cette Église, relisant ces pages écrites en dépit de toute prévision humainement possible, y adoreront la prescience de Dieu, son irrésistible puissance à se créer des instruments fidèles, et ne croiront pas pouvoir refuser leur foi à une religion établie sur de si merveilleuses bases.

Les Machabées. Les histoires particulières de Job, de Tobie et autres que nous avons énumérées, les prophéties qui se rangent après elles dans l'ordre de nos Livres sacrés, sont, on le voit, des incidents de l'histoire générale des peuples de Dieu, et non une interruption de cette histoire. La suite des événements, racontée dans les deux livres des MACHABÉES, relie parfaitement l'époque où Esdras et Néhémie relevèrent les murs et le temple de Jérusalem à celle où les successeurs d'Alexandre s'attaquèrent aux Juifs sans réussir à les subjuguer. C'est le temps où la nation est gouvernée par ses Grands-Prêtres, qui reçoivent le titre de roi, et doivent ainsi à la reconnaissance des Juifs, sauvés par eux, l'honneur de reconstituer leur monarchie. Bientôt des causes politiques amènent providentiellement le règne d'Hérode, prince étranger, dont la présence sur le trône de ce pays prépare l'accomplissement de la prophétie de Jacob dans l'avénement du Messie (1). Mais les historiens des Machabées, Jean Hircan, fils du grand-prêtre Simon, et un abréviateur d'un certain Jason, qu'on ne désigne pas autrement, ne vont pas dans ces annales jusqu'à ces temps désirés de tous ceux qui savaient le sens des divines Écritures. Ils s'arrêtent à la dernière défaite et à la mort de Nicanor, général d'Antiochus Épiphane (2). Le reste de cette histoire, jusqu'à la naissance du Verbe Incarné, était sans doute contenu dans un troisième livre qu'on n'a plus, et peut se lire, d'ailleurs, dans Josèphe, historien de sa nation, mais dont les écrits manquent, bien entendu, de ce caractère d'inspiration qui fait l'authenticité et la canonicité des deux autres.

Voilà pour cette première partie des Écritures qu'on nomme « l'Ancien Testament, » *première Alliance* faite avec le peuple primitif choisi de Dieu pour donner au monde le Messie. — Voyons en quoi consiste la seconde, l'*Alliance nouvelle*, dans laquelle doivent s'accomplir des promesses plus belles encore, dont le terme est l'éternelle Jérusalem.

Les Évangélistes. — Motif des quatre animaux qui les symbolisent.

Cette seconde série commence par les quatre *Évangélistes*, doublement dignes de cette place suréminente par la primauté de leur sujet et l'antériorité de leur origine. Dans cette histoire de la vie apostolique, des souffrances, de la mort et de la résurrection du Dieu fait homme, se révèle la consommation de toutes les prophéties qui se rapportent à Sa personne. Là surtout le symbolisme éclate à chaque page ; chaque historien y porte le caractère prédit dans les antiques oracles d'Ézéchiel. Matthieu, en admettant une des

(1) « Non auferetur sceptrum de Juda et dux de femore ejus, donec veniat Qui mittendus est, et Ipse erit exspectatio gentium. » (*Gen.*, XLIX, 10.)

(2) Voir *Dissertations sur la chronologie de l'histoire des Machabées*, dans les Mémoires de l'Académie des Inscript. et belles-lettres, t. XLIII, in-12, p. 491.

opinions reçues par les interprètes, est escorté non d'un homme, mais d'un ange : c'est un de ces envoyés célestes qui, si souvent dans les premiers chapitres de son récit, se mêlent à l'action, soit pour tranquilliser S. Joseph sur l'innocence de sa virginale Épouse, soit pour lui inspirer en faveur de l'Enfant-Dieu les précautions qui le dérobent à la cruauté du tétrarque. — Marc semble choisir le lion de la solitude, car il a un lion pour symbole, et il commence l'histoire de Jésus par celle de son Précurseur prêchant au désert la venue de l'Agneau qui effacera les péchés du monde.— Luc s'accompagne du taureau, figure des sacrifices de la Loi vieillie, dont le dernier est offert par Zacharie sur l'autel des Parfums, lorsqu'il reçoit l'annonce de la naissance d'un Fils qui sera le plus grand des enfants des hommes.— Enfin, l'aigle convient à Jean; car le disciple aimé du Christ pour sa chaste douceur est aussi le sublime théologien qui s'élève, dès le premier essor de son vol, jusque dans le sein de Dieu, pour exprimer en termes consacrés l'origine de son Verbe et le principe de la Lumière divine. Nulle part, si ce n'est dans l'Apocalypse, les figures n'abondent plus que dans les Évangiles. Outre que le Sauveur y est le type sacré auquel se rapportent toutes celles de l'ancienne Loi, il se plaît lui-même tantôt à s'y représenter sous les symboles les plus variés, tantôt à les appliquer dans ses enseignements aux sujets élevés qu'Il y traite. C'est pour les artistes de tous les temps une mine d'une richesse infinie où ils n'ont pas manqué de puiser, mais où trop souvent aussi (il est utile de le dire) un trop grand nombre n'a rencontré, faute de la comprendre, que de pauvres et stériles moyens.

Les Actes des Apôtres. Les ACTES DES APÔTRES contiennent l'histoire de l'Église naissante fondée par Jésus-Christ depuis son ascension, par laquelle ils commencent, jusqu'à la fin des voyages apostoliques de S. Paul. L'évangéliste S. Luc, compagnon du grand Apôtre, les a écrites comme sous la dictée des événements. C'est beaucoup moins, en soi, du symbole que de l'histoire; néanmoins on l'y retrouve dans un certain nombre de faits surnaturels que les Pères n'ont pas négligés, et sur lesquels nous aurons plus d'une fois à examiner leurs pensées.

Au milieu de ses incessantes pérégrinations, S. PAUL a baptisé des nations, a formé des Églises, institué des évêques, instruit des disciples. Son zèle supplée à son absence quand déjà il est bien loin de ces chères chrétientés, de ces pieux amis : c'est l'origine de ses ÉPÎTRES, qui nous restent au nombre de quatorze. Elles sont adressées tour à tour aux chrétiens de Rome, de Corinthe, de la Galatie, d'Éphèse, de Philippe en Macédoine, de Colosse en Phrygie et de Thessalonique en Macédoine.— TIMOTHÉE et TITE, évêques l'un d'Éphèse, l'autre de Crète, reçurent de leur Père dans la foi, le premier deux lettres, le second une seule, pleines d'excellents conseils pour la conduite d'eux-mêmes et de leur troupeau. PHILÉMON, son ami, eut aussi de lui un petit chef-d'œuvre de quelques lignes, en faveur d'un pauvre esclave qui s'était échappé, et dont l'Apôtre implore la grâce dans un style qui ne permet pas de la refuser.— Les HÉBREUX, ses anciens coreligionnaires, sont enfin pressés par sa belle et forte éloquence de venir à Celui qu'ils méconnaissent et qui s'est révélé si souvent et sous tant de formes à leurs pères. « De tout cela, dit S. Jérôme, il vaut mieux se taire que dire trop peu. » Et, en effet, quelle inépuisable source de belles choses que le génie de ce grand saint, qui, sans la gloire de son apostolat, eût pu être encore un grand homme !

Épîtres de saint Paul.

Outre les Épîtres de S. Paul, nous en avons sept autres appelées ÉPÎTRES CATHOLIQUES, parce que, écrites par plusieurs autres Apôtres, elles contiennent des avis communs à toutes les Églises. C'est d'abord celle de *S. Jacques le Mineur,* proche parent du Sauveur et évêque de Jérusalem, où sont traités des principes qui se rapportent à la loi naturelle et à celle de l'Évangile; puis les deux de S. PIERRE, chef du

Épîtres catholiques.

S. Jacques.

S. Pierre.

collége apostolique, le vicaire en qui se continuent le pouvoir du Maître et son autorité. Écrites à deux ans de distance, la première pour garder les chrétiens contre le malheur de l'apostasie où pouvait les jeter la persécution déjà ouverte contre eux, la seconde pour les prévenir contre les fausses opinions qui commençaient à se produire et menaçaient la ferveur des fidèles, elles peuvent être regardées comme les deux plus anciennes encycliques émanées du Saint-Siége pour le maintien de la doctrine, pour le règlement de la discipline et des mœurs.

S. Jean l'Évangéliste.

De S. JEAN, l'auteur du quatrième Évangile, trois lettres nous restent aussi : la première, adressée d'Éphèse, selon la plus commune opinion, aux fidèles de cette ville et de petites communautés adjacentes, vers la fin du premier siècle de notre ère ; elle est destinée à les confirmer dans la foi, que l'hérésie attaquait déjà sur la divinité de Jésus-Christ. Dans la seconde, le saint évêque exhorte la pieuse dame Électa et ses fils, qui, sans doute, habitaient à quelque distance de sa ville, à se prémunir contre les mêmes erreurs, et surtout contre la secte des Basilidiens, avec lesquels il ne veut même pas qu'ils se rencontrent. Caïus, qui semble avoir été également de ses amis, reçoit la dernière de ces trois lettres. Il y est félicité de son zèle pour les vertus chrétiennes, et surtout de sa charité pour les étrangers, qu'il recueille avec toutes les marques d'une hospitalité dévouée. Il le console contre l'orgueil d'un envieux, qui le calomnie, par les vertus d'un certain Démétrius loué de tous pour sa vertu, et finit par de tendres assurances d'amitié.

S. Jude.

S. JUDE ferme la série de ces Épîtres. Frère de S. Jacques, il évangélisa la Mésopotamie et autres pays limitrophes dans la Palestine. On ne sait plus où il écrivit sa lettre, fort courte quant aux choses, dit un ancien auteur, mais fort substantielle par le fond. Comme des hérétiques enseignaient méchamment que la Foi suffisait au salut sans les bonnes œuvres, l'Apôtre s'y propose de les détourner de cette erreur, qui tendait à corrompre les mœurs autant que la Foi elle-même. Luther, patronisant principalement ce dogme détestable, se décida à rejeter cette épître, qui renfermait sa condamnation. Ce système commode fut suivi avec la même audace contre le deuxième livre des Machabées, parce qu'il prouve clairement l'efficacité de la prière pour les morts, que le protestantisme abolissait dans son fatal aveuglement.

L'APOCALYPSE est le couronnement donné à cette œuvre si grandiose de nos livres sacrés... Elle clôt le champ du Nouveau Testament par la plus majestueuse des prophéties. Isaïe, Daniel et les autres Prophètes de la Loi ancienne ont de nombreuses pages de leurs récits où l'Esprit de Dieu se manifeste par les beautés les plus éminentes. Aucun d'eux ne se soutient comme ce dernier livre, du commencement à la fin, à une si haute puissance de noblesse et d'autorité. L'éclat des images, la magnificence du style, la variété prodigieuse et inattendue des scènes merveilleuses qui s'y déroulent sous la plume de S. Jean attestent l'action incontestable de l'inspiration divine. Comme son titre l'explique (Ἀποκάλυψις), et sans parler de l'accomplissement des plus importantes prédictions auxquelles le monde a assisté pendant les trois premiers siècles de l'Église dont l'Apôtre décrit les combats et les victoires, on découvrirait dans ce seul caractère de sublimité la parole suprême du Rédempteur revenu triomphant à la droite de son Père. L'abolition du culte hébraïque et la ruine politique de la nation réprouvée; le renversement du paganisme dans l'empire romain et la chute de ce colosse rejeté de Dieu; les victoires décisives de l'Église sur les ennemis de Jésus-Christ, le jugement dernier et le bonheur des élus dans le ciel, sont l'objet de l'Apocalypse. On y voit évidemment l'intention divine d'exciter les fidèles à persévérer dans leur foi en leur montrant les glorieuses destinées du christianisme, jusqu'à la consommation de ce monde au

L'Apocalypse.

sein de Dieu. Là se multiplient les symboles les plus saisissants, et c'est certainement, de tous les livres sacrés, celui où la sagesse d'En-Haut les a épanchés avec le plus de profusion et de splendeur.

<small>Ce que l'étude du symbolisme retire de la connaissance des Livres saints.</small>

Cette analyse de la Bible, que nous bornons à l'essentiel de la matière, suffira pour initier nos lecteurs à une connaissance générale de l'Écriture sainte. Ceux qui n'en ont pas étudié l'ensemble voient déjà comment s'y relient les unes aux autres les diverses parties qui le composent; et par cela même qu'ils renferment l'histoire et l'esprit du christianisme depuis l'origine du monde, on comprend quelle part active le symbolisme doit y avoir. Quand nous citerons désormais quelqu'un d'entre eux, on en connaîtra donc le but et la portée, ce qui ne servira pas peu à faire apprécier la valeur de nos assertions.

De ces Livres sacrés, deux surtout, entièrement symboliques par eux-mêmes, devront faire le sujet d'une analyse particulière : ils ont une trop large place dans la théorie et dans l'histoire qui nous occupe pour n'être pas compris dans notre plan. Tels sont le *Cantique* et l'*Apocalypse*, dont les allégories continuelles offrent une suite intéressante de figures mystiques d'où surgissent autant de précieuses preuves à l'appui de nos observations. Les autres nous présenteront une riche moisson d'arguments de toute espèce, et viendront maintes fois éclairer notre cadre des vives lumières qui jaillissent de leurs moindres traits.

Jusqu'ici nous pouvons conclure de cette connexion intime qui unit inséparablement la Loi mosaïque à la Loi évangélique un principe développé dans la première partie de cet ouvrage : c'est que le christianisme remonte au berceau de l'humanité, et que le symbolisme, aussi ancien que l'intelligence humaine, toujours avide de s'en nourrir, s'est fait dès l'origine des choses le plus fréquent et le plus populaire moyen de l'enseignement dogmatique et moral de la religion du vrai Dieu.

Il est temps d'exposer, comme essentiellement liée à notre sujet, la théorie fondamentale de l'exégèse biblique, en signalant les divers aspects sous lesquels le texte divin peut être considéré. C'est surtout de ces significations multiples d'un seul et même texte que jaillit le symbolisme. Il importe donc beaucoup d'en connaître les sens divers.

CHAPITRE III.

L'INTERPRÉTATION SCRIPTURAIRE.

Sens divers à distinguer dans l'Écriture.

L'Écriture sainte étant destinée de Dieu à l'instruction de l'homme, qui doit en recevoir, avec ses plus anciens souvenirs de famille, la règle de ses mœurs et de sa conscience (1), elle présente nécessairement dans chacune des formes de son enseignement un *sens littéral* qui y fait prendre les termes selon la force naturelle qu'on leur donne dans l'usage ordinaire de la langue, et un *sens spirituel* ou figuré qui reste enveloppé sous les expressions de l'auteur : ce dernier sens s'appelle encore le *sens mystique*. Il renferme, en effet, une espèce de mystère, et étend ses prétentions au delà des limites naturelles qu'il semble avoir.

De plus, ce sens mystique ou spirituel se distingue en *allégorique, tropologique* ou *moral*, et en *anagogique*.

Les théologiens, pour mieux inculquer cette division et en exposer le but et la convenance, l'ont renfermée en deux vers techniques, dont l'explication suffira à développer toute la théorie de cette étude.

Le sens littéral,

Littera gesta docet. La lettre, le texte littéral expose le sens qui se présente immédiatement, le fait historique ou dogmatique pris dans sa signification propre et rigoureuse, comme lorsque Notre-Seigneur dit : « Mon Père et moi nous ne faisons qu'un (2); » — « Le Fils de l'homme va à Jéru-

---

(1) « Omnis Scriptura divinitus inspirata utilis est ad docendum, ad arguendum, ad corripiendum, ad erudiendum in justitia, ut perfectus sit homo Dei, ad omne opus bonum instructus. » (2 *Tim.*, III, 16.)

(2) « Ego et Pater unum sumus. » (*Joan.*, X, 30.)

salem pour y être crucifié (1). » — Mais elle n'a qu'une signification figurée quand les termes ne peuvent s'appliquer au sujet qu'improprement et par une sorte de comparaison : ainsi Notre-Seigneur est appelé « le Lion de la tribu de Juda (2) ; » Benjamin est « un loup ravissant (3). »

Quid credas allegoria. — Le sens allégorique, voilé sous la lettre, renferme une allusion à Jésus-Christ, à son Église, un mystère de foi (4). C'est ordinairement un rapport de l'Ancien Testament au Nouveau. Ainsi le serpent d'airain élevé par Moïse dans le désert pour guérir les morsures faites par les serpents aux Israélites murmurateurs, figurait d'avance la croix et son pouvoir salutaire sur les âmes blessées par le démon (5). Joseph vendu par ses frères, jeté en prison, relevé jusqu'au faîte des grandeurs, c'est Jésus-Christ trahi par un apôtre, abandonné de tous, condamné, crucifié et sortant vainqueur du tombeau, qui n'a pu le garder. Abraham engendre Isaac de Sara, la femme libre : c'est, d'après S. Paul, le Nouveau Testament, l'Église même de Jésus-Christ, héritière véritable et unique des promesses faites sous l'ancienne Loi ; Ismaël, l'autre fils du grand Patriarche, né d'Agar, l'esclave exilée, représente la Loi primitive, déchue de tout honneur à l'avènement de la nouvelle, et qui cesse dès lors d'avoir aucune part à l'héritage de Dieu (6).

allégorique,

(1) « Filius hominis vadit ut crucifigatur. » (*Matth.*, XXVI, 2.)
(2) « Ecce vicit leo de tribu Juda. » (*Apoc.*, V, 5.)
(3) « Benjamin lupus rapax. » (*Gen.*, XLIX, 27.)
(4) Ἄλλος, autre ; ἀγορεύω, dire : *dire autre chose* que ce qui paraît. — « Allegoria quasi *alieniloquium*, quando non per voces, sed per rem factam alia res intelligitur : ut per transitum maris Rubri transitus intelligitur per baptisma ad paradisum. » (Hugo a Sancto-Victore, *Exegetica in Script. sacram.*, cap. V et seq.; mihi, t. I, cap. III et XIII.)
(5) Voir le discours de S. Jean Chrysostome *De Serpente æneo.* (Opp., t. I.)
(6) « Abraham duos filios habuit, unum de ancilla et unum de libera : sed qui de ancilla secundum carnem natus est ; qui autem de libera, per repromissionem. *Quæ sunt per allegoriam dicta* : hæc enim sunt duo

Il n'y a pas d'exemple plus frappant de ce sens allégorique appliqué dans l'Évangile que celui de l'Enfant prodigue et de son frère, représentant les Juifs restés fidèles à leur vocation par leur entrée dans le christianisme, et les Gentils se convertissant de leurs égarements par leur retour vers le père de famille abandonné et méconnu depuis si longtemps. Cette interprétation, donnée d'abord par S. Augustin (1), fut suivie bientôt après par S. Jérôme (2), plus tard par S. Grégoire le Grand (3), et toute la tradition s'est établie enfin sur cette scholie, à laquelle n'ont manqué dans tout le moyen âge aucune des grandes intelligences formées à la méditation des Écritures : ainsi S. Ambroise, S. Pierre Chrysologue, S. Maxime de Turin, S. Césaire d'Arles jusqu'au septième siècle, — et, depuis cette époque jusqu'au treizième, Raban Maur, Bruno d'Asti, Honorius d'Autun, Rupert et d'autres.

moral ou tropologique,

Moralis quia agas. Si la lettre présente, en outre du fait qu'elle exprime, un enseignement pour les mœurs, une leçon pour la pratique des vertus chrétiennes, elle offre alors un sens *moral* ou *tropologique* (4). C'est de la sorte que le Samaritain, relevant l'homme tombé sous les coups des voleurs, figure Jésus-Christ, le prêtre charitable guérissant par ses soins les blessures du pécheur (5). La Samaritaine est l'âme égarée, qui ne se connaît point et qu'éclaire la parole divine (6). — Absalon révolté est l'image d'un fils

---

Testamenta... Fratres, non sumus ancillæ filii, sed liberæ : qua libertate Christus nos liberavit. » (*Ad Galatas,* IV, 22 et seq.)

(1) *Quæstiones evangelicæ,* quæst. XXXIII.
(2) *Moralium* lib. XXXIX, cap. VI.
(3) *Epist. ad Damasium.*
(4) Τρόπως, changement; λόγος, discours : *changer le discours de direction.* — « Conversiva locutio, dum quod dicitur ad mores ædificandos convertitur, ut sunt moralia. » (Hugo a Sancto-Victore, *ubi suprà.*)
(5) Voir le discours de S. Pierre Chrysologue, *De Samaritano.*
(6) « Non frustra fatigatur Jesus... Tibi fatigatus est ab itinere. » (S. Aug., *Tract. XV in Joan.,* post initium.)

L'INTERPRÉTATION SCRIPTURAIRE.   53

puni dans sa désobéissance, de l'âme chrétienne révoltée contre Dieu (1); et ainsi d'une foule d'autres.

Quo tendas anagogia. — Le chrétien doit tendre d'une et anagogique. ardeur soutenue au terme de sa course d'ici-bas, au ciel, où seront couronnés et ses travaux et ses peines. On appelle donc sens *anagogique* (2) celui qui lui fait trouver dans le texte littéral qu'il étudie un souvenir, une idée, et par conséquent un désir du bonheur que Dieu lui prépare. S. Paul, expliquant le *repos* du septième jour imposé par la loi de Moïse au peuple juif, l'applique anagogiquement au peuple chrétien en l'interprétant du repos éternel de la patrie céleste (3). Ainsi ailleurs, la Terre promise est la récompense impérissable destinée aux enfants de Dieu, comme la vie présente est la captivité de l'Égypte (4). Les biens temporels, promis aux Iraélites en récompense de leur foi et de leurs bonnes œuvres, sont la figure des biens éternels; et la longue vie que recevra ici-bas l'homme vertueux et fidèle signifie, à plus forte raison, la vie sans fin ouverte aux élus après leur mort (5).

On voit, d'après ces définitions et ces exemples, qu'un même mot peut s'entendre parfois des quatre manières que nous venons d'expliquer : ainsi, en suivant toujours notre

---

(1) Voir Sanctius, *Commentar. in cap.* XIII *libri II Regum.*

(2) Ἀνά, en haut; ἄγω, conduire: *élever l'esprit* aux choses d'*En Haut.* — « Sursum ductio, unde anagogicus sensus dicitur qui a visibilibus ducit ad invisibilia : ut lux primo die facta, rem invisibilem, id est angelicam naturam significat, a principio factam. » (Hugo a Sancto-Victore, *ubi suprà*.)

(3) « Qui ingressus est in requiem Dei etiam ipse requievit ab operibus suis, sicut a suis Deus. Festinemus ergo ingredi in illam requiem. » (*Hebr.*, IV, 10.)

(4) « Abraham... demoratus est in terra repromissionis...; exspectabat enim fundamenta habentem civitatem, cujus artifex et conditor Deus. » (*Hebr.*, XI, 9.) — « Apprehendi manum eorum ut educerem illos de terra Ægypti...; et ero eis in Deum...; et peccatorum eorum jam non memorabor. » (*Ibid.*, VIII, 9 et seq.)

(5) « Longitudine dierum replebo illum, et ostendam illi salutare meum. » (*Ps.*, XC, 16.)

guide du douzième siècle, Jérusalem, prise dans le *sens historique* ou *littéral*, doit s'entendre de la ville terrestre de ce nom ; *allégoriquement*, c'est l'Église ; *tropologiquement*, l'âme fidèle ; *anagogiquement*, la patrie du ciel.

<small>Sens accommodatice.</small>

Reconnaissons encore, en dehors de ces sens divers donnés à la lettre de l'Écriture, le sens *accommodatice*. Par lui on *accommode* à une personne, à une situation, à un mystère, ce qui a été donné par l'auteur sacré dans une intention qui ne s'y rapportait aucunement. Il sort donc le plus souvent de l'exactitude dogmatique, ne peut conséquemment servir de preuve à aucune vérité doctrinale ; mais il sert beaucoup à des rapprochements qui aident à jeter la lumière sur une foule de points de l'enseignement religieux. Les Pères sont pleins, dans leurs homélies et autres œuvres morales, d'ingénieuses allusions qui ne reposent que sur le sens accommodatice. L'Église, dans toutes les parties de ses offices, entretient par lui la piété des fidèles, et applique aux saints ou aux mystères qu'Elle célèbre beaucoup de textes divers qui ne s'y rapportent point par leur origine. Un des principaux exemples de cette flexibilité imposée au sens divin se trouve dans l'attribution, faite à la sainte Vierge, du chant d'enthousiasme adressé par les habitants de Béthulie à la courageuse Judith après la mort d'Holopherne et la défaite de son armée :

« Vous êtes la gloire de Jérusalem, vous êtes la joie d'Israël et l'honneur de notre peuple ;

» Car votre âme s'est montrée toute virile. Votre cœur s'est rempli de force, parce que vous avez aimé la chasteté... C'est pour cela que la main du Seigneur vous a soutenue et que vous recueillerez d'éternelles bénédictions (1). »

<small>Règles de prudence pour n'en pas exagérer le symbolisme.</small>

Mais il faut, pour rester dans les bornes raisonnables d'un tel moyen, se méfier des écarts de l'imagination, et ne

---

(1) « Tu gloria Jerusalem, tu lætitia Israel, tu honorificentia populi nostri, etc. » (*Judith*, XV, 10.)

pas oublier que rien ne favorise plus l'abus des choses permises que l'arbitraire laissé à ceux qui en veulent user. Sous ce rapport, l'éloquence de la chaire surtout demande une grande circonspection. Il faudra donc se poser trois règles indispensables, pour ne point s'égarer dans l'application symbolique de l'Écriture : 1° n'employer jamais le sens accommodatice comme donné par des auteurs sacrés, mais comme une simple appropriation faite par nous-même du langage divin au sujet que nous traitons; 2° n'altérer en rien, sous aucun prétexte, le sens littéral ou spirituel, qui ne pourrait être expliqué autrement que par l'Église et selon la définition du Concile de Trente (1); 3° enfin, n'user d'interprétations accommodatices qu'autant qu'elles ne sont pas réprouvées par les écrits des docteurs et des maîtres autorisés.

C'est pour avoir mal compris ces règles que des hommes plus ou moins irréfléchis ont jeté, par deux excès opposés, le désordre dans le champ de l'exégèse biblique. Les uns ont voulu tout entendre dans le sens mystique, ne laisser rien au sens historique, comme on le reproche à Origène (2) ;

Erreurs sur ce point du rationalisme moderne.

---

(1) « Præterea... nemo suæ prudentiæ innixus in rebus fidei et morum, ad ædificationem doctrinæ christianæ pertinentium, sacram Scripturam ad suos sensus contorquens, contra eum sensum quem tenuit et tenet sancta mater Ecclesia, *cujus est judicare de vero sensu et interpretatione* Scripturarum sanctarum; aut etiam contra unanimem consensum Patrum ipsam Scripturam sacram interpretari audeat, etiamsi hujusmodi interpretationes nullo unquam tempore in lucem edendæ forent. » (*Sess.* IV *de canonicis Script.*)—Dans l'esprit du Concile on ne peut donc se servir d'un sens opposé à celui de l'Église, ni dans les conversations particulières, ni en des écrits qu'on ne destinerait pas à la publicité. Que de fois le jansénisme et le gallicanisme, solennellement condamnés au Concile œcuménique du Vatican, ont manqué à cette règle !

(2) Voir Tillemont, *Mémoires pour servir à l'histoire ecclésiastique*, t. VIII; *Origène*, art. VIII. — Les antiscripturaires ont prétendu que les Saints entendaient toujours l'Écriture allégoriquement. Cette erreur a été savamment réfutée dans le livre de Stackhouse : *Le sens littéral de l'Écriture sainte défendu contre les principales objections des antiscripturaires et des incrédules modernes*, la Haye, 1738, 3 vol. in-8°.— Cet auteur défend Origène contre ceux qui lui ont reproché vivement ses trop grandes tendances vers le sens allégorique.

mais surtout, et à plus forte raison, regarder les récits de la Bible, les personnages dont elle parle comme autant de symboles ou de *mythes* : c'est le malheureux travers dans lequel a donné, avec des égarements inouïs jusqu'à nos jours, l'École rationaliste, ouverte en France par Jean-Jacques Rousseau, suivie par l'auteur des *Ruines*, par celui de l'*Origine des cultes*, et continuée en Allemagne par Straus, Salvador et leurs adeptes (1). D'autres, au contraire, veulent tout prendre à la lettre, et ne voir que de l'histoire pure, en expliquant tout par le sens naturel : c'est le défaut dans lequel est tombé, très-involontairement croyons-nous, l'auteur anonyme du livre intitulé : « Réalité des figures de la Bible (2), » lequel, pour mieux réfuter l'incrédulité dans ses attaques contre le surnaturalisme de la plupart des événements bibliques, les explique par des moyens humains, dont quelques-uns y seraient vraiment plus ridicules que les miracles n'y sont difficiles à croire.

Utilité des écrits de Janssens et de l'abbé Duguet sur cette matière.

Nous conseillons, pour plus de développements sur l'étude élémentaire des Livres saints, l'excellente *Herméneutique sacrée* d'Hermann Janssens (3), ouvrage succinct, qui

(1) Nous pourrions ajouter à cette liste des incrédules contemporains M. Renan, qui, chargé en 1862 de la chaire d'hébreu au Collége de France, a commencé, dès le début de son cours, par nier la divinité de Jésus-Christ. On voit que c'est agir radicalement, et nier tout à la fois. Les réfutations n'ont pas manqué à ce ridicule système, qui n'a été, comme tant d'autres, qu'une occasion de plus d'attirer une plus vive lumière sur la vérité. — Pour peu qu'on lise attentivement ce qui va suivre dans ce chapitre sur la concordance des Évangiles et des prophéties, attestée par le Christ lui-même en mille endroits de ses discours, on se persuadera que M. Renan n'a rien dit de nouveau, que ses *peut-être* aussi bien que ses négations ne sont d'aucune valeur réelle, et qu'un livre comme sa prétendue *Vie de Jésus* ne peut pas être pris au sérieux plus que ses *Origines* et ses *Apôtres*, qui s'appuient sur le même genre d'aberrations. Le plus grand malheur de cet écrivain est donc d'avoir écrit sans bonne foi des livres inspirés par une trop puissante et trop coupable influence.

(2) 1 vol. in-8º, Paris, 1797.

(3) Ou *Introduction à l'Écriture sainte en général, et en particulier à chacun des livres de l'Ancien et du Nouveau Testament*, publiée et

résout avec science et exactitude toutes les difficultés objectées contre le texte, et donne une connaissance nette et suffisante de chacun des Livres inspirés. On lira aussi avec fruit, quant aux moyens de découvrir les différents sens dont nous venons de parler, les *Règles pour l'intelligence de l'Écriture* (1), où sont réunis de nombreux exemples à l'appui des éclaircissements qu'elles donnent. Ce dernier livre, dont la méthode est en parfait accord avec celle des Pères et des Docteurs, est de l'abbé Duguet, et ne se ressent pas de ses idées trop souvent jansénistes. La préface est de l'abbé d'Asfeld. Les opinions de celui-ci étaient beaucoup plus mauvaises ; cependant il y reste très-orthodoxe. Au reste, un préjugé favorable à ces deux écrivains sur cette question se prendrait dans le bonheur qu'ils ont eu d'être attaqués, en une prétendue réfutation, par un certain Léonard de Malespaines, qu'on prendrait, à la lecture de son livre, pour un protestant déguisé (2). Comme ces *Règles* tendent à prouver un des principes les plus importants de l'exégèse, nous allons les analyser rapidement, en apportant à notre thèse les arguments qui servent à prouver la sienne.

Nous avons observé déjà qu'indépendamment des sens divers qu'on peut trouver dans l'Écriture, il en est un surtout qui la domine nécessairement et qui s'y montre maintes fois en même temps que tel ou tel autre. C'est celui que nous avons nommé *allégorique*, et qu'il y faut presque tou-

Le sens allégorique plus généralement usité.

---

augmentée par l'abbé Sionnet, 3 vol. in-8°, Paris, 1846. — Voir encore Jacquelot, *Dissertation sur le Messie, où l'on prouve aux Juifs que Jésus-Christ est le Messie promis et prédit dans l'Ancien Testament*, in-12, Amsterd., 1752. — L'auteur est protestant, mais d'une époque où le protestantisme croyait encore à la divinité du Verbe, et, quoiqu'il manque de règle et de méthode, il a de l'érudition, et ses preuves sont celles d'ailleurs que donnerait un écrivain catholique.

(1) 1 vol. in-32, Paris, 1716.— C'est la meilleure édition, comme plus complète.

(2) *Réfutation du livre des Règles pour l'intelligence des saintes Écritures*, Paris, in-12, 1727. — Les journalistes de Trévoux réfutèrent cette réfutation dans leurs *Mémoires* de janvier 1728, p. 6.

jours appliquer à Jésus-Christ. Léonard de Malespaines ne voulait que le sens littéral, bien froid, bien sec, tel que l'ont fait, à force de le ramener au naturalisme, les idées calvinistes et luthériennes. Duguet, au contraire, soutient le sentiment de l'Église catholique, à la suite de Notre-Seigneur lui-même et des Pères de tous les siècles. De telles autorités en valent bien d'autres.

<small>Que tout dans l'Écriture converge à Jésus-Christ.</small>

C'est d'abord, aux yeux de l'Église, une incontestable vérité, que les deux Testaments s'expliquent l'un par l'autre; que l'Ancien est la prophétie dont le Nouveau est l'accomplissement; et, comme dans celui-ci aucun fait ne rayonne d'un plus vif éclat que la mission et la divinité du Sauveur, il s'ensuit qu'à elle surtout devaient se rapporter de loin le langage des prophètes et la conduite mystérieuse des personnes et des faits. Cette proposition s'enchaîne à celle qui constate la présence anticipée et allégorique du Rédempteur sous l'enveloppe du sens naturel et obvie. Les preuves abondent sur chacun de ces points. Voyons comment la Sagesse incréée a donné les siennes.

<small>Observation de S. Cyrille de Jérusalem à ce sujet,</small>

« Jésus-Christ, dit S. Cyrille, porte ces deux noms de Jésus et de Christ : Jésus, parce qu'il nous a sauvés ; Christ, à cause du sacerdoce dont il fait les fonctions. Ce que Moïse connaissant par un esprit de prophétie, il donna ces noms aux deux plus grands hommes qui existaient alors. Il nomma *Jésus* ce Navé, qui devait lui succéder dans le gouvernement du peuple, et *Christ*, son frère Aaron, afin que ces deux marquassent et figurassent dans leur ministère le souverain sacerdoce et la dignité royale qui devaient se trouver dans la suite réunis en Jésus-Christ (1). »

<small>confirmée par le Sauveur lui-même;</small>

Dans l'Évangile, le Sauveur ne laisse pas échapper une occasion de rattacher ce qui lui arrive aux prédictions qui avaient été faites de Lui sous les transparences de l'allégorie. Le jour même de sa résurrection, il reproche aux disciples

---

(1) S. Cyrilli Hierosol. *Catechesis decima*, n° 5.

d'Emmaüs d'avoir trop peu l'intelligence des prophéties, et de manquer de foi. « Et alors, commençant par Moïse et leur citant *tous* les prophètes, il leur explique ce qui avait été dit de Lui dans *toutes* les Écritures (1). »—Voilà donc que Moïse est le prophète de Jésus-Christ, et que *tous* les prophètes, *toutes* les cérémonies légales attestent sa vie, sa mort, sa résurrection... Il s'y voit partout, Il s'y rencontre à chaque pas, et Il montre à ses deux interlocuteurs que ce législateur des Juifs le représente aussi sûrement dans ses histoires par des prophéties d'action, et dans les cérémonies par les figures, que tous les autres prophètes par des prédictions claires et des paroles distinctes (2). Cette même vérité l'autorisait encore lorsqu'Il reprochait aux Juifs leur incrédulité : « Consultez les Écritures, vous qui croyez y voir le principe de la vie éternelle : ce sont elles qui me rendent témoignage. Et cependant vous ne voulez pas venir à Moi. Aussi ne croyez pas que Je doive moi-même vous accuser devant mon Père. Vous serez accusés par ce Moïse même en qui vous placez votre confiance. Car si vous croyez à Moïse, vous devez croire en Moi, puisque tout ce qu'il a écrit me concerne. Il est donc impossible que vous vous en rapportiez à lui sans accepter ma parole (3). »

N'est-ce pas Moïse qui annonce le Fils d'une femme destiné à écraser la tête du serpent (4)? ne prédit-il pas que

par Moïse;

---

(1) « O stulti et tardi ad credendum *in omnibus* quæ locuti sunt prophetæ ! Nonne hæc oportuit pati Christum, et ita intrare in gloriam ? Et incipiens a Moyse et *omnibus* prophetis interpretabatur illis *in omnibus* Scripturis quæ de Ipso erant. » (*Joan.*, xxiv, 13, 32.)
(2) *Règles pour l'intelligence des Écritures*, préface, p. v.
(3) « Scrutamini Scripturas quia vos putatis in ipsis vitam æternam habere, et illæ sunt quæ testimonium perhibent de Me...; et non vultis venire ad Me ut vitam habeatis... Nolite putare quia Ego accusaturus sum vos apud Patrem... Est qui accusat vos Moyses in quo vos speratis. Si enim crederetis Moysi, crederetis forsitan et Mihi, de Me enim ille scripsit. Si autem illius litteris non creditis, quomodo verbis meis credetis ? » (*Joan.*, v, 39 et seq.)
(4) « Ait Dominus Deus ad serpentem : Inimicitias ponam inter te et mulierem, et semen tuum et semen illius : ipsa conteret caput tuum. » (*Gen.*, iii, 15.)

toutes les nations recevront leur bénédiction d'un descendant d'Abraham (1); que le gouvernement de la Judée sera continué à des princes tirés du peuple juif jusqu'à la venue de Celui qu'attendra alors toute la terre (2) ?

Remarquons ici que les Juifs cherchaient la vie éternelle dans les Écritures : Jésus-Christ avoue qu'elle s'y trouve, puisqu'elles ne parlent que de Lui, « qui est venu la donner abondamment (3). » — Or, dans un autre endroit, Il affirme qu'il est Lui-même cette vie éternelle, laquelle consiste toute à connaître le seul vrai Dieu et Celui qu'il a envoyé, le Christ-Sauveur (4).

Ce n'est pas tout : le divin Docteur ne se lasse point de répéter cette vérité, et, sur le point de se séparer de ses disciples pour la dernière fois en ce monde, avant de leur ouvrir l'intelligence des Écritures, dont l'enseignement va être désormais leur occupation principale, il leur déclare que tout ce qui avait été écrit de Lui a enfin reçu son accomplissement, et Il rappelle que tant de détails de sa vie, de ses souffrances, de sa mort, de sa résurrection étaient écrits depuis plus ou moins de siècles, dans Moïse, dans les prophètes et dans les psaumes (5).

et par les Apôtres.

Cette lumière intérieure, donnée aux Apôtres pour les faire participer au trésor des Écritures, ne faillit point à leur zèle. Ceux qui écrivirent l'Évangile signalent plus d'une fois la coïncidence de certains événements avec la prédiction

---

(1) « Vocavit Angelus Domini Abraham de cœlo, dicens : Benedicentur in semine tuo omnes gentes. » (*Gen.*, XXII, 18.)

(2) « Non auferetur sceptrum de Juda, et dux de femore ejus, donec veniat Qui mittendus est, et Ipse erit exspectatio gentium. » (*Gen.*, XLIX, 10.)

(3) « Ego veni ut vitam habeant et abundantius habeant. » (*Joan.*, X, 10.)

(4) « Hæc est autem vita æterna ut cognoscant Te solum Deum verum, et quem misisti Jesum Christum. » (*Joan.*, XVII, 3.)

(5) « Hæc sunt verba quæ locutus sum ad vos cum adhuc essem vobiscum, quoniam necesse est impleri omnia quæ scripta sunt in lege Moysi, et prophetis, et psalmis, de Me. » (*Luc.*, XXIV, 44.)

qui en avait été faite. S. Matthieu, par exemple, après avoir rapporté de quelle manière S. Joseph fut averti par l'Ange de la naissance prochaine de l'Enfant-Dieu, ajoute que ces choses se passèrent ainsi pour l'accomplissement de ce qu'avait dit Isaïe de l'enfantement d'une Vierge, du nom donné à son Fils et de la signification symbolique de ce nom (1). — Puis il rappelle, à l'occasion de la fuite en Égypte et du retour de la sainte Famille après la mort d'Hérode, qu'Osée en avait parlé en termes exprès (2). Et, un peu plus bas, il applique au massacre des Innocents ce passage de Jérémie où Rachel pleure ses enfants et reste inconsolable parce qu'ils ne l'ont plus (3). — On voit par tous ces passages que les Apôtres admettaient parfaitement le sens allégorique.

Dans les Actes, dans les Épîtres, les autres Apôtres suivent la même ligne, sur les traces des autres évangélistes que nous pourrions citer. S. Pierre et S. Paul, surtout, tirent de ce moyen les principaux arguments de leurs premières prédications. Mais rien n'y est plus sensible que la rencontre faite par S. Philippe de l'officier éthiopien à qui il démontra, d'après Isaïe, que ce prophète n'avait pu avoir en vue que Jésus-Christ dans le célèbre passage où il parle en termes si élevés de la génération éternelle et de la naissance temporelle du Verbe divin (4).

(1) « Hoc autem totum factum est ut adimpleretur quod dictum est a Domino per prophetam dicentem : Ecce Virgo concipiet et pariet Filium, et vocabitur nomen ejus Emmanuel; quod est interpretatum : Nobiscum Deus. » (*Matth.*, I, 22.)

(2) « Et erat ibi usque ad obitum Herodis, ut adimpleretur quod dictum est a Domino: Ex Ægypto vocavi Filium meum. » (*Matth.*, II, 15. — *Oseæ*, XI, 1.)

(3) « Tunc adimpletum est quod dictum est per Jeremiam prophetam, dicentem : Vox in Rama audita est; ploratus et ululatus multus : Rachel plorans filios suos, et noluit consolari quia non sunt. » (*Matth.*, II, 17.)

(4) « Philippus audivit eum legentem Isaiam prophetam, et dixit : Putas, intelligis quæ legis? Qui ait : Et quomodo possum si non aliquis ostenderit mihi ?... Locus autem Scripturæ quem legebat erat hic : « Tanquam ovem ad occisionem ductus est, et sicut agnus coram ton-

Du temps même de Notre-Seigneur, et quand sa prédication et ses miracles commençaient à le rendre célèbre, beaucoup d'Israélites croyaient en Lui parce qu'ils reconnaissaient en sa personne Celui que tant d'oracles avaient promis sous d'innombrables figures, et que les cœurs droits attendaient pour cette époque précisée. C'est ce sentiment qui l'avait fait reconnaître à S. Philippe, lorsqu'il vint l'annoncer à Nathanaël (1).

<small>Cet enseignement donné aux peuples dès les premiers jours du christianisme.</small>

Le peuple ne fut donc pas étonné d'entendre, dès le jour de la Pentecôte, S. Pierre expliquer de Celui qui naguère venait d'être crucifié, la promesse qu'avait faite Moïse d'un Prophète auquel il faudrait obéir (2), et d'un Christ qui passerait par les souffrances et par la mort (3). — Les premiers chrétiens, à peine sortis du judaïsme, durent donc très-bien entendre aussi les allégories qu'on leur donna en preuves de leur nouvelle croyance. Quand le Christ avait dit à S. Pierre, par allusion à son nom, qu'il faisait de lui la pierre fondamentale de l'Église, il lui avait découvert un mystère qui dès lors fut compris de tous les disciples, accepté du Pêcheur de Galilée, et réalisé à partir de ce moment dans toute la conduite du divin Maître envers lui. L'Apôtre, devenu ainsi le chef infaillible de cette Église par le Testament de son divin fondateur, se rappelait cette

---

» dente se sine voce sic non aperuit os suum : in humilitate judicium
» Ejus sublatum est: Generationem ejus quis enarrabit? quoniam tol-
» letur de terra via ejus. » (*Is.*, LIII, 7.)— « Eunuchus Philippo dixit :
De quo Propheta dicit hoc ? de se an de alio aliquo?... Philippus incipiens a Scriptura ista evangelizavit illi Jesum. » (*Act.*, VIII.)—Voir tout le texte, du verset 26 à la fin.

(1) « Invenit Philippus Nathanael et dicit ei : Quem scripsit Moyses in Lege, et prophetæ, invenimus Jesum. » (*Joan.*, I, 45.)

(2) « Quæ locutus est Deus per os Sanctorum suorum a sæculo Prophetarum, Moyses quidem dixit : Quoniam Prophetam suscitabo vobis Dominus Deus vester de fratribus vestris tanquam Me. Ipsum audietis juxta omnia quæcumque locutus fuerit vobis. » (*Act.*, III, 21.)

(3) « Deus autem quæ pronuntiavit per os omnium prophetarum pati Christum suum sic implevit. » (*Act.*, III, 18.)

allusion à sa propre personne, mais sans doute aussi le rocher frappé par Moïse, lorsqu'il exhortait les fidèles à se rapprocher de Jésus, « *la pierre vive*, réprouvée des hommes il est vrai, mais choisie et honorée par Dieu, » et à devenir eux-mêmes des « *pierres vivantes* dont se forme l'édifice spirituel de l'Église (1). » — S. Paul disait dans le même sens, d'après Isaïe, que les Israélites, en méprisant la loi du Christ, se heurtaient d'eux-mêmes à *une pierre* qui causerait leur perte (2). — Enfin il n'est pas moins explicite dans sa première lettre aux Corinthiens, en leur montrant leurs pères abreuvés par Moïse de l'eau sortie du rocher dans le désert. « Ce rocher, dit-il, était une pierre spirituelle, et cette pierre était Jésus-Christ ». Tout cela, ajoute-t-il, a été fait en figure et à cause de nous, afin que nous ne soyons pas un objet d'improbation pour Jésus-Christ, comme le furent ceux qui succombèrent à la morsure des serpents (3).

On pourrait multiplier de beaucoup de semblables témoignages, qui de toutes parts s'accumulent dans les Livres saints et y démontrent que la pensée du Sauveur y vit sans interruption, s'y manifeste d'une manière plus ou moins sensible, mais toujours réelle, et qu'il est visible en une foule de passages où l'Esprit-Saint l'a découvert aux grandes

---

(1) « Ad Jesum accedentes lapidem vivum ab hominibus quidem reprobatum, a Deo autem electum et honorificatum, et ipsi lapides vivi superædificamini domus spiritualis. » (1 *Petr.*, II, 4.) — « Lapidem quem reprobaverunt ædificantes, Hic factus est caput anguli. » (*Act.*, IV, 2.)

(2) « Qui non ex fide offenderunt in lapidem offensionis, sicut scriptum est.» (*Is.*, VIII, 14.)—Ecce pono in Sion *Lapidem* offensionis et *Petram* scandali : et omnis qui credit in *Eum*, non confundetur. » (*Rom.*, IX, 32.)

(3) « Patres nostri omnes eumdem potum spiritalem biberunt. Bibebant autem de spiritali consequente eos petra. *Petra autem erat Christus*. Hæc autem in figura facta sunt nostri, ut... neque tentemus Christum, sicut quidam eorum tentaverunt et a serpentibus perierunt. » (1 *Cor.*, X, 2 et seq.) — Voir tout ce passage, et le comparer avec les ch. XIII, XIV, XVI et XVII de l'Exode, et les ch. XX, XXI, XXV et XXVI des Nombres.

intelligences de l'Église. La lecture attentive de ces maîtres de la doctrine est une source intarissable d'observations précieuses, à l'aide desquelles se développe la connaissance du symbolisme chrétien, et qu'il faut bien se garder de négliger si l'on veut pénétrer ce sens de notre iconographie religieuse.

Les paraboles et autres allégories. Les paraboles, si souvent employées par Notre-Seigneur, d'après la coutume du langage oriental, sont un symbolisme en action, cachant sous un sens littéral un trait moral, une *anagogie*. Il paraît bien que la Vérité éternelle ne croyait pas avoir un meilleur moyen d'enseignement populaire, puisqu'elle y revenait sans cesse, et ne donnait guère une leçon qui ne revêtît cette forme attachante. Le Psalmiste l'avait ainsi annoncé (1). Mais ce même Dieu va plus loin quant à ce qui le regarde Lui-même. C'est Lui qui se compare jusqu'à deux fois, pour prouver sa divinité, à Jonas demeurant trois jours dans le ventre du poisson, dont il fait la figure prophétique de son tombeau (2). C'est Lui encore qui nous propose, dans l'exaltation du serpent d'airain, le signe de son crucifiement (3). L'Évangile est semé de ces similitudes. Elles servaient admirablement les intentions du Sauveur, qui voulait, au sentiment des plus graves interprètes (4), exercer l'intelligence de ceux qui cherchaient avec piété le sens de ses paroles et les imprimer plus forte-

---

(1) « Et sine parabolis non loquebatur eos, ut adimpleretur quod dictum est per Prophetam, dicentem : Aperiam in parabolis os meum ; eructabo abscondita a constitutione mundi. » (*Matth.*, XIII, 34 ; *Ps.*, LXXVVII, 2.)

(2) « Sicut fuit Jonas in ventre ceti tribus diebus et tribus noctibus, sic erit Filius hominis in corde terræ tribus diebus et tribus noctibus.» (*Matth.*, XII, 40 ; *Jonas*, II.) — « Generatio mala et adultera signum quærit, et signum non dabitur ei, nisi signum Jonæ prophetæ.» (*Matth.*, XVI, 4.)

(3) « Sicut Moyses exaltavit serpentem in deserto, ita exaltari oportet Filium hominis, ut omnis qui credit in Ipsum non pereat, sed habeat vitam æternam. » (*Joan.*, III, 14 ; *Num.*, XXI.)

(4) Voir dom Calmet et Sacy sur le psaume 77.

ment dans leurs cœurs. Par là aussi, au jugement de S. Jean Chrysostome, il inspirait un plus vif désir de la vérité (1). Étudiez le sens de la parabole des dix vierges, rapportée au chap. xxv de S. Matthieu. Sous le voile allégorique de dix personnes, dont une moitié suit la voie de la sagesse, et l'autre celle des folies mondaines, il y est question des précautions de prudence dont le chrétien doit s'entourer contre les séductions du siècle, du soin de ne pas se priver, en laissant *éteindre sa lampe*, de la raison et de la foi, lumières divines qui éclairent et guident la conscience et la dégagent des obscurités du matérialisme. Les auteurs catholiques y ont vu cette leçon, et beaucoup l'ont développée avec une grande variété de formes, qui toutes reviennent essentiellement au même fond. De ceux qui en ont mieux compris les détails, il faut lire surtout un auteur, resté inconnu, du septième siècle, dans les collections de patrologie. Il rapporte la vigilance recommandée par Notre-Seigneur, vers la fin de sa parabole, aux cinq sens qu'il faut garder en soi libres de toute corruption. Ces sens demeurent-ils intacts et purs, ils représentent en nous les cinq vierges sages ; leur permet-on de s'émanciper et de se satisfaire sans retenue, ils tombent dans la folie des vierges réprouvées, et quiconque s'y abandonne se voit tôt ou tard fermer la porte du ciel (2). C'est de la sorte que Jésus-Christ instruisait en termes simples et féconds les générations appelées à son héritage, sachant très-bien que son

---

(1) S. Joann. Chrysost. *Hom.* xxiii *in Evangel. S. Joannis.*
(2) « Ideo fatuæ quinque et illæ prudentes quinque dicuntur, quia quinque sensus in omnibus hominibus esse probantur..., quia per istos sensus, velut per quasdam januas et fenestras, aut vita aut mors ingreditur ad animam nostram. De quibus et Propheta dixit : Intravit mors per fenestras. » (*Jer.*, ix, 21.) — « Ideo et ibi quinque virgines dicuntur prudentes quæ istis sensibus bene utuntur, et ibi quinque fatuæ quæ per istos quinque sensus magis mortem quam vitam excipiunt. » (Incerti auctoris *Sermo de decem virginibus,* apud Migne, t. LXXXVIII, col. 1072-1073.)

Esprit inspirerait pour elles des interprètes qui leur enseigneraient toute vérité (1).

<small>Simplicité et convenance de ces enseignements.</small>

D'autres fois, refusant son Esprit aux orgueilleux, qui fuyaient cette vérité et la persécutaient en Sa Personne, Il s'exprimait de façon que ses disciples seuls l'entendissent : à eux était donné de comprendre alors les mystères du royaume céleste (2). C'était un châtiment dû aux cœurs endurcis. S. Jérôme dit à ce sujet, en voyant le Sauveur expliquer lui-même la parabole du semeur, qu'en de tels cas il faut s'en tenir à la lettre même de l'explication donnée, et n'en pas chercher d'autre (3). S. Grégoire le Grand n'est pas moins explicite sur cette même parabole et ne peut être oublié parmi ceux qui développent le plus clairement les intentions doctrinales du Sauveur. Quelque étonnante que paraisse à certains une telle similitude, il ne veut pas que l'esprit humain prétende, avec sa faiblesse, discuter la convenance d'un moyen que daigne mettre en œuvre l'auguste et souveraine Vérité : « Ce n'est plus là, en effet, une parole humaine, dit-il ; c'est une leçon claire, évidente. Je ne cherche pas à vous l'expliquer, je vous la recommande. » Il faut voir ici tout ce texte du grand pontife (4).

---

(1) « Spiritus veritatis docebit vos omnem veritatem. » (*Joan.*, XVI, 13.)

(2) « Vobis donatum est nosse mysteria regni cœlorum, cæteris autem in parabolis. » (*Luc.*, VIII, 10.)

(3) S. Hieronym. in cap. VIII Lucæ. — Voir aussi les commentateurs sur ce passage du ch. XIII de S. Matthieu : « Et sine parabolis non loquebatur eis. » (*Matth.*, XIII, 54.)

(4) « Sed est quod sollicite in hac expositione pensare debeamus : quia si nos vobis semen verbum, agrum mundum, volucres dæmonia, spinas divitias significare diceremus, ad credendum nobis mens forsitan vestra dubitaret. Unde et idem Dominus per Semetipsum dignatus est exponere quod dicebat, ut sciatis rerum significationes quærere in iis etiam quæ per Semetipsum noluit explanare. Exponendo ergo quod dixit, figurate Se loqui innotuit, quatenus certos nos redderet, cum vobis vestra fragilitas verborum Illius figuras aperiret. Quis enim mihi unquam crederet, si spinas divitias interpretari voluissem, maxime cum illæ pungunt, istæ delectent? Et tamen spinæ sunt, quia cogitationum

Tels étaient les éléments simples, et pour ainsi dire palpables, des instructions du divin Prédicateur. Quiconque voulait les rapprocher des mille témoignages antérieurs que l'Écriture conservait de sa Personne et de sa mission ne pouvait refuser de le reconnaître. Aussi reprochait-il aux pharisiens, eux si studieux et si sages aux yeux des hommes, de n'avoir compris ni le temps ni les *signes* de son avénement. Ne leur avait-il pas prédit sa venue et leur délivrance *spirituelle* et *morale*, par la Genèse, par Daniel, Isaïe, Jonas et tant d'autres? Et toujours ils s'aveuglaient à donner un sens naturel à ces promesses de réhabilitation et de gloire surhumaines! Il y avait donc une prédication, soit écrite dans l'Ancien Testament, soit parlée dans le Nouveau, qui était déjà commencée, et cette prédication était toute parabolique et fondée en plus grande partie sur des symboles.

Tout ce qui précède suffit à démontrer les rapports nécessaires entre ces deux branches de la loi de Dieu. On y voit une perpétuelle allégorie, reconnue, développée par les Apôtres et par les Pères, allant de la première Loi à la seconde, expliquant l'une par l'autre, prouvant tour à tour l'effet par la cause et la cause par l'effet. En un mot, c'est l'aurore et le grand jour. L'une s'enveloppe de quelques obscurités, l'autre les dissipe par son propre éclat plus vif, plus radieux. D'où il suit que le Nouveau Testament, si inséparable qu'il puisse être de l'Ancien, a cependant une prééminence incontestable au point de vue de ses conséquences providentielles; et c'est bien la pensée de l'Église, sous le règne de laquelle une grâce de salut est donnée beaucoup plus abondante qu'on ne pouvait la recevoir de la synagogue. S. Paul s'efforce de le faire entendre aux fidèles d'Éphèse, quand il leur dit qu'ils n'étaient autrefois

<small>Prééminence du Nouveau Testament sur l'Ancien.</small>

suarum punctionibus mentem lacerant, et eam usque ad peccatum pertrahunt, quasi inflicto vulnere cruentant, etc., etc. » (S. Greg. Magni *In Luc. homil.* xv.)

que ténèbres, et qu'ils sont actuellement une lumière (1) ; à ceux de Rome, quand il les félicite de n'avoir plus à plier sous l'esclavage de la loi de mort (2) ; quand il affirme aux Juifs, dans la synagogue d'Antioche, qu'ils ne pouvaient trouver dans la loi de Moïse le principe de leur justification (3). C'était la propre doctrine du Sauveur, qui ne date la venue de la *Bonne Nouvelle* que de la prédication de S. Jean-Baptiste (4). S. Césaire d'Arles ne trouve de fécondité dans l'Église que depuis la venue de Jésus-Christ (5). Les ascétiques n'ont pas dit autre chose quand ils ont exalté, avec le plus célèbre auteur du quinzième siècle, l'excellence de la loi de grâce (6) ; et c'est encore ce qu'exprimait très-bien une belle hymne de notre bréviaire de Poitiers, avant la reprise de la liturgie romaine (7). — Pouvait-on avoir à cet

(1) « Eratis aliquando tenebræ, nunc autem lux in Domino. » (*Ephes.*, v, 8.)
(2) « Soluti sumus a lege mortis, in qua detinebamur. » (*Rom.*, VII, 6.)
(3) « Notum sit vobis quia... non potuistis in lege Moysi justificari. » (*Act.*, XIII, 38.)
(4) « Lex et prophetæ usque ad Joannem Baptistam : ex eo regnum evangelizatur. » (*Luc.*, XVI, 16.)
(5) « Mulier illa (quæ susceperat Eliseum transeuntem per Sunam) sterilis erat, sed orante Eliseo genuit filium. Sic et Ecclesia, antequam Christus veniret, sterilis fuit ; et... veniente ad se Christo, genuit populum christianum. » (S. Cæsarii Arelat. *Sermone* II *de Eliseo*, in append. opp. S. August., *Serm.* XLII, n° 6.)
(6) « Præsens vita... facta est multo magis consolatoria quam olim in Lege veteri fuerat, *cum porta cœli clausa persisteret*, et obscurior etiam via ad cœlum videbatur, quando tam pauci regnum cœlorum quærere curabant. » (*De Imitatione Christi*, lib. III, cap. XVIII, n° 2.)

(7)   Inscripta saxo Lex vetus
       Præcepta, non vires dabat ;
       Inscripta cordi Lex nova
       Præcepta dat cum viribus.

En forçant le sens des mots *vires* et *viribus*, on a voulu imputer à cette strophe, si remarquable de précision et d'exactitude théologique, une tache de jansénisme qui aurait autorisé les plus fameuses erreurs de la secte sur la grâce efficiente. Nous voyons, par ce qui précède, que ce n'était là cependant qu'une pure et simple expression de la doctrine

égard d'autres pensées ? « Si la religion du Christ est de Dieu, a dit un écrivain que nous avons étudié dans notre première partie, si les enfants d'Abraham reçurent la parole sainte, les deux Tables de la Loi mosaïque et chrétienne durent s'unir dans une commune pensée » — Mais aussi l'une n'étant que l'ombre (1), l'autre fut le soleil, et, si « Joseph fut un signe du Messie, si la robe diaprée des plus belles nuances que lui donna son père était, dit S. Cyrille, l'emblème de ses attributs divins (2), » il fallut bien aussi que la réalité l'emportât sur l'image, et le Dieu sur ses précurseurs.

Nous verrons bientôt d'autres exemples de ce genre invoqués par les docteurs catholiques. En attendant, admettons comme principe fondamental que presque toutes les pages de l'Évangile réfléchissent celles de la loi précédente, Dieu ayant voulu que les ordonnances et les cérémonies légales fussent, comme la plupart des actions rapportées par les prophètes, des *types* de ce qui devait se passer d'une façon plus spirituelle dans la loi chrétienne. Un grand avantage résulte pour les fidèles de cette merveilleuse concordance ; on ne peut, en y réfléchissant, douter de la vérité de cette parole divine, partout d'accord avec elle-même. On voit des écrits, dont l'époque ne peut pas être plus contestée que leur authenticité, établir entre le passé et le présent, à plusieurs siècles de distance, des points de ressemblance de la plus frappante exactitude. Est-il possible que cette confor-

Concordance de la Loi ancienne et de la Loi nouvelle.

---

la plus sûrement acceptée. Ce procès de tendance n'était donc pas même appuyé sur de justes présomptions, quand on le dirigeait contre l'orthodoxie des bréviaires adoptés en France depuis le dix-huitième siècle, et dont l'autorité pouvait être contestée par de meilleurs arguments, quoique sur beaucoup de points ils eussent bien de quoi se défendre.

(1) « Umbram habens Lex futurorum bonorum, non ipsam imaginem rerum. » (*Hebr*, x, 1.) — « Nemo ergo vos judicet in cibo, aut in potu, aut in parte diei festi, aut neomeniæ, aut sabbatorum, quæ sunt umbra futurorum : corpus autem Christi. » (*Gloss.*, II, 16.)

(2) M. Portal, *Des Couleurs symboliques*, p. 12.

mité si entière, cette économie si admirable soient une adresse des hommes? Loin de là, on reste convaincu d'une cause supérieure, d'une conduite toute particulière de Dieu, qui par là a voulu montrer la prééminence du Nouveau Testament sur l'Ancien, puisque celui-ci n'est à l'autre qu'une sorte de prolégomène, et comme le vestibule grandiose d'un édifice dont il annonce dignement la magnificence. Malespaines et ses antifiguristes dont il était l'organe, les encyclopédistes qui les ont suivis (1), n'ont pas voulu le reconnaître ; mais ils semblent bien peu autorisés à ce parti pris quand on les voit en désaccord avec les plus hautes intelligences du christianisme. A force de s'enfoncer dans ces voix ténébreuses, on arrive à prouver une fois de plus ce que S. Paul, bon juge en cela, appliquait précisément au peuple ingrat dont les yeux se couvrent d'un voile d'obstination à la lecture de Moïse. Il préfère se perdre dans une négation funeste que d'adorer la lumière qui l'importune (2). Et c'est là, dit encore le même Apôtre, et après lui la longue suite des Pères, un mystère transmis de l'ancienne Loi à la nôtre. Le voile du temple s'était déchiré au moment où le Rédempteur expirait sur la croix en s'écriant que « tout était consommé » (3). Cet événement, qui, en abolissant toute séparation légale, réunissait au sanctuaire le reste du temple, indiquait figurativement que la passion et la mort du Sauveur effaçaient toute distinction entre les deux peuples, et découvraient les mystères de salut cachés jusqu'alors dans les obscurités de la Loi. Origène, S. Jean Chrysostome, S. Cyrille, S. Jérôme, S. Augustin se rencontrent sur ce point, et ce dernier y voit encore le festin

---

(1) Voir *Encyclopédie*, v° Type, où le chevalier de Jaucourt s'est efforcé de faire valoir, au profit du rationalisme, les principes hétérodoxes émis par les antagonistes de l'abbé Duguet.
(2) « Usque in hodiernum enim diem idipsum velamen in lectione veteris Testamenti manet non revelatum, quoniam in Christo evacuatur.» (1 *Cor.*, III, 14.)
(3) « Consummatum est. » (*Joan.*, XIX, 30.)

eucharistique remplaçant dans le sanctuaire chrétien les sacrifices passagers qui préconisaient autrefois celui de la communion (1).

Au reste, soit dans les passages où le sens moral doit être préféré à tout autre, soit dans les paraboles, il ne faut pas tant s'arrêter aux détails qu'à l'ensemble, ni trop considérer les circonstances secondaires aux dépens du fond, qui reste toujours le même et demande la principale attention. Ne serait-ce pas une puérilité de rechercher des rapports complétement exacts entre la chose figurée et les diverses particularités de la figure? L'important est de bien comprendre la fin que Jésus-Christ s'est proposée, sans se mettre en peine du reste. Ainsi, quoique les ouvriers venus à la vigne plus tôt ou plus tard soient récompensés également, le divin Maître n'a pas prétendu établir par là une parfaite égalité dans les récompenses éternelles. La foi enseigne, car lui-même l'a dit, qu'il y a des places différentes pour ses élus dans la maison de son Père (2); c'est là un principe de justice distributive qui ne peut manquer à Celui au nom de qui toute justice est rendue (3), et le concile de Trente a défini dogmatiquement, d'après S. Paul, que la mesure de gloire donnée aux bienheureux sera proportionnée aux mérites plus ou moins nombreux qu'ils auront acquis (4). Le but de la parabole que nous citons est

Que les paraboles ne doivent pas toujours être interprétées dans leurs moindres détails secondaires.

---

(1) « Ut per Christi passionem revelentur secreta sacramentorum fidelibus, ad bibendum ejus Sanguinem ore aperto, in confessione transeuntibus. » (S. August., *Contra Faustum*, lib. XII, cap. II. — Voir encore Origen., *In cap.* XXVII *S. Matth.* — S. Hieron. *Epistol.* CXV. — S. Cyrill., *In Joan.*, lib. XVI, cap. XXXVII.)

(2) « In domo Patris mei mansiones multæ sunt. » (*Joan.*, XIV, 2.)

(3) « Per me potentes decernunt justitiam. » (*Prov.*, VIII, 15.)

(4) « Qui reddet unicuique secundum opera illius..., qui secundum patientiam boni operis .. incorruptionem quærunt, vitam æternam. » (*Rom.*, II, 6.) — « Omnis hominum vita non humano judicio examinanda et judicanda est, sed Dei... Et tunc laus erit unicuique a Deo, qui, ut scriptum est, reddet unicuique secundum opera sua. » (Conc. Trid., sess. VI, *De Justific.*, cap. XVI.)

donc surtout d'encourager le pécheur à un retour qui sera récompensé, quoique tardif. De même, quand le Sauveur, se plaignant du figuier stérile, le condamne pour n'avoir pas eu de fruits lors de sa visite, quoiqu'elle ne fût pas faite dans la saison où cet arbre en produit, il s'attache moins à cette circonstance accessoire qu'à la stérilité même, et veut nous faire entendre seulement qu'un jugement sévère attend ceux qui paraîtront devant lui les mains vides, quoique leur position, leur nature et les secours de la grâce eussent dû leur faire produire des œuvres de salut (1). S. Jean Chrysostome l'explique ainsi (2) ; et c'est à quoi S. Paul fait allusion dans son Épître aux Romains, lorsqu'il compare ceux qui après leur conversion abusent de la grâce qui leur est donnée pour persévérer, à une branche d'olivier sauvage entée sur un olivier franc, et n'en produisant pas plus des fruits qu'elle devait donner (3).

Toute allégorie ou symbole a donc presque toujours dans l'Écriture son côté principal, qu'il faut envisager tout d'abord sans se mettre en peine de ce qui l'entoure, ni même de ce qui pourrait y sembler inexplicable. L'Évangéliste qui raconte l'entrevue du Sauveur avec la femme adultère, qu'on ne lui amenait que pour le surprendre dans ses paroles, fait observer que Jésus, au lieu de répondre aux questions hypocrites de ces Pharisiens endurcis, écrivit

---

(1) « Videns fici arborem, venit ad eam, et nihil invenit in ea nisi folia tantum, et ait illi : Nunquam nascatur ex te fructus in sempiternum. Et arefacta est continuo ficulnea. » (*Matth.*, XXI, 19.) — « Cum vidisset a longe ficum habentem folia, venit si quid forte inveniret in ea, et cum venisset ad eam, nihil invenit præter folia : non enim erat tempus ficorum... Et dixit ei : Jam non amplius ex te fructum quisquam manducet. » (*Marc.*, XI, 13.)

(2) S. Joann. Chrysost. *Homil. in Matth.* XLVIII.

(3) « Tu, cum oleaster esses, insertus es... et socius radicis et pinguedinis olivæ factus es... Tu autem fide stas : noli altum sapere, sed time. Vide ergo bonitatem Dei si permanseris in bonitate ; alioquin et tu excideris. » (*Rom.*, XI, 17.)

de son doigt quelques mots sur la terre (1). Cette action faisait sans doute allusion à une pensée significative et facile alors à saisir. Cependant les interprètes s'accordent fort peu sur le sens d'une telle circonstance : c'est un fait de plus entre mille d'où l'on peut conclure que la lumière divine aime quelquefois à s'environner d'obscurités, sans qu'il soit donné à l'homme d'y voir un autre motif que d'humilier sa raison devant la foi. Quoi qu'il en soit, on peut trouver à donner un sens raisonnable à cette action, évidemment allégorique, si on la rapproche de quelques textes bibliques dont le souvenir semble s'y retracer. Par exemple, le Psalmiste émet une pensée reflétée par l'Apocalypse (2) et poétisée dans notre belle *Prose des morts* (3) quand il se figure toutes les actions des hommes comme écrites dans un livre que Dieu conserve pour le jugement dernier : *et in libro tuo omnes scribentur* (ps. cxxxviii, 16). — Le Sauveur faisait certainement allusion à cette pensée, fort bien comprise des Hébreux, quand il exhortait ses disciples à estimer bien moins les avantages de ce monde que le bonheur de voir leurs noms inscrits dans le ciel : *Gaudete autem quod nomina vestra scripta sunt in cœlo* (Luc, x, 20). La pensée contraire exprimait donc la réprobation, et Jérémie avait dit (xvii, 13) : *Recedentes a Te in terra scribentur*. Rien donc de plus naturel, semble-t-il, de croire que le Sauveur, voulant confondre l'hypocrisie des Pharisiens accusant devant lui une femme beaucoup moins coupable à ses yeux dans une faiblesse peut-être passagère qu'ils ne l'étaient dans

---

(1) « Jesus inclinans se deorsum, digito scribebat in terra. Cum ergo perseverarent interrogantes eum, erexit se, et dixit: Qui sine peccato est vestrum, primus in illam lapidem mittat. Et iterum se inclinans scribebat in terra. » (*Joan.*, viii, 6.)

(2) « Inhabitantes terram, quorum *non sunt scripta nomina in libro vitæ.* » (*Apoc.*, xvii, 8.)

(3) Liber scriptus proferetur.
In quo totum continetur,
Unde mundus judicetur.

leur méchanceté habituelle, se soit contenté d'écrire sa réponse par un oracle qu'ils ne pouvaient réfuter, et que ce qu'il écrivait fût le texte même de Jérémie. N'était-ce pas, en effet, doublement significatif: *Recedentes a Te, Domine, in terra scribentur?* On voit ainsi une fois de plus que beaucoup de symboles scripturaires s'expliquent les uns par les autres.

<small>Symbolisme des idiotismes bibliques; — digression sur le mot *cornu*, à ce sujet;</small>

Observons encore que le symbolisme est tellement naturel à la Bible, elle l'emploie avec une persévérance si continuelle, que ses idiotismes eux-mêmes en sont profondément empreints. Pour céder à cet entraînement, elle fait passer à un sens propre des mots qui sont évidemment de simples figures et ne sauraient être autre chose. Le mot *cornu*, corne, si souvent usité en des acceptions variées, en est un exemple, puisqu'il se rapporte toujours, par analogie avec cette arme offensive de plusieurs animaux, à une idée de *force*, de *puissance* ou de *richesse*. Comme l'huile, le blé, les fruits et les plus précieuses provisions de toutes sortes durent se conserver et se mesurer d'abord dans des cornes d'animaux, qui sont probablement les plus anciens de tous les vases connus, ce meuble, partout adopté, devint aussi dès le principe l'emblème de l'abondance, et nous le voyons, d'après les plus anciens monuments, aux mains de Flore et de Pomone, de Cérès et de Pluton, épanchant sur la terre les fleurs, les fruits, les gerbes et les monnaies d'or. Partant de cette idée de prospérité et d'opulence, la langue sainte a fait du mot qui l'exprime un de ces termes élevés marquant, outre la fertilité et les biens matériels qui en sont le sens propre, toutes les idées, abstraites ou non, qui s'y rapportent, telles que la force physique, la splendeur, la magnificence, la puissance, la gloire, etc. La gloire ayant ses rayons symboliques, le même mot *cornu* exprima aussi en hébreu ces rayons invisibles dont l'appréciation humaine la couronne; il signifie même les rayons de la lumière ou du soleil, et c'est dans ce sens que, par une traduction trop littérale, les interprètes et les peintres ont paré de cornes le front de Moïse descendant du Sinaï, quand on n'aurait dû lui donner qu'une auréole radieuse d'où s'échappaient sans doute par devant deux rayons plus lumineux et plus remarquables (1). Cette exagération fut admise par les peintres de la plus artistique portion du moyen âge, et il n'est pas rare de trouver le saint législateur portant les Tables de la Loi paré de deux cornes droites ou recourbées, comme on le voit dans les vitraux des cathédrales de Bourges, de Poitiers et autres verrières ou miniatures du treizième siècle. Ce serait là un des premiers exemples qui aient autorisé le nimbe autour de la tête des saints personnages de l'Ancien Testament.

Il suit de là que l'acception la plus commune fait certainement de ce substantif le synonyme de *beau*, de *fort* et de *bon*, quelle que soit la raison de l'appliquer. On voit dans une prophétie de Daniel les deux cornes d'un bouc mystérieux, et celles d'un bélier symbolique, au nombre de quatre, signifier des empires puissants, destinés à se partager le gouvernement de la terre. L'Apocalypse a renouvelé cette vision dans le même sens (2).

Mais beaucoup d'autres passages du texte sacré spécialisent dans le seul mot *cornu* de fréquentes preuves de ce que nous en disons. Anne, mère de Samuel, rendant grâces au Seigneur de la naissance de ce fils béni, s'écrie que « sa corne a été exaltée en son Dieu (3), » pour dire que ce Dieu est devenu sa force. David, reconnaissant de ses victoires sur les Philistins, proclame qu'il a trouvé en Dieu « son bouclier et la corne de son salut; » les psaumes reproduisent cette formule dans presque toutes ses variétés pos-

---

(1) « Videntes filii Aaron *cornutam* Moysi faciem, timuerunt prope accedere. » (*Exod.*, XXXIV, 30.)

(2) Voir le ch. VIII de Daniel et le XIIe de l'Apocalypse, et ci-après, ch. IX, où ces passages sont expliqués par leur symbolisme.

(3) « Exaltatum est *cornu* meum in Deo meo. » (I *Reg.*, II, 1.)

76　HISTOIRE DU SYMBOLISME.

sibles (1). — « La corne de Moab a été coupée, » dit Jérémie, pour exprimer l'anéantissement de ce peuple (2). Enfin, c'est encore « la corne du salut d'Israël que Dieu a élevée » dans le beau cantique où Zacharie chante la naissance du saint Précurseur (3).

et sur le mot vas. Le même phénomène de linguistique sacrée se reproduit dans le mot *vas* (et *vasa*), qui, n'indiquant par lui-même qu'une sorte d'ustensile ou de meuble particulier, s'y applique très-souvent à toute autre chose qui n'y a que des rapports fort éloignés. Quand Jérémie compare le vase de terre cuite, brisé par lui sous les yeux des anciens et des prêtres juifs, à la ruine prochaine de leur ville tombée dans l'idolâtrie (4), le mot et l'objet se prennent certainement alors dans un sens naturel, indépendamment de l'emblème qui en ressort. Un sens plus symbolique s'attache à ce mot quand le même prophète dit que « le Seigneur va tirer de ses trésors les vases de sa colère » (5), expression imitée par S. Paul et par S. Jacques parlant du « trésor de colère » qu'assument sur eux les impies, les mauvais riches et les avares (6). Ailleurs ce mot est pris pour *les vêtements*, et « avoir son vase pur, » pour l'armée de David sollicitant les

---

(1) « Deus... scutum meum et *cornu* salutis meæ. » (II *Reg.*, XXII, 3.) — « Domine, protector meus et *cornu* salutis meæ. » (*Ps.*, XVII, 3.) — « Dixi delinquentibus : Nolite exaltare *cornu*..., extollere in altum *cornu* vestrum. » (*Ps.*, LXXIV, 5.)

(2) « Abscissum est *cornu* Moab. » (*Jer.*, XLVIII, 25.)

(3) « Et erexit *cornu* salutis nobis in domo David pueri sui. » (*Luc.*, I, 69.)

(4) Conteres lagunculam in oculis virorum qui ibunt tecum, et dices :... Hæc dicit Dominus : Sic conteram populum istum et civitatem istam. » (*Jer.*, XIX, 10.)

(5) « Aperuit Dominus thesaurum suum, et protulit vasa iræ. » (*Jer.*, L, 25.)

(6) « O homo, divitias bonitatis Ejus, et patientiæ et longanimitatis contemnis... Secundum autem duritiam tuam et impœnitens cor, thesaurizas tibi iram in die iræ. » (*Rom.*, II, 5.) — « Divites..., aurum vestrum et argentum vestrum æruginavit... Thesaurizastis vobis iram in novissimis diebus. » (*Jac.*, V, 3.)

pains de proposition d'Achimélech, c'est n'avoir contracté, même dans les habits, aucune impureté légale (1). — C'est aussi *le corps* dans les Épîtres de S. Paul (2), et un *instrument* quelconque dans les Actes, quand ce grand Apôtre, converti miraculeusement, et destiné à de si grandes choses pour le développement de l'Église naissante, devient « un vase d'élection, » c'est-à-dire un *instrument choisi* pour accomplir les desseins de Dieu (3). Enfin, c'est encore tout objet matériel auquel vient s'adjoindre un adjectif qui le relève ou le rabaisse : « un vase de mort » (4); — « un vase d'iniquité » (5). — Le soleil, dans l'Ecclésiastique, est un « vase admirable, œuvre du Très-Haut » (6); et, un peu plus loin, c'est Aaron, dont le costume magnifique se compose de « vases de gloire, » c'est-à-dire de vêtements d'objets précieux, remarquables par la richesse de leurs ornements (7).

Un grand nombre d'autres mots, *turris*, *olla*, *lebes*, *sagittæ*, *aqua*, etc., seraient le sujet d'observations analogues; mais il faut se borner. Ce que nous devons dire ne laisse aucun doute sur le système bien arrêté de cette langue si pittoresque de la Bible, qui par le symbolisme crée à tout une existence propre, et donne à tout le mouvement, la vie et l'animation.

(1) « Fuerunt vasa puerorum sancta...; hodie sanctificabitur in vasis. » (1 *Reg.*, XXI, 5.)
(2) « Ut sciat unusquisque vas suum possidere in sanctificatione et honore. » (1 *Thess.*, IV, 4.)
(3) « Vas electionis est mihi iste, ut portet nomen meum coram gentibus, regibus et filiis Israel. » (*Act.*, IX, 15.)
(4) « In eo (arcu suo) paravit vasa mortis, sagittas. » (*Ps.*, VII, 14.)
(5) « Simeon et Levi fratres, vasa iniquitatis bellantia. » (*Gen.*, XLIX, 5.)
(6) « Vas admirabile, opus Excelsi. » (*Eccli.*, XLIII, 2.)
(7) « Induit eum stolam gloriæ et coronavit eum in vasis virtutis. » (*Ibid.*, XLV, 9.)

CHAPITRE IV.

LES FAITS BIBLIQUES.

Unité morale des deux Lois de Moïse et de Jésus-Christ.

S. Paul, écrivant « aux Hébreux, » leur faisait remarquer que Dieu avait pris soin, avant de leur parler tout récemment par son Fils, de « leur annoncer d'abord ses œuvres en plusieurs manières par les Prophètes (1). » C'était, quant au fond des choses et à la véracité des témoins, élever l'ancienne Loi à la hauteur de la nouvelle, et professer pour ces deux sources de la foi chrétienne la même confiance et le même respect. Ce sentiment devait faire entendre aux Juifs que la religion prêchée par l'Apôtre n'était en rien différente de la leur; qu'elle en était, au contraire, une large et magnifique extension. Et, en effet, toute sa lettre s'efforce de montrer Jésus-Christ et son sacerdoce personnalisés dans Melchisédech et dans Aaron, et les victimes d'autrefois réduites à d'imparfaites images de l'Hostie divine du Calvaire. Les Patriarches y apparaissent avec leur foi aussi ardente que soumise ; mais ils ne doivent plus être à l'intelligence étonnée des nouveaux fidèles que de simples dépositaires de la promesse, n'ayant que des espérances d'un avenir qu'enfin la terre vient de posséder (2).

Restriction nécessaire à ce prin-

C'était donc un fait positif, reçu, maintenu par la foi des

---

(1) « Multifariam multisque modis olim Deus loquens patribus in Prophetis, novissime diebus istis locutus est nobis in Filio suo. » *(Hebr.,* I, 1.)

(2) « Et hi omnes testimonio fidei probati, non acceperunt repromissionem, Deo pro nobis melius aliquid providente, ut non sine nobis consummarentur. » *(Ibid.,* XI, 39.)

temps apostoliques, et depuis lors jugé incontestable par l'Église, que l'étroite connexion morale établie entre l'Ancien et le Nouveau Testament. Nous l'avons fait pressentir ci-dessus (1). Il est temps d'en développer la preuve, de montrer Dieu le Père dans son Fils, Jésus-Christ dans Moïse, la synagogue dans l'Église catholique, en un mot la Loi mosaïque dans la Loi de grâce; non que ces rapprochements puissent s'entendre en un sens absolu et nous persuader que tous les détails, sans exception, doivent être regardés, dans les Livres sacrés qui précédèrent l'Évangile, comme autant d'irrécusables figures des faits contenus dans celui-ci : ce serait l'excès condamné dans Origène et où sont tombés quelques écrivains, poussant jusqu'à l'abus un système aussi peu solide qu'il est dangereux. On pourrait donc s'égarer sur ces points délicats, faute d'une étude assez complète. Voici quelques règles données par un auteur moderne, et moyennant lesquelles on se gardera de toute erreur : *cipe, et règles pour s'en bien servir.*

1° Nous donnerons à l'Écriture un sens figuré, lorsqu'en ne prenant que le sens littéral on s'exposerait à prêter à Dieu des caractères, des attributs ou des sentiments incompatibles avec les saines notions de sa nature. La colère de Dieu, par exemple, sa vengeance, doivent s'entendre uniquement dans un sens élevé, qui ne peut être celui des passions humaines. — Comment expliquer aussi d'une manière purement littérale le premier verset du psaume 109 : *Sede à dextris meis?* Celui à qui s'adresse une telle parole, celui qui la prononce ne peuvent l'entendre à la lettre : Dieu n'a pas de droite et ne s'assied point. Il faut donc le comprendre d'une intention de Dieu semblable, dit Pascal, à celle qu'aurait un supérieur ou un ami d'honorer celui qu'il ferait asseoir de la sorte. *1° Le sens figuré indiqué par le sens littéral lui-même.*

2° Le sens métaphorique est encore le seul acceptable *2° Le sens littéral quelquefois*

(1) Voir 1re part., ch. III.

tout lorsque le sens littéral n'a aucun rapport avec les objets dont l'auteur sacré veut tracer l'image : ainsi l'ensemble du Cantique de Salomon, que l'Église ne prend que dans le sens figuré, parce qu'au sens littéral il signifierait des choses impossibles dans leur rapport avec elle.

<small>impossible seul.</small>

<small>3° La pompe du style fait soupçonner un objet symbolique.</small>

3° Lorsque les expressions du texte sont trop pompeuses pour le sujet qu'elles semblent regarder, c'est souvent une preuve qu'elles désignent un autre objet plus auguste et qu'il ne faut le prendre qu'au figuré : telle, dans l'Apocalypse, l'image de la Jérusalem descendant du ciel, ou de la cité mystique, fondée et construite de pierres précieuses, ne convient pas évidemment à la cité de la terre qui porte ce nom. Il faut alors se ranger du côté des plus nombreux interprètes, et acquiescer au sens qu'ils ont préféré.

<small>4° N'adopter de sens figuré qu'à la suite des Apôtres et des Pères.</small>

4° Il ne faut adopter le sens figuré que dans les mêmes termes, et dans le même esprit que Dieu a clairement et maintes fois expliqué dans la Bible, comme les Apôtres dans leurs écrits, et comme les Pères, dont un assez grand nombre, tout en donnant à cette méthode une extension parfois excessive en apparence, a cependant constaté, en l'employant, qu'on devait voir dans le symbolisme biblique un moyen très-admissible d'interprétation pour l'enseignement de la vérité. S. Paul explique d'après ce principe une foule d'endroits des livres de Moïse et des prophètes par ce qui arrive sous le Nouveau Testament. Ainsi, entre autres exemples, il regarde comme la figure du ciel et l'ombre des biens à venir le sanctuaire du tabernacle, où le grand-prêtre ne pouvait entrer qu'une seule fois par an (1).

<small>5° Même règle quant à Jésus-</small>

5° Il faut suivre la même règle quant aux rapports qu'on

---

(1) « Umbram enim habens Lex futurorum bonorum, non ipsam imaginem rerum...; nunquam potest accedentes perfectos facere. » (*Hebr.*, X, 1.) — « Semel in anno solus pontifex (introibat)..., hoc significante Spiritu Sancto nundum esse propalatam sanctorum viam... — Christus autem... introivit semel in Sancta...; quæ parabola est temporis instantis. » (*Hebr.*, IX, 6 et seq.)

LES FAITS BIBLIQUES.

voudrait établir entre Jésus-Christ et les mystères qui le figurent et l'annoncent dans la Loi mosaïque : y voir tout, comme les Apôtres et les Pères, sans s'écarter de leur doctrine et de leur méthode exégétique.

Christ et aux figures qui l'annoncent.

6° Lorsqu'un passage a en même temps un sens littéral et un sens figuré, il faut appliquer le passage entier à la figure aussi bien qu'à l'objet figuré et conserver autant que possible le sens littéral dans tout le texte. On ne doit pas supposer que la figure disparaisse quelquefois pour faire place à la chose figurée (1). Lorsque Moïse élève le serpent d'airain pour guérir miraculeusement les blessés qui le regardent, il fait là une action toute simple et qu'il faut prendre dans son acception naturelle. Mais ce serpent, attaché à une hampe qui l'élève au-dessus de la foule, est la figure en même temps de la croix et du Crucifié qui doivent plus tard sauver le monde. On voit bien qu'en lisant ce passage du livre des Nombres, il faut également le regarder comme l'expression réelle d'un fait historique et comme une prophétie du grand fait de la régénération humaine, à laquelle tout se rapporte dans l'histoire du peuple de Dieu (2).

6° Appliquer le sens figuré et le sens littéral dans toute l'extension que donne le texte, mais point au delà.

L'exemple des écrivains sacrés du Nouveau Testament, qui nous ont montré dans l'Ancien des mystères que nous n'y aurions pas aperçus, semble, dit Bergier, la première cause qui a fait naître le figurisme (3). Mais ce que le Saint-Esprit leur a révélé ne l'est pas ainsi à tous ceux qui ne sont pas éclairés de même ; il ne faut donc pas pousser les figures plus loin que n'ont fait les Apôtres et les Évangélistes. Par cette raison, les Pères et les Docteurs, qui ont mêlé beaucoup d'arbitraire à une foule d'observations

Jusqu'à quel point l'interprétation des Pères oblige la foi.

---

(1) Voir l'abbé de La Chambre, *Traité de la véritable religion*, t. IV, Paris, in-12, 1737.—Bergier, *Dict. de théologie*, t. III, p. 244 (mihi, in-8°, Paris, 1829).

(2) Comparez le ch. XXI, v. 8, des *Nombres* avec le ch. III, v. 14, de l'Évangile de S. Jean, où l'Apôtre explique du mystère du crucifiement celui du serpent d'airain.

(3) Bergier, *loc. cit.*

appliquées par eux à la vie ascétique ou morale, ne sont point regardés en cela comme inspirés. Leurs nombreux exemples en ce genre, leurs commentaires mystiques, considérés individuellement et comme exposés d'opinions personnelles, ne peuvent en rien engager la foi. Cependant, et cela étant dit afin de prouver d'autant plus quelle prudence demandent de telles matières, nous n'en devons pas moins de respect à cette autorité vénérable des interprètes de la Parole Sainte, qui, sans avoir compté parmi les Apôtres, ont été leurs successeurs et n'ont marché sur leurs traces qu'en se rattachant à eux par la chaîne non interrompue des traditions catholiques.

S. Méliton et sa Clef des Ecritures.

Au nombre des plus curieux parmi ceux qui ont traité cette matière, nous devons citer S. Miletus ou Méliton, évêque de Sardes, qui florissait sous l'empire de Marc-Aurèle, et dont S. Jérôme et Tertullien ont vanté le mérite (1). La plupart de ses ouvrages sont perdus, entre autres une Apologie du christianisme qu'il présenta à l'empereur Antonin vers l'an 175, et l'on a pendant fort longtemps ignoré celui qui nous intéresse le plus ici, et qu'il avait intitulé la *Clef, Clavis.* C'était une sorte de commentaire sur les allégories bibliques, au moyen duquel le docte prélat rattachait à Jésus-Christ tous les passages de Moïse, des Prophètes et des autres livres d'où ressortent principalement les enseignements divins sur le Sauveur du monde. On n'a plus le texte original, qui était en grec; mais, heureusement, des traductions latines répandues en plusieurs bibliothèques de l'Europe, où déjà s'étaient faites depuis longtemps des recherches patientes et laborieuses, ont pu être vérifiées avec l'indication d'utiles variantes par un savant bénédictin de nos jours, devenu le cardinal Pitra, lequel s'est mis à leur pour-

(1) S. Hieronymi *De Scriptorib. ecclesiastic.,* cap. XXIV. — Tertulliani *Omniloquium*, t. 1, p. 50, in-f°, Paris, 1657. — Nous avons dit quelques mots de cet intéressant écrivain au ch. VI de notre 1re part., à propos des *nombres;* nous en reparlerons souvent.

suite avec une ardeur digne du succès qui l'a couronnée. Pour y arriver, il lui a fallu traverser et fouiller les bibliothèques les plus renommées de la France, de l'Angleterre, de l'Allemagne et de la Hollande. C'est le fruit de ses précieuses découvertes que l'infatigable religieux a publié dans son nouveau *Spicilége* (1), que nous aurons maintes occasions de citer. On comprend de quel prix est pour l'étude du symbolisme scripturaire un livre écrit d'une main aussi expérimentée, dont les éléments avaient été recueillis sur les lieux mêmes témoins des faits qu'ils consacrent, et par un auteur presque contemporain des hommes apostoliques. Les traditions conservées et transmises par ceux-ci avaient encore toute leur sève dans la Palestine, que S. Méliton visita vers la fin du deuxième siècle, et les sources ouvertes à l'exégèse biblique y étaient d'autant plus sûres. Les six livres de Méliton, enrichis de textes explicatifs d'un grand nombre d'écrivains qui, depuis seize siècles, s'étaient occupés de son étude et de sa glose, contiennent donc une espèce d'encyclopédie symbolistique où s'exposent, à commencer par Dieu même dans ses trois Personnes, dans ses noms et ses attributs, toutes les choses et tous les mots qui dans les pages divines offrent un sens spécial, depuis les personnes et les lieux géographiques jusqu'aux plantes et aux animaux, depuis les esprits célestes jusqu'aux astres et aux corps organisés, depuis la vie personnelle de l'homme jusqu'aux plus secondaires éléments de son existence sociale. Les nombres eux-mêmes et les noms appellatifs trouvent leur place dans ce vaste exposé de l'œuvre mystérieuse et très-symbolique de la création.

Après cette courte et très-large analyse d'un livre que nous devions signaler comme une mine abondante de nos matériaux pour l'intelligence du symbolisme scripturaire,

---

(1) *Spicilegium Solesmense*, t. II et III, in-4°, Paris, Didot, 1852-1856.

reprenons notre voie, et voyons comment Dieu lui-même s'est attribué l'emploi du sens allégorique dans les pages sacrées où il a daigné s'en faire pour nous le premier auteur.

Ici nos démonstrations seront si simples, les témoignages tellement évidents, que nous songerons fort peu à les corroborer par l'autorité des Pères. Ces grands génies auront d'ailleurs un examen à part, sur lequel nous ne voulons anticiper que le moins possible. Bornons-nous donc à l'examen de quelques traits principaux qui établissent nettement l'action divine sur le symbolisme des Livres saints.

Le mariage pris comme symbole de l'union de Dieu avec l'homme.

Le premier acte extérieur de la création, d'où semble résulter un enseignement symbolique de la plus haute importance, est celui par lequel Dieu produit l'homme et lui donne une compagne semblable à lui (1). A part les incrédules, dont les froides et bizarres objections ne méritent plus d'être réfutées, tous ceux qui se sont occupés de ce texte voient dans cette origine de la femme une signification de la supériorité de l'homme, de qui elle est formée, et de l'attachement que celui-ci doit avoir pour celle que Dieu lui unit par le mariage, et en qui existe une portion de sa propre substance. C'est « l'os de ses os, la chair de sa chair (2). » — C'est aussi le souffle de Dieu, comme l'homme lui-même, puisqu'elle est de même nature, et c'est surtout en quoi consiste, entre eux et le Seigneur qui leur donna la vie, cette ressemblance spirituelle, dont l'âme humaine est le type

---

(1) « Faciamus hominem ad imaginem et similitudinem nostram... Et creavit Dominus hominem ad imaginem suam... Ad imaginem Dei creavit illos; masculum et feminam creavit illos... Formavit,... hominem de limo terræ, et inspiravit in faciem ejus spiraculum vitæ, et factus est homo in animam viventem... Dixit quoque: Non est bonum esse hominem solum... Immisit ergo soporem in Adam; cumque obdormisset, tulit unam de costis ejus et replevit carnem pro ea, et ædificavit... costam quam tulerat de Adam in mulierem. Et adduxit eam ad Adam. » (*Gen.*, I et II, passim.)

(2) « Dixitque Adam : Hoc nunc os ex ossibus meis, et caro de carne mea. » (*Gen.*, II, 23.)

désormais immortel. Enfin c'est encore le symbole du mariage chrétien, de cette union mystérieuse dans laquelle deux êtres matériellement distincts, et vivant, chacun de son côté, d'une existence à part, ne font néanmoins qu'une même chair, tellement que les liens formés par la nature entre les parents et les enfants disparaissent et s'absorbent par le mariage dans cette réunion mystique de deux personnalités qui ne doivent plus en faire qu'une (1).

C'est encore en souvenir de cette ressemblance de notre portion spirituelle avec la nature de Dieu, c'est parce que le meurtrier aura violé la sainteté de cette image divine que tout homme tuant son semblable sera puni de mort. C'est la loi de Dieu ; c'est sa bouche infaillible qui la prononce (2). Là est la sécurité providentielle de toute société humaine, et la réponse aux téméraires nouveautés répétées, d'après Beccaria, par tous nos utopistes modernes.

C'est bientôt après ces premières manifestations de la législation divine que l'arc-en-ciel est donné comme signe d'alliance nouvelle entre Dieu et les hommes (3) : témoi-

L'arc-en-ciel, symbole d'alliance et de paix.

---

(1) « Quamobrem relinquet homo patrem suum et matrem, et adhærebit uxori suæ, et erunt duo in carne una. » (*Ibid.*, 24.) — « Quod ergo Deus conjunxit, homo non separet. » (*Matth.*, XIX, 6.)

(2) « Quicumque effuderit humanum sanguinem, fundetur sanguis illius : ad imaginem quippe Dei factus est homo. » (*Gen.*, IX, 6.) — Voir le *Traité* de Beccaria *des délits et des peines*, ch. XVI, édit. Lausanne, 1766, p. 114. — On voit, par les textes les plus formels de l'Écriture, à quoi arrivent les rêveurs de systèmes socialistes : à mettre leurs lecteurs en dehors de toute autorité religieuse dans la solution des questions les plus fondamentales. Les paroles divines citées ici sont de celles que le bon sens chrétien de nos pères n'eût jamais osé infirmer. Aujourd'hui on ne songe même plus à les opposer aux utopies de nos libres penseurs, qui n'en ont cure, et c'est un des symptômes les plus frappants du mal profond et incurable dont la société humaine est atteinte. Comme l'*humanité*, qu'on invoque tant, aura gagné à mettre messieurs les assassins au-dessus de leurs victimes et à multiplier l'effusion du sang humain sous prétexte de l'épargner !

(3) « Eritque arcus in nubibus, et videbo illum... Hoc erit signum fœderis quod constitui inter me et omnem carnem super terram. » (*Gen.*, IX, 12, 17.)

gnage que Dieu ne punira plus par un déluge les enfants de pères prévaricateurs.

Nous avons vu comment, au chapitre xviii de la Genèse, la sainte Trinité s'était symbolisée devant Abraham par l'apparition des trois anges, et comment elle use tour à tour du singulier et du pluriel afin de déterminer avec toute la clarté possible l'existence des Trois Personnes en un seul Dieu (1).

<small>Type de Jésus-Christ dans Isaac.</small> Qu'Isaac, par son obéissance poussée jusqu'au sacrifice, paraisse à la plupart des Pères le type de Notre-Seigneur sacrifié parce qu'il l'a voulu (2); qu'on remarque que le bois dont il se charge jusqu'au haut du mont Moria désigne la Croix portée par le Sauveur jusqu'au lieu du supplice, et que cette montagne, dont le nom exprime l'*amertume*, soit celle même du Calvaire; que le bélier sacrifié à la place du Fils obéissant devienne une figure du divin Crucifié; qu'on symbolise jusqu'au buisson où l'un embarrasse ses cornes, pour y voir les branches d'épines dont l'autre daigna se laisser couronner : ce sont là autant de sens allégoriques laissés à l'arbitraire de la piété, et dont le mysticisme entretient dans l'âme qui les médite de douces pensées de gratitude et d'amour. Cependant, quoique l'Église s'y attache volontiers et les consacre par l'emploi qu'Elle fait dans ses offices des homélies où ses docteurs les ont développées, elle ne fait pas un devoir de les regarder comme autant de vérités essentiellement prophétiques. Mais quand on voit ce même sacrifice d'Isaac signalé à son père comme la cause principale de la naissance future d'un fils qui sortira de lui pour bénir toutes les nations (3), on se sent pénétré de respect pour cette révélation depuis si longtemps justifiée, et l'on perçoit clairement quelle vérité radieuse s'abritait sous ces merveilleuses histoires. Dès lors on ne craint plus de marcher dans le sens allégorique à la suite de S. Augustin et de beaucoup

---

(1) Voir ci-dessus, 1re part., ch. vi, p. 102.
(2) « Oblatus est quia Ipse voluit. » (*Is.*, LIII, 7.)
(3) Voir les ch. xxii, xxvi et xxviii de la Genèse.

d'autres : on reconnaît que c'est Dieu lui-même qui en a indiqué la signification (1).

Que de fois cette voix divine s'est fait entendre aux Patriarches dans le même but ! Accoutumés à voir le Seigneur se pencher vers eux avec une paternelle condescendance, et répondre à leurs désirs ou tranquilliser leurs inquiétudes, ils vont comme naturellement à ce moyen, qui ne les trompe jamais s'ils sont demeurés fidèles. Ils lui demandent des *signes* qui les déterminent à partir ou à rester, à faire ou à s'abstenir : leur confiance va jusqu'à la simplicité naïve. Ainsi Éliézer, envoyé en Mésopotamie par Abraham pour y chercher une épouse à Isaac, arrive vers le soir aux abords de la ville. Là il supplie le Seigneur de permettre que la première des jeunes filles qui lui apportera à boire, aussi bien qu'à ses chameaux, soit celle que sa Providence destine à son maître ; et, en effet, la complaisance de Rebecca, qui obéit seule, sans le savoir, à une inspiration céleste, éclaire le choix du zélé serviteur (2). Plus tard, cette même Rebecca porte deux enfants qui s'entre-choquent dans son sein. Elle s'en inquiète et va consulter le Seigneur, car elle suppose que cette collision des deux jumeaux renferme un mystère qu'il lui importe d'éclaircir. Dieu ne trompe pas sa confiance : il lui annonce la présence dans ses entrailles de deux nations qui devront se diviser : ce sont deux enfants, dont l'aîné sera assujetti au plus jeune. En un mot, c'est Esaü et Jacob, dont toute l'histoire se trouve dès lors signifiée d'avance par Celui à qui rien n'échappe, et qui, voyant ce qui n'est pas encore, peut signaler les événements bien longtemps avant qu'ils n'arrivent (3).

<small>Signes et symboles établis de Dieu.</small>

Nous avons parlé des songes, de leur importance miraculeuse dans ces premiers temps de la race humaine et bien

<small>Les songes appliqués au même but.</small>

---

(1) S. August., *De Spiritu et Littera*, cap. III.
(2) Voir le ch. XXIV de la Genèse.
(3) Voir *Genèse*, ch. XXV, 22.

plus tard encore. Ceux de Joseph, d'où résultent, avec sa grandeur future, les sept années d'abondance ou de disette, dont les épis et les vaches sont autant d'emblèmes; ceux des officiers de Pharaon, qu'explique le jeune Israélite (1); de Nabuchodonosor, interprété par Daniel (2); de Mardochée, dont il trouve lui-même le sens caché dans sa propre élévation et la chute de l'orgueilleux Aman (3), et mille autres encore tirés des Livres saints, prouvent de reste l'action directe de Dieu par ces moyens surnaturels. Le songe du soldat madianite prédisant, d'après ce qu'il a vu, une victoire prochaine de Gédéon, est un autre exemple non moins remarquable; mais rien ne l'est plus que cette toison restée sèche au milieu de la terre arrosée des fraîcheurs de la nuit, ou demeurée humide quand tout reste sec autour d'elle, et que le général israélite indique tour à tour au Dieu qu'il consulte comme devant être à ses yeux le signe sensible de sa protection sur son armée (4).

Vision de Daniel sur l'empire d'Alexandre le Grand et sa décadence.

Il ne faut guère distinguer de ces songes providentiels les visions que Dieu a souvent procurées aux prophètes dans l'ancienne et dans la nouvelle Loi pour leur dévoiler, au profit de la parole de vie, les impénétrables secrets de l'avenir. Une des plus célèbres, et toute symbolique à l'instar des autres, est celle qui découvrit à Daniel les grandes choses qui devaient, plus de deux siècles après, signaler la puissance d'Alexandre le Grand et le partage de ses vastes conquêtes à ses quatre successeurs. On peut en lire le texte au VIIIe chapitre du Prophète; nous le suivrons ici en l'accom-

---

(1) *Genèse,* ch. XXXVII et LX.
(2) *Daniel,* ch. II et IV.
(3) *Esther,* ch. X et XI.
(4) *Juges,* ch. VI et VII.—Maintes fois, dans ses offices, l'Église a rattaché cette particularité au double privilège de l'Immaculée Conception de Marie et de sa Virginité perpétuelle. Elle est, en effet, la seule femme restée en dehors des atteintes du péché originel, auquel toutes les autres participent, la seule aussi qui ait pu unir dans sa personne les deux titres de Mère et de Vierge.

pagnant de son explication, selon la réponse que l'Ange donna lui-même à ses questions.

Daniel donc était à la troisième année du règne de Balthazar, et habitait la grande ville de Suze, capitale de la Perse. Je levai les yeux, dit-il, et voilà que *j'aperçus un bélier.* C'était Darius, dernier roi des Perses et des Mèdes. — *Ce bélier avait deux cornes élevées, mais l'une l'était plus que l'autre et croissait peu à peu.* C'étaient les deux empires des Mèdes et des Perses, que ce monarque avait réunis, et dont le dernier prenait chaque jour plus d'extension. — *Ce bélier frappait de ses cornes,* c'est-à-dire des forces de ces deux empires réunis, *contre l'Occident,* ou l'Asie Mineure; *contre l'Aquilon,* ou le pays des Scythes; *contre le Midi,* ou l'Égypte, *et aucune des bêtes ne pouvait lui résister,* car toutes ces nations idolâtres attaquées par Darius étaient forcées d'accepter son joug : *il acheva donc tout ce qu'il avait entrepris et se rendit formidable.* — *Pour moi,* continue le Prophète, *je vis qu'un bouc venait de l'Occident* (de la Macédoine ou de la Grèce), *se répandant sur toute la partie du monde* où écrivait le Prophète, *sans toucher cependant à la terre* sainte, ou au pays des Juifs, prenant par l'Idumée son chemin vers l'Égypte, comme l'histoire le constate (1). — *Or ce bouc avait une grande corne entre les yeux. Ce bouc,* redoutable au bélier, symbole de Darius, *était,* toujours d'après l'Ange, Alexandre, fils de Philippe, *premier roi grec de l'Asie. Il vint donc jusqu'au bélier qui avait des cornes... Il courut à lui dans l'impétuosité de toute sa force : l'ayant joint, il l'attaqua avec furie, et il le perça de coups.* — Alexandre livra bataille à Darius et le défit à Arbelles. — *Il lui rompit ses deux cornes;* il s'empara de ses deux empires. — *Or ce bouc se fortifia et s'agrandit extrêmement; mais ensuite, après avoir touché au sommet de la puissance,*

---

(1) Voir *Daniel,* ch. VIII, et les réflexions de Rollin, *Hist. anc.,* t. I, p. 263, in-8°, 1826, édit. du *Panthéon littéraire.*

sa grande corne se rompit : Alexandre, au milieu de ses conquêtes, tomba malade et mourut. — *Et il se forma quatre cornes au dessous, vers les quatre vents du ciel :* Alexandre partagea son empire *en quatre royaumes;* il les distribua vivant encore à ses favoris, que lui-même il nomma ses successeurs. — *Mais aucun d'eux n'approcha de sa puissance.* — Ces quatre royaumes démembrés de l'empire d'Alexandre sont : la Macédoine, à l'occident, échue à Cassandre, et, après lui, à Démétrius Poliorcète; l'Asie Mineure, à l'orient, que prit Antigone; l'Égypte, au midi, où régna Ptolémée Soter; et enfin, la Syrie, au nord, que Nicanor gouverna.

<small>Symbolisme des lois et cérémonies hébraïques,</small>

Voilà, certes, des prédictions aussi claires que possible, mais aussi voilà du symbolisme issu d'une source aussi respectable qu'elle est authentique. Toutefois celui-ci, en tant qu'émané de Dieu directement, n'est pas plus sensible dans ces faits historiques, où pourtant il parle si haut, que dans les lois cérémonielles contenues aux quatre derniers livres du Pentateuque, surtout au Lévitique et au Deutéronome. On y voit le Maître de toutes choses fonder son culte, restreint jusque-là à de simples offrandes d'animaux, de fruits et de parfums, et définitivement constituer une suite de rites et de consécrations d'autant plus vénérables désormais qu'elles auront la plus expresse sanction du ciel et de la terre. Or il n'est pas une seule de ces observances religieuses qui ne soit en même temps, dans son expression capitale, et un symbole actuel et un signe prophétique d'un culte à venir mille fois plus digne et plus élevé. Toute cérémonie est donc de sa nature parmi nous une manifestation extérieure d'une pensée religieuse, d'une vérité morale. C'est un moyen visible de communiquer entre eux pour les hommes qu'un besoin de leur âme réunit en d'unanimes démonstrations et pousse par des hommages vers la Divinité. Ces démonstrations doivent par cela même n'avoir rien que de grave et d'imposant; et comme Jésus-Christ devait en instituer pour seconder la prédication évangélique, dont les Sacrements étaient la plus immédiate expression, Dieu a voulu également, dans la première Loi, former un cérémonial en harmonie avec le culte matériel de cette époque préliminaire, préparant dès lors les voies à la bonne nouvelle par des traits de ressemblance frappante, dont la seule comparaison avec les cérémonies chrétiennes fut, pour toute intelligence de bonne foi, un motif de crédibilité plus inébranlable. On reconnaît de cette manière, avec S. Paul (1), que les vues de Dieu, dans toutes les instructions qu'il donnait aux Israélites, se portaient d'avance sur les chrétiens, à qui le sens réel en est découvert par *la lumière éclairant désormais tout homme venant en ce monde* (2). C'étaient, au sentiment de S. Augustin, autant de symboles véritables, destinés beaucoup plus à ceux qui devaient jouir un jour des grandes manifestations de ces mystères, qu'à ceux qui n'en avaient que la figure anticipée et la représentation incomprise (3).

Un certain nombre de lois cérémonielles des Juifs remontaient jusqu'aux patriarches. Ils les avaient observées en Égypte pendant le séjour de deux cents ans qu'y firent les enfants de Jacob, et c'est ce qui a faussement persuadé à Marsham, à Spencer et à d'autres que ces coutumes sacrées étaient empruntées des Égyptiens. Voltaire ne pouvait manquer d'adhérer à de telles idées et de les ressasser jusqu'au dégoût. Loin que ces utopies intéressées puissent faire illusion, on s'aperçoit bientôt, pour peu qu'on les considère, que beaucoup de ces pieux usages du peuple de Dieu ont précédé de longtemps ceux des païens, et de plus ils eurent un sens qu'on ne leur eût pas trouvé après une telle origine.

combattues en vain par les incrédules.

---

(1) « Hæc autem in figura contingebant illis. » (I *Cor.*, XI, 11.)
(2) « Lux vera quæ illuminat omnem hominem venientem in hunc mundum. » (*Joan.*, 1, 9.)
(3) « Lex vetus magis est propter eos quibus manifestatur, quam propter illos quibus figurabatur. » (S. August., *Contra Faustum*, lib. VI, cap. II.)

C'est, d'ailleurs, après la promulgation du Décalogue, c'est-à-dire au cinquantième jour de la marche des Hébreux dans le désert, que la législation mosaïque imposa une liturgie complète et obligatoire. Partout, en notifiant cette loi, soit qu'elle sanctionne quelques observances déjà connues, soit qu'elle développe d'autres obligations, le Seigneur s'explique et agit par lui-même : *Hæc dicit Dominus... Dominus dixit ad Moysen... Dixitque Dominus rursum*, etc., etc.

<small>Moïse levant les mains sur la montagne.</small>

Cependant, et c'est un fait regrettable, même parmi les écrivains catholiques, la discussion ouverte et renouvelée maintes fois sur la valeur d'un fait, d'une cérémonie considérés comme signification d'une autre chose, a fait trop légèrement adopter par quelques-uns le parti d'une négation presque absolue sur le symbolisme qu'il faut y voir. Il serait difficile, par exemple, de ne pas trouver en même temps un sens allégorique et un sens tropologique ou moral dans l'élévation des bras de Moïse priant sur la montagne de Raphidim, dans les alternatives de succès et de faiblesse que montraient les combattants de la plaine, selon que le saint Législateur soutenait ses mains vers le ciel ou les laissait s'affaisser (1). D'après le grand évêque d'Hippone, Amalec est le démon combattant depuis le commencement du monde contre le chrétien guidé vers la Terre promise. Moïse priant les bras étendus, c'est Jésus-Christ étendant ses bras sur la croix du Calvaire et nous protégeant par l'humilité toute-puissante de sa prière (2). Cette manière de prier était passée aux chrétiens. On en voit de nombreuses images dans les catacombes, et l'usage s'en retrouve encore jusque

---

(1) « Josue... pugnavit contra Amalec. Moyses autem, et Aaron, et Hur ascenderunt super verticem collis : cumque levaret manus Moyses, vincebat Israel ; sin autem paululum remisisset, superabat Amalec. » (*Exod.*, XVII, 10 et seq.)

(2) « Superbissimus ille spiritus, hoc est Amalec, aperte sæviens et ad terram promissionis repugnando transitum negans, per crucem Domini, quæ Moysis manibus extensis est præfigurata, superatur. » (S. August., *De Trinitate*, lib. IV, cap. XV.)

dans l'un des plus solennels moments du Saint Sacrifice, lorsque après l'élévation le prêtre continue, en étendant les bras ou en élevant les mains, toute l'oraison *Unde et memores*.

N'est-on pas porté encore très-naturellement à voir, avec S. Paul, dans le sang des boucs et des taureaux, jeté sur le peuple en signe d'alliance avec Dieu, ce Sang divin qui plus tard devait purifier toutes les âmes et sceller l'alliance éternelle entre Jésus-Christ et le peuple qu'il se serait acquis (1) ?

<small>L'aspersion du sang des victimes sur le peuple.</small>

Il faut bien se résoudre à accepter des intentions mystérieuses dans les détails de l'Arche d'alliance, du Tabernacle, de la Table des pains de proposition, du Chandelier d'or, intentions que Dieu énumère de sa bouche, pour ainsi dire. Il en est ainsi de toutes les ordonnances qu'Il fait à Moïse touchant les autels, les vases sacrés, les lampes et les habits qui doivent distinguer les pontifes et les prêtres. Si tant d'objets n'avaient pas une importance véritable, il serait peu digne de la Raison souveraine de s'en occuper avec cette sorte de minutie. Aussi les interprètes de tous les temps en ont-ils parlé en de longs et intéressants commentaires, et on doit avouer, pour peu qu'on les lise, que, si chacun d'eux se livre parfois à des explications qui peuvent sembler arbitraires, comme c'est leur droit en des choses sur lesquelles l'Église n'a rien décidé, cette variété même d'opinions libres, et qui toutes cependant partent du même principe pour arriver à des théories essentiellement morales, démontre fort bien que le plus grand nombre des hommes les plus compétents a reconnu le symbolisme du cérémonial judaïque. Prenons pour exemple la robe d'Aaron, dont il est parlé au vingt-huitième chapitre de l'Exode. Tissue

<small>Les vêtements du grand-prêtre ;</small>

---

(1) « In secundo (tabernaculo) semel in anno solus Pontifex (introibat), non sine sanguine quem offert pro sua et populi ignorantia... Quæ parabola est temporis instantis, juxta quam munera et hostiæ afferuntur quæ non possunt juxta conscientiam perfectum facere servientem... Christus autem Pontifex futurorum bonorum... per proprium Sanguinem... oblatus est, ad multorum exhaurienda peccata. » (*Hebr.*, XI, *passim*.)

en fils de diverses couleurs, elle était garnie, dans tout son pourtour inférieur, d'une bordure entremêlée de grenades et de sonnettes d'or. S. Grégoire le Grand voit dans ces grenades, munies d'un grand nombre de grains *rouges* et *unis ensemble*, l'union de la foi et de la charité que doivent garder entre eux les ministres de l'Église et tous les fidèles à leur exemple (1). Philon, dans un de ses traités où se développe le symbolisme de toute la Bible (2), regarde les grenades comme un symbole de la terre qui les produit, et il les oppose aux pierres précieuses du rational, dont la devise : *Doctrine et vérité*, exprimait les pensées du ciel. Enfin les sonnettes représenteraient l'harmonie de l'univers. De son côté, le P. Saint-Jure veut que ces grenades, dans lesquelles il considère surtout leur couronne terminale, nous apprennent que « la couronne ne se doit point au commencement ni à la moitié de l'œuvre, mais à la fin (3). »

Ce n'est pas tout : les commentateurs, en s'exerçant sur ce texte, ont suivi un guide qui ne laisse plus de doute sur le sens à lui donner. L'Esprit-Saint énumère au livre de la Sagesse les merveilles produites en faveur des Hébreux sortis de l'Égypte. Il affirme que cette tunique du pontife était un emblème de tout l'univers ; que les quatre rangs de pierres précieuses adaptées par trois au rational représentaient la glorieuse union des douze Patriarches pères des douze tribus, et que c'est à la puissance de ces choses mystérieuses, aussi bien que du nom divin tracé sur la tiare pontificale, que durent la vie beaucoup de ceux qu'avaient frappés des blessures mortelles dans le désert (4). Jansé-

---

(1) Voir Sacy, *Commentaire sur l'Exode*, p. 421, in-8°, Paris, 1719.
(2) *De Monarchia*, lib. II, inter opera, Genève, 1613, in-f°.
(3) *De la Connaissance et de l'Amour de Notre-Seigneur Jésus-Christ*, t. VIII, p. 156, in-12, Clermont, 1836. — C'est la pensée de S. Jérôme : « Non quæruntur in christianis initia, sed finis. » (*Epist. ad Furiam viduam.*)
(4) « In veste enim poderis quam habebat, totus erat orbis terrarum; et parentum magnalia in quatuor ordinibus lapidum erant sculpta, et

nius, dans son Commentaire sur le Pentateuque, qui ne se ressent en rien des erreurs du trop fameux *Augustinus*, énumère, avec son exactitude et son érudition habituelles, la longue série d'observations qui résulte de ses recherches sur ce passage. C'est d'après Josèphe et S. Jérôme qu'il procède, c'est-à-dire d'après les deux hommes qui, par leur éducation ou leurs études plus spéciales, étaient les plus capables d'entendre à cet égard la coutume du peuple de Dieu (1). Voici comment ils expliquent non-seulement la robe du grand-prêtre, mais tous les accessoires de son costume sacré : Le lin dont la robe est faite, c'est la terre d'où il est tiré; la pourpre, c'est la mer d'où vient le coquillage qui la produit; la couleur hyacinthe désigne l'air; l'écarlate le feu; les grenades et les sonnettes sont la foudre et les tonnerres, assimilés aux grandes voix de tous les éléments; la ceinture indique l'océan; dans l'Éphod, il faut voir le ciel avec la teinte de son atmosphère. Les deux onyx, où étaient gravés les douze noms des enfants d'Israël, rappellent le soleil et la lune; les douze pierres du rational, les douze mois de l'année ou les signes du zodiaque. La tiare signifie l'empyrée, la partie la plus élevée du ciel, et la lame d'or, où se trouve le nom du Seigneur, est un symbole de Dieu même présidant à toutes les choses de ce monde. La raison de tant de détails mystiques était de faire énoncer, par tout l'ensemble de la personne sacrée, un type aussi fidèle que possible du Dieu créateur, d'indiquer le besoin qu'avait toute créature, une fois souillée par le péché de l'homme, des miséricordes divines et d'un Sacrifice dont l'application fût universelle; en sorte que le grand-prêtre,

ils renferment des symboles

---

magnificentia tua (Domine) in diademate capitis illius sculpta erat. His autem cessit qui exterminabat et hæc extimuit. » (*Sap.*, XVIII, 24.) — On reconnaît bien ici que c'est dans ce texte que Philon a trouvé l'explication de sa pensée.

(1) Voir Josèphe, *Antiquités judaïques*, ch. VI. — S. Hieronymi *Epistola* 128.

non content de prier pour Israël, intercédât encore de toute sa personne pour toute créature, afin de tout purifier de nouveau (1).

qui facilitent l'intelligence des choses de Dieu.

Voilà, certes, bien des manières d'entendre un même fait, et nous en trouverions bien d'autres... Toujours est-il que S. Jérome et S. Grégoire tirent de leurs observations des idées morales qui sont le côté pratique du symbolisme religieux. C'est là, au reste, le but et la marche de cette science. Elle prend partout, s'approprie tout comme terme de comparaison, se plie aux exigences de notre esprit, et, quand elle n'obtient pas pour ses formes inattendues l'assentiment général des intelligences, elle sait encore les forcer de les admettre sous une face que nous n'eussions jamais soupçonnée.

Exagération des rabbins.

Mais aussi les esprits raisonnables n'ont jamais consenti à abuser de cette liberté pour s'élever à des inventions qui reproduisissent dans une étude aussi sérieuse l'allure par trop dégagée qu'on tolère parfois chez les peintres et les poètes. Quand les rabbins prétendent que deux des pierres du rational, sur lesquelles étaient gravés les mots *Urim et Thummim* (*Doctrine et Vérité*), servaient à instruire le grand-prêtre, par le changement de leur couleur, des maux ou de la prospérité que Dieu réservait à son peuple, c'est là évidemment une rêverie que rien n'autorise, ni dans le sens littéral, ni dans aucun sens indiqué ailleurs; et S. Augustin, l'un des Pères les plus symbolistes qu'on puisse rencontrer, résiste énergiquement à une telle interprétation, et se prononce contre elle en la traitant de fable ridicule (2).

Le Lévitique expliqué par S. Augustin.

Ces observations, auxquelles il faut nous borner, suffi-

(1) Cornel. Jansenii, episc. Iprensis, *Commentar. in quinque libros Moysis*, p. 151, in-4°, Paris, 1671.

(2) « Fabulantur quidam lapidem fuisse cujus color sive ad adversa, sive ad prospera mutaretur, quando sacerdos intrabat in Sancta. » (S. August., in *Exod.* quæstio 117.)

raient à donner une idée générale de l'esprit qui anime les prescriptions légales du Pentateuque. Toutefois nous devons une mention spéciale au livre du Lévitique, qui a pour objet les sacrifices, les rites des expiations, les fêtes, et autres choses semblables dont le soin regardait particulièrement la tribu de Lévi. Là encore c'est S. Augustin qu'il faut suivre. Ce grand génie y dissipe avec son admirable perspicacité les nuages qui enveloppent les mystères de l'ancienne Loi, et y démontre avec autant de clarté que de justesse l'image du grand et auguste sacrifice de la Loi nouvelle dans cette multitude d'hosties muettes et de victimes grossières dont les Israélites ensanglantaient leur autel. Mais surtout c'est le sens moral qui triomphe dans cet excellent docteur, et y reporte sans cesse au règlement de la piété chrétienne les moindres circonstances des cérémonies, les plus minces particularités du culte, du tabernacle ou de son ameublement. Il veut donc que nous regardions nos corps comme des tabernacles du Dieu vivant, respectables surtout à nous-mêmes ; que notre cœur en devienne l'autel par la prière, et, s'il le faut, par le sacrifice de notre vie à l'amour de la Vérité souveraine ; que les saints mouvements d'une ardente charité y soient un encens agréable ; et que tant de fêtes solennelles, célébrées autrefois et changées maintenant en de plus dignes mystères, nous semblent autant d'occasions de renouveler en nous avec une profonde gratitude la mémoire des grâces que nous avons reçues dans notre vocation au christianisme (1).

Symbolisme de l'ancien Tabernacle ;

---

(1) « Hujus templum simul omnes, et singuli templa sumus..., singulos inhabitare dignatur... cum ad Illum sursum est, Ejus est altare cor nostrum... Ei cruentas victimas cædimus, quando usque ad sanguinem pro Ejus veritate certamus. Ei suavissimum adolemus incensum, cum Ejus conspectu pio sanctoque amore flagramus. Ei beneficiorum Ejus, solemnitatibus, festis, et diebus statutis dicamus sacramusque memoriam, ne voluminæ temporum ingrata subrepat oblivio. » (*De Civitate Dei*, lib. X, cap. IV.)

Mais l'éloquent interprète, tout en tirant ces inductions pratiques de la méditation du livre sacré, n'en établit pas moins solidement ce qui s'y rattache aux dogmes chrétiens.

des sacrifices sanglants;

A ses yeux, l'immolation des animaux n'est que la figure du sublime et unique Sacrifice de Jésus-Christ (1). L'auteur de l'Apocalypse avait parlé dans ce même sens de l'Agneau sacrifié, dès le commencement du monde (2), c'est-à-dire du moment où la chute de l'homme rendit une réparation nécessaire. Et il doit être vrai que ce n'est pas là seulement une opinion, mais un dogme et une croyance obligatoire pour les Juifs : car les grâces, découlant pour eux du culte cérémonial, ne leur venaient pas tant d'une obéissance passive et matérielle à ses prescriptions que d'une foi implicite à la promesse d'un rédempteur faite à Adam, renouvelée à Abraham, à Noé, et transmise par une tradition non interrompue à toutes les familles du peuple choisi; c'est de quoi S. Paul loue les Patriarches (3), et en quoi consistait principalement *la fin de toute la Loi* (4).

de la consécration des hosties anciennes.

Quant aux rites particuliers qui ressortaient des cérémonies principales, il est certain qu'ils avaient tous une signification dont le sens ne doit pas être négligé. Il est dit au 1ᵉʳ chapitre du Lévitique, que celui qui voudra offrir au Seigneur une victime mettra la main sur la tête de l'hostie, et que dès lors elle sera reçue de Dieu et servira d'expiation (5). Par cette cérémonie on reconnaissait qu'on aurait

---

(1) Hujus veri Sacrificii multiplicia veraque signa erant sacrificia prisca sanctorum. » (*De Civitate Dei*, lib. X, cap. xx.)
(2) « Agnus qui occisus est ab origine mundi. » (*Apoc.*, xiii, 8.)
(3) « Fide enim testimonium consecuti sunt senes. » (*Hebr.*, xi, 1.) — Voir les témoignages historiques de ce fait dans Prideaux, *Histoire des Juifs*, lib. III, et le concile de Trente, sess. vi, cap. ii.
(4) « Finis Legis Christus. » (*Rom.*, x, 4.)
(5) « Si holocaustum fuerit ejus oblatio, ponet manum super caput hostiæ, et acceptabilis erit, atque in expiationem ejus proficiens. » (*Levit.*, i, 4.)

LES FAITS BIBLIQUES.   99

dû s'immoler soi-même et que la victime empruntée représentait le pécheur, obligé de se purifier, ce qui fait dire à S. Augustin que ce qu'il y a de visible dans le sacrifice extérieur n'est autre chose que le signe sacré du sacrifice invisible et spirituel (1). L'Église rappelle ce symbole dans l'offrande du sacrifice non sanglant, quand le prêtre, à divers endroits du canon, couvre de ses mains unies et étendues la matière ou les saintes espèces de la Consécration, aussi bien que lorsque, donnant l'absolution, il élève sa main droite sur la tête du pénitent.

On a vu généralement aussi, dans les diverses espèces d'animaux offerts en sacrifice, des symboles de différentes natures. Les bœufs, selon S. Paul, marquent les ministres catholiques, qui travaillent dans le champ du Seigneur (2); les brebis sont les fidèles, que Notre-Seigneur leur a comparés (3), aussi bien que les Prophètes (4); les oiseaux, en plusieurs endroits de l'Écriture, comme nous aurons occasion de le voir, sont les âmes les plus spirituelles, dégagées de la terre : ainsi les solitaires et les vierges consacrées à Dieu. S. Isidore de Séville, qui vivait au septième siècle, trouve la figure de Notre-Seigneur dans l'agneau à cause de son innocence, dans le bélier regardé comme le chef du troupeau, et jusque dans le bouc, animal impur, par la ressemblance que le Saint des saints a prise de la chair du péché. Il dit aussi que la tourterelle et la colombe, vivant tantôt sur la terre et tantôt se rapprochant du ciel, indiquent

Figures bibliques du Sauveur sacrifié.

---

(1) « Sacrificium visibile invisibilis Sacrificii sacramentum, id est sacrum signum est; non vult ergo Deus sacrificium trucidati pecoris, sed vult sacrificium contriti cordis. » (S. August., *De Civitate Dei*, lib. X, cap. v.)
(2) « Non alligabis os bovi trituranti. Numquid de bobus cura est Deo?... Propter nos scripta sunt. » (1 *Cor.*, IX, 10.)
(3) « Ego sum Pastor bonus... Alias oves habeo quæ non sunt de hoc ovili : oportet Me adducere eas. » (*Joan.*, X, 11.)
(4) « Et Ipse requiram oves meas, et visitabo eas sicut visitat pastor gregem suum. » (*Ezech.*, XXXIV, 11.)

les deux natures distinctes de l'Homme-Dieu (1). Voilà donc un sens allégorique donné à chacune de ces victimes. Voulez-vous savoir encore pourquoi elles ne sont pas offertes dans l'intérieur du tabernacle, mais à l'entrée seulement ? c'est parce que Jésus-Christ devait souffrir en dehors de la ville déicide. Le sang des animaux est répandu autour de l'autel, et non sur l'autel même, parce que le sang du Dieu sacrifié devra arroser la terre où la croix fut plantée. Les membres de la victime sont coupés, comme la chair du Sauveur doit être déchirée par les fouets; elle est consumée par le feu, parce que l'auguste Victime des pharisiens s'est consumée dans celui de sa propre charité (2). Quant au sens moral, voici celui que tire des mêmes rites le même interprète. « Tous ces sacrifices, dit-il, peuvent se renouveler en nous-mêmes. Nous offrons le bœuf lorsque nous savons terrasser en nous les révoltes orgueilleuses de de l'esprit du monde ; l'agneau, en comprimant les mouvements de l'impatience ; le bouc, en surmontant les mauvais désirs ; la colombe, par la simplicité du cœur ; la tourterelle, par l'amour et la pratique de la chasteté (3).

Animaux bibliques sculptés ou peints dans nos églises,

S. Cyrille d'Alexandrie explique le même passage presque dans les mêmes termes et d'après les mêmes idées (4).

Ce qui précède prouve clairement la part que Dieu s'est faite dans l'exposition du symbolisme biblique. Nous manquerions cependant d'une démonstration des plus intéres-

(1) « Allegorice in his omnibus Christus figurabatur..., agnus propter innocentiam, aries propter principatum, hircus propter similitudinem carnis peccati ; turtur et columba propter Deum et hominem. » (S. Isidori Hispal. *In Leviticum*, cap. I et VI.)
(2) *Id., ibid.*, paulo post.
(3) « Sensu morali offerimus vitulum cum carnis superbiam vincimus; agnum, cum irrationabiles insipientesque motus corrigimus; hædum, cum lasciviam superamus ; columbam, dum simplicitatem mentis ostendimus ; turturem, dum carnis servamus castitatem. » (*Ibid.*, loco citato.)
(4) Voir S. Cyrill. Alexandr., *De Adoratione*, lib. XVI, sub initio.

LES FAITS BIBLIQUES.   101

santes si nous passions sous silence des faits qui, dans un autre ordre d'idées, témoignent de quelle utilité ces moyens sensibles parurent être aux yeux de cette divine Providence. N'apercevons-nous point déjà, en effet, quelques données qui nous font soupçonner de loin la cause de tant de têtes de taureaux, de brebis, de béliers, la présence de tant d'oiseaux de natures diverses aux murs de nos cathédrales et aux feuillets de nos manuscrits? Des éléments différents, mais intimement liés à la même idée fondamentale, nous expliqueront un passage saisissant d'Ézéchiel où le Prophète, perçant la muraille de Jérusalem, aperçoit une abominable réunion d'idoles, de reptiles, d'animaux hideux qu'encensaient dans les ténèbres les anciens de la maison d'Israël.—Et ces femmes, équivoques beautés suspendues aux consoles de pierres; et ces hommes de tout âge tournant le dos à l'hôtel et à ses mystères; et ces personnages munis de rameaux chargés de fruits, dont ils font hommage au soleil, et dont on n'aurait pu deviner l'usage si le Prophète ne nous l'indiquait ici clairement. Il y a là tout un compte-rendu de cette ornementation méconnue et calomniée, reproduite à l'infini au pourtour ou dans les plus sombres recoins de nos temples (1). *expliqués par un passage d'Ézéchiel.*

Ceci nous amène naturellement aux Prophètes : on sait quel éclat métaphorique anime la poésie de leur style. L'hyperbole n'y est pas rare, et dans maintes grandes occasions les écrivains sacrés s'y livrent, selon la nature de leur imagination ardente, à l'exagération en apparence la plus outrée. Mais observons que ce langage, alors entendu de tout le monde, paraissait beaucoup moins qu'aujourd'hui peut- *Examen des prophètes.*

(1) « Fili hominis, fode parietem... Et ecce omnis similitudo reptilium et animalium, abominatio et universa idola domus Israel *depicta erant in circuitu per totum*. Et septuaginta viri de senioribus domus Israel .. stantium ante picturas; et unusquisque habebat thuribulum in manu sua... Et ibi sedebant mulieres plangentes adonidem... Et viginti quinque viri dorsa habentes contra templum Domini..., et ecce applicant ramum ad nares suas... (*Ezech.*, VIII, 6 et seq.)

être l'expression d'un sentiment excessif. Ce qui est certain, c'est que personne n'était tenté de le prendre dans un sens littéral. Qui songe à se scandaliser des lamentations si prolongées de Job sous le coup de l'infortune? S. Grégoire, dans ses *Morales*, explique plus d'une fois ce qu'étaient de telles doléances dans la bouche de l'illustre Iduméen. Nous devons en dire autant des plaintes amères de Jérémie prophétisant, au milieu des ennemis qui le persécutaient, la perte de Jérusalem et de Juda (1). — Ailleurs, une autre image se présentera, sous des formes brusquement interrompues, de façon à ne laisser aucun doute sur la distinction à faire entre le sens allégorique et le sens naturel. Dans Joël, Dieu parlant des Assyriens et autres ennemis de son peuple, dont il le menace pour ses péchés, ne parle que d'une plaie de sauterelles qu'il enverra sur cette terre coupable. Mais tout à coup il finit par ces mots : « Néanmoins je les disperserai à la fin, *parce qu'ils ont agi avec insolence* (2). » Il est clair, dit S. Augustin à ce sujet, que ces derniers termes ne peuvent convenir à des sauterelles : elles ne peuvent agir avec une insolence punissable. Il faut donc les appliquer à ces hordes étrangères qu'elles représentent dans le langage divin. C'est que Dieu, dans les livres prophétiques, mêle parfois à la suite de la lettre les expressions qui ne peuvent pas s'y rapporter, afin de nous forcer en quelque sorte à y chercher un sens spirituel (3). C'est ainsi que Moïse, parlant de la tendre sollicitude de Dieu pour son peuple dans le désert, le compare tout à coup à un aigle qui enseigne à ses petits l'usage de leurs ailes (4). Ces exemples si saisissants ne sont

(1) Voir Jérémie, ch. xx.
(2) « Eum procul faciam a vobis, et expellam eum..., et ascendet putredo ejus quia superbe egit. » (*Joel*, II, 20.)
(3) S. August., *In Joel*, ubi suprà.
(4) « Pars Domini populus Ejus... Invenit eum in terra deserta...; circumduxit eum..., sicut aquila provocans ad volandum pullos suos, et super eos volitans expandit alas suas, et assumpsit eum atque portavit in humeris suis. » (*Deuter.*, xxxii, 9 et seq.)

LES FAITS BIBLIQUES.   103

pas rares. Mais le Maître divin va plus loin, et souvent, pour se faire comprendre d'un peuple fait à ces sortes d'amplifications qui l'électrisent, il lui ménage des tableaux en action capables d'exciter d'autant plus son intelligence, de pénétrer sa mémoire et de l'animer de plus durables convictions. Lorsque Ézéchiel reçoit du Seigneur, aux IIe et IIIe chapitres de ses Prophéties, l'ordre d'insister sur les malheurs prochains de Babylone et la délivrance des Israélites captifs, une vision lui est ménagée, dans laquelle une main mystérieuse lui présente un livre roulé, écrit au dedans et au dehors. Bientôt le livre est déployé à ses yeux, et il n'y aperçoit que des malédictions et des chants lugubres. Une voix lui commande de manger ce livre et d'aller aussitôt parler au peuple incrédule..., et, en effet, il le mangea, lui trouva la douceur du miel, car pour lui c'était un fruit d'obéissance ; mais son cœur ressentit cruellement l'amertume de cette mission vengeresse, qu'il remplit néanmoins avec toute la véhémence que méritaient les iniquités d'Israël.

Ézéchiel et les symboles tirés de sa propre personne.

Une autre fois, Dieu exige qu'il se charge de chaînes, symbole de l'esclavage qui va punir Jérusalem ; qu'il trace sans rien dire, sur une large brique, le plan et l'enceinte de la ville infidèle, destinée à une ruine qui s'approche ; les forts que va bâtir l'ennemi qui s'avance, les tranchées dont on l'environnera, les machines de guerre qui battront ses murs. — Et tout se fait selon cette parole ; et le peuple ouvre les yeux à ces signes surprenants de l'esprit de prophétie (1).

Quelquefois Isaïe obéit aux mêmes inspirations en se dépouillant de la tête aux pieds et marchant ainsi pour annoncer la ruine complète de l'Égypte et de l'Éthiopie (2). — Tel encore Jérémie se fait des chaînes dont il charge ses épaules, puis il les envoie aux rois que va s'assujettir celui de la Chaldée (3). — Quand le prophète Agabus voulut pré-

Ceux des autres Prophètes.

(1) Voir Ézéchiel, ch. IV.
(2) Voir Isaïe, ch. XX.
(3) Voir Jérémie, ch. XVIII.

dire la captivité dont S. Paul était menacé à Jérusalem, il prit la ceinture de l'Apôtre et s'en lia devant lui les pieds et les mains, ce qui porta tous ceux qui l'entendirent à supplier celui-ci de ne pas s'éloigner d'eux (1). C'était donc la coutume des Prophètes, telle que l'Esprit-Saint le leur inspirait, de joindre aux paroles quelques actions capables de les mieux faire sentir : ce symbolisme *des gestes* allait quelquefois jusqu'à rendre la leçon plus frappante par la représentation d'une action mauvaise en elle-même, comme on le voit au 1ᵉʳ chapitre d'Osée, où Dieu lui ordonne d'épouser une femme de mauvaise vie pour signifier plus vivement le malheureux état de Jérusalem, prostituée au péché malgré son titre mystique d'épouse divine (2). Il semble aussi que les choses importantes, faites pour glorifier Dieu, doivent, de la part de ceux qu'il y emploie, se revêtir de circonstances mystérieuses qui confirment cette intention providentielle, et renferment un enseignement d'autant plus sûr. Quand Élisée persuade au roi Joas de lancer une flèche vers la Syrie, en signe de la guerre que le prince devra faire à ce pays, et cela selon l'usage symbolique de presque tous les peuples guerriers des anciens temps (3), « Voici, lui dit-il, la flèche par laquelle le Seigneur vous sauvera des inimitiés de la Syrie, » puis il lui commande de frapper à plusieurs reprises la terre de son javelot. Le roi s'y reprend à trois fois et l'arrête. Ce nombre *trois* avait déjà dans sa pensée sa signification mystérieuse, et indiquait, par l'idée de perfection qu'on y attachait, une détermination bien précise, autant que l'espérance fondée d'un succès indubitable.

Élisée et les flèches de Joas.

---

(1) Voir Actes des Apôtres, XXI, 10.
(2) « Dixit Dominus ad Oseam : Vade, sume tibi uxorem fornicationum, et fac tibi filios fornicationum, quia fornicans fornicabitur terra a Domino. » (*Oseæ*, I, 2.)
(3) Cf. Varron, apud Servium in *Æneidos*, lib. IX. — Valerius Maximus, *Hist. August.*, lib. III.—Aulu-Gelle, *Noctes Atticæ*, lib. XVI, cap. XIV.

Cependant le Prophète déplore que ce nombre n'ait pas été dépassé : le prince aurait dû frapper cinq, six ou sept coups réitérés ; à ces nombres, qu'il faut bien reconnaître comme également symboliques, était attachée la ruine complète de l'ennemi. Au contraire, les trois défaites qu'annoncent les trois coups de javelot ne suffiront pas pour l'abattre, et Joas est sévèrement blâmé de n'avoir pas été au delà. Il y avait donc alors dans ce nombre de *sept* un mystère qu'il devait savoir, et d'après lequel il aurait dû agir ; il connaissait bien le mysticisme du langage des Prophètes ; le nombre sacré devait entrer en rapport, dans son zèle contre le peuple ennemi du sien, avec l'énergie d'une volonté déterminée à en finir. Comment expliquer autrement et la colère patriotique d'Élisée et l'importance que Dieu veut attacher à un certain nombre de coups dans une affaire aussi grave ? Les interprètes ne semblent pas avoir remarqué cette préférence donnée ici à quelques nombres sur quelques autres, ni le caractère de perfection absolue que l'Écriture donne souvent au nombre *sept* (1).

Résurrection opérée par Élie et Élisée.

Voyez-vous encore Élie et, après lui, ce même Élisée, ressuscitant, l'un l'enfant de la veuve de Sarepte, et l'autre celui de la Sunamite ? Ils se couchent et se rapetissent sur ces petits corps, s'y mesurant, mettant leurs yeux sur leurs yeux, leurs mains sur leurs mains... De plus, Élisée, livrant son bâton à son serviteur, lui avait enjoint de le poser sur la figure du jeune mort de Sunam, ce qui devait opérer le miracle ; mais le disciple n'avait pas réussi. On ne voit pas trop d'abord la signification de tant de précautions minutieuses, qui ne semblent pas tenir essentiellement au pouvoir de ressusciter un mort. Il en faut donc chercher une raison, car ces choses n'en doivent pas manquer qui ne s'accomplissent que par le secours évident de la suprême sagesse. S. Césaire d'Arles va nous la dire, et ce qu'il applique à l'un

(1) Voir au IVe livre des Rois, ch. XIII.

de ces faits convient parfaitement à l'autre. Et d'abord « le
» bâton d'Élisée n'a servi de rien sans lui, comme la croix
» n'aurait rien pu sans Jésus-Christ. Élisée se penche pour
» ressusciter l'enfant et s'incline jusqu'à lui : c'est de la
» sorte que Jésus-Christ s'est humilié pour relever le monde
» de ses chutes criminelles. Nous étions petits, il s'est ra-
» petissé ; nous gisions sur la terre privés de vie : charitable
» médecin, il s'est penché et nous redresse. C'est qu'en effet
» on ne relève un homme tombé qu'en voulant bien se
» pencher vers lui (1). »

Jésus-Christ est sous toutes ces allégories.

Nous demandons à tout adversaire loyal du sens symbolique s'il est possible, sans une révélation particulière, de dégager autrement ces faits historiques des nuages qui les obscurcissent. Et quand ces mêmes difficultés d'interprétation reviennent jusqu'à des milliers de fois dans les pages sacrées, n'est-on pas autorisé à y voir autant de secrets divins, révélés seulement aux docteurs que nous devons suivre, et à recevoir les explications si naturellement tirées du principe qui montre le Rédempteur futur sous l'écorce plus ou moins épaisse du sens littéral ?

Daniel et les petits Prophètes offrent aussi de nombreux exemples de ces moyens dramatiques. On peut lire entre autres, au viie chapitre du premier, les symboles qui annoncent la destruction de l'empire chaldéen sous Balthazar, et, dans Zacharie, la prophétie qui, en élevant Zorobabel au gouvernement des tribus délivrées, représente dans cette

---

(1) « Abiit ergo puer et misit baculum suum super faciem pueri, et penitus non surrexit. Opus erat ut qui baculum miserat, ipse descenderet. Baculus sine Eliseo nihil valebat, quia crux sine Christo nihil poterat. Inclinavit se Eliseus ut puerum ressuscitaret : humiliavit se Christus ut mundum in peccatis jacentem erigeret. Quia parvuli eramus, parvulum Se fecit; quia mortui jacebamus, pius Se Medicus inclinavit. Quia et revera, fratres, nemo potest jacentem erigere si se noluerit inclinare. » (S. Cæsarius Arelat., episc., in *Appendice ad S. August. opera*, serm. 42, n° 6.)

royauté nouvelle celle du Messie, dont le nom mystérieux y est prononcé (1).

Les vérités de cet ordre ont été reconnues même des protestants du seizième siècle qu'une pente trop naturelle, mais encore peu précipitée, n'avait pas entraînés fatalement, comme depuis, à la négation de toute l'exégèse chrétienne. Les commentateurs anglicans surtout, tels que Patrick, Willet et Parker, avoués et loués par les calvinistes français, qui publièrent en 1742 leur plus considérable commentaire de la Bible, se rangent entièrement sur ce point du côté de l'Église. « Par les cérémonies religieuses que Dieu
» prescrivit aux Israélites, disent-ils, il voulut entretenir et
» fortifier dans leur esprit l'attente du libérateur promis à
» leurs ancêtres, et, par des emblèmes appropriés aux cir-
» constances où ils se trouvaient, les préparer insensible-
» ment à cette grande révolution d'une nouvelle alliance,
» d'un nouveau culte. Cette économie n'était qu'un arran-
» gement provisionnel. De là, tant de rapports si marqués
» entre les événements du Vieux Testament et ceux de la
» fondation de l'Église ; de là tant de types des choses spiri-
» tuelles de l'Évangile répandus à dessein dans les rites du
» culte mosaïque.

» Nous sommes très-éloignés de croire, ajoute le judicieux
» écrivain, que les interprètes de l'Écriture doivent mul-
» tiplier ces types de leur chef et, sans une absolue néces-
» sité, convertir tout en allégorie, au mépris du sens littéral.
» Mais, d'un autre côté, comment nier la réalité des types ?
» comment contester que l'on en trouve de très-sensibles ?
» Se pourrait-il qu'un chrétien tant soit peu instruit ignorât
» que la Loi contenait à divers égards l'ombre des choses
» dont le corps était en Jésus-Christ ? Les Juifs eux-mêmes
» ne sauraient rejeter les explications typiques ; elles sont
» dans les principes de leur théologie. Il s'en faut bien que

Aveux des protestants à cet égard,

(1) « Ecce vir Oriens nomen Ejus, etc. » (*Zach.*, VI, 12.)

» l'auteur de l'Épître aux Hébreux ait trouvé autant de
» mystères et de vues symboliques dans la structure du Ta-
» bernacle et de ses ustensiles qu'en a trouvé Josèphe au
» livre III de son *Histoire* (1). »

<small>soutenus de l'autorité de l'historien Josèphe.</small>

Cette dernière observation est d'un grand poids ; car certainement Josèphe, écrivain justement estimé et savant dans les traditions religieuses de son pays, est d'une autorité fort respectable en pareille matière. Il ne peut donc y avoir qu'une opinion parmi les doctes sur ce parallélisme des deux Testaments. On ne doute point que ce qui est dans l'un ne se renouvelle en s'éclaircissant dans l'autre, et que Dieu n'ait pourvu par un tel moyen au triomphe incontestable de sa parole.

Ne sortons point de cette question sans ajouter quelques remarques de détail très-propres à en confirmer la solution.

<small>Remarques curieuses sur la prophétie de Jacob mourant.</small>

Au chapitre XLIX de la Genèse, on voit Jacob près de mourir appeler autour de lui ses douze fils, et leur confier prophétiquement ses dernières promesses. En désignant à chacun le rôle que sa tribu doit avoir dans l'avenir, rôle qui s'est accompli à la lettre, comme l'histoire en fait foi, le patriarche l'exprime par le nom d'un objet symbolique, tiré plus ordinairement du règne animal, et dont le caractère s'accorde avec celui du personnage qui le représentera. Mais ce qui n'est pas moins curieux comme symbolisme, c'est l'espèce de relation trouvée sans effort ni exagération entre les noms hébreux de ces douze chefs et les signes du zodiaque, alors connus de ce peuple. On doit cette observation à Arthur Lumley-Davids, jeune savant anglais, mort en 1848, qui remarque fort bien, en la développant, que cette

---

(1) *La Sainte Bible, ou le Vieux et le Nouveau Testament*, avec un Commentaire littéral composé de notes choisies et tirées de divers auteurs anglais, t. II, contenant l'Exode,— la Haye, Pierre Paupie, 1753.— Voir aussi *Nouvelle Bibliothèque* (de Leclerc), *ou Histoire littéraire des principaux écrits qui se publient*, t. XVII, p. 180, la Haye, 1743.

particularité n'ôte rien à la force de la prophétie. Voici comme il applique sa découverte au récit de la Genèse, que nous mêlons ici à son propre style pour plus de précision et de clarté.

Ruben est disgracié pour le crime qui déshonora la couche de son père : sa tribu restera la plus petite ; il est donc comparé à une eau qui s'écoule et se perd : *Effusus es sicut aqua, non crescas.* Cette eau inconstante est le Verseau dans la langue sainte. — Siméon et Lévi, deux instruments d'iniquité, *vasa iniquitatis*, ont fait, en s'associant pour une guerre injuste, de grandes plaies à Israël : ce sont les Gémeaux. — Le Lion, c'est Juda, *catulus leonis Juda*, d'où sortira Notre-Seigneur, appelé par un autre prophète « le descendant de David, le lion victorieux de la tribu de Juda (1). » — Zabulon, qui habitera les ports de mer, *in littore maris*, représente le Cancer, qui en est une production. — Issachar, *asinus fortis*, prend la place du Taureau, attribution qui semblerait un peu détournée, mais qu'on adopte volontiers en réfléchissant que le travail du taureau est celui de la terre, que les ânes de la Palestine, beaucoup plus forts que ceux des pays occidentaux, étaient employés au même usage, et que les Septante ont même traduit les termes *asinus fortis* par ἀνὴρ γεωργός, le *cultivateur du sol*. — Les signes appliqués à Dan, qui, selon la force de son nom, doit donner des juges aux douze tribus, *judicabit populum suum*, et qui, par son habileté à déjouer ses ennemis, sera comme le serpent mordant le pied du cheval et renversant le cavalier, *coluber in via, cerastus in semita, mordens ungulas equi ut cadat ascensor ejus retro;* ces signes, disons-nous, se montrent évidemment ici dans la même position que dans nos zodiaques, où ils se suivent : c'est la Balance, attribut de la justice, puis le Scorpion, placé avant le Centaure, qui représente le Sagittaire. Celui-ci est attribué à

Symbolisme appliqué aux douze noms de ses enfants.

---

(1) « Ecce vicit Leo de tribu Juda, radix David. » (*Apoc.*, v, 5.)

Les zodiaques du moyen âge trouvent dans ce fait une de leurs explications.

Gad, le guerrier, dit Jacob, toujours disposé à combattre : *Gad accinctus præliabitur :* c'est donc bien le Sagittaire. — Aser, aux mets succulents, habitant une contrée fertile, *pinguis panis ejus*, représente les Poissons, nourriture délicate, car le sens primitif de *panis*, πάω, n'exprime que le sens de manger, comme le latin *pascor*. — Nephtali aura le privilége d'une élocution choisie entre les autres tribus, *dans eloquia pulchritudinis*. Mais aussi c'est à cause de ses bons coureurs renommés au loin qu'il est appelé le cerf rapide, *cervus emissus ;* et voilà, par un changement de minime importance, et dont la responsabilité incombe aux astronomes modernes, le Bélier de notre calendrier européen que son front armé de cornes a pu faire confondre avec le cerf.— Joseph, *filius accrescens et decorus*, c'est la beauté, mais surtout la beauté morale unie à la fécondité ; c'est le signe de la Vierge, qui, dans les siècles lointains, portera en elle ce double emblème (1). Benjamin enfin, *lupus rapax*, à l'humeur violente et belliqueuse, est comparé au loup, qui dans l'antiquité occupait la place du Capricorne. On voit même, à des époques plus récentes, dans la partie céleste que doit occuper ce signe, le dieu Pan ayant une tête de loup.

Complétons ces intéressantes remarques en signalant, à la suite de M. Lumley-Davids, la certitude acquise des connaissances astronomiques des anciens Hébreux. Le songe de Joseph, dit-il, et cette bénédiction de Jacob en sont de précieux témoignages : le premier est exprimé par les images du soleil, de la lune et des onze constellations s'inclinant devant la douzième, qui est Joseph lui-même. Ces constellations ainsi réunies ne peuvent signifier que les signes du zodiaque, dans les limites desquels se trouvent toujours le soleil et la lune. L'histoire sacrée nous dit qu'après le récit

---

(1) S. Ephrem, cité par le P. Cahier, l'appelle pour cela, et par excellence, *le beau Joseph*, θέατρον τοῦ παγκάλου Ἰωσήφ.

de son fils, Jacob en garda le souvenir (1), et il ne faut guère douter que Job, vers le même temps, n'ait fait allusion à ce même zodiatique lorsqu'il parle si magnifiquement, aux chapitres IX et XXXVIII de son livre, des principales réunions d'étoiles dont les noms correspondent à ceux qui nous sont encore connus (2).

Quoi qu'il en soit, et si Jacob avait en vue, comme tout le fait croire, ce que l'ingénieuse démonstration de l'écrivain anglais nous découvre ici, rien n'est plus propre, il faut l'avouer, à établir sans réplique la réalité du symbolisme scripturaire. Là, d'ailleurs, c'est Dieu qui agit encore, unique inspirateur des Prophètes, et les siècles nous ont appris avec quelle exactitude toutes ces figures se changèrent en réalités. Enfin, à quelque source que notre jeune savant d'Angleterre ait puisé les ingénieux rapprochements qu'il vient de faire, tout nous persuade qu'ils n'étaient pas inconnus au moyen âge. C'est une façon satisfaisante d'expliquer, avec quelques autres zodiaques, ceux qu'on a sculptés si soigneusement aux portes de nos églises du XIIe et XIIIe siècle, et sur lesquels nous aurons à donner de plus amples explications. On voit aussi clairement par ces curieuses remarques tout le sens de cette parole de S. Ambroise, qui attribuait à chaque action faite par les Patriarches un signe prophétique de l'avenir (3).

La loi évangélique n'a pas été moins explicite soit à établir les précédents symboliques des livres anciens, soit à perpétuer dans ses usages l'apparition méthodique et calculée des types les plus expressifs. La colombe de l'arche, symbole de paix, revient sur *le prince de la paix* au baptême

<small>Parallélisme des deux Testaments en beaucoup d'objets.</small>

---

(1) « Pater vero rem tacitus considerabat » (*Gen.*, XXVIII, 2); ou bien, d'après l'hébreu : « Et pater ejus observabat verbum. » (*Bib. hebraica*, auct. Paguini, edit. Plantin., in-8°, 1613 ; mihi, p. 119.)

(2) Cf. *Archives israélites*, janvier 1849.

(3) « Gesta igitur Patriarcharum futurorum mysteria sunt. » (S. Ambr., *De Josepho*, cap. XIV.)

du Jourdain (1). Les tonnerres et les éclairs du Sinaï se reproduisent au jour de la consécration des Apôtres dans le vent impétueux qui ébranle le Cénacle, dans les flammes innocentes qui consacrent leurs cœurs (2). — L'Agneau pascal est reproduit dans celui que S. Jean-Baptiste désigne comme effaçant les péchés du monde (3). — La manne du désert est devenue l'Eucharistie fortifiant l'homme jusqu'à la fin du pèlerinage de ce monde (4). Les droits de Moïse sont passés à Jésus-Christ (5), ceux de la synagogue à l'Église (6); et l'antique Jérusalem, avec sa gloire et son héritage, n'est plus que la patrie bienheureuse ouverte à nos saints désirs, dont nos bonnes œuvres élèvent chaque jour l'édifice et préparent l'éternel achèvement (7). Mais, nous le redisons parce que nous indiquons ainsi la plus pure

---

(1) « Princeps pacis. » (*Is.*, IX, 6.) — « Vidit... Spiritum tanquam columbam descendentem et manentem in Ipso. » (*Marc.*, I, 10.)

(2) « Factus est repente de cœlo sonus, tanquam advenientis Spiritus vehementis, et replevit totam domum...; et apparuerunt illis dispertitæ linguæ tanquam ignis, seditque super singulos eorum. » (*Act.*, II, 2.)

(3) « Ecce Agnus Dei, ecce qui tollit peccata mundi. » (*Joan.*, I, 29.)

(4) « Patres vestri manducaverunt manna in deserto, et mortui sunt... Qui manducat hunc Panem vivet in æternum. » (*Joan.*, VI, 49, 59.)— Et S. Thomas d'Aquin, dans une de ses plus belles hymnes :

Ecce Panis angelorum
Factus cibus viatorum.
In figuris præsignatur, cum Isaac immolatur.
Agnus Paschæ deputatur;
Datur manna patribus.

(*Offic. S. Sacr.*)

(5) « Non enim sub Lege estis, sed sub gratia. » (*Rom.*, VI, 14.)

(6) « Accessistis ad civitatem Dei viventis, Jerusalem cœlestem, et Testamenti Novi mediatorem Jesum, et sanguinis aspersionem melius loquentem quam Abel. » (*Hebr.*, XII, 22 et seq.)

(7) « Ego Joannes vidi sanctam civitatem Jerusalem novam descendentem de cœlo... Ecce tabernaculum Dei cum hominibus, et habitabit cum eis. » (*Apoc.*, XXI, 2-3.) — « Jerusalem quæ ædificatur ut civitas. » (*Ps.*, CXXI, 3.)

et la plus infaillible source de ces sérieuses et attachantes recherches, c'est à S. Paul, dont les épîtres sont si belles d'élévation et de charme, qu'il faut demander le secret de ce parallélisme tout divin. C'est lui qui dira le mieux, avec la haute philosophie de sa magnifique raison, quelles vives allégories nous sont faites dans le *fils de la servante* et celui de la *femme libre* (1). Dans ce mystère sont tous les autres; là est l'abrégé de cette longue et adorable opération divine qui commence aux premiers jours du monde et se consommera dans un monde meilleur, après avoir traversé les phases agitées de la vie de l'Église. C'est à cette plume immortelle qu'on ira demander l'intelligence des saintes obscurités de la Bible et la vue distincte de ces deux lois, qui semblent d'abord si différentes, mais dont Jésus-Christ n'a fait qu'une loi unique, principe de toute science et de toute vérité (2).

Ainsi, comme pour continuer parmi les hommes la persévérante influence de ce prodige, la main de Dieu dressa souvent, aux siècles primitifs du christianisme, les murs d'une basilique ou d'un monastère avec les pierres en ruines d'un temple d'idoles abandonné. Ainsi, dernièrement encore, sur les pieux rivages de notre Méditerranée, la vieille cité des Phocéens posait pour premières assises aux fondements d'une cathédrale nouvelle, avec les antiques débris de son premier baptistère, les blocs plus surannés encore

---

(1) « Dicite mihi quid sub Lege vultis esse? Legem non legistis? Abraham duos filios habuit, unum de ancilla et unum de libera : sed qui de ancilla secundum carnem natus est; qui autem de libera, per repromissionem. Quæ sunt *per allegoriam dicta*. Hæc enim sunt duo Testamenta; unum quidem in monte Sina, in servitutem generans, quæ est Agar... Nos autem... secundum Isaac promissionis filii sumus : itaque non sumus ancillæ filii, sed liberæ. Qua libertate Christus nos liberavit. » (*Gal.*, IV, 21 et seq.)

(2) « Qui (Christus) fecit utraque unum, et medium parietem maceriæ solvens, ut duos condat in semetipso in unum novum hominem..., quoniam per Ipsum habemus accessum ambo in uno Spiritu ad Patrem. » (*Ephes.*, II, 14 et seq.)

de son temple de Diane (1) : c'est toujours le triomphe symbolisé de la foi chrétienne. Ses édifices matériels peuvent périr sous la main du Wisigoth, s'écrouler sous les flammes du Vandal, mais ils revivent de leurs cendres ; ils renaissent toujours après d'illustres malheurs. La demeure des passions et du mensonge n'a pas cette gloire : ses éléments, anéantis sans retour, se dépouillent de tout caractère propre, s'engloutissent inaperçus, comme de vains débris sans nom et sans histoire ; ils ne servent plus qu'à prouver le miraculeux travail de la main Toute-puissante effaçant à plaisir toutes limites entre les peuples et les croyances pour accomplir l'oracle inspiré de son grand Apôtre : *Ut duos condat in semetipso.*

(1) Voir la *Gazette du Midi*, 5 avril 1856.

CHAPITRE V.

LE CANTIQUE DES CANTIQUES.

S'il nous manquait une preuve pour établir l'autorité du sens allégorique dans les Livres saints, le Cantique des cantiques, ainsi nommé par un hébraïsme qui en exprime l'excellence, nous en donnerait une sans réplique. Il n'en est pas de plus absolue, en effet, puisque rien dans ce livre sacré ne doit être pris à la lettre, et qu'il faut le lire comme une figure prophétique de la sainte union de Jésus-Christ et de son Église. Ce point une fois décidé par l'unanimité des docteurs, depuis Origène, regardé par S. Jérôme comme s'étant surpassé dans l'exposition qu'il en a faite (1), jusqu'à Bossuet et Michaelis dans leurs doctes Scholies, on n'a plus qu'à laisser aux excès de la pensée humaine les détestables aberrations qu'elle osa produire à ce sujet. Qu'à la suite de Théodore de Mopsueste et d'autres ennemis de nos vérités religieuses, Bèze, Grotius, Voltaire, Renan, vautrent donc leur imagination en de honteuses turpitudes ; qu'ils se fassent de l'Esprit-Saint, de l'Église, des âmes les plus pures autant de complices de leurs calomnieuses traductions..., ce libertinage impie est jugé ! A Dieu ne plaise que nous le combattions ici ! Mais nous devons dire comment le sens littéral n'est pas admissible, et pourquoi le symbolisme est seul acceptable : double assertion que nous désirons prouver.

<small>Caractère exclusivement symbolique de cette composition ;</small>

---

(1) S. Hieron. *Præfatio in Orig. Cantic.*

son objet.

Et d'abord, quel est l'objet naturel et obvie de ce poème oriental ? c'est un épithalame composé en vers dont la mesure nous est inconnue, comme celle de presque tous les vers hébreux, où l'époux et l'épouse, dans un dialogue empreint du caractère enthousiaste de la poésie asiatique, s'expriment une tendresse mutuelle et chantent les douceurs de ce pur amour. La vivacité du style, qu'animent des images aussi colorées qu'inusitées chez les nations de l'Occident, le danger qu'il y aurait eu à livrer cette lecture aux jeunes esprits dont l'inexpérience aurait pu transporter à des idées physiques ces expressions mal comprises encore d'une affection toute surnaturelle, avaient fait interdire ce livre aux Juifs eux-mêmes jusqu'à l'âge où se pouvaient exercer les fonctions sacerdotales (1). Ce n'est pas le seul bon ouvrage qu'on ait dû éloigner ainsi de certaines intelligences trop peu capables de s'en bien servir. Les premiers chapitres de la Genèse, entre autres, n'étaient donnés aux Israélites qu'après l'âge de trente ans. Il faut donc s'être entièrement éloigné des véritables sentiments du christianisme, de la vénération due aux saintes pages d'où jaillissent ses dogmes et sa morale pour avoir vu dans celles-ci une œuvre purement profane, indigne des constantes inspirations qui dominent tout le reste, sans prendre garde à cette impérieuse alternative qui doit faire adopter tous les livres de la Bible comme venant de Dieu, ou les faire tous rejeter également s'il en est un seul qui n'en vienne pas.

Unanimité des Pères à cet égard.

Le consentement unanime des auteurs dont l'Église s'honore, celui des docteurs juifs, qui tiennent ce livre, aussi bien que nous, pour canonique et sacré, l'a fait regarder comme un chant mystérieux inspiré à Salomon non par son union avec la fille du roi d'Égypte, mais par un esprit

---

(1) S. Hieron. *Præfatio in Ezechielem*, et *Epist. ad Eustochium*. — D. Calmet, *Commentaire sur la Genèse*, in-4°, p. 155. — Bossuet, *Maximes et Réflexions sur la comédie*, n° 21.

de prophétie qui, sous les feintes apparences d'une pastorale, écrit les célestes amours du Christ et de l'Église. L'opinion contraire, soutenue par l'évêque de Mopsueste qui prétendait n'admettre qu'une réalité purement matérielle, parut une impiété aux Pères du second concile général tenu à Constantinople en 553 : elle fut une des erreurs qui firent prononcer sa condamnation (1). La lettre n'est donc rien dans ce poème de la sagesse éternelle; il ne faudrait pour s'en convaincre qu'étudier ce qu'en ont dit les plus beaux génies de tous les siècles, et apprécier justement des autorités telles que Théodoret, qui ne peut certes passer pour trop mystique; S. Jean Chrysostome, S. Cyprien, S. Basile, les deux SS. Grégoire de Nisse et de Nazianze, le V. Bède, S. Grégoire le Grand, S. Bernard, S. Thomas d'Aquin, et d'autres encore, tous suivis par les plus illustres commentateurs des temps modernes : aux yeux de ces grands hommes, le Cantique est un écrit purement spirituel. Ceux qui hasardèrent une explication opposée et n'y virent que l'expression d'un mariage charnel se laissèrent prendre à quelques termes métaphoriques dont un peu plus d'étude et de réflexion leur eût fait découvrir le sens véritable. Les parfums, les baisers, les cheveux, le cou et autres détails, tout humains dans l'acception propre des mots, ne leur parurent que des choses sensibles, et cette grossière explication devait amener nécessairement d'autres idées plus grossières encore... De là les orgies d'imagination de Voltaire et de ses complices, dont le criminel sensualisme n'estimait rien qu'à la mesure du dévergondage de leur esprit. Rien n'était plus facile que d'éviter ce piége où s'est perdu leur honneur d'écrivain, en se souvenant que les autres Livres bibliques sont pleins de semblables allusions ; que les prophètes surtout

contredite de mauvaise foi par l'incrédulité.

---

(1) Voir *Concil. Constantinop. quintum,* apud P. Labbe, ad. ann. 553. — Tillemont, *Mémoires pour servir à l'Histoire ecclésiastique,* t. XII, p. 440.

s'en servent à profusion en mille endroits dont nous avons cité quelques-uns (1), et qu'en suivant la trace des interprètes les plus respectés ils fussent arrivés au même terme sans compromettre ce qu'ils pouvaient avoir de sens commun ou de bonne foi. Bossuet fait observer, avec la justesse qui le distingue, que le psaume XLIV est dans le même cas et ne peut s'entendre que d'une noce mystique dans laquelle l'union future du Verbe divin se prépare d'avance avec l'humanité qui soupire après lui (2). On rencontre presque à chaque ligne de nos Livres saints des mots et des choses qu'il ne faut prendre que dans un sens indispensablement figuratif. Tel est entre mille autres, dans notre Cantique, le quatrième verset du chapitre II, où l'épouse dit de son époux « qu'il a réglé en elle l'exercice de la charité (3). » — Quel autre amour que celui de Dieu, qui implique celui du prochain et celui de soi-même, aurait besoin d'être *réglé* et pourrait l'être? On ne parlerait pas en ces termes d'une passion terrestre, à qui tout frein est un joug qu'elle supporte impatiemment. Ce n'est qu'en Dieu et dans les choses qui tiennent à Lui que se trouvent la modération des désirs et l'usage sagement raisonné des sentiments naturels. C'est ce qui a fait dire par S. Augustin que si quelqu'un voulait comprendre beaucoup de passages du divin cantique selon la réalité charnelle, il favoriserait moins en lui la charité véritable, qui doit naître du commerce des saintes Lettres, que les sentiments criminels d'une coupable volupté (4).

Quant à l'action qui se développe sous la plume inspirée de Salomon, il paraît bien que le sage prince a voulu en faire une sorte d'églogue, dont la forme convenait mieux aux

---

(1) Voir le ch. XVI d'Ézéchiel.
(2) Bossuet, *Præfat. in Cantic. canticor*.
(3) « Ordinavit in me charitatem. » (*Cant.*, II, 4.)
(4) « Velut si quis quam multa scripta sunt in Cantico canticorum carnaliter accipiat, non ad luminosæ charitatis fructum, sed ad libidinosæ cupiditatis effectum. » (S. August., *De Spiritu et Littera*, cap. III.)

usages civils des mariages de son temps. Rien n'oblige de croire que cette forme ait été inspirée, et l'esprit particulier de l'écrivain a pu la choisir dans l'ordre d'idées qui lui convenait mieux. Mais il paraissait tout simple qu'une union mystique fût représentée par l'union naturelle de deux époux, celle-ci ayant été sanctifiée dès le principe par Dieu, qui l'institua.

Les personnages de ce petit drame, qui se conduit d'ailleurs avec autant d'habileté littéraire que de feu, de délicatesse et de variété, se réduisent à deux, l'époux et l'épouse; mais leur rôle change et se représente à diverses fois sous trois aspects différents. C'est ici particulièrement qu'il faut reconnaître la transparence du voile allégorique sous lequel on les retrouve toujours : tour à tour roi et reine, ou bergère et pasteur, ou vigneron et simple fille des champs travaillant aux soins de la vigne et des jardins, on le voit se revêtir par anticipation des traits que le Nouveau Testament donnera un jour au Sauveur et à l'Église fondée par lui ; et comme Il sera roi d'après sa propre et infaillible parole (1), il sera encore le Bon Pasteur, le Pasteur souverain de tous les bercails (2) ; il sera la Vigne et même le Vigneron, agissant toujours de concert avec son Père, à qui il donne cette qualification dans l'Évangile (3). Quant à l'Église, il n'est pas un caractère de Jésus-Christ qu'Elle ne revête ; Elle s'anime de son esprit, Elle vit de sa vie ; sa mission terrestre n'est que la continuation de la sienne. Avec Lui Elle est reine (4); Elle coopère au travail de son Époux dans le

<small>ses personnages,</small>

---

(1) « Dixit Ei Pilatus : Ergo Rex es Tu? Respondit Jesus : Tu dicis quia Rex sum ego. » (*Joan.*, XVIII, 37.)

(2) « Ego sum Pastor bonus. » (*Joan.*, X, 14.) — « Rex super eos, et Pastor unus erit omnium eorum. » (*Ezech.*, XXXVII, 24.)

(3) « Ego sum vitis vera, et Pater meus agricola est. » (*Joan.*, XVI, 1.)

(4) « Astitit Regina a dextris tuis, Deus. » (*Ps.*, XLIX, 10.) — « Princeps ipse sedebit in ea. » (*Ezech.*, XLIV, 3.)

champ où Dieu cultive, arrose et donne l'accroissement ; Elle paît les brebis et les agneaux (1).

<small>figures de J.-C. et de l'Église.</small> Ces traits généraux sont parfaitement conformes à l'idée que l'Évangile nous donne du Sauveur et de son Église. Ils servent encore à nous démontrer pour une foule d'autres que l'Esprit-Saint les a toujours en vue dans le livre que nous analysons ; mais ce qui n'est pas moins merveilleux, et ce qui prouverait que de hautes et saintes autorités l'ont considéré sous le même aspect, c'est le soin que S. Jean et d'autres auteurs sacrés semblent avoir eu de nous montrer, soit dans l'Apocalypse, soit dans les Évangiles, sous les mêmes figures de l'époux et de l'épouse, ce même Sauveur, cette même Église que nous devons voir dans le Cantique de Salomon. Après les avoir dépeints sous les mêmes traits dans la parabole des vierges folles et des vierges sages, après avoir rattaché mainte autre comparaison à ce poème des anciens jours qui semble en avoir éveillé la pensée, ce sont toujours des Épouses parées pour recevoir l'Époux (2), des vierges prudentes entrant aux noces avec Lui par une porte qui se referme aussitôt (3) ; c'est S. Jean-Baptiste appelé l'*Ami de l'Époux* (4). Ce titre d'épouse admet nécessairement des conséquences très-applicables à l'Église dans sa maternelle fécondité. C'est à ce titre qu'il faut lui approprier les paroles de l'Époux, que « ses mamelles lui sont plus douces que le vin » (5). N'est-ce pas, en effet, comme du sein de l'Église que s'épanche en forme de lait nourrissant la doctrine surnaturelle du salut ? Dans *douze* passages du Cantique, cette même expression se renouvelle et se plie à

---

(1) « Pasce agnos meos…, pasce oves meas. » (*Joan.*, XXI, 16-17.)
(2) « Sponsam paratam sponso suo. » (*Apoc.*, XXI, 10.) — Rapprochez ce que nous disons ici de notre explication de ce passage de l'Apocalypse, ci-après, dans ce volume.
(3) « Virgines quæ paratæ erant intraverunt ad nuptias, et clausa est janua. » (*Matth.*, XXV, 10.)
(4) « Amicus sponsi. » (*Joan.*, IX, 29.)
(5) « Meliora sunt ubera tua vino. » (*Cant.*, I, 1.)

des explications identiques. Le moyen âge l'avait bien compris et le rendit admirablement, entre mille autres sujets d'iconographie, dans une des belles verrières de Bourges. A l'un des médaillons supérieurs de cette grande page où l'Apocalypse se résume en quinze scènes des plus significatives, on voit représentée une reine assise, vêtue de rouge et de vert (charité et régénération), comme fort souvent le Sauveur, et laissant paraître à découvert ses deux mamelles où deux hommes puisent de leur bouche la vie et l'immortalité. De ses deux mains étendues elle tient sur leur tête une couronne : c'est bien l'emblème de l'éternelle récompense accordée au saint empressement des enfants de Dieu vers les biens surnaturels ; c'est en même temps la traduction du Cantique : *Meliora sunt ubera tua vino*, et celle d'Isaïe engageant les amis de Dieu à puiser *aux mamelles de ses consolations*, à savourer ce *torrent qui les inonde de gloire*, à se faire *porter sur ses genoux*, et *suspendre à son sein* (1). On voit comment tout ici respire le sentiment d'une mère, et combien tant de passages s'expliquant naturellement l'un par l'autre rendent aussi très-naturel le sens chaste et honnête qu'il faut toujours donner à la parole de Dieu.

<small>Symbolisme d'une verrière de Bourges.</small>

Voyons maintenant comment, une fois entré dans ce fond de pensées allégoriques, le poète doit simplement en élaborer les détails et ajuster à son sujet les ornements qui en dépendent. Nous avons déjà remarqué jusqu'à quel point de singularité, explicable seulement à ceux qui prennent au sérieux les études bibliques, s'élève la poésie de l'Orient. Son langage ne connaît rien de trop expressif; pas d'images donc qu'elle n'admette, de formes hardies qu'elle

<small>Vivacité du style oriental dans celui du *Cantique*.</small>

---

(1) « Sugatis et repleamini ab ubere consolationis Ejus, ut mulgeatis, et deliciis affluatis ab omnimodo gloria Ejus... — Declinabo super Eam (Jérusalem, autre symbole de l'Église et de l'âme fidèle) quasi fluvium pacis, et quasi torrentem inundantem gloriam gentium quam sugetis ; ad ubera portabimini, et super genua blandientur vobis. » (*Is.*, LXVI, 11 et 12.)

122 HISTOIRE DU SYMBOLISME.

ne choisisse, de coloris qu'elle n'exagère, de limites grammaticales qu'elle n'excède. Cette vivacité de trait, favorisée par une nature toujours bouillante des ardeurs locales, se révèle à chaque page et s'empare d'un choix de termes dont s'étonne l'imagination plus froide de nos pays tempérés. Mais de même qu'en lisant les poètes du du Nord, comme ceux du moyen âge ou de la basse latinité, il faut faire la part au caractère du peuple qui s'y reflète, apprécier ses habitudes propres et ses idées nationales, dont le style se ressent toujours, ainsi faut-il juger la poésie des Hébreux d'après les influences de leur ciel, qu'elle a dû subir. Partout la littérature ressemble à certaines plantes indigènes : leurs dispositions générales, l'agencement des feuilles, des pétales et des corolles, la forme et l'attitude des fleurs et des fruits qu'elles étalent ont une certaine excentricité, plus ou moins étrange à ceux qui n'habitent pas les plages où elles s'épanouissent : elles n'en ont pas moins leurs beautés réelles, que goûte une analyse raisonnée et qui élèvent notre âme au ciel avec leurs parfums et leurs couleurs. Mettons-nous donc, pour juger sainement des poèmes de la Bible, au point de vue du peuple qui les écrivit; saisissons l'esprit de son langage, si expansif dans la concision ferme de sa phrase énergique, et nous serons moins étonnés des scènes vivement teintées de l'auteur et du tour littéraire qu'il leur donne. Jusqu'alors ni depuis, aucun époux ne s'est avisé de comparer son épouse aux plus belles cavales du char d'un prince, ses joues à celles d'une tourterelle, ses yeux à ceux d'une colombe, encore moins ses cheveux à un troupeau de chèvres, et ses dents à une réunion de brebis tondues purifiées dans le lavoir (1). Mais toutes ces similitudes s'expliquent

Elle en explique certaines singularités apparentes.

---

(1) « Equitatui meo in curribus Pharaonis assimilavi te, amica mea; pulchræ sunt genæ tuæ sicut turturis.... » (*Cant.*, I, 8 et 9), — « Oculi tui columbarum..., capilli tui sicut greges caprarum quæ ascenderunt de monte Galaad..., dentes tui sicut greges tonsarum quæ ascenderunt de lavacro... » (*ibid.*, IV, 1-2).

aisément pour quiconque a l'expérience des bestiaires transmis par les anciens à nos pères du moyen âge. On reconnaît par une foule de souvenirs en quelles proportions peuvent plaire à un jeune homme les allusions tirées de la vitesse proverbiale des coursiers de l'Orient, l'élégance modeste et l'inviolable fidélité de la tourterelle. Le troupeau de chèvres rappelle cette indépendance de la volonté qui ne s'enchaîne qu'à un objet aimé (1). Et dans tout cela ne voit-on pas autant de traits fort convenables au cœur d'un Dieu qui, en se faisant homme, a consenti de même à lier sa toute-puissance, et à consacrer, dans l'union intime qui l'attache à notre nature réformée par lui, les plus tendres preuves du plus généreux amour ?

De son côté, l'épouse ne reste pas au-dessous de ces hardies métaphores. A l'entendre elle-même, *elle est noire, mais elle est belle* (2) ; elle ne veut pas qu'on la méconnaisse pour ce défaut apparent, qui n'altère en rien sa beauté intérieure : *c'est le soleil qui l'a ainsi décolorée*, et Corneille de la Pierre entend cela des persécutions de l'Église, qui ne perd rien de sa gloire pour être persécutée des hommes. Mais les commentateurs, excepté peut-être, et seul, celui que nous citons ici, se sont peu attachés à expliquer cette couleur ; cependant elle ne peut être indifférente au symbolisme, qui évidemment a contribué pour beaucoup à faire peindre ainsi l'Épouse mystique. Beaucoup d'églises possèdent des vierges noires : on en voit à Chartres, à Baune, à Dijon, et c'est un sujet de contestations parmi les savants de savoir à quoi s'en tenir sur la cause de cette étrange parure. Il semble tout d'abord qu'on aurait dû pré-

La *Vierge noire* de l'iconographie chrétienne.

---

(1) Voir tous les *Bestiaires* ou *Physiologues* donnés par le moyen âge : Hugues de Saint-Victor, Théobald, Guillaume Le Normand, et beaucoup d'autres dont nous parlerons. — Voir aussi notre chapitre XII du tome III, *Zoologie*.
(2) « Nigra sum sed formosa, filiæ Jerusalem... Nolite considerare quod fusca sim, quia decoloravit me sol. » (*Cant.*, I, 4-5.)

férer, pour celle dont *toute la gloire est dans son cœur*, une carnation sereine plus propre à lui attirer des hommages et à rendre le charme de son sourire maternel. Ce teint, si inusité dans l'iconographie chrétienne, doit donc être motivé par une raison symbolique, et cette raison se trouve dans le texte sacré : *Nigra sum sed formosa*, que lui appliquent plusieurs Pères de l'Église, entre autres S. Augustin cité par Estius, auquel on peut ajouter Bède et Cassiodore (1). — Traduire ainsi pour le regard des fidèles, et en l'attribuant à Marie, ce qui était dit naturellement de l'Égyptienne qu'épousait Salomon, c'était montrer le sens spirituel de ce passage où Marie était véritablement désignée avec l'Église. On a pu dire qu'on avait très-anciennement adopté cette couleur en reconnaissant dans les catacombes les traits de l'auguste Vierge, que l'humidité, la privation de l'air et de la lumière auraient fait pousser au noir. Cela nous paraît d'autant moins admissible, que cet usage vient d'abord des Grecs, toujours plus portés à exagérer le sens des textes sacrés; car il se reproduisit chez nous au retour des croisades, pendant le douzième siècle, dont le caractère particulier à l'égard de Marie fut de la représenter toujours assise et ayant l'Enfant divin sur les genoux (2).

Autres métaphores toutes symboliques.

Mais revenons à l'Épouse. Après avoir expliqué comment sa beauté vient toute de ses sentiments, elle revient à l'Époux, qui préoccupe si légitimement toutes ses pensées. Le nom de son Bien-aimé est comparé à l'onction d'une huile parfumée; lui-même il est une grappe de raisin de Cypre dans les vignes d'Engaddi, un chevreuil, un faon de biche (3) ; et ainsi, dans tout le cours de cette fraîche et naïve

(1) S. August., *De Doctr. christ.*, lib. III, cap. xxxii : « Nigram Ecclesia se vocat propter malos qui sunt in ea permixti, formosam tamen propter bonos. » — Voir Estius, *Annotat.*, in hoc loco, et dom Calmet.
(2) Voir ci-après, t. III, ch. xvii.
(3) « Oleum effusum nomen Tuum... » (*Cant.*, i, 2);—« botrus Cypri Dilectus meus, in vineis Engaddi... » (i, 13); — « similis capreæ hinnuloque cervorum » (ii, 10).

pastorale, tout ce que la nature crée de vif et de gracieux, d'agréable et de beau, tout ce qu'estiment les personnages divers qui se succèdent, pauvres ou riches, rois ou bergers, dans ce drame plein de mouvement et d'effet, est successivement adapté par le poète à la situation changeante de ses héros. De là l'intervention si fréquente de ces mille objets de comparaison qui rapprochent d'eux les plantes aromatiques, les oiseaux, les détails de la vie champêtre et le luxe des habitations royales, et l'opulence des meubles et des habits. Le lis des champs, la fleur des vallées deviennent les emblèmes de la simplicité de l'Épouse et de la pureté de son cœur. L'Époux est beau comme le cèdre et le palmier. Le lit nuptial s'embellit de colonnes d'argent; le marbre, les bois précieux, les baumes les plus exquis ornent et parfument leur demeure. On voit briller sur leurs vêtements l'or et le saphir; l'hyacinthe et l'ivoire s'y mêlent et témoignent, comme tout le reste, des vertus intérieures dont ces parures ne sont que la noble et riche expression. Il est clair que de telles bouches ne distillent que des rayons de miel; de tels époux ne peuvent se nourrir que du vin le plus pur et du lait le plus exquis. Dans leurs jardins ne croissent que des arbres choisis, aux fruits délicieux : la vigne féconde, l'attrayante grenade, l'olive suave, et la noix à l'huile abondante et pure. Et remarquons bien qu'il n'est ni un de ces fruits ni un de ces arbres qui n'ait dans la flore morale, dans la botanique sacrée une signification toute mystique, sur laquelle nous aurons occasion de revenir (1).

Au jugement de plusieurs interprètes que résument dom Calmet dans la préface de son *Commentaire littéral*, et Bossuet dans son *Exposition latine*, l'action racontée par le poète hébreu se divise en sept journées et fait allusion en cela aux usages suivis dans les mariages des Orientaux. On

<small>Plan et division du *Cantique*.</small>

---

(1) Voir ci-après, 3e part., t. III, *Flore murale*, ch. XIII.

sait que chez les Israélites, en particulier, les cérémonies des noces se prolongeaient pendant sept jours, ce nombre sacré étant donné par une raison symbolique à l'œuvre importante qui devait perpétuer celle de la création. Ce rite fut exactement observé dans les mariages de Jacob, de Samson et de Tobie. Ici encore une foule de passages se rapportent évidemment à ces habitudes, qu'on pourrait reconnaître de nos jours même dans ce pays aux mœurs constantes et immobiles. Les voyageurs modernes constatent cette persistance des antiques mœurs patriarcales parmi les Arabes de la Palestine. Outre que le langage habituel de ces peuples est plein de figures et de paraboles, le cérémonial des mariages ne diffère que par quelques omissions insignifiantes de celui que nous lisons dans l'histoire des temps bibliques. Un ancien consul de France, envoyé par Louis XIV dans le Levant, a pu y observer ces usages des populations musulmanes, chez lesquelles se sont conservées les traditions des premiers temps, et il remarqua que tout se passait à une noce dont il fut témoin selon la description que donne le Cantique des cantiques. Il y vit l'épouse se tenant debout (1), attitude officielle, indice de la haute opinion qu'on se faisait de son mérite, recevoir les félicitations de plusieurs des invités commis à cette charge, et qui tour à tour firent l'éloge de son visage, apostrophant ou ses yeux, ou sa bouche, ou ses joues, ou son cou, et célébrant ainsi toutes les portions de sa personne en des termes hyperboliques, tels que ceux qui nous surprennent le plus dans le livre inspiré (2). On conçoit que, dans cette énumération, la poésie du style ne faisait abstraction d'aucun des détails que repousserait la civilisation européenne, et dont les races primitives n'avaient pas à se scandaliser comme nous. C'est ce qui explique les nombreuses expressions répandues dans le Cantique, le dialogue parfois

---

(1) « Astitit Regina a dextris tuis, Deus. » (*Ps.*, XLIX, 10.)
(2) Le chevalier d'Hervieux, cité par Sacy dans sa *Préface de l'Apocalypse*.

si extraordinaire, à notre sens, qui s'établit entre les deux époux, et les comparaisons inattendues qui y fleurissent.

Pour peu qu'on ait d'ailleurs l'habitude des Livres saints, et même celle des ouvrages profanes de la littérature orientale, il suffit de rappeler en faveur de ces étrangetés d'une parole aussi imagée, une foule de textes où les choses qui nous semblent si délicates ne sont pas traitées autrement, et dont nous ne méconnaissons la portée réelle qu'à défaut de cette simplicité des mœurs et de la foi qui faisait tout accepter sans autre importance que celle de la pensée dominante. Il ne faut voir là qu'un langage humain, comme celui qu'employait S. Paul pour faire entendre aux Romains qu'après avoir été, dans le paganisme ou dans un judaïsme à jamais déchu, les esclaves de l'impureté et de la prostitution des sens, ils ne devaient plus consacrer ces mêmes membres qu'à des œuvres d'innocence et de sainteté (1). Il n'en est pas autrement quand Dieu établit dans l'institution du mariage que l'homme et la femme deviendront une même chair (2); ni quand Ézéchiel, de la part du Très-Haut, rappelle à Jérusalem l'état d'abaissement où l'avaient réduite son apostasie et ses passions, les bienfaits divins dont elle avait été l'objet, et la tendre pitié dont Il protégea sa jeunesse en couvrant sa nudité, en purifiant ses souillures natives (3). Certes, tout

On ne s'en étonne que faute de la comparer à d'autres notions acceptées de tous.

---

(1) « Humanum dico propter infirmitatem carnis vestræ : sicut enim exhibuistis membra vestra servire immunditiæ..., ita nunc exhibete membra vestra servire in sanctificationem. » (*Rom.*, VI, 19.)

(2) « Itaque erunt duo in una carne. » (*Gen.*, II, 24.)

(3) « Quando nata es, in die ortus tui, non est præcisus umbilicus tuus, et aqua non es lota in salutem, nec sale salita, nec involuta pannis... Projecta es super faciem terræ in abjectione animæ tuæ... Transiens autem per te, vidi te conculcari in sanguine tuo... Vive, dixi..., in sanguine tuo vive... Et grandis effecta... pervenisti ad mundum muliebrem, ubera tua intumuerunt, et pilus tuus germinavit; et eras nuda et confusione plena; et transivi per te, et vidi te, et ecce tempus tuum tempus amantium, et expandi amictum meum super te, et operui ignominiam tuam, etc., etc. » — Voir tout ce passage dans Ézéchiel, ch. XVI.

ce contexte est formé d'expressions peu admissibles aujourd'hui dans notre langue, qu'on appelle la plus polie du monde, et qui ne le sera cependant jamais à l'égal de celle des Israélites. Ainsi pourrions-nous citer mille autres endroits.

<small>Mauvaise foi de certains critiques à fausse pudeur.</small>

Qu'y a-t-il donc dans ce style de moins extraordinaire que dans celui du cantique de Salomon? et pourquoi, méconnaissant à dessein ou par ignorance une appréciation qui doit se faire jour dans l'interprétation de tous les dialectes, des esprits si dignes d'une autre tâche se sont-ils efforcés de souiller la pensée divine de la fange de leurs mauvaises pensées ? Outre que cette injustice sacrilége avait contre elle les enseignements de la raison des plus illustres savants, de l'Église elle-même, mère assez peu accoutumée à pervertir ses enfants, ces doctes génies de tous les siècles, qui brilleront à jamais de l'auréole du christianisme, se respectaient sans doute assez pour ne transiger avec aucune des moindres exigences de la pudeur publique et de la sainteté des plus chers devoirs. Or tous se sont unanimement accordés sur cette exégèse de la sainte parole, tous ont blâmé d'une réprimande sévère, soit dans leurs écrits, soit dans les assemblées ecclésiastiques, le téméraire orgueil de ces traducteurs hétérodoxes qui n'ont voulu voir qu'un sens vulgaire, et d'autant plus regrettable, dans ces mystiques épanchements du plus chaste amour qui fût jamais. Ne jugeons donc

<small>Dans quel esprit on doit juger de ce livre, et de ce qu'il y faut voir avec l'Église.</small>

point ces pages vénérables avec le sens de l'homme terrestre et charnel ; remontons à ce mariage saint qui unit le premier homme à la première femme avant la chute originelle; considérons ces noces innocentes dans le caractère élevé que Dieu leur donna, et qui furent en tout, dit S. Augustin, dignes de l'heureuse demeure où elles se firent (1), et nous

---

(1) « Illæ nuptiæ dignæ felicitate paradisi ; nam quum ordinate se animus vincit, ut irrationales motus ejus menti rationique subdantur, si tamen et illa Deo subdita est, laudis atque virtutis est. » (S. August., *De Civitate Dei*, lib. XII, cap. XXIII.) — Voir aussi S. Thomas d'Aquin, cité par Vivès dans sa Glose, sur ce passage de ce Père.

verrons disparaître l'enveloppe matérielle pour ne plus admirer dans cet épithalame sacré que l'union prophétisée de l'Époux divin et de l'Épouse « choisie avant tous les siècles » (1) ; qu'un chant mystérieux honorant dans l'Incarnation l'alliance du Verbe avec la nature humaine, ou avec l'âme juste à laquelle Il s'unit également soit dans ce même mystère, soit dans la nourriture eucharistique. Enfin, dans cette terminologie qui blesse au premier abord notre fausse délicatesse, nous n'apercevrons plus que des mots d'une langue à part, d'une acception qui n'a plus rien de naturel, et qui ne peuvent se comprendre que par les âmes spirituelles. C'est pour ces âmes seules que l'Esprit-Saint les a dictés. Voulant donner une signification morale à des sentiments physiques, et prédire, pour la consolation des justes de son temps, les futures destinées de l'Épouse Vierge qui devait descendre de Salomon par le sang, Il s'est servi des mêmes mots qu'emploie nécessairement la parole des hommes. L'amour appliqué à Dieu n'est pas autre que l'amour ressenti pour la créature, sinon qu'il a pour objet un être infiniment plus digne vers lequel il s'élève tout épuré des émotions sensuelles. C'est toujours cette même flamme invisible, spirituelle qu'on sent en soi sans pouvoir la définir justement, et dont la chaleur active préoccupe notre cœur d'une fin quelconque plus ou moins digne de lui. Ainsi, beaucoup d'autres expressions modifient autour de celles-là leur modification propre, y passent à une forme nouvelle, uniquement figurée. La lettre n'est plus là ; l'esprit seul y règne et donne une vie bien supérieure à ces choses, à ces paroles qui, sans lui, eussent continué de ramper dans les conditions infimes de leur nature vulgaire.

L'Allemagne du moyen âge nous a laissé l'héritage poétique d'un de ses plus illustres *meistersænger* ou *maîtres chanteurs*, troubadours de cette contrée alors si naïve dans

Imitation allemande du cantique par Henri Frauenlob.

---

(1) « Elegit nos ante mundi constitutionem. » (*Ephes.*, I, 4.)

sa littérature chrétienne. Henri Frauenlob, dont la mémoire est encore vénérée à Mayence, aimait à célébrer dans ses beaux vers, à la fin du treizième siècle, les saintes et pudiques beautés de la femme chrétienne, dont il prenait le type dans celle de la Vierge, Mère de Dieu. Dans une hymne admirable de sentiment et de poésie, il chante les chastes amours de la Dame Vierge et du Seigneur Roi qui en a fait sa fiancée. C'est une reproduction très-reconnaissable, sinon une imitation fidèle du Cantique des cantiques ; et là ce poète si modeste par sa retenue habituelle s'empare de toutes les scènes, de toutes les images, de toutes les expressions de l'œuvre biblique, et sa langue s'y prête si docilement à la pensée, que nous n'oserions actuellement le traduire sans d'importantes modifications, tant il y manque de précautions et de voiles ! Accuserait-on de téméraires hardiesses cette muse à qui son siècle a décerné la couronne de la chasteté et de la candeur ? Disons plutôt que ce siècle n'avait ni les tendances ni les passions désordonnées du nôtre. Les trouvères et leurs chants plus ou moins licencieux, qu'on opposerait peut-être ici à nos raisonnements, ne sont qu'une preuve de notre thèse, et quand on parlait, quand on écrivait, quand on chantait ainsi sous l'égide sacrée de la plus chaste des religions, il fallait bien que la pensée fût plus pure que la langue ne nous semble l'avoir été, et que les poètes, comme les sculpteurs et les peintres, missent beaucoup moins de licence dans celles de leurs œuvres qui nous étonnent, que de pureté naïve dans leurs intentions, qu'on n'apprécie pas assez (1).

Il est bien entendu que les auteurs romans que nous signalons ici ne sont point de ceux qui s'appliquèrent à des œuvres profanes. Si le sentiment religieux peut épurer la

---

(1) Voir le recueil allemand : Heinrich von Meissen des Frauenlobes: *Leiche, Sprüche und Lieder* (*Hymnes, Proverbes et Chansons* de Henri de Meissen de Frauenlobes). — Et encore Dreux du Radier, *Récréations historiques*, t. I, p. 129 et suiv.

pensée et l'expression qui tendent à un enseignement divin, il n'est que blâmable de consacrer l'une et l'autre à des écrits dont le but est de flatter, en les excitant, les plus déshonorantes passions.

Loin de nous donc Salomon et la Sunamite! loin même un roi purement allégorique et le peuple en qui reposerait toutes ses affections. Rien de tout cela n'existe dans les deux personnages du poème sacré. Il faut y adorer le souffle divin, appliquant à notre conduite ses pieuses leçons. C'est ce que comprendra quiconque se sera dépouillé, comme dit S. Paul par une autre allégorie, du vieil homme et de ses œuvres sensuelles, et aura revêtu comme une robe de simplicité et d'innocence l'Esprit qui donne la connaissance de Jésus-Christ (1). *Le poème de Salomon n'a rien de plus profane.*

D'ailleurs, ces raisons d'interdire tout autre sens que celui de l'allégorie ressortent de l'esprit du judaïsme; car elles existaient déjà chez les Juifs, qui ne voulaient rattacher qu'à Dieu et à la Synagogue, aimée de Lui et l'aimant elle-même, les choses sensibles qui symbolisaient cette union, véritable symbole aussi du mariage virginal contracté sur le Calvaire (2). *Les Juifs en jugeaient ainsi que nous.*

Nous avons signalé, comme les plus complets et les plus remarquables de tous, les deux commentaires de S. Bernard et de Bossuet sur notre Cantique. Ils nous semblent, en effet, réunir à eux deux, quoique avec des caractères divers, ce que les Pères des premiers siècles ont dit de plus substantiel et de mieux approprié au sujet. Tous deux s'accordent, avec leurs devanciers, sur le point culminant de l'interprétation, et n'y voient qu'une continuelle allusion à la vie spiri- *Idée du Commentaire de Bossuet,*

---

(1) « Exspoliantes vos veterem hominem cum actibus suis, et induentes novum. » (*Coloss.*, III, 9.)

(2) Theodoret, *Præfatio in Cantic.* — Voir comment S. Isidore de Séville explique très-naturellement, de la synagogue et de l'Église qui lui a succédé, les chapitres VII et VIII du *Cantique.* (S. Isid. Hispal., ad opp., append. VII; Migne, t. VII, col. 1130.)

tuelle de l'Époux mystique et de l'Épouse qui règne avec lui sur le monde régénéré des âmes chrétiennes. Bossuet, plus docte dans ses recherches, plus occupé du sens naturel des mots, résout les difficultés grammaticales en même temps que celles de l'exégèse ; par là, il aide à une traduction exacte ; il sauvegarde l'intégrité du texte, et n'oublie rien de ce qui en élucide les obscurités. Nous ne croyons pas qu'il soit possible de rapprocher plus ingénieusement que ne l'a fait ce grand génie les passages bibliques analogues à ceux qu'il creuse et approfondit. Mais c'est toujours au sens allégorique et spirituel qu'il tend et qu'il arrive ; c'est par là qu'il perfectionne l'examen de chaque verset : avec ce beau commentaire, en un mot, on va jusqu'au fond de la phrase, on comprend la lettre, et on adore l'Esprit.

et de celui de S. Bernard.

S. Bernard ; pour être moins érudit, s'attachant moins au dehors historique, se dégage d'autant plus de la lettre et spiritualise tout ce qu'il dit. Pour cette âme habituellement nourrie aux sources de la contemplation solitaire, c'est évidemment le mysticisme qui doit dominer la pensée interprétative ; il s'y adonne exclusivement, et fait de son Commentaire l'un de ses plus beaux ouvrages, tant par sa piété onctueuse que par le génie de son intuition ascétique. Élevant ses pensées aux choses du Ciel, il prend occasion d'une phrase, d'un mot, pour établir une suite de considérations pratiques qui reviennent toutes à l'avancement de l'esprit et du cœur dans les voies de la perfection évangélique.

Époque et occasion du travail de ce dernier.

Le saint Docteur a donc fait un livre de la plus haute utilité pour les âmes appelées de Dieu à la vie intérieure ; aussi ce livre a-t-il mérité sur tous les autres de même genre dus à cette plume si laborieuse la préférence des meilleurs juges (1). C'était en partie le fruit des méditations de l'abbé de Clairvaux lorsque en 1135, après ses fatigues en Poitou,

---

(1) Cf. Sixtus Senensis, *Bibliotheca sancta*, lib. IV. — Guerricus, abbas Igniacensis, *Serm.* III *de SS. apostol. Petro et Paulo.*

pour les affaires du schisme de Gérard d'Angoulême contre le pape Innocent II, rendu enfin à sa chère solitude et caché dans une cabane de ses grands bois (1), il fut amené, par les événements auxquels il avait pris une si belle et si glorieuse part, à considérer dans l'Église, battue par tant de tempêtes, cette Épouse obscurcie, il est vrai, aux regards des hommes par l'éclat trompeur du soleil de la terre (2), mais toujours belle par ses grâces intérieures, aimée d'autant plus, et d'autant plus glorifiée par l'Époux céleste, qu'elle était plus méconnue de ses propres enfants qui l'outragent, par ses protecteurs naturels qui la dépouillaient du sacré vêtement de la foi (3). De ces saintes et mélancoliques pensées, renfermées d'abord dans l'âme du pieux anachorète, naquirent des développements communiqués bientôt à l'âme de ses religieux qui l'écoutaient chaque jour aux conférences du monastère : ce qui fit que peu après, un autre Bernard, prieur de la Chartreuse des Portes, en Bourgogne, lui demanda pour lui et ses frères une copie de ces édifiantes instructions (4). On voit par les lettres du saint qu'il s'y refusa longtemps, ne comptant point faire un ouvrage de ces simples instructions destinées seulement aux âmes qu'il gouvernait. Cependant de nouvelles instances triomphèrent de ses difficultés; il céda, et c'est ainsi que furent écrits en plus grand nombre les sermons sur le Cantique des cantiques (5), car, étant mort en 1153, et les 45e et 46e faisant

---

(1) *Introductio in opp. S. Bernardi*, initio, t. I, lib. II, cap. VI.

(2) « Nigra sum sed formosa. »(*Cant.*, 1, 4.) — « Nolite considerare quod fusca sim, quia decoloravit me sol. » (*Ibid.*, 5.) — Voir l'exposition plus au long de ce *nigra sum* dans le serm. XXVI, et ci-dessus, p. 99.

(3) « Custodes percusserunt me, et vulneraverunt me; tulerunt pallium meum. » (*Cant.*, v, 7.)

(4) S. Bern. *Epistolæ* 144, 153 et 154, p. 70 et 109, t. I.

(5) Sixte de Sienne s'est trompé en attribuant les quatre-vingt-six discours à la dernière année de la vie de S. Bernard. L'éditeur de Lyon, que nous suivons (1679, six tomes en 2 volumes in-f°), a restitué leurs

allusion à l'hérésie de Pierre de Bruys, qui mourut en 1147, on ne peut douter que cette année-là encore, et peut-être aussi pendant les six autres qui suivirent, il ne continuât ses entretiens sur la même matière. Quelques-uns de ces derniers appartiennent, d'après ses biographes (1), à Gilbert Hoylandus, moine de Citaux, dont les souvenirs et le style ont pu nous transmettre ce qu'il avait entendu de la bouche du saint et éloquent Abbé.

<small>Dans quel esprit les saints ont lu le texte sacré et les commentaires.</small>

Dans ce travail, dont chaque sermon est proprement un chapitre, et qui forme par son ensemble le troisième tome de l'édition de 1679, les inductions morales, les règles pratiques ressortent du texte avec les considérations affectives d'un cœur inspiré. Quiconque le lira dans les conditions que l'auteur exige en commençant y trouvera un charme qui va jusqu'à la séduction, et qui retient le lecteur, comme malgré soi, penché sur ces pages si douces (2). Telle dut être l'attention religieuse de ces hommes d'élite retirés avec S. Bernard dans le silence de leur ombreuse vallée, lorsque après les fatigues de chaque journée, rangés le soir autour de lui sous les voûtes romanes d'une vaste enceinte au jour assombri, saisis par le respect des Écritures et par la présence de ce grand saint, qui dominait ce cloître comme son époque, ils écoutaient les révélations du Livre divin, pleins du recueillement où nous devrions tous le lire et le méditer. Comme cette transformation des choses humaines en pensées divines devait alors leur paraître belle! comme la foi devait les élever au-dessus des sens et de la simple raison sous la pénétrante influence de cette majestueuse parole! et comme ce symbolisme inattendu, exprimé du

véritables dates à une grande partie d'entre eux au commencement du tome III, verso du titre, 1er vol., p. 274.

(1) Sixte de Sienne, *loc. cit.*
(2) « Ante carnem disciplinæ studiis edomitam et mancipatam Spiritui, ante spretam et abjectam sæculi pompam, indigne ab impuris lectio sancta præsumit. » (*Serm.* I, n° 2.)

texte en un torrent de science sacrée, était bien propre à jeter d'avance à ces âmes pures et recueillies, avec le mépris des voluptés mondaines, quelque rayon précurseur de la lumière du Ciel !

Si accoutumés, en effet, qu'ils pussent être à l'étude du symbolisme, auquel nul d'entre eux n'avait pu jusqu'alors demeurer complétement étranger, comme le font supposer plusieurs passages de ces allocutions (1), ils devaient peu s'attendre d'abord à ce renversement absolu de leurs perceptions ordinaires, à voir surgir de tant de mots difficiles à manier, de tant de positions si périlleuses à l'homme charnel, ces vives fleurs de piété, ces douces leçons de chaste pudeur. C'est que plus l'expression paraît gênante ou suspecte aux oreilles des profanes, plus elle devient facile et nette dans cette large et étonnante traduction, dont chaque ligne trace un emblème de la vertu, dont chaque mot est pris à partie et se change en quelque précepte inespéré. Cherchons-en une idée exacte par quelques citations de cette aimable et ingénieuse habileté.

« D'où vient, dit-il en commençant, d'où vient à cet écrit
» de Salomon le nom de *Cantique des cantiques*, qui n'est
» donné à aucun autre dans l'Écriture ? Moïse, Debora, Ju-
» dith, la mère de Samuel, d'autres prophètes nous ont
» laissé des cantiques : aucun d'eux n'est décoré de ce titre.
» Salomon lui-même ne prétend pas faire du sien le témoi-
» gnage de sa reconnaissance pour la gloire et les richesses
» qu'il tient de Dieu, pour la paix qui immortalise son règne,
» pour la sagesse qu'il avait préférée à tout. Son cantique a
» un objet bien supérieur, et il le désigne par un caractère
» d'excellence, parce qu'une inspiration divine y célèbre les
» louanges du Christ et de son Église, la grâce d'un saint
» amour, le mystère d'un mariage éternel. Là soupire le
» désir de l'âme sainte dans son épithalame spirituel. C'est

<small>Analyse et esprit de cette *Exposition* de l'abbé de Clairvaux.</small>

---

(1) Voir *In Cantica*, serm. 1, nos 6 et 7.

» le plus beau de tous les éloges, mais dont le sens n'est que
» figuré, car le poète sacré y voile sa face comme Moïse,
» personne alors ne pouvant encore supporter de son regard
» l'éclat radieux de cette face divine (1). »

Bientôt le saint baiser que souhaite l'Épouse au commencement du premier chapitre (2) devient le symbole des ardentes aspirations de la Judée vers le mystère promis de l'Incarnation. De là le saint commentateur passe au sens moral : il veut que l'âme chrétienne aspire également au saint baiser de Jésus-Christ qu'à présent elle possède. Comme elle l'aime quand elle l'a goûté ! comme elle souhaite d'y revenir ! Mais ce bonheur n'est point à celle que charge encore le poids de ses péchés, que dominent les passions de la chair, qui recherche d'autres jouissances que celles de l'esprit. Et comme il y a divers degrés dans la perfection par laquelle on s'élève à Jésus-Christ, et au bonheur tout spirituel de le connaître et de l'aimer, ce que S. Bernard appelle le saint baiser de sa bouche pure et sacrée, « il y a aussi, ajoute-t-il, avant d'arriver
» à cette grâce suprême, de moindres bonheurs qu'il faut
» mériter et obtenir. Ame convertie, Épouse nouvelle du
» Seigneur, n'aspirez donc tout d'abord qu'au pieux baisement de ses pieds, prosternée avec le publicain, rampante
» avec Madeleine pécheresse ; témoignez ainsi votre repentir, versez sur ces pieds divins des larmes qui vous purifient, devenez ainsi une de ces brebis qui *remontent du*
» *lavoir* dégagées, comme des souillures d'une toison onéreuse, des affections mondaines et de l'attache aux vanités.
» Cette humble confession vous vaudra d'entendre les consolantes assurances de la réconciliation que vous cherchiez : vos péchés vous sont remis ; relevez-vous, fille de
» Sion, de la poussière de votre esclavage. »

---

(1) *In Cantica,* serm. 1, n° 5.
(2) « Osculetur me osculo oris Sui, quia meliora sunt ubera Tua vino. » (*Cant.*, 1, 1.)

De là le pieux symboliste passe à un second degré de la vie intérieure : c'est le second baiser ; c'est celui des mains sacrées de Jésus-Christ. On n'y arrive qu'en persévérant dans la pureté recouvrée à ses pieds, qu'en veillant de près sur soi-même, afin de ne plus souiller la robe d'innocence qu'avait rendue la miséricorde du Sauveur. Parvenu donc à ces mains bienveillantes, on trouve dans l'humble baiser qu'on leur donne une force supérieure pour s'élever à d'autres vertus. « Alors ce sont ces mains pleines de grâce qui
» versent à l'âme l'énergie de la continence, les fruits des
» bonnes œuvres, le courage d'entreprendre toujours plus.
» L'humilité accompagne ces dons et les couronne, car ce
» n'est point de soi-même qu'on les a acquis. Et si on les a
» reçus, comment pourrait-on se les attribuer ? »

Mais voici l'heureux succès de ces dignes efforts qui se complète. Après ces faveurs saintement reçues, on peut en désirer de plus grandes. Les grâces de choix autorisent à une plus active confiance, et nous arrivons à ce baiser, chaste et précieux indice d'une union parfaite, dans laquelle l'Époux des vierges nous communique tout son Esprit, qui ne fait plus qu'un avec le nôtre (1).

Cette affluence de pensées, cette abondance de dévotes théories règne ainsi du commencement à la fin de cette belle Exposition. Ce baiser pacifique inaugurant dans l'œuvre de Salomon, *roi de la paix*, tout ce chant nuptial de l'Agneau divin, fournit, comme une source intarissable, la matière des neufs premiers discours de S. Bernard, et y devient l'occasion d'une merveilleuse glose, où, en étendant les trois principes susdits du progrès de l'âme dans la spiritualité, on voit la nature de Dieu et des créatures spirituelles et corporelles définies avec un admirable mélange de sublimité et d'onction : la miséricorde et la justice caractérisées dans les termes de la plus haute et de la plus claire théologie,

---

(1) *In Cant.*, serm. III.

l'esprit de la piété monastique fortifié dans la pratique de l'amour divin par l'étude des meilleures règles de la psalmodie et de l'oraison ; et tout le reste du livre marche avec cette même richesse d'imagination, cette même justesse de rapprochement, jusqu'à devenir un traité, le plus complet qu'on nous ait jamais donné peut-être, des exercices de la perfection chrétienne et religieuse. Et parmi ces riantes fleurs jetées avec autant d'art que de simplicité dans cette fraîche composition, on entend le saint Docteur frapper de sa charitable éloquence le relâchement et la paresse, exalter la ferveur, encourager le faible, exciter le fort, faire ressortir tant de mouvements divers d'un fond qu'il sait accommoder à toutes les situations de la vie parfaite. Parfois même, il y trouve une source de tendresse affectueuse d'où son âme s'élance tout entière avec une touchante effusion de sentiment. Ayant, par exemple, à expliquer le quatrième verset du premier chapitre (1), il fait remarquer que le mot *cédar* signifie en hébreu *les ténèbres ;* il le rapproche des *Tentes de Salomon*, image, par leur beauté mystique, de la vie céleste des Élus, et s'étend sur les ténèbres morales de cette vie passagère, où nous habitons comme une tente ce corps mortel dont l'âme immortelle doit s'échapper un jour vers la demeure impérissable de sa vie à venir. Pendant ce séjour de la terre, l'âme contracte toujours quelque tache qui ternit l'éclat de sa beauté : *nigra sum.* Il déplore donc les maux de cet exil où tout fait naître pour le cœur humain tant d'amertume et de déception, et prend de là occasion de s'épancher sur la mort de son frère Gérard, moine de Clairvaux, qui vivait avec lui sous la règle commune, et que les plus belles qualités rendaient si digne de ses regrets. Ce discours, prononcé en 1138, est le vingt-sixième. On croit y entendre les lamentations d'un prophète.

<small>Symbolisation du mot *cédar* par le saint Docteur.</small>

(1) « Nigra sum sed formosa... sicut tabernacula *cedar*, sicut pelles Salomonis. »

LE CANTIQUE DES CANTIQUES.   139

Tout y est saisissant de sentiment fraternel et de religieuse résignation. Les accents de cette douleur si profonde et si vivement exprimée expliqueraient tout seuls quels éléments de charité s'entretenaient au foyer de ce cœur si aimant et si pur.

Nous pourrions, en prolongeant cette analyse, faire un gros livre. D'autres ont déjà traité au long cette matière, que nous ne pouvons qu'effleurer. En fait d'explication de ce livre et de l'Apocalypse, dont nous allons essayer un plus ample développement, nous recommandons surtout celle qu'en a donnée en ces derniers temps une pieuse anonyme d'Italie, pauvre et sublime religieuse d'un couvent de Naples, vivant avec l'Esprit de sagesse en de merveilleuses communications. Cette exposition, approuvée de plusieurs maîtres fort savants dans les choses spirituelles, renferme une application symbolique de ce beau cantique aux secrets les plus élevés du mysticisme chrétien : ce sont des lumières nouvelles et inattendues qui viennent encore indiquer le Livre divin comme une source véritable et sûre des plus douces contemplations (1). *Explication du Cantique par une religieuse napolitaine.*

Notre but devait être différent, et, en le poursuivant sans préoccupation aucune de la vie ascétique, nous avons pu, croyons-nous, démontrer au moins l'esprit symbolique d'une des plus belles églogues de la Bible. C'est beaucoup de voir S. Bernard s'y recueillir avec tant de vénération et en faire un tel profit. On s'est tant efforcé de ranger ce Père parmi ceux qui n'avaient que faire du symbolisme, on l'a revêtu malencontreusement d'une si étrange ignorance du langage figuré de la sculpture chrétienne de son siècle, qu'il est utile à notre cause d'avoir prouvé que ce grand génie du douzième siècle admet bien réellement, *S. Bernard mal jugé de nos jours à propos du symbolisme.*

---

(1) Voir *Explication des saintes Écritures par une servante de Dieu*; le *Cantique* et l'*Apocalypse* publiés par dom Luigi Navarro, t. Ier, avertissement, in-8°, 1855.

avec la tradition catholique, si bien connue de lui, cette règle impérieuse autant qu'immuable de l'exégèse chrétienne. Nous y reviendrons en traitant du symbolisme des Pères (1).

(1) Ce sera ci-après, ch. XVII.

CHAPITRE VI.

L'APOCALYPSE

(DU 1ᵉʳ AU 4ᵉ CHAPITRE).

Dans ce livre, ce n'est pas seulement un auteur inspiré qui parle et se sert d'emblèmes mystérieux pour éclairer l'intelligence, élever l'âme, purifier le cœur; c'est Dieu lui-même, Dieu fait homme; et le titre de ces pages brûlantes porte : « Apocalypse (c'est-à-dire *révélation*) de Jésus-Christ parlant par son Ange à Jean, son serviteur (1), pour découvrir à ses autres serviteurs ce qui doit arriver bientôt (2). » C'est donc une nouvelle et dernière prophétie placée aux extrêmes limites des deux Testaments pour confirmer, par l'annonce des vérités qui devront se vérifier bientôt, toutes celles déjà promulguées depuis le commencement du monde, accomplies en leur temps marqué, et posées par la main divine en face de l'humanité pour être un témoignage permanent et irréfutable des merveilleuses sollicitudes de sa Providence sur les hommes.

<small>Origine de ce livre.</small>

Quand le saint auteur reçut ces sublimes révélations des prochaines tempêtes et des victoires de l'Église naissante, il était dans son exil à Pathmos, où l'avait relégué

---

(1) « Apocalypsis Jesu Christi, quam... significavit mittens per Angelum suum servo suo Joanni. » (*Apoc.*, I, 1.)

(2) « Hæc verba fidelissima sunt et vera. Et Dominus Deus spirituum Prophetarum misit Angelum suum ostendere servis suis quæ oportet fieri cito. » (*Apoc.*, XXII, 6.)

142   HISTOIRE DU SYMBOLISME.

la haine antichrétienne du cruel Domitien. C'était entre l'an 95 et l'an 98 de notre ère. Une vision lui fut ménagée. Il y apprit ce qu'il rapporte, de la même manière que le divin inspirateur avait fait connaître à Daniel, à Ézéchiel, à Isaïe, et aux autres, les grandes choses que leurs livres nous ont

Son but moral. conservées. Mille obscurités, il est vrai, entourent ces prédictions dans lesquelles l'Esprit de Dieu suit sa méthode accoutumée d'exciter notre attention par des images paraboliques, capables de réveiller notre curiosité et de pousser notre esprit à des recherches persévérantes des choses surnaturelles. C'est un avertissement de plus donné au chrétien

Multiplicité de ses commentaires, de s'élever au-dessus des sens et de la terre. Mais cet esprit de l'homme qui continue depuis si longtemps à corrompre ses voies (1) devait s'égarer encore dans ses interprétations personnelles; et comme l'Apocalypse n'a pas même un seul des faits qu'elle rapporte dont le sens absolu puisse être considéré comme purement historique; comme tout s'y passe entre Dieu qui révèle et l'Apôtre qui se remplit de ses oracles dans les régions des miraculeuses extases, il n'est pas un verset qui n'ait besoin d'explication, et dont le sens caché n'ait suscité en une foule de zélateurs sans mission la passion des commentaires et des gloses. L'histoire de la folie humaine y a gagné infiniment plus que la religion, qui en devait souffrir, et que la philosophie, qui n'y avait que faire. Dans ce conflit d'opinions discréditées, les hérésies durent se faire jour, et depuis les Alogiens qui, au troisième siècle, furent réfutés par S. Épiphane, depuis Marcion et Cérinthe combattus par Tertullien (2), jusqu'à Jurieu et Newton confondus par Bossuet, jusqu'aux rêveurs de notre époque sérieusement occupés de démontrer sous la lettre de S. Jean les événements de notre histoire contem-

---

(1) « Omnis quippe caro corruperat viam suam super terram. » (*Gen.*, VI, 12.)

(2) *De Præscriptionibus*, cap. LI.

poraine, il n'y a pas de divagations possibles qui n'aient trouvé dans ce livre un prétexte de se produire.

C'est que le plus grand nombre de ces faux interprètes, écoutant plus les fantaisies de leur imagination qu'une raison calme éclairée par l'histoire et par l'exégétique sacrée, avaient oublié ou ignoré que la plupart des prédictions du solitaire de Pathmos étaient déjà accomplies vers la fin du quatrième siècle de l'Église; qu'elles ne s'appliquaient en réalité qu'aux événements consignés dans les annales ecclésiastiques de cette première période des temps chrétiens, sauf ce qui s'y rapporte au jugement dernier et à la félicité des élus dans le ciel. En effet, depuis cette époque, rien de ce qui s'est passé n'a été considéré dans l'Église par aucun homme grave comme la réalisation des figures si vivement colorées par S. Jean. *la plupart erronés;*

Il faut cependant avouer que de sérieuses intelligences, dignes par leur gravité habituelle de toute sorte d'attention et de respect, ont vu dans la vision du bien-aimé Disciple une annonce évidente des événements qui devaient signaler la marche de l'Église à travers les siècles jusqu'à la fin du monde. De ce nombre est le vénérable prêtre allemand Barthélemy Holzozer, dont l'*Exposition*, qu'il n'a pu conduire que jusqu'au commencement du quinzième chapitre, tend à démontrer ce système, qui, nous l'avouons, n'y est pas toujours fidèlement appuyé. Mais, tout en nous occupant de l'interprétation des nombreuses images du livre divin, il s'agit surtout pour nous d'y rechercher le symbolisme, et nous ne suivrons le sens historique et tout ce qui s'y rattache qu'autant que nous devons y voir une explication des symboles qui en deviennent l'expression (1). *celui d'Holzozer.*

(1) Nous indiquons, surtout quant à l'étude du sens historique, la nouvelle *troduction* donnée par M. le chanoine de Wuilleret, du chapitre de Fribourg en Brisgau. Et la lecture de ce livre est encore fort intéressante au point de vue de l'esprit prophétique. — 2 vol. in-8°, Paris, Vivès, 1856.

Fausses interprétations des protestants.

Au reste, il en est de ce livre extraordinaire comme de tous les autres qui forment le faisceau miraculeux des saintes Écritures. On ne doit s'en rapporter, sur les explications qu'il réclame, qu'aux auteurs avoués par l'Église, et se méfier surtout des protestants, soit qu'ils le reconnaissent pour canonique et le traduisent, car alors ils ne manquent pas de tomber dans le thème habituel de leur secte en désignant la Rome des Papes comme la Babylone infidèle condamnée dans les chapitres XIV, XVII et XVIII; soit qu'ils le rejettent absolument, et que, s'élevant contre l'authenticité même du livre, ils s'épuisent, en des dissertations plus ou moins violentes, à donner une preuve de plus de leurs interminables dissensions. Ainsi ont fait Beausobre, dans son *Histoire des Manichéens*; Claude Pitois, dans son *Apocalypse de Méliton*, et Abausit, professeur à Lausanne, dans une *Dissertation* spéciale (1). Ces efforts contre un livre biblique dont tout le tort était de contrarier les principes de ces libres-penseurs ne furent, après tout, qu'un renouvellement des idées émises par les hérétiques des premiers temps, contre lesquels s'élevèrent S. Denys d'Alexandrie et S. Jérôme en de célèbres apologies (2). Les obscurités qui y désespèrent le discernement humain deviennent le prétexte de cette répugnance des rationalistes anciens et modernes : comme si toute pro-

---

(1) Une des plus curieuses aberrations des interprètes protestants se trouve dans le singulier livre imprimé en 1603, à la Rochelle, sous le titre de : *Ouverture des secrets de l'Apocalypse*, et dont l'auteur est Jean Napair, sieur de Merchiston. On pense bien que l'intéressant écrivain n'a guère manqué, selon un usage de son temps, que le fanatisme commence à raviver en Allemagne, de prendre la Rome *papiste* pour Babylone, les Papes pour l'Antechrist, et qui plus est, le grave auteur se persuada que beaucoup des visions de S. Jean se rapportent aux affaires de Mahomet et de sa secte. On ne pourrait comprendre combien de risibles absurdités sont débitées avec un imperturbable sang-froid dans ce recueil de toutes sortes d'extravagances. Heureusement, le protestantisme a enfanté beaucoup de livres de cette force !

(2) S. Hieronymi *Epist. ad Paulinum*; et lib. IX *In Isaiam*, sub fine. — S. Dionysii Alexandr. apud Eusebii *Histor. ecclesiast.*, lib. VII, cap. XXV.

phétie n'était pas nécessairement obscure jusqu'à l'accomplissement! car il faut bien avouer que les plus sublimes génies, tels que S. Augustin, par exemple, se sont peu émus de ces ténèbres, et ont regardé du siècle où ils vivaient assez de faits confirmés dans le passé pour se croire sûrs, par analogie avec toutes les autres prophéties, que ce qui devait suivre ne s'accomplirait pas moins.

Un écrivain fort judicieux a fait observer que les diverses opinions discutées entre les Pères des cinq ou six premiers siècles sur le véritable sens des figures de l'Apocalypse, viennent de ce que, au milieu des troubles suscités à la religion, et des rapides alternatives de persécution et de repos qui signalèrent ses commencements, rien ne se décidait encore assez déterminément pour autoriser une explication plutôt qu'une autre (1). S. Augustin, qui excelle à tirer de tout des inductions morales, n'a pas négligé le sens tropologique et spirituel de notre livre, comme on peut le voir dans sa *Cité de Dieu* (2). Et cependant le profond docteur n'en pense pas moins que l'Apocalypse est une prophétie de ce qui doit arriver à l'Église depuis l'Ascension de Jésus-Christ jusqu'à la fin du monde, époque de son second avénement (3); et cette double pensée réalise, moyennant les quelques restrictions que l'expérience a rendues nécessaires et que nous venons de signaler, la seule méthode acceptable; car elle a le mérite d'éclairer les prophéties par l'histoire, ce que S. Jérôme regarde comme d'absolue nécessité, et de tirer du texte et de ses détails des conséquences pratiques toujours voulues par l'Esprit-Saint (4). Ce sentiment est soutenu par Bossuet, qui

<small>Opinion fondamentale de S. Augustin,</small>

<small>et de Bossuet.</small>

---

(1) Dom Calmet, *Préf. sur l'Apocal.*, in-4°, p. 371.
(2) *De Civitate Dei*, lib. III, cap. xx.
(3) « Liber Apocalypsis totum hoc tempus complectitur quod a primo adventu Christi usque in sæculi finem, quo erit secundus Ejus adventus, excurrit. » (*Ibid.*, lib. II, cap. VIII.)
(4) S. Hieron., *In Zachariam*, initio; — *In Jeremie*, cap. xvii. — *Præfat. in Daniel.*

voit dans nos vingt premiers chapitres la prédiction des faits historiques des premiers temps de l'Église jusque vers la fin du quatrième siècle. Ils ne peuvent donc s'expliquer que par l'histoire de l'empire romain et les rapports qu'on y trouve avec celle de l'Église persécutée. Quant aux autres sentiments adoptés ou soutenus par certains commentateurs d'une habileté et d'une science dont s'honore le catholicisme, nous n'avons pas nécessairement à les analyser ni à prendre parti pour ou contre leurs convictions personnelles.

Combien ce livre a servi à l'art chrétien; Ce qui nous intéresse surtout dans l'état de la question telle qu'elle se montre à nous, c'est de connaître le symbolisme proprement dit de cette prophétie, où sont réunies toutes les beautés de l'Écriture, avec ce qu'elle a de plus dramatique et de plus touchant ; c'est de voir quel parti en a pu tirer l'art chrétien, lorsqu'aux âges de foi il en a traduit les scènes les plus émouvantes ou les plus minces détails dans tous ses moyens iconographiques. Ainsi, à la suite de S. Augustin et de Bossuet, voyons à la fois sous ces voiles divins se dérouler les phases historiques des quatre siècles qui suivirent l'Ascension du Sauveur ; adoptons les conclusions morales qui en résultent, et rapprochons au profit de l'archéologie chrétienne les données artistiques répandues par les peintres et les sculpteurs aux verrières, aux murailles et aux pages de nos plus beaux monuments sacrés. Enfin voyons, pour compléter la suite de nos saintes traditions, quelles inspirations la liturgie y a prises. Cette étude sera une démonstration évidente que si le génie de Dieu inspira un tel livre, nulle part le symbolisme ne reçut de Dieu même un plus vif éclat.

sa division en trois parties ; Trois parties fort distinctes divisent l'Apocalypse : la première se rapporte aux sept Églises que S. Jean gouvernait, même de son exil, et contient des avertissements sur les devoirs de leurs évêques. De ceux-ci les uns sont loués de leur zèle pour la bonne doctrine, les autres sévèrement menacés pour leurs fautes ou leur tiédeur. Ne perdons pas de vue que c'est Jésus-Christ en personne qui leur parle par son Ange. S. Jean n'est que le dépositaire de cette parole, et son langage plein de figures et d'allégories est d'autant plus frappant pour ceux auxquels il s'adresse. — Cette personnalité du Sauveur se continue, au reste, jusqu'à la fin du livre, et domine les scènes nombreuses et variées qui s'y succèdent.

La première partie se compose des trois premiers chapitres. Il n'y paraît rien que de prophétique, ou plutôt de moral, puisque ce sont moins des prédictions que des avis sur ce qui se passe déjà en ces Églises naissantes ; mais le symbolisme y respire de toutes parts, et dans l'apparition du Sauveur à son Apôtre et dans les vives images qui rendent ses promesses, ses menaces et ses conseils. Pour être plus rapide, nous ferons ressortir, partout où nous le rencontrerons, ce symbolisme divin, en même temps que les tableaux variés qu'il colorie. *son plan général.*

La seconde partie s'étend du quatrième chapitre au vingt-troisième exclusivement. Elle comprend une suite de prophéties en action et comme l'histoire visible des persécutions que subira l'Église jusqu'au règne de Constantin le Grand. — La troisième renferme les deux derniers chapitres, où se déroule en magnifiques récompenses la gloire et le bonheur du ciel donnés à ceux qui auront souffert pour Jésus-Christ la tyrannie des ennemis de son nom. Ceux dont il a été parlé dans les trois premiers chapitres, et que l'Ange exhorte à une plus grande fidélité, ne rentrent plus sur la scène ; mais quelques-uns parmi eux auront pu se souvenir, comme saint Polycarpe de Smyrne, des promesses faites à leur zèle et de la couronne promise aux martyrs.

Chapitre I. — Au début de l'action, le Prophète se montre lui-même ravi en esprit un jour de dimanche, dans cette solitude où il est relégué pour le nom de Jésus-Christ. C'est de ce nom, comme de celui du Père céleste, qu'il autorise sa mission. Et tout d'abord, pour en démontrer irrévocable- *Jésus-Christ A et Ω.— Origine du Chrisme, et son histoire dans les temps chrétiens.*

ment le principe, il fait apparaître le Verbe divin, origine éternelle et fin unique de toutes choses, *alpha* et *omega* de tous les mystères et de toutes les vérités (1). Ces deux lettres, qui tiennent les deux extrémités de l'alphabet grec, rendent très-expressivement l'Éternité du Dieu fait homme, et par conséquent sa divinité. Ce *principium et finis* sont expliqués, au reste, en deux mots par l'Abbé de Deutz, qui y voit en même temps une allusion à la création primitive des choses par le Verbe et un avertissement de leur consommation au dernier jour (1).

Mais en lui-même, le *Chrisme* est un des plus vieux symboles qu'adoptèrent les chrétiens, tant par ce qu'il avait d'énergique concision, que parce qu'il tenait peu de place et disait toute la religion en deux signes dont le sens ne pouvait que difficilement être deviné par les païens. Dès les premiers jours du culte sacré, on les traça sur les tombeaux des catacombes, de côté et d'autre du monogramme du Christ figuré par l'enlacement des deux lettres grecques X et P (3). Constantin l'adopta pour le *labarum*; dès lors il devint de toutes parts comme le cachet du christianisme, et il fallait bien que, peu de temps après ce prince, on y attachât une grande importance, puisque Julien l'Apostat lui fit une guerre si acharnée (4). Mais cette persécution

---

(1) « Ego sum alpha et omega, principium et finis, dicit Dominus Deus, qui est, et qui erat, et qui venturus est, omnipotens. » (*Apoc.*, I, 8.)

(2) « Ut ergo dubium non sit quale vel cujus rei principium sit vel finis, per A commoniti, ad sacræ Scripturæ exordium respiciamus : In principio creavit Dominus cœlum et terram. » (*Gen.*, 1, 1.) — « Et per Ω, quæ ultima est, item commoniti, ad finem ejusdem Scripturæ in Evangelico volumine respiciamus : Ecce Ego vobiscum sum omnibus diebus usque ad consummationem sæculi..., etc. » (Rupert., *In Apocal.*, lib. 1.)

(3) « Arcuatum quoddam monumentum suspicitur... ubi venerandum Christi nomen, his plane notis exaratum legitur A·XP·Ω. Hæc autem et id genus alia christianæ religionis indicia ac symbola frequenter sepulchris affixa prænotare fas est. » (Arringhi *Roma subterranea*, lib. IV, cap. XXXVII, n° 34 ; mihi, t. II, p. 319.)

(4) Voir S. Joan. Chrysost., *Serm. de SS. Juven. et Max.*—S. Gregor. Nazianz. *Orat. I in Julianum.*

n'empêcha pas l'auguste symbole de reparaître bientôt. L'Agneau immolé, qui avait gardé aux chrétiens persécutés le nom symbolique et la pensée du Sauveur, se découvrit aux regards des populations converties et des païens devenus inoffensifs, portant la croix triomphale et l'étendard paré du monogramme sacré venu jusqu'à nous, et que le moyen âge se plut à reproduire dans une foule d'œuvres artistiques (1). Enfin ce signe touchant envahit jusqu'aux monnaies de l'Empire, et avec elles se répandit partout le monde (2); si bien que la Gaule, heureuse d'obéir au Dieu qui l'avait conquise, en marqua ses pièces d'or et d'argent, comme un hommage à Celui par qui règnent les princes de la terre. On a des monnaies de Clovis, de Dagobert Ier, de Robert et de Philippe Ier, sur le revers desquelles paraissent l'A et l'Ω séparés par une croix; on en a même de Louis XII, et lorsqu'après lui l'esprit *moderne* commença à remplacer l'écusson du Christ par celui du monarque français, on garda du moins en exergue l'expression encore avouée de la royauté divine, dont on a malheureusement rougi plus tard : *Christus regnat. vincit, imperat.*

Quoi qu'il en soit, ce même Dieu, dont l'Apôtre est le serviteur et le martyr, va commencer les révélations des grands mystères. Une voix forte lui ordonne d'écrire ce qu'il va voir et de l'adresser aux sept Églises : Éphèse, Smyrne, Pergame, Thyatire, Sardes, Philadelphie et Laodicée (3). Se retournant à cette voix qui éclatait derrière lui, il aperçoit sept chandeliers d'or, et au milieu d'eux Jésus-Christ, qu'il appelle encore de son nom évangélique, *Fils*

<small>Les sept Églises de l'Asie, et les sept chandeliers.</small>

---

(1) Voir *Vitraux de Bourges*, p. 226 et pl. 7.
(2) Voir la dissertation de Franc. Vettori : *Nummus aureus veterum christianorum commentario explicatus*, p. 75, Romæ, in-4°.
(3) « Ego Joannes..., particeps in tribulatione, et regno, et patientia in Christo Jesu, fui in insula quæ appellatur Patmos... in spiritu, in dominica die, et audivi post me vocem magnam tubæ dicentis : Quod vides, scribe in libro, et mitte septem Ecclesiis quæ sunt in Asia..., etc. » (*Apoc.*, 1, 9 et seq.)

de l'homme, pour désigner l'apparence humaine sous laquelle il se manifeste (1). « Les sept chandeliers sont les sept Églises, car chaque Église est une source de lumières, » et au milieu d'elles se tient le Sauveur, comme dans son domaine propre. On trouve dans ces flambeaux un souvenir du candélabre à sept branches qui ornait dans l'ancienne Loi le sanctuaire du Temple. Les sept évêques, personnifiant leurs Églises, sont également figurés par eux, et c'est par allusion à ce sens mystique que, l'évêque célébrant solennement les Saints Mystères, on place sept chandeliers au lieu de six sur l'autel dont il se sert. Le Pape aussi ne célèbre pontificalement qu'à un autel distingué de tous les autres par sept chandeliers (2) : c'est que le Pape pour toute la chrétienté, l'évêque pour son Église, représentent symboliquement le Sauveur, dont ils tiennent la place par leur sacerdoce et leurs fonctions (3).

<small>Jésus-Christ et son image symbolique.</small>

Remarquons le costume et les attributs dont Jésus-Christ est ici revêtu. Ses cheveux sont blancs comme une laine pure, comme de la neige que rien n'a souillée (4). Daniel avait vu ainsi le Père éternel, et reconnut par là son éternité (5). Sa longue robe, insigne des rois et des pontifes, est retenue par une ceinture d'or, symbole de la pureté, la plus précieuse des richesses spirituelles. Le soin de relever

---

(1) « Conversus vidi septem candelabra aurea, et in medio septem candelabrorum aureorum similem Filio hominis, vestitum podere et præcinctum ad mamillas zona aurea. » (*Apoc.*, I, 12.)

(2) « Celebrante episcopo, candelabra septem super altari ponantur. » (*Cæremoniale episcoporum*, cap. XII, n° 12.) — « Septem candelabra septem Ecclesiæ sunt. » (*Apoc.*, I, 12.)

(3) Tous ces sujets se trouvent peints en fresque et d'une façon très-conforme aux principes du symbolisme dans la crypte de la cathédrale d'Anagni. M. le chanoine Barbier de Montault en a donné une élégante et curieuse description dans son histoire de cette église, *Annales archéologiques*, XVII, 36 et suiv.

(4) « Caput autem Ejus et capilli erant candidi tanquam lana alba et tanquam nix, et oculi Ejus tanquam flamma ignis. » (*Ibid.*, 14.)

(5) *Daniel*, VII, 9.

sa robe et de se ceindre les reins pour la marche ou pour toute action vive et spontanée passait chez les anciens pour une preuve d'énergie, et par conséquent de mépris de toute mollesse : c'était donc en même temps la marque de la chasteté des habitudes et de la pureté du cœur (1). — L'épée à deux tranchants qui sort de sa bouche exprime la puissance irrésistible de sa parole pénétrante (2). Mais il paraît bien aussi qu'elle doit avoir un autre sens, oublié ou méconnu de la plupart des interprètes; car au second chapitre, l'évêque de Pergame, négligeant, malgré ses vertus, de purifier son Église des Nicolaïtes, qui souillent la pureté de la vie chrétienne par leurs doctrines impures, est menacé de cette épée, c'est-à-dire de l'animadversion du Seigneur qui punira ces prévaricateurs et ceux qui les souffrent (3). Le Fils de l'homme a des yeux qui étincellent comme une flamme, ce qui rappelle la pénétration infinie du regard divin. Ses pieds ressemblent à un airain rougi dans la fournaise : c'est son humanité sainte, éprouvée par le feu des souffrances. Il porte à sa droite sept étoiles qui sont les sept anges, c'est-à-dire les sept évêques des Églises, que leur caractère, comme leurs devoirs, rapproche de ces célestes intelligences (4).

(1) « Accinge lumbos tuos sicut vir. » (*Job*, XXXVIII, 3.) — « Sint lumbi vestri præcincti, » dit Notre-Seigneur (*Luc.*, XII,); et S. Grégoire, pape : « Lumbos enim præcingimus cum carnis luxuriam per continentiam coarctamur.:., ut munditia sit castitatis in corpore. » (*Homilia* XIII *in Evang. S. Luc.*)

(2) « De ore Ejus gladius ex utraque parte acutus exibat, et facies Ejus sicut sol lucet in virtute sua. » (*Apoc.*, I, 16.) — C'est encore un signe éloquent de la parole de vie que S. Paul compare à une épée de même genre, pénétrant jusqu'aux puissances intérieures de l'âme : « Vivus est sermo Dei et efficax, et penetrabilior gladio ancipiti, et pertingens usque ad divisionem animæ ac spiritus. » (*Hebr.*, IV, 12.) — On voit là le symbolisme de l'épée donnée à S. Paul comme attribut. C'est le symbole de sa parole exceptionnelle, de son éloquence pénétrante, et non de sa mort violente, car, dans ce dernier cas, elle ne le distinguerait pas de tant d'autres martyrs.

(3) Voir ci-après les versets 12 et suivants du chapitre II.

(4) « Sacramentum septem stellarum quas vidisti in dextera mea.., Angeli sunt septem Ecclesiarum. » (*Apoc.*, I, 20.)

Étoiles à huit branches.

Observons en passant, avec de judicieux archéologues, que ces étoiles, dont les verriers de Bourges ont orné le compartiment supérieur d'une de leurs belles pages translucides, ont huit branches et non pas cinq, comme on s'est trop accoutumé à en faire depuis l'époque de la décadence de l'art (1). Le treizième siècle, plein de ses traditions hiératiques, n'aurait pas adopté cette déviation des idées bibliques consacrant les étoiles à *huit* branches, par cela même que les huit béatitudes devaient être le principe de ce bonheur des saints appelés à briller comme des étoiles dans toute la durée des siècles éternels (2). De ces saints, personne n'est plus formellement appelé que les évêques à cette félicité, récompense des enseignements de la foi. Aussi est-ce à eux que l'Apôtre est sommé d'écrire ce qu'il voit et ce qu'il va entendre. Cependant les interprètes s'accordent à ne pas considérer seulement ici les évêques, mais aussi les fidèles composant chacune des Églises désignées. Voilà donc que les uns sont pris pour les autres, les enfants confondus avec les pères, les brebis avec les pasteurs, comme il arrive le plus ordinairement que leur salut mutuel est leur affaire commune.

C'est pourquoi, indépendamment des sept Églises de l'Asie Mineure, dont le nombre est certainement ici tout historique, les Pères ont vu dans ce nombre *sept*, qui, nous le savons (3), a fort souvent un sens d'universalité, toutes les Églises en général, et par conséquent l'Église universelle. C'est la pensée expresse de Rupert sur cet endroit, et celle

---

(1) *Vitraux de Bourges*, p. 228.

(2) « Beati qui sitiunt justitiam. » (*Matth.*, v, 6.) — Et qui ad justitiam erudiunt multos, fulgebunt quasi stellæ in perpetuas æternitates. » (*Dan.*, xii, 3.) — On sait que la croix à huit pointes de l'ordre de Malte représente aussi les huit béatitudes, ce qui allait parfaitement à des religieux s'adonnant à l'exercice des œuvres spirituelles et temporelles. — Voir Héliot, *Hist. des Ordres monastiques*.

(3) Voir ci-dessus, t. 1, ch. vi, p. 135.

de beaucoup d'autres Docteurs avant et après lui (1).—Enfin, la face adorable resplendit d'un éclat aussi vif que celui du soleil : double réminiscence de la Transfiguration que les Évangélistes avaient décrite, et de l'Épître aux Hébreux, que S. Jean avait pu lire avant son exil. Sans trop anticiper sur ce que nous devons dire du nimbe, nous sommes porté à croire qu'il aurait pour origine cette splendeur qui brille autour de la tête divine, et qui en est inséparable dans la pensée qui l'adore en esprit et en vérité ; de là, à plus forte raison, l'auréole elliptique dont le corps entier du Sauveur est entouré maintes fois aux coupoles de nos vieux sanctuaires, et notamment au vitrail de Bourges, où nous savons que l'Apocalypse est abrégée en quinze magnifiques tableaux (2).

Chapitre II. — L'Église d'Éphèse « s'est relâchée de sa première charité ; » elle est menacée de voir *ébranler son chandelier*, c'est-à-dire de perdre la lumière de l'Évangile, que Dieu peut transporter ailleurs au détriment d'un peuple qui la méprise (3). C'est pourtant S. Timothée, disciple de S. Paul, et auquel le grand Apôtre avait adressé, trente ans auparavant, une de ses plus substantielles épîtres sur les devoirs de l'Épiscopat (4), c'est ce disciple, resté fidèle jusqu'à la mort, qui était alors « l'Ange de l'Église d'Éphèse. » C'est une raison dont se servent les scholiastes pour croire

L'Église d'Éphèse et son chandelier ;

celle de Smyrne,

---

(1) « Septem stellæ Angeli sunt septem Ecclesiarum, id est omnes præsules. » (*In Apocal.*, lib. 1.) — Beaucoup d'étoiles figurent dans l'ornementation des chapiteaux et des modillons des onzième et douzième siècles. On voit par ce qui précède qu'on doit les regarder comme autant de symboles des âmes. Il est vrai qu'elles n'ont pas toutes huit branches ; mais il faut aussi se souvenir qu'elles sont antérieures, par la date des monuments, à l'époque hiératique de notre archéologie monumentale, où les règles se constituèrent.
(2) *Vitraux de Bourges*, ubi suprà.
(3) « Caritatem tuam primam reliquisti…; movebo candelabrum tuum de loco suo, nisi pœnitentiam egeris. » (*Apoc.*, II, 4.) — L'Église peut donc être symbolisée aussi par un chandelier ou flambeau ardent, lumière et chaleur, on le voit encore.
(4) Les deux Épîtres à Timothée furent écrites, selon la plus commune opinion, pendant les années 64 et 65.

et les adversaires de S. Polycarpe.

que les reproches divins s'adressent ici beaucoup moins aux pasteurs qu'aux brebis, parmi lesquelles des sentiments condamnables faisaient déjà irruption. « L'Ange de l'Église de Smyrne » est S. Polycarpe, le glorieux et invincible martyr, autre disciple de S. Jean non moins remarquable par la beauté et l'élévation de son caractère. Le Prophète le loue de sa résistance à ceux qui s'opposent aux progrès de l'Évangile. « Ils se disent Juifs, » attachés à l'ancienne doctrine (1), et ne sont que des membres « de la synagogue de Satan. » Ce signalement reviendra souvent, aux époques de l'architecture sacrée, parmi les nombreux motifs tirés de l'Apocalypse. Des *Satans* de toutes figures et de toutes positions viendront s'aligner sous les corniches du temple, aux recoins obscurs des voûtes et des clochers, témoignant ainsi, par d'infernales grimaces, de leur opposition, immorale autant qu'impuissante, aux saintes fonctions du culte chrétien. Pourquoi s'étonnerait-on de ce mélange dans un monde où Dieu fait luire son soleil sur les bons et sur les méchants (2), parce que les uns y sont inséparables des autres ?

Démonologie.— Église de Pergame ; ses pierres blanches et son nom inconnu.

Tout en prodiguant ces terreurs salutaires, qu'il jette aussi dans l'Église de Pergame, l'ancienne Troie, où régnaient de grands désordres, restes déplorables du paganisme (3), l'Agneau plein de douceur ne veut pas omettre les encouragements et les consolations que méritera cette pénitence à laquelle Il invite. Il promet à qui aura vaincu dans ces combats « une manne cachée, » que S. Ambroise et beaucoup d'autres d'après lui expl quent des secrètes

---

(1) « Se dicunt Judæos esse, sed sunt synagoga Satanæ. » (*Apoc.*, II, 9.)

(2) « Qui solem suum oriri facit super bonos et malos. » (*Matth.*, V, 45.)

(3) « Hæc dicit qui habet romphæam utraque parte acutam : Habes et tu tenentes doctrinam Nicolaïtarum..., pœnitentiam age ; si quominus veniam et pugnabo cum illis in gladio oris mei. » (*Apoc.*, II, 12 et seq.)

L'APOCALYPSE (CH. I-IV).

consolations de l'âme fidèle, et par les douceurs de la Communion Eucharistique, manne véritable de cette vie mortelle, figurée par celle du désert dont Jésus-Christ avait parlé (1), et qui n'est faite que pour les cœurs purs. Cette victoire vaudra encore à qui l'aura obtenue une de ces « pierres blanches » qui servaient dans les jugements à donner un suffrage favorable, ou dans les jeux publics à distinguer les lauréats auxquels devraient être distribuées des récompenses (2). Quant au « nom inconnu » écrit sur cette pierre, il fait allusion à ceux des candidats portés à une charge publique dans les comices du peuple; on l'y inscrivait pour le désigner au choix de l'assemblée. Ce nom inconnu paraît généralement être celui du Sauveur, qui représente le royaume de Dieu, et, par conséquent, la plus belle couronne que puisse obtenir un vainqueur. On reconnaît ici le symbolisme des couleurs dans cette pierre *blanche* qui sert à absoudre par une décision d'innocence, et qui porte un nom emblème du salut (3). On peut croire qu'il est fait mention aussi dans ce passage, et sous le voile d'une obscurité calculée, du Chrisme mystérieux ou de quelque autre symbole de reconnaissance employé par les chrétiens pour échapper à l'attention des païens. On sait de quelle importance fut le secret gardé ainsi pendant les quatre premiers siècles (4).

L'Église de Thyatire est menacée de perdre sa foi si elle

L'Église de

---

(1) « Vincenti dabo manna absconditum, et dabo illi calculum candidum, et in calculo Nomen novum scriptum, quod nemo scit nisi qui accipit. » (*Ibid.*, 17.)

(2)   Mos erat antiquis, niveis utrisque lapillis
    His damnare reos, illis absolvere culpæ.
    (Ovid. *Metamorph.*, lib. XV.)

—Voir les *lettres* CIX et CX *de Pline* à Trajan, et la Préface du IX⁰ liv. *De Architectura*, de Vitruve.

(3) Voir ci-dessus, t. I, ch. VI, p. 105 et suiv.

(4) Cf. *Étude sur la loi du secret dans la primitive Église*, par M. Caillette de l'Hervilliers, Paris, in-8°, 1861.

Thyatire et son Étoile du matin.

ne rompt avec l'hérésie, et il faut croire que son endurcissement aura nécessité cette punition; car on peut conclure d'un passage de S. Épiphane qu'au milieu du quatrième siècle, où il écrivait, la foi avait entièrement disparu de cette malheureuse ville (1); c'est pourquoi elle est appelée ici Jézabel, ce qui marque son impudence et sa cruauté (2). A ceux qui auront, au contraire, courageusement résisté au mensonge, Jésus-Christ « donnera l'Étoile du matin. » Ce sera se donner soi-même dans sa propre gloire, et dès ce monde, par sa lumière intérieure qui éclaire les cœurs au soleil de la grâce et des divines vérités; car Zacharie avait désigné le Messie depuis plus de cinq cents ans sous le nom d'Orient; et Balaam, antérieur à Zacharie de onze siècles, avait aperçu « l'Étoile qui sortirait de Jacob (3). » Nous entrerons dans de plus nombreux détails sur cette étoile en expliquant le seizième verset du chapitre XXII.

L'Église de Sardes et ses fidèles vêtus de robes blanches.

Chapitre III. — Sardes, l'antique et fameuse capitale de Crésus, a quelques fidèles qui n'ont point souillé leur vêtement baptismal en se livrant à des actions mauvaises ou en négligeant leur foi. Ils marchent avec le Christ ressuscité, habillés de robes blanches dans leur persévérante innocence et leur incorruptible pureté (4). Cette couleur

---

(1) S. Epiphan., *Hæres.* 21.

(2) « Permittis mulierem Jezabel, quæ se dicit propheten docere et seducere servos meos..., non vult pœnitere... Filios ejus interficiam..., et qui custodierit usque in finem opera mea..., dabo illi stellam matutinam. » (*Apoc.*, II, 20 et seq.)

(3) « Ego adducam servum meum Orientem. » (*Zach.*, III, 8.) — « Ecce vir Oriens nomen ejus. » (*Ibid.*, VI, 12.) — Et un autre Zacharie, père de S. Jean-Baptiste, rappelle sans doute cette promesse, dont il voit l'accomplissement, lorsqu'il s'écrie : « Visitavit nos Oriens ex alto. » (*Luc.*, I, 78). — Cette coïncidence des deux Testaments, cet accord de la prophétie et des faits prédits ne doit pas échapper aux hommes qui cherchent de bonne foi la vérité. — Nous aurons à revenir plus au long sur ce texte, dont les applications symboliques sont nombreuses dans l'Église.

(4) « Habes pauca nomina in Sardis qui non inquinaverunt vestimenta sua, et ambulabunt mecum in albis. » (*Apoc.*, III, 4.)

blanche revient encore, et nous la reverrons souvent sans que nous croyions nécessaire de rappeler sa signification, désormais si connue. L'Apocalypse l'affectionne surtout : les élus, à la suite de l'Agneau dans le ciel, les vingt-quatre vieillards autour du trône de Dieu, les anges, toutes les fois qu'ils apparaissent, en sont revêtus. Ils ont en elle le plus habituel insigne du triomphe, ce qui a fait croire à plusieurs interprètes chrétiens ou juifs que l'usage fréquent qui en est fait par l'Écriture est une allusion aux pompes des fêtes publiques de l'antiquité. Dans ces fêtes, on voyait les plus hauts personnages porter des robes blanches, et, dans la cérémonie du triomphe, on la donnait au vainqueur et à ceux qui l'accompagnaient. C'était donc la couleur de la joie et des solennités populaires, et, dans le passage que nous expliquons, elle est bien clairement destinée à donner la plus haute idée de la sainteté, de la gloire et du bonheur des fidèles serviteurs de Dieu (1).

L'Église de Philadelphie a son tour, et, pour la rendre plus attentive, le Seigneur s'annonce à elle comme « tenant la clef de la maison de David (2). » Isaïe l'avait montrée avec cet attribut, et c'est à cette prophétie que S. Jean nous reporte. Tichonius, S. Anselme, Bède, Aréthas et d'autres, qui vivaient dans un temps où les clefs étaient encore l'insigne distinctif des principaux officiers des maisons royales, expliquent ce verset du pouvoir des Apôtres, qui peuvent lier et délier les consciences, ouvrir, par conséquent, ou fermer le ciel, maison véritable de David, comme l'Église l'est sur la terre (3). D'autres croient, avec S. Ambroise et Rupert, que la clef de David est l'intelligence des Écritures que Jésus-

L'Église de Philadelphie et la *Clef de la Maison de David*.

---

(1) Voir ce que nous avons dit dans la 1re part., ch. XII, p. 269, sur le symbolisme de cette couleur.
(2) « Hæc dicit qui habet clavem David. » (*Apoc.*, III, 7.)
(3) « Dabo clavem domus David super humerum Ejus, et aperiet, et non erit qui claudat, et claudet, et non erit qui aperiat. » (*Isaïe*, XII, 22.)

Christ donne à son Église, à ses amis ; ou bien, plus simplement, la royauté mystérieuse qui lui vient de David, son père selon la chair. C'est dans ce sens que l'entend l'Église lorsqu'Elle chante, dans un des derniers jours de l'Avent, cette antienne solennelle qui invoque le Sauveur comme la Clef qui ouvre et ferme la prison des ténèbres spirituelles où La porte mystérieuse, l'homme gémit enfermé par ses passions (1). Quoi qu'il en soit, c'est ici un encouragement exprimé à la manière toute figurée des Prophètes. Il en est de même de cette porte mystérieuse ouverte devant cet évêque de Philadelphie pour y faire entrer, par son ministère, les juifs et les païens qui se et la colonne du temple. donneront à la foi nouvelle ; de cette colonne du temple qui devient le symbole de la fermeté ici-bas, et figure déjà l'immuable félicité du ciel, qui doit payer son zèle pastoral. Enfin, il faut comprendre ainsi ce nom divin écrit sur sa personne avec celui de la Cité éternelle (2). Tout ceci s'explique par l'Écriture même. S. Paul disait en parlant de sa prédication : « Je vois une grande porte qui m'est ouverte, et en même temps beaucoup d'adversaires (3). » Ce même Apôtre donne à ceux de ses frères qui travaillèrent avec tant de zèle à la conversion des Juifs, pendant qu'il s'occupait des Gentils avec S. Barnabé, le nom de « colonnes de

---

(1) « O *clavis* David, *sceptrum* domus Israel, qui aperis et nemo claudit..., veni et educ vinctum de domo carceris, sedentem in tenebris et in umbra mortis. » (*Offic.* XXI decembr., *ante Nativ. Domini.*) — On voit ici le mot *clavis* synonyme de *sceptrum* ; tous deux sont donc l'expression de la puissance souveraine. Jésus-Christ est donc en même temps la *clef* et le *sceptre*, c'est-à-dire la source et le principe du pouvoir et de l'autorité. — Nous verrons sur le sixième verset du chapitre XX d'autres explications du même symbole.

(2) « Ecce dedi coram te ostium apertum quod nemo potest claudere. » (*Apoc.*, III, 8.) — « Qui vicerit, faciam illum columnam in templo Dei mei...; scribam super eum nomen Dei mei. » (*Ibid.*, 12.) — Voir sur ce *nom divin* le premier verset du chapitre XIV, ci-après.

(3) « Ostium enim mihi apertum est magnum et evidens, et adversarii multi. » (1 *Cor.*, XVI, 9.) — Voir aussi la 2ᵉ épître aux Corinthiens, II, 12, et celle aux Colossiens, IV, 3.

l'Église (1); » et, si les anciens écrivaient sur des colonnes monumentales le nom et la patrie de ceux qu'ils voulaient honorer, s'ils refusaient au contraire cette faveur aux gens de peu de mérite et de valeur médiocre, il n'est pas douteux que la promesse divine n'ait ici la même signification (2). C'est encore par une application de cette coutume d'inscrire aux registres des villes municipales les noms des étrangers illustres, que S. Paul dit aux Éphésiens qu'ils sont les concitoyens de Dieu et des Saints (3), et aux Corinthiens : « Vous êtes une lettre écrite par Jésus-Christ pour rendre sensible à tous la signification des vertus chrétiennes (4). On voit combien ce langage figuré est familier aux écrivains bibliques, et qu'il s'explique parfaitement de lui-même, pour peu qu'on sache comparer les divers passages où il se reproduit.

Il nous reste l'Ange, c'est-à-dire l'Évêque ou l'Église de Laodicée. En lui parlant, Jésus-Christ s'appelle lui-même « le Martyr fidèle, la Vérité par essence, le Principe de toutes les œuvres de Dieu (5). » Ces qualités renferment autant de reproches, car ce pasteur ou son peuple, peut-être l'un et l'autre (on ignore qui était évêque de Laodicée en ce temps-là), donne l'exemple funeste de la tiédeur et de l'indiffé-

L'Église de Laodicée.

---

(1) « Jacobus, et Cephas, et Joannes qui videbantur columnas esse, dextras dederunt mihi et Barnabæ societatis. » (*Gal.*, II, 9.) — On voit ici le symbole connu de l'alliance et de la bonne foi : deux mains entrelacées.

(2)   ......Mediocribus esse poetis
     Non homines, non Di, non concessere columnæ.
             (Horat., *De Art. poet.*)

(3) « Non estis hospites et advenæ, sed estis cives sanctorum et domestici Dei. » (*Ephes.*, II, 19.)

(4) « Epistola estis Christi... scripta non atramento, sed Spiritu Dei vivi. » (2 *Cor.*, II, 2.)

(5) « Hæc dicit : ...Testis fidelis et verus, qui est principium creaturæ Dei..., neque frigidus, neque calidus...; sed quia tepidus es, incipiam te evomere de ore meo... Dicis : dives sum...; et... tu es miser, miserabilis, et pauper, et cæcus, et nudus. » (*Apoc.*, III, 14 et seq.)

rence pour les choses de la piété. Ils connaissent la vérité et ne la pratiquent pas ; et cependant leur chef suprême est Celui qui a donné son sang dans un long et douloureux martyre pour le peuple qu'il s'est acquis ; Celui qui est « la voie, la vérité et la vie, » et à qui toute créature doit tout, puisque le Père, à qui s'attribue ordinairement la création, n'a rien fait qu'avec son concours et celui de l'Esprit sanctificateur. Mais voyez la hardiesse de cette parole brûlante : Cet homme, ou ce peuple si tranquille dans sa froideur pour un Maître auquel il doit tant, ce serviteur paresseux coupable d'une insultante apathie, se croit innocent parce qu'il ne commet pas de crimes, riche de vertus parce qu'il ne manque pas aux plus indispensables ; et cependant la grande voix qui éveilla l'attention du Prophète exilé pour ce Maître l'accuse « d'être plongé dans une profonde misère, de n'avoir qu'indigence et aveuglement ; sa prétendue richesse n'est qu'une complète nudité. » A ces infirmités le divin Conseiller indique de puissants remèdes : « Achetez de moi, fût-ce aux dépens de vos aises et de votre fausse sécurité, l'or pur de la charité, et vous serez vraiment riche (1) ; couvrez votre honteuse nudité des vêtements blancs » de l'innocence, de la justice et des autres vertus (2) ; « mettez sur vos yeux un collyre qui leur rende claire la vue » de vos devoirs par l'examen de votre conscience et la méditation des règles du bien. Ainsi disposé et converti, vous m'ouvrirez « la porte » de votre cœur, « à laquelle je frappe, et je vous recevrai au banquet de mes amis ; vous y mangerez avec moi, assis sur ce même siége de gloire que j'ai mérité à la droite de mon Père (3). »

L'or pur et les vêtements blancs.

(1) « Suadeo tibi emere a Me aurum ignitum probatum, ut locuples fias, et vestimentis albis induaris, et non appareat confusio nuditatis tuæ; et collyrio inungas oculos tuos ut videas. » (*Apoc.*, III, 18.)
(2) « Induite vos sicut electi Dei..., viscera misericordiæ, benignitatem, humilitatem, modestiam, patientiam. » (*Coloss.*, III, 12.)
(3) « Ecce sto ad ostium et pulso... Si quis aperuerit mihi januam, intrabo ad illum, et cœnabo cum illo, et ipse mecum. Dabo ei sedere mecum in throno meo. » (*Apoc.*, III, 20.)

Avec ces avertissements et ces promesses, se termine la première partie de l'Apocalypse. Un tel début était bien propre à rendre plus frappant ce qui va suivre. On reconnaît sous ces voiles allégoriques de grandes leçons morales, et le sens est presque toujours spirituel. L'histoire générale ne perce pas encore les obscurités du texte, et la vie intérieure y est presque seule représentée avec ses œuvres de foi, d'espérance et de charité qui doivent inspirer et perfectionner les mœurs chrétiennes. Presque tous les commentaires ont exposé ces trois premiers chapitres d'après ces idées mystiques, les seules qui leur conviennent effectivement, et sous ce point de vue il est bon de connaître l'*Explication* qui en a été publiée dernièrement par une religieuse de Naples dont le nom reste encore un secret. Cette révélation nouvelle jette sur le texte un jour éclatant, des aperçus jusqu'à présent inouïs, et qui seraient dignes de la curiosité d'un lecteur sérieux, si elle ne l'était avant tout de son respect. Les plus hauts principes de spiritualité y sont exposés avec une sûreté de théologie comparable seulement à celle de Ste Catherine de Gênes (1). Loin de regarder cette méthode comme étrangère à notre objet dans cet ouvrage, nous voudrions persuader qu'il faut bien se garder de la dédaigner : elle est essentiellement comprise dans tout travail sur le symbolisme, qui ressort très-bien sans doute de la partie historique des Livres Saints, comme nous croyons l'avoir établi, mais qui s'ouvre un champ bien plus vaste encore dans l'ordre des choses purement spirituelles.

Sens général de cette première partie; son explication mystique par une religieuse napolitaine de notre temps.

(1) *Explication des saintes Écritures*, par une servante de Dieu. — L'*Apocalypse de S. Jean*, publiée par dom Luigi Navarro, traduite de l'italien par l'abbé Boulan, in-8°, Paris, Courcier, 1855.

CHAPITRE VII.

PREMIÈRE SUITE DE L'APOCALYPSE.

(DU CHAPITRE IV AU CHAPITRE VIII.)

Plan de la deuxième partie, toute prophétique. Dans cette seconde partie de l'Apocalypse que nous abordons, l'histoire n'apparaît qu'à travers la forme prophétique ; elle se déroule du chapitre IVe au XXe inclusivement ; et pour en bien faire apprécier l'exégèse et le figurisme, il devient indispensable de mener côte à côte, pour ainsi dire, le développement des faits et l'interprétation symbolique des images. C'est pourquoi nous entrons résolûment dans une étude attentive et un peu longue peut-être de tout ce livre : l'intérêt des détails qui en doivent ressortir dira bientôt pourquoi nous n'avons pas reculé devant cette tâche, qui se lie à toutes les expressions de l'art chrétien au moyen âge.

Jusque-là, donc, S. Jean ne s'est adressé, dans ses graves avertissements, qu'aux sept Églises placées sous son sceptre pastoral. Maintenant l'Église générale et sa marche providentielle à travers les siècles vont être le sujet de nombreuses prophéties, qui toutes se traduiront en peintures vives et colorées. Dès les premiers jours de la lumière chrétienne, l'Église était en butte à des ennemis divers : les Juifs, qui la détestaient parce qu'elle renversait leurs lois abolies ; les hérétiques, inspirés par cette résistance, et dont toutes les doctrines tendaient à nier contre elle la divinité

L'APOCALYPSE (CH. IV-VIII). 163

du Christ ; les païens, enfin, qui, soit à Jérusalem, soit à Rome, s'élevaient tout d'abord contre les prédications des Apôtres et de leurs successeurs. Ces adversaires vont devenir le triste objet des reproches, des avertissements et des menaces prophétiques de S. Jean. A eux se rapportent les mille symboles choisis par l'Esprit de Dieu, et auxquels nous allons nous arrêter.

Chapitre IV. — Après sa première vision, il semble que l'Apôtre a pu mettre une certaine interruption dans son extase ; car une seconde commence ici, et son ravissement lui découvre dans le ciel, où son âme est transportée, un juge assis sur un trône, et dont l'aspect réfléchit l'éclat du jaspe et de la sardoine. Le trône et le juge sont environnés d'un arc-en-ciel dont les douces couleurs revêtent celui-ci d'une majesté vive et sereine ; autour de lui siégeaient aussi vingt-quatre vieillards portant des couronnes d'or, symbole de leur royauté éternelle, et des robes blanches, emblème de leur sainteté. Du trône principal sortaient des éclairs, des tonnerres et des voix, et devant lui sept lampes étaient allumées (1) : c'étaient les sept Esprits de Dieu, représentés d'abord par les sept esprits du chapitre premier, les mêmes que les sept Archanges qui ne quittent jamais le trône de Dieu (2). A ses pieds coulait une mer de verre, pure comme

Le Juge suprême; nombreux symboles qui l'environnent.

(1) « Sedes posita erat in cœlo, et supra sedem Sedens..., similis aspectui lapidis jaspidis et sardinis...; et iris in circuitu sedis, similis visioni smaragdinæ...; et in circuitu throni sedilia viginti quatuor...; et viginti quatuor Seniores sedentes, circumamicti vestimentis albis, et in capitibus eorum coronæ aureæ. Et de throno procedebant fulgura et voces, et tonitrua, et septem lampades ardentes ante thronum, qui sunt septem Spiritus Dei. » (*Apoc.*, IV, 2 et seq.)

(2) « Ego sum Raphael angelus, unus ex septem qui astamus ante Dominum. » (*Tob.*, XII, 15.) — Dom Calmet paraît s'être éloigné, sur ce passage de l'Apocalypse et sur celui de Tobie qui y correspond, du véritable sens qu'il faut leur donner; il regarde cette idée comme prise de l'usage des rois de Perse, qui avaient toujours autour d'eux sept officiers principaux, les seuls à qui il fût donné de se présenter devant le roi : « septem duces Persarum atque Medorum, qui videbant faciem Regis, » lit-on dans Esther, I, 14. — Si Dieu a réglé ce qui se passe au-

du cristal; devant et derrière lui se tenaient, aux côtés du trône, quatre animaux couverts d'yeux sur tout leur corps, ayant chacun six ailes : le premier était un lion, le second un bœuf, le troisième un homme, le quatrième un aigle ; tous quatre redisaient sans cesse l'éternelle doxologie du Dieu trois fois saint (1).

Rapports entre le temple de Jérusalem et le ciel de l'Apocalypse. Tout le monde a reconnu dans cette magnifique exposition une précieuse réminiscence des livres anciens, comme nous en verrons beaucoup dans la suite ; et la ressemblance étudiée qui se manifeste ici entre cette vision du Dieu du Nouveau Testament et celle que nous représente le viie chapitre de Daniel est une nouvelle preuve aux Juifs que la religion nouvelle n'a rien changé à la notion divine dans laquelle ils persistent comme nous. Il y a plus, et tous ces détails répercutent fidèlement, comme l'observe Grotius (2), l'image de ce que la religion antique avait fait pour le temple de Jérusalem. Là, en effet, l'arche résidait au fond du sanctuaire, où quatre chérubins l'environnaient de leurs ailes. Devant ce sanctuaire étaient les sept lampes ardentes allumées sur le chandelier d'or. Vingt-quatre chefs des familles sacerdotales entouraient sans interruption l'autel des parfums où les retenait leur service, et ils se purifiaient, avant de commencer leurs fonctions journalières,

---

tour de son trône de la manière que l'ange le dit à Tobie, et cela n'est pas douteux d'après un texte aussi affirmatif, il est plus rationnel de regarder les rois de Perse, amateurs du faste et s'élevant dans leur orgueil au niveau de Dieu même, comme ayant voulu copier quelque chose de ce qu'ils savaient du ciel par la tradition des Juifs, que de regarder l'Apôtre comme s'étant inspiré d'idées purement historiques.

(1) « Et in conspectu sedis tanquam mare vitreum simile cristallo..., et in circuitu sedis quatuor animalia plena oculis ante et retro... Primum simile leoni, secundum vitulo, tertium... habens faciem quasi hominis..., quartum simile aquilæ volanti..., habebant alas senas... Et requiem non habebant die ac nocte, dicentia : Sanctus, Sanctus, Sanctus Dominus Deus omnipotens..., qui erat, et qui est, et qui venturus est. » (*Apoc.*, iv, 7 et seq.)

(2) *In hunc loc.* — Hugonis Grotii *opp. theologica*, t. III, in-f°, sub fine, Amstelod., 1679.

dans la mer d'airain que Salomon avait placée au milieu du temple, comme autrefois Moïse en avait disposé une dans le Tabernacle. Cette purification et l'eau qui en était le moyen s'expriment très-bien ici par ces flots de cristal et leur transparente limpidité. Quant aux animaux mystérieux placés autour du trône, et vulgairement appelés les saints animaux, on reconnaît en eux les quatre chérubins de l'Exode (1), et le Tétramorphe d'Ézéchiel, si célèbre dans notre iconographie monumentale (2). Nous verrons plus tard ce qui regarde ce fait symbolique, auquel se rattachent beaucoup de documents traités à la hâte et assez superficiellement jusqu'à nous. Revenons sur chaque trait de cette saisissante introduction.

Dieu apparaissant comme Juge suprême au milieu des vénérables Assesseurs qui l'accompagnent nous fait comprendre qu'il s'agit d'un jugement à rendre, et la sentence va frapper les ennemis de son nom, en glorifiant les justes qui l'auront honoré: c'est tout le fond des scènes merveilleuses que sa prescience va dérouler à nos regards. Nous ne pensons pas qu'il faille négliger, à l'exemple de quelques-uns, la signification des pierres précieuses dont les vives couleurs resplendissent sur la tête et autour du Roi de gloire (3). Il est vrai que le jaspe et la sardoine y ont moins d'éclat que l'émeraude, et peuvent exprimer ici plutôt la fermeté du regard divin que le feu redoutable qui pourrait s'en échapper; mais le beau vert de cette dernière, qui domine dans l'arc céleste toutes les autres teintes, n'en est pas moins le symbole de la bonté divine et l'espérance du monde moral. S. Victorin, évêque de Poitiers au troisième

Le jaspe et la sardoine du trône divin.

---

(1) « Duos quoque cherubim aureos, et productiles facies, ex utraque parte oraculi. » (*Exod.*, XXV, 18.)
(2) « Similitudo quatuor animalium..., quatuor facies uni et quatuor pennæ uni. » (*Ezech.*, I, 5.)
(3) « *Similis erat* aspectus lapidis jaspidis et sardinis..., iris *similis* visioni smaragdinæ..., etc. » (*Apoc.*, IV, 2-3.)

siècle, voit dans ces deux couleurs, dont l'une est celle de l'eau et l'autre celle du feu, une pensée des deux sortes de jugements exercés par le Seigneur, d'abord par l'eau dans le déluge, et à la fin du monde par le feu (1), selon les prophéties (2). La description de S. Jean tend d'ailleurs à rendre l'effet éblouissant de la présence de Dieu, effet qui reste encore au-dessous de sa parole.

Les vingt-quatre vieillards: mystère de ce *nombre*. Le Sauveur, dans un de ses discours aux Apôtres, les avait établis d'avance dans la possession de douze trônes rangés autour du sien, et d'où ils jugeraient le monde avec lui au jour des dernières assises de sa justice (3). Les siéges ou trônes sont l'insigne de la puissance judiciaire (4). La vision effectue ici cette promesse : des vingt-quatre vieillards, la moitié,

(1) « Jaspis aquæ coloris est, sardinis ignis : hæc duo judicia posita esse usque ad consummationem orbis..., quorum unum jam consummatum est in cataclysmo per aquam, aliud autem consummabitur per ignem. » (S. Victorini, episc. Patabionensis, *In Apocal. commentar.*; apud Pagi *Biblioth. Patr.*, t. I, p. 576.—Migne, *Patrolog.*, t. V, col. 324.) — Voyez plus loin le chapitre XIII sur ces mêmes pierres formant, dans le chapitre XXI, versets 19 et suivants, les murs de la Cité Éternelle. — Nous citons ici, comme plus usuelle, la dernière édition de S. Victorin, appelé mal à propos *Patabionensis*, par suite d'une vieille erreur que nous avons expliquée dans notre *Histoire de l'Église et de la province de Poitiers* (Origines) ; mais, en réalité, c'est *Pictaviensis* qu'il faut lire, l'existence de S. Victorin ou Nectaire comme évêque de Poitiers n'étant plus douteuse, d'après nos dernières recherches. Nous nous appuyons surtout, pour cette opinion, sur une savante dissertation d'André Rivinus, imprimée à Leipsick, à la tête des œuvres du saint martyr, 1652, in-12.

(2) « Elementa vero calore solventur. » (2 *Petr.*, III, 10.)

(3) « Vos qui secuti estis me in regeneratione, cum sederit Filius hominis in sede Majestatis suæ, sedebitis et vos super sedes duodecim judicantes duodecim tribus Israel. » (*Matth.*, XIX, 28.) — Ce texte a été sculpté avec talent sur le devant de l'autel majeur dans l'abbatiale récemment restaurée de Fontgombaud, et entouré de tout le luxe symbolique inspiré par la belle ornementation du douzième siècle, d'après les dessins de M. de Chergé.—Voir, *Revue de l'Art chrétien*, t. I, p. 540, ce que nous avons dit de cet autel.

(4) « Sedes judiciariam potestatem significant, promittente Christo Apostolis, de quibus præcipue iste locus intelligitur. » (Wouters, *In Apoc. Comment.*, cap. XX, v. 4.—Apud Migne, *Script. Sacræ Curs. complet.*, t. **XXV**.)

nous le savons, se compose du collége apostolique ; l'autre moitié, des douze Patriarches, pères des douze tribus d'Israël, Apôtres de l'ancienne Loi, qui, tout en signifiant l'union des justes de cette Loi avec ceux de la nouvelle, condamnent ouvertement les résistances de leurs enfants à l'appel du divin Chef de l'Église. C'est encore l'opinion de S. Victorin qu'a suivie Bossuet, avec beaucoup d'autres (1). Ce dernier résume encore une pensée généralement reçue, en voyant dans l'auguste sénat les Évêques et les Docteurs de l'Église universelle, et même, dans ce nombre parfait de *vingt-quatre*, l'universalité des Saints qui doivent juger avec Dieu, d'après l'oracle de la Sagesse, les impies dont ils auront subi les persécutions (2). Dieu, donc, qu'il sauve les élus ou qu'il perde les méchants, associe les Saints à son œuvre (3). Cette condescendance du Maître souverain paraît souvent dans ce même livre.

Des commentateurs en grand nombre ont trouvé, dans la mer de verre qui se répand sous les pieds du Seigneur, une image du Baptême, ou du sacrement de Pénitence qui en est un second. On sait que le baptême fut donné par immersion jusqu'au treizième siècle, et les Pères ou auteurs sacrés qui ont précédé cette époque ont pu aisément le retrouver dans ce passage. C'est, entre autres, le sentiment de Bède et de Rupert, de Bruno d'Asti et d'Alcuin, d'Alcazar et de Denys le Chartreux. Dom Calmet n'y voudrait que le sens littéral, et pencherait à croire qu'il n'y a là qu'une simple mention d'un objet de prix placé comme un riche ornement, d'après un usage suivi dans les palais orientaux. Bossuet pense que la mer, qui en-

La mer de verre ; — applications diverses de ce type à l'art chrétien.

---

(1) « Sedes posita quid est nisi sedes judicii et Regis ? » (S. Victorini, *ubi suprà*.)

(2) « Qui vicerit et custodierit usque in finem opera mea, dabo illi potestatem super gentes. » (*Suprà*, II, 26.)

(3) « Fulgebunt justi, et... judicabunt nationes, et dominabuntur populis in perpetuum. » (*Sap.*, III, 7.)

traîne ordinairement avec elle une idée de trouble et d'agitation, n'offre dans cette circonstance, à cause de sa tranquille placidité, qu'un symbole tout contraire. « Peut-être, dit-il encore, le Saint-Esprit veut-il signifier seulement que le trône de Dieu est inaccessible, comme un lieu séparé des autres par des eaux immenses. » Mais rien n'indique dans le texte que ces eaux *entourent* véritablement le trône ; elles ne sont que DEVANT : *in conspectu sedis*. En outre, c'est une règle qui ressort de toutes les observations exégétiques d'interpréter un endroit difficile de l'Écriture par un autre moins obscur, et de simples conjectures n'y doivent jamais voiler la moindre lueur tirée d'une analogie incontestable. Il nous semble donc, en nous reportant au quinzième chapitre de l'Apocalypse, où les élus chantent au-dessus d'une autre mer de verre les louanges de Dieu (1), qu'on pourrait mieux entendre par celle-ci le monde physique, la terre foulée aux pieds du Tout-Puissant, selon une expression souvent répétée dans l'Écriture (2), ou bien le ciel Empyrée, demeure des Bienheureux, dont les nuages ondulés forment assez bien ce que l'écrivain sacré appelle une mer de cristal. Ce sont ces nuages ou cette mer que les sculpteurs et les miniaturistes ont maintes fois représentés au moyen âge sous les pieds du Sauveur assis dans sa gloire ou présidant au jugement dernier : ainsi au tympan principal des belles façades des cathédrales de Poitiers, d'Angers et de Reims ; ainsi encore en beaucoup de

---

(1) « Vidi tanquam mare vitreum, mixtum igne, et eos qui vicerun bestiam..., stantes super..., habentes citharas Dei. » (*Apoc.*, XV, 2.) — La présence du feu, dont la couleur signifie l'air dans la peinture hiératique, confirme encore notre pensée.

(2) « Terra scabellum pedum meorum. » (*Is.*, LXVI, 1.) — Cette interprétation compléterait d'autant mieux les rapports de ressemblance entre le temple de Jérusalem et le spectacle offert par l'Apôtre, inspiré dès le début de son livre ; car David avait dit à Salomon : « Cogitavi ut ædificarem domum in qua requiesceret arca fœderis Domini, *et scabellum pedum Dei nostri*. » (*Paralipom.*, XXVIII, 2.)

verrières, d'ivoires et d'émaux ; en général, même, on remarquera ces ondulations partout où siége l'une des deux premières Personnes de l'auguste Trinité. Disons aussi que rien ne ressemble mieux quelquefois à ces vagues mystérieuses que les nuages qui, placés comme séparation entre une scène inférieure et une autre qui lui est superposée, déterminent la demeure céleste d'où Dieu exerce une action, soit par sa personnalité complétement visible, soit par une main étendue et bénissante, soit par une colombe au nimbe timbré d'une croix, exprimant la présence du Saint-Esprit.

Pendant que les animaux mystérieux célèbrent le nom trois fois saint du Seigneur, les vieillards jettent à ses pieds leurs couronnes en signe d'hommage, car ils les lui doivent ; et ils chantent sur des harpes sa toute-puissance et sa gloire. La harpe n'est pas choisie ici sans dessein, d'après Bossuet : c'est l'instrument ancien des saintes joies ; ses accords suaves et pleins indiquent la sagesse des passions gouvernées par une raison imbue de l'amour de Dieu (1).

Symbolisme de la harpe dans la musique céleste.

On chercherait en vain, dans la littérature humaine, un poëme héroïque dont l'introduction fût d'un effet plus grandiose et plus imposant ; aussi nos plus belles églises des douzième, treizième et quatorzième siècles en ont fait la parure préférée de leurs façades. Là le Christ siége au milieu d'un tympan où l'environnent les saints animaux ; puis les vieillards, rangés autour de lui dans les archivoltes à double et triple rang, tiennent d'une main un instrument de musique sacrée, de l'autre un vase de parfums, ou bien ils présentent leur couronne à celui qui les en a dotés. C'est ainsi qu'on les voit à Notre-Dame d'Angers, à la Coudre-de-Parthenay, à la cathédrale de Chartres, à Sainte-Marie-des-Dames-de-Saintes, et autrefois à l'abbatiale de Charroux. C'est aussi alors comme le frontispice du grand poëme de

Le jugement apocalyptique ciselé dans la sculpture des églises.

---

(1) Voir les notes 2 et 3 de la page 172, ci-après.

170   HISTOIRE DU SYMBOLISME.

la vie catholique, monde spirituel dont le chrétien voit les portes toujours ouvertes devant lui : il va lire la splendide histoire de son âme avec les promesses de son magnifique avenir.

Encore le nombre sept.

Chapitre V. — Mais déjà va s'ouvrir une série non moins étonnante de tableaux aussi nombreux que variés. Le souverain Juge tient de sa main droite un livre, c'est-à-dire un rouleau de parchemin ou de papyrus, « écrit dedans et dehors, » ce qui n'était point ordinaire; mais cela indique le nombre et l'importance des révélations qu'il renferme. C'est, d'ailleurs, l'opinion très-générale des commentateurs, après Alcuin et Bruno d'Asti, que ce livre n'est autre que la Bible. Il est « scellé de sept sceaux (1). » Voici donc de nouveau le symbolisme des nombres; nous verrons celui-ci plus d'une fois revenir encore avec une signification de perfection qu'il a toujours dans l'Apocalypse. N'avons-nous pas vu déjà les sept esprits, les sept chandeliers, les sept étoiles, les sept Églises pour désigner l'ensemble des choses catholiques dans le ciel et parmi les hommes? C'est pour cela qu'en certaines peintures on a représenté S. Jean entouré de sept petites formes d'églises qui rappellent cette prophétie et le désignent comme en étant l'auteur. Ici ce nombre symbolise l'impénétrable mystère dont s'enveloppent les vérités renfermées dans le Livre divin. Cette explication s'appuie très-bien de ce qui suit, car « un ange *fort* et *puissant* » peut être Gabriel, dont le nom signifie en hébreu l'un et l'autre, « demandant à haute voix, » pour être mieux entendu partout et de tous : « Qui est digne d'ouvrir le Livre et de briser les sceaux? et nul ne se rencontre, ni au ciel, ni sur la terre, ni dans l'enfer, qui le mérite et le puisse (2). » Cette impuis-

---

(1) « Vidi in dextera Sedentis supra thronum Librum scriptum intus et foris, signatum sigillis septem. » (*Apoc.*, v, 1.)
(2) « Vidi angelum fortem... prædicantem voce magna : Quis est dignus aperire Librum et solvere signacula ejus ? et nemo poterat neque in cœlo, neque in terra, neque subtus terram aperire librum, neque respicere illum. » (*Ib.*, 2-3.)

sance universelle excite des larmes du Prophète. L'un des vieillards le console, et lui apprend que le Lion de la tribu de Juda prédit par Jacob, le rejeton de David, le Christ en un mot, vainqueur par sa résurrection des obstacles qui voilaient aux hommes la Bonne Nouvelle, est digne de cette haute et miséricordieuse mission. Lui seul peut connaître les secrets de Dieu, qui sont les siens propres; et aussitôt apparaît au milieu du trône (remarquable indice de l'unité du Père et du Fils) un Agneau debout, attitude de la prière et du respect très-convenables à un médiateur ; vivant par conséquent, mais couvert encore des blessures qui causèrent sa mort, de la même façon que Jésus-Christ conserve toujours en son corps glorieux la marque de ses plaies. Cet Agneau a sept cornes, nouveau type de sa puissance infinie et inaltérable; et sept yeux, qui lui permettent de voir tout de toutes parts, donnent l'idée la plus vaste de sa science, de sa sagesse et de sa pénétration. Ces yeux sont, dit le Prophète, « les sept Esprits de Dieu envoyés par toute la terre (1). » Ils étaient donc le symbole des Anges, que la foi chrétienne nous représente en nombre indéfini *(septem)*, parcourant toutes les régions de l'espace aux ordres du Tout-Puissant (2). On voit très-bien dans l'innocence et la douceur de l'animal égorgé sans résistance une fidèle image du Sauveur immolé

L'Agneau égorgé.

---

(1) « Et vidi in medio throni... Agnum stantem tanquam occisum, habentem cornua septem et oculos septem, qui sunt septem Spiritus Dei, missi in omnem terram. » (*Apoc.*, v, 6.)

(2) « Angeli potentes virtute, facientes verbum Illius, ad audiendam vocem sermonum Ejus. » (*Ps.*, cii, 20.) — « Raphael, *unus e septem qui assistunt ante thronum Dei*. » (*Tob.*, xii, 15.) — On voit encore combien ce nombre *sept* est appliqué avec une persistance significative à tout ce qui est bien et parfait. Cela doit avoir pour origine l'action même de Dieu sur la création. Il y emploie six jours ; le septième est consacré à une sorte de repos et comme à une contemplation de ce bel ensemble dont l'auteur a seul le droit de se glorifier : et c'est alors que le Seigneur « voit tout ce qu'il a fait, et reconnaît que toutes ces choses sont dignes de Lui, *parfaitement bonnes* : « Vidit Deus cuncta quæ fecerat, et erant valde bona » (*Gen.*, i, 31). — De là ce nombre a dû prendre son symbolisme, reconnu de tous.

et de sa bonté pour les pécheurs ; puis ses autres attributs l'élevant au-dessus de toutes les créatures, le Dieu se montre sous leurs apparences, et l'Agneau n'est plus méconnaissable au milieu même des mystérieux nuages qui l'enveloppent : en un mot, voilà l'Homme-Dieu.

C'est donc à Lui qu'est donné le Livre ; Il va l'ouvrir en en brisant les sceaux. Mais, sans plus attendre, et aussitôt qu'il l'a reçu, les vieillards se prosternent devant l'Agneau et l'adorent comme Dieu à cette marque indubitable de sa prescience (1) ; car le Livre renfermait les secrets de l'avenir. Puis, munis tout à coup de harpes jusqu'alors invisibles et que nous avons signalées déjà comme le symbole du parfait accord des passions et de la raison dans les Saints, tous font retentir le ciel des mêmes louanges qui se chantaient dans les grandes cérémonies du temple de Salomon. Cet attribut mystique de la harpe l'a fait regarder par S. Eucher de Lyon comme signifiant la piété du cœur (2). C'était également la pensée de S. Méliton, qui allait même plus loin et indiquait les cordes de l'instrument sonore comme étant les vertus ou les biens spirituels qui naissent de la véritable dévotion (3).

Autres rapprochements entre le Temple ancien et le Ciel de l'Apocalypse.

L'ancien Temple trouve ici encore d'autres réminiscences : et de même qu'autour de l'autel des sacrifices un certain nombre de prêtres versaient avec des coupes le vin mêlé au sang des victimes, d'autres balançaient des encen

---

(1) « Et venit, et accepit de dextera Sedentis in throno Librum... Et quatuor animalia et viginti quatuor seniores ceciderunt coram Agno, habentes singuli citharas et phialas aureas plenas odoramentorum, quæ sunt orationes sanctorum. » (*Apoc.*, v, 7.)

(2) « Cithara pectus devotum. » (S. Eucher. Lugdun. *Formulæ minores*, n° 92.)

(3) Cf. S. Meliton. *Clavis*, de Hominibus, cap. XXIX et XL. — Apud D. Pitra, t. III, p. 142, où sont beaucoup d'autres explications du même sujet. « Cithara, » dit le pieux auteur qu'a suivi S. Eucher, « *pectus devotum, in quo, tanquam* nervi, *hoc est spiritualia bona,* » et, par opposition, symbole des débauches mondaines et des plaisirs des impies. Isaïe (v, 12) dit à ceux-ci : « *Cithara et lyra*, et tympanum *et vinum in conviviis vestris.* »

soirs où brûlaient de précieuses odeurs; tel l'auguste sénat de l'Apocalypse présentait au Tout-Puissant des vases d'or pleins de parfums : c'étaient les prières des Saints, consolants indices de l'intercession constante des élus pour les âmes justes de la terre. Cette explication, qui est celle du texte même, concorde parfaitement avec les idées que nous donnent des vases pris, comme ici, en bonne part tous les commentateurs et tous les Pères, d'après d'innombrables passages de l'Écriture (1).

Aux accents de reconnaissance émis par ce chœur des Bienheureux remerciant l'Agneau immolé de les avoir rachetés par sa mort, de quelque peuple qu'ils fussent, et de leur avoir donné à la fois un sceptre dans le royaume éternel et le caractère sacerdotal qui les unit plus étroitement à la sainte victime; à ces accents, disons-nous, succèdent les cantiques enthousiastes de plusieurs millions d'Anges célébrant les mérites de l'Agneau dans tous les attributs de sa divinité (2). Et soudain, se fit de toutes les parties du monde un écho immense qui répéta ces acclamations en y mêlant les noms également adorables du Père et du Fils (3).

Dans ce cantique des Anges se trouvent encore énumérés jusqu'à *sept* les attributs divins donnés à l'Agneau, et, en examinant bien le sens de chacun, on ne voit pas qu'il pût y en avoir moins ou davantage (4). Ce nombre est donc une fois de plus quelque chose de nécessairement sacré : il renferme ce qui doit être dit de plus théologique et de plus exact sur les adorations dues par l'homme au Dieu qui daigna se ré-

Les sept attributs donnés à l'Agneau.

---

(1) Voir surtout les *Distinctionum monasticarum*, lib. V, *de vase*, apud D. Pitra, t. III, p. 224.
(2) « Audivi vocem angelorum... millia millium dicentium voce magna : Dignus est Agnus qui occisus est accipere virtutem, et divinitatem, et sapientiam et fortitudinem, et honorem, et gloriam, et benedictionem. » (*Apoc.*, v, 8.)
(3) « Sedenti throno et Agno benedictio, honor, et gloria et potestas in sæcula sæculorum. » (*Ibid.*, v, 13.)
(4) Voir la note 2 ci-dessus.

véler à lui. Sacy et, avant lui, Cornelius à Lapide ont fort bien développé ce passage.

Ouverture des sept sceaux.

Chapitre VI. — Mais l'Agneau va briser les sceaux et révéler d'augustes secrets. L'empire romain va nous apparaître dans toute la tyrannie de ses efforts contre l'Église de Jésus-Christ.

Les cavaliers et leurs chevaux de diverses couleurs; les quatre animaux évangéliques, et d'abord le lion.

A l'ouverture du premier, le premier des saints animaux, le lion, c'est-à-dire un des Évangélistes, pour montrer que c'est par la doctrine évangélique que s'expliquent toutes les vérités religieuses (1), le lion excite d'une voix retentissante l'attention de S. Jean encore absorbé dans le Cantique des Anges et des Saints. Un cavalier se présente, monté sur un cheval blanc, comme les triomphateurs de ce temps-là au jour de leur entrée solennelle (2). Ce cavalier n'est autre que Jésus-Christ. Il est armé d'un arc, arme puissante comme la parole de Dieu, pour atteindre de loin ses ennemis; il porte une couronne parce qu'il est roi, et il part, déjà victorieux, pour la conquête de toutes les nations (3). S. Jérôme croit que ce cavalier est l'âme d'un saint, précisément à cause de la blancheur du cheval, comme bientôt un cheval noir sera monté par le type du péché; mais l'opinion générale a prévalu pour faire considérer dans ce cavalier Jésus-Christ lui-même, et son cheval comme l'attribut le plus ordinaire de la majesté et du commandement (4).

L'un des cavaliers, symbole de Jésus-Christ.

---

(1) Nous expliquerons plus tard pourquoi les saints animaux ne sont pas ici dans l'ordre habituel au Tétramorphe. Cet ordre a varié quelquefois, comme on peut le remarquer dans la tapisserie d'Angers, où les rangs indiquent successivement l'homme, l'aigle, le lion et le veau. On ne peut guère donner un autre motif à cette inversion qu'une distraction de l'artiste.

(2) « Ecce equus albus, et qui sedebat habebat arcum, et data est ei corona, et exivit vincens ut vinceret. » (*Apoc.*, VI, 2.)

(3) « Sagittæ Potentis acutæ; populi sub Te cadent. » (*Ps.*, XLIV, 7.)

(4) Nous verrons, sur le chapitre XIX, quelle unanimité on trouve dans les Pères sur la signification que nous adoptons ici. En attendant, on peut voir ce qu'en pensent S. Jérôme, *In Habac.*, cap. III; Estius, *in*

Nous avons vu comment les Chinois l'avaient ainsi entendu dans les sculptures du tombeau consacré à un ministre de l'empire (1). Il y a plus : les peintres du moyen âge ont quelquefois représenté le Sauveur sous les traits d'un cheval blanc portant, afin qu'on n'en puisse douter, un nimbe croisé; tel on le voit à la place qu'aurait occupée l'Agneau au-dessus de l'autel souterrain de Notre-Dame de Montmorillon. Le cavalier devenu l'attribut de la puissance souveraine occupe encore une place distinguée aux tympans des façades de nos grandes églises du douzième siècle. Airvault, Parthenay, Melle en conservent des types remarquables. Là ce n'est plus Jésus-Christ lui-même, comme nous aurons à le prouver, mais le Christianisme triomphant de l'hérésie et du paganisme, représenté par le petit homme terrassé et se débattant sous les pieds de la fière monture.

Sens du cavalier sculpté dans les tympans des églises du douzième siècle.

Mais il s'agit surtout ici de la couleur qu'affecte ce cheval, et nous avons de bonnes raisons pour la regarder comme étant le symbole de Notre-Seigneur lui-même. D'autres faits qui lui sont relatifs ne permettraient pas d'en douter, ne fût-ce qu'au chapitre XIX de l'Apocalypse, et dans la para-

---

hunc loc.; mihi, p. 569; S. Ambroise, *De Benedictionibus Patriarcharum*, cap. VII. Mais nous avons sur ce point à signaler la manière d'Origène, qui épuise toutes les ressources de son érudition, si bien nourrie au service de ce passage : « Quis sit equus albus, et quis sit qui sedet super eum, cujus nomen est Verbum Dei ? Et forte quidem dicit aliquis album esse equum corpus quod assumpsit Dominus, et quo ille qui *in principio erat apud Deum*, vel vestitus vel vectus est. Alius autem animam dicet quam assumpsit primogenitus omnis creaturæ, et de qua dicebat: *Potestatem habeo ponendi eam et iterum sumendi eam.* Alius vero utrumque simul, corpus atque animam, quasi ubi peccatum non fuerit, equum dici album putabit. Alius adhuc quarto loco Ecclesiam dicet, quæ et corpus ejus nominatur, album videri equum, quasi *non habentem maculam aut rugam quam sibi Ipse sanctificavit lavacro aquæ*. » (Origen., *In Canticum*, lib. II.) — Il paraît clairement que, du temps même d'Origène, c'est-à-dire au troisième siècle, plusieurs opinions sur ce même objet le revêtaient d'une forme symbolique ; ce qui indique bien des principes dès lors arrêtés sur la matière.

(1) Voir ci-dessus, t. 1, ch. VIII, p. 201.

bole du bon Samaritain, représentée aux vitraux de Bourges, où la monture de celui-ci est blanche. Il est vrai, comme le fait observer le père Cahier, que, dans cette même basilique, un cheval blanc est donné à l'Enfant prodigue, et le savant jésuite n'en reconnaît pas trop la raison. Ne serait-ce donc pas que le prodigue, en sortant de la maison paternelle tout glorieux des richesses qu'il va dissiper, monte un coursier dont la couleur *triomphale* est d'accord avec sa position de fortune et s'allie fort bien avec le manteau fourré de vair? Ceci paraît au moins singulièrement d'accord avec les idées de l'époque et les notions que nous en avons acquises. C'est pourquoi nous n'hésitons point devant cette idée.

Le bœuf et le deuxième sceau.

Le deuxième sceau est indiqué par le bœuf, second animal, et un autre cavalier sort du Livre ou y apparaît (1). Son cheval est roux, c'est-à-dire couleur de sang ou de *feu*, comme le dit la version grecque (2). C'est la guerre, désignée ainsi par le glaive immense que porte le funeste cavalier, à qui est donné d'enlever la paix à la terre, de porter les hommes à s'entre-tuer. Une telle œuvre ne peut être que diabolique. Le démon est donc mis en scène par ce cavalier au cheval roux, équivalant à la guerre, à l'effusion du sang, à la mortelle persécution des martyrs (3): antagoniste, en un mot, de ce premier cavalier, qui est le Prince de la paix et la Justice par excellence. C'est l'accomplissement d'une parole de Notre-Seigneur (4), qui se vérifiera surtout dans les conflits que les Juifs auront soit entre eux, soit avec leurs voisins, et avec les Romains eux-mêmes qui doivent les détruire (5).

L'ange ou l'homme de S. Matthieu; le troisième

Mais ce n'est là qu'une faible portion des fléaux qui les menacent. Voici le troisième animal, l'Ange ou l'homme

---

(1) « Exivit alius equus rufus, et qui sedebat super illum, datum est illi ut sumeret pacem de terra, et ut invicem se interficiant, et data est ei gladius magnus. » (*Apoc.*, VI, 4.)
(2) Ἵππος πυρρός (vers. septuag.).
(3) S. Meliton., *De Bestiis*, III, 4.
(4) « Non veni pacem mittere, sed gladium. » (*Matth.*, X, 34.)
(5) Voir Josèphe, *Antiq. jud.*, lib. XX, cap. I.

qui annonce un cheval noir. Ce cheval est monté par un homme tenant une balance; une voix s'écrie « qu'une petite mesure de blé se vendra au prix de la journée d'un homme (1). » Il s'agit donc d'une seconde plaie, la famine. La couleur noire du cheval est toujours un signe de deuil; elle est spécialement appliquée au fléau qui paraît ici dans Joël, où il est décrit avec une triste énergie (2). La balance ne semble point, dans ce cas, le symbole de la justice; elle se rapporte mieux à l'idée de la disette et au mot *bilibris*, mesure de deux livres, qui, ne servant pas ordinairement à mesurer le blé, marque avec quelle parcimonie on devra le distribuer parmi les peuples. D'ailleurs le malheur annoncé n'était-il pas une punition de la Justice divine ? — Il paraît, à l'indulgence de cette voix providentielle qui ordonne au cruel ministre « d'épargner les vignes et les oliviers, » que le mal ne sera point porté à son comble; ou bien, selon d'autres, qu'il faut d'autant plus prendre soin de leur culture, qu'on manquera davantage du principal élément de la nourriture de l'homme. S. Augustin veut que l'huile et le vin désignent les justes, dont les bonnes œuvres sont les fruits préférés de Dieu, comme leur âme est une terre spirituelle et féconde (3). Quoi qu'il en soit, l'histoire fait foi des nombreuses famines qui désolèrent l'Empire romain depuis le commencement des persécutions jusqu'à la paix rendue à l'Église par Constantin.

sceau et le cheval noir.

Enfin le quatrième animal, l'aigle, attire l'attention sur l'ouverture du quatrième sceau; la Mort survient, montant

L'aigle et le quatrième sceau.

---

(1) « Bilibris tritici denario, et tres bilibres hordei denario... Et vinum et oleum ne laeseris. » (*Apoc.*, vi, 6.)

(2) « A facie ejus cruciabuntur populi ; omnes vultus redigentur in ollam. » (*Joel.*, ii, 6.) — « Tous les visages seront noirs comme des chaudrons noircis au feu, » comme traduit Bossuet; — et Sacy : « On ne verra partout que des visages ternis et plombés, » ce qui rend sinon absolument le même effet, au moins une conséquence identique de la faim.

(3) S. August., *In Apocalyps.*, homil. vi; mihi, p. 305.

Cheval pâle.

un cheval *pâle :* ce n'est pas le blanc ni le gris, c'est une modification du premier, telle que la mort seule, en effet, peut la faire quand elle exerce ses ravages par la famine, les maladies douloureuses ou violentes. Tout cela va donc s'échapper à la fois des trésors de colère épanchés par ce terrible cavalier (1). Ce n'est pas pour rien que l'enfer le suit : il ramasse sa proie à mesure qu'elle tombe, car c'est à lui que sont destinées, après leur mort, les trop coupables victimes du grand exterminateur qui, dans sa course fatale, fauche la quatrième partie des habitants de la terre. Le glaive, la famine, la contagion, les bêtes féroces sont les ministres de cet implacable bourreau. La mort n'est donc, en dernier lieu, que le résultat des trois fléaux précédents : elle résume en elle les terribles prédictions dont elle était l'accomplissement suprême. La terre, souillée par les crimes des Néron et des Domitien, n'est encore, dans ses annales sanglantes, qu'un trop fidèle témoignage de leur vérité.

Rôles symboliques donnés au cheval.

En considérant les rôles si divers donnés aux chevaux des quatre cavaliers, on retrouve encore ce système d'opposition des mêmes objets signifiant, à l'occasion, des choses toutes différentes. S. Grégoire et d'autres écrivains venus après lui, tels que Raban Maur et l'Anonyme de Clairvaux, ont donné une foule de significations à cet animal, selon qu'il a été indiqué en diverses circonstances dans l'Écriture. Il y est la marque de la puissance et des dignités temporelles, comme de l'orgueil et des illusions des mondains ; comme ici, c'est tantôt Notre-Seigneur et tantôt le mauvais ange, le fidèle ou l'hérétique, le corps des saints ou l'assemblée des persécuteurs, selon qu'il est employé, dans les passages à interpréter, sous un sens plus ou moins favorable (2).

(1) « Et ecce equus pallidus, et qui sedebat super eum illi Mors ; et infernus sequebatur eum, et data est illi potestas super quatuor partes terræ (dans les Septante, et c'est le sens véritable : *super quartam partem* : ἐπὶ τὸ τέταρτον τῆς γῆς) interficere gladio, fame et morte, et bestiis terræ. » (*Apoc.*, VI, 8.)
(2) Voir S. Méliton, *ubi suprà*. — Sur la tapisserie d'Angers, cet enfer qui suit la mort est une tour crénelée d'où sortent des flammes et que

Ce qui suit rend manifeste l'allusion qui nous apparaît ici. A peine le cinquième sceau a cédé, que S. Jean voit, sous l'autel occupé par l'Agneau, « les âmes de ceux qui avaient souffert la mort pour la parole de Dieu et pour la confession persévérante de son nom (1). Ces martyrs, qui n'existaient pas encore, allaient tomber en nombre infini sous les coups des princes persécuteurs du christianisme dans toute l'étendue de la terre. Ils sont sous l'autel de l'Agneau comme les membres sous le chef qui leur avait donné le premier l'exemple d'une mort acceptée pour la défense de la vérité. L'autel est la figure de Jésus-Christ, d'après tous les enseignements de l'Église (2); les fidèles sont cachés en Lui jusqu'au jour de sa manifestation, et leurs âmes y restent en participation de sa paix et de son bonheur (3). C'est pourquoi ils gardent, même dans cette inaltérable paix que ne peuvent troubler aucunes passions humaines, le sentiment de la justice de Dieu et de la juste vengeance qu'il doit tirer des persécutions et de la mort que les bons ont souffertes. Ce sentiment est pur de toute satisfaction personnelle opposée à la charité. C'est pour Dieu, non pour elles-mêmes à qui rien ne manque plus, qu'elles s'écrient : « Jusques à quand, Seigneur, différez-vous le moment de votre justice contre ceux qui se glorifient sur la

Les martyrs; l'autel et les reliques de sa consécration.

---

les démons remplissent d'âmes apportées par eux. Une gueule de monstre horriblement béante devient aussi un autre emblème du séjour des peines éternelles. C'est encore l'enfer qui engloutit sa proie. Nous reparlerons de cette iconographie sur le chapitre xx. (Voir M. l'abbé Barbier de Montault, *op. cit.*, p. 21.)

(1) « Vidi subtus altare animas interfectorum propter Verbum Dei et propter testimonium quod habebant. » (*Apoc.*, vi, 9.)

(2) « Altare quidem sanctæ Ecclesiæ ipse est Christus, teste Joanne qui in Apocalypsi sua altare aureum se vidisse perhibet, stans ante thronum, in quo et per quem oblationes fidelium Deo Patri consecrantur.» (*Pontificale Romanum*, in ordinat. subdiaconi, admonitio, t. I, p. 44, Michliniæ, 1845.) — Ainsi de tous les interprètes.

(3) « Mortui estis, et vita vestra abscondita est in Deo; cum Christus apparuerit vita vestra, tunc et vos apparebitis cum Ipso in gloria. » (*Coloss.*, iii, 3.)

terre du mal qu'ils ont fait à votre Église et à vos saints (1)? »

Il n'est guère douteux que cet endroit ait fait naître l'usage, devenu imprescriptible, de déposer des reliques dans la table de l'autel où doit s'offrir le Saint-Sacrifice, comme aussi, dès les premiers temps, d'élever les églises, et particulièrement l'autel sur le tombeau des martyrs ; et c'est à ce fait liturgique que se rapporte la prière du prêtre dans les paroles qu'il prononce en baisant l'autel, lorsqu'il y monte pour commencer les Saints Mystères (2).

Fausse interprétation d'un chapiteau de Fleury-sur-Loire.

Toute cette scène des cavaliers, de l'autel, de l'agneau et des âmes des martyrs est sculptée aussi complète que possible sur un des chapiteaux qui forment la riche ornementation du porche abbatial sculptée à Saint-Benoît-sur-Loire au douzième siècle. Pour qui a lu et compris le sixième chapitre de l'Apocalypse, tout y est parfaitement reconnaissable ; mais l'interprète que nous avons déjà cité l'ignorait entièrement, et, pour ne pas donner dans l'erreur des prétendus archéologues, qui n'y virent qu'une victoire remportée au neuvième siècle sur les Normands par Hugues, abbé de Fleury, il y veut voir un souvenir du pillage du monastère de Mont-Cassin, détruit par les Lombards en 583. Ce système, qui ne vaut pas mieux, laissait toujours sans explication la présence de l'agneau portant la croix, d'un ange et d'autres personnages nimbés qui, sans doute, ne se trouvaient guère parmi les Lombards (3), outre que le monastère de Fleury était assez riche de sa propre histoire pour n'avoir pas besoin des légendes italiennes.

Les robes blanches ; leur nombre

Mais revenons. Pour montrer la béatitude de ces âmes

---

(1) « Usquequo, Domine, Sanctus et Verus, non judicas, et non vindicas sanguinem nostrum de iis qui habitant in terra ? » (*Apoc.*, VI, 10.)

(2) « Oramus Te, Domine, per merita sanctorum tuorum *quorum reliquiæ hic sunt*, ut indulgere digneris omnia peccata mea. » (*Missale Romanum.*)

(3) *Souvenirs de Saint-Benoît-sur-Loire*, par M. Vergnaud-Romagnesi, p. 123, in-8°.

bénies et la parfaite innocence reconquise par l'effusion de son Sang, le Seigneur, qu'elles invoquent ainsi, les fait revêtir d'une robe blanche ; elles doivent la conserver comme un titre de gloire jusqu'au jour prochain où se consommera le nombre de leurs frères, serviteurs de Dieu qui doivent aussi bien qu'eux souffrir la mort (1) : autre preuve d'un nombre mystérieux déterminé dans les décrets de la Providence. S. Grégoire le Grand remarque avec S. Augustin, qu'ont suivis Cornélius à Lapide et plusieurs autres (2), que chacune de ces âmes ne reçoit encore qu'*une* robe blanche, contrairement à l'usage qui, dans l'antiquité et jusqu'au moyen âge, voulait que les personnages de distinction en portassent toujours deux, l'une sur l'autre (3) ; et le saint Pape croit voir en cela une preuve que la gloire et le bonheur de ces justes ne se consommeront qu'après la résurrection générale, lorsque leurs corps seront réunis à leurs âmes : alors seulement ils recevront la deuxième tunique, emblème de la perfection de leur félicité. — C'est aussi le sentiment de l'Ange de l'école. Selon lui, le corps est nécessaire à la béatitude complète, la perfection de la grâce et de la vertu, telles qu'elles sont dans les Bienheureux, présupposant la perfection de la nature, et la nature humaine ne pouvant être parfaite sans la réunion de l'âme et du corps (4).

selon le rang des personnes dans l'antiquité et au moyen âge.

Sens mystique de ce fait.

Quoi qu'il en soit, *ce peu de temps* que doivent attendre les martyrs couronnés est la fin des persécutions et désigne deux siècles à peu près, temps fort court devant

---

(1) « Et datæ sunt illis singulæ stolæ albæ, et dictum est illis ut requiescerent adhuc tempus modicum, donec compleantur conservi eorum et fratres eorum qui interficiendi sunt sicut et illi. » (*Apoc.*, vi, 11.)
(2) S. Gregor. Magn., *Moralium*, lib. II, cap. iv.—S. August. *Serm.* x *de Sanctis*. — Cornel. a Lapide, *in hunc loc.*
(3) S. Gregor. papæ, *ubi suprà*.
(4) S. Thomæ Aquinat. *Summa Theolog.*, pars II, sect. I, quæst. 4, art. 5.

182 HISTOIRE DU SYMBOLISME.

l'Éternité dont ils jouissent déjà. Ces persécutions étaient dès lors commencées ; le règne de Néron avait expiré dans le sang des chrétiens ; celui de Domitien s'y continuait. Mais parmi les peuples persécuteurs que Dieu épargnait jusqu'au terme fixé dans sa Sagesse, il y avait beaucoup d'infidèles à convertir, et une prompte vengeance dans laquelle ils se fussent vus enveloppés eût empêché l'œuvre de leur salut. C'est une confirmation de la parabole de l'ivraie mêlée au bon grain, et qu'on laisse croître jusqu'à la moisson (1) : symbolisme confirmé encore par la réponse de S. Pierre aux premiers chrétiens, scandalisés de ne pas voir s'accomplir assez vite les promesses de paix que Dieu avait faites à l'Église (2).

Jugement dernier dans les anciens prophètes et dans celui de la nouvelle Loi.

Mais la vengeance, pour être tardive, n'en sera que plus terrible et plus sûre. Voyez comme elle s'échappe du Livre divin quand la Main toute-puissante a brisé le sixième sceau (3). Afin de consoler ses amis du délai qu'il vient de prononcer, le Seigneur les transporte vers ce spectacle futur. Ils sentent la terre émue dans ses fondements ; ils voient le soleil s'obscurcir, la lune se teindre de sang, les étoiles se précipiter de leur centre comme les fruits mûrs du figuier qu'agitent les violences d'une tempête ; le ciel se replier sur lui-même en roulant ses nuages effarés ; les montagnes, les îles, s'ébranler et changer de place ; et à cette désolation de la nature, rois, princes, guerriers, riches et puissants, libres et esclaves, tous cherchent un refuge dans les cavernes des rochers et des montagnes. « Écrasez-nous, leur disent-ils ;

(1) Sinite crescere usque ad messem...; et in tempore messis..., colligite primum zizania, et alligate ea in fasciculos ad comburendum. » (*Matth.*, XIII, 30.)

(2) « Non tardat Dominus promissionem suam, sicut quidam existimant, sed patienter agit propter vos, nolens aliquos perire, sed omnes ad pœnitentiam reverti. » (2 *Petr.*, III, 9.)

(3) « Et vidi cum aperuisset sigillum sextum ; et ecce terræ motus magnus factus est, et sol factus est niger tanquam saccus cilicinus, et luna tota facta est sicut sanguis. » (*Apoc.*, VI, 12.)

dérobez-nous aux regards effrayants du Juge et à l'indignation de l'Agneau; car voilà le grand jour de leur colère, et qui pourra le soutenir? (1) »

Les terribles beautés de cette peinture n'ont pas été inconnues aux Prophètes anciens ; aucun d'eux cependant n'a réuni dans un cadre aussi serré des traits aussi vigoureux, des tons aussi chauds et dont la peinture moderne, que nous sachions, n'a pas su encore s'inspirer. Isaïe, Jérémie, Ézéchiel, Joël, Nahum, les Évangélistes enfin, ont coloré de ces mêmes teintes les images du jugement dernier, et il leur est ordinaire de revenir aux désordres de ce jour d'anxiété toutes les fois qu'ils veulent exprimer de grands dérangements dans la nature ou dans la société humaine. On peut donc regarder comme un symbole du formidable jugement exercé par Dieu sur les impies l'ensemble des fléaux qui sont accumulés ici, et dont notre magnifique *Prose des morts* est le plus sublime reflet. Néanmoins les détails ont par eux-mêmes une autre valeur symbolique relative aux événements annoncés, et il est bon de le reconnaître avec S. Augustin. D'après l'illustre Docteur, le tremblement de terre, avec toute la confusion qui en résulte, est la persécution qui s'avance. Les deux grands astres soumis à de si étonnantes versatilités sont la lumière de l'Église qui se répand de toutes parts dans le monde; leur éclipse est son humiliation apparente; la chute des étoiles figure celle des mauvais chrétiens, que la persécution séparera de Dieu, et par conséquent du ciel, qui dès lors semble se replier sur lui-même comme un rouleau de par-

_____

(1) « Et stellæ de cœlo ceciderunt, sicut ficus emittit grossos suos cum a vento magno movetur. Et cœlum recessit sicut liber involutus, et omnis mons et insulæ de locis suis motæ sunt. Et reges terræ, et principes, et tribus, et divites, et fortes, et omnis servus et liber absconderunt se in speluncis, et in petris montium. Et dicunt montibus et petris : cadite super nos, et abscondite nos a facie Sedentis super thronum, et ab ira Agni, quoniam venit dies magnus iræ Ipsorum ; et quis poterit stare? » (*Apoc.*, vi, 13 et seq.)

chemin qui se referme, et retire à lui en quelque sorte la connaissance des mystères divins que le monde pouvait y lire (1). Quant à cette fuite des hommes de toutes conditions vers les antres des montagnes, il semble qu'on s'écarterait trop du sens naturel en y voyant, avec quelques-uns, un mouvement général qui portera les Saints à chercher un refuge entre les bras de l'Église. Une telle confiance ne va guère avec les cris de désespoir qui appellent une mort cruelle pour sauver d'une autre plus cruelle encore. C'est plutôt, d'après le commun des interprètes, le désordre affreux et l'effroyable confusion qui doivent accompagner, quand la fin des persécutions sera venue, la défaite des persécuteurs ligués contre le Seigneur et contre son Christ. Ce sens *naturel*, qui n'empêche en rien l'anagogie du jugement dernier adopté par le grand nombre des Pères, se vérifie, au reste, entièrement par l'histoire. On sait de quelles guerres sanglantes, de quelles longues résistances furent précédées les victoires de Constantin, et quelles violentes commotions amenèrent les prétentions ambitieuses de ses compétiteurs. Des *rois*, des *tribuns*, une foule *de maîtres et d'esclaves* s'étaient engagés contre le prince qui protégeait la Croix. Quelles ne durent pas être leurs terreurs en ces conflits, terminés par la ruine et le trépas de chacun d'eux? Maxence précipité dans le Tibre pêle-mêle avec ses soldats; Maximin Jove mourant d'un mal horrible et incurable, et avouant que Dieu punit en lui ses injustices contre les chrétiens; Maximin Daïa vaincu, fugitif sous un déguisement, dévoré d'un feu intérieur qui le prive de la vue et le réduit à un état de consomption; Licinius toujours battu, incarcéré, puis étranglé bientôt par les ordres du vainqueur; Galère se sauvant à Marseille,

<small>Rapports entre cette description et les faits historiques de l'Église primitive.</small>

---

(1) S. August., *In Apocalyps.*, homil. v, inter *Op.*, t. IX, p. 305, in-f°, Lugduni, 1664. — Voir, pour compléter cette exposition, ce qui s'y rattache par la chute des étoiles, ci-après, ch. XII, v. 3 et 4.

où il se suicide après le carnage de sa dernière armée : ne sont-ce pas assez de révolutions pour imprimer à l'empire de terribles secousses? et tous ces païens purent-ils être si cruellement punis de Dieu et des hommes sans de grandes désolations, sans des humiliations fatales qui, au moment de leur chute et de leur mort, durent les jeter dans ces frénétiques douleurs que le Prophète nous a si vivement dépeintes?

Chapitre VII. — C'est la coutume des Prophètes d'esquisser d'abord en traits généraux et d'arriver ensuite, par un retour inattendu, aux détails d'une narration régulière. L'Apocalypse suit cette méthode en son viie chapitre : ce qui précède est bien capable de fixer l'attention ; ce qui va suivre est plein de beautés qui y répondent.

Avant donc ces agitations sanglantes et ces affreuses guerres, quatre Anges se présentent aux yeux du Prophète : ils sont chargés de lancer sur la terre les quatre vents qui doivent y semer la tempête. Mais, selon les vues du Souverain Maître, qui a retardé le moment sinistre en faveur des élus, ils reçoivent l'ordre de retenir d'abord ces éléments destructeurs; pas un arbre même ne doit souffrir de leur souffle. C'est un cinquième Ange qui, montant du côté de l'Orient où était l'autel de l'Agneau, donne aux autres cet ordre impérieux d'une courte suspension, jusqu'à ce que les serviteurs fidèles « aient été marqués au front du signe du Dieu vivant (1). » Ce signe, comme il sera dit plus tard, est un sceau timbré des noms de Dieu et de Jésus-Christ, semblable à ce *Tau* prophétique indiqué par Ézéchiel (2), et tracé à la veille de la sortie d'Égypte avec

Les quatre anges vengeurs de la Justice divine.

La croix, signe du Dieu vivant.

---

(1) « Post hæc vidi quatuor angelos stantes super quatuor angulos terræ, tenentes quatuor ventos, ne flarent super terram, neque super ullam arborem... Et... alterum angelum ascendentem ab ortu solis habentem signum Dei vivi. Et clamavit voce magna...: Nolite nocere... quoad usque signemus servos Dei nostri in frontibus eorum. » (*Apoc.*, VII. 3.)

(2) « Et dixit Dominus : Transi per medium... Jerusalem, et signa *Tau* super frontes virorum gementium... super cunctis abominationibus quæ fiunt in medio ejus. » (*Ezech.*, IX, 4.)

le sang de la victime pascale sur les demeures des Israélites que devait épargner l'Ange exterminateur. Or ce *Tau*, de l'aveu de tous, n'était autre chose qu'un symbole de la croix, signe unique en qui se résument tous les moyens du salut éternel (1). Il joue un grand rôle dans les verrières de Bourges et ailleurs, où sont exposées les correspondances mystérieuses des figures de l'Ancien Testament et des réalités du Nouveau.

<small>Les 144 mille élus.</small>

Ces noms divins, cette marque protectrice, que Jésus-Christ avait promis d'écrire au front de ses amis demeurés constants à sa suite, sont aussitôt imprimés, à la voix de l'ange, sur un grand nombre de fronts privilégiés. Douze mille de chaque tribu se trouvent marqués de la sorte, ce qui forme un nombre total de 144,000 uniquement tiré d'entre les Juifs (2). Ce nombre déterminé, pris d'après beaucoup d'autres exemples, pour un nombre indéterminé et plus grand, montre que le délai accordé par Dieu n'avait pas été inutile pour beaucoup, quoiqu'un bien plus grand nombre encore ait résisté à la grâce, car chaque tribu avait beaucoup au delà de douze mille sujets. Ces Juifs, convertis au christianisme, formaient l'Église de Jérusalem dispersée dans toute la Judée, et avaient eu déjà une succession de quinze évêques jusqu'à la reconstruction de la ville par Adrien. Mais bientôt vient se joindre à eux une innombrable multitude tirée de toutes les nations : c'est l'Église

<small>Symboles variés des récompenses célestes;</small>

---

(1) Voir S. Jérôme et Maldonat, *in hunc loc. Ezech.*; ils résument ces quelques mots du pape Innocent III : « O quam profundum est crucis mysterium !... Joannes vidit Angelum Dei ascendentem ab ortu solis habentem signum Dei vivi; et clamavit voce magna quibus datum est nocere terræ et mari : Nolite nocere... quoad usque signemus servos Dei nostri in frontibus eorum. Hinc est quod, quum Dominus Ægyptiorum percussisset, primogenita domos Hebræorum absque læsione transcendit; eo quod sanguinem in superliminari et in utroque poste signatum vidisset. » (Innoc. III, *De Sacro altaris Mysterio*, lib. II, cap. XLIII, Paris, 1845, in-18.)

(2) « Et audivi numerum signatorum centum quadraginta quatuor millia signati ex omni tribu filiorum Israel. » (*Apoc.*, VII, 4.)

ouverte aux Gentils et le salut donné à tous les peuples par la connaissance et l'amour de Jésus-Christ. Pour être ainsi distingués du reste des hommes, il leur a fallu triompher non-seulement dans les combats du sang, que suppose la palme du martyre dont ils sont décorés, il leur a fallu encore vaincre le monde, le démon et la chair; c'est à quoi il faut attribuer les robes blanches qui les couvrent « en présence de l'Agneau et devant le trône de Dieu (1). » — On se rappelle qu'une signification analogue fut donnée à cette robe par le Sauveur lui-même quand il la fit rendre à l'enfant prodigue revenu de ses égarements, et lorsqu'il fit sortir de la salle du festin les invités qui ne s'en étaient pas revêtus (2).
— Cependant nos élus chantent la gloire du Père et de son Fils, par qui ils furent sauvés. Ces cantiques de bénédiction et de louanges sont répétés à l'envi par une foule d'anges, par les vieillards et les quatre animaux sacrés qui se prosternent et adorent. Puis un des vieillards y explique à S. Jean la signification de ces merveilles qui l'éblouissent : « Ces Bienheureux, éclatants de la radieuse blancheur de leur robe, sont venus ici à travers de grandes afflictions; ce beau vêtement, ils l'ont blanchi, c'est-à-dire mérité et glorifié dans le sang de l'Agneau, auquel ils unirent l'effusion du leur dans le martyre, ou qu'ils ont honoré par la sainteté de leur vie et la pureté de leurs mœurs, par le baptême ou la pénitence, par la douceur et la patience en face des contradictions (3). C'est pourquoi ils assistent au trône de Dieu et

---

(1) « Vidi turbam magnam quam dinumerare nemo poterat ex omnibus gentibus et tribubus, et populis, et linguis, stantes ante thronum et in conspectu Agni amicti stolis albis, et palmæ in manibus eorum, et clamabant voce magna dicentes : Salus Deo nostro qui sedet super thronum, et Agno. » (*Apoc.*, VII, 9.)

(2) « Cito proferte stolam primam. » (*Luc.*, XV, 22.) — « Amice, quomodo huc intrasti non habens vestem nuptialem ? » (*Matth.*, XXII, 12.)

(3) « Illi qui amicti sunt stolis albis.. venerunt de tribulatione magna et laverunt stolas suas, et dealbaverunt eas in sanguine Agni. » (*Apoc.*, VII, 13.)

le servent jour et nuit dans son temple éternel; et Lui, de ce trône où il se répand sur eux comme une tente qui les garde, il se fait leur bonheur et leur récompense. Là, n'existent plus de désirs ni de besoins, comme ceux de la faim et de la soif; plus d'alternatives fâcheuses de la chaleur et du froid, comme dans le monde qui n'est plus rien pour eux; ou bien, et d'une manière plus conforme au style figuré de notre poème, ils possèdent le souverain Bien, la Justice par essence, dont ils avaient faim et soif sur la terre par un bonheur qui est un don de la grâce (1). Placés sous la conduite de l'Agneau, qui règne sur eux par sa consubstantialité avec son Père, il sera leur pasteur et les conduira aux fontaines des eaux vives, à ce torrent des saintes voluptés promis dans le Psalmiste (2), et dont la comparaison est prise de ces bains d'eaux pures et fraîches si recherchés dans les pays chauds; enfin, plus de tristesses ni de craintes, plus de tyrans ni de bourreaux : ces saintes et immortelles victimes ont Dieu pour consolateur et pour refuge. Sa main paternelle essuiera elle-même toutes les larmes de leurs yeux (3).

Beauté de ces symboles de la paix éternelle.

Quel contraste entre ces douces images et les catastrophes qui les précèdent! comme tout y est calme et repose le cœur! et comme le pieux symbolisme de telles idées semble conforme aux incompréhensibles réalités du bonheur céleste! Sans doute, dans les extases, impénétrables à notre esprit et à nos sens, de la vision béatifique, les élus ne

---

(1) « Beati qui esuriunt et sitiunt justitiam, quoniam ipsi saturabuntur. » (*Matth.*, v, 6.)

(2) « Inebriabuntur ab ubertate domus tuæ, Domine, et torrente voluptatis tuæ potabis eos. » (*Ps.*, xxxv, 9.)

(3) « Ideo sunt ante thronum Dei, et serviunt ei die ac nocte in templo Ejus, et Qui sedet in throno habitabit super illos. Non esurient neque sitient amplius, nec cadet super illos sol, neque ullus æstus : quoniam Agnus qui in medio throni est reget illos et deducet illos ad vitæ fontes aquarum, et absterget Deus omnem lacrymam ab oculis eorum. » (*Apoc.*, vii, 15 et seq.)

portent point de *palmes*; ils n'ont pas de *robes* devant le Dieu qui les enveloppe de son essence; ils n'ont aucun besoin d'être *abrités* contre les caprices des saisons; ils n'ont certainement plus ni une dernière *larme* à essuyer, ni de *soif* qu'il leur faille étancher à des sources limpides; mais une faim et une soif spirituelles qui durent toute la vie du chrétien le font aspirer ici-bas au terme de son exil. C'est l'apaisement de ce besoin qu'exprime le Prophète, et dans sa description de ce bien-être éternel il y a une paix qui captive, une fraîcheur qui charme, une félicité qu'on envie. A défaut des couleurs qui manqueront toujours pour rendre la vie de ces âmes couronnées, on sent que la céleste poésie du Peintre divin a jeté du moins sur sa toile de dignes emblèmes de ces ravissantes vérités.

CHAPITRE VIII.

DEUXIÈME SUITE DE L'APOCALYPSE.

(DU CHAPITRE VIII AU CHAPITRE XII.)

Ouverture du septième sceau.

Chapitre VIII. — Jusqu'ici Dieu n'a montré au saint Confesseur qui expie à Pathmos sa foi courageuse que la couronne de ses Saints et de ses Martyrs. Ses vengeances contre leurs ennemis n'ont été encore qu'une solennelle menace : cette menace va s'accomplir à l'ouverture du septième et dernier sceau. Nous allons donc assister à la chute des persécuteurs, en même temps qu'aux scènes émouvantes de la persécution. C'est le sujet des chap. VIII, IX et X de la révélation qui nous occupe.

Prières des justes présentées à Dieu par des anges et symbolisées par l'encens.

Dès que ce dernier sceau est ouvert, les chants cessent de retentir, toutes les voix se taisent, et, pendant l'espace d'une demi-heure, un profond silence d'attente et d'anxiété remplace la divine harmonie. Le prélude des événements qui se préparent a quelque chose d'effrayant. Car pendant que tout semble dans l'attente, on donne aux sept Anges du Seigneur sept trompettes. Ce nombre, toujours mystérieux, renouvelle dans ce passage celui des plaies d'Égypte, dont nous allons voir aussi une terrible reproduction. C'est toujours d'ailleurs un symbole de *tous* les fléaux possibles jetés par la justice de Dieu sur ces peuples obstinés et maudits. Un autre Ange survient, et remplit devant l'autel un encensoir d'or d'une grande quantité de parfums, afin d'offrir les prières de tous les saints sur l'autel d'or qui est devant le trône de Dieu, et où se tient Jésus-Christ sous la forme d'un Agneau (1). Les prières des âmes justes sont donc figurées comme des aromates d'agréable odeur s'élevant jusqu'à Dieu : nouvelle allusion au temple de Jérusalem, et dont nous voyons ici les raisons symboliques, aussi bien qu'une application remarquable dans le Sacrifice de la loi chrétienne. Le prêtre, sur le point de consacrer le pain et le vin sur l'autel catholique, se rappelle ce passage du Livre sacré, lorsqu'il demande à Dieu de se faire présenter les pures offrandes sur l'autel sublime de sa divine majesté (2).

Réminiscence de ce symbole au Saint-Sacrifice.

Ces prières vont s'effectuer. Le même Ange, après avoir consumé ces parfums, met dans ce même encensoir un feu nouveau pris sur l'autel, qui représente celui des holocaustes, où il brûlait toujours, et duquel seul les prêtres pouvaient en prendre, comme le démontre le châtiment de Nadab et d'Abiu (3). Ce feu, image vive de la colère divine (4), est répandu sur la terre : le tonnerre gronde, des voix confuses se mêlent aux éclairs, la terre tremble (5). Les sept Anges se préparent alors à jeter dans l'espace les éclats de leurs trompettes, signal attendu de nouvelles calamités. On sait que les Lévites sonnaient aussi de cet instrument

Autres circonstances du jugement dernier.

---

(1) « Et vidi septem Angelos stantes in conspectu Dei, et datæ sunt illis septem tubæ. Et alius Angelus venit, et stetit ante altare, habens thuribulum aureum. Et data sunt illi incensa multa, ut daret de orationibus sanctorum super altare aureum, quod est ante thronum Dei. » (*Apoc.*, VIII, 2.)

(2) « Supplices Te rogamus; jube hæc perferri per manum sancti Angeli tui in sublime altare tuum in conspectu divinæ majestati Tuæ. » (*Canon Missæ.*) — Cet ange est une allusion évidente à celui qui figure ici.

(3) « Arreptis Nadab et Abiu thuribulis, posuerunt ignem, et incensum desuper, offerentes coram Domino ignem alienum... ; egressusque ignis a Domino devoravit eos. » (*Levit.*, X, 1.)

(4) « Iratus est eis... Carbones succensi sunt ab eo. » (*Ps.*, XVII, 8.)

(5) Et accepit angelus thuribulum, et implevit illud de igne altaris, et misit in terram, et facta sunt tonitrua, et voces, et fulgura, et terræ motus magnus. » (*Apoc.*, VIII, 5.)

dans les sacrifices solennels (1), et que le jugement dernier doit être annoncé de la même manière, selon la parole formelle de Notre-Seigneur, répétée par S. Paul (2). Voici donc qu'au premier son donné par le premier Ange, un mélange de grêle, de feu et de sang se précipite sur la terre, dont la troisième partie est consumée par le feu avec tous ses arbres. Joël avait décrit ainsi le jour du Seigneur, comme Moïse la septième des plaies d'Égypte (3). Tous ces fléaux réunis supposent une grande désolation. Il ne reste même pas aux malheureuses contrées qu'ils accablent l'herbe verte de leurs campagnes. C'est que l'*herbe*, dans l'Écriture, représente le peuple (4), surtout la jeunesse, espérance d'une nation. C'est ce que dit l'auteur anglais des *Distinctions monastiques* sur un passage du Psalmiste, c'est par la même raison que S. Eucher fait de l'herbe le symbole des plaisirs de l'âme, *jucunditas*, ou de toute fin qui couronne heureusement une entreprise, *finis*. Théodulphe d'Orléans, dans son *Abrégé de Méliton*, dit aussi : *Herba, æterna paradisi viriditas* (5).

L'herbe, symbole de la jeunesse de la vie.

Épargnés *pour un temps*, les Juifs ressentent enfin l'énorme poids de ces fléaux, et tout ce qui précède paraît on ne peut plus applicable aux malheurs qui les accablèrent sous Trajan. Une autre persécution les attendait sous Adrien. Le second

Persécution d'Adrien; images vives de ces malheurs.

---

(1) « Canetis tubis super holocaustis... ut sint vobis in recordationem Dei vestri. » (*Num.*, x, 10.)

(2) « Filius hominis mittet angelos suos cum tuba et voce magna, et congregabunt electos Ejus. » (*Matth.*, xxiv, 31.) — « Ipse Dominus in jussu, et in voce Archangeli, et in tuba Dei descendet de cœlo, et mortui... resurgent. » (1 *Thess.*, iv, 15.)

(3) « Et dabo prodigia in cœlo et in terra..., sanguinem et ignem. » (*Joel*, ii, 30.) — « Et grando et ignis mixta pariter ferebantur. Cunctam herbam agri percussit grando. » (*Exod.*, ix, 24.)

(4) « Exsiccatum est fœnum, et cecidit flos... Vere fœnum est populus. » (*Is.*, xl, 7-8.)

(5) « Mane sicut herba transeat... » (*Ps.*, lxxxix.) — « Homo in pueritia vivet, in juventute floret. » (*Distinct. monastic.*, lib. II, cap. cxxiv.) — Voir S. Eucher. Lugdun., *Formul. minor.* — Theod. Aurelian., *Recensio clavis*, cap. vii, n° 308; in *Spicileg. Solesm.*, t. II, p. 73. — Cf. aussi S. Méliton, dans ce même volume, p. 404.

Ange l'annonce et la provoque par le son de sa trompette. Alors une grande montagne, tout ardente du feu qui la dévorait, fut jetée dans la mer, dont la troisième partie devint du sang. Un tiers des créatures qu'elle nourrissait périt alors, aussi bien que la troisième partie des navires qui y voyageaient (1) : cette troisième partie, nombre mystique dont le Prophète persiste à se servir pour faire comprendre que tout ne fut pas détruit, indique toutefois de nombreuses et déplorables ruines. Cette masse énorme d'épreuves tombant sur les Juifs dans leur dernière défaite par Adrien, ces feux qui s'allument pour consumer cette fois jusqu'aux hommes et aux animaux, ce sang qui rougit la mer, ces flottes ensevelies ou brûlées avec les hommes qu'elles portent, sont des catastrophes dont le peuple déchu ne doit pas se relever. Jérusalem détruite de fond en comble, Rome payant de son sang la conquête définitive de la Judée ; cinq cent quatre-vingt mille Juifs tués dans les batailles, vendus à l'encan, noyés dans les naufrages : voilà les désordres de ce feu dévorant de la colère d'En-Haut sur la terre et sur la mer.

Encore, si tant de malheurs mettaient fin à la longue série de ceux que Dieu destine à ce peuple! Mais le troisième Ange donne un signal, et aussitôt une grande étoile, ardente comme un flambeau, tombe sur la troisième partie des fleuves et sur les sources des eaux (2). Cette étoile s'appelait *Absinthe*, et, la troisième partie des eaux ayant contracté l'amertume qu'indique ce nom, un grand nombre d'hommes moururent pour en avoir bu. Ceci a ses rapports les plus

L'étoile *Absinthe*.—La troisième partie des créatures

---

(1) « Tanquam mons magnus igne ardens missus est in mare, et facta est tertia pars maris sanguis ; et mortua est tertia pars creaturæ, eorum quæ habebant animas in mari, et tertia pars navium interiit. » (*Apoc.*, VIII, 9.)

(2) « Cecidit de cœlo stella magna, ardens tanquam facula, et cecidit in tertiam partem fluminum, et in fontes aquarum. Et nomen stellæ dicitur Absinthium, et facta est tertia pars aquarum in absinthium, et multi hominum mortui sunt de aquis, quia amaræ factæ sunt. » (*Apoc.*, VIII, 10.)

directs avec ce qui se passa quarante ans après, lorsque le faux prophète Barcochébas (*Fils de l'Étoile*), qui se nomma ainsi en se faisant passer pour le Messie annoncé par Balaam (1), fit illusion à un grand nombre de Juifs, les excita à la révolte contre les Romains, et attira sur ces infortunés restes d'Israël les forces dirigées par les généraux d'Adrien : de là une perte de 50,000 d'entre eux assiégés et tués avec leur chef dans la ville de Betharan (2). On est peu étonné de voir donner à une telle étoile un nom qui exprime l'*amertume* et la déception de ses victimes : l'Écriture est remplie de ces façons de parler. Nous avons vu Notre-Seigneur appelé l'Orient dans Zacharie (3). L'enfant symbolique d'Osée sera nommée Jezraël, comme une menace des mêmes punitions méritées dans cette ville par la famille de Jéhu (4). Cette fille sera nommée *sans miséricorde*, parce que Dieu n'en veut plus avoir pour Israël (5). Ainsi cette étoile du prophète menteur est l'image du mauvais ange, étoile par sa nature angélique, absinthe par le caractère de sa méchanceté (6). Elle n'est qu'une lueur trompeuse, comme celle des hypocrites et des faux savants qui altèrent la doctrine évangélique au profit de leurs hérésies. En effet, les fleuves de sang que fit répandre Barcochébas, les horribles supplices infligés par lui aux chrétiens qui refusaient de le suivre ; le désordre

---

(1) « Orietur stella ex Jacob. » (*Num.*, XXIV, 17.)
(2) Euseb., *Histor. ecclesiast.*, lib. IV, cap. V.
(3) « Oriens nomen Ejus. » (*Zach.*, VI, 12.)
(4) « Voca nomen ejus Jezrael, quoniam... visitabo sanguinem Israel super domum Jehu. » (*Oseæ*, 1, 4.) — On voit au ch. IX du IVe livre des Rois que Jéhu tua Joram, roi d'Israël, près de la ville de Jezraël et qu'il fit subir le même sort aux soixante-dix fils de ce prince, surpris dans Samarie. Le nom de cette première ville devenue célèbre par cette grande catastrophe devient ici dans la bouche du Prophète comme un signe de mort. — (Cf. dom Calmet, *Commentaire sur Osée*, ch. I, v. 4.)
(5) « Voca nomen ejus *absque misericordia*, quia non addam ultra misereri domui Israel. » (*Oseæ*, 1, 6.)
(6) Cf. *Anonym. Angl. Cisterciens.*, lib. V, n° 236, ap. *Spicileg. Solesm.*, t. III, p. 484.

et la désolation versés par sa révolte sur une grande partie de la Judée, et plus encore à Jérusalem, où étaient comme les sources de la nation, ne furent pas les seuls dommages causés par lui. La mort la plus triste de toutes, celle de l'intelligence trompée et de l'âme privée de la vérité, fut le plus déplorable résultat de ses prédications fanatiques. Ceux qui se laissèrent prendre à boire de ces *eaux amères* et empoisonnées de l'erreur s'éloignèrent de Jésus-Christ, dénaturèrent par cela même les *sources vives et douces* de l'Écriture ; les prophéties véritables furent tellement obscurcies que leur sens, jusque-là reçu de tous, fut méconnu d'un très-grand nombre. On s'appliqua même à le détourner du Messie déjà venu, pour l'appliquer au séducteur. Afin de repousser plus sûrement le vrai Dieu dans les ténèbres d'une mysticité hypocrite, les Juifs intéressés à ce bouleversement des esprits inventèrent, sous les inspirations du rabbin Akiba, les traditions fabuleuses dont se compose le Talmud. C'est ce que signifient les prodiges attribués au quatrième Ange : le soleil, la lune, les étoiles, le jour et la nuit elle-même dans ce qu'elle a de quasi-lumineux, se virent obscurcis dans leur troisième partie (1) ; de sorte que la lumière véritable, la science des principes éternels se perdit pour ceux qui, sans former la majorité parmi les habitants de l'empire romain, en faisaient cependant comme le tiers ou une portion considérable. Ces signes lugubres deviennent les avant-coureurs d'autres infortunes qu'un aigle à la voix perçante annonce par trois cris du haut des airs aux enfants de la

<small>Origine du Talmud des Juifs.</small>

---

(1) « Et quartus angelus tuba cecinit, et percussa est tertia pars solis, et tertia pars lunæ, et tertia pars stellarum, ita ut obscuraretur tertia pars eorum, et diei non luceret pars tertia, et noctis similiter. » (*Apoc.*, VIII, 12.) — Il est bien évident que le symbolisme est ici tellement absolu qu'on ne peut prendre dans le sens littéral aucune de ces expressions. Il en est de même du verset suivant, et de tant d'autres qu'on a dû remarquer, comme d'une foule d'autres qui surviendront, à l'égard desquels désormais toute observation devient superflue.

terre (1). L'aigle, qui souvent dans l'Écriture est le type du Sauveur, y est quelquefois pris pour le démon, ravisseur des âmes, ministre des justices du Tout-Puissant (2). C'est d'ailleurs un oiseau immonde, interdit par le Deutéronome (3), quoique bien ailleurs il reçoive des significations plus honorables (4). On doit donc appliquer ici encore la règle des oppositions constatées par les symbolistes (5).

Il est bon de résumer, avant d'aller plus loin, les traits

---

(1) « Et vidi, et audivi vocem unius aquilæ volantis per medium cœli, dicentis voce magna : Væ, væ, væ habitantibus in terra ! » (*Apoc.*, VIII, 13.)

(2) « Oculum qui subsannat patrem et qui despicit partum matris suæ, comedant eum filii aquilæ. » (*Prov.*, XXX, 17.) — Super omnia tecta Moab et in plateis ejus omnis planctus. Contrivi Moab sicut vas inutile .. quasi aquila volabit et extendet alas suas ad Moab. » (*Jer.*, XLVIII, 38, 40.) — Et S. Grégoire : « In sacra Scriptura vocabulo *aquilæ* aliquando maligni spiritus raptores animarum designantur. » (*Milleloq. morale*, p. 83, in-f°, Lugduni, 1700.— Sive in cap. XXXIX Job.)

(3) « Aves... immundas ne comedatis..., aquilam scilicet... » (*Deut.*, XIV, 12.)

(4) Voici comment l'aigle est parfois Jésus-Christ : *Sicut Aquila provocans ad volandum..., sicut aquila protegit nidum suum, suscepit eos* (Deut., XXIII, 11); et parfois sa divinité considérée mystiquement comme élevée au-dessus de tous les mystères : *Ignoro viam Aquilæ in cœlo* (Prov., III, 17). — Les livres mystiques des Juifs nous apprennent que le nom de cet oiseau figure parmi les 34 noms donnés d'après les prophéties à Notre-Seigneur, et dont quelqu'un était donné solennellement aux jeunes Hébreux lorsqu'ils avaient atteint leur vingt-cinquième année. Les physiologues parlent encore de cet oiseau, eu égard à ses diverses attributions, vraies ou fabuleuses, comme d'un symbole de la résurrection, de la vie éternelle, et, par opposition, c'est encore l'image du démon, de l'orgueil, de la puissance terrestre. Dans l'antiquité, il a toujours été l'insigne de la puissance impériale.— Cf. S. Méliton et ses nombreux commentateurs.— Nous croyons, au reste, avoir reconnu cet aigle préludant aux malheurs qu'il annonce, et que suivent des combats contre les saints, dans un bas-relief de vastes dimensions sculpté au pignon oriental de la charmante église de Beaulieu, près Loches, en Touraine. Nous en avons donné la description dans le compte rendu du *Congrès archéologique* de Loches, in-8°, Caen, 1870.

(5) « Porro, sicut Scriptura a leonibus mutuatur imagines in bonam et in malam partem, ita quoque multa sunt in sacris litteris petita ab aquilis in bonam partem. » (Wolfgangi Franzii *Animalium historia sacra*, p. 228, Amstelod., 1643, in-18.)

épars sous lesquels s'est complétée, dans les chapitres IV, V, VI, VII et VIII de notre Révélation, la majestueuse figure des assemblées ecclésiastiques pendant les premiers siècles chrétiens. Là, en effet, le symbolisme de cette image sacrée de Jésus entouré de ses Apôtres et de ses élus se reproduisait avec une frappante exactitude. Écoutons un historien qui s'est plu à résumer d'après cette admirable ressemblance tout ce qu'en ont dit les auteurs contemporains : « L'Évêque » dans son trône, un livre à la main, tenait la place de Dieu » sous une figure humaine. Les prêtres étaient le Sénat » auguste marqué par les vingt-quatre vieillards ; — l'É- » vêque, dit S. Ignace, préside à la place de Dieu ; les prêtres, » à la place du Sénat des Apôtres (1). — Les diacres et les » autres officiers étaient les Anges, toujours prêts à servir » et à exécuter les ordres de Dieu. Devant le trône de l'Évêque » étaient sept chandeliers, et l'autel où l'on offrait des par- » fums, symboles des prières, et où l'on devait ensuite » offrir l'Agneau sans tache, quoique sous une forme em- » pruntée. Sous ce même autel étaient les corps des mar- » tyrs, comme sous celui que vit S. Jean étaient leurs âmes, » à qui il fut dit de reposer un peu de temps. Enfin les » troupes des fidèles, dont tout le reste de la basilique était » plein, représentaient assez bien la multitude innombrable » des Bienheureux, qui, revêtus de robes blanches et des » palmes à la main, chantaient à haute voix les louanges de » Dieu. — Ainsi l'Église ressemblait à l'image du Paradis » que S. Jean rapporte dans l'Apocalypse (2). »

chrétiennes imitée de l'Apocalypse.

Chapitre IX. — Dès les premiers temps de l'Église, la résistance des Juifs à ses enseignements fit naître une foule d'opinions toutes diverses, qui se formulèrent bientôt en

L'hérétique Théodote de Byzance, autre étoile déchue.

---

(1) Cf. Binium, Epist. S. Ignat. *Ad Magnesian.*, p. 53, Biblioth. Patr., t. 1.— Ce livre placé ici aux mains de l'évêque est une des raisons qui l'ont fait donner par l'iconographie aux deux premières personnes de la Trinité, aussi bien que le trône où elles siègent presque toujours.

(2) Fleury, *Mœurs des chrétiens*, n° 39.

hérésies et devinrent le ferment des persécutions judaïques. Celles-ci enfantèrent celles des païens; de là tant de sang versé, tant de haines contre le christianisme, tant d'âmes perdues aussi par suite de leur déchéance morale. Ce triste état du monde civilisé, ce triomphe de l'enfer sur les hommes qui niaient la divine mission de leur unique Rédempteur, deviennent le double sujet des symboles qui vont suivre.

Nous n'avons entendu que quatre trompettes. A la cinquième, une étoile tomba du ciel et ouvrit l'abîme (1). Nouveau docteur de mensonge, Théodote de Byzance, qui nie la nature divine de Jésus-Christ, désole l'Église vers la fin du deuxième siècle. D'abord chrétien, il avait faibli devant la persécution, et de l'apostasie il s'était jeté dans la négation de toute la foi. Simon, Cerynthe, Ébion, Valentin avaient touché au même terme. Étoiles tombées, puisqu'ils avaient perdu la doctrine céleste donnée aux savants pour éclairer le monde, ils furent suivis d'autres imposteurs dont la chute ne fut ni moins scandaleuse ni moins fatale. En appliquant d'avance à Théodote comme aux autres ce nom d'*étoile*, à cause de son savoir et de son génie, l'Écriture reste toujours d'accord avec elle-même ; son symbolisme se renouvelle et se perpétue, car Salomon et Daniel avaient fait des docteurs de la vérité autant d'astres brillants et impérissables (2). Or, quand une âme de cette trempe tombe de toute la hauteur de sa science religieuse, comme l'hérésiarque Byzantin, et abuse de sa réputation pour endoctriner les con-

Encore l'étoile symbolique.

Caractère des hérésies, nées de l'enfer, confondant l'erreur et la vérité.

---

(1) « Vidi stellam de cœlo cecidisse in terram, et data est ei clavis putei abyssi. Et aperuit..., et ascendit fumus sicut fumus fornacis magnæ, et obscuratus est sol, et aër, de fumo putei. Et de fumo putei exierunt locustæ super terram. Et data est ei potestas sicut habent potestatem scorpiones terræ. » (*Apoc.*, IX, 1 et seq.)

(2) « Fulgebunt justi, et tanquam scintillæ in arundineto discurrent. » (*Sap.*, III, 7.) — « Qui docti fuerint fulgebunt quasi splendor firmamenti, et qui ad justitiam erudiunt multos quasi stellæ in perpetuas æternitates. » (*Dan.*, XII, 3.)

sciences, elle a réellement « la clef de l'enfer; » elle en « ouvre l'abîme, » et, une fois libre, le volcan obscurcit des tourbillons de son épaisse fumée et de sa flamme dévastatrice une foule d'intelligences qu'éclairait le *soleil* de la vérité; l'*air* en est empesté de toutes parts et insinue, pour ainsi dire, dans les consciences les miasmes du mensonge, qui y forment une vie toute différente, comme on peut l'observer en étudiant les commencements du protestantisme. On sait d'ailleurs que Jésus-Christ est le *Soleil de Justice*, la *Vérité qui éclaire tout homme*, d'après le Prophète et les Évangélistes. De son côté, le démon est le *Prince de l'air*, dit S. Paul : et ainsi voilà le vrai et le faux également obscurcis aux yeux de l'humanité, qui les confond également dans son mépris ou dans sa haine. Alors surgissent de ce puits infernal toutes les erreurs et tous les désordres moraux. Les pauvres aveugles qui s'y sont exposés ne voient plus la beauté de l'Église, voilée par ces *nuages de fumée*. C'est alors que s'élancent de l'abîme, ou qu'apparaissent dans le monde, suscitées par un effort du démon, ces *sauterelles* d'une espèce formidable et dont la description faite ici par S. Jean prouve bien qu'il faut y chercher autre chose que ces animaux réduits à la simplicité de leur nature. Elles ne sont là qu'un terme de comparaison pour faire comprendre des ravages bien autrement redoutables que ceux de ces animaux sur de fertiles campagnes. D'après l'ordre divin, elles ne doivent attaquer ici ni la verdure, ni les moissons, ni les arbres; leur nourriture est d'une autre espèce : elles feront leur proie de tous les hommes qui n'auront point été marqués au front de ce signe de Dieu dont nous savons le mystère; elles ne les tueront pas, elles les tourmenteront seulement pendant cinq mois, c'est-à-dire fort longtemps ; car les sauterelles ne restent jamais autant sur la terre, et les blessures qu'elles devront faire seront dangereuses comme celles des scorpions, dont la piqûre fait pénétrer le poison jusqu'aux entrailles, appesantit le système vital, glace le sang et joint à

<small>Les sauterelles, symbole de l'hérésie.</small>

un dégoût extrême une continuelle envie de vomir (1). Telle sera donc la méchanceté importune de ces sauterelles, que les hommes préféreront la mort au malheur de les souffrir ; ils la souhaiteront donc, mais la mort ne répondra point à leur vœu (2).

Comme l'abîme figurait l'enfer, au dire des interprètes (3), les sauterelles étaient les hérésies (4) ; elles ne s'attaquent qu'aux hommes, ne voulant qu'un mal moral et spirituel. Celles-ci naissent de l'enfer, du péché, de la corruption de l'esprit et du cœur, comme l'insecte naît souvent dans la poussière d'œufs abandonnés, échauffés par le soleil, et mêlés aux immondices du sol. Leur nature, qui tient de la volatile et du reptile, exprime bien la marche de l'erreur appuyant son assurance orgueilleuse d'une astucieuse duplicité, se cachant pour mieux avancer, et s'élevant avec d'autant plus d'audace, quand elle se croit sûre de ne rencontrer aucune opposition ; grossissant ses rangs et portant sur son passage la dévastation morale et la ruine matérielle, comme firent les Donatistes, les Manichéens, les disciples de Jean Hus, de Jérôme de Prague, de Jean de Leyde, de Luther, de Calvin ; telle fut aussi l'idolâtrie des trois premiers

---

(1) « Intimat virus et properat in viscera ; statim omnes pristini sensus retorpescunt ; sanguis animi gelascit, carne spiritus exolescit, nausea nominis inaccrescit ; jam et ipsa mens sibi quo vomat quærit. » (Tertulliani *Scorpiace contra gnosticos*, cap. 1 ; mihi, t. I, p. 520.)

(2) « Et præceptum est illis ne læderent fœnum terræ, neque omne viride, neque omnem arborem, nisi tantum homines qui non habent signum Dei in frontibus suis. — Et datum est illis ne occiderent illos, sed ut cruciarent mensibus quinque : et cruciatus eorum ut cruciatus scorpii cum percutit hominem. Et in diebus illis quærent homines mortem et non invenient eam, et desiderabunt mori et fugiet mors ab eis. » (*Apoc.*, IX, 4 et seq.)

(3) Eborcii, Sancti-Amandi Elnonensis monachi, *Scripturarum claves*, apud *Spicileg. Solesm.*, t. III, p. 420.

(4) « Ciniphes heretici..., quia in Trinitatem blasphemantes totius mundi dissipant fidem. » (S. Meliton., *De Avibus*, cap. XXXIV.—*Spicileg. Solesm.*, t. II, p. 517.)

siècles, haineuse, vindicative, liguée avec les sectes dissidentes contre le Seigneur et son Christ. La *puissance* de ces cruels ennemis, tantôt secrète comme le venin du *scorpion*, tantôt apparente comme sa piqûre, ne va pas jusqu'à tuer les hommes ; elle ne les en tourmente pas moins dans leur âme en dénaturant l'honnêteté de la pensée par un poison secret d'autant plus efficace que ceux dont il vicie le principe vital n'ont point la *marque de Dieu*, puisqu'ils ont perdu la grâce sanctifiante du baptême (1). Cette marque paraît, dans la tapisserie d'Angers, reproduite par la lettre **T**, qui est le *tau* des Grecs, et dont les vieillards et les vierges qui entourent l'Agneau sont marqués au front : comme dans un vitrail des Bourges, on voit les maisons des Israélistes indiquées, à l'exclusion de celles des Égyptiens, par cette même lettre, écrite en rouge avec le sang de l'agneau pascal (2) : c'est l'origine de notre signe de croix, si souvent réitéré dans la liturgie chrétienne, dont Ézéchiel devait marquer aussi les habitants de Jérusalem (3), dont Tertullien affirme que l'Église, Jérusalem véritable, devait hériter un jour (4), et que Pierre le Vénérable exalte comme un des plus doux symboles de l'Église (5).

<small>Le même sens donné au scorpion.</small>

<small>Origine du signe de croix des chrétiens.</small>

---

(1) « Sicuti percussi a scorpiis afficiuntur variis gravibus affectibus et symptomatibus, et periclitantur de vita, ita quoque de mentis sanitate præcipitantur homines per suggestiones satanicas. » (Wolfgangi Franzii, *ubi suprà*, p. 602.)

(2) *Tapisserie du sacre d'Angers*, 48ᵉ tableau, p. 40.

(3) « Dixit Dominus ad me : Da signum *Tau* in frontibus virorum. » *Ezech.*, IX, 4.)

(4) « Littera *Tau* species crucis quam portendebat futuram in frontibus nostris apud veram et catholicam Jerusalem.» (*Contra Marcion.*, lib. III, cap. XXII.) — S. Isidore de Séville rappelle à ce propos la pensée du psaume 4 : « Signatum est super nos lumen vultus tui, Domine.» (*De Fide catholica contra Judæos*, cap. XXVI ; edit. Migne, t. VI, col. 534.)

(5) « Cur etiam littera illa præ cæteris litteris, vel notis omnium gentium, ad signandas frontes gementium et dolentium electa est ? Dicat Judæus, dicat hæreticus, si quid potest ? Cumque vel tacuerint, vel in commentis suis uterque defecerint, dicat catholicus prophetam

202 HISTOIRE DU SYMBOLISME.

Abjection morale du monde romain de l'an 180 à l'an 312 de l'ère chrétienne;

De grandes calamités morales résultent de ces désordres dogmatiques, dont la présence de cet insecte maudit est le signal. C'est un malaise général de la vie sociale, une triste inquiétude des esprits qui rend l'existence pesante et fâcheuse, d'abord aux bons désolés, comme le généreux Mathathias, de cette ruine des âmes livrées aux mains de leurs ennemis (1), puis aux méchants eux-mêmes s'épuisant en efforts dont ils savent bien l'injustice, obligés de soutenir pour l'erreur et l'orgueil des luttes où ils prévoient bien que tôt ou tard la vérité restera victorieuse, et engageant presque toujours, comme déplorable complément de ces fatales prétentions, des guerres civiles dont ils se condamnent à garder l'éternel remords. Ainsi donc, ces réflexions de S. Jean sur *le dégoût de la vie*, qui viendra alors aux hommes engagés en de si funestes conjonctures, s'appliquent fort exactement à l'état de l'Empire romain depuis Commode, fils d'Alexandre Sévère, et qui régna l'an 180, jusqu'au règne de Constantin qui rendit, en 312, la paix au monde en la donnant à l'Église. Dans cet intervalle, en effet, le gouvernement n'est qu'une anarchie militaire, l'Église qu'une arène sanglante où succombent les martyrs et les confesseurs. L'histoire romaine n'a pas de phase plus lamentable pour les idées et pour les mœurs.

très-bien dépeinte par ses traits de ressemblance avec les ravages des sauterelles.

Il semble que l'Esprit-Saint veuille insister, après la description des maux causés par cette invasion des sauterelles, sur d'autres caractères qui leur sont propres, et qui, tout

volentem prædicare salvandos a communi interitu christianos signandos esse signo crucis, non potuisse apertius exprimere quam ipso signo crucis. Hoc non in qualibet corporis parte, sed in ipsa fronte depinxit, ut neque de opprobrio Christi cum Judæis erubescamus, neque cum hæreticis crucem ejus, non jam contumeliæ sed honoris insigne, abjiciendam vel concremandam judicemus. » (Petri Venerab. *Contra Petrobusianos*, in maxim. Bibl. Patr., t. XXXII, p. 1054, in-f°, Lugdun., 1671.)

(1) « Væ mihi, ut quid natus sum videre contritionem populi mei, et contritionem civitatis sanctæ, et sedere illic cum datur in manibus inimicorum. » (1 *Machab.*, II, 7.)

en leur laissant la nature des individus de leur espèce, les en distinguent cependant par des traits spéciaux, évidemment symboliques et qui peuvent servir encore à faire reconnaître l'hérésie (1). On tombera d'accord avec les naturalistes, pour peu qu'on ait soi-même examiné de près ces animaux, que leur tête a quelque rapport avec celle du *cheval*, qu'ils sont revêtus d'une sorte de *cuirasse* qui doit les garder, dans les vues de la Providence, contre les corps durs sur lesquels ils pourraient se froisser en s'élançant ; que leurs dents sont *aiguës* et propres à broyer leur proie autant, toutes proportions gardées, que celles du *lion* (2). De là tant de ravages dans les champs, sur les arbres, et leurs attaques même contre les habitations de l'homme. Il est vrai encore que leur vol s'annonce par un bruit strident comparable, par la poésie, « à des chars roulant vers des champs debataille. » Mais que signifient leur face d'homme, sinon l'art avec lequel le mensonge se compose pour mieux tromper ? ces cheveux de femme, sinon leur faiblesse réelle en présence de la vérité, et peut-être les habitudes molles et débordées où jette si facilement l'apostasie, et dont Tertullien, dans un de ses livres de controverse, trace en peu de mots un portrait si fidèle (3) ? Ces couronnes qui n'ont de l'or qu'une vaine apparence peuvent bien n'être aussi que de fausses vertus et qu'un symbole usurpé de puissance

---

(1) « Et similitudinem locustarum similes equis paratis in prælium, et super capita eorum tanquam coronæ similes auro : et facies eorum tanquam facies hominum, et habebant capillos mulierum, et dentes earum sicut dentes leonum erant. Et habebant loricas ferreas, et vox alarum earum sicut vox equorum multorum currentium in bellum, et aculei erant in caudis earum. » (*Apoc.*, IX, 7 et seq.)
(2) « Omnia morsu erodentes, et fores quoque tectorum, tanto volant pennarum stridore ut aliæ alites credantur. » (Plinii *Hist. natur.*, lib. IX, cap. XXIX.)
(3) « Non omittam ipsius etiam conversationis hæreticæ descriptionem, quam futilis, quam terrena, quam humana sit, sine gravitate, sine auctoritate, sine disciplina ut fidei suæ congruens. » (Tertull., *De Præscription. adv. hæretic.*, cap. XLI.)

spirituelle qui séduisent la foule en captivant son respect irréfléchi? Tout cela va fort bien, d'ailleurs, avec leurs morsures qui déchirent l'Église par la calomnie, l'Écriture par les traductions infidèles et de perfides déguisements ; avec *le grand bruit* de leurs disputes injurieuses s'élevant en voix confuses contre les calmes accents de la vérité évangélique; avec ces *cuirasses* enfin de l'entêtement et de la passion dont ils se couvrent : *cuirasses de fer*, bien différentes de celles que S. Paul conseille au chrétien comme une armure divine autour d'une conscience invulnérable (1). Que de tels caractères conviennent aux hérétiques des trois premiers siècles comme à ceux de tous les temps, sur lesquels s'accordent toutes les histoires, c'est encore moins douteux quand la divine révélation nous montre le chef qui guidait ces cohortes dévastatrices. « Elles avaient pour roi l'Ange de l'abîme, » appelé en hébreu et en grec (pour que personne n'en ignore, car la langue grecque était parfaitement connue des Romains) d'un nom qui signifie l'*exterminateur*, et que l'hébreu traduit également par l'*Enfer* (2). Quel nom convient mieux à Satan, qui, après avoir séduit le premier homme pour le perdre, s'attache à toute sa race, et souffle sur elle l'hérésie, comme le plus sûr moyen contre son bonheur ? On voit que, si les sauterelles ne devaient point tuer les corps, celui qui les dirigeait pouvait donner la mort à l'âme. Nous aurons bientôt des preuves que ce sens est celui qu'il nous faut.

L'ange Abaddon, roi de ce peuple mystérieux, et son pouvoir de tromper les âmes.

Mais, avant d'en finir avec ces mystérieuses bêtes, arrêtons-nous à les considérer un moment du point de vue archéologique. L'iconographie symbolique s'en est servie pour figurer maintes fois l'ange de ténèbres dans les manuscrits

Sauterelles d'un chapiteau de Chauvigny-sur-Vienne, sculptées d'après le type ici expliqué.

---

(1) « Induite vos armaturam Dei... loricam justitiæ. » (*Ephes.*, VI, 11 et 14.)

(2) « Et habebant super se regem angelum abyssi, cui nomen hebraice *Abaddon*, græce autem Apollyon, latine habens nomen exterminans. » (*Apoc.*, IX, 11.)

à miniatures et dans les sculptures de nos églises. On les voit en quelques-uns de nos monuments de calligraphie sous la figure naturelle et très-ressemblante de cet insecte, en des scènes où leur rôle est évident. Mais nulle part nous ne les avons observées sous des traits plus expressifs et plus conformes aux données apocalyptiques que dans notre belle collégiale de Chauvigny, où elles figurent sur un des chapiteaux du sanctuaire, du côté de l'Évangile. Leur ensemble y offre un mélange systématique de plusieurs natures animales. L'hypocrisie doucereuse se peint sur leur visage d'homme à cheveux de femme, et où se lit, en effet, une mollesse féminine (1) ; leur tête est casquée comme celle d'un guer-

Symbolisme de la chevelure dif-

(1) Les cheveux de femme, quoique lisses et moins façonnés que la coquetterie ne les a faits de tous les temps, y sont cependant assez bien caractérisés pour rendre parfaitement l'idée symbolique qui les a fait indiquer par le texte sacré. Les cheveux sont toujours signalés par les Pères comme l'indice des passions sensuelles et des mauvaises pensées de la femme. Dans l'homme, au contraire, ils sont la force, la dignité, et S. Méliton explique ainsi les cheveux blancs que l'Apocalypse donne à Dieu le Père et à Jésus-Christ *(Clavis*, cap. I, *de Deo*, 3; cap. II, *de Filio Dei secundum carnem*, 4); ou bien ce sont les Saints, multipliés autour de Dieu (cap. v, *de homine*, 6). S. Eucher de Lyon en fait, par cette même raison sans doute, l'ornement de la justice (*Spicil. Solesm.*, t. III, p. 401). Mais, quant à la femme qui ne s'en fait presque jamais qu'un moyen de séduire ou de plaire, et à qui S. Paul interdisait ce genre de parure mondaine, les Pères ne lui épargnent pas de sévères avertissements. S. Grégoire surtout, dont tous les écrits tendent à la direction des idées morales, revient souvent sur ce symbolisme. Il fait remarquer que ce fut une des expiations que s'imposa Madeleine d'essuyer les pieds du Sauveur couverts de ses larmes avec ces mêmes cheveux qui avaient servi au luxe et au péché. (*Homil.* XXIII, n°s 2, 3). Et Durant de Mende, jusqu'au siècle duquel ces traditions ont persévéré, indiquait l'abondante superfluité des cheveux comme exprimant dans une âme une disposition au mal : « Multitudo capillorum, multitudo peccatorum. » (*Ratio. divin. officior.*, pars I.)

Remarquons encore que ces sauterelles, reproduites aussi dans les peintures murales de Saint-Savin, à cinq lieues de Chauvigny, diffèrent de forme dans la belle basilique de Vézelay, où leur extrémité inférieure tient du poisson par sa large queue et ses écailles. C'est là une transformation due à ce génie de l'artiste qui ne veut donner ici à la sauterelle que le caractère des nations infidèles, mais couverties d'après

rier prêt à combattre; leur cou et tout le buste se recouvre d'une cotte de mailles comme d'une cuirasse; leurs ailes sont celles d'un oiseau de proie, leur râble et leurs pattes sont du lion. — Enfin le rang et la place qu'elles tiennent dans ce lieu tout rempli, comme étant du côté nord, d'autres symboles variés du mauvais ange, ne permettent pas à un coup d'œil exercé d'y voir autre chose que cette bête, à la fois astucieuse et cruelle, dont S. Jean nous a décrit si énergiquement les détestables intentions.

Mais voici le son de la sixième trompette. Le sixième Ange reçoit une nouvelle mission dont l'accomplissement aura des conséquences non moins terribles que les faits accomplis jusqu'alors. Le premier malheur annoncé par l'aigle a passé. Il en faut trois. Le second se présente : « Déliez les quatre Anges retenus captifs sur le grand fleuve d'Euphrate (1). » — Nous avons vu que les Anges, ministres de Dieu pour les arrêts de sa justice ou de sa bonté, obéissent à ses ordres; ils sont donnés non-seulement à chaque homme pour protecteurs, comme les Anges gardiens (2), mais aussi aux villes, aux divers pays, à chaque mer, à chaque Église. Daniel mentionne l'Ange des Perses et celui des Grecs prenant la défense de ces peuples, bien qu'ils fussent idolâtres (3). Hermas, dans son *Pasteur*, explique, sous

la pensée de Bède (*In Ecclesiastic.*, XII) : « Locusta gentes quondam sine rege Christo, sine propheta, sine doctore, nunc in unitate fidei congregatæ, ad spiritualem pugnam contra diabolum properant. » (Voir le Père Cahier, *Mélang. d'archéolog. et d'hist.*, t. I, p. 154.)

(1) Væ unum abiit, et ecce veniunt adhuc duo væ post hæc... Solve quatuor angelos qui alligati sunt in flumine magno Euphrate. » (*Apoc.*, IX, 4.)

(2) Jésus-Christ recommande le respect des petits enfants et en donne pour raison que leurs Anges voient la face du Père céleste : « Ne contemnatis unum ex his pusillis, quia Angeli eorum semper vident faciem Patris mei qui in cœlis est. » (*Matth.*, XVIII, 10.) — Origène expose ainsi cette doctrine : « Cuilibet fidelium est Angelus adjunctus qui diversantem in cœlis Patrem videat. » (*Homil.* I *in Ezechiel.*, n° 7, et *homil.* X *in Numeros.*) — Voir aussi S. Basile, *Homil. in psalm.* 33.

(3) « Princeps regni Persarum restitit mihi..., apparuit princeps Græcorum veniens. » (*Dan.*, XIII, 20.)

l'allégorie d'une tour bâtie par des Anges, les soins que ces créatures supérieures ont de toute l'Église et des choses diverses de ce monde que Dieu leur a confiées (1); et S. Ambroise assure qu'il en est qui président ainsi de la part de Dieu à tous les éléments (2). S. Grégoire adopte le même sentiment après S. Augustin (3). C'est d'après cette même théologie qu'ici quatre Anges gardent les frontières entre l'Empire romain, maître de toutes les provinces à l'ouest de l'Euphrate, et le territoire des Perses et des Parthes établis à gauche de ce fleuve et du golfe Persique. La paix s'était maintenue entre ces nations et Rome, leur ennemie, pendant tout le règne de Constantin, de 306 à 337. Ces anges une fois *déliés*, c'est-à-dire déchargés de la mission providentielle de maintenir la paix entre les peuples rivaux, la guerre s'allume, les légions romaines qui veillaient le long du fleuve à l'intégrité de l'empire s'ébranlent « à l'heure et au jour marqués (4), » et les hostilités, avec les afflictions dont s'accompagne toujours une guerre acharnée, durent jusqu'à la défaite et à la mort ignominieuse de Valérien, vaincu par Sapor Ier en 260. Dans ces mémorables conflits ménagés de Dieu pour châtier les persécuteurs de son Église, « la troisième partie des hommes » (*un grand nombre*) périt encore. Les Romains virent alors s'avancer contre eux « deux cents millions de cava-

Ministère des quatre Anges de l'Euphrate.

Défaite de Valérien par Sapor Ier; nombreux symboles de ce fait.

(1) Hermæ *Pastor*, visio III, apud *Biblioth. patr.*, t. I, p. 79 : « Illi juvenes sex... sunt angeli Dei... quibus tradidit Dominus universam creaturam suam struendi, ædificandi et dominandi...; per hos enim consummabitur structura turris. Cæteri autem qui adportant lapides sunt et ipsi Angeli Domini. »
(2) « Si quis allevet mentis oculos et consideret plena esse Angelorum omnia, aera, terras, mare, ecclesias quibus angeli præsunt..., concepto potest renuntiare peccato. » (S. Ambros.. *Expositio in psalm.* 118.)
(3) S. Gregor. pap., *Homil.* XXXIV *in Evangel.*, lib. II. — « Quamvis ipse Deus omnes gentes condiderit, cæteras Angelis commisit : Sibi Israeliticam possidendam servandamque deputavit. » (S. August., *In psalm.* 124, 4.)
(4) « Et soluti sunt quatuor Angeli qui parati erant in diem, mensem et annum, ut occiderent tertiam partem hominum, et numerus equestris exercitus vicies millia dena millia. » (*Apoc.*, IX, 15.)

liers » : encore un nombre indéterminé pour exprimer de grandes forces. Ces cavaliers portaient « des cuirasses de feu, d'hyacinthe et de soufre (1), » soit que les Perses eussent pris des cuirasses de lin diversement colorées, comme un passage de Xénophon le ferait croire (2), soit qu'ils eussent l'art de bronzer le fer et de le polir de façon que les rayons du soleil s'y reflétassent en un mélange de rouge, de violet et d'or, toutes couleurs dont nous savons la valeur symbolique. Leurs chevaux « ont des têtes de lion : » c'est que l'ardeur et la force dont ils font preuve les assimilent à cet animal. S'ils « vomissent le feu, la fumée et le soufre, » et que beaucoup d'hommes succombent sous leurs attaques, c'est l'image accoutumée des poètes, qui représentent ainsi leur belliqueuse impétuosité (3); mais c'est principalement, croyons-nous, pour signifier par ces couleurs, qui ont leur interprétation néfaste, les malheurs que ces armées feront naître sous leurs pas (4). Mais d'où vient que « la puissance de ces chevaux contre l'ennemi est également dans leur bouche et dans leur queue (5)? » Ceci s'explique d'une façon

Chevaux mystérieux, portant la mort devant et derrière eux.

(1) « Et ita vidi equos in visione, et qui sedebant super eos habebant loricas igneas, et hyacinthinas, et sulfureas, et capita eorum tanquam capita leonum, et de ore eorum procedit ignis et fumus et sulfur. Et ab his tribus plagis occisa est tertia pars hominum. » (*Apoc.*, IX, 17.)

(2) Ἐπεὶ δὲ ἔμελλε τὸν λινοῦν θώρακα ὃς ἐπιχωρίως ἦν αὐτοῖς ἐνδέδεσθαι (Xenoph. *Cyroped.*, lib. VI; mihi, Dacier, t. II, p. 172).— C'est Abradate, un des généraux de Cyrus, qui se revêt ainsi avant la bataille de Tymbrée, en Cappadoce.— On voit aussi de quel poli brillait l'armure de Cyrus, et que celles de ses troupes étaient de couleur d'or (lib. VII, *initio*; mihi, p. 181).

(3) « Gloria narium ejus terror. » (*Job*, XXXIX, 20.) — « Igneæ habenæ currus. » (*Nahum*, II, 3.) — « Collectumque premens volvit sub naribus ignem. » (Virgil. *Georgic.*, III, 85.) — « Prima in cornipedis sedit spirantibus ignem naribus hasta volans. » (Silius Ital., *De Bello Punico*, lib. VII.) — « Ignescunt patulæ aures. » (Claudian. in IV *Consulat. Honorii.*)

(4) Cette explication ne paraît pas avoir été soupçonnée par aucun des interprètes; elle est fondée sur les principes émis dans notre chapitre XII du tome I de cet ouvrage sur l'*opposition* des couleurs.

(5) « Potestas enim equorum in ore eorum est, nam cauda eorum similis serpentibus, habentes capita : et in his nocent. » (*Apoc.*, IX, 19.)

plus simple et plus facile qu'on ne le croirait d'abord. Les chevaux dont l'armure est semblable à celle de leurs cavaliers, au moins par la couleur, s'identifient avec ceux qui les montent. Ils tuent donc devant eux et derrière eux, et le talent si renommé des Parthes à se servir de l'arc, aussi bien en fuyant qu'en prenant l'ennemi en face, est admirablement caractérisé par cette circonstance (1). Quoi qu'il en soit, ces grands orages politiques par lesquels périssent de si nombreuses victimes ne rendent pas plus sages ceux qui survivent (2). L'idolâtrie, avec tous les crimes qu'elle inspire ou protége, n'en poursuivra pas moins sa marche odieuse, et d'autres fléaux devront punir ces dégoûtantes trames d'impuretés, d'homicides et de fraudes dont la chronique de ce temps a laissé l'affreuse empreinte dans les pages de Tacite, de Suétone, et des autres écrivains de l'histoire *Auguste*.

Hélas! elle fut donc toujours vraie et le sera encore, cette terrible sentence du plus sage des princes de l'antiquité : Le mépris du bien est le dernier terme de l'impiété (3).

Chapitre X. — La septième trompette n'a pas encore sonné. Il semble qu'avant de faire éclater sa voix, Dieu veut montrer la cause des derniers châtiments dont Rome va être frappée, et une scène inattendue s'ouvre avec un livre nouveau. Ce livre est donc ouvert, car c'est une sentence qui n'est plus un mystère; l'univers entier doit la connaître avec les châtiments qu'elle annonce. L'Ange qui l'apporte descend du ciel : il vient donc de la part de Dieu; il est entouré de

<small>Livre ouvert; Ange symbolisé par les caractères de la toute-puissance de Jésus-Christ.</small>

---

(1) Fidentemque fuga Parthum, versisque sagittis.
(Virgil. *Georgic.*, III, 31.)

(2) « Et cæteri homines qui non sunt occisi..., neque pœnitentiam egerunt... ut non adorarent dæmonia et simulacra..., neque a veneficiis suis, neque a fornicatione, neque a furtis suis. » (*Apoc.*, IX, 20.)

(3) « Impius quum in profundum venerit, contemnit. » (*Prov.*, XVIII, 3.)

tous les symboles d'une redoutable puissance (1). Il porte, en effet, les signes de la paix dans l'arc-en-ciel qui le couronne, et de la majesté dans les nuages qui l'enveloppent, comme au dernier jour le Fils de Dieu, dans l'éclat de son visage qui resplendira comme le soleil. Ses pieds de feu supposent aussi qu'il va brûler le sol où s'arrêtera sa marche. De si extraordinaires détails, dont le plus beau, l'Iris, nous fait revenir à la Personne divine dont il est question au quatrième chapitre de l'Apocalypse, et dont les autres ont sûrement désigné le Sauveur dans l'Évangile, ont fait croire à quelques-uns que cet Ange était Notre-Seigneur lui-même, qui en aurait pris la forme (2). Nous verrons bientôt d'autres motifs de nous le persuader. Quoi qu'il en soit, il pose son pied droit sur la mer et son pied gauche sur la terre; il prend donc possession des deux, et ce qu'il vient annoncer regardera le continent et les îles. C'est ainsi qu'est exprimé tout le monde romain, car il s'agit de lui, lequel va être foulé aux pieds de cette puissance irrésistible (3). Bientôt l'Ange élève sa voix, qui retentit « comme le rugissement d'un lion. » Jésus-Christ vainqueur a été désigné comme le lion de Juda. Ce rugissement exprime la terreur de sa prochaine vengeance; il a pour échos « sept tonnerres, » et à ces voix formidables l'Apôtre, s'attendant à quelque révélation de plus, se préparait à écrire. Une autre voix le lui défend. Il

---

(1) « Et vidi alium Angelum fortem, descendentem de cœlo, amictum nube, et iris in capite ejus, et facies ejus erat ut sol, et pedes ejus tanquam columnæ ignis. » (*Apoc.*, x, 1.)

(2) « Et videbunt Filium hominis venientem in nubibus cœli cum virtute multa. » (*Matth.*, xxiv, 30.) — Ainsi lors de la transfiguration : « Jesus... transfiguratus est ante eos..., et resplenduit facies Ejus sicut sol, et ecce nubes lucida obumbravit eos. » (*Ib.*, xviii, 2, 5.)

(3) « Et habebat in manu sua libellum apertum, et posuit pedem suum dextrum super mare, sinistrum autem super terram, et clamavit voce magna, quemadmodum cum leo rugit, et cum clamasset, locuta sunt septem tonitrua voces suas. Et cum locuta fuissent..., ego scripturus eram, et audivi vocem de cœlo : Signa quæ locuta sunt septem tonitrua, et noli ea scribere. » (*Apoc.*, x, 2, 3.)

doit entendre, mais ne rien publier encore, Dieu ayant ses heures marquées, à l'égard desquelles l'homme n'a qu'à se soumettre et obéir. Et alors l'Ange qui s'assujettissait la terre et la mer lève sa main vers le ciel et jure, comme dans Daniel (1), par le Créateur souverain « qu'il n'y aura plus de temps, » c'est-à-dire que le dernier coup va être frappé, que la sentence est rendue, qu'elle va s'exécuter sans délai, et qu'aux accents de la trompette du septième Ange le mystère de Dieu s'accomplira dans toute la rigueur prédite par les Prophètes : c'est la glorification de son Église et la ruine de ses plus furieux persécuteurs (2). C'est sans doute pour que l'annonce de ces événements fût précédée de ce serment solennel que la plume de l'Apôtre est arrêtée. Ce mystère est suivi d'un autre. Exhorté à prendre le livre que l'Ange lui présente, Jean le reçoit, et l'envoyé céleste lui ordonne de le manger, ce qui équivaut à s'en pénétrer par une grande attention. Ce même ordre avait été donné à Ézéchiel (3). Comme lui, le Prophète des derniers temps obéit; mais, tout en « laissant dans sa bouche une grande douceur, » cet aliment inusité laisse aussi « une grande amertume dans son cœur (4). » C'est que le contenu de ce livre console en même temps son âme par les espérances de la liberté rendue à l'Église, et l'afflige par la perte de tant de malheureux qui vont mourir à jamais.

Ce même livre doux à la bouche et amer au cœur.

---

(1) « Qui indutus erat lineis, qui stabat super aquas fluminis, cum elevasset dexteram et sinistram suam in cœlum et jurasset per Viventem in æternum... » (*Dan.*, XII, 7.)

(2) « Et Angelus levavit manum suam ad cœlum et juravit per Viventem in sæcula, Qui creavit cœlum... et terram..., quia tempus non erit amplius : sed in diebus vocis septimi Angeli... consummabitur mysterium Dei. » (*Apoc.*, X, 5 et seq.)

(3) « Fili hominis, comede volumen istud, et vadens loquere ad filios Israel... Et comedi istud, et factum est in ore meo sicut mel dulce. » (*Ezech.*, III, 1, 3.)

(4) « Et dixit mihi : Accipe librum et devora illum. Et devoravi..., et erat in ore meo tanquam mel dulce; et cum devorassem, amaricatus est venter meus. » (*Apoc.*, X, 10.)

Un trait remarquable termine ce dixième chapitre : c'est l'obligation imposée à S. Jean de prophétiser encore à plusieurs nations et à plusieurs rois (1). S. Victorin explique ceci du rappel de S. Jean, dont bientôt après, en effet, la mort prochaine de Domitien termina l'exil, et qui put, en publiant son Apocalypse, découvrir aux fidèles de toutes les contrées ouvertes au christianisme et aux tyrans qui le harcelaient les décrets divins relatifs à la fin de ces iniques violences. Il y avait cependant encore pour l'Église près de cent ans de souffrances à traverser. Ces cent ans vont être décrits avec les intervalles de repos que la Providence voulut bien y mettre ; après quoi, la plus furieuse, mais la dernière des persécutions, s'accomplira sous Dioclétien, qui méritera de faire appeler un tiers de son règne l'*Ère des martyrs*. Nous allons donc marcher encore d'étonnements en étonnements dans ces voies miraculeuses du Livre inspiré. Après avoir lu, sous des traits empruntés parfois aux anciens Prophètes, des avertissements qui doivent se vérifier comme les leurs (la fin du culte juif et du paganisme), nous arrivons maintenant à la ruine de la Rome impie, qui devait enfin céder pour toujours son trône de reine à l'Église ; après quoi nous n'aurons plus à désirer que le triomphe éternel de cette Épouse céleste, dont la destinée, comme celle de ses enfants, est de ne triompher sans retour qu'après de longs et difficiles combats ; et ce spectacle nous sera donné aussi beau, aussi riche d'images symboliques que les grands tableaux qui viennent d'attacher nos regards.

Chapitre XI. — Ezéchiel raconte, vers la fin de ses prophéties, qu'il vit un Ange mesurer les ruines du temple dans ses différentes parties : c'était une façon symbolique de ranimer dans le cœur des israélites captifs l'espérance de

---

(1) « Oportet iterum prophetare gentibus... et regibus. » (*Apoc.*, x, 11.)

voir reconstruire bientôt le saint édifice (1). Ce qui arrive actuellement à S. Jean a des rapports frappants avec cette ancienne allégorie. Il reçoit, sans doute de ce même Ange qui lui avait donné le livre, un roseau de la longueur d'une toise, avec ordre de mesurer le temple, l'autel et ceux qui y adorent (2); il n'y a que le parvis qu'il ne doive pas mesurer; cette partie du temple est extérieure ; elle figure les hérétiques et les mauvais chrétiens, qui se tiennent volontairement en dehors de l'Église, et qui sont indiqués au pourtour extérieur de nos temples sous les traits sculptés de démons aux poses diverses, aux contorsions variées. Ces âmes n'auront aucune part aux desseins de miséricorde que Dieu garde pour la société des élus comprise dans l'enceinte consacrée. C'est en dehors aussi de cette famille privilégiée que se poseront les apostats entraînés par la crainte des persécutions : ces âmes faibles ne peuvent être admises dans la demeure sainte, mesurée selon le nombre précis de celles qui doivent y trouver leur place après les inutiles poursuites de Dioclétien. On comprend qu'en cet endroit il devait être nécessairement question d'un autre temple que celui de Jérusalem, qu'avait brûlé Vespasien trente-sept ans auparavant: c'était donc toujours l'Église chrétienne, figurée par l'image de ce même temple d'autrefois, que Dieu continuait de retracer avec son ancienne forme dans l'esprit de S. Jean (3). Cette enceinte extérieure, ou parvis, a été aban-

Exclusion des infidèles.

L'Église figurée sous ces deux symboles.

---

(1) « Ecce vir cujus erat species quasi species æris, et funiculus lineus in manu ejus, et calamus mensuræ in manu ejus; et mensus est latitudinem ædificii. » (*Ezech.*, XL, 3.)

(2) « Et datus est mihi calamus similis virgæ...; surge et metere templum Dei, et altare et adorantes in eo. Atrium autem quod est foris templum ejice foras, et ne metiaris illud, quoniam datum est gentibus, et civitatem sanctam calcabunt mensibus quadraginta duobus. » (*Apoc.*, XI, 1 et 2.)

(3) Nous verrons qu'il y a eu du symbolisme jusque dans les mesures architecturales de certaines églises, faites sur les dimensions et d'après les détails du temple de Salomon. C'est très-certainement sur ce 1er verset de notre onzième chapitre de l'Apocalypse que cette exécution était

dönnée dans les décrets de Dieu « aux Gentils, qui la fouleront aux pieds pendant quarante-deux mois, » ou pendant trois ans et demi. Rien de plus admirable que cette date par sa précision : elle suffirait à prouver que la révélation apocalyptique s'adapte on ne peut mieux à la suite des faits historiques, préférée par nous à toutes les autres interprétations. Ce n'est pas que Bossuet adopte cette conclusion rigoureuse; il craindrait de s'y attacher trop strictement et d'en exagérer la portée. Dom Calmet, qui le suit assez volontiers d'ordinaire, demeure ici plus formel que lui cependant, et nous le goûtons beaucoup plus quand il fait observer que depuis la persécution commencée le 23 février 303 jusqu'au commencement de Constantin, qui prit l'empire le 25 juillet 306, il y eut en fait *trois ans et demi*. S'il est permis de négliger quelque chose dans un calcul de ce genre, c'est sans doute le peu de jours, ou plutôt le petit nombre d'heures qui dépasseraient les limites du 42e mois, outre que l'Écriture parle de préférence en nombres ronds, comme nous l'avons vu plus d'une fois. Personne, après tant d'exemples analogues si souvent admis dans les affaires humaines, ne serait tenté de chicaner pour si peu. Il s'agit donc bien évidemment ici de cette portion de l'ère des martyrs qui va encore, pour un temps précis, séparer les bons des méchants et distinguer les enfants de l'Église de ceux de la femme étrangère. Au reste, la persécution de Valérien avait duré tout autant ; mais ce qui rattache le texte présent à celle de Dioclétien, c'est que celle-ci ne doit plus être suivie d'aucune autre, et que le caractère des châtiments annoncés comme devant suivre la cessation de ses violences et la paix rendue à l'Église ne peut vraiment convenir qu'à lui, comme nous le verrons.

Preuves historiques de cette interprétation.

calquée au moyen âge. En attendant que nous traitions ce sujet dans le quatrième chapitre de notre troisième partie, voir l'abbé Crosnier, *Iconogr. chrétienne*, p. 153 et suiv. — *Bul. monument.*, t. XIV, p. 150, 566.

Quels sont ces *deux témoins* du Seigneur qui prophétiseront *revêtus de sacs l'espace de douze cent soixante jours*, et que l'on compare à *deux oliviers* et à *deux chandeliers* posés devant lui (1)? D'abord, il faut reconnaître dans ces termes une réminiscence de Zacharie, à qui furent représentés en vision le chef du peuple de Dieu, Zorobabel, et le grand-prêtre Josué, sous l'idée de deux chandeliers à sept branches aux lampes duquel était consacrée l'huile des oliviers plantés près d'eux : image de la lumière céleste conservée à Israël revenu de Babylone, et double symbole de la prudence et de la sainteté. Ce souvenir n'est reproduit ici que comme une allusion au courage et à la fermeté que manifesteront bientôt les chefs héroïques de l'Église persécutée dans une Babylone nouvelle et les âmes saintes qui les suivront : car tels sont les deux témoins dont parle la voix mystérieuse. Ce nombre *deux* désigne la totalité des martyrs, selon la force du mot grec (2), et précise exactement d'une certaine façon tout ce qu'on peut considérer de plus frappant dans l'ensemble de la persécution. Les deux mondes en furent affligés, l'Orient et l'Occident. Il y eut des Gentils convertis, et des hommes du judaïsme ; il y en eut des rangs du clergé et de ceux des simples fidèles ; les uns donnèrent leur vie pour Jésus-Christ, d'autres livrèrent leurs biens, et sans succomber méritèrent le précieux titre de confesseurs de la foi. C'est de la sorte que, dans ces deux catégories de *témoins*, chacun *prophétisa*, selon le sens donné alors à ce mot (3), la toute-puissance de Dieu dans ses amis; tous *se couvrirent d'un sac* par l'esprit de la pénitence

Les deux prophètes *témoins* du Seigneur.

Méchanceté des tyrans ; énergie des justes et des martyrs pendant la persécution de Dioclétien.

---

(1) « Et dabo duobus testibus meis, et prophetabunt diebus mille ducentis sexaginta amicti saccis. Hi sunt duæ olivæ et duo candelabra in conspectu Domini terræ stantes. Et si quis voluerit eis nocere, ignis exiet de ore eorum, et devorabit inimicos eorum; et si quis voluerit eos lædere, sic oportet eum occidi. »

(2) Μάρτυρ, témoin.

(3) « Nam qui prophetat, hominibus loquitur ad ædificationem. » (1 *Cor.*, xiv, 3.)— Voir Bossuet, sur ce passage.

et de soumission filiale, qui leur fit tout accepter et vouloir, plutôt que de trahir le nom du Sauveur et les engagements de leur baptême. Ce qui prouve qu'on ne peut l'entendre autrement, c'est l'assurance formelle, donnée au verset suivant, *qu'on verra sortir de la bouche de ces témoins un feu qui dévorera leurs ennemis*, et les tuera. Sans doute on ne doit voir en ces paroles qu'une allusion à ce qui est raconté d'Élie et des satellites d'Ochosias, sur lesquels la prière du Prophète fit descendre le feu du ciel (1); mais elles n'en sont pas moins une éclatante prédiction des cruautés ironiques déployées contre les Saints; car, en dépit de ces cruautés, dont le génie infernal pouvait seul inventer les inépuisables ressources, ils ne cédèrent pas. L'Église, représentée par eux, triompha dans leur sang, justement fière de leurs blessures ; on vit les bourreaux maintes fois se lasser devant les victimes, et combien d'évêques, de prêtres, de simples femmes, plus forts que les tourments et que la mort, résistèrent et survécurent à leurs supplices pour aller témoigner encore, au milieu de leurs troupeaux et de leurs familles, ce qu'il y avait d'invincible énergie en des cœurs formés à l'école de Jésus-Christ! — Les persécuteurs, au contraire, finirent mal sous les coups providentiels de la vengeance divine. Lactance en fait foi dans un livre spécial (2). On peut se demander, il est vrai, comment ces témoins ont eu le pouvoir de fermer le ciel et d'empêcher la pluie de fertiliser la terre pendant les douze cent soixante jours, ou trois ans et demi, de leur épreuve; comment ils pourront *changer la mer en sang* et la *frapper de toutes sortes de plaies* (3). Fermer le ciel, c'est envoyer la stérilité, dans le

<small>Famines matérielle et spirituelle.</small>

---

(1) « Homo Dei rex præcepit ut descendas.— Si homo Dei sum, descendat ignis de cœlo et devoret te et quinquaginta tuos.— Descendit ergo ignis de cœlo et devoravit illum et quinquaginta ejus. » (IV *Reg.*, 1, 9 et seq.)
(2) *De Morte persecutorum*, — et *Institut. divin.*, lib. I, cap. 1.— Voir aussi Socrate, *Hist. ecclesiast.*, lib. I.
(3) « Hi habent potestatem claudendi cœlum, ne pluat diebus prophetiæ ipsorum; habent super aquas potestatem convertendi eas in

langage biblique, et nous voyons Élie user de cette rigueur, sur l'ordre de Dieu (1); c'est aussi retirer la parole de Dieu, que Moïse compare à une rosée (2). Or ces deux choses arrivèrent durant la persécution de Dioclétien. Une famine désola l'empire, qui se fournissait le blé par l'Égypte, où de brûlantes chaleurs desséchèrent presque entièrement le Nil, au rapport de S. Denis d'Alexandrie, cité par Bossuet (3). Il est clair aussi que la prédication fut interrompue au détriment des païens, qu'elle eût convertis, et qui en martyrisaient les ministres. C'est en ce sens que Dieu menace par Isaïe la Judée, sa Vigne symbolique, de ne plus lui verser les pluies du ciel et de la rendre stérile pour son ingratitude (4). Il lui retira sa grâce, ou ses prédicateurs qui la dispensent (5). Quant aux *eaux de la mer changées en sang*, elles ne doivent pas se prendre à la lettre, et ressemblent fort à un souvenir d'une des plaies réelles de l'Égypte (6); le texte de ce passage le dit assez. Cette allusion aux plus fameux miracles de l'Ancien Testament annonce que Dieu n'en fera pas moins dans le Nouveau pour délivrer son peuple, et mille preuves ont été données à l'Église, pendant ces combats, de la vérité de cet oracle.

Cette protection visible, qui étonna un grand nombre de Gentils, jusqu'à les ranger maintes fois du côté des chrétiens et à se dévouer aux mêmes supplices; cette attention de la Providence, qui soutint l'édifice de l'Église, tout en per-

<small>Rome païenne sous les traits de la bête sortie de l'abîme.</small>

---

sanguinem, et percutere terram omni plaga quotiescumque voluerint. » (*Apoc.*, XI, 6.)

(1) « Dixit Elias : Vivit Dominus... si erit annis his ros et pluvia nisi juxta oris mei verba. » (III *Reg.*, XVII, 1.)

(2) « Fluat ut ros eloquium meum. » (*Deuteron.*, XXXII, 1.)

(3) Sur les chap. VIII et XVI de l'*Apoc.*; mihi, t. VI, p. 573.

(4) « Vinea mea... fecit labruscas...; nubibus mandabo ne pluant super eam imbrem. » (*Isaïe*, V, 6.)

(5) Cf. S. Jérôme, *in hunc Isaiæ loc.*

(6) « Moises... percussit aquam fluminis coram Pharaone et servis ejus, quæ versa est in sanguinem. » (*Exod.*, VII. 20.)

mettant que la méchanceté de ses ennemis en brisât les colonnes, n'empêchèrent pas des flots de sang dans lesquels furent ensevelies d'innombrables victimes. *La bête* qui était *montée de l'abîme*, cette étoile déchue dont il est parlé au commencement du neuvième chapitre, le démon enfin, bête féroce s'il en fût, instigateur de cette guerre, a pu rester victorieux en apparence et tuer les adversaires qu'il détestait : c'était la fin prédite de leur constance à témoigner pour Jésus-Christ (1). Mais quelle grande ville, quelle Sodome aura vu leurs corps joncher ses places et ses rues ? comment le chef de ces témoins y a-t-il pu être crucifié ? Il n'est pas question de Jérusalem, qui n'existe déjà plus, comme nous l'avons remarqué, au temps où notre livre est écrit. N'oublions pas que cette Sodome impure, cette Égypte idolâtre n'est ainsi désignée que dans le sens allégorique et spirituel (2) : c'est donc Rome qui se voit dénoncée ici à l'animadversion de toute la terre. Elle est *grande* par ses dimensions, qui embrassent sept collines, outre qu'elle est réellement dans tout l'empire, qui touche de toutes parts aux confins de l'univers connu. L'iniquité y règne comme à Sodome, où Abraham ne put trouver dix justes, comme dans l'Égypte des Pharaons, où la race du Patriarche fut accablée du poids de leurs fers. C'est dans son sein que le Maître des chrétiens, le chef des Apôtres, le premier pasteur de la catholicité, S. Pierre, a été crucifié sous Néron, et en lui le paganisme a spirituellement fait subir une seconde crucifixion à Jésus-Christ. N'était-ce pas cette Rome, d'ailleurs, qui, régnant dans la Judée par Pilate, avait trempé ses mains dans le sang du Fils de Dieu ?

---

(1) « Et cum finierint testimonium suum, bestia quæ ascendit de abysso faciet adversum eos bellum, et vincet eos et occidet eos. » (*Apoc.*, XI, 7.)

(2) « Et corpora eorum jacebunt in plateis civitatis magnæ quæ vocatur spiritualiter Sodoma et Ægyptus, ubi Dominus eorum crucifixus est. » (*Apoc.*, XI, 8.) — « Et videbunt de tribubus et populis, et linguis, et gentibus corpora eorum per tres dies et dimidium, et corpora eorum non sinent poni in monumentum. » (*Ib.*, V, 9.)

Rapprochons encore de ces faits prophétiques cette circonstance des *corps morts* de ces deux témoins, ou, pour mieux dire, de tous les martyrs, qui devront *rester trois jours et demi sans sépulture* aux yeux de toutes les tribus, de tous les peuples, de toutes les langues et de toutes les nations. Ces trois jours et demi équivalent, comme nombre mystique, aux trois ans et demi déjà expliqués. Selon le style des Prophètes, il est encore visible qu'on ne peut entendre ici qu'une persécution générale pendant laquelle une multitude de corps morts sera livrée à diverses reprises, dans tous les quartiers de la grande ville, et sans sépulture, aux regards de la foule. On ne pourrait ni s'étonner beaucoup de voir abandonnés ainsi, pendant trois ou quatre jours, deux cadavres isolés, ni laisser pendant trois ans et demi sans tombeau un aussi grand nombre de morts qu'en fit la persécution de Dioclétien. Ce nombre *deux* est donc une simple continuation de l'allégorie adoptée par l'Apôtre.

Maintenant que les Saints sont rayés de ce monde par la haine des méchants et des *hommes de la terre*, ceux-ci se réjouissent de n'avoir plus le tourment de leurs vertus, reproche si amer contre des consciences coupables (1). Tout semble donc anéanti de cette doctrine gênante du Christ et de ses serviteurs. Mais quand le temps marqué est enfin venu ; après ces trois jours et demi, dont le sens mystérieux se manifeste encore pour confirmer d'autant plus celui que nous avons pris tout à l'heure, « Dieu rend à ces illustres morts l'esprit de vie ; ils se relèvent sur leurs pieds, et ils deviennent la terreur de quiconque voit cette résurrection inattendue. » Certes, ce n'est pas en « deux jours et demi » proprement dits que s'est opéré un tel miracle. On voit

---

(1) « Et habitantes terram gaudebunt super illos, et jucundabuntur, et munera mittent invicem, quoniam hi duo prophetæ cruciaverunt eos qui habitabant super terram. Et post dies tres et dimidium, Spiritus vitæ a Deo intravit in eos, et steterunt super pedes suos, et timor magnus cecidit super eos qui viderunt eos. » (*Apoc.*, XI. 10, 11.)

bien que ces termes indiquent les persécutions dont la durée et la fin coïncident exactement avec la première moitié de sa troisième année. Alors les édits de Constantin, ramenant la paix à l'Église, firent trembler ses ennemis : la vie revint à ce grand corps qu'ils avaient cru abattre pour toujours, et fut le présage d'une gloire désormais inattaquable. Cette gloire ne parut pas seulement dans la couronne obtenue par les Saints appelés au ciel en récompense de leur mort généreuse, et dont les païens, convertis bientôt en grand nombre, purent admirer la splendeur en la désirant pour eux-mêmes ; elle fut aussi tout extérieure aux yeux du monde, aux regards de ces sages de l'idolâtrie qui avaient porté leurs espérances jusqu'à élever en Espagne aux princes les plus sanguinaires des monuments votifs de leurs succès « contre la superstition des chrétiens (1). » La tapisserie d'Angers rend cette résurrection des martyrs par un symbole extérieurement fort gracieux en lui-même : ce sont des colombes qui y représentent la vie revenant aux corps qui l'ont perdue. Ce symbole révèle dans le *peintre* une pensée pleine de spiritualisme et de foi. C'est par la colombe que l'Esprit-Saint se représenta planant sur la tête du Sauveur au moment de son baptême (2) ; une colombe avait aussi apporté au monde détruit par le déluge l'assurance de son retour à la vie ; c'est donc encore le même Esprit divin qui rentre dans le corps des *témoins* du Christ. Rien ne pouvait mieux exprimer l'immortalité divine rendue à ces victimes glorieuses des persécuteurs.

Les colombes, symboles de résurrection.

Ce qui suit n'est pas moins figuré, ni moins évident : car à la même heure, et simultanément à ce repos triomphant

---

(1) « Et audierunt vocem magnam de cœlo dicentem : Ascendite huc. Et ascenderunt in cœlum in nube, et viderunt illos inimici eorum. » (*Ib.*, XI, 12.) — Voir dans Grutter, *Corpus inscriptionum*, les inscriptions trouvées en Espagne, et que les flatteurs du temps avaient consacrées à Dioclétien et à Maximien : *Pour avoir effacé le nom chrétien de toute la terre.*

(2) Marc, I, 10.

de l'Église, les tyrans qui se disputaient le pouvoir remplirent Rome et l'Italie d'agitations et de combats. Ces détestables aventuriers, élus, abandonnés, massacrés par leurs armées, vaincus tour à tour les uns par les autres, jetèrent partout, au moyen de leurs sanglantes querelles, le désordre, l'incendie et le pillage. Rien n'est plus comparable à « un grand tremblement de terre (1). » L'empire « est décimé » par ces incessantes secousses, et pour faire voir par un nombre parfait combien fut grand celui des hommes tués dans ces guerres civiles, le prophète-historien le porte à 7,000. Enfin tant de conflits se terminèrent par la dernière défaite de Maxence et par l'avénement de Constantin au trône du monde. Alors ses ennemis, qui étaient ceux de Jésus-Christ, « furent saisis de crainte, » et bientôt, leur propre conversion appelant celle de l'univers, où la vérité ne trouva plus d'obstacle, « toutes les nations, à l'ombre de la croix relevée, rendirent gloire au Dieu du ciel. »

« Le second malheur est accompli (2) : » c'est celui de la persécution par les païens, comme le premier avait été celui de la persécution par les Juifs. Déjà le troisième est annoncé, et il ne se développera, malgré d'imparfaites apparences qui ont pu séduire dom Calmet et quelques autres, qu'à partir du dix-huitième chapitre : c'est l'opinion de Bossuet que nous croyons mieux autorisée par les saillantes particularités de ce même chapitre. En attendant, les préliminaires de ces terribles scènes vont se dessiner avec une

Nouveaux rapprochements entre la prophétie et l'histoire de l'avenir.

---

(1) « In illa hora factus est terræ motus magnus, et decima pars civitatis decidit, et occisa sunt in terræ motu nomina hominum septem millia, et reliqui in timorem sunt missi, et dederunt gloriam Deo cœli. » (*Apoc.*, XI, 13.)
(2) « Væ secundum abiit, et ecce væ tertium veniet cito. Et septimus Angelus tuba cecinit, et factæ sunt voces magnæ in cœlo dicentes : Factum est regnum hujus mundi, Domini nostri et Christi ejus, et regnabit in sæcula sæculorum. Et viginti quatuor Seniores ceciderunt in faciem suam..., dicentes : Gratias agimus tibi, Domine..., quia accepisti virtutem tuam magnam, et regnasti. » (XI, 15, 16, 17.)

abondance de détails qui l'emportent de beaucoup sur ce que nous avons vu jusqu'à présent. Des sept Anges, le dernier n'a pas encore fait retentir sa trompette ; dès qu'elle sonne, « de grandes voix » s'unissent à ses éclats dans le ciel, et « exaltent le règne de Dieu et du Sauveur, qui commence pour durer éternellement ». Nous allons donc assister au triomphe céleste de l'Église. Des plans nouveaux, de plus riches couleurs se préparent, et pendant que les vingt-quatre Vieillards, qu'on ne doit pas avoir perdus de vue, se prosternent encore, adorant la victoire de l'Agneau et le félicitant d'avoir repris sa puissance, ils le conjurent de considérer cependant que le paganisme résiste encore et frémit de rage contre les Saints. Ils le prient de hâter le moment de sa justice, « de juger ces morts » qui refusent la vie de leur âme, et de glorifier, aux yeux de tous, ces autres morts plus dignes de Lui, qui ont cherché la véritable vie dans les mérites de son Sang divin (1). Le temps de sa colère n'est-il pas arrivé ? doit-il retarder encore « d'exterminer ceux qui ont corrompu la terre » par leurs diaboliques doctrines et la perversité de leurs mœurs ?—Toutes ces prières n'étaient elles-mêmes qu'une prophétie : elles ne manquèrent pas d'être appliquées plus tard à la mort exemplaire de tous ces disputeurs d'empire que le doigt de Dieu avait renversés dans leur propre Sang.

Rome aussi, la Rome de toutes ces abominations auxquelles elle prit tant de part, les expiera par sa ruine ; c'est ce grand événement qui remettra aux mains de Jésus-Christ et de son Épouse le sceptre souillé de la cité pécheresse et de ses maîtres impies. Le Prophète y prélude en nous montrant à la fin de ce chapitre « le Temple de Dieu » (toujours d'après l'Ancien Testament) s'ouvrant dans le ciel (2) : c'est l'Église

---

(1) « Iratæ sunt gentes, et advenit ira Tua, et tempus mortuorum judicari, et reddere mercedem servis Tuis Prophetis, et Sanctis, et timentibus nomen Tuum; pusilli et magni, et exterminandi eos qui corruperunt terram. » (XI, 18.)
(2) « Et apertum est templum Dei in cœlo, et visa est arca Testamenti

catholique appelant dans son sein tous les peuples, et leur découvrant avec « l'Arche d'alliance », autrefois cachée dans l'intérieur du sanctuaire, aujourd'hui visible, tous les mystères de la nouvelle Loi qui se résument dans l'Incarnation. Les foudres, les grandes voix, les tremblements de terre et la grêle, toutes choses que S. Augustin croit être les admirables effets de la parole évangélique frappant les échos du monde, aussi bien que le bruit des guerres soutenues par Constantin pendant que l'Église jouissait de ses premiers jours de paix, peuvent signifier encore, si on l'entend comme Bossuet, la main de Dieu s'appesantissant sur les ennemis de son nom. Nous savons que toutes ces choses pouvaient être exprimées par tous ces symboles, d'une application si fréquente dans l'Apocalypse, et la suite va nous montrer qu'elles doivent s'y rencontrer encore.

Ejus in templo..., et facta sunt fulgura, et voces, et terræ motus et grando magna. » (XI, 19.)

CHAPITRE IX.

TROISIÈME SUITE DE L'APOCALYPSE.

(DU CHAPITRE XII AU CHAPITRE XIV.)

<small>Continuation des combats de l'Église ;</small> L'histoire des vicissitudes de l'Église semblerait finie, et le lecteur pourrait s'étonner de cette continuité d'épreuves que nous allons traverser encore, s'il ne se rappelait que la peinture des châtiments infligés aux auteurs de ces tribulations n'était qu'une anticipation à la manière des Prophètes, qui, voyant l'avenir dans son ensemble, s'arrêtaient quelquefois tout à coup au milieu de leur récit pour décrire la fin des événements devenus le but de leur inspiration, et revenaient ensuite par de nouveaux détails à des scènes qu'ils n'avaient pas prétendu omettre. S. Jean applique cette méthode à son œuvre, ou plutôt (comme il est à croire, puisqu'il écrivait en même temps que la vision se déroulait à son esprit) c'est Dieu lui-même qui la lui indique par la marche divinement imprimée à ces majestueuses révélations. Cette raison explique pourquoi nous allons entrer, après en avoir compris l'issue et les conséquences, dans la persécution de Dioclétien. Tout ce qui va suivre jusqu'au chapitre dix-huitième, où le troisième malheur complète la vengeance de Dieu sur les impies, se rapportera donc aux combats que l'Église continuera de soutenir pendant ses trois siècles de tourments.

<small>symbolisée par la femme aux douze étoiles.</small> **Chapitre XII.** — « Un grand prodige paraît dans le ciel : une femme mystérieuse y est revêtue du soleil ; la lune est

sous ses pieds, une couronne de douze étoiles environne sa tête (1). » Ceci est d'une clarté plus apparente que tout ce qui précède. Les symboles s'en expliquent aisément, si l'on considère les idées propres de chacun d'eux. Cette femme donc est toujours l'Église entourée de l'éclat moral qu'elle tient toujours, même quand on la méprise, du Soleil de justice, Notre-Seigneur Jésus-Christ. « Elle pose sur la lune, » terme de comparaison empruntée des changements et variations périodiques des phases de cet astre, pour exprimer ou les inconstances de la sagesse humaine qu'elle domine, ou les empires du monde et leurs continuelles vicissitudes sur lesquels elle a reçu son pouvoir spirituel et son irrévocable autorité. C'est l'explication qu'en donne S. Bernard (2) : cette « couronne de douze étoiles, » au dire de S. Augustin, rappelle les Apôtres, d'après les enseignements desquels elle gouverne le monde. Cette couronne est devenue celle de Marie dans l'iconographie chrétienne; aussi bien lui a-t-on donné tous les autres symboles qui accompagnent ici l'apparition de la femme céleste (3). Rien de plus conforme au sens des Écritures, en effet; car si les Apôtres sont la couronne de l'Église (4) dans le même sens

Les mêmes traits symbolisent la sainte Vierge.

(1) « Signum magnum apparuit in cœlo : Mulier amicta sole, et luna sub pedibus Ejus, et in capite Ejus corona stellarum duodecim. » (XII, 1.)

(2) « Nihil magnum dixisse videbimur ut sit luna sub pedibus Ejus. Solet autem luna non solum defectum corruptionis, sed et stultitiam mentis, nonnunquam vero et Ecclesiam hujus temporis designare : illam quidem propter mutabilitatem, hanc sane propter susceptum aliunde splendorem. Luna sub Mariæ pedibus satis ponitur...; siquidem *stultus ut luna mutatur, sapiens autem permanet ut sol.* » — (Eccles., XXVII, 12. — S. Bernard, *Serm. I de Virgine Deipara*, infra octav. Assump.)

(3) « Mulierem illam nullus ignorat Mariam virginem significasse quæ Caput nostrum integra integrum peperit, quæ etiam figuram ipsa in se sanctæ Ecclesiæ demonstravit, ut, quomodo Filium pariens virgo permansit, ita et Hæc omni tempore membra ejus pariat, virginitatem non amittat. » (S. Aug., *De Symbolo ad catecumenos*, lib. IV. cap. I.)

(4) « Istæ duodecim stellæ Apostoli intelligi possunt. » (S. Aug., *Homil. in Apocal.*, IX.)

que S. Paul le disait aux Philippiens à l'égard de lui-même (1), le grand Docteur dit aussi, sur cet endroit, que le soleil dont cette femme se revêt est un signe qu'elle doit recouvrer sa gloire après ses douleurs, comme les justes brilleront, après leur résurrection, d'une splendeur éternelle dans le royaume de leur Père (2). La tradition tout entière n'en a pas moins donné à cette image de la femme apocalyptique une valeur spirituelle qu'il ne faut pas omettre d'indiquer; car il reviendra plus d'une fois encore, et toujours il sera applicable à la très-sainte Vierge, Mère du Sauveur. Ces applications ont paru si justes, que les offices de l'Église les répétent avec une fervente profusion dans toutes les fêtes de la Femme bénie entre toutes. Nous appliquerons donc parallèlement ces deux idées : celle de l'Église catholique, dont les combats vont être réellement prophétisés, et celle de Marie, dont les glorieuses destinées déjà accomplies au temps de notre révélation se trouvent néanmoins décrites ici d'une manière aussi vraie que poétique.

Développement de ce double type. — Donc, « cette femme portait un fruit dans son sein : ses cris annonçaient en elle le travail de l'enfantement (3). » — L'Église est naturellement féconde; Épouse du Christ, elle lui enfante des âmes par le baptême, par la foi, par la prédication, mais jamais sans de pénibles efforts et des luttes douloureuses contre les ennemis de tout genre qui voudraient étouffer ces naissances spirituelles. Que n'était-ce donc pas quand les persécutions ouvertes s'élevaient contre sa fécondité et tuaient ses enfants ! — On comprend que tout n'est pas attribuable à la Vierge dans ces détails. Ils ne peuvent lui convenir que jusqu'à sa maternité divine, qu'elle revêt sans

---

(1) « Fratres mei carissimi..., gaudium meum et corona mea. » (*Philipp.*, IV, 1.)

(2) « Fulgebunt justi sicut sol in regno Patris eorum. » (*Matth.*, XIII, 43.)

(3) « Et in utero habens, clamabat parturiens, et cruciabatur ut pariat. » (XII, 2.)

cesser d'être vierge, aussi bien que l'Église, qui ne doit ses enfants qu'à un amour très-pur de son Époux, amour fécondé par sa propre charité et par sa foi. Mais l'une enfante dans la douleur, l'autre au milieu des peines et des souffrances spirituelles. C'est la différence qui doit nécessairement exister entre des choses surhumaines et celles de la terre. Et toutefois, on trouve aussi dans Marie, d'une certaine façon, la peine de la maternité. Ses voyages à Bethléem et en Égypte ; ses sollicitudes pour l'Enfant-Dieu contre la cruauté d'Hérode ; ses angoisses au pied de la croix où sa condescendante résignation l'enfante de nouveau pour le salut du monde, sont autant de caractères qui la font rentrer dans notre texte. C'est pourquoi S. Augustin l'a regardée comme le type de l'Église. On voit par là, et l'on verra par beaucoup d'autres endroits, avec quelle souplesse les Livres sacrés se prêtent aux inductions morales, et quels fruits il est possible d'en tirer pour l'enseignement et l'exercice des vertus chrétiennes.

Mais voici que nous rentrons dans des ressemblances plus frappantes encore. C'est le démon, « grand dragon roux, » couleur très-convenable à sa nature méchante, formée d'humeur sanguinaire et des noires conceptions de la haine (1). Il a « sept têtes; » il est donc la personnification des sept persécuteurs qui se sont succédé depuis et y compris Dioclétien jusqu'à Constantin (2). Outre le premier de ces monstres, dragon impie en effet, dont les fureurs ne s'assouvissaient qu'à peine dans le sang des chrétiens, il fallut

Le dragon roux, à sept têtes, personnification de Satan.

---

(1) « Hic erat homicida a principio, » dit S. Jean, *Evang.*, VIII, 44; — et le livre de la Sagesse : « Invidia autem diaboli mors introivit in orbem terrarum.» (*Sap.*, II, 24.)—Voir ce que nous avons dit du *roux* et du *tanné*, ci-dessus, t. I, sur le symbolisme des couleurs, ch. XII et XIII.

(2) « Ecce draco magnus, rufus, habens capita septem, et cornua decem, et in capitibus ejus diademata decem. Et cauda ejus trahebat tertiam partem stellarum cœli, et misit eas in terram ; et draco stetit ante Mulierem quæ erat paritura, ut cum peperisset Filium ejus devoraret. » (*Apoc.*, XII, 3, 4.)

subir l'épée implacable de Maximin-Hercule, de Galère, de Maximin Sevère, de Maxence et de Licinius. Les sept couronnes que portent ces têtes infernales désignent clairement ces princes dénaturés. Quant aux « dix cornes » que portent ces sept têtes, elles figurent en général, et par un nombre parfait, le concours de toutes les puissances terrestres qui se ligueront dans un même but contre le christianisme, et par tout le monde dresseront contre ses membres des échafauds et des bûchers. Ainsi vit-on les rois dispersés, les gouverneurs des provinces romaines, les chefs militaires et les proconsuls de tous les pays unir leur rage contre la constance des fidèles (1).

<small>Le nombre *sept* appliqué au démon.</small>

On peut croire encore, avec de hautes autorités, que, comme Jésus-Christ avait sept anges dont il faisait les interprètes de ses révélations, ainsi le dragon roux, le démon, comptait par ses sept têtes sept autres satellites aussi méchants que lui, figurant les sept vices capitaux, au moyen desquels il souffle aux hommes les plus mauvaises passions. Jésus-Christ a donné la preuve de cette pluralité des démons et de leur acharnement à poursuivre l'œuvre inique de leur chef (2), et l'on serait porté à penser, d'après cet endroit de l'Évangile, que le nombre *sept* désigne moins ici un nombre réel qu'un nombre considérable et indéterminé ; mais les sept têtes du monstre sont quelque chose de vraiment symbolique, puisque ici l'histoire nous montre un autre nombre identique, celui des persécuteurs, et parfaitement corrélatif au premier. Ce nombre, d'ailleurs, est propre au péché, étant celui des principales passions dont tous les péchés

---

(1) « Capita reges sunt, capita vero regna. In septem autem capitibus omnes reges, in decem cornibus omnia regna mundi dicit. » (S. Aug., *Homil. IX in Apocal.*)

(2) « Cum immundus spiritus exierit de homine..., dicit : Revertar in domum meam unde exivi... Tunc vadit, et assumit *septem* alios spiritus secum nequiores se, et ingressi habitant ibi; et fiunt novissima hominis illius pejora prioribus. » (*Luc.*, XI, 14, 16.)

découlent (1). Ajoutons qu'en pareil cas, il n'y a pas d'hésitation possible : le symbolisme ne tombe plus seulement sur le chiffre, mais sur l'objet principal, clairement désigné par la nature même de la chose. C'est ce qui apparaît évidemment dans l'interprétation donnée par le moyen âge au verset que nous expliquons. Notre *Emblemata biblica* représente, en effet, cette bête par un antechrist muni de sept têtes couronnées, portant un livre ouvert, suivi de nombreux disciples portant aussi le leur. Il cherche à séduire par la discussion un certain nombre de religieux de divers ordres munis également du livre de la vraie doctrine, et rejetant par leurs gestes expressifs les attaques de l'impiété. Et en marge, on lit : *Significantur omnes discipuli Antichristi, sive hæretici, qui privatim nocent, aut aperte prædicabunt.*

Mais que signifie cette « troisième partie des étoiles, » ce moindre nombre, par conséquent, que le dragon « entraîne avec sa queue » du ciel en terre? Un saint martyr de ce temps, le prêtre Pionius, en 254, qui souffrit à Smyrne avec quinze

Les étoiles entraînées par le dragon. Symbolisme multiple de ces astres.

(1) *Numerus* septenarius *pertinet ad plenitudinem peccati*, dit S. Méliton sur ce passage de S. Luc. (*Spicileg. Solesm.*, t. III, p. 285.) — C'est dans le même sens que Salomon a dit : *Ne credideris ei* (diabolo), *quoniam septem nequitiæ sunt in anima illius.* (*Prov.*, XXVI, 25.) — Et Notre-Seigneur avait chassé du corps de Madelaine sept démons : *de qua ejecerat septem dæmonia.* (*Marc.*, XVI, 19.) — N'en peut-on pas conclure fort théologiquement que la classification des péchés capitaux était dans la nature humaine avant de devenir l'objet des catéchèses chrétiennes, et que l'Église est bien éclairée sur les dédales du cœur de l'homme quand elle en définit les passions avec cette assurance de mathématicien ? — La même observation se fait à l'égard des dix cornes, que tous les moralistes du moyen âge ont regardées comme autant de victoires remportées contre les dix commandements sur les âmes, à qui le démon les fait transgresser chaque jour. — Il y a de plus ici un autre symbolisme à observer dans le nombre *dix*. Comme il *couronne* en lui-même et contient tous les nombres simples, comme il ne peut s'augmenter qu'en reprenant les uns ou les autres de ceux-ci, il représente réellement la limite extrême de l'idée numérale, le Tout par conséquent, qui est le suprême degré de toute qualité définissable. C'est S. Bruno d'Asti qui, avec beaucoup d'autres, explique ainsi ce mystère apocalyptique. — Voir Me Fél. d'Ayzac, *Iconographie du dragon*, dans la *Revue de l'art chrétien*, t. VIII, p. 351 ; et ci-dessus, t. I, p. 153.

autres, après avoir écrit une apologie de la religion, qu'il signa enfin de son sang, se charge d'éclaircir cette obscurité : « C'est un nouveau genre de martyre qu'on m'impose, disait-il au moment d'expirer dans le feu. Je vois ici malgré moi les étoiles du ciel renversées par la queue du dragon, et malheureusement terrassées (1). » L'Apocalypse, dès ce temps, était donc répandue et lue par les fidèles et les prêtres. Le généreux soldat se plaignait des apostasies que la peur multipliait autour de lui, et par une juste comparaison il leur appliquait la prophétie qu'il voyait s'accomplir devant ses yeux mourants. S. Grégoire émettait plus tard la même pensée (2). Le monstre avait tout d'abord séduit les Anges eux-mêmes. Après s'être assuré des rois, « des dix cornes, » ou puissances de la terre, il leur inspire des édits cruels dont la rigueur, impuissante sur le plus grand nombre, trouvera cependant « un tiers, » et c'est toujours trop, d'âmes faibles qui sacrifieront aux idoles (3). Des Docteurs mêmes, des évêques, des

---

(1) « Novo ergo martyrii genere crucior, cum hic cogor considerare stellas, e cœlo draconis cauda ereptas, misereque in terram eversas. » (Baronius, *Annal. eccles.*, t. II, ad ann. 254, n° 13.)

(2) « Draconis cauda in terram stellas dejicit, quia illa Satanæ extremitas, per audaciam assumpti hominis erecta, quosdam quos velut electos Dei in Ecclesiam invenit, obtinendo reprobos ostendit.» (S. Gregor., *Moral.*, lib. IV, cap. x, n° 17.)

(3) « Draconis cauda stellarum pars trahitur, quia extrema persuasione Antichristi quidam qui videntur lucere, rapientur. » (S. Greg., *Moral.*, lib. XXXI, cap. XXIII, n° 43.) — Les âmes justes arrivées dans la gloire, les docteurs et en général ceux qui enseignent la doctrine de vérité dans l'Église, sont symbolisés par les étoiles, la lumière, le soleil et enfin par tout ce qui brille d'un éclat qui charme le regard. Ces mêmes idées se rattachent souvent au Sauveur et à ses apôtres. S. Eucher de Lyon, S. Grégoire le Grand, Raban-Maur, Pierre de Capoue sont pleins de ces allusions qui nous semblent avoir pour principes des textes bibliques : *Fulgebunt justi et tanquam scintillæ in arundineto discurrent.* (Sap., III, 7.) — Daniel a dit aussi, et plus absolument encore : *Qui docti fuerint fulgebunt quasi splendor firmamenti, et qui ad justitiam erudiunt multos, quasi stellæ in perpetuas æternitates.* (XII, 3.) — Enfin, S. Matthieu rapporte la parole de Notre-Seigneur, confirmant ces grandes espérances : *Tunc justi fulgebunt sicut sol in regno Patris eorum.* (Matth., XIII, 43.) — Et maintenant, voyez-vous encore comment

prêtres cédèrent à ce sentiment coupable; et en cela les chutes déplorables « de tant d'étoiles » que nous avons vues déjà au chapitre vi (v. 13 et suiv.) se renouvelèrent, à la grande désolation de l'Église.

On remarquera une admirable prévision de cet état d'anxiété où devait être cette fidèle Épouse du Christ, dans les efforts acharnés du monstre. — « Il se tient devant elle ; il attend qu'elle enfante, impatient de dévorer le fils qu'elle doit avoir. » Ce fils naît enfin. — Il s'agit ici d'une naissance spirituelle de Jésus-Christ, de l'esprit du Christianisme enfanté dans le cœur des fidèles, et moyennant la sainte énergie duquel la grande famille résistera aux tourments et à la mort sociale tant désirée par ses ennemis. — Cet enfant « mâle, » ce qui indique l'adorable incarnation du Dieu fait homme, avec la vigueur de sa résistance et la certitude de son triomphe sur le dragon, doit un jour « gouverner toutes les nations avec un sceptre de fer (1), » c'est-à-dire les assujettir, en rester le maître par la puissance irrésistible qu'il prendra sur les cœurs. On voit là un symbole qui n'est appliqué qu'en partie à son objet. Celui qui a promis que son joug serait « doux et léger (2), » ne peut avoir du sceptre de fer que la force toute-puissante qui dispose les âmes de bonne volonté à s'y soumettre : elle ne sera sévère et rigoureuse qu'envers les rebelles obstinés,

<small>Antagonisme de la bête et de Jésus-Christ.</small>

---

s'expliquent, bien autrement que par un froid et vague motif d'ornementation aventurée, ces étoiles, ces soleils répandus, avec autant de profusion que de diversité, aux chapiteaux, aux corniches et aux tympans de nos églises? Le douzième siècle *en a mis partout*, et c'est merveille. comme il en a décoré, entre autres, la splendide porte de roman fleuri qui brille au côté sud de l'église de Beaumais (Calvados), l'un des plus beaux spécimens de ce genre. (Voir *Bull. monum.*, t. XIV, p. 95, et ci-dessus, ce que nous avons dit de ces mêmes moulures, Ire partie, p. 153.)

(1) « Et peperit Filium masculum qui recturus erat omnes gentes in virga ferrea. Et raptus est Filius ejus ad Deum et ad thronum ejus. » (XII, 5.)

(2) « Jugum meum suave est, et onus meum leve. » (*Matth.*, XI, 29.)

envers ces nations révoltées contre la loi de grâce, tels que les peuples détruits d'avance dans la prophétie de Daniel, ou encore ces Romains qui se réduisirent à rien après avoir vainement combattu dans leur sanguinaire politique le salut du monde par la Croix : c'est dans ce dernier sens que l'avait prédit le Psalmiste (1). Et ce qui est vrai de Jésus, touchant le gouvernement du monde spirituel, peut être dit de chacun de ceux que l'Église a revêtus de son sacerdoce, en qui réside toute autorité sur les âmes, et aussi de chacun de ses membres fortifié par sa grâce, en laquelle ils peuvent tout (2).

Au moment donc des plus grands efforts de la bête contre ce Fils, en qui se personnifient toutes les victimes de la persécution, ce Fils « est enlevé vers le trône de Dieu ; » car les martyrs, qui paraissent succomber, entrent réellement dans leur gloire. Nous les retrouverons aux chapitres suivants, dans ces morts que la mer rejette sur ses rivages, ou sous les traits de ces âmes fidèles expirant ici-bas dans la grâce de la pénitence et de l'amour..... Il est vrai aussi qu'il y a une plus grande union dans ces temps de grands sacrifices entre les cœurs valeureux qui s'y donnent et le Dieu pour lequel ils consentent à souffrir ; que s'il faut voir aussi dans ces termes, avec quelques interprètes, une allusion à l'enlèvement de Joab dans le temple par ses fidèles serviteurs, qui le cachèrent jusqu'au jour où il put, sous la protection de Dieu, recouvrer son trône sur l'usurpatrice Athalie (3), ce n'est là qu'un symbolisme de plus par lequel un fait de l'ancienne Loi devient une prophétie de la nouvelle. Et quant au sens anagogique ou spirituel, on voit que Dieu se plut toujours, comme dans cet âge de fer de son Église, à cacher pendant les jours

<small>Origine de la vie érémétique.</small>

---

(1) « Reges eos in virga ferrea, et tanquam vas figuli confringes eos. » (*Ps.*, II, 9.)
(2) Omnia possum in Eo qui me confortat. » (*Philip.*, IV, 13.)
(3) Voir le onzième chapitre du quatrième livre des *Rois*.

mauvais ceux de ses élus qu'il destinait à illustrer un peu plus tard la paix dont son Épouse devait jouir. Il les rapprocha de lui contre les excès de la persécution, beaucoup ayant pris le parti, conseillé par Notre-Seigneur, de se retirer dans la solitude jusqu'à la fin du mal (1), comme firent, au rapport des historiens, S. Denis d'Alexandrie, S. Cyprien de Carthage, et beaucoup d'autres (2). Cette Église cédant pour un temps à l'orage, c'est « la femme qui s'enfuit pour un temps au désert où Dieu lui avait préparé un refuge pour l'y nourrir (3) : » ce qui ne fit qu'augmenter le nombre des chrétiens par celui des païens qui se convertirent avec moins de risques. Cette fuite donna occasion à la vie érémitique (4). Ce n'est pas sans un sens à retenir qu'il est parlé de la *nourriture* donnée dans la solitude à cette femme persécutée : c'est que Dieu nourrit toujours ses enfants ; les pasteurs ne peuvent leur manquer. L'Église, par là, ne cesse jamais d'avoir son gouvernement *visible*, qui forme un de ses caractères indispensables. Elle a donc toujours les Sacrements et la Parole sainte, comme l'histoire nous apprend qu'il en fut dans les refuges les plus secrets de ce temps. Enfin, cet exil ayant fini pour la plupart avec la persécution, qui ne dura que trois ans et demi, S. Jean le borne encore aux « douze cent soixante jours » déjà expliqués au chapitre xi, et pendant lesquels elle se trouva comme réduite à ces âmes choisies, louant Dieu et son Verbe dans la retraite des îles et des forêts.

---

(1) « Cum vos persecuti fuerint in civitate ista, fugite in aliam. » (*Matth.*, x, 14 et 23.)

(2) Voir encore S. Grégoire de Nazianze, *orat.* xx. Il parle des parents de S. Basile, se retirant dans les forêts du Pont.—Eusèbe raconte (*Vita Constantini*, lib. II, cap. LIII) les conversions qui s'opérèrent dans les solitudes où les chrétiens s'étaient réfugiés.—Et bien d'autres.

(3) « Et Mulier fugit in solitudinem ubi habebat locum paratum ab Eo, et ubi pascant Eam diebus mille ducentis sexaginta. » (xii, 6.)

(4) Voir S. Hyeron. *Vita B. Pauli Eremitæ*.

Lutte de S. Michel et de Satan.

Pendant ce repos donné à quelques Saints, la tempête n'en troublait pas moins toute la terre habitée par quelques chrétiens. Un nouvel effort du démon, jaloux des conversions qui s'opèrent et de l'innocente vie des nouveaux cénobites, occasionne « un grand combat dans le ciel, » ou dans l'Église, selon la pensée de S. Augustin (1), le ciel, le royaume de Dieu étant souvent pris dans l'Évangile pour désigner l'Église militante de la terre (2). Michel, autrefois protecteur de la synagogue fidèle (3), maintenant de l'Église, « combat avec les bons anges contre le dragon, qu'assistent les mauvais (4). Quelle lutte plus marquée entre le paganisme et la Croix? Mais celui-ci est vaincu, et depuis lors ni lui ni ses horribles ministres « ne reparurent dans le Ciel. » — C'est la dernière persécution en effet, et cette remarque justifie bien le sens de S. Augustin, qui regarde ici « le Ciel » comme signifiant l'Église, destinée en réalité à triompher toujours de l'enfer. Ce même Père tire une autre conséquence de cette grande scène du dragon combattant contre la femme. Expliquant le symbole aux catéchumènes, il leur disait : « Le dragon se tenait devant » la femme qui allait enfanter, afin de dévorer son fils. » Personne de vous n'ignore que ce dragon est le diable ; » que cette Femme indique la Vierge Marie, qui a donné au

---

(1) « In cœlo, id est in Ecclesia. » (*Homil.* IX, inter diversas.)

(2) « Nemo est adjutor meus in omnibus, nisi Michael princeps vester. » (*Dan.*, X, 21.) — « Consurget Michael princeps magnus qui stat pro filiis populi mei. » (*Ibid.*, XII, 1.)

(3) « Sciendum nobis est quod sæpe in sacro eloquio regnum cœlorum præsentis temporis Ecclesia dicitur. De quo alio in loco Dominus dicit : Mittet Filius hominis angelos suos et colligent de regno Ejus omnia scandala. Neque enim in illo regno beatitudinis in quo pax summa est, inveniri scandala poterunt, quæ colligantur. » (S. Gregor. *Homil.* XII *in Evang. S. Matth.*)

(4) « Et factum est prælium magnum in cœlo : Michael et Angeli ejus præliabantur cum dracone, et draco pugnabat, et angeli ejus. Et non valuerunt, neque locus inventus est eorum amplius in cœlo. » (XII, 7 et 8.)

» monde notre Chef, sans rien perdre de son intégrité vir-
» ginale; qui a renfermé en Elle toute la figure de la sainte
» Église, de sorte qu'elle continue avec elle d'enfanter
» tous les jours des membres au Chef divin...... Dans le
» symbole qui vous est enseigné, vous recevez la protection
» de cette Mère, qui vous enfante, et dont la foi vous garde
» contre le venin du serpent (1). »

Mais poursuivons. Après une telle victoire, le Prophète s'enthousiasme de ses glorieux résultats, qu'il expose dans les titres mêmes donnés par lui au vaincu : « Il est tombé, » dit-il, ce grand dragon, cet ancien serpent, séducteur de » la première femme, qui est appelé diable (ou calomnia- » teur), et Satan (ou adversaire), qui, par ses tentations, » retire du bien et retient dans le mal. Il est tombé sur la » terre. » Il n'a donc plus rien à espérer dans le Ciel, où les élus triomphent à jamais de lui; « ses anges l'ont suivi dans sa défaite (2). »

Nous aurions à nous arrêter ici sur ce fameux dragon, sur ce serpent symbolique dont le rôle est si important dans les choses humaines; mais nous aurons à en traiter en son lieu. Continuons donc à le voir dans ce qui nous occupe à présent ; car aussi bien son histoire n'est pas finie.

Quelque chose eût manqué à cet épisode grandiose du combat des Anges, si court et si chaudement coloré, si le peintre divin n'y eût ajouté un chant de victoire. Ce chant est entonné dans le ciel (3); c'est un chœur des âmes sauvées

Chant de victoire pour l'Archange.

---

(1) S. August., *De Symbolo ad catechum*, lib. IV, cap. I.

(2) « Et projectus est draco ille magnus, serpens antiquus qui vocatur diabolus, et Satanas qui seducit universum orbem ; et projectus est in terram, et angeli ejus cum illo missi sunt. » (XII, 9.)

(3) « Et audivi vocem magnam in cœlo dicentem : Nunc facta est salus, et virtus, et regnum Dei nostri, et potestas Christi ejus; quia projectus est accusator fratrum nostrorum, qui accusabat illos ante conspectum Dei nostri die ac nocte. — Et ipsi vicerunt propter sanguinem Agni, et propter verbum Testimonii sui, et non dilexerunt animas suas usque ad mortem. — Propterea lætamini, cœli, et qui habitatis in eis. Væ terræ et mari, quia descendit diabolus ad vos, habens iram magnam, sciens quod modicum tempus habet. » (XII, 10, 11, 12.)

qui exalte « le salut opéré par la force du bras de Dieu, le règne éternel et la toute-puissance de son Christ, » et la ruine du monstre qui s'était fait « l'accusateur de ses frères, » les poursuivant « nuit et jour devant le trône de Dieu. » —Quel est ce rôle étrange assigné à Satan? Outre les calomnies qu'il dut susciter contre les chrétiens, et l'influence funeste qu'il exerça pour leur perte dans les conseils des tyrans inventeurs de tant de supplices, il y a ici un souvenir du livre de Job. Satan s'y vante devant le trône de Dieu de lasser, s'il le veut, la constance du saint Patriarche (1). On sait comment il y réussit après que Dieu lui eut permis de tenter le saint homme. Cette allusion si directe à ce qui arriva durant les épreuves du christianisme prouve clairement que rien n'en est déterminé que par la permission de Dieu. D'un autre côté, les Saints ne sont point restés sans défense. Le Sang de Jésus-Christ, principe de toute grâce efficace; la force invincible que donne la parole divine, le généreux abandon d'une vie perdue au milieu de souffrances inouïes, voilà autant de gages de cette victoire sur l'enfer. Tel est le sujet des cantiques célestes et des saintes joies qui éclatent dans l'éternelle demeure de Dieu et de ses âmes immortalisées.

Mais aussi, et en proportion de ce bonheur dont le ciel se réjouit parce que Satan en est expulsé, la terre où il tombe « va être malheureuse, ainsi que la mer, » c'est-à-dire le monde tout entier livré à ses fureurs dévastatrices. La colère du monstre doit d'autant plus s'exaspérer contre elle, qu'il prévoit le peu de temps qui lui reste. Constantin était déjà reconnu empereur. Pendant que ce prince arrêtait la persécution dans les provinces de son obéissance, Maxence en Italie et les gouverneurs des provinces en Orient faisaient encore beaucoup de martyrs.

---

(1) « Ait Satan : Extende paululum manum tuam, et tange cuncta quæ Job possidet, nisi in faciem maledixerit tibi. » (*Job*, i, 11.)

Ces fureurs redoublèrent en 308. Maximin Hercule fit beaucoup de mal jusqu'en 311 qu'il accepta l'édit donné par par Galère à Sardique (1). C'est dans cet intervalle que le dragon s'efforça par des violences nouvelles de se relever, « qu'il poursuivit la femme » exilée et triste, qu'avait ramenée au grand jour le calme d'une paix passagère. Alors « deux ailes d'aigle » très-rapides (souvenir d'Isaïe) furent données à la femme, afin qu'elle regagnât au plus vite, — tant la persécution revenait prompte et menaçante, — la solitude qui devait la protéger de nouveau (2). Elle y est « nourrie pendant un autre espace d'un temps, de deux temps et d'un demi-temps, » ce qui équivaut à trois temps (ou trois ans) et demi. C'est, en effet, ce que dura la persécution de Maximin en Orient, du commencement de 308 au milieu de 311.

Étonnante précision de la chronologie apocalyptique.

Mais cette précaution des chrétiens n'empêche pas le serpent de les poursuivre. « Il jette donc de sa gueule après la femme comme un fleuve pour l'entraîner et la submerger dans ses eaux (3). » Les eaux, dans l'Écriture, sont maintes fois le symbole des persécutions et des grands malheurs. Le déluge est une punition terrible des crimes de la terre ; Jacob compare Ruben à une eau dévastatrice pour son crime avec Bala ; les eaux de l'Égypte sont changées en sang (4), etc. — Ce symbolisme est consacré par les historiens ecclésiastiques dans le même sens, comme on peut le voir par S. Basile racontant le martyre de S. Gordius, et dans

Les eaux et leur symbolisme.

---

(1) Voir Eusèbe, *Hist. eccl.*, lib. VIII, cap. XVII ; lib. IX, cap. I. — Lactance, *De Mortibus persecutor.*, cap. XXXIII et XXXV.
(2) « Qui sperant in Domino mutabunt fortitudinem, assument pennas sicut aquilæ, current... » (*Is.*, XL, 31.)
(3) « Et misit serpens ex ore suo post mulierem aquam tanquam flumen, ut eam faceret trahi a flumine. Et adjuvit terra mulierem, et aperuit terra os suum et absorbuit flumen quod misit draco de ore suo. » (XII, 15, 16.)
(4) « Ecce Ego adducam aquas diluvii. » *Genes.*, VI, 17.) — Ruben effectus est sicut aqua. » (*Genes.*, XLIX, 4.) — « Computrescent aquæ, et affligentur. » (*Exod.*, VII, 18.)

S. Nil, aux actes de S. Théodore d'Ancyre : le peuple persécuteur y est comparé à un fleuve gros et rapide ; l'Église persécutée y est comme submergée alors par les flots d'une grande inondation (1). Toujours est-il que ce moyen employé par le dragon a son côté superhistorique : il exprime fort bien le genre de vexation auquel recourut Maximin, qui, n'osant plus faire de violence ouverte, s'aida de divers artifices pour expulser les fidèles des villes, interdire leurs assemblées et tout acte public de religion. Cependant « la terre aida la femme ; » on vit pour la première fois ces princes ligués contre Dieu depuis si longtemps, dont toutes les idées jusque-là avaient été de la terre et non du ciel (2), obligés par Constantin et Licinius de se montrer favorables aux chrétiens : ainsi Maximin, qui, battu par ce dernier et forcé de s'enfuir sous un habit emprunté, punit les prêtres de ses idoles qui l'avaient engagé dans sa résistance, et rendit gloire à la Croix (3). Voilà comment la terre engloutit le fleuve que le dragon avait vomi. Mais celui-ci, comme il arrive toujours, ne vit dans cette opposition de ses propres adeptes qu'un motif plus puissant de s'irriter contre la femme (4). Une troisième fois donc il se relève, et, suscitant Licinius pour une nouvelle persécution, il s'en va « faire la guerre aux autres enfants » de cette mère désolée.

On voit en ces termes le dernier assaut de Licinius contre

---

(1) On peut voir une longue énumération des attributs symboliques de l'eau dans les *Distinctions monastiques* recueillies par le *Spicileg. Solesm.*, t. III, p. 454 et suiv.

(2) « Terrena inhabitatio deprimit sensum multa cogitantem. » (*Sap.*, IX, 15.) — « Nolite mendaces esse adversus veritatem. Non est enim ista sapientia desursum descendens, sed terrena, animalis, diabolica. » (*Jac.*, III, 14.)

(3) Lactance, *De Morte persecut.*, cap. XXXVI, XLVI, XLIX. — Eusèbe, *De Vita Constant., imperat.*, lib. IX, cap. II, IV et X.) — Tillemont, *Mémoires pour l'hist. ecclés.*, t. V, ch. XLII, p. 104 et suiv.

(4) « Et iratus est draco in mulierem, et abiit facere prælium cum reliquis de semine ejus, qui custodiunt mandata ejus et habent testimonium Jesu Christi, et stetit super arenam maris. » (XII, 17, 18.)

le christianisme en 320. Le pouvoir de ce tyran, qui ne s'étendait qu'à de petites provinces de l'Orient, ne lui permit pas de faire beaucoup de mal : il se borna à des vexations ; mais comme on s'arrêtait peu à ses décrets contre la discipline extérieure, il en vint bientôt à des cruautés, et fit mourir plusieurs évêques, jusqu'à ce qu'enfin il mérita la mort que Constantin lui fit infliger en 323, au moment où, malgré le traité d'alliance conclu entre eux, il s'apprêtait à faire soulever contre ce dernier les alliés de l'empire. Ces faits historiques concordent fort bien avec notre texte sacré, et il est remarquable qu'Eusèbe, en racontant ces événements, se se sert envers Licinius d'épithètes qui paraissent indiquer, sans aucune équivoque possible, la férocité astucieuse de ce cruel ennemi de la Croix (1). Une autre circonstance confirme encore la frappante vérité de ces rapprochements. « Le dragon s'arrêta sur le sable de la mer ; » tout fut terminé en effet dans le Bosphore, où la perte d'une bataille navale ruina les dernières espérances de Licinius et arrêta la fureur du dragon.

Il y aurait une autre manière symbolique d'expliquer ce secours donné *par la terre* à l'Église persécutée par le monstre ; nous la hasardons comme possible dans une étude où le symbolisme a du moins sa part assurée, quoique l'interprétation historique y soit parfois contestable, à la rigueur. Pourquoi n'interpréterions-nous pas ce 16ᵉ verset de notre chapitre xii du recours que les chrétiens durent avoir de nouveau aux catacombes, aux cavernes des forêts et à toutes autres cachettes de ce genre que la persécution, subitement revenue, les obligea de chercher? Ils étaient à peine sortis de ces retraites choisies au fond des bois et dans les grottes obscures, quand partout le nom de chrétien était devenu un danger. Les fidèles non-seulement de Rome, mais de beaucoup d'autres endroits de l'Italie, car il y en

---

(1) Eusèbe. *De Vita Constant.*, lib. I, cap. XLVIII.

avait aussi sous le territoire de Naples et de Syracuse, dans l'île de Malte, et bien ailleurs (1), durent, de leur côté, regagner leur premier asile, et pour eux la terre *se rouvrit* en quelque sorte pour atténuer l'effet de la persécution. Ce sens, qu'on ne nous semble pas avoir invoqué jusqu'ici, ne contrarie ni le texte biblique ni l'histoire de ces dernières épreuves des chrétiens.

S. Bernard, qu'il faut toujours lire si l'on veut retrouver la très-sainte Vierge dans les livres saints, applique tous les efforts du dragon contre la femme mystérieuse aux épreuves souffertes par Marie dans les jours de sa maternité. Hérode aussi fut un despote cruel dont l'ambition s'inquiéta de l'enfantement virginal (2) : comme Satan, il redoutait un rival dans ce nouveau-né ; il le fait rechercher presque avant sa naissance, et il se dispose à le dévorer. Le massacre des saints innocents ouvrit le champ du martyre aux enfants de l'Église. C'est bien là encore l'inimitié prédite dans la Genèse entre le serpent et la femme (3). Quelque pure que fut, jusque dans son origine immaculée, celle qui mérita d'être la mère du Sauveur, l'intime liaison de son existence avec celle de son Fils lui imposa comme à lui de dures épreuves, et ce que le démon ne pouvait faire en des âmes inaccessibles au péché, il s'efforça de l'effectuer en traversant de toutes sortes d'entraves la marche de leur vie terrestre. Ainsi la Femme bénie entre toutes fut obligée de céder à la persécution, de se retirer dans la solitude, emmenant au désert de l'Égypte son cher trésor, le Fils que la bête aurait voulu dévorer. Après la mort du tyran, comme l'Église après celle des monstres couronnés qui la harcelaient dans sa mission, elle revient, et plus tard, dans une

---

(1) Voir Sabbathier, *Diction. des auteurs classiques*, t. IX, p. 429.
(2) Voir le chapitre II de l'Évangile de S. Matthieu.
(3) « Inimicitias ponam inter te et mulierem, et semen tuum et semen illius. Ipsa conteret caput tuum ; et tu insidiaberis calcaneo ejus. » (*Gen.*, III, 15.)

dernière persécution, elle voit l'ennemi triompher en apparence de son Enfant ; alors « l'eau des tribulations l'a submergée (1) ; » mais « la terre engloutit ce fleuve » d'amertume, car trois jours passés dans le tombeau suffirent pour rendre la vie au Dieu immolé, et ramener les saintes joies au cœur de sa Mère; et dès lors le dragon infernal échoua pour toujours sur la plage même de cet exil du monde où il eût voulu nous engloutir. S. Bernard a renfermé tout cela en quatre lignes, et montré une fois de plus de quelles ressources peut être le sens allégorique (2).

L'art de cette époque ne l'avait pas moins compris. Parmi les scènes fournies par l'Apocalypse à la peinture murale, on peut regarder comme une des plus curieuses et des plus anciennes celle qui représente dans l'abside de Saint-Pierre-des-Églises (Vienne) la naissance du Fils de la Femme, et le combat de saint Michel contre le dragon. On y voit la Femme qui déjà vient d'enfanter son Fils. Pendant qu'une foule de détails accessoires se développent dans cette scène supérieure de la Nativité divine, le plan inférieur nous montre l'Archange combattant le démon, qui vient de répandre son fleuve mystérieux contre l'auguste Mère. Ce fleuve se déroule en flots sinueux et abondants, mais son impétuosité ne sert de rien contre la femme bénie ; car à la suite de cette épreuve viennent les phases successives de sa longue vie : la visitation, l'adoration des Mages, et enfin son assistance à la Croix. C'est au-dessous de la naissance du Sauveur que le dragon, dressant les sept têtes que lui donne notre Livre sacré, résiste au chef de la milice cé-

Fresque de S.-Pierre-des-Églises reproduisant au douzième siècle la naissance de J.-C. et le combat de S. Michel.

---

(1) « Inundaverunt aquæ super caput meum. Dixi: Perii. » (*Thren.*, III, 54.) — « Magna est velut mare contritio tua. » (*Ibid.*, II, 13.)

(2) « Nimirum ipsa est quondam a Deo promissa mulier serpentis antiqui caput virtutis pede contritura... Denique et continuo per Herodem draco insidiatus est parienti, ut nascentem excipiens Filium devoraret, quod inimicitiæ essent inter semen mulieris et draconis. » (S. Bernard., *Serm.* I *de prærogativis B. Mariæ Virg.*, infrà oct. Assumpt.)

leste, qui, la tête nue, mais la poitrine protégée par une armure, le frappe de son épée et va le terrasser (1).

Jusqu'ici nous voyons dans les maux de l'Église le démon agir comme auteur principal, suggérant aux ennemis de la foi sa haine féroce, et montrant, au milieu de ces sanglants désordres, d'abord les fidèles sous la figure de « deux témoins » mis à mort et ressuscités, puis, sous l'emblème de l'horrible dragon à sept têtes et aux dix cornes, les princes rivaux de Constantin expiant dans la honte d'une complète ruine les dévastations de leur rage insensée. Nous allons revenir au même sujet pour la troisième fois, et la grande persécution de Dioclétien va se représenter sous une image inattendue. L'Intelligence divine est féconde, et en nous offrant un nouveau symbole, non moins étonnant, des orages soulevés contre l'Église, Elle donne à cette brûlante prophétie un caractère de la plus incontestable authenticité dans ce point de ressemblance avec toutes les autres.

Autre bête sortie de la mer, et ses attributs.

Chapitre XIII. — « Je vis, dit le Prophète, s'élever de la mer une bête ayant sept têtes et dix cornes ; sur chaque corne un diadème, et sur chaque front était écrit un nom de blasphème (2). » — Nous avons vu ces dix cornes et ces autres caractères, toute cette bête enfin qui ne revient ici décrite dans les mêmes termes que pour rappeler

---

(1) Voir, pour plus de détails, nos *Recherches sur l'église et la paroisse de Saint-Pierre-des-Églises*, dans les Mém. de la Soc. des Antiq. de l'Ouest, t. XIX, p. 273. — Ce même dragon est peint aussi à la voûte de notre magnifique abbatiale de Saint-Savin. Les influences grecques se remarquent dans cette œuvre par leurs caractères habituels, mais particulièrement par le nimbe d'or qui entoure la tête du monstre, qui, emprunté à l'Apocalypse dans son combat avec l'Archange, est roux, par une fidélité au texte qui montre bien l'importance des couleurs symboliques. Nous dirons bientôt pourquoi ce nimbe, qui semblerait associer le démon à la gloire de son céleste antagoniste, si nous ne savions aussi les *principes d'opposition* qui gouvernent souvent l'iconographie religieuse.

(2) « Vidi de mari bestiam ascendentem, habentem capita septem et cornua decem, et super cornua ejus decem diademata, et super capita ejus nomina blasphemiæ. » (*Apoc.*, XIII, 1.)

l'attention sur ce qu'on en sait déjà, au moment où son action va s'attaquer encore à Dieu et à ses Saints. C'est, comme nous l'avons fait remarquer, le développement de cette même prophétie qui n'avait été faite aux troisième et quatrième versets du douzième chapitre que par une sorte d'anticipation. Ces deux bêtes, d'ailleurs, diffèrent par des traits qu'il ne faut pas méconnaître. La première est un dragon « apparaissant dans le Ciel, » où il doit s'attaquer à la Femme choisie de Dieu. Cette autre dont nous allons parler « sort de la mer, » et son rôle va s'assombrir encore et se dessiner au milieu des plus tragiques circonstances : c'est l'empire romain avec son idolâtrie, le plus affreux des crimes qui s'élèvent contre Dieu, puisqu'il l'abaisse au-dessous d'ignobles idoles. Les sept têtes sont toujours les sept monstres humains qui se sont disputé dans le sang des chrétiens l'honneur impie de leur ruine totale. Tous ces princes régnaient sur des provinces différentes de l'empire, mais Dioclétien siégeait à Rome, et, son nom se trouvant le premier en tête des édits qui ordonnèrent la persécution, il dut à cette détestable prérogative d'être désigné plus particulièrement par le Prophète, comme nous le verrons. Cette bête difforme « s'élève de la mer » comme celle de Daniel, sur laquelle « soufflaient tous les vents (1), » pour indiquer ici que les empires représentés par elle étaient nés, comme ceux des successeurs d'Alexandre, des troubles et des tempêtes suscités par les ambitions opposées de tant de rivaux (2).

---

(1) « Et ecce quatuor venti pugnabant mari magno. » (*Dan.*, VII, 2.)
(2) Un auteur protestant, oubliant trop que l'Apocalypse n'est pas l'histoire du passé, mais de l'avenir, a voulu voir dans cette bête qui *s'élève de la mer* une allusion aux commencements de l'empire romain, venu de la mer en une certaine façon, puisque ses fondateurs n'avaient touché la terre d'Italie, suivant les traditions chantées dans l'*Énéide*, qu'après une dangereuse traversée de sept ans.

    ... Trojæ qui primus ab oris
  Italiam, fato profugus, Lavinaque venit
  Littora.   (VIRG., lib. I, *init.*)

— Ceci serait certainement une erreur; mais n'en serait-ce pas une

Ce sens est autorisé par S. Jean lui-même, qui, parlant plus tard (au chap. XXI) de la tranquillité de la vie future, dira que « c'en est fait de la mer, et qu'il n'y en aura plus (1). » C'est lui aussi qui, au chapitre XVII expliquera la bête aux sept têtes non-seulement par l'empire en général avec les sept tyrans qui le déciment, mais en particulier par la propre ville de Rome avec les sept montagnes qui l'environnent. Toutefois ces sept têtes portent dix cornes, trois d'entre elles en ayant chacune deux, ce qui semble dit pour trois des principaux tyrans que nous allons voir signalés au deuxième verset. « Chaque corne porte un diadème ; » elle représente donc un personnage couronné. Enfin « le front de toutes est marqué d'un nom de blasphème, » dernier trait on ne peut plus convenable au caractère de ces princes qui imposaient à leurs sujets le culte des idoles, et dont quelques-uns poussèrent la démence jusqu'à usurper les noms mêmes de leurs faux dieux, comme Dioclétien, qui prit le surnom de Jupiter, et Maximin celui d'Hercule. On sait, d'ailleurs, que les empereurs se faisaient adorer comme des dieux soit pendant leur vie, soit après leur mort, ce qui est le comble de l'apostasie. Chacune des sept collines de Rome était aussi consacrée à un dieu dont elle portait le nom.

Rome aux sept montagnes.

Le léopard et ses formes hybrides.

Mais à ces dehors mystérieux, la bête en ajoutait d'autres non moins caractéristiques. « Elle était semblable à un léopard, avec des pieds d'ours et une gueule de lion (2). » Daniel vit sous cette même forme les trois empires des Chaldéens, des Perses et des Macédoniens, et en plus une qua-

---

autre de prétendre que jamais Énée n'a abordé en Italie? La question, en effet, est-elle bien décidée parce qu'on s'est avisé de la contester en dépit des plus anciennes traditions et d'une foule de monuments scientifiques? Voir la *Galerie mythologique* de Millin, t. II, où se trouve une nombreuse suite de pierres gravées, de statues et de sculptures tirées de la biographie du héros troyen.

(1) « Et mare jam non est. » (*Apoc.*, XXI, 1.)
(2) « Bestia... similis erat pardo, et pedes ejus sicut pedes ursi, et os ejus sicut os leonis. » (XIII, 2.)

trième bête, à laquelle il ne donne pas de nom, mais qui était terrible, effrayante, cruelle, et brisant tout de ses dents de fer (1) : c'était Rome, renversant, brisant d'abord, puis absorbant en elle les trois grands empires susdits, et possédant tout leur territoire en deçà de l'Euphrate. S. Jean reçoit et transmet ces mêmes symboles comme s'appliquant très-bien aux trois persécuteurs qui s'acharnèrent le plus diaboliquement contre l'Église. Le léopard, symbole d'inconstance par les taches variées de sa peau tigrée, de méchanceté par ses fureurs (2), désigne Maximin Hercule, connue par l'irascibilité inquiète de son humeur versatile. Il quitta et reprit l'empire, se lia tour à tour avec ses collègues et s'en sépara ; puis il revint à eux pour s'efforcer de les trahir à son profit. Dans Daniel c'était Alexandre le Grand, sur lequel tous les historiens s'accordent à cet égard. — Maximien Galère ressemble fort à un ours par les énormes proportions de son corps, la brutalité de ses manières, que le symbolisme a personnifiées par cet animal, et même par son berceau, qu'on place en Mœsie, dans les contrées danubiennes. Son goût pour ces animaux féroces, auxquels on le compare, et qu'il se plaît à élever et à nourrir, autorise d'autant plus ce rapprochement (3). — Enfin, qui fut plus comparable à un lion que le sanguinaire Dio-

Caractère de Maximin Hercule.

(1) « Videbam... quatuor bestiæ grandes ascendebant de mari, diversæ inter se, prima quasi leæna..., alia similis urso..., alia quasi pardus. Post hæc bestia quarta, terribilis atque mirabilis et fortis nimis; dentes ferreos habebat magnos, et reliqua pedibus suis conculcans. » (Dan., VII, 2 et suiv.)

(2) S. Basile, cité par Franz, compare le léopard au démon, dont il lui trouve l'astuce et la malice. — Voir cet auteur, Animalium historia sacra, p. 63 et 66, in-12, Amstelod., 1643.

(3) Voir tous les biographes latins. — L'abbesse Herrade (Hortus deliciarum, f° 203) fait traîner le char de l'avarice par un ours, et en explique ainsi la miniature : Violentia est ursus...; — et un peu après : Terret clamore minisque. — Herrade est une des plus intéressantes figures du douzième siècle. Nous en reparlerons en traitant plus loin de cette belle époque hiératique.

clétien ? Voilà le triple monstre auquel le dragon, le génie infernal, communique sa puissance et donne le droit de persécuter l'Église ; voilà l'empire romain s'efforçant de maintenir l'idolâtrie aux dépens de la religion du Christ !

Mais un sens tout à fait mystique s'applique en outre ici à ces variétés d'une si étrange nature. C'est encore Mme d'Ayzac qui nous les révèle d'après nos guides du douzième et du treizième siècle. Le léopard, animal que son pelage bigarré et chatoyant faisait surnommer *versipellis*, et qui par là représentait la duplicité et la ruse, est l'emblème des déceptions et de la ruse de Satan. Le bras et les pattes de l'ours, si vigoureux pour retenir et pour étouffer ses victimes, ce sont le pouvoir de *li diables*. « Ainsi fait li diable, dit-il, a cela qu'il embrace et a abattu par péchié. » Sa gueule, empruntée au lion, figure « sa grant cruauté qui tout vousist dévourer (1). »

Cependant le Prophète voit bientôt une des sept têtes comme frappée à mort d'une blessure qui fut néanmoins bientôt guérie (2). Le XVIIe chapitre, auquel il nous faut ici recourir par anticipation, est la clef de ce passage (3) : c'est la *sixième* tête qui se trouve ainsi blessée, c'est-à-dire Maximin, qui survécut à cinq de ses collègues ou antagonistes, ne persécuta plus que l'Orient, et, laissant en paix le reste du monde, personnifia en lui-même la mort de l'idolâtrie. Licinius lui succède, et « la plaie faite à l'erreur semble se guérir, » puisque sous ses cruels auspices la persécution recommence. Elle n'est pourtant pas intolérable, au témoignage des historiens ecclésiastiques eux-mêmes (4),

---

(1) *Revue de l'Art chrétien*, ubi suprà, p. 350.

(2) « Vidi unum de capitibus suis quasi occisum in mortem, et plaga mortis ejus curata est. Et admirata est universa terra post bestiam. » (XIII, 3.)

(3) « Quinque ceciderunt; unus est, et alius nondum venit, et cum venerit, oportet illum breve tempore manere. » (*Apoc.*, XVII, 10.)

(4) « Res levioris negotii quam ut ad Ecclesiæ vulnera pertineret. » (Sulpitii Severi, *Histor. sacra*, lib. II, cap. X.)

et ce n'est pas encore la huitième bête, celle qui est attendue pour donner à son tour aux fidèles la joie de sa mort (1). Cette dernière sera Julien l'Apostat, lequel n'apparaît que cinquante ans après, en 364, et renouvelle contre le christianisme qu'il déserte les édits et les vexations de ses devanciers (2). De là cet enthousiasme de l'univers qui « se remet à la suite de la bête, » en retournant aux désordres des superstitions païennes ; de là ces adorations nouvelles prodiguées à l'idole, et l'aveugle admiration qu'elle excite dans ses adeptes (3). — Remarquons toujours que c'est au dragon, à l'ange rebelle, que se rapportent toutes ces louanges ; c'est lui qu'on adore avec la bête qu'il a suscitée. Le christianisme, par ses docteurs, a donc eu grandement raison de regarder le démon comme l'instigateur de l'idolâtrie, et *la bête*, le paganisme, comme la religion même de l'enfer.

Julien l'Apostat.

Les traits suivants ne conviennent pas moins à Julien : c'est « une bouche qui blasphème insolemment ; elle attaque Dieu, son nom, son tabernacle, les élus du ciel (4). » Cette habitude d'insultes impies, d'excessive vanité, et de superstitions condamnées même par les païens, ressort contre ce prince des écrits de tous ses contemporains, chrétiens ou non (5). Après tant de preuves historiques dont l'application ne convient qu'à lui, une autre corrobore les convictions qu'elles établissent. A lui aussi « il est donné de faire la

---

(1) « Et bestia quæ erat et non est, et ipsa octava est. Et de septem est, et in interitum vadit. » (*Apoc.*, XVII, 2.)
(2) Voir le 5ᵉ livre de Sozomène. (*Histor. eccles.*, cap. III.)
(3) « Et adoraverunt draconem qui dedit potestatem bestiæ..., et bestiam, dicentes : Quis similis bestiæ ? et quis poterit pugnare cum ea ? » (XIII, 4.)
(4) « Et datum est ei os loquens magna et blasphemias....; et aperuit... in blasphemias ad Deum, blasphemare nomen ejus, et eos qui in cœlo habitant. » (*Ib.*, 5, 6.)
(5) Voir Georges Codinus, *Origin. Constantinopolitanæ*, lib. III. — Ammien Marcellin, *Hist. Jul. imperat.*, lib. XXII et XXV. Ce prince est son héros préféré. — Le rhéteur Libanius, dialog. XII. — Eutrope, *Histor. Romana*. — Theodoret, Philostorge, Sozomène, etc.

guerre aux Saints durant quarante-deux mois (1), » ou trois ans et demi ; et, à bien prendre tout le temps du règne de Julien depuis son avénement au titre d'Auguste (commencement de l'an 360) jusqu'à sa mort, le 27 juin 363, on trouve, à quelques jours près, le compte exprimé ici, et pendant cette période la guerre, ouverte ou secrète, de l'Apostat contre l'Église ne cessa pas.

La bête à dix têtes dans une miniature du treizième siècle.

Parmi les œuvres de la peinture qu'inspira au moyen âge ce portrait de la bête à sept têtes que nous venons d'étudier, il faut remarquer surtout un beau manuscrit latin du treizième siècle, conservé à la bibliothèque impériale (2). L'horrible monstre y a son corps de léopard, ses pieds d'ours, ses gueules de lion; chacune de ses têtes est armée d'une corne et parée d'un diadème. Mais le peintre a fait plus : docile aux traditions consacrées à l'égard du nimbe et de ses emplois divers, il a entouré chaque tête d'un nimbe circulaire, non en signe de sainteté, comme on serait porté d'abord à le croire, mais seulement en signe de puissance et de force, comme l'ont pratiqué primitivement les artistes byzantins dont cette œuvre porte l'incontestable caractère. Mais un fait à observer, et qui confirme bien l'interprétation qu'il faut donner dans ce cas à l'emploi du nimbe, c'est qu'il est soustrait à l'une des têtes, et c'est celle de toutes qui par son affaissement indique bien la blessure dont parle l'écrivain sacré : *Unum de capitibus quasi occisum in mortem.* D'un autre côté, on peut voir aussi que tous les nimbes sont de couleur bleue : ce qui exprime parfaitement les prétentions usurpatrices de ces princes assez audacieux pour s'attribuer avec leur titre de dieux les adorations de la terre (3). On doit en dire autant du nimbe rouge donné à la tête qui tient le milieu entre les autres : c'est sans doute celle qui les

---

(1) « Data est ei potestas bellum facere menses quadraginta duos. » (XIII, 5.)

(2) *Psalterium cum figuris.*

(3) Voir ci-dessus, t. I, *Symbolisme des couleurs*, ch. XII, p. 312.

domine par la pensée; car le rouge, nous l'avons vu, est l'insigne de la puissance souveraine, qui découle de Dieu comme de sa source (1), et il se trouve ici dans son rôle d'*opposition* symbolique.

Revenons à notre commentaire. Après ces mystérieuses et étonnantes visions, une autre revient compléter les caractères de la tyrannie antichrétienne. L'histoire se charge encore de l'expliquer, et dans cette nouvelle bête « s'élevant de la terre, » et qui, tout en portant deux cornes semblables à celles de l'Agneau, a toutefois le langage du dragon (2), les interprètes découvrent d'un commun accord un genre d'ennemis qui n'a jamais manqué au christianisme. Cette fois la bête s'élève « de la terre : » les prodiges venus de l'air et de la mer seraient demeurés insuffisants à la rage des persécuteurs, s'ils n'avaient pas encore soulevé les efforts de la terre contre leurs antagonistes, si souvent victorieux. Les plaies nombreuses qu'il a subies sans y succomber, ses forces retrempées dans son propre sang, obligent le génie du mal à chercher des armes nouvelles, et les voici : on va opposer à l'Évangile, aux apologies de ses défenseurs, à l'enseignement de l'Église, les sophismes et les faux raisonnements de la philosophie *animale, terrestre, diabolique* dont parle S. Jacques (3) : c'est le temps en effet où l'astucieuse logique du paganisme se dresse contre Jésus-Christ, ses vertus, ses miracles et tout ce qu'il y eut de divinement inspiré dans les écrits et la conduite de ses adorateurs.

L'Église persécutée par la philosophie humaine.

Porphyre, Plotin, Hiéroclès servirent Dioclétien à souhait dans ce genre d'opposition. Plus tard, Julien lui-même, en

Agneau hypocrite.

---

(1) « Per me reges regnant et potentes decernunt justitiam. » (*Prov.*, VIII, 15.)
(2) « Et vidi aliam bestiam ascendentem de terra, et habebat cornua duo similia Agni, et loquebatur sicut draco. » (XIII, 11.)
(3) « Nolite esse mendaces adversus veritatem ; non est enim ista sapientia desursum descendens, sed terrena, animalis, diabolica » (*Jac.*, III, 14.)

défendant aux chrétiens de fréquenter les écoles, en détruisant leurs livres et les empêchant d'en publier, écrivit un ouvrage dont nous n'avons plus que des fragments conservés par S. Jérôme, et par S. Cyrille d'Alexandrie, qui le réfuta fort au long. A sa cour on voyait une foule de magiciens et d'imposteurs sortis des diverses écoles de la philosophie païenne, sectateurs avant tout d'Apollonius de Tyane, dont les prétendus miracles étaient opposés par eux à ceux du Rédempteur, et grands admirateurs de Maxime le Sophiste, dont Julien suivait aussi les inspirations. C'est d'après les conseils de ce zélé complice qu'il voulut singer les institutions chrétiennes, bâtissant des hospices pour les étrangers et pour les pauvres, des monastères pour les vierges affiliées à son œuvre. Il créa au clergé païen une discipline calquée sur celle de l'Église ; en un mot, il inventa une philosophie et des miracles qui trompèrent par leur fausse ressemblance avec la doctrine apostolique et les prodiges divins qui l'accompagnaient. Ce furent « les deux cornes, les deux puissances » de cet agneau hypocrite. Heureusement, en feignant les œuvres de l'Agneau véritable, il ne put dissimuler dans ses écrits « le langage du dragon, » qu'on reconnaissait d'ailleurs, aussi bien que dans ses discours, à sa vanité ambitieuse et à ses blasphèmes idolâtriques. Aussi « cette seconde bête exerça toute la puissance de la première, dont la plaie avait été guérie ; elle fit de faux prodiges, jusqu'à faire descendre le feu du ciel sur la terre devant les hommes (1), » comme on le voit par un fait que rapporte Eunape dans la vie du philosophe Maxime d'Ephèse (2).

(1) « Et potestatem prioris bestiæ omnem faciebat in conspectu ejus... Et fecit adorare bestiam cujus curata est plaga mortis ; et fecit signa magna, ut etiam faceret ignem descendere in terram, in conspectu hominum. » (XIII, 12 et 13.)

(2) Eunapii philosophi Sardensis, *In Maximum philosophum Ephesium*, p. 263, in-8°, 1596. — Il est toujours bon de nous tenir au sens historique dans l'explication de cette grande prophétie de S. Jean. On a pu déjà se convaincre qu'elle se trouve nettement, et sans efforts,

Puis, voilà encore que l'Apostat efface du *labarum* le monogramme du Christ qu'y avait mis Constantin, et le remplace par l'image de la bête, sa propre image, en lui rendant son caractère profane dans l'adoration des soldats. Il remet les oracles en crédit, et par là il fait « adorer la bête ; » il rend l'esprit aux idoles des dieux (1) ; et, las enfin de voir les fidèles résister à ces détestables séductions, il recommence les sanglantes persécutions de ses prédécesseurs, se promet d'abolir le nom chrétien à force de violence, et ne suspend ce projet que pour se mettre en campagne contre les Perses. En attendant, il désigne à la mort ceux qu'on ne reconnaîtra pas pour sectateurs des idoles aux caractères que les idolâtres portaient ordinairement sur eux-mêmes comme marque de dévouement à leurs dieux tutélaires. On sait que les religions païennes inspiraient cette sorte de superstition à leurs adeptes, et qu'au moyen d'amulettes, de symboles mystérieux et d'une certaine pratique d'acupuncture encore usitée par les membres des divers compagnonnages, on se tatouait les bras ou d'autres parties du corps des images des dieux ou de figures qui leur étaient propres. En Orient et à Rome on marquait les esclaves sur le front : c'est

<small>Symboles d'idolâtrie portés sur soi par les païens.</small>

expliquée par ce genre de rapprochement, qui, de plus en plus, semble moins contestable en présence des faits, comme on le voit encore par celui dont le philosophe de Sardes nous atteste la vérité. Cependant ne pourrait-on pas regarder ici encore ce feu comme symbolique dans la phrase qui nous occupe? Le feu a plus d'une fois représenté l'élément spirituel, qui, dans l'homme, s'élève jusqu'à Dieu par l'amour et l'adoration. S'il redescend sur la terre, ce n'est qu'en s'éloignant de ce digne objet du culte éternel, et par conséquent en perdant son caractère distinctif et en agissant contre sa nature : ainsi l'âme qui abandonne Dieu ; ainsi les sociétés qui s'abaissent au-dessous du niveau de la vérité ; ainsi encore le monde christianisé et retombant, après cette élévation trop vite oubliée, dans les fanges de l'erreur et du paganisme.

(1) « Et seduxit habitantes in terra..., dicens ut faciant imaginem bestiæ... Et datum est ei ut adoraret spiritum imaginis bestiæ, et ut loquatur imago...; et faciant ut quicumque non adorarent occidantur ; et faciet omnes... habere characterem in manu sua aut in frontibus suis. » (XIII, 14, 15, 16.)

de là que dans le *Cantique*, on entend l'Épouse demander à l'Époux de la « mettre comme un signe sur son cœur et sur son bras (1), » et plus haut nous avons vu les élus marqués au front « du nom de l'Agneau (2). » Telle est l'explication du signe symbolique auquel l'Apôtre fait allusion quand il nous montre la bête vouant à une perte prochaine quiconque ne portera pas le signe de ses adorateurs.

Un trait nouveau s'ajoute encore à tous ceux qui conviennent si parfaitement à Julien. Ces adorateurs ainsi marqués « seront les seuls qui puissent acheter et vendre (3). » Une loi de Dioclétien, renouvelée par l'indigne neveu de Constantin, interdisait aux chrétiens l'abord des marchés avant d'y avoir sacrifié aux idoles. Pour les priver de l'eau des fontaines, on y faisait jeter des viandes offertes aux prétendues divinités, et par là on forçait les fidèles de s'abstenir d'y puiser, car ils auraient craint de paraître participer au scandale.

Nombre de la bête et nom de Dioclétien.

Mais nous arrivons à une difficulté apparente qui a son importance, et que nous révèle ce même verset. Que signifie « ce nom de la bête, ou le nombre de ce nom » que l'on devra porter pour éviter la persécution ? La réponse à cette question prouvera une fois de plus quel intérêt l'Esprit de Dieu attache au symbolisme des nombres. « C'est ici, dit le texte sacré, que doit surtout se manifester la sagesse » de l'homme spirituel. « Que celui qui a l'intelligence compte le nombre de la bête, car son nombre est le nombre d'un homme, et son nombre est de **666** » (4). Ceci, tout d'abord,

---

(1) « Pone me ut signaculum super cor Tuum... super brachium Tuum. » (*Cantic.*, VIII, 6.)

(2) « Nolite nocere terræ... quoadusque signemus servos Dei nostri in frontibus eorum. » (*Apoc.*, VII, 3.)

(3) « Et ne quis posset emere vel vendere, nisi qui habet characterem, aut nomen bestiæ, aut numerum nominis ejus. » (XIII, 17.)

(4) « Hic sapientia est. Qui habet intellectum, computet numerum bestiæ. Numerus unius hominis est, et numerus ejus sexcenti sexaginta sex. » (XIII, 18.)

paraît au moins fort obscur. Mais examinons : les anciens, comme nous encore, avaient des lettres *numérales* à chacune desquelles ils attachaient une valeur arithmétique. Le genre mystérieux de notre prophétie, destinée à exciter et à soutenir l'attention qu'elle méritait, autorisait l'emploi de ce moyen, d'ailleurs très-capable d'éclairer sur son origine surnaturelle. La bête en question a donc un nom dont les lettres, prises chacune pour un chiffre et réunies par une addition, doivent produire le nombre total de six cent soixante-six. Il est clair que si une semblable opération peut s'effectuer en prenant pour base le nom d'un de ces persécuteurs qui figurent dans l'Apocalypse, ce sera à lui qu'il faudra attribuer tout ce que le Livre divin applique à cette bête symbolique. Or ç'a dû être l'objet de bien des exercices pour les interprètes, dont l'intelligence devait s'efforcer de chercher un sens admissible.

La diversité de ces conjectures n'a pas éclairé cet endroit difficile de lumières suffisantes, et de toutes les explications données par les anciens à la suite de S. Irénée et par les modernes, tels que Grotius, Lachétardie et Bossuet, il n'y a réellement que ce dernier qui paraisse avoir rencontré le véritable mot de l'énigme. Abandonnant les données qui s'étaient appuyées sur l'an **666** de l'ère chrétienne et sur le règne de l'Antechrist qu'on prétendait en rapprocher, et qui n'est venu, dans son sens biblique, ni alors ni depuis; laissant de côté et le nom de Trajan et les chiffres plus ou moins décisifs qu'on y rattache, le savant évêque de Meaux, sans efforts pénibles, sans conjectures banales, sans condescendance aucune pour les hypothèses plus ou moins ingénieuses, trouve la solution de la difficulté dans les lettres numérales qui forment le nom de Dioclétien, auquel il ajoute fort naturellement son titre d'Auguste, qui le spécialise d'autant plus, et tire ainsi le nombre **666** désigné par S. Jean des deux mots latins DIOCLES AVGVSTVS, dans lesquels, en ne prenant que les seules lettres munies d'une valeur arithmétique chez les Latins, on trouve fort exactement le nombre DCLXVI (1). Et qu'on ne dise pas que le nom de l'empereur est défiguré au besoin de ce calcul. Son véritable nom était bien Dioclès, qu'il tenait de sa mère Dioclea et qu'il ne latinisa, à son avénement à l'empire, que pour le reprendre après son abdication.

Une objection plus spécieuse se tirerait peut-être de ce qu'il n'est réellement question, dans tout ce que nous venons d'exposer, que de Julien et non de Dioclès. Mais si l'on considère que le premier, après s'en être tenu d'abord à une persécution politique, et pour ainsi dire doucereuse, en voulut venir enfin aux scènes sanglantes des arènes, des bûchers et des échafauds, on s'expliquera pourquoi le texte biblique passe tout à coup d'un nom à un autre par une sorte de rapprochement qu'autorise trop les cruautés du second. Julien s'identifie alors véritablement avec Dioclétien par la ressemblance de sa conduite avec celle d'"un prédécesseur qui n'a fait qu'ouvrir la voie et préparer les sanglantes tragédies de ce règne abhorré. Il n'y a donc ici rien que de fort naturel dans cette transition de l'accessoire au

---

(1) Voici, d'après D. Calmet, comment on dispose plus clairement les éléments de l'addition qui mène au total indiqué, en comptant comme autant de zéros les lettres qui ne sont pas numérales :

D	500
I	1
O	0
C	100
L	50
E	0
S	0
A	0
V	5
G	0
V	5
S	0
T	0
V	5
S	0
	666

principal, et, dans l'ingénieuse application de Bossuet, « le nombre du nom » exprime on ne peut mieux « le caractère de la bête. » Ce nombre n'indique donc aucune année en particulier que doive marquer un événement important. Il est purement symbolique; il désigne l'homme qui prendra sur lui l'éternelle responsabilité d'une complicité coupable avec tous les tyrans qu'il résuma en lui-même. Le nom de la bête est donc trouvé, et nous n'osons croire qu'on n'en trouvera aucun autre aussi convenablement adapté à la prophétie. Wouters a très-bien défendu et pleinement autorisé sur ce passage l'interprétation de Bossuet (1).

(1) *Quæst*. III *in capit.* XIII, *Apocal.* (Apud Migne, *Script. sacræ curs. compl.*, t. XXV, p. 1131 et seq.)

CHAPITRE X.

QUATRIÈME SUITE DE L'APOCALYPSE.

(DU CHAPITRE XIV AU CHAPITRE XVIII.)

<small>Triomphe de l'Église.</small>

Chapitre XIV. — Le Prophète continue; voici le triomphe de l'Église et sa grandeur. « L'Agneau, le Fils de Dieu, » longtemps persécuté, « est debout, » c'est-à-dire tout-puissant, « sur la montagne de Sion, » par laquelle les Livres saints expriment si souvent le Ciel et l'Église. « Autour de lui » ses amis, au nombre de cent quarante-quatre mille, portent écrit sur leurs fronts son nom glorieux et celui de son Père, » inséparable de lui (1). Ce nombre a pour racine *douze*, doublement consacré dans l'ancienne et dans la nouvelle Loi par les douze tribus et les douze Apôtres.

<small>L'Agneau vainqueur.</small>

Nous avons vu, sur le chapitre III (verset 12) comment s'interprètent les noms divins marqués au front des élus.

Et maintenant s'élèvent, pour charmer l'oreille humaine, des chants harmonieux et si unanimes que leurs accords forment dans leur ensemble comme une seule voix dont la force, pleine de gravité et de mesure, ne se compare qu'aux « éclats retentisssants de la foudre ou au bruit imposant d'un fleuve roulant en de lointaines campagnes la voix »

---

(1) « Agnus stabat supra montem Sion, et cum eo centum quadraginta quatuor millia habentes nomen Ejus, et nomen Patris sui scriptum in frontibus suis. » (XIV, 1.)

cadencée de ses grandes eaux (1). Cette majestueuse symphonie était celle des harpes innombrables, exprimant la joie, en même temps abondante et réglée, de ce nombre infini d'élus dont les cantiques s'échappaient comme un torrent de félicité inaltérable et éternelle devant le Maître divin, les vingt-quatre Vieillards et les quatre Animaux mystérieux, » c'est-à-dire devant Dieu et toute la Cour céleste. Nous verrons, au chapitre XVII, que l'eau, outre le symbolisme que nous en avons déjà trouvé dans les épreuves et les persécutions, peut être prise aussi pour la figure du peuple, et plus « cette voix des grandes eaux » est forte, plus aussi est censée nombreuse la multitude de ceux qui font retentir cette musique céleste; et c'est une raison de regarder comme indéfini et symbolique le nombre de *cent quarante-quatre mille* adopté ici pour exprimer celui des vierges qui chantaient les louanges de Dieu (2). Ces accents, tout empreints de tant d'élévation et de douceur, convenaient bien à ceux dont ils interprétaient le bonheur ineffable; car c'étaient, parmi les Saints, ceux dont la robe baptismale n'avait point été souillée par les voluptés de la chair ; c'était le chœur des vierges « suivant l'Agneau partout où il va, comme autant de prémices plus dignes de lui appartenir (3). » — « Le mensonge n'a pas plus souillé leur bouche que la moindre impureté n'a taché leur corps (4). » On voit ici, dit S. Augustin, que ces âmes, à qui la chasteté fut une vertu de prédilection, ont un cantique particulier qu'elles

<small>Les cent quarante-quatre mille vierges épouses de l'Agneau.</small>

---

(1) « Audivi... tanquam vocem aquarum multarum, et... tonitrui magni... sicut citharœdarum... Et cantabant quasi canticum novum ante Sedem, et ante quatuor Animalia, et Seniores. Et nemo poterat dicere canticum nisi illa centum quadraginta quatuor millia qui empti sunt de terra. » (XIV, 2, 3.)

(2) Voir Wouters, *In Apocal.*, cap. XIV, *quæst. I.*

(3) « Hi sunt qui cum mulieribus non sunt coinquinati : virgines enim sunt. Hi sequantur Agnum quocumque ierit... empti ex hominibus primitiæ Deo et Agno. » (XIV, 4.)

(4) « In ore eorum non est inventum mendacium : sine macula enim sunt ante thronum Dei. » (*Ib.*, 5.)

258   HISTOIRE DU SYMBOLISME.

seules peuvent chanter (1). Néanmoins un grand nombre de commentateurs regardent dans ces vierges autant de symboles des chrétiens courageux qui, fidèles jusqu'à la fin, ne se sont point abandonnés à l'idolâtrie, que les Prophètes appellent une prostitution. Cette particularité se rattache donc à la chute des superstitions païennes, à la joie de l'Église universelle, et à cette profonde paix que goûtent les cœurs chrétiens quand de grandes tentations s'en sont éloignées.

Renversement de la Babylone spirituelle.

Après ce triomphe de la doctrine sainte, le règne de l'Évangile est annoncé. « Un nouvel ange s'élançant dans les régions du Ciel » porte le Livre éternel aux nations de la terre, les engage à rendre gloire au Seigneur, et annonce « son jugement qui s'approche (2) ; » et aussitôt, un autre encore proclame le renversement de « cette grande Babylone qui enivra les nations du vin empoisonné de ses désordres et de sa fornication (3). » — Rome est ici désignée. Comme la Babylone depuis longtemps détruite avait jeté au monde oriental les séductions de ses criminelles voluptés, l'Occident n'a succombé dans les mœurs et dans la foi qu'aux suggestions perfides, aux exemples prévaricateurs de la grande cité maîtresse de la terre. Sa ruine est si prochaine que l'Ange en parle comme d'un fait accompli : « elle est tombée, » et, afin que ce langage menaçant ne laisse point

L'enfer destiné à ses adeptes.

---

(1) Pergite itaque, sancti Dei... Laudate Dominum dulcius, quem cogitatis uberius...; vos affertis ad nuptias Agni canticum novum quod cantabitis citharis vestris..., quale nemo poterit dicere, nisi vos... — Sequantur itaque Agnum cæteri qui virginitatem corporis amiserunt, non quocumque ierit, sed quousque ipsi potuerint. Ille Agnus graditur itinere virginali. Quomodo post Eum ibunt qui amiserunt quod nullo modo recipiunt? » (S. August., *De Sancta Virginitate*, cap. XXVII, XXVIII.)

(2) « Vidi alterum Angelum volantem..., habentem Evangelium æternum ut evangelizaret sedentibus super altarim..., dicens : Timete Dominum... quia venit hora judicii Ejus. » (XIV, 6, 7.)

(3) « Alius Angelus... : Cecidit, cecidit Babylon illa magna, quæ a vino iræ fornicationis suæ potavit omnes gentes. » (*Ibid.*, 8.)

L'APOCALYPSE (CH. XIV-XVIII).

aux impies par son caractère prophétique et obscur de prétexte pour en nier le sens, « un troisième Ange » s'adresse ouvertement à ceux « qui auront adoré la bête et son image, accepté sur leur front et dans leur main son caractère de réprobation, » — et, au lieu de cette coupe funeste des voluptés et du mensonge où ils ont puisé le principe de leurs égarements, il leur montre « le vin de la colère céleste, » qu'ils vont boire sans adoucissement (1), « et les tourments du soufre embrasé, » préparé par ceux-là mêmes qui avaient le plus désiré leur salut. Ce feu de l'enfer si nettement exprimé dans ces effrayantes paroles; ce vin figuratif que le Psalmiste avait prédit en des termes presque identiques (2), et dont un Dieu forcé de venger ses Saints abreuvera chaque coupable en proportion de ses méchancetés; ce châtiment justement souffert, et par là nécessairement approuvé des élus en qui le sentiment de la gloire du Seigneur absorbera tout sentiment pénible, tout cela sera, devant Dieu et les Anges, « comme la fumée d'un sacrifice perpétuel » offert à l'éternelle justice, si longtemps méconnue (3). Ce mystère explique seul « la patience des Saints, » qui attendent le jugement divin sans se laisser décourager par les iniquités de l'impie qui les accable. « Leur mort est donc un bonheur; » car c'est « le commencement de leur repos; leurs œuvres les suivent » pour attester leurs droits à la miséricorde éternelle, comme celles de leurs persécuteurs ne laissent es-

(1) « Tertius Angelus... : Si quis adoraverit bestiam et imaginem ejus, et acceperit characterem in fronte sua et in manu sua..., bibet de vino iræ Dei, quod mixtum est mero in calice iræ ipsius, et cruciabitur igne et sulfure in conspectu Angelorum sanctorum et in conspectu Agni. » (*Ibid.*, 9.)
(2) « Calix in manu Domini vini meri plenus mixto, et inclinavit ex hoc in hoc; verumtamen fæx ejus non est exinanita : bibent omnes peccatores terræ. » (*Ps.*, LXXIV.)
(3) « Et fumus tormentorum eorum ascendet in sæcula sæculorum. Nec habent requiem die ac nocte qui adoraverunt bestiam. » (*Apoc.*, XIV, 11.)

pérer à ceux-ci qu'une interminable suite d'inévitables supplices (1).

<small>Nouvelle image du jugement dernier.</small>

Ici, sous une suite d'images qui ne semblent prédire que les peines de l'enfer, on voit clairement indiquées aussi les punitions temporelles dont la Rome païenne doit être frappée. Et maintenant le Prophète va poursuivre le développement de cette grande pensée en reproduisant des menaces faites longtemps avant lui. Les prophéties de Daniel, de Joël, de Notre-Seigneur lui-même à une époque beaucoup plus rapprochée, avaient annoncé le jugement général qui devait précéder le dernier avénement en ce monde du Fils de Dieu (2). S. Jean voit l'accomplissement de ces pensées dans « ce nuage blanc qui sert de trône à Jésus, juge suprême, portant une couronne d'or et armé d'une faux tranchante (3). » Là il va donc juger en souverain à qui rien ne résiste, dont les arrêts sont définitifs. Mais quelle est cette faux? à quoi va-t-elle être employée? — Écoutez cet autre messager criant d'une voix retentissante : « Lancez votre faux et moissonnez, car la moisson est mûre; » et soudain la faux fut jetée, et la terre fut moissonnée comme d'un seul coup et en un clin d'œil, semblable à une vigne dont les grappes tombent en un jour sous la serpe des vendangeurs (4). Ces raisins remplissent bientôt « la grande

---

(1) « Hic patientia Sanctorum est qui custodiunt mandata Dei et fidem Jesu... Beati qui in Domino moriuntur... ut requiescant a laboribus suis ; opera enim illorum sequuntur eos. » (*Apoc.*, XIV, 12, 13.)

(2) « Ecce cum nubibus cœli quasi Filius hominis veniebat... et usque ad Antiquum dierum pervenit..., et dedit Ei potestatem, et honorem, et regnum. » (*Dan.*, VII, 13, 14.) — « Sedebo ut judicem omnes gentes. » (*Joel*, III, 12.) — « Filius hominis sedebit super sedem majestatis suæ. » (*Matth.*, XXV, 31.)

(3) « Ecce nubem candidam, et super nubem sedentem similem Filio hominis..., in capite suo coronam auream, et in manu sua falcem acutam. » (*Apoc.*, XIV, 14.)

(4) « Mitte falcem tuam, et mete... quoniam aruit messis... Vindemia botros vineæ terræ... et vindemiavit vineam. » (*Apoc.*, XIV, 15 ... 19.) — La faux est le symbole du jugement dernier dans Joël : « Mittite falces

cuve préparée par la colère d'un Dieu outragé. » Cette cuve « fut foulée hors de la ville. » — Mais ce n'est pas du vin qui en sortit : « ce fut du sang, » et en telle abondance que « les chevaux en avaient jusqu'au mors dans une étendue de seize cents stades, ou à peu près soixante-dix lieues (1).

Sous ce voile d'événements si naturels rendus avec des couleurs si vives, il faut reconnaître les grandes catastrophes qui bouleversèrent l'empire romain et le foulèrent sous les pieds d'Attila et d'Alaric, vers le commencement et le milieu du cinquième siècle. On sait que ces farouches conquérants ne laissèrent que des ruines sur leur passage. Le premier, il est vrai, respecta S. Léon et épargna Rome, que le grand Pontife sauva par son généreux courage. C'est alors que « le pressoir divin fut foulé hors de la ville ; » car l'Italie et les autres provinces de l'empire n'en furent pas moins inondées de sang, et ce qu'il y a d'excessif dans les mille six cents stades énumérés en cet endroit exprime bien, par une exagération dont nous avons le secret, l'horrible ravage de tant de hordes barbares acharnées à une proie que la main de Dieu devait leur livrer.

Invasion d'Alaric et d'Attila.

Cette destruction de Rome n'est pas complétée, il est vrai, par le mal qu'y fit d'abord Alaric. La malheureuse ville répara ses désastres ; ses citoyens dispersés y revinrent ; ses monuments se relevèrent ; le gouvernement s'y rétablit tant bien que mal. Mais à lire dans S. Jérôme (2) l'affreux tableau des désordres qui s'y consommèrent, à considérer dans quel état déplorable elle fut laissée par les vainqueurs, on voit bien que ce fut le commencement de son malheur suprême ;

---

et vindemiate vindemiam terræ, quia maturæ sunt uvæ. » (*Joel*, III, 13.) Et S. Méliton l'entend ainsi. (*Clavis sacr. Script.*, de metallis, cap. XL.)

(1) « Et misit in lacum iræ Dei magnum ; et calcatus est lacus extra civitatem, et exivit sanguis de lacu usque ad frœnos equorum per stadia mille sexcenta. » (*Ib.*, 20.)

(2) *Epist.* XVI *ad Principium*. — Voir encore la *préface* du *Commentaire* de ce Père *sur Ezéchiel*.

car depuis 410 jusqu'à 549, qu'elle passa successivement des mains de ce prince à celles de Genséric en 455, d'Odoacre en 467, et de Totila en 546 et 549, on la vit se débattre dans une longue et cruelle agonie. Elle avait donc reçu en réalité le coup de mort de la main du premier de ces conquérants. C'est ainsi qu'il faudra comprendre son rôle et la chute de la cité infidèle, lorsque deux ou trois fois encore le Prophète reviendra plus tard aux détails de ce grand événement.

Sept Anges, sept fléaux. — Encore le nombre sept.

Chapitre XV. — Autres scènes tout aussi énergiques par le plan et le coloris. « *Sept* Anges » apparaissent « chargés des sept dernières plaies dont la colère de Dieu va frapper le monde (1). » Ce nombre mystérieux revient encore par conformité avec les sept Anges des premières plaies. Celles-ci devaient atteindre en partie les fidèles et en partie les persécuteurs. Celles-là ne menacent que l'empire romain, coupable du sang de tant de martyrs. Dieu avait menacé les Juifs infidèles de les punir sept fois, ou par des maux infinis (2). C'est ici une même manière de parler, et nous verrons que les sept plaies qui vont s'ouvrir sur les pécheurs désignés à la vengeance divine renfermeront une foule d'affreuses calamités. Quant aux fidèles, qu'aucune épreuve ne peut plus inquiéter, ils forment un contraste ménagé tout exprès, et il faut remarquer de quelle façon mystérieuse leur gloire nous est montrée. Cette mer de verre que nous avons vue au chapitre IV leur sert comme de marchepied. La transparente limpidité du cristal reflète une vivacité éclatante, une teinte de feu qui les éblouit, et rend bien l'idée de leur nature spiritualisée (3) ; « et sur des harpes » consa-

---

(1) « Aliud signum in cœlo magnum et mirabile : Angelos septem habentes plagas septem novissimas..., in illis consummata est ira Dei. » (*Apoc.*, XV, 1.)

(2) « Ego contra vos adversus incedam, et percutiam vos *septies* propter peccata vestra. » (*Levit.*, XXVI, 24.)

(3) « Quod autem vitreum et cristallum dicitur perlucidam et splendentem significat incorporeorum spirituum naturam. » (Gagny, *In Apoc.*, cap. IV.)

crées à célébrer les éternelles félicités des Saints, « ils chantent le cantique de Moïse, celui de l'Agneau sanctificateur; » ils louent donc, par des chants tirés des deux Testaments, les œuvres de la toute-puissance divine et la remercient d'avoir fait luire enfin le jour « de sa justice et de sa vérité (1). » Quoi de plus propre, en effet, à rendre la reconnaissance des élus que d'exalter en union à Moïse leur délivrance des cruautés de tant de nouveaux Pharaons? de bénir le Sauveur, qui a réalisé par ses travaux et sous sa propre conduite la transition de l'esclavage à la liberté, à travers la mer rouge de son Sang? Au reste, la harpe est toujours un instrument de joie dans l'Écriture. Job rend bien cette pensée quand il dit, pour faire comprendre comment ses malheurs ont succédé à sa haute fortune : *Versa est in luctum cithara mea* (2). Cette opposition des saintes allégresses du ciel va rendre plus sensibles le tableau qui se prépare et la vengeance qui doit éclater sur les impies. Voyez-vous les sept Anges sortir du Temple éternel, vêtus de blanches tuniques de lin, comme autrefois les enfants d'Aaron près de l'autel des holocaustes, et manifestant par cette blancheur éclatante, comme par leur ceinture d'or, la pureté de leur obéissance et de leur amour (3)? Un des quatre Animaux qui veillent auprès du Trône, et qui, se mêlant aux choses les plus importantes de cette Révélation, indiquent, au jugement des interprètes, que tout se fera dans l'esprit de l'Évangile et selon ses prophéties, distribue à chaque Ange une coupe pleine de la colère de Dieu. — Nous

La harpe;

Les robes blanches;

Le tétramorphe.

---

(1) « Vidi tanquam mare vitreum mixtum igne, et eos qui vicerunt bestiam et imaginem ejus... stantes super mare vitreum, habentes citharas Dei, et cantantes canticum Moysi, et canticum Agni... Justæ et veræ sunt viæ tuæ, Rex sæculorum. » (*Apoc.*, XV, 2.)

(2) Job, XXX, 31.

(3) « Exierunt septem Angeli, habentes septem plagas, de templo, vestiti lino mundo et candido, præcincti circa pectora zonis aureis. Et unum de quatuor Animalibus dedit septem Angelis septem phialas aureas plenas iracundia Dei. » (*Apoc.*, XV, 6.)

savons, par le chapitre précédent, le sens de ces coupes de funeste présage; et pour qu'aucune certitude ne manque à l'action directe de cette colère redoutable, voilà que le temple se remplit d'un nuage épais (1), manifestation de la présence de Dieu, symbole de sa gloire, telle que jadis on l'avait adorée sur le tabernacle, et plus tard dans le temple de Salomon (2).

<small>Mystère de la justice de Dieu.</small>

Autre mystère à observer ici. Du moment où cette majesté du Dieu invisible se déclare dans le temple, « personne, dit le texte sacré, n'y peut entrer jusqu'à ce que les plaies soient consommées. » *Entrer dans le temple*, c'est, selon le sens du Psalmiste, connaître les secrets de Dieu qu'on allait consulter dans le tabernacle (3). Ceux donc qui cherchent la vérité sur la conduite de Dieu à l'égard des méchants ne l'aperçoivent souvent et ne la verront certainement dans cette rencontre qu'après l'accomplissement des sévères justices du Seigneur sur la race des réprouvés. C'est un encouragement pour les uns, une utile menace pour les autres. Voyons comment ses plaies vont se répandre sur ceux qui doivent en souffrir.

<small>Dernières sévérités de la Providence sur l'empire romain.—Les sept coupes mystérieuses, symboles de ces rigueurs.</small>

Chapitre XVI. — « Une grande voix s'élève de l'intérieur du Temple, » qui est le ciel, « et dit aux sept Anges : Allez, répandez sur la terre les sept coupes de la colère de Dieu (4). » Que de fléaux à la fois vont se déchaîner sur l'Empire et le réduiront au plus triste état, depuis et y compris le règne du

---

(1) « Impletum est fumo a majestate Dei, et de virtute ejus. Et nemo poterat intrare in templum, donec consummarentur septem plagæ. » (*Apoc.*, xv, 8.)

(2) « Dominus pollicitus est ut habitaret in caligine. (II *Paralip.*, vi, 1.) — Operuit nubes tabernaculum Testimonii, et gloria Domini implevit illud. » (*Exod.*, xl, 32.)

(3) « Existimabam ut cognoscerem hoc : labor est ante me, donec intrem in sanctuarium Dei, et intelligam in novissimis. » (*Ps.*, lxxii, 16.)

(4) « Et audivi vocem magnam de Templo : Ite et effundite septem phialas iræ Dei super terram. » (*Apoc.*, xvi, 1.)

lâche et impudique Gallien, qui commence en 260, jusqu'à la fin du faible et indolent Honorius, en 428!.. — S. Jean, on le voit, revient ici sur des prophéties que les chapitres précédents ont exposées, mais dont les détails n'étaient pas encore développés, et devaient l'être afin de mieux confirmer la vérité de ces oracles de Jésus-Christ. C'est pourquoi nous rentrons dans l'histoire, où nous attendent, sous de nombreux et riches symboles, les magnifiques traits des tableaux les plus variés.

Et 1° la peste.

« Le premier Ange verse sa coupe sur la terre, » et les hommes sont frappés « d'une plaie maligne et dangereuse, » sorte d'ulcère incurable, comme l'explique la version grecque (1), qui attaqua les adorateurs de la bête. Eusèbe, Orose, Sozomène et les autres historiens qui racontent les règnes de Gallien et de Volusien, de 251 à 253, et celui de Gallien, de 260 à 268, constatent qu'une peste affreuse, commencée sous les deux premiers, et qui, après une assez longue interruption, redevint plus intense sous l'empire du troisième, ravagea tout l'univers pendant un espace de dix ans. Elle attaqua surtout les païens, qui portaient le caractère du monstre infernal, et l'on n'en vit frappés, parmi les chrétiens, qu'un petit nombre de ceux que leur charité avait portés à soulager les malheurs publics. Le livre de S. Cyprien *De la Mortalité* fut écrit en cette occasion pour fortifier les fidèles dans la patience, et leur montrer quels fruits ils devaient tirer pour eux-mêmes de ces tristes et sévères avertissements de Dieu.

La mer et les fleuves, symboles de Rome et des provinces.

La seconde coupe « change la mer et les fleuves en sang (2). » — La mer, c'est l'Empire (3). Les fleuves, au

---

(1) « Primus... effudit phialam suam in terram, et factum est vulnus sævum et pessimum (ἕλκος κακὸν καὶ πονηρόν) in homines. » (*Apoc.*, XVI, 2.)

(2) « Secundus Angelus effudit phialam in mare, et factum est sanguis tanquam mortui, et omnis anima vivens mortua est in mari. » (*Ibid.*, 3.)

(3) Voir Wouters, *in hunc loc.*, D. Calmet, Bossuet et autres.

verset suivant, sont les provinces, que tant de conquêtes y ont ajoutées, et qui, ayant participé aux crimes de la ville conquérante, doivent être abreuvées aussi à la coupe de ses châtiments. Les fleuves alimentent la mer, comme les provinces fournissent leurs tributs à la capitale. Donc le sang y ruisselle de toutes parts, noir et stagnant « comme celui d'un mort. » Où était, en effet, la vie de l'empire romain? Le sang, la mort, où n'étaient-ils pas..., et quoi de plus comparable à une grande mer de sang putréfié que ce vaste champ de bataille où, pendant près de dix années, les trente tyrans se disputèrent le pouvoir et payèrent de leur vie une sanguinaire ambition? — Plus tard, et après des ravages d'un siècle, la guerre poursuit et redouble ses fureurs sur la surface du monde. Tout est enfin sous la main vengeresse des Perses et des Goths, des Germains, des Asturiens, des Isaures, des Pictes et des Écossais, qui, dans toutes les parties du monde romain, se répandent en incursions ruineuses et portent sur leurs pas le ravage et la mort. C'est alors qu'on voit « tout être vivant qui habite cette mer » de l'Empire succomber sous les coups de ces terribles et innombrables vainqueurs. Ces assertions n'ont pas besoin de preuves; elles sont l'histoire même, que chacun peut avoir lue et se rappeler.

2° La mer de sang, ou la guerre.

« La troisième coupe est versée sur les fleuves et les fontaines, » qui représentent les provinces, dépendantes de Rome et lui apportant la vie par leurs tributs annuels, comme les fleuves et les sources jettent leurs ondes au sein des mers. Là aussi le sang coule de toutes parts, car les eaux ne sont plus « que du sang » répandu à l'envi par Alaric et Radagaire, les Vandales et les Alains, les Suèves et les Francs, qui désolent la Gaule et l'Italie (1). Ces horribles catastrophes sont

3° Extension de ce fléau.

---

(1) « Tertius... effudit... super flumina et super fontes aquarum, et factus est sanguis. Et audivi Angelum aquarum dicentem : Justus es, Domine, qui es et qui eras Sanctus, qui hæc judicasti ; quia sanguinem Sanctorum et Prophetarum effuderunt, et sanguinem eis dedisti bibere : digni enim sunt. » (*Apoc.*, XVI, 4, 5, 6.)

le passage de la justice de Dieu. « L'Ange qui préside aux eaux, » comme il en est un pour la terre, et d'autres pour chacune de ses parties, s'écrie, en dévoilant ce grand mystère, que « Dieu est juste, » puisqu'il ne fait, en déchaînant ces exterminateurs aux gages de sa providence, « que venger le sang de ses Prophètes et de ses Saints. » — « Ceux qui aimèrent à le boire en sont repus. » C'est le triomphe de la justice d'En-Haut.

<small>4° Sécheresse et famine.</small>

Un autre mal devait accabler les générations qui se succédèrent pendant la première moitié du quatrième siècle. Le quatrième Ange l'envoie à la terre « en versant sa coupe sur le soleil, » dont les insupportables ardeurs causent dès lors une sécheresse qui prive le sol de toute fertilité, interrompt l'ordre des saisons et amène une famine que d'horribles maladies accompagnent bientôt (1). Cette double affliction est signalée par les écrivains contemporains, tant ecclésiastiques que profanes, et rien n'est plus triste que la description de l'affreux état où furent réduites les populations de l'empire. Ammien-Marcellin, S. Augustin, S. Jérôme, Salvien et d'autres mentionnent les chaleurs excessives qui firent tant de ravages durant l'été et l'automne de l'an 396; et ces trois derniers auteurs, que leur connaissance du christianisme éclairait mieux sur les voies de la Providence, attribuent ce fléau et les malheurs qui s'ensuivirent aux crimes des hommes, qui alors, selon la prédiction du saint exilé de Pathmos, « n'en blasphémèrent que mieux, » dans leur endurcissement, contre la main divine qui les châtiait sans les convertir (2). Quant à ce ren-

---

(1) « Quartus Angelus... effudit phialam suam in solem, et datum est illi æstu affligere homines, et igni; et æstuaverunt homines æstu magno, et blasphemaverunt nomen Dei habentis potestatem super has plagas, neque egerunt pœnitentiam ut darent illi gloriam. » (*Apoc.*, XVI, 7, 8, 9.)

(2) Pour ne citer que S. Augustin, rien de plus saisissant que le tableau laissé par lui de ce mémorable phénomène et de ses conséquences : « Nonne ante paucos annos, Arcadio imperatore Constantino-

versement symbolistique de la coupe mystérieuse sur le soleil, on ne peut qu'y reconnaître une figure aussi belle qu'elle est hardie, et digne du grand peintre qui l'emploie.

5° Épaisses ténèbres de l'ordre moral.

Au milieu de ces calamités, une autre plus grande encore en rendait plus dignes ceux qui les supportaient : ils osaient « blasphémer, » aveuglés par l'excès de leurs désordres habituels, « le Dieu de qui dépendaient toutes ces plaies. » C'est le propre du crime endurci de résister aux avertissements de la grâce, et il n'est pas rare de le voir s'endurcir encore devant ces grandes leçons qui devraient le convertir. Voici un nouvel exemple de ce lamentable phénomène du cœur humain : « Le cinquième Ange répand la liqueur de son vase sur le trône de la bête, » et tout son royaume se trouve soudain enseveli dans d'épaisses ténèbres (1). Le trône de la bête, nous l'avons vu, c'est Rome païenne, idolâtre. Le fléau divin qui l'assiége amène l'avilissement de la majesté souveraine, qui ne tomba jamais aussi bas que lorsqu'on vit l'Empire passer successivement, et par des périodes si rapides, aux mains impures des tyrans, qui s'arrachèrent, durant dix années, la conquête du trône. Mais quelles humiliations égalèrent jamais celles de Valérien, réduit à servir de marchepied à un roi des Perses montant à cheval, et sachant

poli, quod dico audierunt nonnulli, et forsitan noverunt, et sunt in hoc populo qui et illic præsentes fuerunt?... Venit dies quem Dominus fuerat comminatus; intentis omnibus..., noctis initio tenebrante jam mundo, visa est una nubes ab Oriente, primo parva, deinde paulatim ut accedebat, super civitatem ita crescebat, donec toti urbi ingens terribiliter immineret. Videbatur horrenda flamma pendere, nec odor sulphuris deerat, non capiebat multitudinem locus, baptismum extorquebat quisque a quo poterat... Utrum ista ira Dei an potius misericordia fuit, etc.? » — (S. Aug., *Tract. de diversis* XI, de urbis excidio; mihi, t. IX, p. 298. — Voir encore S. Jérôme, *Epist. ad Marcellam.* — Salvian, lib. VII, *De Providentia,* cap. XXXIX. — Eusèbe, *De Vita Constant.,* lib. I, cap. XXXVI.)

(1) « Quintus Angelus effudit phialam super sedem bestiæ, et factum est regnum ejus tenebrosum, et manducaverunt linguam suam præ dolore, et blasphemaverunt Deum cœli, præ doloribus et vulneribus suis. » (*Apoc.,* XVI, 10, 11.)

que son fils, insensible à tant de malheurs, déshonore encore plus par sa mollesse la majesté déchue de l'Empire! Les maux de tout genre qui accompagnèrent de si nombreuses et si subites révolutions étaient imputés aux chrétiens par la superstitieuse haine des Gentils : de là tant de « blasphèmes, » de reproches et d'animosités comparés par S. Jean, dans ces âmes aveuglées et irritées, « aux douleurs qu'une violente morsure imprimerait à la langue. » L'esprit de Dieu procède toujours par des expressions figurées, qui sont autant de modèles d'une inimitable énergie. Ce moyen d'expression n'a pas échappé aux symbolistes du treizième siècle. Nous avons cité ailleurs des modillons appendus sous les corniches de nos temples, représentant des têtes grimaçantes, la langue en dehors de la bouche, et rendant avec une vivacité remarquable la douleur d'une morsure involontaire ou de quelque rancune intérieure, morsure du cœur qui ne vaut pas mieux (1). Ces figures démoniaques rendent bien, à notre avis, le sens de ce onzième verset.

Le blasphème symbolisé par des langues sculptées aux modillons de nos temples.

C'est sur l'Euphrate que tombe la liqueur fatale de la sixième coupe. « L'eau du grand fleuve en est tarie, et un chemin s'ouvre par ce lit desséché aux rois qui devaient venir de l'Orient (2). » Ce n'est pas seulement à Rome que le mal s'est fait et doit être puni : Constantinople, avec ses princes efféminés et cruels, prendra aussi, pour être devenu le siège du pouvoir, sa part de la divine vengeance. L'Euphrate donc, limite naturelle de l'Empire contre les incursions des Perses et autres ennemis des Romains, se desséchera, c'est-à-dire, selon le style des Prophètes, qu'il ne sera plus une barrière aux projets des envahisseurs. Les guerres

6ᵉ Invasion des barbares.

---

(1) Voir notre *Histoire de la cathédrale de Poitiers*, t. 1, p. 241, pl. VIII, fig. 25ᵉ.
(2) « Sextus Angelus effudit phialam suam in magnum illud flumen Euphraten, et siccavit aquam ejus, ut properaretur via regibus ab ortu solis. » (*Apoc.*, XVI, 12.)

prédites par la sixième trompette, et que rappellent les effets de cette sixième coupe, expliquent de reste cette prophétie, accomplie au quatrième siècle par tous les malheurs qu'on peut lire dans la *Cité de Dieu* de S. Augustin et l'*Histoire* de Paul Orose.

Plaje des grenouilles; symbolisme de ces animaux.

Observons maintenant de nouveaux prodiges. On se rappelle le dragon *roux* du douzième chapitre, image de l'esprit infernal, et cette *bête*, ou ce faux prophète du treizième à qui le dragon communique sa puissance et qu'il pousse à la poursuite des Saints. Notre poète sacré ne les perd pas de vue, et leur rôle prophétique n'est pas fini. « De la gueule du premier, de celle de la bête, et de la bouche du faux prophète, il voit sortir trois esprits impurs, semblables à des grenouilles, » ou, si l'on aime mieux, à des crapauds (1). De ce qu'ont écrit certains auteurs spéciaux sur ce genre de reptiles nous tirons clairement le sens donné à ceux qui figurent ici : ils ne peuvent représenter que des démons, comme le texte lui-même l'établit. Quel autre aurait plus d'intérêt que le Prince des ténèbres à députer ses satellites vers les Princes, afin de leur inspirer ses projets contre l'Église de Dieu ? — « Ils partent ; ils vont solliciter tous les rois de la terre, » c'est-à-dire de l'empire romain ou des contrées qu'il a soumises. Ces esprits, d'ailleurs, « font des prodiges, » *facientes signa*. C'est un moyen de séduction que l'enfer prodigua effectivement devant les princes idolâtres et superstitieux, qui ne manquèrent pas plus dans le cours du quatrième siècle que dès les premiers temps du Christianisme. La magie surtout, que S. Pierre avait confondue dans Simon, et dont l'Orient avait infecté le monde occidental, tendait à multiplier ces faux miracles,

---

(1) « Et vidi de ore draconis, et de ore bestiæ, et de ore pseudoprophetæ, spiritus tres immundos, in modum ranarum ; sunt enim spiritus dæmoniorum facientes signa, et procedunt ad reges totius terræ, congregare illos ad prælium magnum omnipotentis Dei. » (*Apoc.*, XVI, 13 et 14.)

qu'adoptait fort la philosophie menteuse de Maxime le Sophiste, de Jamblique et de Julien l'Apostat (1). Or ce sont ces hommes diaboliques dont l'action se représente par les reptiles susdits.

La grenouille, en elle-même, n'est qu'un animal inoffensif; mais c'est son caractère d'être rampant, c'est la forme si ressemblante à celle du crapaud, pour lequel on a généralement une horreur invincible, qui la fait choisir dans ce passage pour le type des mauvais esprits. A cet égard, nous avons toute la tradition ecclésiastique, interprétant dans ce sens les passages scripturaires où les grenouilles entrent pour quelque chose, depuis S. Méliton au deuxième siècle jusqu'aux plus récents de ses commentateurs. Ceux-ci, d'après le Maître, adoptent généralement le reptile comme la figure du démon, ou des hérétiques, lesquels ressemblent si bien au mauvais génie par leur haine de l'Église et l'astuce de leurs paroles insidieuses. Ce double caractère entra, dès l'origine des choses, dans la condamnation prononcée contre le serpent (2); et les serpents de l'hérésie aiment aussi à rester dans la boue de leurs sens avilis, dit le premier de ces écrivains, et ne cessent leurs bavardages dépourvus de raison (3). Alain le Grand, qui écrivait au douzième siècle, les compare aux philosophes qui se préoccupent uniquement des choses de la terre (4).

---

(1) Voir, sur l'origine de ces superstitions, et pour beaucoup de détails curieux, Pline, *Hist. natur.*, lib. XXX.

(2) « Maledictus es inter omnia animantia; super pectus tuum gradieris, et terram (*pulverem*, selon l'hébreu) comedes cunctis diebus vitæ tuæ. » (*Genes.*, III, 14.)

(3) « Reptilia terrenæ cogitationes; ranæ dæmones. » (S. Mélit., *Clavis*, de bestiis, LXVI et LXVII.) — Et il cite comme preuve de cette assertion cette même parole de l'Apocalypse: *Vidi de ore draconis spiritus tres immundos ranarum.* (Voir *Spicil. Solesm.*, t. III, p. 82.)

(4) « Ranæ dicuntur etiam garruli poetæ, vel oblatrantes hæretici, » dit encore Pierre de Capoue; — et Alain : « Philosophus ranæ comparabilis, propter inundantiam sermonis...; hæretici, quia circa terrena versantur. » (*Spicil. Solesm.*, ubi suprà, p. 83.)

Ajoutons à ces autorités qu'il y a d'ailleurs une sorte de grenouille venimeuse que les naturalistes latins appellent *rana rubeta* ou *grandissima*, et qu'ils la font synonyme de *bufo*, le véritable crapaud de l'erpétologie (1) : celle-là se tient dans les buissons et les lieux humides, préfère la boue des fossés et des étangs aux eaux limpides que recherche de préférence une autre espèce connue sous le nom de *rana palustris*. La pire de ces espèces est donc celle dont il s'agit ici : l'importunité de ses cris sinistres, le hideux de ses formes et ses habitudes impures la signalent de préférence aux allusions du Prophète. Le crapaud passe aussi pour lancer un virus dangereux à ceux qui l'approchent ; les vieux auteurs se sont persuadé qu'il se nourrit de la terre, où il se cache pendant les hivers, et il n'est pas inutile de rapprocher cette idée du texte génésiaque cité plus haut : *Terram comedes*. Comme cette bête fouille sans cesse le sol, ce travail continuel a fait prétendre qu'elle craignait toujours d'en manquer ; elle est donc devenue l'emblème de l'avarice, à qui les fouilles sont familières, et c'est à ce titre, ou à celui de la luxure, très-bien exprimée aussi par certaines habitudes lascives, que le moyen âge l'a reproduit souvent pour symboliser ces deux péchés capitaux dans les catéchismes sculptés qu'il exposait aux façades et aux pourtours de ses églises (2). C'est ainsi qu'on le voit à la cathédrale de Poitiers (3) ; à Ardentes, près Châteauroux ; à Charlieu, près de Lyon ; à Saint-Hilaire de Melle (Deux-Sèvres) ; à Saint-Cernin de Toulouse et sur un bas-relief du musée de cette ville ; à Sainte-Croix et à Saint-André de Bordeaux, et bien ailleurs, mordant le sein d'une femme. Fort souvent on lui associe un serpent qui

(1) Voir Wolfgang Franzius, *Animal. histor. sacra*, p. 212.
(2) Voir Wolfgang Franzius, *ubi suprà*.
(3) Voir notre *Histoire* de ce monument, t. I, p. 98 et suiv., où nous avons rassemblé beaucoup de types analogues épars sur les murs extérieurs de l'enceinte.

semble dévorer l'autre sein ; quelquefois les deux monstres, seuls ou réunis, s'attaquent à d'autres parties du corps, et indiqueraient par elles, dans l'opinion de quelques archéologues sérieux, les divers péchés capitaux exprimés d'après ces différentes portions corporelles que la sculpture a voulu désigner. Quand ils rongent la tête, c'est l'*orgueil;* le cœur, c'est l'*envie* ou la *colère;* les mains, c'est l'*avarice;* l'estomac, *la gourmandise;* d'autres parties, *la luxure;* les pieds, *la paresse* (1).

Outre les preuves nombreuses laissées par le moyen âge que le crapaud est la signification du mauvais esprit (2), nous en trouvons une autre dans l'adjonction qu'il en fait souvent à l'image du serpent, le premier symbole connu de l'esprit de mensonge. Dieu, dans la seconde plaie d'Égypte, multiplia à l'infini ces immondes bêtes, au dire des interprètes, afin d'humilier l'orgueil de Pharaon par un moyen si impuissant en apparence (3), et le texte sacré raconte comment leurs importunités devinrent insupportables. Ainsi, crapaud ou grenouille, cet importun animal a toujours passé pour le type des méchants et des insulteurs (4) : double trait fort convenable au double choix que l'Esprit-Saint fait ici de ses mauvais offices. Nous savons d'ailleurs que les traditions des enchanteurs et des sorciers leur indiquaient, pour arriver à inspirer l'amour profane avec ses délires les plus passionnés, des philtres composés avec des cendres de crapauds, de grenouilles et de serpents (5). Tout porte donc à reconnaître dans quelle intention notre Apo-

---

(1) Voir *Bulletin monumental*, t. VII, p. 517, 526, 589 ; — t. VIII, p. 20, 558, 576, — et nos *Tables des vingt premiers volumes* de ce recueil, aux mots *crapaud, serpent* et *femme.*
(2) Voir *Spicileg. Solesm.*, ubi suprà.
(3) *Scripturæ histor. naturalis*, pars III, cap. v, sect. 1. (Migne, *Curs. compl. Script. sacr.*, t. III, col. 751.)
(4) « Porro ranæ sunt imagines improborum et conviciatorum. » (Wolfg. Franz., *Animal. histor. sacra*, p. 210.)
(5) Voir Sacy, sur ce passage, t. XXXII, p. 267.

calypse indique ici les crapauds de préférence. La sculpture du moyen âge a encore sur ce point des traits qui ne laissent aucun doute. On voit, au magnifique portail méridional de l'ancienne abbatiale de Moissac (Tarn-et-Garonne), un groupe composé d'un démon reconnaissable à tous ses attributs, lançant de sa bouche contournée un crapaud qui se dirige vers une femme nue, aux traits hagards, dont deux serpents rongent le sein, pendant qu'un autre crapaud s'attaque aux parties inférieures abdominales (1).

<small>Sculpture de l'église de Moissac.</small>

Comme on ne peut attendre rien de bon de la bouche des monstres dont parle S. Jean, il a fallu en faire sortir l'équivalent de paroles trompeuses et funestes. La fausse doctrine, l'erreur hypocrite naissent donc à la fois de ces cœurs pervers. Bossuet, après S. Augustin (2), et beaucoup d'autres, voient donc avec raison dans ces trois apparitions simultanées les efforts que firent, à trois époques différentes, les magiciens favoris des empereurs pour engager ceux-ci en de nouvelles persécutions. S. Denis d'Alexandrie, cité par Eusèbe (3), attribue une grande partie du mal que fit Valérien, aux instigations d'un philosophe qui se mêlait de magie. Lactance en dit autant de Dioclétien (4). — Enfin Julien, que ses devins dominaient aussi par leurs coupables prestiges, céda également contre la vraie religion aux fourberies d'un certain Maxime qu'Eunape dévoile assez au long (5). Dans le même temps (et ceci se rapporte aux efforts de trois monstres pour soulever les princes contre l'Église), les rois de Perse, tout en faisant la guerre aux Romains, la faisaient aussi aux fidèles, et encore d'après les conseils des mages, qui régnaient à leur cour autant qu'eux-mêmes. On conçoit bien que ces

<small>Pratique de la magie à Rome.</small>

---

(1) *Bullet. monumental*, t. VIII, p. 558, 576.
(2) *De Civitate Dei*, lib. VIII, cap. IX.
(3) *Histor. eccl.*, cap. VII.
(4) *De Morte persecutorum*, cap. X et XI. — *Institut. divin.*, cap. IV, n° 27.
(5) *Vitæ philosophor. ac sophistar.*, — in Maximum, cap. V.

trop dociles suppôts de l'enfer ne devaient guère épargner à leurs puissants disciples de perfides conseils contre les chrétiens. C'est cette conséquence de leur haine que nous voyons se réaliser dans le grand combat qui va se faire, et qui manifestera la vengeance céleste avec la rapidité d'un éclair.

« Je vais venir comme un larron, dit le Seigneur. Heureux celui qui veille et qui garde ses vêtements pour n'être pas exposé à une nudité honteuse (1)! » — Nous savons fort bien, par le troisième verset du chapitre IV, que ce soin de la propreté extérieure figure la netteté de la conscience. C'est que dans les grands dangers l'homme peut passer en un clin d'œil de la scène du monde au tribunal de Dieu. La honte dont les méchants sont menacés pour le dernier jour, où leurs plus secrètes dispositions seront dévoilées à la face du monde (2), c'est encore cette même nudité spirituelle que le Fils de Dieu a reprochée (ch. III.) à l'évêque de Laodicée. Donc cet avertissement regarde un grand nombre de persécuteurs prédits dans notre texte, et avec eux les victimes de cette guerre cruelle qui se prépare, et dont la conscience doit se tenir prête contre toute surprise.

Avançons, et voyons ce que vont faire ces esprits impurs, dont nous connaissons maintenant la nature souverainement perverse.

D'abord, selon la prophétie, ils assemblent les rois dans un lieu connu en hébreu sous le nom d'*Armagédon* (3) : ce nom, d'après S. Jérôme, signifie *la Montagne des Voleurs*.

Armagédon, lieu symbolique par son nom.— Singulière explication des sectaires an-

---

(1) « Ecce venio sicut fur. Beatus qui vigilat et custodit vestimenta sua, ne nudus ambulet, et videant turpitudinem ejus! » (*Apoc.*, XVI, 15.)

(2) « Omnes nos manifestari oportet ante tribunal Christi... » (II *Cor.*, V, 10.) — « Judicabit Deus occulta hominum. » (*Rom.*, II, 16.)

(3) « Et congregabit illos in locum qui vocatur hebraice Armagedon. » (*Apoc.*, XVI, 16.)

C'est le même lieu appelé *Mageddon* dans Zacharie (1), où arriva la défaite de Sisara et des rois de Chanaan ligués contre les Juifs sous le gouvernement de Débora et de Barac (2). Ochosias, roi de Juda, y périt aussi après un siége où il n'avait pas réussi (3). Enfin Josias y fut tué par Néchao, roi d'Égypte (4). Mais ce nom hébreu d'*Armagédon* n'est pris ici que par allusion à ces catastrophes historiques et dont la célébrité était devenue proverbiale. Cette *montagne des voleurs*, quel que soit le lieu qu'elle indique, et où viendront se briser l'orgueil et la tyrannie des ennemis du Christ, paraît fort digne d'être le rendez-vous de l'Antechrist et de ses satellites (5). Ne *vole*-t-il pas à Dieu par l'idolâtrie les honneurs dus à la Divinité? Ces mêmes princes, complices

<small>glais du docteur Cunning.</small>

---

(1) « In die illa magnus erit planctus in Jerusalem, sicut planctus amorrhæorum in campo Mageddon. » (*Zachar.*, XII, 11.)
(2) *Judic.*, IV, 7, 16, — et V, 19.
(3) IV *Reg.*, IX, 27.
(4) *Ibid.*, XXIII, 29.
(5) Les sectes séparées du catholicisme, et qui refusent à l'Église le droit d'interpréter l'Écriture, n'usent que plus largement elles-mêmes de cette autorité usurpée : aussi que d'absurdités toujours nouvelles naissent d'une telle prétention ! En voici une qui mérite d'être citée. On sait les efforts du docteur Cunning, en Angleterre, pour établir une société dissidente de l'anglicanisme ; voici une des mille *preuves* que ses prédicateurs posaient en Amérique aux esprits forts qui reculaient devant leur doctrine, lorsqu'en 1862 la guerre était plus acharnée entre le Nord et le Sud des États-Unis. A les entendre, la fin du monde devait arriver en 1867. Les *Saints*, en attendant, devaient disparaître sans laisser de dépouille mortelle et reviendraient, avec cette fameuse année, formant l'armée céleste, à la tête de laquelle Jésus-Christ descendrait sur la terre pour détruire l'Antechrist à la grande bataille d'*Armagédon*, en Palestine.—Et comme preuve de cette *preuve*, ils apportaient cet argument : « Le verset 16 du chapitre XVI de l'Apocalypse prédit un tremblement de terre : ce n'est autre chose que la Révolution française de 1789 ; — l'éclipse de soleil est la mort de Louis XVI ; — la lune teinte de sang représente la fin tragique de Marie-Antoinette. » Avouons qu'il faut être bien crédule pour se tranquilliser en présence d'une si ferme assertion. (Voir les journaux l'*Union*, le *Monde*, etc., de novembre 1862.)
Le protestantisme en est là : ce n'est pas encore le plus profond de l'abîme.

ses desseins, ne méritent-ils pas le même honneur que lui? On voit ici une de ces fréquentes manières de parler sous le symbolisme desquelles l'Écriture révèle toujours clairement des vérités importantes, qu'elles appartiennent au dogme ou à l'histoire.

Maintenant quels sont ces fauteurs du mal en qui se personnifient les trois esprits impurs et qui recevront du Tout-Puissant la peine de leur malice et de leur séduction? Reconnaissons-les dans les deux empereurs Valérien et Julien, que leurs devins conduisirent, en effet, en des guerres où ils périrent; il faut y voir aussi ces devins eux-mêmes qui, après tant de malheurs causés par eux, et convaincus d'impostures calculées au profit de leurs intérêts, subirent en grand nombre par une mort violente les châtiments qu'ils avaient mérités.

On sait que Valérien, défait, pris, humilié, écorché enfin par les Perses, laissa par sa défaite à ces indomptables ennemis le champ libre pour d'autres conquêtes dont le détail occupe dans l'histoire romaine un laps de plus de cent ans, jusqu'à la mort de Julien l'Apostat. On sait également que celui-ci, tué en 363 dans une bataille après laquelle il espérait recommencer la persécution et en finir avec le nom chrétien, fut une autre victime de ces hordes guerrières que l'Euphrate n'avait point arrêtées. Et dans ce long intervalle des deux règnes, ce ne sont que des princes massacrés avec les plus illustres généraux, des provinces saccagées, et une suite de catastrophes qui ménagèrent la ruine irréparable de Rome, la grande prostituée d'entre les nations.

Mort des empereurs Valérien et Julien l'Apostat.

Quant au troisième esprit sorti de la bouche du faux prophète, il indique fort clairement ces misérables sorciers dont les empereurs suivirent trop les perfides conseils. Ils devaient tomber comme ceux qu'ils abusaient, et la vengeance divine ne leur a pas fait faute. Ces sortes de gens courent toujours une chance qu'ils ne surent pas assez prévoir, et il arrive maintes fois qu'on les voit périr, comme les

Supplices divers des devins de l'empire prédits par S. Jean.

magiciens de Nabuchodonosor, par les ordres de ceux-là mêmes que leurs mensonges avaient longtemps égarés. Ainsi ceux qui s'étaient établis et longtemps maintenus à la cour des empereurs furent presque tous à la fois frappés de mort violente en 374, lorsqu'on eut découvert la conspiration par laquelle Théodore, l'un des secrétaires de Valens, voulait s'emparer du trône, de l'avis des magiciens de ce prince. Le conspirateur ayant eu la tête tranchée, il y eut un carnage considérable de ses complices. Parmi ceux-ci ne furent point épargnés les philosophes païens, qui se mêlaient de magie, et qui tout d'abord furent accusés d'avoir inspiré la révolte. Le célèbre Maxime, maître de *Julien l'Apostat*, perdit la tête ; Simon fut brûlé vif ; Hilaire, Patrice, Andronique et quelques autres moururent de divers supplices. Une guerre d'extermination fut faite à ceux qu'on soupçonnait des mêmes pratiques ; on rechercha et livra aux flammes les livres qui en traitaient : n'était-ce pas assez pour montrer avec quelle exactitude s'accomplissait la parole de S. Jean (1) ?

7º Fléau : tremblements de terre et orages.
Après la destruction de ces trois monstres, Rome, qui a été leur repaire, Rome, perdue de mœurs et de doctrines, fatiguée presque autant des luttes de la pensée que des guerres intestines ou étrangères qu'elle a dû soutenir et qui l'épuisent, devient l'objet direct des malédictions du septième Ange. Cette dernière fois, c'est « dans l'air » que la fatale coupe est répandue. Aussitôt « une voix s'élance avec éclat dans l'espace ; elle semble venir du trône de Dieu : c'est Dieu lui-même qui dit : C'en est fait (2) ! » et ce peu de mots va rendre les événements qu'il annonce pour l'avenir aussi sensibles que s'ils étaient déjà accomplis, selon la manière vive et

---

(1) Voir Ammien Marcell., lib. **XXIX** ; — Sozomène, lib. VI, cap. xxxv ; — Socrate, lib. IV, cap. xv ; — Eunape, cap. v ; — S. Jean Chrysostome, In *Acta apost.*, Homil., xxxviii.

(2) « Et septimus Angelus effudit phialam suam in aerem, et exivit vox magna de templo a throno, dicens : Factum est ! » *Apoc.*, xvi, 17.)

frappante des prophéties. Et, continuant son récit d'après cette méthode, le saint narrateur accumule dans un tableau grandiose « les éclairs, les bruits sourds, les tonnerres et un tremblement de terre sans exemple jusqu'alors..... » — « La grande cité, » la Rome païenne, qu'il faut toujours prendre pour l'Empire tout entier, « se trouve partagée en trois. » — Avec elle « succombent les plus superbes villes, » les capitales des nations. L'héritière des infamies de Babylone va sentir la colère de Dieu, qui semblait assoupie pendant le délire de ses brutales et sanguinaires passions ; car Dieu semble dormir en effet quand, pour donner aux pécheurs le temps de se convertir, il diffère les coups de sa justice. Cette colère se réveille enfin, implacable autant qu'elle fut lente ; elle va « abreuver » l'indigne corruptrice « au calice du vin de son indignation (1). »

Ce peu de mots renferme dans son énergique précision les longues annales des deux cents ans de désastres étalés par la main de la Providence entre la mort de Julien, en 363, et la dernière prise de Rome par Totila, en 549. C'est l'époque si émouvante dans l'histoire où les barbares envahissent le monde occidental. Les pestes, les bruyantes clameurs des grandes guerres, qu'elles accompagnent toujours (2) ; le mouvement général des peuples, se heurtant à l'envi dans les massacres, les pillages et les transmigrations forcées : quoi de plus semblable à ces effrayantes commotions de la nature, causées par les tempêtes de l'atmosphère et les violents tremblements de terre, qui suivent tant de malheurs (3) ? Tout cela, considéré dans l'ordre suivi par le récit de S. Jean, commença par la division des forces de

Les barbares se partagent l'Empire.

---

(1) Voir Estius, *Annotat.*, in h. loc.
(2) « Facta sunt fulgura, et voces, et tonitrua, et terræ motus magnus... Et facta est civitas magna in tres partes ; et civitates gentium ceciderunt, et Babylon magna venit in memoriam ante Deum, dare illi calicem indignationis iræ Ejus. » (*Apoc.*, XVI, 18, 19.)
(3) « Voir Zozime, *Histor. imperator.*, lib. V, sur la peste qui précéda la prise de Rome par Alaric, en 410.

l'Empire en Occident, littéralement partagé en trois; car, Honorius, chassé de Rome, où Attale avait usurpé le pouvoir, régnait à Ravenne, pendant que Constantin III dominait dans la Gaule. De son côté, Arcade avait Constantinople et l'Orient. Que si l'on aime mieux reporter la division de l'Empire indiquée ici à ce partage du pouvoir entre les deux princes du monde grec et du monde latin, on trouvera encore un troisième pouvoir dans les nombreux usurpateurs qui disputèrent le rang suprême à l'un ou à l'autre depuis l'an 365, signalé par la révolte de Procope contre Valens, jusqu'à celle d'Héraclius contre Honorius, en 413.

La ruine de Rome comparée à celle de Tyr.

Tant de troubles n'étaient que le prélude d'une chute définitive. Au commencement du cinquième siècle, quand Dieu s'est montré tant de fois aux nations avec ces formidables menaces qui, depuis quatre cents ans, les rappelaient en vain à l'amour salutaire du Christianisme, sa patience est épuisée, et *la grande Babylone*, succombant aux assauts réitérés des hordes septentrionales, meurt sept fois, de 410, par Alaric, à 549, par Totila, sous les coups des Vandales, des Goths, des Suèves, des Alains et des Lombards acharnés à leur proie. C'était un *amer* et terrible *calice!* Alors tout ce qu'avaient employé d'images chaleureuses Isaïe et Ezéchiel pour peindre la ruine de Tyr (1) revient à la mémoire du Prophète. « Les îles s'enfuirent, les montagnes disparurent, abîmées dans la mer, devant ces solennelles catastrophes (2). » C'est un sens que l'esprit poétique des livres sacrés autorise pour la millième fois. C'est aussi la pensée de S. Jérôme et de S. Augustin (3), tous deux témoins ocu-

(1) « Dissipatione dissipabitur terra...; luxit, et infirmata est; defluxit orbis; infirmata est altitudo populi terræ. » (*Is.*, XXIV, 3, 4.) — « Hæc dicit Dominus Deus Tyro : Nonne a sonitu ruinæ tuæ, et gemitu interfectorum tuorum, cum occisi fuerint in medio tui, commovebuntur insulæ? » (*Ezech.*, XXVI, 15.)

(2) « Et omnis insula fugit, et montes non sunt inventi. » (*Apoc.*, XVI, 20.)

(3) S. Hieron., *Epist.*, XVI, — *In Ezechiel.*, cap. XXVI, proœm. — S. August., *De Civit. Dei*, cap. XXXIII. — Bossuet a résumé le sentiment des Pères, *préface de l'Apocal.*, cap. VIII.

laires d'une partie de ces événements, et consacrant en des pages pleines de tristesse la frayeur générale que tant de maux inspiraient à toutes les provinces, dont les îles et les montagnes étaient, à la lettre, couvertes de cités florissantes et d'innombrables habitants.

Mais il y a un autre sens plus symbolique, lequel nous ramène aux destinées de l'Église et nous explique par elles ces montagnes et ces îles dont il est ici question. Les îles, dit Hugues de Saint-Victor, sont la partie maritime du monde créé. Or qu'est-ce que la mer, sinon la vie des séculiers et des mondains toujours agités par des fluctuations fatigantes ? Les montagnes, au contraire, par leur élévation vers le ciel, sont les âmes contemplatives, aimant à s'élever aux choses supérieures par une vision anticipée des biens éternels (1) ; — ou bien encore, d'après d'autres interprètes en plus grand nombre, les montagnes nous montrent les âmes orgueilleuses, qui, toutes confiantes en leurs propres forces, manquent néanmoins de courage et tombent dans l'apostasie quand s'élève le vent des persécutions. On ne les retrouve plus alors au poste qu'elles ont déserté. — Les humbles, au contraire, les îles, fuient la persécution sans abandonner leur foi, dociles en cela au conseil du Sauveur, qui leur permet de se soustraire prudemment à ce danger (2). — Selon d'autres, ces dernières sont des âmes agitées par les passions criminelles, comme les îles sont continuellement battues par les vagues. A la moindre apparence de la mort et du jugement divin, on voit les unes et les autres se mor-

Les îles et la mer, symboles des âmes mondaines.

Les montagnes, âmes contemplatives, — les orgueilleux et les humbles.

---

(1) « Quid per mare nisi vita sæcularis accipitur quæ diu semper motu instabili nunc de adversis ad prospera, nunc a prosperis in adversa trahitur, quasi quibusdam procellis fluctuantibus agitatur ? » (Hug. à Sancto-Victore, *Adnotationes in Threnos*, ap. Migne, t. I, col. 292.) — « Mons, qui nubibus magis approximat, contemplationem designat quæ nos sursum levans, ad visionem cœlestium bonorum extollat. » (*Id.*, *Sermo* XII.)

(2) « Cum persequentur vos in civitate ista, fugite in aliam. » (*Matth.*, x, 23.)

fondre dans cette pensée; elles voudraient s'en délivrer, et l'éloignent comme une importunité de leur conscience coupable (1). Ces différentes interprétations s'autorisent, on le voit, par les principes que nous avons développés de *l'opposition* des éléments symboliques et du *sens anagogique* ou *spirituel* de l'Écriture; elles reposent d'ailleurs sur la connaissance du cœur humain, comme le *sens historique* s'appuie évidemment sur l'enchaînement incontestable des faits attestés par tous les écrivains de cette mémorable époque.

Calamités de ce temps. — Origine du livre de La té de Dieu. Toutefois tant d'horribles secousses, auxquelles il aurait fallu reconnaître une main divine, trouvent inaccessibles à ces bonnes pensées les générations qu'elles ébranlent. En vain, « cette grêle d'afflictions et de fléaux » s'épanche sur elles : car c'est bien ainsi qu'il faut entendre, avec le commun des commentateurs, cette « grêle du poids d'un talent » qui tombe du ciel sur les hommes (2). Ce seul poids d'un talent, équivalant au moins à 30 de nos kilogrammes modernes, ne laisse pas supposer qu'il y ait autre chose ici qu'une hyperbole; quelque analogie donc qu'on observe entre cette ancienne plaie de la grêle qui frappe les Égyptiens, au chapitre IX de l'Exode, et le fléau qui survient dans cet endroit de notre livre, autant la première est avérée et prise dans son sens naturel, autant cette autre doit-elle être regardée comme un symbole de la rapidité imprévue et de la lourdeur de tant de maux qui fondirent sur le monde romain à coups redoublés (3). Toujours est-il que les

(1) Voir Wouters, *in h. loc.*
(2) « Et grando magna sicut talentum descendit de cœlo in homines; et blasphemaverunt Deum homines propter plagam grandinis, quoniam magna facta est vehementer. » (*Apoc.*, XVI, 21.)
(3) En 404, une grêle énorme tomba à Constantinople, après l'exil de S. Jean Chrysostome. Elle ravagea aussi une grande partie de l'Orient, et fut regardée, au rapport des historiens, comme une marque de la colère de Dieu contre cette injustice. Philostorge, dans son *Abrégé de l'Hist. ecclésiastique* (liv. XI, ch. VII), dit que les grêlons pesaient

L'APOCALYPSE (CH. XIV-XVIII).   283

hommes, révoltant leur orgueil contre ces avertissements célestes, « blasphémèrent » au lieu de s'humilier, et que les païens, encore nombreux et endurcis de plus en plus, attribuèrent au renversement des idoles les malheurs et la ruine de leurs grandes cités. Les chrétiens n'en souffrirent que plus de haines et de violences, et ce fut pour les justifier et les consoler eux-mêmes que S. Augustin écrivit son magnifique ouvrage de *La Cité de Dieu* (1).

Les sept coupes sont donc épuisées : la Rome des tyrans est jugée et condamnée. Mais l'Apôtre ne s'en tiendra pas à cette prédication générale d'un si remarquable événement. Comme il l'a fait déjà, il va revenir sur les détails qui s'y rattachent et nous dépeindre dans les deux chapitres suivants les caractères de la grande prostituée et les causes morales de son juste anéantissement. Le chapitre que nous abordons va donc être, comme le fait remarquer dom Calmet, la clef de tout ce livre. Car nous ne perdons pas de vue que l'Apocalypse ne fut écrite que pour animer la foi des chrétiens contre les épreuves de l'Église, et leur faire accepter patiemment leurs souffrances en vue du triomphe de cette Mère commune, dont le trône devait s'élever sur la ruine de ses ennemis.

Chapitre XVII. — Le but providentiel ne peut plus être méconnu, suivons le texte, et reconnaissons-y encore tout ce qu'il a de mystérieux dans chaque mot.   *Clef et explication de toute l'Apocalypse.*

La scène change de nouveau. Un des sept Anges s'approche du Prophète, et l'appelle à venir contempler la condamnation de la femme impure « qui est assise sur les grandes eaux (2). » Les villes, dans les Prophètes, sont tou-   *Symboles des villes dans l'antiquité.*

---

huit livres ; d'autres disent qu'ils étaient de la grosseur d'une noix. Ces divergences sont conciliables par les distances où le phénomène fut observé.
(1) *De Civitate Dei*, lib. I. — *Retractat.*, lib. II.
(2) « Veni, ostendam tibi damnationem meretricis magnæ quæ sedet super aquas multas, cum qua fornicati sunt reges terræ, et inebriati sunt qui inhabitant terram de vino prostitutionis ejus. — Et abstulit me in spiritu in desertum. » (*Apoc.*, XVII, 1, 3.)

jours symbolisées par des femmes, aussi bien que dans les médailles antiques. Les grandes eaux, qui sont comme « le siége » de celle-ci, sont les peuples nombreux qu'elle a réduits sous sa domination. L'Ange va bientôt l'expliquer lui-même, et nous l'avons déjà vu au deuxième verset du chapitre xiv, et nous le verrons ailleurs. Or, quelle autre femme que Rome peut être ainsi désignée ? La suite va démontrer ce fait en caractère lumineux ; et l'on sait du reste comment cette femme impie a corrompu les rois, et avec eux les peuples en leur imposant le culte de ses idoles et de ses superstitions. Nest-ce pas elle encore dont le commerce adultère « a enivré le Pouvoir du vin de sa prostitution ? » Le vice, sous quelque forme qu'on l'adopte ; l'erreur, à quelques égarements de l'âme qu'elle entraîne, *enivrent*, dit Bossuet, comme un vin fumeux qui fait perdre la raison.

Mais poursuivons. Soudain Jean « est transporté en esprit dans le désert. » Ce lieu n'est pas choisi sans dessein. Il figure trop bien les âmes perdues, où Dieu n'habite plus par sa grâce et son amour, et que n'ornent aucunes vertus méritoires (1). Nous verrons ce sens développé sur le verset 2 du chapitre xviii. — Mais voyez comme « cette femme est assise sur une bête rouge, couverte de paroles de blasphème. » Cette bête, « qui a sept têtes et dix cornes, » n'est plus douteuse ; il faut l'identifier avec la femme elle-même, comme un cavalier paraît ne faire qu'un avec sa monture. La suite va nous prouver que c'est bien la pensée de S. Jean. Il n'y a pas jusqu'à la couleur même de cet exécrable animal, semblable à celle de la robe que porte la femme, qui n'en fasse avec elle une même personne, celle qui se baignera dans le sang des martyrs, dans celui de ses propres citoyens, mis à mort pendant quatre siècles de discordes et

---

(1) S. Augustin, ou quelque autre de son temps, a dit : « In cremo mulierem sedere dicit, eo quod in impiis, in anima mortuis et a Deo desertis sedet. » (Auct. incertus inter opp. S. Aug. ad calc., t. IX, *In Apoc. homil.* xiii.)

de guerres. C'est elle aussi qui s'est assise sur les sept collines : n'aura-t-elle pas sept empereurs, de Dioclétien à Licinius, qui seront les bourreaux de l'Église (1) ? — Le reste recevra bientôt, de l'Ange qui va s'en faire interprète, les éclaircissements nécessaires.

Mais, avant tout, une question se présente. Cette beauté criminelle, qui s'entoure de pourpre et d'écarlate, qui se pare d'or, de pierreries et de perles, qui ne rougit point de porter dans un vase précieux les abominations de sa vie honteuse, pourquoi lit-on sur son front : « Mystère ! La grande Babylone, la mère des fornications et des abominations de la terre (2) ? » Le premier de ces mots rend le sens de tout l'ensemble. C'est un nom *mystérieux* que celui de *Babylone*, donné à cette femme sans pudeur. Par conséquent, il ne s'agit point ici de la célèbre ville du Tigre et de l'Euphrate qui, du temps de S. Jean, expirait des suites de tant de convulsions et de vicissitudes subies par elle, selon les prédictions des Prophètes. La vraie Babylone de l'Occident, rebelle, à son tour et comme l'autre, aux lois de la Providence, enflée d'orgueil et d'égoïsme comme elle, plongée aussi bien qu'elle en d'indignes voluptés, et victime enfin des mêmes justices du Seigneur, c'est Rome, méritant par ses crimes, dont la mesure est comblée, de succomber à son tour et d'épuiser le calice de la colère divine. C'est elle dont parlait S. Pierre au nom des premiers fidèles, cachés dans son sein et y adorant déjà le Dieu qu'elle repoussait (3), elle

<small>Rome appelée Babylone ; ses attributs mystérieux.</small>

---

(1) « Vidi mulierem sedentem super bestiam coccineam, plenam nominibus blasphemiæ, habentem capita septem et cornua decem. Et mulier erat circumdata purpura, et coccineo, et inaurata auro, et lapide pretioso, et margaritis, habentem poculum aureum in manu sua, plenam abominatione et immunditia fornicationis ejus. » (*Apoc.*, XVII, 3, 4.)
(2) « Et in fronte ejus nomen scriptum et abominationem terræ. » (*Apoc.*, XVII, 5.)
(3) « Salutat vos Ecclesia quæ est in *Babylone* collecta. » (I *Petr.*, V, 13.)

que Tertullien désignait comme ressemblant plus parfaitement à la cité chaldéenne par sa superbe insensée et son acharnement contre les Saints (1).

On voit, d'ailleurs, comme ces luxueuses allures, qui caractérisent la femme perdue, conviennent à la Rome des empereurs. Ces parures éclatantes de tant de richesses mondaines et de trésors ravis aux peuples conquis; cette robe de sang tout imprégnée de celui des chrétiens, et ces blasphèmes qui la diapraient en souvenir des plus honteuses divinités adorées par elle; cette coupe d'or dont la matière si estimée, et profanée pourtant aux plus iniques usages, a versé partout l'abominable aveuglement des plus dégoûtantes orgies, comme dans les festins de l'impie Balthazar et de tant d'autres : n'est-ce pas Rome telle que nous la montrent Tacite et Suétone, Pétrone et Apulée, Ovide et Juvénal? Ce n'est donc pas à tort qu'elle est désignée par le nom de cette criminelle cité d'autrefois, qui pénétra de sa corruption toute l'Asie, saccagea Jérusalem, dont elle asservit les enfants, et jeta les Prophètes aux flammes. Remarquons encore que les mêmes expressions employées par les livres prophétiques pour reprocher à l'ancienne Babylone sa prostitution spirituelle reviennent contre celle-ci comme autant d'allusions évidentes (2). Comme Nabuchodonosor II s'était oublié, dans sa démence, jusqu'à vouloir qu'on n'adorât que lui seul, les successeurs d'Auguste, corrompus aussi par le vin, emblème des enchantements de cette femme souillée sur laquelle ils régnaient, avaient imposé leurs dieux aux nations, accepté les leurs, et fini par leur propre apothéose. Mais voici qui ne laisse pas de doute : cette femme « est enivrée du sang des

---

(1) « Sic et *Babylon* apud Joannem nostrum Romanæ urbis figura est, proinde et magnæ, et regno superbæ, et Sanctorum debellatricis. » (Tertull., *Adversus Judæos*, cap. ix. — Mihi, t. I, p. 187, *in med.*)

(2) « Calix aureus Babylon..., inebrians omnem terram (*Jerem.*, li, 7) — fornicabitur cum universis regnis terræ (*Is.*, xxiii, 17) — propter multitudinem fornicationum meretricis speciosæ, gratæ, et habentis maleficia, quæ vendidit gentes in fornicationibus suis » (*Nahum*, iii, 4).

Saints et des Martyrs de Jésus; » et comme le Prophète s'étonne de ce contraste inattendu entre des dehors si magnifiques et ces inculpations de cruauté, l'Ange se charge de lui expliquer ce mystère, si compliqué en apparence (1).

Mais, avant de poursuivre, arrêtons-nous à un de ces épisodes de pierre que la sculpture des siècles hiératiques distribua en mille symboles aux chapiteaux de leurs magnifiques églises. A Saint-Pierre de Chauvigny-sur-Vienne, chef-d'œuvre monostyle des onzième et douzième siècles, une corbeille du sanctuaire représente sur une de ses faces une femme vêtue d'une robe richement ornementée; ses cheveux en tresses retombent sur sa poitrine et sur ses bras: elle a toute l'apparence et jusqu'à la pose d'une grande dame orgueilleuse. Assise, solitaire, elle semble abandonnée de tous, même de ce petit homme posé debout non loin d'elle, à demi nu, la tête mélancoliquement appuyée sur la main gauche, et livré à des réflexions profondes. On dirait qu'il médite sur des ruines, car entre ces deux personnages se lisent ces mots : *Babylonia deserta*. — Mais sur la face voisine s'étale une scène bien différente au premier abord, et qui toutefois ne manque pas de rapports avec la précédente : c'est l'annonce faite aux bergers par l'ange Gabriel de la venue du Sauveur, laquelle se résume, au-dessus des ailes de l'Ange, par cette inscription : *Gloria in excelsis Deo*. Voilà bien le contraste et un parallélisme de plus entre l'ancienne et la nouvelle alliance : Babylone abandonnée parce que le Verbe divin réunit autour de lui ses adorateurs. Ce rapprochement est certainement une traduction de ce dix-septième chapitre. Nous allons le reconnaître d'autant plus évidemment en rentrant dans notre analyse.

<small>Images inspirées par ce passage de Saint-Pierre de Chauvigny-sur-Vienne.</small>

<small>Parallélisme de l'Ancien et du Nouveau Testament.</small>

---

(1) « Et vidi mulierem ebriam de sanguine Sanctorum, et de sanguine Martyrum Jesu. Et miratus sum..., et dixit : Quare miraris? Ego dicam tibi sacramentum mulieris, et bestiæ quæ portat eam. » (*Apoc.*, XVII, 6, 7.)

Fin des persécutions; extinction du paganisme.

Et d'abord, « la bête était et n'est plus, » c'est-à-dire elle est près de disparaître, ce qui a rapport à son état prochain d'anéantissement (1); car si elle doit encore « monter de l'abîme » par un dernier effort désespéré, elle doit ensuite « périr sans ressource, » au grand étonnement des infidèles, témoins d'une chute aussi retentissante, et que personne n'aurait prévue. C'est le triomphe de l'Évangile. Constantin fait cesser les persécutions au commencement du quatrième siècle. Ce repos dure à peine quarante ans. Après quoi Julien, puis Valens, reprennent le rôle sanguinaire de Dioclétien et de Maximien. Celui-ci, après son abdication, avait ressaisi le pouvoir et rouvert sa carrière de férocités, ce qui l'a fait regarder par quelques-uns comme cette bête qui se montra un peu et s'effaça aussitôt. Et en effet ces règnes sanguinaires s'évanouissent bien vite. En un mot, « la bête périt, » et l'idolâtrie disparaît avec ce même siècle sous l'empire de Théodose le Grand.

L'histoire est donc écrite d'avance, comme on le voit, dans tous ces détails allégoriques. Wouters, résumant l'ensemble des interprétations mystiques et superhistoriques des commentateurs, arrive au même résultat, en montrant dans cet orgueil de la femme celui de l'Antechrist, qui « monte de l'abîme » pour s'acharner à la mort des Saints, y travaille en inspirant la cruauté sanguinaire ou la fourbe hypocrite des ennemis de l'Église, et finit par être bientôt écrasé sous les ruines de son empire par le sceptre pacifique de Jésus-Christ, reconnu enfin de toutes parts. Le docte écrivain établit ce rapprochement sur des textes bibliques fort concluants, comme sont ceux de S. Jean lui-même, et de S. Paul aux Thessaloniciens (2).

---

(1) « Et bestia quæ erat et non est, et ipsa octava est, et de septem est, et in interitum vadit. » (*Apoc.*, XVII, 11.)

(2) « Novissima hora est, et sicut audistis quia Antichristus venit, et jam antichristi multi facti sunt. » (I *Joan.*, Epist., cap. I.) — « Omnis spiritus qui solvit Jesum, hic est Antichristus de quo audistis quoniam venit, et jam nunc in mundo est. » (*Ib.*, cap. IV.) — Et S. Paul : « Nam jam operatur mysterium iniquitatis. » (II *Thessal.*, II.)

Reste à expliquer les autres caractères de la bête, ou de la femme : c'est tout un. — L'Ange poursuit donc :

Les sept têtes de la bête, les sept montagnes de Rome.

« Les sept têtes de la bête sont les sept montagnes sur lesquelles la femme est assise. » Qui ne se rappelle à ces mots les vers d'Horace célébrant à Rome les jeux séculaires (1)? Mais voici qui paraîtrait plus difficile à entendre. Ces sept têtes sont en même temps sept rois ou empereurs qui ont persécuté l'Église; « dont cinq ne sont plus, » savoir : Dioclétien, Maximin, Constance Chlore, Galère Maxime et Maxence. « Un est encore, » c'est Maximin. — Le dernier, « qui n'est pas encore venu, » est Licinius, qui, déjà empereur, n'a cependant pas encore décrété la persécution. Il viendra cependant, mais « il doit demeurer peu de temps, » Constantin ne lui ayant pas permis de prolonger ses cruautés au delà de trois ou quatre ans (2). Tout cela est d'accord avec ce qu'a montré dès le commencement le chapitre XIII, ci-dessus.

Dans ce même chapitre, et du 11ᵉ au 17ᵉ verset, nous avons vu le signalement très-reconnaissable de Maximien Hercule. Il va être désigné une fois encore sous des traits qui lui sont propres, et qu'on n'expliquerait pas dans ce texte si l'histoire ne venait l'élucider. C'était ce prince que le verset 2 indiquait sous l'apparence d'un léopard, comme Dioclétien y avait la gueule du lion, et Galère Maxime les pieds et les ongles de l'ours. Or c'est du premier des trois que l'Ange dit à S. Jean : « La bête qui était et qui n'est plus est elle-même la huitième, et une des sept. » Quelque incompréhensibles que paraissent ces chiffres, le sens en

Maximien Hercule symbolisé.

---

(1)   Dis quibus septem placuere colles
           Dicere carmen.
                  Carm. sæcul.

(2) « Et hic est sensus : Septem capita septem montes sunt, super quos mulier sedet. — Et reges septem sunt. Quinque ceciderunt ; unus est, et alius nondum venit : et cum venerit, oportet illum breve tempus manere. » (*Apoc.*, XVII, 10, 11.)

devient très-clair si on les rattache à ce prince, qui, en abdiquant l'empire en même temps que Dioclétien, mais le reprenant bientôt et se qualifiant d'*Auguste pour la seconde fois* (1), fut réellement l'un des sept persécuteurs, et devint en réalité un *huitième*, tout en restant la même personne. Quant à cette portion de la prophétie qui annonce le peu de durée de ses derniers ravages, elle s'explique par la mort malheureuse que le tyran se donna peu de temps après à Marseille, lorsqu'il eut conspiré sans succès la mort de ses collègues et de son gendre Constantin.

<small>Sens des *cornes* de la bête.</small>

Nous n'avons pas oublié qu'outre ses sept têtes la bête portait dix cornes, et que ces cornes représentaient des rois ou *des puissances*, comme nous l'avons remarqué sur l'acception de ce mot, soit qu'il y en eût expressément *dix*, soit que ce nombre doive se prendre comme indéterminé, selon qu'il arrive souvent et pour signifier une grande quantité. Le Prophète en donne aussi l'explication (2). Beaucoup d'interprètes l'ont pris dans le premier sens et énumèrent les peuples qui, au nombre de dix, s'élevèrent contre l'empire romain et s'acharnèrent à sa mort (3); tels Bérengaude, auteur du septième siècle, qu'on a souvent pris pour S. Ambroise, le P. Poussine, Dupin, Grotius et d'autres. Bossuet leur est contraire, et avec raison, croyons-nous ; car il est d'accord en cela avec bien d'autres auteurs, tels que Bède et Alcazar. Et d'ailleurs on trouverait, en lisant l'histoire de la décadence et de la chute de Rome, bien au delà de dix peuples qui servirent contre elle à la vengeance de Dieu. Le monde entier s'y rue « par toutes ses puissances » et par les différentes hordes plus ou moins barbares qui s'avancèrent à sa conquête. N'omettons pas de remarquer, à l'appui de

---

(1) « Maximus bis Augustus. » (Lact., *De Morte persecut.*, cap. XXVI.)
(2) « Et decem cornua quæ vidisti, decem reges sunt, qui regnum nondum acceperunt ; sed potestatem tanquam reges una hora accipient post bestiam. » (*Apoc.*, XVII, 12.)
(3) Voir le *Commentaire* de S. Jérôme *sur le chapitre* LXVI *d'Isaïe*.

cette opinion, que, selon le texte, « l'empire n'a pas été donné encore à ces rois au moment où S. Jean prophétise, ou mieux au temps de Constantin et de ses successeurs. Ils ne doivent recevoir leur puissance « que pour une heure, » c'est-à-dire très peu de temps. « Ils ont un but commun, » de s'établir sur les ruines de la bête; et cependant ils lui prêteront leur force; car en effet, après s'être assis au sein de l'Empire envahi et dompté, cédant par quelques traités de paix, fort peu durables, au besoin d'un repos qui ranimera leur vie militaire, ils se feront, Goths, Francs, Vandales ou autres, les auxiliaires des empereurs contre d'autres peuples attirés par les succès de leurs armes, ou contre les nombreux compétiteurs que chaque jour fera surgir en face du trône impérial (1). Mais enfin ce projet de conquête et d'établissement ira peut-être plus loin qu'ils n'avaient espéré; car, après avoir secondé le pouvoir de Rome païenne en faveur de l'idolâtrie, et versé avec elle le sang chrétien, on vit ces auxiliaires, secouant enfin leur asservissement dans un rang secondaire, s'emparer du pouvoir souverain en se partageant les provinces, et y fonder de nouveaux royaumes. Ainsi les Perses et les Goths occupèrent une partie de l'Asie, les Vandales prirent l'Afrique, les Visigoths l'Espagne et la Provence. Ainsi encore de beaucoup d'autres, jusqu'à ce que Rome fût prise et saccagée par Alaric.

Alliance des barbares contre la Ville éternelle;

Un autre trait inattendu, et qui dévoile ostensiblement la main de la Providence, c'est la ligue formée entre tous ces ravageurs « contre l'Agneau mystérieux, Seigneur des seigneurs, Roi des rois, dont les sujets sont les Appelés, les Fidèles et les Élus (2). » Leur guerre se résoudra en une défaite, car le grand et irrésistible conquérant les attachera à son char

et contre le nom chrétien.

---

(1) « Ili unum consilium habent, et potestatem suam bestiæ tradent. » (*Apoc.*, XVII, 13.)

(2) « Hi cum Agno pugnabunt, et Agnus vincet illos : quoniam Dominus dominorum est, et Rex regum; et qui cum Illo sunt Vocati, Electi et Fideles. » (*Apoc.*, XVII, 14.)

de triomphe, et en fera ses esclaves en les faisant entrer dans le sein du Christianisme. On sait par S. Augustin et Paul Orose quels maux causèrent d'abord aux chrétiens, les Goths d'Athanarie en Italie, les Suèves, les Alains et les Francs dans les Gaules; comment ces peuples, même devenus chrétiens, mais imbus de l'arianisme, persécutaient les catholiques, et comment ils en vinrent tous, sous la pression morale des premiers évêques, à adorer enfin ce qu'ils avaient brûlé (1). Voilà, certes, un combat long et sanglant contre l'Agneau symbolique, et de sa part une victoire aussi éclatante que complète.

Encore les eaux pour les peuples.

Marchons toujours avec l'Ange pour guide. « Les eaux que vous avez vues, où cette prostituée est assise, sont les peuples, les nations et les langues (2). » Ces eaux, en effet, ne peuvent se prendre dans un sens propre : le Tibre n'est qu'un fleuve médiocre.—Admettant que la Babylone figurée ici fût, par impossible, celle du Tigre et de l'Euphrate, ce serait trop peu encore que ces deux courants pour exprimer un fait d'une si haute importance. Il faut donc voir sous « ces eaux » la simple et unique explication que donne l'interprète céleste. Quand Isaïe annonce à Israël l'irruption des Assyriens dont Dieu les menace, il compare ces peuples envahisseurs aux inondations indomptables d'un fleuve qui méconnaît ses limites. Un peuple paisible, au contraire, avec lequel cette nation ingrate et légère ne voulut pas d'alliance, eût été pour elle comme les eaux pures et tranquilles de la fontaine de Siloë (3).—Jérémie, en prévenant la Babylone orientale des maux qu'elle souffrira de la con-

---

(1) S. Aug., *De Civit. Dei*, lib. XVII, cap. LI. — Paul. Oros., lib. VII, cap. XXXII.

(2) « Aquæ quas vidisti, ubi meretrix sedet, populi sunt, et gentes, et linguæ. » (*Apoc.*, XVII, 15.)

(3) « Pro eo quod abjecit populus iste aquas Siloe quæ vadunt cum silentio, assumpsit magis Rasin et filium Romeliæ... Dominus adducet super eos aquas fluminis fortes et multas, reges Assyriorum et omnem gloriam ejus ; et ascendet super omnes rivos ejus. » (*Is.*, VIII, 6, 7.)

quête des Mèdes, la signale comme « assise sur les grandes eaux, » ce qui, au jugement de D. Calmet après d'autres, ne s'entend pas seulement dans le sens littéral de sa position géographique, comme Vatable l'explique naturellement, mais de sa population considérable et des peuples voisins qu'elle a soumis (1). Ce terme de repos, *assise*, montre bien dans l'Écriture une sorte de prédominance qui suppose des sujets, comme le Christ est assis à la droite de son Père, régnant sur toutes les nations du monde (2). Nahum ouvre de la même manière les portes de Ninive *aux fleuves*, c'est-à-dire aux Chaldéens, qui doivent y entrer et la perdre (3). La rapide mobilité de l'eau, l'impétuosité de ses flots, les tempêtes de la mer, les furieuses colères des torrents, sont très-comparables, disent Wouters et Gagny, aux inconstances du peuple, naturellement léger, ou aux mouvements effrénés d'une foule qui se précipite en rugissant sur les objets d'une criminelle cupidité ou d'une aveugle vengeance (4). Ainsi, nous avons vu au chapitre précédent, par une modification fort intelligente, les eaux de la mer marquer tout le corps de l'Empire, et celles des fleuves les provinces. Quoi qu'il en soit, le texte, ici, est si clair et l'explication de l'Ange si précise, qu'il n'y a pas moyen d'échapper à cette signification symbolique sans un secours inutile d'imagination et de conjectures. Ce qui a fait dire par S. Eucher : *Aquæ populi*, et par l'anonyme anglais du douzième siècle, qui compila les *Distinctions monastiques* : « Les grandes eaux sont les grands peuples, » dans les mêmes termes que l'Ange emploie ici (5).

(1) « Quæ habitas super aquas multas, locuples in thesauris, venit finis tuus. » (*Jerem.*, LI, 13.) — Voir Sacy, *in h. loc.*
(2) « Dabo tibi gentes hæreditatem tuam, et possessionem tuam terminos terræ... Reges eos... » (*Ps.*, II, 8. 9.) — « Sede a dextris meis. » (*Ps.*, CIX, 1.)
(3) « Ascendent muros ejus... Portæ fluviorum apertæ sunt..., et templum ad solum dirutum. » (*Nah.*, II, 7, 8.)
(4) Wouters, *Comm., in h. loc.*
(5) S. Eucher. *Formulæ minores*, n° 14. — *Distinct. monastic.*, cap. xv, *in fin.* — In *Spicil. Solesm.*, t. III, p. 401 et 455.

L'Ange dit encore : « Les dix cornes que vous avez vues à la bête haïront cette prostituée (1) ; » ces peuples barbares et leurs rois conspireront sa chute ; par eux elle sera dépouillée, incendiée ; ils la laisseront à elle-même, réduite à une sorte de nudité ; « ils mangeront ses chairs » par tous les excès de la débauche, dont les plus honnêtes femmes seront les victimes, et même les vierges consacrées à Dieu, car alors Rome ne renfermait pas moins de chrétiens qu'il n'y restait d'idolâtres dont Constantin n'avait pu la purger entièrement. D'autre part, cette terrible expression peut être prise à la lettre, car une grande famine, dont parle S. Jérôme, força les malheureux assiégés à se nourrir de chair humaine (2). — Il s'agit toujours du siége et de la prise de Rome en 410 ; n'omettons pas d'observer cependant que *dévorer la chair* de son ennemi est souvent pris dans les Écritures d'une façon toute figurée. David et Job l'ont employée pour exprimer l'acharnement de leurs persécuteurs (3). Dans le passage qui nous occupe, cette même locution rendrait donc aussi la violence des excès commis dans une ville prise d'assauts par d'inexorables vainqueurs.

Un enseignement de haute théologie nous ramène, dans le verset suivant (le 17ᵉ), à une vérité trop méconnue : l'action de la Providence sur les choses humaines, l'entraînement de tels ou tels hommes préparés d'avance, comme Cyrus et Nabuchodonosor, vers un but qu'ils ne peuvent apprécier et qu'ils atteignent au profit de la Sagesse di-

---

(1) « Et decem cornua quæ vidisti in bestia, hi odient fornicariam, et desolatam facient illam, et nudam ; et carnes ejus manducabunt, et ipsam igni concremabunt. » (*Apoc.*, XVII, 16.)

(2) S. Hieron. *Epist. ad Principiam.*

(3) « Appropiant nocentes ut edant carnes meas. » (*Ps.*, XXVI, 2.) — « Quare persequimini me, sicut Deus, et carnibus meis saturamini ? » (*Job*, XIX, 22.) — De là, parmi les innombrables modillons de nos églises romanes, ceux qui représentent des têtes de démons dévorant des corps humains, ou des lions, ou des oiseaux de proie s'attribuant le même rôle, évidemment emprunté à ces pages de la Bible.

vine (1). Ces Princes, ces peuples lancés contre Rome, « Dieu leur a mis au cœur d'exécuter ses desseins en donnant leur royaume à la bête, jusqu'au jour où les promesses divines pussent avoir leur accomplissement. » Sans trop se l'expliquer, Alaric, dont la cité impie souffrit plus que de tout autre, agissait sous l'ordre de Dieu. Il motivait sa marche sur cette volonté supérieure; de vagues impulsions, et même une voix secrète qu'il croyait entendre au dedans de lui, l'encourageaient à marcher vers Rome pour l'incendier (2). Or lui et les autres dévastateurs partis dans le même but des divers points du monde, et n'aspirant qu'à s'établir dans cette riche Italie et à s'y rassasier des dépouilles romaines, auraient volontiers « soumis leur royauté à la bête, » embrassé ses superstitions, protégé ses ambitieux desseins sur les terres conquises par elle, et secondé ses cruautés contre les chrétiens. Orose et Ammien Marcellin constatent que, pour la plupart, ces bandes grossières furent attirées vers Rome par Stilicon, qui voulait s'en servir contre Arcade et Honorius (3). C'est à ces intelligences perfides qu'Alaric dut son triomphe, lequel n'était, comme nous l'avons vu, que l'accomplissement des décrets du ciel. Mais voici comment vont s'accomplir les autres promesses de Dieu. « Babylone est tombée, ou allait tomber, » disait l'Ange au huitième verset du quatorzième chapitre. La prédiction s'est consommée; et la ruine de cette ville coupable, qui fait porter le siége de l'Empire à Constantinople, livre Rome bien plus sûrement à l'action du Christianisme, qui « ravit enfin la royauté à la bête. » Ainsi tout confirme la pensée qui fait regarder

---

(1) « Deus enim dedit in corda eorum ut faciant quod placitum est illi; ut dent regnum suum bestiæ, donec consummentur verba Dei. » (*Apoc.*, XVII, 17.)

(2) Socrate, *Hist. eccles.*, lib. VII, cap. X. — Sozomène, Zozime et autres historiens du même temps.

(3) Paul. Oros. *Histor.*, lib. VII, cap. XV. — Amm. Marcell., lib. XI, cap. VIII.

cette femme coupable comme la cité même des Césars (1). La suite, où l'Apôtre, selon sa coutume, va revenir sur cet événement pour mieux en faire ressortir les détails, démontrera encore qu'elle seule, ennemie forcenée de l'Église et de ses Saints, devait attirer sur elle les malheurs qui nous restent à exposer.

(1) « Et mulier quam vidisti civitas est magna quæ habet regnum super reges terræ. » (*Apoc.*, XVII, 18.)

CHAPITRE XI.

CINQUIÈME SUITE DE L'APOCALYPSE.

(DU CHAPITRE XVIII AU CHAPITRE XX.)

C'est toujours aux Prophètes de l'ancienne Loi que celui de la nouvelle emprunte les traits assombris de la colère divine. Ce qu'Isaïe et Jérémie, dont nous avons lu déjà beaucoup d'analogies poétiques, ont prédit de Babylone, va l'être encore en termes presque identiques de la moderne corruptrice des nations; de sorte que l'une deviendra le symbole de l'autre, et que S. Augustin ne verra dans la première qu'une image à laquelle il ne manquera que le nom de la seconde, et réciproquement (1).

Rome toujours sous les traits symboliques de Babylone.

Chapitre XVIII. — La chute de Rome est d'ailleurs l'objet unique de cette révélation. C'est à elle que tout se rattache dans les moindres particularités qui sont ou les préliminaires ou le complément de ce grand fait.

Lumière symbolique du Christ. — Origine du Nimbe.

Or voici de quelles vives couleurs un autre Ange va revêtir les malheurs de la cité coupable. La majesté dont il s'entoure; « la gloire qui l'environne comme une lumière (2), » et qui a fait donner le nom de *gloire* à celle dont l'iconographie orne la tête des Saints, cette gloire est sans doute

---

(1) « Babylonia quasi prima Roma; Roma quasi secunda Babylonia. » (S. August., *De Civit. Dei*, lib. XVIII, cap. II.) — Voir Isaïe, XXXI, 9; — Jérém., LI, 8.)

(2) « Vidi alium Angelum descendentem de cœlo, habentem potestatem magnam; et terra illuminata est a gloria ejus. » (*Apoc.*, XVIII, 1.)

un éclatant reflet de cette blancheur des vêtements qui est particulière aux Anges (1). Mais cet Ange, c'est Jésus-Christ lui-même, au dire des Pères, se présentant au haut du ciel dans l'appareil prédit par lui-même pour le jugement dernier (2). En prononçant l'arrêt de mort contre l'impie, il verse « une vive lumière » sur le monde, puisqu'il y assure la prédication victorieuse de l'Évangile, et la Babylone sur laquelle l'Ange mystérieux va chanter une lamentation si poétique devient la figure des âmes endurcies qui fermeront leurs yeux aux rayons de la Foi. Voyons les anathèmes de cet Ange dans cet admirable chant funèbre empreint des plus magnifiques inspirations.

Causes morales de la chute de Rome.

D'une voix forte, il annonce, comme au huitième verset du chapitre XIV, la chute irrémissible et définitive de la cité perverse ; il répète la cause majeure de sa destruction : c'est l'enivrement que ses mauvaises passions ont causé aux rois et aux peuples qui lui attire ce châtiment (3) ; c'est aussi l'abus qu'elle a fait du luxe et de ses richesses, avec lesquelles elle a communiqué au monde entier, dans ses relations de commerce et de politique, le venin de son idolâtrie et de ses débauches (4). Mais appliquons-nous à de

---

(1) Nous avons vu le Fils de l'homme environné ainsi de cette splendeur au verset 14 du chapitre XIV. — L'Ange qui annonça aux bergers la naissance du Sauveur les éblouit de cette même clarté : *Et claritas ejus circumfulsit eos* (Luc, XI, 9). Et Pierre, dans sa prison, subit les mêmes influences : *Lumen refulsit in habitaculo* (Act., XII, 7). — C'est cette même *gloire* qui entoure les Saints en forme elliptique dans nos images sacrées, et qui a reçu, selon ses diverses modifications, les noms divers de *nimbe*, d'*auréole*, de *gloire*, selon qu'elle est diversement dessinée. — Voir Didron, *Histoire de Dieu*, p. 1 ; — et ci-après, t. III, ch. CLI.

(2) « Videbunt Filium hominis venientem in nubibus cœli cum virtute multa, et majestate. » (*Matth.*, XXIV, 30.) — « Cum virtute multa et gloria. » (*Luc.*, XXI, 27.)—Voir le *Commentaire* de Gagny sur ce passage.

(3) « Et exclamavit in fortitudine dicens : Cecidit, cecidit Babylon magna ; et facta est habitatio dæmoniorum, et custodia omnis volucris immundæ et odibilis. » (*Apoc.*, XVIII, 2.)

(4) « Et mercatores terræ de virtute deliciarum ejus divites facti sunt. » (*Ibid.*, 3.)

nouveaux traits qui reviennent souvent dans l'Écriture et dont l'intelligence donne la clef de certaines expressions fort symboliques.

Après ce renversement de tant d'édifices superbes, l'emplacement où ne sont plus que des ruines « devient l'habitation des démons, la retraite de tout esprit impur et le repaire de tout oiseau immonde et haïssable. » Isaïe, Jérémie, Baruch ont prédit la même désolation à Babylone (1), et ce rapprochement ne rend que plus sensible la terrible peine que subira l'orgueilleuse maîtresse du monde nouveau. Les démons semblent, au dire de l'Évangile, s'emparer des lieux déserts et abandonnés. C'était une persuasion des Hébreux fondée sur divers textes de l'Écriture. On voit, par exemple, dans Tobie, que le démon qui avait tué les époux de Sara fut attaché par l'ange Raphaël dans un désert de la haute Égypte comme dans un exil (2). N'est-ce pas aussi dans un désert que le Sauveur est conduit par l'Esprit-Saint pour y subir la tentation qui devait nous apprendre à refréner les nôtres (3) ? Si les mauvais esprits aiment les solitudes et les ruines, c'est sans doute ou qu'ils s'y plaisent d'autant plus quand ils les ont faites ou causées par leur méchanceté, ou qu'ils s'y cachent de confusion après leur défaite. C'est peut-être pourquoi le Sage conseille de ne pas s'éloigner des secours de la vie commune, sans lesquels on se soutient difficilement contre les chutes de la conscience et des sens (4). Mais le démon dont parle

Lieux déserts aimés du démon.

---

(1) Voir Isaïe, xxxiv, 11, 14, 23; — Jérémie, li, 37; — Baruch, iv, 35.)

(2) « Raphael Angelus apprehendit dæmonium, et religavit illud in deserto superioris Ægypti. » (*Tob.*, viii, 3.)

(3) « Ductus est Jesus in desertum a Spiritu ut tentaretur a diabolo. » (*Matth.*, iv, 1.) S. Grégoire exprime la même pensée, et il lui semble que dans le désert Notre-Seigneur trouverait comme naturellement le tentateur : « Ut illuc tunc suus Spiritus duceret, ubi hunc ad tentandum malignus spiritus inveniret. » (S. Greg., *Homil.*, xvi, *in Evang.*)

(4) « Væ soli, quia cum ceciderit non habet sublevantem se! » (*Eccles.*, iv, 10.)

Notre-Seigneur, et qui, après avoir été chassé d'un homme qu'il possédait, va dans les lieux arides chercher un repos qu'il n'y trouve point, revient à son ancienne victime dont l'âme, protégée par la force divine et par ses propres vertus, se défend contre lui; puis, retourne encore, pour mieux la vaincre, dans ces refuges où demeurent ses satellites; en prend sept plus méchants que lui, et recommence le cours de ses premiers ravages. Ce démon, disons-nous, est bien signalé en cet endroit comme étant dans ses habitudes réelles, fort mystérieuses sans doute, mais tenant à sa nature que nous connaissons d'ailleurs fort peu (1); car il est constaté par S. Athanase que, lorsque les premiers solitaires vinrent habiter la Thébaïde, les démons se plaignirent qu'on les privait d'un lieu devenu leur possession (2). Le sens très-affirmatif des paroles divines autorise cette persuasion, et nous ne pouvons croire que la Vérité Éternelle eût mêlé une pure opinion populaire, dénuée de toute valeur dogmatique, peut-être même une hérésie sadducéenne, à des enseignements aussi positifs. Cette pensée des anciens sur la présence des esprits méchants dans les ruines est, du reste, demeurée jusqu'à nous très-populaire. Nos histoires de sorciers, de revenants, et beaucoup de légendes de nos campagnes, en viennent très-directement.

Satan symbolisé par les oiseaux de proie.

Maintenant, pourquoi ces autres « esprits immondes, ces oiseaux impurs et qu'on déteste? » — C'est le propre des oiseaux de proie d'habiter les ruines : ils sont dans ces forts choisis par eux à l'abri des poursuites, et n'en sortent que pour fondre sur leurs victimes, qu'ils observent au loin de toutes parts. Il doit y avoir quelque rapport entre ces ani-

---

(1) « Cum immundus spiritus exit ab homine, ambulat per loca arida, quærens requiem et non invenit. Tunc dicit : revertar in domum meam unde exivi; et veniens invenit eam... ornatam... Tunc vadit, et assumit septem alios spiritus secum nequiores se. » (*Matth.*, XVIII, 44, 45.)

(2) S. Athan., *Vita Antonii.*

maux redoutés, quadrupèdes ou volatiles, habitants des lieux écartés et malsains, et ces « malins esprits » répandus dans l'air, comme dit S. Paul (1), et que l'esthétique de notre architecture religieuse a semés en si grand nombre aux murs extérieurs, et quelquefois même parmi les modillons mystérieux des nefs de nos cathédrales. A Poitiers on voit encore, à l'une des stalles du chœur où siégeait le doyen du Chapitre, un hibou, posé là sans doute en sentinelle vigilante pour avertir le pieux dignitaire de ne point s'endormir pendant les offices de la nuit (2). Mais les rôles qui varient si habilement dans les mêmes sujets cette foule d'enseignements qu'ils portent avec eux n'étaient pas toujours favorables à d'aussi saintes pensées, qui n'étaient à Poitiers qu'une exception à celles qui suscite le hibou (3). N'étaient-ce pas aussi quelques-uns de ces oiseaux de mauvais augure qui, au dire du Sauveur, enlevaient le bon grain jeté dans le champ par le Père de famille, et ne dit-il pas encore qu'ils sont le symbole du diable ravissant aux âmes le fruit de la parole de Dieu (4)? Rien ne ressemble plus aux oiseaux par

Le Hibou.

---

(1) « Spiritualia nequitiæ in cœlestibus. » (*Ephes.*, VI, 12.)
(2) « Factus sum sicut nycticorax in domicilio. » (*Ps.*, CI, 7.) Cette faculté de veiller quand les autres dorment a fait, dans quelques auteurs, du hibou le symbole de Notre-Seigneur lui-même, pasteur vigilant, dont S. Eucher a dit : « Nycticorax, Christus. » (*Form. min.*) —Et S. Méliton (*Clavis*, De avibus, cap. XXII).
(3) Toutes les habitudes de cet oiseau, sa forme elle-même, l'ont fait prendre presque toujours en mauvaise part. Au dire de S. Ambroise et de S. Isidore de Séville, c'est l'emblème du démon et des hommes aveuglés par les ténèbres du monde; il craint la lumière et la fuit, comme l'hérésie ou l'impiété, etc.—Voir S. Méliton, *ubi suprà*.— Franz attribue aussi à cet oiseau des ruses par lesquelles il ferait tomber dans les rets tendus autour de lui par des chasseurs les autres oiseaux attirés par la pipée et préoccupés par les contorsions qu'il se donne à dessein devant eux. (*Animal. histor. sacra*, part. II, cap. XXVIII.) C'est de la vieille légende, si attrayante dans les naturalistes, et surtout dans les moralistes du moyen âge; mais cette légende est pleine de sens.
(4) « Volucres cœli comedunt illud... Qui secus viam, ii sunt qui audiunt...; deinde venit diabolus et tollit verbum de cordibus eorum. » (*Luc.*, VIII, 5, 12.)

l'agilité de leur nature incorporelle que ces esprits, « immondes » par l'impureté de leurs pensées, « odieux » par la malice dont ils font preuve (1). On était si persuadé au moyen âge de l'opportunité de cette idée qu'on la fit servir quelquefois à rappeler celle du tentateur ; et parmi les exemples qu'on en pourrait donner, aucun ne le prouverait mieux que cette scène d'un vitrail de Saint-Étienne de Bourges, où Satan, s'efforçant de faire goûter à nos premiers parents le fruit défendu, se présente à eux sous la forme d'un hibou à tête humaine, perchant sur l'arbre de la science.

Dogme catholique ainsi expliqué. — Ainsi viennent converger à ce grand principe de l'existence des mauvais anges toutes les pensées les plus formelles de la foi catholique. Dieu habite dans ses Saints, selon l'affirmation de S. Paul (2). Quand le démon s'empare de cette demeure par le péché, il en fait une ruine désolée ; les plus hideuses passions s'y établissent, et l'âme séduite et perdue n'est plus qu'un lieu infect et déshonoré d'où s'effacent jusqu'aux dernières traces de la présence divine.

Détails de la ruine providentielle de Rome. — De là cette exhortation d'une autre voix : « Sortez de Babylone, ô mon peuple (3), » — réminiscence de Jérémie (4). L'histoire rapporte qu'un grand nombre des habitants de Rome s'en éloignèrent en effet lors du sac de la ville par les Wisigoths. Le pape S. Innocent, Ste Mélanie en sortirent avant la catastrophe, et furent suivis de beaucoup de peuple. Quoique arien, Alaric n'en voulait pas au christianisme. Il avait désigné comme asile aux chrétiens les églises de

---

(1) Gagny, *in h. loc.*

(2) « Nescitis quia templum Dei estis, et Spiritus Dei habitat in vobis ? Si quis autem templum Dei violaverit, disperdet illum Deus. Templum enim Dei sanctum est, quod estis vos. » (1 *Cor.*, VII, 3.)

(3) « Exite de illa, populus meus, ut ne participes sitis delictorum ejus, et de plagis ejus non accipiatis. » (*Apoc.*, XVIII, 4.)

(4) « Fugite de medio Babylonis, et salvet unusquisque animam suam. » (*Jerem.*, LI, 6.)

S. Pierre et de S. Paul situées hors des murs (1). Enfin beaucoup de familles après la prise de la ville, s'enfuirent, pour en éviter les conséquences, en Égypte, en Afrique et dans la Palestine.

Le reste de ce chapitre, sauf quelques particularités qu'il faut noter, s'entend naturellement; mais le style de ces dix-huit derniers versets est trop beau et trop élevé pour que nous puissions les omettre : car le symbolisme y trouve encore sa moisson à faire.

« Les péchés de Babylone sont montés jusqu'au ciel (2). » — C'est une expression hébraïque, souvent employée dans la Bible, comme il y est dit que « les méchants ont comblé la mesure de leurs iniquités. » Aussi y est-il dit « que le Seigneur s'est souvenu de tant de crimes. » Vengez-vous donc contre elle; rendez-lui le double de toutes ses œuvres; faites-la boire deux fois autant dans le calice qu'elle vous a versé. » — Encore la coupe mystérieuse, métaphore expressive de toute ivresse coupable, comme des tribulations de la vie et des amertumes du cœur.—« Proportionnez maintenant ses tourments à ses délices passées, ses humiliations à son orgueil; parce qu'elle s'est dit : Je suis reine et je trône, je ne suis pas veuve, je ne verrai pas de jours de deuil. C'est pour cela qu'en un même jour vont fondre sur elle toutes les plaies : la mort, la désolation, la famine, l'incendie : car c'est le Dieu fort qui l'a condamnée ! »

---

(1) Voir S. Jérôme, *Epist.*, XI; — S. Augustin, *De Excidio urbis*, cap. VII; — Paul Orose, *Hist.*, lib. VII. cap. XXXIX; — Pallade, *Hist. Lausiaque*, cap. CXVIII; —Bossuet, *Premier Avertissement aux protestants*.

(2) « Pervenerunt peccata ejus usque ad cœlum, et recordatus est Dominus iniquitatum ejus.—Reddite illi sicut et ipsa reddidit vobis, duplicate duplicia secundum opera ejus : in poculo quo miscuit, miscete illi duplum.— Quantum glorificavit se et in deliciis fuit, tantum date illi tormentum et luctum : quia in corde suo dixit : Sedeo regina, et vidua non sum, et luctum non videbo.—Ideo in una die venient plagæ ejus : mors, et luctus, et fames; et igne comburetur : quia fortis est Deus qui judicabit illam. » (*Apoc.*, XVIII, 5, 6, 7, 8.)

Alors « les rois de la terre qui s'étaient corrompus avec elle », ces alliés soumis par ses armes et devenus complices de ses crimes en adoptant ses mœurs, et qui ont vécu dans ses délices, pleureront sur elle et se lamenteront devant ses palais en cendre. Ils s'éloigneront d'elle de peur d'être atteints de ses calamités, et ils s'écrieront : O malheur ! ô malheur ! grande Babylone si puissante, une heure a suffi pour t'anéantir (1) ! »

Voilà, dans la pensée de Bossuet, le troisième et dernier malheur prédit par le septième Ange au quinzième verset du onzième chapitre, et que D. Calmet croyait être le premier, comme nous l'avons vu.

Les rois qui abandonnent à son malheur une alliée ainsi abattue n'agissent pas ici uniquement par une hyperbole du Prophète. L'histoire nous enseigne à prendre le texte à la lettre. Procope rapporte qu'après l'incendie de Rome par Totila, en 549, il vit les magistrats et les princes bannis par le sac qu'en avait fait ce même roi en 546, revenus sous la conduite de Bélisaire pour secourir la ville, contraints de se tenir à distance par les troupes dont le vainqueur l'avait entourée, et réduits à contempler les flammes qui la dévoraient (2).

« Ils pleureront aussi sur elle, ces marchands dont sa ruine anéantit le commerce. Qui achètera désormais ces bijoux d'or et d'argent qu'elle échangeait avec tous les courtisans du monde ? ces pierres précieuses qui représentaient d'immenses richesses ? le fin lin, la pourpre, la soie, l'écarlate qui revêtaient ses princes et ses magistrats ? ces meubles de bois de senteur et d'ivoire qui ornaient leurs demeures ?

---

(1) « Et flebunt, et plangent se super illam reges terræ qui cum illa fornicati sunt, et in deliciis vixerunt cum viderint fumum incendii ejus. — Longe stantes propter timorem tormentorum ejus, dicentes : Væ, væ, civitas illa magna Babylon, civitas illa fortis : quoniam una hora venit judicium tuum. » (*Apoc.*, XVIII, 9, 10.)

(2) Procop., *De Bello Gothico*, cap. XXI et XXII.

ces vases de parfums qui les embaumaient ? les métaux, les cèdres et les marbres destinés à leurs édifices ? — Et qui voudra maintenant le vin, l'huile, la pure farine, l'encens et le blé qui défrayaient leurs tables et brûlaient pendant les repas devant les statues de leurs dieux ? Où sont ceux qui nous achèteront les chevaux, les bêtes de somme, les litières commodes, les esclaves de service et ceux qui mouraient dans les amphithéâtres et les jeux publics (1) ? »

« Qui pourra faire revenir vers toi, ville perdue, les fruits étrangers que tu savourais, les objets nombreux qui nourrissaient ta magnificence, les mariniers qui t'apportaient de loin les tributs de tous les rivages, et qui ne pourront assez redire partout tes malheurs, assez déplorer le prix de tes folies (2) ? » Et alors, ajoutant à ces expressions déjà si vives une marque plus sensible, un symbole, plus populaire chez les Juifs, de toutes les douleurs privées ou publiques, on vit ceux qui proféraient ces chants de tristesse s'interrompre pour se couvrir la tête de cendre, signe de pénitence ou de deuil. Thamar, après l'outrage que lui fit Ammon son frère, se couvrit la tête de cendre; David dit symboliquement qu'il « mangera de la cendre comme du pain; » Jérémie prête le même langage à Jérusalem, et Job déclare que l'homme, cendre et poussière, retournera

La Cendre.

(1) « Et negotiatores terræ flebunt, et lugebunt super illam, quoniam merces eorum nemo emet amplius ; — merces auri et argenti, et lapides pretiosi, et margaritæ, et byssi et purpuræ, et serici et cocci,— et omne lignum thyinum, et omnia vasa eboris, et omnia vasa de lapide pretioso, et æramento, et ferro, et marmore ; — et cinnamomum, et odoramentorum, et auguenti, et thuris et vini, et olei et similæ, et tritici ; et jumentorum, et ovium, et æquorum et rhedarum, et mancipiorum et animarum hominum. » (*Apoc.*, XVIII, 11, 12, 13.)

(2) « Et poma desiderii tui animæ tuæ discesserunt a te, et omnia pingua et præclara perierunt...— Mercatores... ab ea longe stabunt...; — dicentes : Væ ! væ !... — Et omnis gubernator, et omnis qui in lacum navigat..., longe steterunt, — et clamaverunt videntes locum incendii ejus...,— et miserunt pulverem super capita sua, dicentes : Væ ! væ !.... Exsulta super eam, cœlum, et sancti Apostoli et Prophetæ, quoniam judicavit Deus judicium de illa. » (*Apoc.*, XVIII, XIX, 14, 20.)

T. II. 20

en cendre ; paroles adoptées par l'Église pour l'imposition de la pénitence quadragésimale (1). — En toutes ces rencontres c'était un témoignage d'humilité et de confusion au souvenir de la fragilité humaine, abaissée au niveau de tout objet matériel, dont la condition fatale est de tomber un jour en poussière. Ainsi l'entendent tous les interprètes, après S. Méliton, S. Eucher et les autres symbolistes du moyen âge (2).

Et la voix continue : « O ciel, ô saints Apôtres et Prophètes, réjouissez-vous, car Dieu vous a vengés d'elle, et son jugement vous a justifiés. »

Les mystiques, rapprochant ces lugubres lamentations des événements qui vont suivre et de la peinture du ciel que nous allons admirer bientôt, regardent ce qui précède comme s'appliquant aux âmes réprouvées dont la nature tout entière et tous les peuples à la fois déploreront la ruine éternelle. C'est dans le but de démontrer combien cette perte sera affreuse que rien n'est oublié dans cette énumération de tant de richesses perdues. Toutes les vanités qui séduisent la vie humaine et enchantent son orgueil sont là comme autant de reproches à ceux qui en auront abusé.

La meule jetée dans la mer.

Après ces tristes accents, dont le dernier trait montre bien qu'il s'est agi de la Rome persécutrice « des Apôtres et des Prophètes, » un autre Ange, dont on admire la force, leva de toute la vigueur de ses deux bras une grande meule de moulin, et la jeta dans la mer, comme un symbole de l'irrévocable disgrâce de la grande ville que la volonté de Dieu

---

(1) « Quæ aspergens cinerem capiti suo... ibat et clamabat. » (II *Reg.*, XIII, 19.) — « Cinerem tanquam panem manducabam. » (*Ps.*, CI, 10.) — « Filia populi mei, conspergere cinere; luctum unigeniti fac tibi. » (*Jerem.*, VI, 26.) — « Deficiet omnis caro simul, et homo in cinerem revertetur. » (*Job*, XXXIV, 15.)

(2) « Humanæ fragilitatis vetustas. » S. Eucher. *Formulæ min.*, n° 80. — S. Melitonis *Clavis*, de mundo, cap. LIII. — Voir *Spicil. Solesm.*, t. II, p. 185; t. III, p. 401 et 461.

submergeait ainsi pour jamais, et en même temps il s'écria : « C'est ainsi que cette grande Babylone sera précipitée violemment, en sorte qu'elle ne se retrouvera plus (1). » — Nouvelle réminiscence de l'Ancien Testament. La Babylone du Tibre est traitée comme le fut la ville chaldéenne par Jérémie, lorsqu'après avoir écrit une prophétie terrible contre celle-ci, il voulut que le prêtre Saraïas la lût d'abord au peuple assemblé, puis la jetât dans l'Euphrate attachée à une pierre, en proférant un arrêt semblable contre la cité criminelle, condamnée sans retour à devenir un vaste désert (2).

Puis de nouveaux reproches mêlés d'ironie sur la vanité de ses plaisirs évanouis; « de ses arts et de ses métiers, » abîmés avec elle dans un oubli éternel; « de ses lumières fastueuses, » remplacées par des nuits dont rien ne dissipera plus l'obscurité; « de ses fêtes, » auxquelles succédera le morne silence des ruines, sur lesquelles l'histoire seule vivra encore pour y empreindre l'impérissable tache du sang des Prophètes et de tout celui qu'a fait verser sur la terre la sacrilège autorité dont elle abusa toujours (3).

« Les Prophètes, les Saints, » sont tous les chrétiens tués par la sanguinaire impiété des maîtres du monde. C'est par ce terme de *saint* que S. Paul désignait les chrétiens dans plusieurs endroits de ses Épîtres (4); et l'on sait que ce don

Les Prophètes et les Saints pris pour les simples fidèles.

---

(1) « Et sustulit unus Angelus fortis lapidem quasi molarem magnum, et misit in mare, dicens : Hoc impetu mittetur Babylon civitas illa magna, et ultra jam non invenietur. » (*Apoc.*, XVIII, 21.)
(2) « Cum compleveris legere librum istum, ligabis ad eum lapidem, et projicies illum in medium Euphraten, et dices : Sic submergetur Babylon... » (*Jerem.*, LI, 63 et seq.)
(3) « Et vox citharœdorum et musicorum, et tibia canentium et tuba non audietur...; et omnis artifex omnis artis non invenietur...; et vox molæ non audietur amplius.— Et lux lucernæ non audietur in te amplius..; et vox sponsi et sponsæ non lucebit adhuc in te, quia mercatores tui erunt principes terræ, quia in veneficiis tuis erraverunt omnes gentes. — Et in ea sanguis Prophetarum et Sanctorum inventus est, et omnium qui interfecti sunt in terra. » (*Apoc.*, XVIII, 22, 24.)
(4) « Necessitatibus sanctorum communicantes. » (*Rom.*, XII, 13.) — « De collectis quæ fiunt in sanctos, ita et vos facite. » (1 *Cor.*, XVI, 1.) — « Paulus... omnibus sanctis qui sunt Ephesi. » (*Ephes.*, I, 1.)

de prophétie était commun dans la primitive Église (1). Voilà encore la submersion de Babylone amenée là pour signifier la perte éternelle des méchants morts dans l'impénitence finale (2); et dès ce monde ceux qui aiment les plaisirs de l'iniquité jusqu'à une sorte d'idolâtrie accomplissent également sur eux-mêmes cette austère métaphore, selon la remarque du Sauveur (3). « Il faut peu de temps, dit S. Augustin (ou l'anonyme publié sous son nom), pour broyer leurs plaisirs comme sous une meule. La rapidité de leur chute ressemble à un mouvement de rotation augmentant de vitesse en approchant de son terme (4). » —

<small>Jésus-Christ, vainqueur de la cité, s'en empare et y règne.</small>

Et ainsi s'accomplit ce que l'Ange avait dit au seizième chapitre : « Vous êtes juste, Seigneur; ils ont répandu le sang... : vous leur en avez donné à boire. » — Quant à Rome ainsi abîmée, elle ne s'est point relevée, et le jour de sa chute l'a plongée, comme puissance temporelle, dans une éternelle inaction; mais le Christ n'en a triomphé que plus complétement. Il en a fait le siège de sa puissance visible; il y a établi le centre de son autorité spirituelle, en plaçant les successeurs de Pierre à la tête de ce peuple chrétien que le paganisme n'a pu écraser; de là ce vainqueur pacifique a résisté mille fois aux assauts sacriléges des tyrans qui se révoltèrent contre l'Église depuis son établissement providentiel; de là il triomphera encore des attaques les mieux combinées des partis aveugles ligués contre Elle; et quand les satellites de l'enfer se seront mille fois brisés contre cette

---

(1) « Posuit Deus in Ecclesia primum apostolos, secundo prophetas, etc. » (I *Cor.*, XII, 26.)—« Si quis videtur propheta esse. » (*Ibid.*, XIV, 37.)— Et ous avons vu ci-dessus le sang des *saints* et des *prophètes* reproché aux persécuteurs comme une des causes de la juste sévérité de Dieu : « Quia sanguinem *sanctorum et prophetarum* effuderunt. » (*Apoc.*, XVI, 6.)

(2) Voir Gagny, *ut suprà*, col. 1396.

(3) « Qui autem non credit, jam judicatus est. » (*Joan.*, III, 18.)

(4) « Omnes amatores mundi revolutio temporum sicut mola conterit et in gyro mittit, de quibus scriptum est (*Ps.*, XI) : In circuitu impii ambulant. » (Autor incert., ad calc. t. IX, opp. S. Aug., p. 311.)

pierre angulaire, elle vivra encore, calme et glorieuse, pour les dédaigner et les bénir. C'est cette pensée que, par une de ces prophéties dont l'histoire est pleine, Constantin semble avoir voulu reproduire comme un monument de la victoire définitive de l'Église, lorsqu'il fit exposer devant son palais un tableau où apparaissait, au-dessous d'une croix radieuse, l'ennemi du genre humain sous la forme d'un dragon percé de traits et tombant au fond de la mer (1). Le symbolisme des catacombes commençait à s'éclairer du grand jour.

Par là, l'Antechrist soumis à la Croix dans un tableau de Constantin.

Maintenant il faut revenir un peu sur cette meule qui, d'une simple pierre dans Jérémie, prend dans l'Apocalypse cette forme déterminée qui mérite notre attention au point de vue du symbolisme. Remarquons, en effet, que c'est cette forme que préfèrent les auteurs sacrés, sans omettre même le divin Auteur de l'Évangile. A ses yeux, c'est une meule que s'attache au cou celui qui aura scandalisé un enfant (*Matth.*, xvi, 6). — C'est aussi le symbole, dans Isaïe (xlvii, 2), des justices divines écrasant jusqu'à l'anéantissement Babylone avec ses iniquités : *Tolle molam, et mole farinam;* et le Psalmiste rassure les justes contre les *meules* (les dents *molaires*) des lions (des démons) chargés des supplices à infliger aux pécheurs : *Molas leonum constringet Dominus* (*Ps.*, lvii, 7). Raban Maur regarde la meule comme la figure des actions séculières faites sans aucune vue ou pensée de Dieu, comme celles des méchants (2). Pierre de Capoue et le moine anonyme des *Distinctions monastiques* expliquent ce sens, qu'ils adoptent, de la forme ronde d'une meule tournant autour d'elle-même comme le cercle des affaires de ce monde (3). Ce dernier y mêle le souvenir de Samson aveuglé et travaillant à la meule, par conséquent

La meule et ses divers symboles.

---

(1) Euseb., *De Vita Constant*, lib. III, cap. III.
(2) « Mola actio sæcularis, circuitus laborum. » (*Veterum commentarius de Clave S. Melit.*, apud *Spicileg.* Solesm., t. II, p. 440.)
(3) « Mola occupatio sæcularium, circuitus terrenorum. » (Petrus, Capuan. episc., *ubi suprà.*)

suivant au hasard l'orbite qui le fait incessamment revenir aux mêmes mouvements, aussi ignorant des résultats qu'il produit que les mondains de l'abîme où ils vont se jeter sans précaution ni méfiance (1). S. Hilaire de Poitiers dit quelque chose d'approchant quand il compare la vie des pécheurs au travail d'une bête de somme privée de ses yeux et tournant une meule (2); allusion à des instincts de brute, toujours les mêmes et toujours privés de la lumière surnaturelle, qui seule fait accomplir pour Dieu les devoirs humains.

L'Alleluia, cantique des Cieux.

Chapitre XIX. — Après cette éclatante revanche prise par le Seigneur contre les meurtriers de ses enfants, le ciel retentit de chants d'allégresse; tous ses habitants participent à la joie de l'Église militante, qui a vaincu par ses chefs, et l'*alleluia*, expression la plus vive de « la louange » unie à « l'adoration et à l'action de grâces, » est répété dans les espaces éternels « par l'innombrable troupe des élus. » Ils célèbrent le renversement de la prostituée et consacrent par un chant immortel le souvenir du feu qui la consuma (3). — « Les vingt-quatre vieillards, les quatre animaux se prosternent et redisent ce même chant; » « et une voix sort du trône, du sein de la majesté divine, et invite tous ses serviteurs, petits et grands, à multiplier ces louanges. Nous n'oublions pas que les vieillards personnifient les générations de l'ancienne Loi, antérieures au christianisme; les animaux ou chérubins sont les évangélistes de la nouvelle; c'est donc l'Église tout entière, celle qui

---

(1) « Mola saecularium negotiorum, quae valde laboriosa sunt, circuitum significat. Ad hanc molam, effossis oculis, deputatus est Samson, quia homo, amisso lumine contemplationis, implicari solet saecularibus negotiis, et exterius solatium quaerit. » (*Ibid.*)

(2) « Molae opus est labor caecitatis; nam clausis jumentorum oculis, aguntur in gyrum. » (S. Hilar. *Comment. in Matth.*, cap. XVIII.)

(3) « Post haec audivi quasi vocem aquarum multarum, in coelo dicentium: Alleluia, salus, gloria et virtus Deo nostro est, quia vera et justa sunt judicia Ejus... Alleluia. Et fumus ejus ascendit in saecula saeculorum. » (*Apoc.*, XIX, 1, 2, 3.)

triomphe et celle qui combat (1). « D'autres voix en grand nombre, » toujours semblables, par l'ensemble et l'imposante harmonie de l'expression, à ces « grandes eaux » qui figurent l'immense assemblée de tous les élus, reprennent ces concerts d'allégresse et exaltent le nouveau règne de leur Dieu (2). C'est, en effet, d'après les idées humaines, un règne nouveau de triomphe et de paix qui commence pour le ciel et la terre. L'une voit cesser la persécution, l'autre s'en réjouit; et la raison principale de tant de cantiques, c'est qu'enfin l'Église va régner aussi, comme vont vous le faire voir, en de magnifiques apparitions, ce chapitre et les trois suivants. C'est aussi la conclusion de ce chœur triomphal, répétée par les échos du ciel : « Réjouissons-nous; glorifions le Très-Haut, parce que les noces de l'Agneau vont se faire, et son Épouse s'est préparée (3). »

Nous connaissons cet Agneau triomphateur, cette Épouse mystique dépeinte dans le plus beau des cantiques anciens. Mais voici qu'elle nous est signalée avec les marques extérieures de sa chaste beauté, dans l'éclat de sa gloire intérieure, et entourée du cortége sacré des admirables œuvres de ses Saints, œuvres qui sont les siennes réellement, puisqu'Elle les inspire et les féconde. Ce passage et d'autres que nous allons rencontrer sont d'une grande élévation. Cette épouse, devenue le symbole populaire de l'Église catholique, ne pouvait « se préparer » ni songer même à son

<small>Le lin et les robes blanches, figure des bonnes œuvres et de l'innocence.</small>

---

(1) « Et ascenderunt seniores viginti quatuor, et quatuor animalia, et adoraverunt Sedentem super thronum, dicentes : Amen, alleluia. — Et vox de throno exivit : Laudem dicite Deo nostro, omnes servi Ejus, pusilli et magni. » *(Ibid.,* 4, 5.)

(2) « Et audivi quasi vocem turbæ magnæ, et sicut vocem aquarum multarum, et sicut vocem tonitruorum magnorum, dicentium: Alleluia, quoniam regnavit Dominus Deus noster omnipotens. » *(Ibid.,* 6.)

(3) « Gaudeamus, et exsultemus, et demus gloriam Deo, quia venerunt nuptiæ Agni, et Uxor Ejus præparavit se. — Et datum est ut cooperiat se byssino splendenti et candido. Byssinum enim purificationes sunt sanctorum. » *(Apoc.,* xix, 7, 8.)

union aussi consolante que glorieuse avec son Chef divin, tant qu'Elle était encore sous le joug de ses persécuteurs. Ils tombent....., et aussitôt Elle s'avance vers ses sublimes destinées. « Il lui est donné de se revêtir de fin lin d'une blancheur éclatante, et ce lin, ce sont les bonnes œuvres des Saints. » — L'explication est aussi précise que le symbole est juste et convenable. Nous avons vu des robes *blanches* parer les vierges, le Fils de l'homme, les vingt-quatre vieillards, toutes les âmes innocentes. Il est de la sainteté de l'Épouse de revêtir ce lin, dont la blancheur répond si bien à l'inaltérable justice dont Elle est ornée par la foi de Jésus-Christ : foi vive, agissante, principe, en un mot, de tous les mérites qui se peuvent acquérir ici-bas. Mais cet éclat ainsi mentionné ne l'est pas inutilement. C'est la liberté du grand jour donnée à la prière, à la louange publique si longtemps enfouies par la persécution dans la nuit des catacombes. Désormais tout cela va paraître; c'est pourquoi l'Ange ordonne au Prophète d'écrire ce qu'il voit et de déclarer « heureux ceux qui ont été appelés au banquet, au souper de ces noces divines (1). »

Les noces de l'Agneau.

L'office divin emploie maintes fois ce texte pour exprimer le bonheur de la communion eucharistique, l'honneur donné aux vierges consacrées d'approcher de plus près le saint Époux. S. Grégoire fait observer à ce propos que le « souper, *cœna*, » est le dernier repas du jour, et que pour arriver à celui que l'Ange promet, il faut donc avoir fini sa journée, le travail de sa vie mortelle (2); et c'est encore une réminiscence de ce festin éternel dont le Sauveur a parlé paraboliquement au vingt-deuxième chapitre de S. Matthieu.

Nous retrouvons dans ce passage une preuve de plus, après tant d'autres, de l'emploi systématique du symbolisme adopté par la Vérité divine dans l'enseignement des

---

(1) « Scribe : Beati qui ad cœnam nuptiarum Agni vocati sunt! » (*Apoc.*, XIX, 8.)

(2) S. Greg. Magni, *Homil.* XXIV *in Evang. Matth.*

hommes. L'Ange, qui représente le Fils de Dieu, vient de parler de ce lin d'une merveilleuse beauté, de ces noces mystérieuses auxquelles sont conviées toutes les âmes, et aussitôt il ajoute que « ces paroles sont de Dieu, » par conséquent véritables ; — et comme le Prophète « veut se jeter à ses pieds pour l'adorer, » l'Ange ne le souffre pas, et l'invite à « n'adorer que Dieu seul » dans cette révélation qui le surprend; car, dit-il, ce que je viens de prophétiser « n'est que le témoignage du Sauveur lui-même (1). » Il n'en est pas moins vrai que le lin ou *byssus* et les noces ne sont ici que de simples figures, puisque dans le ciel, au dire de cette même Vérité infaillible, on ne se mariera pas (2), et que, d'autre part, on n'aura pas besoin d'y être vêtu, la nature humaine, purifiée par la mort, remettant chacun dans l'état d'innocence primitive qui excluait toute concupiscence de nos premiers parents avant la chute originelle.

C'est, au reste, d'après ce principe que nos sculpteurs des douzième, treizième et quatorzième siècles, ayant à représenter au tympan des basiliques la scène du jugement avec celle de la résurrection des morts, ont donné à ceux-ci une forme générale qui ne révèle plus de sexe, comme nous aurons à l'expliquer plus tard (3). Les manuscrits et les vitraux du treizième siècle et des deux suivants ne représentent jamais les élus dans le ciel que nus à mi-corps, la partie inférieure de la nature humaine étant voilée entièrement par des groupes de nuages épais. Nous aurons à faire aussi à ce sujet d'intéressantes observations.

<small>Les morts et les âmes peints et sculptés au moyen âge dans l'état d'innocence primitive.</small>

---

(1) « Et dixit mihi : Hæc verba Dei vera sunt. Et cecidi ante pedes ejus ut adorarem eum. Et dicit mihi : Vide, ne feceris ; conservus tuus sum et fratrum tuorum habentium Testimonium Jesu. Deum adora. Testimonium enim Jesu est spiritus prophetiæ. » (XIX, 9, 10.)

(2) « In resurrectione enim neque nubent neque nubentur, sed erunt sicut angeli Dei in cœlo. » (*Matth.*, XXII, 30.)—Voir aussi S. Paul. (I *Cor.*, XV, 44.)

(3) Voir S. Jérôme sur le texte de S. Matthieu, *ubi suprà*, — et S. Augustin, *De Civitate Dei*, lib. XXI, cap. XVII.

Donc, cette incontestable divinité du Christ, vérité infaillible, nous apparaît ainsi dans les Écritures dès l'aurore de la religion. La foi inébranlable des apôtres et des fidèles brille dans tous les textes où il est parlé du Rédempteur, et c'est d'après ces données surnaturelles que la plume de S. Jean nous en transmet une nouvelle image, aussi vive que jamais.

Divinité du Christ,

« Le ciel s'ouvre, » c'est l'annonce d'une autre révélation. « Un cheval blanc apparaît, monté par un cavalier qui s'appelle le Fidèle, le Véritable, qui juge et qui combat justement (1). » Nous avons vu, au deuxième verset du chapitre VI, ce même cavalier montant un cheval de même couleur, insigne des triomphateurs à leurs entrées solennelles dans la ville conquise. C'était Jésus-Christ : ce l'est encore. Il triomphe par l'éclat de sa justice; la fidélité de ses promesses n'est plus douteuse ; sa véracité brille dans l'exécution de sa parole, et nous lui avons vu ces mêmes caractères aux versets 7 et 14 du chapitre III. Quant au cheval blanc, nous savons ce qu'il exprime par le chapitre VI déjà indiqué ; toutefois ne négligeons pas de citer à l'appui de notre témoignage celui de Rupert, qui rapproche aussi de ce coursier, dont la couleur lui semble mystérieuse, celui du Samaritain, qui ne l'est pas moins. C'est donc par une sorte de coïncidence que le blanc est préféré dans ces deux occasions pour symboliser cette monture : on le voit dans ce même épisode du Samaritain à l'une des belles verrières de la cathédrale de Bourges. Il avait semblé avec beaucoup de convenance que, puisque le Sauveur se voilait à demi sous les traits du charitable voyageur, son cheval, qui participait à la bonne œuvre en se chargeant du blessé, ne devait avoir que des attributs d'une nature excellente. C'est la

revenant sous la figure du cheval blanc.

Cette même couleur donnée au cheval du Samaritain;

son importance dans le symbolisme catholique.

Devoirs des peintres à cet égard.

---

(1) « Et vidi cœlum apertum. Et ecce Equus albus; et Qui sedebat super eum vocabatur Fidelis et Verax, et cum justitia judicat et pugnat. » (*Apoc.*, XIX, 11.)

pensée du docte abbé de Deutz, suivi et précédé de la généralité des interprètes (1).

Mais notre cavalier « combat » : c'est Lui qui vient d'opérer en faveur de son Église tous les prodiges que l'on a vus. « Ses yeux sont comme une flamme » qui communique son ardeur à tous ceux qui vont combattre avec Lui, et jette l'épouvante aux rangs de ses adversaires (2). « Il a ceint son

<small>Autres caractères mystérieux du Christ vainqueur.</small>

(1) « Equum album, et Eum qui sedebat super eum, unum intelligimus Christum. Et hunc Equum illud esse jumentum de quo in illa parabola de homine qui inciderat in latrones, dictum est : *Imponens illum in jumentum suum duxit in stabulum...* Et recte hic equus albus dicitur, quia... hic homo de Spiritu Sancto conceptus sine peccato de Virgine est natus..., etc. » (Ruperti abb. *In Apoc.* lib. IV.) — Et ainsi de tous les Pères, en remontant jusqu'aux plus anciens ; ce qui prouve en même temps et que le cavalier de ce texte a toujours été interprété du Sauveur lui-même, et que la couleur blanche lui a toujours été attribuée. En effet, le blanc a toujours été le symbole de la vertu, de la perfection et de l'innocence. C'est par ce principe qu'il faut juger du choix que la liturgie catholique, toujours si expressive, a fait de cette couleur pour l'appliquer à tous les offices du Sauveur qui ne sont pas proprement de sa passion. Les vêtements *blancs* sont prescrits par le cérémonial pour les fêtes de Noël, de l'Épiphanie, de Pâques, du Saint-Sacrement, etc. C'est dans ce sens que l'Agneau *sans tache* figure le Dieu-Prêtre, dont les prêtres revêtent le costume à l'autel du Saint Sacrifice ; comme Aaron, grand-prêtre de l'ancienne Loi, était orné lui-même d'une tunique blanche de fin lin. Et pour qu'il n'y ait aucun doute sur cette intention prophétique de l'Écriture, l'Église, en célébrant la mémoire de l'ensevelissement de son divin Époux dans le linceul acheté par Joseph d'Arimathie, prend pour offertoire de la messe le texte du Lévitique, qui prescrit au sacrificateur la robe de lin sans laquelle il ne peut entrer dans le tabernacle pour y exercer ses sublimes fonctions. (Voir *Missale Roman.* in feria VI post domin. II Quadrages.) — Cette observation se complétera par celle que nous rattacherons bientôt à l'explication du 14ᵉ verset de ce chapitre. — Concluons de là que les peintres qui voudront rester dans la vérité ne négligeront pas de donner au besoin à leurs images d'Aaron ou des lévites du rit primitif la robe de lin qui les caractérise : à plus forte raison la donneront-ils même à Melchisédech, dont les fonctions, si nettement exprimées dans la Genèse (XIV, 18), dans le Psalmiste (CIX, 4) et dans l'Épître aux Hébreux (VII, 1), ont fait le type même du Sacerdoce nouveau de Jésus-Christ.

(2) « Oculi autem Ejus sicut flamma ignis, et in capite Ejus diademata multa, habens nomen scriptum quod nemo novit nisi Ipse. » (*Apoc.*, XIX, 12.) — Voir Gagny, *in h. loc.*

front de plusieurs diadèmes » pour marquer qu'Il est « le Roi des rois et le Seigneur des seigneurs (1). » — « Il porte écrit sur lui-même un nom que personne autre que Lui ne peut avoir ni comprendre : » allusion à la lame d'or que portait sur le front le grand-prêtre des Juifs avec l'inscription : *La sainteté est au Seigneur* (2). Ce pouvait être aussi le nom du *Verbe* divin, nom qui renferme l'essence même de la nature mystérieuse du Dieu incarné, et que, personne, en effet, pas même les élus dans le ciel, « ne pourra jamais comprendre aussi bien que Lui. » Ce nom, d'ailleurs, est précisément celui de ce cavalier formidable, comme le révèle le texte (3), et comme on le croyait dès le troisième siècle, avec Origène, qui nous l'a expliqué. Et puis « son vêtement est couvert du sang de sa passion, » qui ne permet pas de le méconnaître, ou de celui des martyrs, dont il est le prince, ou enfin de ses ennemis accablés par Lui et noyés dans leur propre sang. Tout cela s'explique par ces « armées célestes qui le suivent sur des chevaux *blancs*, vêtues comme Lui de fin lin tout éclatant *de blancheur.* » — Les guerriers sont donc habillés comme leur Chef et montés comme Lui. Gagny regarde en cet endroit les chevaux *blancs* comme une représentation des corps restés purs que gouverne l'esprit maître de la matière et dirigeant leurs passions d'après les idées chrétiennes. La robe *blanche* est encore le signe de leurs bonnes œuvres et des *justifications* qu'ils ont acquises (4). De même que cette multitude d'élus

Autres explications de cette même couleur,

donnée aux élus.

---

(1) « Rex regum et Dominus dominantium. » (Suprà, *Apoc.*, XVII, 14.)

(2) « Sanctum Domino. » (*Exod.*, XXVIII, 36.)

(3) « Et vestitus erat veste aspersa sanguine, et vocatur nomen Ejus : VERBUM DEI. » (*Apoc.*, XIX, 13.)

(4) « Et exercitus qui sunt in cœlo sequebantur Eum in equis albis, vestiti byssino albo et mundo. » (*Ibid.*, 14.) — Cette identité de vêtement entre le Chef et sa suite pourrait bien se rapporter ici à ce qui se passait pour les prêtres de l'ancienne Loi, d'après les prescriptions cérémonielles. Nous avons vu ci-dessus, à propos du verset deuxième, une réminiscence du Lévitique. Or, comme le grand-prêtre, qui préfigure

rangés à la suite de leur Chef brillent de l'éclat de sa sainteté et de sa justice puisées dans sa grâce, ainsi ils le suivent à la victoire qu'il va remporter sur toutes les nations, en les attirant à Lui des liens de l'idolâtrie. S. Jérôme attache un sens plus spécial à cette suite du divin Chef. C'est, selon lui, une réalisation mystérieuse de ces paroles : « Assurez-vous » que je vous assiste jusqu'à la fin des temps. Allez donc ! » instruisez tous les peuples, les baptisant au nom de l'au- » guste Trinité. » C'est au moyen des apôtres que Jésus-Christ s'est transporté par toute la terre, y a propagé l'Évangile et soutenu ses efforts (1). C'est pourquoi, à tous ces symboles de triomphe que nous venons de voir, le Prophète en ajoute d'autres : « l'épée à deux tranchants qui sort de sa bouche, » déjà signalée aux versets 16 du chapitre 1er et 12 du chapitre II, et dont un côté doit défendre les justes, comme l'autre attaquer et exterminer les impies (2) ; « la verge de fer, » insigne du pouvoir souverain, dont il s'armera pour réduire les nations au bonheur de son joug, et se donner sur elles un règne que rien ne saurait briser (3) ; enfin « le

Encore les deux tranchants de l'épée divine.

La verge de fer.

dans le premier Testament le Prêtre suprême du second, devait être entouré à l'autel des prêtres inférieurs revêtus de la même robe de lin, nous voyons la suite de notre cavalier symbolique ornée des mêmes couleurs que son Chef. C'est que les chrétiens participent tous en une certaine mesure du sacerdoce de Jésus-Christ, comme de sa royauté éternelle : *Fecisti nos Deo regnum et sacerdotes* (Apoc., I, 6) : pensée exprimée en termes presque identiques au sixième verset du chapitre suivant : *Erunt sacerdotes Dei et Christi, et regnabunt cum Illo.* — Et puis les prêtres, qui offrent identiquement le même sacrifice que Jésus-Christ et les évêques, se conforment à la couleur consacrée dans la célébration des Saints Mystères. On voit combien de liens mystérieux unissent entre eux les moindres détails du culte et de l'adoration dans la liturgie catholique.

(1) Voir S. Jérôme, *in h. loc. Apocal.*
(2) Pseudo-August., *in Apoc.* cap. XVI.
(3) « Et de ore Ejus procedit gladius ex utraque parte acutus, ut in ipso percutiat gentes; et ipse reget eas in virga ferrea..., et ipse calcat torcular vini furoris iræ Dei omnipotentis. » (*Apoc.*, XIX, 15.) — Nous trouvons dans Daniel le sens primitif de cette verge redoutable. L'empire romain y est représenté comme devant briser tous les autres, ce

pressoir, » toujours comparé « à la colère de Dieu, » dans lequel il foulera comme une vendange les peuples rebelles à ses lois.

<small>Le pressoir et le vin, images de la Passion du Sauveur.</small>

Tous ces symboles sont autant de reflets répercutés de l'Ancien Testament sur les faits nouveaux. Ce pressoir vient d'Isaïe, qui nous avait montré le Sauveur sortant d'une cuve où se fait le vin, et teint d'avance du vin dont il veut faire la figure prophétique du Sang de sa passion (1). — Ce même Prophète et, après lui, S. Paul ont bien donné le sens du glaive, en l'expliquant du jugement dernier, lorsque Jésus-Christ, devenu juge des bons et des méchants, « frappera la terre par la verge de sa bouche et tuera l'impie du souffle de ses lèvres (2). »

<small>Ses vêtements, — son nom écrit sur sa cuisse; —</small>

Autre caractère du cavalier, du Sauveur. Il portait sur ses vêtements et sur sa cuisse : *Rois des rois et Seigneur des sei-*

qui s'est accompli à la lettre. (Voir *Daniel*, cap. II, 40.) Ainsi le nouvel empire de Jésus-Christ renversera le règne de Satan et du monde. Il attirera tout à lui (*Joan.*, XII, 32) ; et quiconque, roi ou peuple, voudra lui résister, éprouvera la force de cette *verge de fer* qui avertit, par des tribulations providentielles, de rentrer sous ses lois oubliées, ou se verra brisé à jamais s'il persiste à se séparer de Lui, comme on l'a vu de tant de nations effacées de la terre après s'être obstinément endormies dans le mal. Telle est la philosophie de l'histoire, applicable à tous les temps, à tous les princes, à toutes les nations. Personne n'a disparu violemment de la scène du monde après y avoir joué un grand rôle qu'en punition de son orgueil, de ses voluptés ou de son ambition; et pour l'avenir la verge de Dieu sera toujours là, comme elle y fut toujours dans le passé. Avis aux aveugles et aux méchants!

(1) C'est le texte d'Isaïe : « Quare ergo rubrum est vestimentum Tuum... ? Torcular calcavi...; calcavi eos in fure meo..., et aspersus est sanguis eorum super vestimenta mea, et omnia vestimenta mea inquinavi..., et inebriavi eos in indignatione mea. » (*Is.*, LXIII, 2 à 6.) — Ici ce n'est pas seulement le Sang divin qui coule pour racheter les nations : c'est encore le leur propre, versé métaphoriquement par le Christ dans son indignation contre les impies, *qu'il foule dans le pressoir* de ses épreuves en retour de leurs crimes, et surtout en punition de leurs révoltes contre son Église, dont la liberté, dit S. Anselme, est la plus chère des affections divines.

(2) « Percutiet terram virga oris sui, et spiritu labiorum suorum interficiet impium. » (*Is.*, XI, 4.) — Voir aussi II *Thess.*, II, 8.

gneurs (1). C'est un autre nom qui, par une redondance comme en emploie souvent le langage hébraïque, désigne une fois de plus le souverain Maître. Mais qu'est-ce que cette *cuisse*, et quel cavalier a jamais songé à placer là un des attributs de son grade et de son pouvoir, et à plus forte raison un titre aussi important ? Nous ne pouvons penser avec D. Calmet que ceci doive s'entendre à la lettre du pan de son vêtement ou du pommeau de son épée, l'un flottant, l'autre appuyé sur sa cuisse. Ce sens paraît à la fois un peu recherché et trop près du naturalisme. Les théologiens mystiques semblent l'avoir mieux expliqué en indiquant le *vêtement*, selon une idée consacrée par beaucoup de passages bibliques, comme l'humanité de Jésus-Christ, à laquelle « toute puissance a été donnée dans le ciel et sur la terre (2). » Or la *cuisse* a la même signification, conformément au langage de la Genèse, de l'Exode et tant d'autres livres, où elle est prise pour un synonyme de génération et de postérité (3). Lorsqu'Abraham, ne voulant pas marier son fils à une femme de Chanaan, envoie son serviteur à la recherche d'une épouse de sa race, Éliézer est obligé de mettre sa main sous la cuisse du patriarche pour s'engager à ne pas manquer à sa mission (4). Jacob en fit autant pour obtenir de Joseph qu'il transporterait ses restes mortels près des siens, dans le pays de ses pères (5). Ailleurs le texte se rapporte très-précisément au Rédempteur ; c'est la

souvenirs bibliques à ce sujet.

---

(1) « Et habet in vestimento et in femore suo scriptum : Rex regum et Dominus dominantium. » (*Apoc.*, XIX, 16.)

(2) « Data est mihi omnis potestas in cœlo et in terra. » (*Matth.*, XXVIII, 26.)

(3) « Christi vestimentum humanam ipsius naturam significare diximus ; similiter et femur significat quia inde generatio carnalis descendit. » (Gagny, *in h. loc.*) L'interprète s'appuie ici du texte formel de la Genèse : « Cunctæ animæ quæ ingressæ sunt cum Jacob in Ægyptum et *egressæ sunt de femore ejus*..., sexaginta sex. » (XLVI, 26.)

(4) *Gen.*, XXIV, 2.

(5) *Ibid.*, XLVII, 29.

prophétie de ce même Jacob (1). Voilà bien la *postérité* du patriarche conservée dans l'avenir jusqu'à la naissance du Messie. C'est donc en tant qu'homme que le Sauveur est pris ici comme Roi des rois.

Le bonheur des saints nous a été montré sous les apparences d'un festin nuptial; la gloire du Christ vainqueur, par celle d'un général marchant à la tête de ses armées : la conséquence de cette victoire sera le massacre des hordes soulevées contre lui et renversées sous le glaive de la justice. Cette nouvelle phase de prodiges symboliques ne le cède pas aux précédentes.

<small>L'Eglise triomphant du paganisme par la lumière de la prédication.</small>

« Je vis un Ange debout dans le soleil, » c'est-à-dire éblouissant du plus vif éclat, ce qui devait rendre d'autant plus singulier le terrible ministère dont il était chargé, tout en glorifiant en proportion les justes réhabilités aux yeux des hommes (2). C'est, selon S. Augustin ou son pseudonyme, qu'a suivi Wouters, la gloire de l'Église triomphant du paganisme (3), ou une prophétie des victoires promises à la parole de Dieu répandue par le monde. Il paraît que ce sens, tout mystique, était préféré des commentateurs du moyen âge, plus accoutumés à sonder le fond des enseignements spirituels et de la vie des âmes. Un manuscrit à charmantes miniatures, où la traduction du texte se mêle à celles-ci avec autant de naïveté que le peintre leur en a donnée, représente cet Ange dans un fond d'or pour figurer le soleil. Nous allons trouver de nombreuses occasions de citer ce chef-d'œuvre de patience laborieuse et

<small>Beau manuscrit *de Poitiers*, du treizième siècle, et ses miniatures symboliques.</small>

---

(1) « Non auferetur sceptrum de Juda, et dux *de femore ejus*, donec veniat Qui mittendus est. » (*Gen.*, XLIX, 10.)

(2) « Et vidi unum angelum stantem in sole, et clamavit voce magna dicens omnibus avibus quæ volabant per medium cœli : Venite, et congregamini ad cœnam magnam Dei; et manducetis carnes regum..., fortunas.. equorum et sedentium in ipsis, et carnes omnium liberorum, et servorum, et pusillorum et magnorum.» (*Apoc.*, XIX, 17, 18.)

(3) Pseudo-August. *Homil.* XVI *in Apoc.* — Wouters, *Quæst. in cap.* XIX.

d'esthétique scripturaire (1). Quoi qu'il en soit, l'Ange élève une voix éclatante, appelle tous les oiseaux qui remplissaient les airs : « Venez, leur dit-il, rassemblez-vous pour le grand souper de Dieu, afin de dévorer les chairs des rois, de leurs officiers et de leurs ministres, les chairs des chevaux et de leurs cavaliers, les chairs des hommes libres et des esclaves, des petits et des grands. » — Voilà bien des choses à dévorer ; il n'y manque rien, et selon le langage poétique des Prophètes, l'énumération de toutes ces pâtures épuise complétement le nombre possible des victimes désignées. Mais depuis quand les oiseaux sont-ils donc si féroces et si insatiables ? {Oiseaux appelés à dévorer les ennemis de l'Église}

C'est une des plus intéressantes observations de la science symbolistique.

Les oiseaux ont une grande part dans les allégories bibliques. On les trouve dans les Livres sapientiaux, dans les Prophètes, dans l'Évangile, et partout ils ont un double caractère contradictoire fondé sur la distinction faite par le Lévitique entre les oiseaux *purs*, dont il est permis de manger, et les *impurs*, qu'interdisait la même Loi (2). Les premiers sont pris en bonne part ; les seconds n'expriment que des idées répugnantes ; ce qui n'empêche pas que, d'après notre loi bien connue des oppositions, on compte en dehors de cet ensemble certaines exceptions qui attribuent de bonnes qualités à des oiseaux immondes, et, au contraire, de fort mauvaises à ceux qu'on regarde comme purs. Ainsi donc, quoique en général l'idée absolue d'oiseaux soit favorable, et signifie des choses bonnes de leur nature : {Sens allégorique donné aux oiseaux en général, et ici en particulier.}

---

(1) Nous devons la communication de ce précieux commentaire à notre digne et regrettable ami, M. Adolphe de Chièvres, ancien magistrat, mort à Poitiers en 1861 ; et nous l'avions décrit et analysé dans le cinquième volume des *Mémoires de la Soc. des antiq. de l'Ouest*, 1838.

(2) « Hæc sunt de avibus quæ comedere non debetis, et vitanda sunt vobis : aquilam..., et gryphem, et hæliæctum..., etc. Abominabile erit vobis. » (*Lev.*, XI, 13.)

l'âme, l'homme intérieur, les anges, Notre-Seigneur lui-même, cependant c'est quelquefois l'étourderie et l'irréflexion, et tout ce qui peut avoir une note de légèreté et d'inconstance. On voit déjà que toutes ces différences rentrent également dans les habitudes du genre. Bien plus tranchées sont les attributions faites aux oiseaux innocents par eux-mêmes, dont les mœurs sont douces, le chant agréable ou mélancolique, et à ceux dont les instincts cruels ou grossiers rappellent à des idées repoussantes ou importunes. Ces derniers, classés par la Bible au rang des animaux impurs, représentent, dans l'immense série des images religieuses, le démon avec ses détestables penchants et tout ce qui naît de lui dans le cœur humain, comme tous les péchés capitaux et les crimes qu'ils engendrent, et tous ceux qui lui obéissent en souillant la sainteté de leur âme par le vice et les mauvaises passions (1).

Maintenant, quelle est, de toutes ces espèces, celle que l'Ange appelle à ce cruel festin de tant de chairs? Seraient-ce spécialement les oiseaux de proie, que leur goût porte à des repas sanglants, ou bien, sans en spécifier aucun, les oiseaux même purs, qui représentent les Élus et les Saints, et qui seraient convoqués à une juste vengeance contre les ennemis de Dieu, comme le dit notre texte? — A ne considérer que la miniature de notre manuscrit, on s'en tiendrait à cette dernière conjecture, car elle n'offre que des volatiles dépourvus de tout caractère plus ou moins redoutable. D'autre part, le texte dit *omnes aves;* il n'y a donc pas d'exceptions, et si le miniaturiste s'est peu embarrassé d'autre chose que du texte même, qui prête mieux d'ailleurs au sens mystique par lequel il l'interprète (2), il n'est pas

Ce sont ici des images des démons.

---

(1) Voir pour la confirmation de tout cela : Sancti Melitonis *Clavis*, cap. VIII; *in Spicileg. Solesm.*, t. II, p. 470 et seq.;—Hugon. à S.-Victore *Opera dogmatica*, lib. III, cap. XXVII; — Isidor. Hispalens. *Etymologiarum*, lib. XII, cap. VII; — S. Ambros. *Hexapl.*, cap. XIV.— Voir encore nos *Tables analytiques du Bulletin monumental*, v° Oiseaux.

(2) « Angelus in cœlo clamans significat prædicatores. Aves significant bonos christianos qui semper tendunt in altum ad bona cœlestia

moins vrai que l'office cruel donné à ces terribles bourreaux indique suffisamment ce qu'ils doivent faire. Aussi les représente-t-on s'acharnant aux hommes et aux chevaux, dont l'abattement et la consternation indiquent très-bien la condamnation irrévocable. S. Méliton confirme cette pensée lorsqu'il regarde comme figurant les démons ces étranges messagers de la colère divine, dans l'exposition même de notre passage (1).

L'iconographie chrétienne a su tirer parti de ces principes exégétiques en multipliant dans ses symboles, et sous tant de formes variées, les oiseaux de toutes espèces; figurant par les uns le bien moral avec toutes ses douces persuasions, par les autres le génie du mal avec toutes ses malheureuses instigations dont il abuse contre l'homme. L'aigle, le hibou, le pélican, les palmipèdes y contribuent aux enseignements symboliques, et nous expliquerons en son lieu la part que leur ont donnée les *physiologues* du moyen âge, grands connaisseurs de toutes ces mœurs animales sous lesquelles se cachent nos vices et nos vertus, nos qualités et nos défauts, le côté ridicule de notre nature terrestre et le côté sérieux de la partie supérieure de notre âme.

Richesse de l'iconographie chrétienne sur ce point.

Cependant le mystérieux et tout-puissant Cavalier au cheval blanc, et l'armée qui le suit, trouvent sinon des obstacles, au moins une furieuse opposition dans la bête, dans les rois qui la servent, et dans les satellites dont ils disposent. « La bête, dit notre scoliaste du treizième siècle, signifie l'Antechrist; les rois sont ses disciples; la guerre, c'est la persécution qu'ils s'apprêtent encore à faire subir aux chrétiens. » Et en preuve, la bête paraît, dans le mé-

Opposition de la bête à l'action du Dieu triomphateur.

Figure de la guerre faite par le

contemplanda. Cœna significat gloriam de cœlis; comestio carnium, dilectionem justitiæ Dei quam habebunt sancti in damnatis cruciandis. » — On voit ici combien chaque mot est étudié dans l'*École mystique.*

(1) S. Méliton, *ubi suprà*, p. 470.

daillon correspondant, sous la figure d'un prince à sept têtes couronnées, l'épée en main, s'avançant contre un groupe de moines à la large tonsure et aux pieds nus, pour désigner sans doute quelques rapports entre eux et les Apôtres prédicateurs de l'Évangile, et par opposition aux satellites de la bête, qui sont tous chaussés : on sait que la nudité des pieds est un des caractères symboliques de l'apostolat. Le chef de ces pécheurs, le démon personnifié en lui, porte un habit vert : nous avons déjà vu que sous cette couleur les instincts terrestres et les hideuses passions se manifestent en Satan. Derrière lui est une sorte de personnage sans autre coiffure qu'un voile vert et dont la robe est rose. C'est, par la même raison, ou l'hypocrisie ou l'idolâtrie, revêtue, pour tromper, de la couleur attribuée à la candeur et à l'innocence.

Cette armée s'élance donc contre le Fils de Dieu et ses Saints en une lutte acharnée (1). On voit ici une reprise abrégée de ce qui avait été déjà raconté avec plus de détails dans les visions précédentes. C'est une manière de rappeler le fond de l'histoire pour en développer le dénoûment. Voici donc que la bête est prise ; Rome est domptée, et avec elle « le faux prophète, » soit l'idolâtrie qui l'aveuglait, soit les magiciens impériaux dont l'infâme imposture entretenait les erreurs officielles de ces gouvernements malfaiteurs. Victimes vouées à un châtiment exemplaire, « ils sont jetés tous deux dans l'étang de feu et de soufre, » juste et éternelle punition de leurs crimes trop longtemps impunis (2). L'enfer est désigné souvent dans l'Écriture par une fournaise ardente de feu et de soufre : David et Isaïe sont explicites sur ces caractères du feu infernal, que tous les

---

(1) « Et vidi bestiam, et reges terræ et exercitus eorum congregatos ad faciendum prælium cum Illo qui sedebat in equo, et cum exercitu Ejus. » (*Apoc.*, XIX, 19.)

(2) « Et apprehensa est bestia, et cum ea pseudopropheta... Vivi missi sunt hi duo in stagnum ignis ardentis sulfure. » (*Apoc.*, XIX, 20.)

Pères ont entendu dans le même sens (1). Notre miniaturiste n'a pas oublié ces textes prophétiques, et il les a rendus avec une saisissante fidélité. Son médaillon est partagé en deux plans. Le plus élevé montre le ciel, d'où les âmes justes, séparées par une bande de nuages de ces réprouvés jetés dans l'enfer, contemplent ceux-ci entassés dans une vaste chaudière posée sur un trépied au-dessus d'une énorme gueule de monstre, renversée et vomissant un feu abondant qu'active de son soufflet un diable au corps nu et *bleu*. C'est la couleur de la domination, de la royauté : Satan est le roi, le tyran éternel des âmes perdues (2). Toutes ces victimes pleurent et se lamentent, pendant que deux autres diables versent sur leurs têtes pressées des coupes de formes diverses, d'où s'épanchent en flots abondants un liquide fort capable d'exprimer la menace du Psalmiste : *Pluet super peccatores laqueos; ignis et sulfur, et spiritus procellarum pars calicis eorum* (ps. x, 7). — Voilà comme le moyen âge saisissait les moindres nuances des peintures bibliques et consacrait par ses couleurs impérissables sa prédilection pour les symboles.

Couleur bleue donnée au démon, et pourquoi.

Quant au sens historique, il s'entend de reste. C'est Constantin abattant Maxence, Licinius et tous ses compétiteurs à l'empire; c'est le sacerdoce païen et les persécuteurs de l'Église tombant sous la justice de Dieu en des peines affreuses qui les assimilent aux damnés de l'enfer. Le reste fut tué par « l'épée qui sortait de la bouche du Cavalier. » Voilà donc la parole de Dieu, « le glaive à deux tranchants » de S. Paul, pénétrant les âmes par la prédication des Apôtres, abattant de toutes parts l'hérésie et le polythéisme;

Sens historique de toutes ces allégories.

---

(1) Isaïe, xxx, 11, 14, — xxxiv, 9 et suiv. — Rapprochez de cela l'incendie de Sodome et de Gomorrhe, dans la *Genèse*, xix, 24,—et le ch. xi, v. 6, de la 2e Épître de S. Pierre.

(2) « Ipse est rex super universos filios superbiæ. » (*Job*, xli, 25.) — C'était aussi *le prince* de Tyr orgueilleuse et idolâtre, dont le Seigneur disait au Prophète d'annoncer la défaite et la honte : « Fili hominis, leva planctum super principem Tyri. » (*Ezech.*, xxviii, 11.) Voir ci-dessus t. I, p. 317.

Rage des oiseaux malfaiteurs, action du démon sur les réprouvés;

faisant justice des misérables oppositions de la vanité mondaine et de la rage furieuse de l'impiété opiniâtre. — Et enfin, « les oiseaux dévorent leurs chairs et s'en rassasient (1). » C'est le bonheur des Saints de voir la justice de Dieu triomphante et satisfaite ; ils ne peuvent sentir ni penser autrement. — Ou bien ces oiseaux de proie sont encore ces malheureux esprits du mensonge, qui ne se consolent de leur révolte, cause de leur éternelle infortune, que par la perte des âmes qui furent trop dociles à leurs conseils. Les possédant pour toujours, ils se plaisent « à les cribler comme un froment (2); » comme ils avaient livré les justes à la prison et aux tourments des impies (3), ils exercent maintenant leur malice sur ceux qui en acceptèrent l'inspiration. « Leur violence sans borne, dit Tertullien, s'inflige à l'âme qu'ils ont terrassée sans retour (4); » c'est pour chaque réprouvé en particulier le dernier des trois grands malheurs dont l'Ange avait menacé l'empire romain, et avec lui tout l'univers.

leurs types dans beaucoup de sculptures des églises.

Ces oiseaux, plus ou moins équivoques de formes, qui s'accrochent dans nos vieilles églises aux corniches et aux murailles, aux corbeilles des chapiteaux et aux angles rentrants des tours solitaires, sont quelques-uns, n'en doutez pas, des complices de ces dévoreurs de chair humaine que le Prophète de Pathmos vient de mettre sous nos yeux : témoin ceux que nous avons décrits au troisième modillon de la première travée septentrionale, et au sixième de la troisième travée méridionale de la cathédrale de Poitiers (5).

---

(1) « Et cæteri occisi sunt in gladio Sedentis super equum, qui procedit de ore ipsius; et omnes aves saturati sunt carnibus eorum. » (*Apoc.*, XIX, 21.)
(2) « Ecce Satanas expetivit vos ut cribraret sicut triticum. » (*Luc.*, XXII, 31.)
(3) « Missurus est diabolus aliquos ex vobis in carcerem, ut tentamini. » (*Apoc.*, suprà, II, 10.)
(4) « Operatio eorum (*dæmoniorum*) est hominis eversio. Itaque infligunt animæ repentinos et extraordinarios per vim excessus. » (*Apologetic.*, cap. XXII.)
(5) Voir notre *Histoire* de ce monument, t. I, p. 220 et 256.

CHAPITRE XII.

SIXIÈME SUITE DE L'APOCALYPSE.

(DU CHAPITRE XX AU CHAPITRE XXI.)

Chapitre XX. — « Un autre Ange descend du ciel; il tient d'une main la clef de l'abîme, et de l'autre une grande chaîne (1). » La clef, c'est la puissance, l'autorité. Isaïe, prophétisant dans la personne d'Éliacim le règne futur du Messie, promet de placer entre ses mains *la clef de la race de David*. Il dit plus : il la lui fera porter *sur son épaule*, comme on appuie un sceptre, une épée de commandement. Alors le favori du Seigneur « ouvrira sans que personne puisse fermer, fermera sans que personne puisse ouvrir; » son pouvoir, en un mot, sera absolu et irrésistible (2). Cette expression est évidemment prise d'un autre symbole de la plus haute antiquité, et qui s'est perpétué jusqu'à nous : les clefs d'une ville offertes à un guerrier qui vient l'assiéger ou qui s'y établit en vainqueur indiquent naturellement la soumission de ses habitants envers un maître qui peut en faire, à son gré, ouvrir ou fermer les portes. C'est dans ce même sens que Notre-Seigneur, élevant S. Pierre à la dignité de Chef suprême de l'Église militante par une pri-

<small>La clef de l'abîme, symbolisme de cet instrument.</small>

<small>Tradition des clefs à S. Pierre.</small>

---

(1) « Vidi Angelum descendentem de cœlo habentem clavem abyssi, et catenam magnam in manu sua. » (*Apoc.*, XX, 1.)
(2) « Dabo clavem domus David super humerum Ejus; et aperiet, et non erit qui claudat; et claudet, et non erit qui aperiat. » (*Is.*, XXII, 22.)

mauté d'honneur et de juridiction, l'en investit en prononçant les paroles si connues : *Je te donnerai les clefs du royaume céleste* (1). Enfin, nous avons vu ci-dessus (ch. III, v. 7) le *Saint* et le *Véritable*, c'est-à-dire Jésus-Christ tenant « la clef de David; » et chap. IX, v. 1, l'Ange de Philadelphie recevant de Dieu la clef de l'abîme d'où sortent d'effroyables fléaux. C'était lui donner le pouvoir de tout disposer pour châtier les ennemis de la foi. Cette première clef allait *ouvrir* la porte aux fléaux de la vengeance divine. Mais à l'endroit où nous sommes, la clef de l'enfer est confiée à l'Ange nouveau pour qu'il le *referme* sur le monstre qu'il y va faire rentrer. C'est pour cela aussi qu'il est « muni d'une grande chaîne. » — « Il prend donc le dragon. » — C'est le dragon *roux* du chapitre XIII, « l'ancien serpent, » aussi ancien au moins que le monde dont il causa le premier malheur, et qui, sous cette forme préférée de lui, parce qu'elle l'avait si bien secondé d'abord, parvient à se faire adorer à Babylone, en Égypte, et se mêle à presque toutes les superstitions païennes de l'Orient. C'est aussi « le diable, » c'est-à-dire *le calomniateur*, et « Satan, » *le brigand accusateur*. L'Ange « enlace donc de sa chaîne » l'horrible ennemi, « et le fait captif pour mille ans (2). »

<small>Encore le dragon roux enchaîné pour mille ans.</small>

<small>Comment entendre ce chiffre ?</small>

Voici une célèbre difficulté qui a partagé les interprètes : quelle valeur réelle doit-on donner à ce nombre de mille ans? Est-il pris absolument, comme l'ont cru les millénaires des trois premiers siècles, contre l'opinion des hommes les plus graves de ce temps (3)? Est-ce une expression

---

(1) « Tibi dabo claves regni cœlorum. » (*Matth.*, XVI, 19.)—Voir dans Pierrius Valerianus, *Hieroglyphic.*, lib. XLVIII, cap. LXV et LXVI, d'intéressantes notes sur les anciens usages relatifs à la clef; — mais surtout le savant Huet, évêque d'Avranches, dans son beau et docte ouvrage *Veteris Testamenti cum Novo parallelismus in iis quæ ad Messiam pertinent*, cap. CV. (Apud Migne, *Cursus Script. sacr.*, t. II, col. 623.)

(2) « Et apprehendit draconem, serpentem antiquum, qui est diabolus et Satanas, et ligavit eum per annos mille. » (*Apoc.*, XX, 2.)

(3) Voir sur l'histoire de cette controverse : Tillemont, *Mémoires*, t. II, p. 300,— et Rohrbacher, *Histoire générale de l'Église catholique*, t. IV,

générale par laquelle *mille*, en tant que nombre parfait, est pris pour un temps indéfini, comme nous en avons vu d'autres exemples dans ce livre, et que nous l'avons fait remarquer d'après S. Grégoire (1)? Cette dernière opinion est celle de S. Augustin, suivi de la généralité des Pères; et c'est ainsi qu'il faut l'accepter, si nous observons que, de quelle époque qu'il faille dater cette fameuse période de mille ans, soit de la passion de Notre-Seigneur, soit du règne de Constantin, elle devrait être accomplie, et les événements prédits réalisés comme tous les autres. Ce qui paraît en effet le plus rationnel, c'est bien de rapporter ce chiffre, comme indéfini, à la fin de la persécution dont nous terminons l'histoire : le Christ triomphant, le démon vaincu, arrêté comme par une chaîne qui retient ses efforts contre le genre humain; et cela pour le repos de l'Église, qui n'en aura pas moins ses épreuves partielles devant ce même espace de temps exprimé par les *mille* ans qui nous occupent. Estius a résumé les écrits des Docteurs sur ce point en prenant cette période dans un sens tout spirituel, aussi bien que le reste de la prophétie (2). Il s'agirait donc des derniers efforts de l'enfer contre les Saints à la fin de la dernière persécution; mais il est facile de concilier cette chute mystérieuse du démon avec des faits historiques attendus alors de tous ceux qui savaient les promesses faites

p. 536. — C'est de cette célèbre dispute qu'étaient venues aux populations des neuvième et dixième siècles les terreurs de la fin du monde auxquelles on a attribué une influence qu'elles n'ont jamais eue sur la prétendue stagnation de l'art monumental avant l'an 1000. Nous reviendrons avec des détails concluants sur ce fait historique au commencement de notre IIIe partie.

(1) Voir ci-dessus, t. I, ch. vi, p. 132.

(2) « Sicut dubitare non debemus regnum Christi millenarium non terrenum, sed spirituale intelligendum esse; sicut Christus dicit: Regnum meum non est de hoc mundo; ita secundum spiritum quoque accipienda est illa Terræ Sanctæ et dilectæ Civitatis oppugnatio. Et hæc omnia conformem inter se postulant interpretationem. » (Estius, *In Ezechiel.*, cap. xxxviii.)

au christianisme. Le tableau qu'en avait fait faire Constantin, dont nous avons parlé déjà et que nous décrirons plus complétement dans un de nos chapitres suivants, prouve bien aussi que dès ce temps on regardait ce dragon, dont le rôle est si remarquable, comme le symbole de l'Empire persécuteur abattu par la main de Dieu. Eusèbe le fait observer expressément dans un passage que nous rapporterons.

Le démon précipité dans l'abîme.

Après sa défaite, « le démon est jeté dans l'abîme par l'Ange, qui en clôt sur lui l'ouverture et la ferme d'un sceau, afin qu'il n'aille plus séduire les nations jusqu'à l'expiration de ces mille ans, où il sera délié pour quelque temps encore (1). » Ceci indique un long repos des Saints dans l'état normal de l'Église, dont les épreuves ne doivent plus être ni aussi longues ni aussi générales qu'avant la fin de cette

Quel dogme est exprimé par ce fait symbolique.

formidable guerre des quatre premiers siècles. Mais ce temps plus court, prophétisé ici comme devant être donné à l'Antechrist, et pendant lequel il sera délié, s'entend plus communément de la fin du monde, où Satan, « déchaîné pour un peu de temps, exercera de nouveau sa rage contre l'Église. » Le Sauveur a prédit cette dernière tentative de l'ennemi en annonçant de faux christs et de faux prophètes, dont les faux miracles seraient capables d'induire en erreur, s'il était possible, même les Élus (2). En considération de ceux-ci, ajoute-t-il, ces jours mauvais seront abrégés. Il est évident que S. Jean reçoit dans sa vision une confirmation de cette prophétie de l'Homme-Dieu. Le chapitre vingt-quatrième de S. Matthieu, lu attentivement et comparé avec notre texte, n'en peut laisser aucun doute.

Gloire des élus délivrés de cet ennemi.

Mais c'est là du dogme : rentrons dans le symbolisme. Tout étant fini avec les persécuteurs, nous allons contem-

---

(1) « Et misit eum in abyssum et clausit, et signavit super illum, ut non seducat amplius gentes donec consummentur mille anni. Et post hoc oportet illum solvi modico tempore. » (*Apoc.*, xx, 3.)

(2) « Multi venient in nomine meo, dicentes : Ego sum Christus; et multos seducent. » (*Matth.*, xxiv, 5, 21, 22.)

pler la gloire des persécutés. « Je vis des trônes, et des personnes qui s'assirent dessus, et la puissance de juger leur fut donnée (1). » Nous avons vu ces mêmes trônes et ces mêmes juges au chapitre II : ce sont les Martyrs, placés au premier rang après les Apôtres dans la hiérarchie liturgique de l'Église. Le septième verset, qui suivra, l'établira nettement. Les trônes, ou *siéges* en général, figurent la puissance calme et indépendante : c'est celle que Jésus a promise à ses Saints, victimes volontaires « et témoins héroïques pour la divinité du Verbe et pour la parole de Dieu, » qu'ils ont défendues jusqu'à la mort, et « en se faisant couper le cou, » ou, selon la version grecque, « frapper de la hache, » expressions qui, en signalant le supplice principal en usage à Rome, indiquent, sans aucune équivoque, qu'il s'agit bien ici des Martyrs. Cette vision est, au reste, la même qu'au chapitre VI, où elle n'était exposée que par anticipation. Elle est ici à sa place naturelle. A ces trônes se rattache ce que le Prophète ajoute du règne des Saints avec Jésus-Christ. Ce règne n'est pas seulement pour eux la possession du ciel, c'est aussi la gloire impérissable que leur mémoire se sera acquise sur la terre.

<small>Symbolisme des trônes ou siéges dans l'Écriture.</small>

Mais une autre gloire leur est propre, les autres morts ne la partageant pas avec eux : c'est que seuls ils sont entrés dans la vie impérissable par une résurrection qu'il ne leur a pas fallu attendre au delà des mille ans imposés comme terme au commun des hommes (2). Comprenons cela, avec Clément d'Alexandrie et Tertullien, de la récompense céleste accordée immédiatement au martyre, qui, étant la consommation de la charité, et comme un second baptême, efface les restes des péchés et exclut toute nécessité d'un purga-

<small>Caractère supérieur du martyre dans l'Église.</small>

---

(1) « Vidi sedes, et sederunt super eas, et judicium datum est illis; et animas decollatorum propter Testimonium Jesu et propter Verbum Dei..., et regnaverunt cum Christo mille annis. » (*Apoc.*, XX, 4.)

(2) « Cæteri mortuorum non vixerunt donec consummentur mille anni : hæc est resurrectio prima. » (*Apoc.*, XX, 5.)

toire ultérieur (1). C'est pourquoi l'Église honore les Martyrs comme des justes morts en état de grâce, et ne s'inquiète pas de prier pour eux. C'est donc là une sorte de résurrection première, ou anticipée sur celle des autres Saints ; c'est ce qui fait que S. Jean ajoute : « La seconde mort n'aura pas de pouvoir sur eux (2), » c'est-à-dire la mort de l'enfer, la première mort étant celle que fait le péché en tuant l'âme, et dont la seconde mort est la conséquence inévitable. Ces Bienheureux « seront les Prêtres de Dieu et de son Christ, » parce que dans le ciel ils exerceront en réalité une sorte de sacerdoce, soit en sacrifiant au Seigneur une hostie de louanges dans le chant éternel de la céleste Sion, soit en présentant à Dieu les prières des justes d'ici-bas, comme l'expliquent Grotius, Calmet, Sacy et d'autres d'après les Pères. Enfin « ce Sacerdoce sera une participation à la royauté de Jésus-Christ pendant mille ans, » ou jusqu'à la fin des siècles.

Mais déjà ces siècles sont écoulés. La prophétie s'élance vers les derniers temps de toutes choses créées, et « Satan, » dont les efforts avaient été refrénés depuis la venue du Christ, « est délié ; » c'est-à-dire que, par une incompréhensible permission de la sagesse de Dieu, il va, sans entraves, et par des moyens dont la violence dépassera de beaucoup celle des persécutions romaines, il va, disons-nous, « exercer la séduction, » dont il a le principe dans sa méchanceté astucieuse. Les nations « des quatre coins de la terre » y seront prises. « Gog et Magog » eux-mêmes entreront dans ce complot, sans se douter qu'ils obéissent à une impulsion diabolique, et comme font tous les princes que leurs mau-

---

(1) Voir Grotius sur le verset 4 de ce chapitre ; Tertullien, cité dans ce même endroit, et S. Grégoire le Grand, *opp.*, t. III, p. 954, in-f°, ed. *Benedict.*

(2) « Beatus et sanctus qui habet partem in resurrectione prima : in his secunda mors non habet potestatem, sed erunt sacerdotes Dei et Christi, et regnabunt cum Illo mille annis. » (*Apoc.*, XX, 6.)

vais penchants disposent toujours plus à servir les desseins de l'injustice (1). Encore deux personnages pris au figuré et empruntés comme symboles à l'histoire de l'Ancien Testament. Ils valent la peine que nous les observions un instant, avant d'avancer plus loin dans le développement des circonstances qui nous transportent des combats de l'Église naissante au triomphe de ses enfants de tous les siècles dans la Jérusalem promise à leurs efforts.

Gog est cité dans le premier livre des Paralipomènes comme un des fils de Ruben (2), dont les descendants se répandirent sur les terres septentrionales, au bord de l'Océan Glacial, et formèrent les peuples barbares connus sous le nom de Scythes, de Massagètes, et dont les Tartares actuels sont les héritiers plus ou moins directs. Ces nations sont restées célèbres dans l'histoire ancienne par la férocité de leurs mœurs et leur ardeur dans la guerre, qui en firent le fléau de leurs voisins (3).

Gog et Magog.

Magog, second fils de Japhet (4), ne vaut pas mieux, s'étant établi primitivement dans les mêmes contrées, et pouvant être regardé comme le père de ces hordes redoutables auxquelles les fils de Gog vinrent se joindre plus tard (5). Ces peuples donc, quoique différents par leurs noms, s'absorbèrent l'un dans l'autre, et formèrent enfin une sorte de nationalité que ses goûts de pillage et ses habitudes militaires faisaient redouter de leurs ennemis. Et telle était leur réputation au temps d'Ézéchiel (600 ans

---

(1) « Et cum consummati fuerint mille anni, solvetur Satanas de carcere suo, et exibit, et seducet gentes quæ sunt super quatuor angulos terræ, et Gog et Magog, et congregabit eos in prælium, quorum numerus est sicut arenam maris. » (*Apoc.*, XX, 17.)
(2) « Filii Ruben... Joel..., Samaia..., Gog. » (I *Paralip.*, V, 4.)
(3) Voir Hérodote, *Histoire*, lib. I, cap. IV. — Justin, Trog. Pomp. *Breviar.*, lib. II, cap. I.
(4) « Filii Japhet : Gomer..., et Magog, et Madaï. » (*Genes.*, X, 2 ; — I *Paral.*, I, 5.)
(5) Josèphe, *Antiquités judaïques*, lib. I.

avant J.-C.), que Dieu se sert de leurs noms et parle de leur défaite pour faire comprendre aux Juifs de quelle faveur ils les comblera après le retour de la captivité (1). C'est à ce passage du Prophète antique que S. Jean fait allusion quand il dit que ces nations indomptables, si peu accoutumées à se laisser surprendre, céderont néanmoins aux suggestions de l'ancien Serpent, et le suivront pour s'associer à lui dans ses derniers attentats contre l'Église. Là encore il faut prendre bien évidemment ces deux noms pour un emblème et un symbole. Gog et Magog nous représentent une irruption subite et irrésistible de quelques peuples désignés à la fin des siècles par la volonté de Dieu pour accomplir aveuglément alors des desseins dont ils ne comprendront pas la portée. Leurs redoutables armées, « aussi nombreuses que les sables de la mer, » se rassembleront pour combattre les Élus; « elles se répandront sur la terre, environneront le camp des Saints et la ville bien-aimée (2). » Selon tous les commentateurs, cette ville est l'Église; le camp des Saints est la grande famille des Élus, unie non dans un même lien, mais dans l'unanimité des sentiments de la foi (3). De même, par Gog et Magog on n'entend pas non plus une seule nation, mais la société entière des impies, qui, à la fin des mille années, c'est-à-dire quand le monde créé sera

<small>Derniers combats de l'Église contre ces nouveaux ennemis,</small>

---

(1) « Fili hominis, pone faciem tuam contra Gòg, terram Magog..., et vaticinare de eo... Ecce Ego ad te, Gog..., et circumagam te, et ponam frenum in maxillis tuis, et educam te, et omnem exercitum tuum. » (*Ezech.*, XXXVIII, 1.)

(2) « Et ascenderunt super latitudinem terræ, et circuierunt castra sanctorum, et civitatem dilectam. » (*Apoc.*, XX, 8.)

(3) « Verum, sicut dubitare non debemus regnum Christi millenarium non terrenum, sed spirituale intelligendum esse; sicut Christus dicit : Regnum meum non est de hoc mundo; ita secundum spiritum quoque accipienda est illa Terræ Sanctæ et dilectæ Civitatis oppugnatio. Et hæc omnia conformant inter se postulant spiritualem interpretationem. Cum ergo regnum illud mille annorum sit decursus Ecclesiæ præsentis temporis, in qua regnat Christus usque ad consummationem sæculi, ipsa dilecta Civitas non alia est quam societas Sanctorum, non locis sed animis unita et conjuncta. » (Estius, *In Prophet. Ezech.*, cap. XXXVIII.)

près de finir, s'élèveront plus violemment que jamais contre l'Église, non restreinte à un lieu quelconque, mais répandue sur toute la surface du globe. C'est là « le camp des Saints et la cité bien-aimée (1). »

Soit dit en passant, nous serions peu étonné de voir les Scythes modernes, héritiers à peine civilisés des hordes barbares du Wolga et du Don, s'acheminer avec l'énorme développement de leur puissance vers le rôle providentiel promis à leurs pères... *qui pourraient être les Russes.*

Les Hébreux, nous l'avons vu, donnaient un sens figuratif à tous leurs noms propres d'hommes et de lieux. Nous nous garderons bien d'oublier cette règle en face de nos deux personnages. Gog ne signifie-t-il pas, dans la langue sainte, un toit, *tectum?* et Magog, du toit, *de tecto?* S. Méliton le regarde comme une double image des réprouvés, que le démon élève *au comble* de l'orgueil, et dont il se fait des suppôts. Il cite à l'appui de cette interprétation le passage même qui nous occupe (2). Bien plus tard, Bruno d'Asti, dans son Commentaire de l'Apocalypse, en rappelant que, dans l'opinion de plusieurs Pères, Gog et Magog devaient être les Gètes, les Massagètes et les Goths, et, se référant au sens des mots hébreux, voyait dans ce *toit* la tourbe des pécheurs, en qui le démon et tous ses vices habitent comme dans leur logement naturel (3). Ceci a porté le P. Cahier, dont l'érudition est une des plus sûres garanties de l'archéologie con-

---

(1) « Per Gog quoque et Magog, non una certe natio intelligitur, sed omnis impiorum turba, qui, consummatis mille annis, id est in fine sæculorum, majoribus quam antea viribus, Ecclesiam Dei oppugnabunt, non uno loco aut civitate conclusam, sed super universum orbem dispersam. » (Estius, *ubi suprà*.)

(2) « Gog *tectum*, Magog *de tecto*, id est reprobi, quos diabolus *in culmen* superbiæ *erigit*, et sibi consentientes facit. In Apocalypsi : Et seducet gentes quæ sunt super quatuor angulos terræ Gog et Magog. » (S. Melit. *Clavis*, de nominibus, n°ˢ 17 et 18.— *Spicil. Solesm.*, t. III, p. 299.)

(3) Bruno Astensis, *In Apocal.*, cap. XXX. — Inter opp., t. II, p. 360, in-f°, Romæ, 1791.

temporaine, à rapprocher fort ingénieusement ce sens, très-significatif, en effet, des paroles de S. Paul sur les démons, qu'il appelle *les princes de l'air* (1), et dont on a peuplé les crêtes, les chenaux et les galeries aériennes de nos églises. C'est ainsi que ces *magots* hideux, jetant au monde qu'ils insultent les grimaces de leur figure cynique, redisent aux fidèles que le péché est une laideur morale, et qu'il faut s'en détourner pour aborder le saint lieu (2).

<small>Juste application des idées précédentes aux monstres sculptés des édifices chrétiens.</small>

Nous aurons bien d'autres preuves de cette érudition raffinée du moyen âge dans l'application des moindres mots de la Bible à ses constructions architecturales (3).

<small>Punition de la bête ou de l'idolâtrie débauchée, et du *faux prophète*, ou de l'hé-</small>

Cependant, tandis que ces nations indomptées se jettent sur le monde chrétien et le dévorent, voilà que Dieu les arrête au milieu de leurs dévastations par une pluie embra-

---

(1) « Principem potestatis aeris hujus. » (*Ephes.*, II, 2.)

(2) *Mélanges d'archéologie et d'histoire*, par les RR. PP. Cahier et Martin, t. 1, p. 76, in-4°. Paris, 1847.— A tout cela nous ajouterons une observation.

Huet prétend, d'après Furetière (*Diction.*, v° MAGOT), que *magot* vient de *imago*. Ce nom, employé pour indiquer des statuettes passablement difformes faites par les Chinois, pourrait bien mieux venir de Magog, connu, dès la plus haute antiquité, de toutes les nations asiatiques. On sait que ces peuples adorent des idoles pourvues d'une laideur systématique : c'est pour eux le symbolisme de la crainte qui domine toutes leurs idées religieuses. C'est par cette raison sans doute, ou parce qu'on lui aura trouvé de certaines analogies avec nos gargouilles, que les naturalistes ont donné le nom de magots à une sorte de gros singe cynocéphale répandue en Asie, où la ressemblance avec certains dieux indigènes aura frappé les voyageurs. — On appelle aussi *Goguelin* un certain petit diable fantastique dont les matelots, dans les causeries du bord, s'amusent aux dépens des mousses, à qui l'on a persuadé qu'il habite les plus sombres recoins du bâtiment.

(3) Nous avons été précédé, dans l'exposé de ces idées, par Mme Félicie d'Aizac en son intéressant *Mémoire sur les statues de Saint-Denys*, in-8°. Paris, 1847.— Voir surtout la belle et poétique introduction de M. César Daly, p. 16; — puis un autre *Mémoire sur les statues du porche septentrional de la cathédrale de Chartres*, in-8°. Paris, 1849.— Le premier de ces ouvrages nous fut communiqué en 1847 au congrès scientifique de Tours, où nous défendions les mêmes principes contre des adversaires encore trop peu éclairés par l'étude sérieuse que nous en avions dû faire depuis longtemps.

séc. C'est encore une reproduction d'un texte d'Ézéchiel (1); le même fléau devait tomber sur Gog lui-même, et sa défaite miraculeuse ramener à Dieu les peuples qu'il avait séduits; le même résultat naît ici d'événements semblables. Le diable, armé contre l'Église, et menant vers elle les cohortes désordonnées, est vaincu et « jeté dans l'étang de feu et de soufre où la bête et le faux prophète seront tourmentés jour et nuit dans les siècles des siècles (2). Du temps de S. Jean, ces paroles n'étaient pas applicables seulement au démon, qui depuis plus de quatre mille ans était tombé dans l'abîme : elles consacrent aussi la peine imposée à la bête et au faux prophète, qui représentent, nous le savons, tous les ennemis de l'Église militante : idolâtres, persécuteurs, hérétiques, magiciens; et voilà que ceux-ci, incorrigibles et morts les armes à la main contre Dieu et son Christ, sont tous réprouvés « pour être tourmentés » sans cesse et à jamais ! N'est-ce pas là une perpétuité non interrompue, en un mot l'éternité des peines de l'Enfer? — Par une raison contraire, les élus trouveront dans la miséricordieuse justice du Seigneur une éternité de récompense. Nous allons le voir.

résie acharnée contre l'Eglise.

Nos miniaturistes des douzième et treizième siècles, et en particulier l'anonyme déjà cité de l'*Emblemata biblica*, ont vu, dans cette exécution du grand criminel et de ses adeptes par l'Ange qui ouvrait et refermait l'abîme, l'œuvre de Notre-Seigneur Jésus-Christ lui-même, dont l'Ange est le symbole, comme nous l'avons vu maintes fois dans ce livre. Ils ont donc figuré ce fait mystique par le Sauveur armé de sa croix, dont il refoule le démon dans l'énorme gueule du monstre. Le diable terrassé est déjà mort, on le voit bien à son atti-

Ces faits peints avec un remarquable génie par les coloristes du moyen âge.

---

(1) « Vaticinare, fili hominis, et dices ad Gog : Ignem et sulphur pluam super cum et super populos multos qui sunt cum eo, et magnificabor, etc. » (*Ezech.*, XXXVIII, 14.)

(2) « Et descendit ignis a Deo de cœlo, et devoravit eos. Et diabolus qui seducebat eos missus est in stagnum ignis et sulphuris ubi et bestia et pseudo-propheta cruciabuntur die ac nocte in sæcula sæculorum.» (*Apoc.*, XX, 9, 10.)

tude immobile. Près de lui, et en dehors du gouffre vivant, de cette gueule béante, un groupe d'âmes sauvées, indiquées par des personnages nus jusqu'à la ceinture, et sans aucune marque de l'un ou de l'autre sexe, comme les *âmes* sont toujours peintes, tend vers le Christ, avec une expression de reconnaissance et d'amour, des mains que le Sauveur saisit pour les attirer ; pendant que derrière Lui, quelques Élus, devenus déjà sa conquête, montrent aux premiers le ciel, indiqué au-dessus de leurs têtes par des nuages. Ils sont vêtus de la robe et du manteau aux couleurs favorables, telles que le blanc, le bleu, le rouge et le violet clair. Là encore le Christ porte une croix triomphale dont l'extrémité supérieure est ornée d'un nimbe *rouge* croisé de *blanc*. Celui de sa tête est *bleu*, croisé de *noir*. Son manteau est *violet foncé*. Tout cela exprime qu'il est encore dans le travail de la régénération humaine. Le diable tué est *bleu* aussi, car il s'était attribué la puissance divine, et cette couleur, qui ne l'a pas empêché de succomber, marque bien en même temps la vigueur et l'inutilité de ses efforts. Au reste, dans cette même page, tous les médaillons offrent le hideux personnage sous la même teinte, soit qu'il paraisse sous des traits humains, avec sa queue et ses oreilles de satyre, soit qu'il se cache sous la forme de la bête à sept têtes, ou des sept rois précipités dans la gueule du monstre infernal. Cette gueule, de son côté, est toujours violette et de teinte plus ou moins foncée. Ces observations, qu'on retrouvera dans tous les manuscrits de ce genre, confirment celles déjà faites. Le beau psautier de S. Louis, qu'on voit à la bibliothèque de l'Arsenal, à Paris, reproduit, comme l'un des types les plus usités de l'époque, cette même gueule de l'enfer avec ces mêmes caractères que nous lui voyons ici. Empruntée, avec quelques autres, à ce précieux travail pour la savante *Monographie des vitraux de Bourges*, elle montre au-dessus de ce sujet, dont Callot aurait bien pu s'inspirer quant aux horribles figures et aux poses grotesques des

Marginalia:
Le Christ vainqueur de l'enfer, et ses attributs coloriés.

Le démon vaincu, et sa gueule infernale.

Encore Abraham et les Élus dans son sein.

démons, une scène où se reproduit celle du verset 4 du chap. XXI : Abraham tenant dans le pan de sa robe (dans son *sein*, selon l'expression hébraïque) une foule de petites âmes sauvées que des Anges se plaisent à y déposer (1).

On remarque souvent dans l'iconographie du moyen âge, et particulièrement au tympan des basiliques, cette effrayante gueule aux proportions démesurées, aux dents acérées, dictée par le symbolisme pour figurer la porte des demeures infernales. C'est presque toujours une tête d'énorme poisson, comme une baleine ou un requin, dont la pensée est plus saisissante, et qui, sous le nom de Béhémot cité par Job, est devenue dans nos symbolistes l'équivalent du génie malfaiteur (2). Nous croyons aussi qu'il faut attribuer le choix de la couleur bleue, dont l'extérieur de cette horrible tête est toujours marqué, à cette ressemblance de poisson que nous constatons comme plus habituelle : cela ne doit pas cependant nous faire oublier ce que nous avons vu de Satan quant à sa couleur bleue, qu'on lui donne souvent par la règle des oppositions. De ce gouffre jaillissent toujours des flammes, qui complètent la traduction de S. Luc : *Crucior in hac flamma*, et dans ce fatal incendie sont jetés pêle-mêle, par des démons empressés, des pécheurs en grand nombre, remarquables par les contorsions de leur visage et de leur pose. La cathédrale de Poitiers, celle de Bazas, et

<small>Variétés observées dans l'iconographie sculpturale ou peinte de la gueule diabolique.</small>

---

(1) *Monographie des vitraux de Bourges*, 9ᵉ planche d'étude, nº 4. — Par anticipation, nous voulons citer ce fait comme puisé dans S. Luc, XVI, 22, 23 et 24 : « Factum est ut moreretur mendicus (*le juste*) et portaretur ab Angelis *in sinu* Abrahæ. Mortuus est autem et dives (*le pécheur*), et sepultus est *in inferno*. Elevans autem oculos suos cum esset *in tormentis*, vidit Abraham a longe, et Lazarum *in sinu ejus*. Et ipse clamans dixit : Pater Abraham, miserere mei... quia *crucior in hac flamma*. » — Rapprochez ces trois versets de la plupart des représentations peintes ou sculptées de l'enfer, et de ce que nous dirons plus tard de cette gueule du monstre, et vous aurez l'idée mère de cette formidable image si souvent donnée par les douzième et treizième siècles.

(2) « Ecce Behemot, quem feci tecum. » (*Job*, XL, 10). — S. Méliton, *De Bestiis*, nº 71 : Behemot, diabolus.

beaucoup d'autres monuments ou verrières de premier ordre, en offrent d'intéressants exemples (1). Nous ne reviendrons plus sur cette saisissante image du mauvais esprit.

Les grands peintres qui ont brillé par la connaissance des contrastes, où auraient-ils mieux choisi cet effet de leurs tableaux que dans l'Écriture? Les Prophètes surtout sont pleins de ce merveilleux moyen, et le nôtre nous a prouvé plus d'une fois quelle était à cet égard l'étendue de ses ressources.

Jésus-Christ juge suprême, environné de lumière blanche.

Voici donc encore « un grand trône blanc où était assis Quelqu'un devant la face duquel la terre et le ciel s'enfuirent, » disparurent, « de sorte qu'il n'en resta pas même de trace sensible (2). » On voit bien que ce *Quelqu'un*, qui n'a pas de nom, car tous ceux que nous pouvons lui donner n'ont qu'un sens accommodatif bien au-dessous de son Essence divine (3), est Jésus-Christ, *blanchissant* son trône de l'éclat de sa majesté, et pour qui cette sorte d'enveloppe glorieuse est toujours la couleur consacrée. Il est « assis, » comme il l'avait annoncé pendant son séjour sur la terre (4), afin de juger « toute créature, » selon que « son Père lui en a donné le pouvoir (5). » Car c'est une image du jugement qui commence ici, et dont les traits, aussi rapides que nombreux, vont reproduire encore devant le regard de S. Jean toutes celles qu'avait déjà vulgarisées la plume de

---

(1) Voir notre *Histoire de la cathédrale de Poitiers*, t. 1, p. 135,—et la *Description monumentale de Bazas*, par M. Charles Desmoulins, *Bulletin monumental*, t. XII, p. 674. — Mgr Crosnier, *Iconographie chrétienne*, dans le même recueil, t. XIV, p. 233, 235 et 304,—et t. XVI, p. 195.

(2) « Et vidi thronum magnum candidum, et Sedentem super eum, a cujus conspectu fugit terra et cœlum, et locus non est inventus eis. » (*Apoc.*, XX, 2.)

(3) « Donavit illi Deus nomen quod est super omne nomen. » (*Philipp.*, II, 9.)

(4) « Cum autem venerit Filius hominis in majestate sua..., sedebit super sedem majestatis suæ. » (*Matth.*, XXV, 31.)

(5) « Data est mihi omnis potestas a Patre. » (*Matth.*, XXVIII, 18.)

L'APOCALYPSE (CH. XX-XXI).   341

feu des Prophètes. L'iconographie des siècles de foi ne représente guère la scène imposante de ces grandes assises du monde sans placer au-dessous des pieds du Juge suprême une couche de nuages ondulés qu'on a prise quelquefois pour la fameuse mer de verre du chap. IV, figure du baptême nouveau comme des anciennes ablutions qui l'avaient annoncé. Ces nuages ne nous semblent qu'une simple indication de ceux mentionnés par les textes bibliques chaque fois qu'il est question du dernier avénement de Notre-Seigneur. C'est la coutume des artistes de ce temps de n'exprimer dans leurs œuvres qu'une moindre partie de certains détails, soit par ignorance de la perspective qui ne leur permettait pas de faire fuir leurs plans, soit pour ne pas consacrer à des moyens secondaires le peu d'espace qu'offraient à leur instrument les surfaces restreintes d'un tympan, d'un modillon ou d'un chapiteau. Cette opinion paraîtra admissible, nous semble-t-il, à quiconque examinera avec attention les vignettes de tant de manuscrits où les diverses scènes superposées d'un même sujet sont divisées entre elles par des bandes de nuées variées de bleu, de rose et de blanc; et comme les mêmes types servaient invariablement la même pensée dans les peintres et les sculpteurs (1), il faut bien reconnaître que les mêmes intentions se sont reproduites sur la pierre et

<small>Représentation iconographique de ce sujet par l'art du moyen âge.</small>

<small>Le dessin de cette époque donnant souvent une idée de l'ensemble par un détail principal.</small>

---

(1) Voir le *Guide de la peinture*, où les types sont recommandés par l'auteur *ex professo* à l'élève auquel il est censé s'adresser. Ce livre, écrit sous les inspirations de l'école byzantine, a laissé en Orient des traces de son influence qui s'y remarquent encore, et l'on ne peut attribuer qu'à un même principe imposé et suivi en Occident l'universalité du dogme iconologique, sculptant ou peignant partout les mêmes sujets d'après un seul et même formulaire. Ce formulaire semble nous manquer, il est vrai : l'Église latine n'a pas son Guide ou Manuel des arts divers, *Schedula diversarum artium*; mais ce livre, non rédigé peut-être en un volume comme celui de Théophile, existe réellement par ses éléments épars en mille traités, où nous les signalerons bientôt. Nous savons très-bien maintenant que le symbolisme était une science au moyen âge.

sur le parchemin. D'autres témoignages peuvent se tirer des cathédrales d'Amiens, de Poitiers, d'Alby, où le Juge divin, assis sur le trône majestueux dont parle S. Jean, a constamment sous ses pieds la ligne nuageuse. C'est peut-être l'éclat de celle-ci qu'il faut considérer comme la cause naturelle de la blancheur dont le trône s'entoure, comme il arriva pendant la transfiguration du Sauveur (1).

<small>Résurrection des morts.— Livres de vie et de perdition.</small>

Quant aux autres circonstances exprimées dans ce même verset, elles sont encore dans le style des prophéties antérieures. Les grands prédicateurs de l'avenir aiment, dans leur style biblique, à faire disparaître le monde matériel, usé par le temps, déshonoré par l'abus qu'en ont fait les péchés des hommes, pour le remplacer par « des cieux nouveaux et une terre nouvelle, » créés dans des conditions de durée et une perfection que rien ne pourra désormais altérer ni affaiblir (2).

Et aussitôt « les morts, grands et petits, se trouvèrent en présence de Dieu. Deux livres furent ouverts : » celui où s'inscrivent, comme dans la mémoire éternelle de Dieu, les œuvres des méchants qu'Il doit punir, et celui qu'on appelle « le Livre de vie, » où sont toutes les actions dignes et saintes des prédestinés (3). Ces deux livres s'expliquent l'un par l'autre. Il est bien clair que celui qu'on n'appelle pas ici *le Livre de la mort* doit être tel cependant, par une opposition nécessaire à celui qui est *le Livre de vie*. C'est encore là une vieille expression scripturaire qu'on retrouve dans les psaumes, les écrits sapientiaux et les lettres des Apôtres (4). Hugues de Saint-Victor expose très-clairement

---

(1) « Ecce nubes *lucida obumbravit eos*. » (*Matth.*, XVII, 5.)

(2) « Ecce enim Ego creo cœlos novos et terram novam; et non erunt in memoria priora. » (*Is.*, CLXV, 17.)

(3) « Et vidi mortuos magnos et pusillos stantes in conspectu throni, et libri aperti sunt. Et alius liber apertus est, qui est vitæ. Et judicati sunt mortui ex his quæ scripta erant in libris, secundum opera ipsorum. » (*Apoc.*, XX, 12.)

(4) « Deleantur de libro viventium (impii), et cum justis non scribantur. » (*Ps.*, LXVIII, 29.) — « Qui elucidant me, vitam æternam ha-

dans son *Explication du Magnificat* ce qu'il faut entendre par cette expression employée par David et par S. Paul (1).

« Et la mer rendit les morts qu'elle renfermait; la mort et l'enfer rendirent leurs victimes, qui furent jugées selon leurs œuvres personnelles (2). » Cette énumération n'omet pas un seul lieu d'où les morts ne doivent sortir au dernier jour. Les hommes mourant partout où leur dernière heure les a surpris, soit sur la terre, dans les cavernes et les éboulements des montagnes, soit au sein des fleuves et de la mer, par suite de tant de naufrages ou d'engloutissements, ils ressuscitent là où ils avaient succombé : et ces éléments divers, y compris l'enfer lui-même où souffraient déjà depuis le jugement particulier les pécheurs saisis dans l'impénitence finale, semblent, dans la pensée du Prophète, autant de tyrans qui tout à coup rendent la liberté à des vaincus gardés longtemps en esclavage.

Qui n'a vu au fronton de nos cathédrales cette merveilleuse scène du Jugement, sévère monition de l'Église à quiconque abordait la maison de Dieu, voix terrible qui rappelait à l'impie le respect motivé des choses saintes, au juste ses éternelles espérances? Tous les traits incisés dans

<small>Cette scène et ses détails figuratifs aux tympans des églises.</small>

---

bebunt; hæc omnia liber vitæ, et Testamentum Altissimi, et agnitio veritatis. » (*Eccli.*, XXIV, 31, 32.) — « Adjuva illas quæ mecum laboraverunt..., cum Clemente et cæteris adjutoribus meis, quorum nomina sunt in libro vitæ. » (*Philipp.*, IV, 3.)

(1) « In libro vitæ aliquis scribi perhibetur..., qui prædestinati sunt ad vitam, qui non delentur unquam, quia ex his qui prævisi sunt ad salutem, nemo perire sinetur, licet ad tempus quasi periturus a via veritatis errare permittatur... — Scripti sunt qui ad tempus in justitia ambulant..., qui digni salvatione existerent, si tales usque in finem permanerent. Isti autem delentur cum justitiam cœptam deserunt. » (Hug. à Sancto-Victore, *Exegetica I in sanctam Scriptur.*, t. I, opp. col. 403, Migne.) — « Liber vitæ est prædestinatio Dei in qua omnes salvandi scripti sunt, vel saltem per solam prædestinationem, vel etiam per justitiam et prædestinationem. » (Id., *In Epist. ad Philipp.*, col. 580.)

(2) « Et dedit mare mortuos qui in eo erant, et mors et infernus dederunt mortuos suos. Et judicatum est de singulis secundum opera ipsorum. » (*Apoc.*, XX, 13.)

les quelques versets de notre vingtième chapitre s'y réunissent sous l'œil étonné de l'archéologue chrétien. On y reconnaît les inspirations du peintre céleste dans ces majestueux tableaux que nous étudions. A Saint-Pierre de Poitiers, à Saint-Étienne d'Auxerre et de Bourges, à Notre-Dame de Reims et de Paris, l'habile main du sculpteur a reproduit dans le sentiment d'une vive foi la parole sacrée avec son exégèse traditionnelle. Il faut nous y arrêter quelques instants.

Trois plans se partagent ordinairement l'ensemble de cette vaste scène. Commençons par le moins élevé : il est le premier dans l'ordre chronologique de ces grandes choses.

Description archéologique de ces magnifiques travaux.

C'est la Résurrection générale. De toutes parts des tombeaux sont ouverts. « La mort rend sa proie, » et l'on voit se pressant d'en sortir d'innombrables personnages, les uns entièrement nus, les autres à moitié drapés d'un reste de linceul, tous reconnaissables, quant à la différence du sexe, par la chevelure et la taille, jamais par les autres caractères physiques. Leur nature, en effet, est déjà modifiée selon la vie nouvelle qui se prépare. Ils portent aussi les attributs de leur état ou de leur dignité. On y distingue la tonsure du prêtre, celle plus large du religieux, la mitre de l'évêque, la couronne des comtes ou des rois. Les uns s'élancent déjà de leurs sépulcres, les autres en soulèvent la pierre, tous en des attitudes diverses de prière, d'étonnement ou de terreur. Quelquefois un même tombeau contient plusieurs morts, car ces sépulcres de pierre furent usités depuis la dernière époque romaine jusque vers le quinzième siècle, et chacun d'eux a pu servir à plusieurs générations successives; enfin ces ossements accumulés se rattachent à leur propre chair, et redeviennent avec elle les

Les sarcophages et leurs formes diverses.

mêmes créatures animées. Il faut remarquer, comme intéressant l'archéologie, des sarcophages de formes diverses, la plupart oblongs, comme on les eut du troisième au quatorzième siècle, quelques-uns presque carrés, quelques autres, en plus petit nombre, ronds comme des fonts baptismaux, mais sans intention symbolique présumable, et uniquement par une imitation réfléchie de quelques rares spécimens découverts dans certains cimetières (1). Tous ces morts se sont levés au son de la trompette de deux Anges qui font partie intégrante du tableau, comme à Toulouse et à Reims, ou qui se tiennent, comme à Poitiers, en dehors, et dans l'un des voussoirs arrondis autour du tableau pour l'encadrer.

Tout ce qui précède est donc une traduction bien formelle du verset de l'Apocalypse : *Mors et infernus dederunt mortuos suos.* — Voyons le reste :

« La mort et l'enfer furent jetés dans l'étang de feu (2). »

Les Élus et les réprouvés.

---

(1) Cette forme a intrigué des antiquaires fort éclairés, comme notre digne et vénérable ami M. Ch. Desmoulins, de Bordeaux, qui en signale des spécimens dans un *Jugement dernier*, sculpté à la façade de la cathédrale de Bazas, et se demande la cause de cette forme inusitée. (*Bullet. monum.*, t. XIX, p. 573.) — D'autres découvertes ont été faites depuis, tantôt de sarcophages ronds, tantôt des seules pierres, rondes aussi, qui les avaient dû recouvrir : on l'a constaté en 1850 à Tournus et dans le Nivernais. (*Ibid.*, t. XVI, p. 259.) — Nous pensons que cette variété indique de vastes urnes cinéraires des anciens, dans lesquelles on renfermait les ossements et les cendres de plusieurs morts après l'incinération ; cette opinion nous semble autorisée par certaines images où l'on voit jusqu'à trois personnages se lever ensemble de ces vases placés au milieu de tant d'autres, longs ou carrés. M. l'abbé Cochet en a trouvé en Normandie qu'il désigne sous le nom de *doliums* : est-ce par leur ressemblance avec le *tonneau*, appelé ainsi en latin? est-ce une réminiscence par lui invoquée du *dolium* du moyen âge, expliqué par Ducange dans le sens de douleur, deuil, *dolium cordis?* — Nous ne savons ; mais il se pourrait bien que cette espèce de sépulcre, qu'on a fait en pierre ou en terre cuite, comme dépôt d'ossements humains, ait été employée symboliquement, pour indiquer la comparution au jugement universel des races païennes, qui auront aussi à rendre compte de leur fidélité à la loi naturelle ou de leurs hideuses concessions aux passions que le paganisme ne favorisait que trop. — Voir une gravure de ces tombeaux dans la *Définition des termes d'architecture*, par M. de Caumont, *Bullet. monum.*, t. XII, p. 14.

(2) « Mors et infernus missi sunt in stagnum ignis. Hæc est mors secunda. » (*Apoc.*, XX, 14.)

Au second plan, deux scènes donc se partagent l'espace : à droite (qui est la gauche du spectateur), les Élus, conduits par des Anges, s'acheminent joyeux vers les portes éternelles, ouvertes pour les recevoir ; à gauche, les réprouvés, menés par d'horribles démons, sont précipités par eux dans la gueule béante du monstre infernal, véritable « étang de feu, » redoutable « ouverture du puits de l'abîme. » Efforts, larmes, supplications ne servent de rien contre la rage cynique des bourreaux, qui rient jusqu'à en grimacer, en tirant la langue contre leurs victimes, les pressant, encombrant de leur nombre infini le gouffre immense de « la seconde mort. » La « première mort » était l'enfer jusqu'au jugement dernier ; la *seconde* date de ce jugement à la dernière heure de l'éternité..., qui ne sonnera jamais.

Iconographie du Christ, juge suprême.

Enfin, le plan supérieur a reçu le trône où siége le Fils de Dieu, reconnaissable d'abord à son nimbe orné d'une croix rayonnante. Il est drapé du suaire de son tombeau glorifié, qui laisse à découvert tout le torse où se voit la blessure dont la lance de Longin a marqué son côté. De sa main droite il bénit, car c'est le signe le plus manifeste de la puissance souveraine, réservé aux seuls évêques jusque vers le commencement du sixième siècle (1). De sa gauche il tient appuyé sur ses genoux le livre ouvert où réside depuis longtemps, pour beaucoup, la matière écrite d'irrévocables jugements (2). Souvent, à sa droite, Marie est age-

Marie et S. Jean agenouillé à ses côtés.

(1) Voir le 44ᵉ canon du concile d'Agde, tenu en 506 ; le 35ᵉ du concile d'Epaonne, en 517 (Labbe, *Concil.*, t. IV, col. 1381 et 1557), et le *Sacramentaire* de S. Grégoire le Grand, publié par le savant dom Ménard, 1642, in-4°, p. 27. — C'est cependant de ce même siècle et de ce même concile d'Agde, canon 47ᵉ, que date l'usage de la bénédiction donnée par le prêtre à la fin de la messe. Nous parlerons plus tard de la bénédiction en elle-même, qui est pleine de symbolisme et de détails intéressants.

(2)   *Liber scriptus proferetur*
      In quo totum continetur,
      Unde mundus judicetur.

Nous verrons quelle différence il faut observer entre ce livre *ouvert*,

L'APOCALYPSE (CH. XX-XXI).

nouillée; à sa gauche, S. Jean, le disciple préféré, l'apôtre de l'amour envers Dieu et le prochain (1), joint ses supplications à celles de *la Mère de miséricorde* (2) ; la même place leur était faite au jour du crucifiement. Assistants d'autrefois à la peine et aux ignominies, il est juste qu'on les voie dans le triomphe et la glorification ; mais il y a aussi pour ces cœurs affectueux une touchante convenance à venir apaiser la justice irritée qui avait déjà pardonné sur le calvaire. D'ondoyantes nuées s'étendent d'une extrémité à l'autre de ce tableau en une ligne épaisse, horizontale, et le séparent, sous les pieds du Christ, des plans inférieurs. On voit combien tout cela, fidèlement traduit des textes bibliques et des plus vénérables traditions, est plein, quant à l'exécution artistique, de variété et de mouvement (3).

En étudiant les manuscrits des douzième, treizième et quatorzième siècles, pendant lesquels furent universelle-

Unité symbolique des pensées du moyen âge sur ce sujet.

qui doit être certainement interprété ici dans le sens du 12ᵉ verset ci-dessus, et le livre *fermé*, qu'on met ordinairement aux mains du Christ, des apôtres et de plusieurs confesseurs, même de quelques saintes femmes.

(1) Voir les deux épîtres canoniques de S. Jean, où la charité envers le prochain est recommandée sous toutes les formes. On sait aussi qu'à la fin de son extrême vieillesse le saint apôtre, ne pouvant plus parler à ses disciples, se contentait de leur répéter le précepte de la charité, comme renfermant le principe de toute la Loi et la règle essentielle du salut. — Voir Siméon Métaphraste, *Vitæ Sanctor.*; Jacq. de Varaze, *Legend. aur.*, et tous les hagiographes.

(2) Le *Mater misericordiæ* des litanies de la sainte Vierge, qui se trouve ainsi sculpté avec cette image vénérable, n'a pu échapper, quoique cette forme de la prière envers Marie soit plus moderne, à la pensée du sculpteur. Mais c'est bien l'expression de la dévotion publique à une époque où l'enseignement chrétien inspirait de toutes parts la confiance en Celle que S. Bernard avait appelée une Toute-Puissance suppliante, *Omnipotentia supplex.* C'est ainsi que Guillaume Durant disait, en parlant des principales fêtes de la sainte Vierge : « Omni enim tempore Ipsam in memoriam habere debemus quæ omni tempore ad Filium suum pro nobis peccatoribus intercedit. » (*Ration. divin. officior.*, lib. VIII ; mihi, p. 239.)

(3) Voir, pour plus de détails, notre *Histoire de la cathédrale de Poitiers*, où nous avons décrit cette belle sculpture du quatorzième siècle. t. I, p. 130 et suiv.

ment adoptées les données apocalyptiques pour représenter le jugement et ses conséquences, on retrouve partout l'unité de pensées, si remarquables dans les peintres et les sculpteurs; partout ce sont les mêmes formes et le même style. Le symbolisme règne sur l'expression artistique en maître qui partout impose la plus humble obéissance aux idées par l'adoption de ses types convenus. Les verriers de Bourges, de Sens, d'Auxerre, de Strasbourg, reproduisent les mêmes formes, et toutes les descriptions qui nous les ont révélées tendent ainsi à établir l'incontestable existence du principe symbolique, si longtemps nié faute d'étude ou de réflexion.

Nouvelle preuve du symbolisme des couleurs. — Tous les archéologues ont observé, aux sculptures des grandes portes de nos basiliques, des restes de peinture dont le vif éclat indique certainement qu'au moyen âge ces scènes diverses furent élégamment coloriées. C'était un autre point de ressemblance avec les vitraux de l'intérieur, avec les belles pages des livres si richement élaborés par les copistes et les peintres des monastères. Malheureusement l'état de complète dégradation où le temps, le salpêtre et la négligence des hommes (trop souvent même leur méchanceté) ont jeté ces peintures, en interdit l'étude, et l'on ne peut guère saisir que par de minces lambeaux les nuances appliquées à chaque détail. Mais assez d'analogies s'y retrouvent néanmoins pour faire conclure à une intention symbolique dans le choix des couleurs qui décoraient telles ou telles portions des pierres sculptées. Combien donc n'est-il pas regrettable de ne les avoir plus !

L'enfer et ses diverses figures emblématiques. — Le verset 15 de ce chapitre xx confirme les documents qui précèdent sur l'enfer et sur le symbolisme que l'art religieux nous en a fait; il complète la grande épopée de notre poème de pierre, de verre et de parchemin. «Quiconque ne fut pas trouvé écrit dans le livre de vie fut jeté dans l'étang de feu (1). »

___

(1) « Et qui non inventus est in libro vitæ scriptus, missus est in stagnum ignis. » (*Apoc.*, xx, 15.)

L'*étang de feu* a le même sens que « la gueule (ou la bouche) de l'enfer. » Les analogues ne manquent pas dans le style scripturaire. La philosophie mondaine y est comparée à *un étang desséché* (1). Un lac, un puits, une citerne, et tout ce qui emporte une idée d'eaux dormantes, profondes ou malsaines, la mer elle-même avec ses insondables abîmes et son effrayante immensité, deviennent synonymes de gouffre éternel (2), comme l'ont prouvé, par de nombreux témoignages, le saint évêque de Sardes et ses doctes commentateurs. — On en peut dire autant de tout ce qui mentionne quelque rapport avec l'eau et les diverses modifications qu'y attache la pensée : torrents, fontaines, ruisseaux, etc. Chacun de ces mots a toujours sa signification double, son *opposition* symbolique, dont le sens est toujours emprunté des attributions multiples que les langues ont pu leur faire. Tel est le soin qu'ont eu les Pères de ne rien négliger dans la Bible de ce qui pouvait être l'objet d'une interprétation anagogique, et par cela même une leçon.

(1) « Ponam flumina in insulas, et stagna arefaciam. » (*Is.*, XLII, 15.)

(2) *Lacus*, dolor, vel lapsus in morte; *infernus* : « Portaverunt ignominiam suam cum his qui descenderunt in lacum. » (S. Melit., *De Mundo*, cap. XXVIII.) — *Puteus*, infernus vel diabolus; in psalmo : « Neque aperiet super me os suum. » (*Ibid.*, XXVI.) — *Cisterna*, prava doctrina : « Fecerunt mala..., foderunt sibi cisternas dissipatas, ait Jeremias. » (*Ibid.*, XXX.) — *Profundum maris*, infernus : « Expedit ei ut suspendatur mola asinaria in colla ejus, et demergatur in profundum maris. » (*Ibid.*, XXI.) — Voir *Spicileg. Solesm.*, t. II, p. 164-167.)

CHAPITRE XIII.

SEPTIÈME SUITE DE L'APOCALYPSE.

(DU CHAPITRE XXI A LA FIN.)

<small>Le ciel et la gloire de ses habitants.</small>

Chapitre XXI. — Ce « ciel nouveau, » cette « nouvelle terre » qui succèdent au ciel et à la terre visibles qui « s'enfuirent, au chapitre précédent, devant l'éclat de la divine majesté du Verbe, » apparaissent enfin, et c'est le terme toujours et ardemment désiré des Saints de tous les temps. C'est le but de tous leurs combats dans tous les siècles, soit qu'ils attendissent le Libérateur promis et qu'ils espérassent, à cause de la parole de Dieu, dans Celui qui devait écraser le serpent, soit qu'ils l'eussent suivi dans les voies ouvertes par la promulgation de l'Évangile. Il ne reste plus à l'Écrivain sacré qu'à compléter l'histoire des luttes de l'Église par la description de sa gloire acquise au prix des flots de son sang, et à montrer le divin Chef couronnant des symboles de la victoire l'héroïque générosité de ses fidèles soldats. Déjà la première création, cet univers formé en six jours des mains toutes-puissantes du Seigneur, a disparu selon les prophéties (1). Tout est renouvelé ; il n'y a plus de terre ni de ciel, considérés dans l'hémisphère azuré, tel que nos yeux le voient chaque jour ; la mer elle-même est dessé-

---

(1) « Cœli magno impetu transient. Elementa vero calore solventur ; terra autem, et quæ in ipsa sunt opera, exurentur. » (2 *Petr.*, III, 10.)

chée (1), et de cette plaine liquide, théâtre de tant de prodiges pour les regards de l'Apôtre, et qui vient de se dessécher comme tout le reste devant les flammes prédites, S. Jean doit élever son attention vers le magnifique spectacle d'un ciel nouveau qui va devenir *la terre des vivants* (2). Nous avons vu d'incomparables beautés littéraires dans les descriptions précédentes ; voyons comment elles vont être dépassées par celles de ces deux derniers chapitres, indépendamment de ce ton sublime de l'inspiration prophétique, laquelle, en résumant sur le bonheur du ciel et la gloire des élus ce qu'en ont dit mille fois les pages adorables de l'Écriture, y répand encore de plus vives couleurs symboliques, et attache l'âme chrétienne à la contemplation de ces merveilleuses clartés.

L'Église est une épouse fidèle, en qui se réunissent toutes les qualités morales capables de la faire aimer. C'est l'idée que nous en avons comprise dans le cantique de Salomon ; c'est celle que S. Paul en avait conçue et qu'il exposait aux Éphésiens lorsqu'il représentait la Bien-aimée du Christ comme le symbole parfait de l'union des époux dans le mariage chrétien, et l'épouse de l'homme comme une imitation de Celle qu'un Dieu avait sanctifiée pour lui-même, « la purifiant dans le bain de l'eau baptismale, dans la parole de vie, » l'entourant d'une gloire pure jusqu'à ne souffrir « en elle aucune tache, ni la moindre ride, ni rien qui pût altérer sa sainte et immaculée intégrité (3).

L'Église, Épouse symbolique du Christ, et cette union, symbole du mariage chrétien.

Ces principes dogmatiques se dévoilent à présent sous une charmante image. L'exilé de Pathmos voit « la Jérusalem

Autre image de l'Église chrétienne dans la Jérusalem céleste.

(1) « Et vidi cœlum novum et terram novam. Primum enim cœlum et prima terra abiit, et mare jam non est. » (*Apoc.*, XXI, 1.)
(2) « Collocavero te in terra novissima... Dedero gloriam in terra viventium. » (*Ezech.*, XXVI, 20.)
(3) « Viri, diligite uxores vestras, sicut Christus dilexit Ecclesiam..., Eam... mundans lavacro aquæ in verbo vitæ, ut exhiberet Ipse sibi gloriosam Ecclesiam, non habentem maculam aut rugam, aut aliquid hujusmodi, sed ut sit sancta et immaculata. » (*Ephes.*, V, 26, 27.)

nouvelle (1), » cette même Église dont la sainte cité d'autrefois, aujourd'hui détruite pour ses infidélités, n'était qu'une ombre anticipée ; il la voit « descendant du ciel, » d'où Dieu semblait la détacher un instant pour la montrer à la terre. Elle est « parée comme une épouse pour son époux. » — Elle est, dans toute la beauté de son triomphe, par ce titre d'Épouse, éternellement unie à son divin Chef ; et par cette parure d'*épouse*, non de courtisane ou de femme mondaine, elle est revêtue, dit Bossuet, d'un caractère sacré de modestie et de pudeur qui avertit les femmes chrétiennes de ne faire jamais autrement. Outre les autres idées allégoriques dont nous verrons bientôt cette cité mystérieuse entourée dans la description de l'Apôtre, elle est ainsi désignée sans doute pour faciliter l'intelligence de cette révélation aux peuples anciens, accoutumés à voir symboliser les villes par une image de femme, comme nous l'avons observé d'après les sculptures et les médailles antiques. Mais une autre raison non moins figurative facilite l'interprétation de cette image : c'est que tous les Élus résident dans la cité d'En-Haut et y jouissent de leurs droits inamissibles de citoyens sous la main de Dieu qui les gouverne. C'est ce qu'exprime cette « grande voix qui vient du trône » ou de Dieu même, annonçant que « le Tabernacle de Dieu apparaît au milieu des hommes, » et qu'une indissoluble union est formée pour toujours entre Lui et ce peuple prédestiné, arrivé enfin à sa primitive vocation (2). Il y a certainement un enseignement théologique dans cette descente de l'Église glorifiée vers la terre, où il semble qu'elle ne devrait plus

---

(1) « Vidi sanctam civitatem Jerusalem novam descendentem de cœlo a Deo, paratam sicut sponsam ornatam viro suo. » (*Apoc.*, XXI, 1.)

(2) « Audivi vocem magnam de throno dicentem : Ecce Tabernaculum Dei cum hominibus, et habitabit Tabernaculum Dei cum hominibus, et habitabit cum eis. Et ipsi populus ejus erunt, et ipse Deus cum eis erit eorum Deus. » (*Apoc.*, XXI, 3.)

revenir. C'est, au jugement des interprètes, l'image de la grâce céleste prévenant les hommes plus que jamais après la diffusion du christianisme ; c'est le secours des Élus du ciel donné, en vertu de la communion des Saints, à ceux qui combattent sur la terre (1) ; en un mot, c'est la cité divine dont Jésus-Christ promettait à l'évêque de Philadelphie (au chap. III, verset 12) d'écrire le nom impérissable au front de ses fidèles serviteurs. Le Tabernacle que Dieu avait établi au milieu de son peuple de l'Ancien Testament (2) est une autre figure non moins significative de sa cohabitation permanente parmi les hommes sous la Loi nouvelle dans le Sacrement Eucharistique, principale force de l'Église militante, lien d'amour entre la vie d'ici-bas et celle d'En-Haut. Mais, comme tout cela n'était qu'une série de conséquences découlant pour l'avenir du triomphe temporel de l'Église, revenons à la prophétie, et voyons comment l'Esprit-Saint se complaît à parfaire le tableau dont il vient d'esquisser les premiers traits.

Ces Élus, retirés enfin dans la sainte cité, devenus le peuple bien-aimé du Dieu qui les sauva des orages de la vie mortelle, doivent jouir dans la vision béatifique d'une félicité et de consolations inaltérables. De touchantes images apportent à cette pensée de la foi chrétienne le tribut des plus ingénieuses conceptions ; ou plutôt, disons mieux, et plus respectueusement pour exprimer une action divine : elles peignent admirablement les amoureuses complaisances du Seigneur pour ces âmes qui, à divers degrés, ont

Bonheur des Saints dans l'Éternité ; images sensibles que l'art chrétien nous en a faites.

---

(1) « De cœlo descendere ista civitas dicitur, quoniam cœlestis est gratia qua Deus eam fecit. De cœlo quidem ab initio sui descendit, veniente per lavacrum regenerationis. In Spiritu Sancto misso de cœlo subinde cives ejus accrescunt. » (S. August., *De Civitate Dei*, lib. XX, cap. XVII.) — Et Wouters : « Dicitur Jerusalem nova descendere de cœlo, quia cives suos electos colligit e terra et in cœlum assumit. » (*Quæst. I* in h. loc.)

(2) « Ponam Tabernaculum meum in medio vestri, et non abjiciet vos anima mea. » (*Levit.*, XXVI, 11.)

dû souffrir comme Lui avant d'entrer dans sa gloire (1). Vous avez vu sur des monuments religieux, renommés pour le symbolisme de leurs détails plastiques, le Père Éternel majestueusement assis du côté droit réservé aux brebis dans la représentation du jugement dernier, et tenant de sa main les deux pans de sa robe, où fourmillent de petites têtes joyeuses. Quelquefois ce même rôle y est donné à Abraham, le père des croyants, celui dans *le sein* duquel le mauvais riche voyait le bon Lazare heureux à jamais ; ou bien ce sont des Anges, comme à Saint-Étienne d'Auxerre, qui reçoivent dans un ample morceau d'étoffe *blanche* les âmes que le Juge céleste vient d'appeler à Lui : ainsi aux portails de Reims, à ceux de Moissac et de Vézelay, ainsi encore à celui de Bourges, comme dans une de ses magnifiques verrières ; enfin dans les manuscrits bibliques, où se multiplient les emblèmes de toutes les idées chrétiennes : nous avons cité celui de S. Louis, à la bibliothèque de l'Arsenal (2). Cette faveur divine, spécifiée de la sorte, a pu l'être

En marge : Les Élus *dans le sein* de Dieu ou d'Abraham.—Distinction à faire entre ces deux personnalités symboliques.

(1) « Nonne hæc oportuit pati Christum, et ita intrare in gloriam suam ? » (*Luc.*, XXIV, 26.)

(2) Mais comment distinguer Abraham de celle des Personnes divines (le Père) à qui ce même soin de recueillir les âmes dans son sein a été confié par l'iconographie chrétienne ? Une différence caractéristique s'y fait remarquer. Quand il s'agit de Dieu, la tête du personnage porte le nimbe crucifère, donné sans distinction aux trois personnes de la Trinité, pour signifier leur égalité parfaite et leur coopération à l'œuvre du salut des hommes, comme à celle de la création et de la conservation du monde. En l'absence de ce nimbe croisé (voir Didron, *Hist. de Dieu*, in-4°, p. 197 et suiv., et p. 204), Abraham, au contraire, tout nimbé qu'il est, ne porte que le nimbe simple, comme tous les Saints de l'ancienne et de la nouvelle Loi. (Voir *Bullet. monumental*, t. XII, p. 20, et XIV, p. 235.)— Observons seulement que, dans la première de ces pages, notre savant M. de Caumont paraît s'être trompé en attribuant probablement au Seigneur ce qui ne doit se dire que du patriarche. — Voir, sur Abraham, l'explication ci-dessus des 9e et 10e versets du chapitre XX.

Encore quelques mots sur ce *sein* d'Abraham, à l'égard duquel il y a plusieurs opinions qu'il importe de connaître. Cette expression n'a pas toujours été regardée comme le ciel même, mais comme un lieu de repos où les justes attendaient le bonheur définitif, qui ne pouvait leur

d'une façon plus populaire encore et plus naïve. En effet, on voit le Seigneur « essuyant toutes les larmes des yeux de ses Saints, » comme l'a reproduit le manuscrit de Poitiers avec une naïveté inimitable. Sous une tente ouverte, dont les pans se développent de côté et d'autre, semblables au *conopée* de nos tabernacles, Jésus-Christ, portant le nimbe croisé et rouge, le manteau bleu et la robe violette, étend un vaste mouchoir sur les yeux de personnages groupés devant Lui, et dont le premier est peut-être S. Jean l'Évangéliste lui-même, si l'on en juge par sa robe verte. Celui-ci semble se prêter à l'opération avec un abandon remarquable, les autres attendent leur tour avec une patience qui trahit dans leur pose une certaine vivacité. On voit par cette tenture, servant d'encadrement à la scène, l'image du « Tabernacle de Dieu établi parmi les hommes » dont parle le verset 3 ci-dessus. C'est une allusion à l'usage conservé en quelques églises d'entourer les tabernacles d'un revêtement de soie en dedans et en dehors, et de couvrir les autels d'un ciborium ou baldaquin qui en relève la majesté et indique la présence de la Divinité cachée au Saint-Sacrement (1). Or, comme ces larmes que Dieu essuie ne prove-

Comment Dieu y essuie les larmes de ses Saints.

Origine des conopées des tabernacles et des baldaquins de l'autel. — Condition des uns et des autres. — Abus à éviter dans leur emploi.

être donné qu'après l'ascension du Sauveur. C'est ce lieu qui fut promis au bon larron pour le jour même de sa mort : *Hodie mecum eris in paradiso* (Luc, XXVI, 44). Il est de foi que ce jour-là Jésus-Christ ne fut qu'aux limbes. Ce fut donc là que le Bon Larron passa en vertu de son repentir et de sa confiance. Les limbes étaient donc *le sein d'Abraham*. — Voir le P. de Ligny, *Vie de N.-S. J.-C.*, t. II, p. 240. — S. Augustin l'entendait autrement, et seulement de ce que le souverain bien est d'être avec Jésus-Christ, où qu'il soit, et que comme Dieu il est toujours un paradis : « Qui enim homini pœnaliter pendenti et salubriter confitenti ait : *Hodie mecum eris in paradiso*, secundum id quod homo erat, anima ejus in ipso die futura fuerat in inferno, caro in sepulcro. Secundum autem id quod Deus erat, utique et in paradiso erat. » (*Expos. in Evang. Joan.*, tractat. CXI, de cap. XVII.) Mais cela ne résout pas la difficulté, et il semble bien que ce soit des limbes qu'il faille entendre *le sein d'Abraham*.

(1) « Tabernaculum conopæo decenter opertum. » (*Rituale roman.*, de Sacram. Euchar.) — « Tabernaculum panno serico albi coloris *intus* ab omni parte vestitum atque ornatum sit. Altaria integumento etiam

naient que des afflictions, des douleurs et de la mort imposée à l'homme sous toutes ses formes effrayantes, l'Apôtre

quod *capocielo* (un ciel, une voûte) dicunt, operiuntur. » (S. Caroli Borromæi, episc. Mediolan., *Instructionum fabricæ ecclesiasticæ*, cap. XIII et XIV.) — Nous avons peut-être à faire remarquer sur ces autorités, sans doute fort respectables, combien l'on s'est mépris en beaucoup d'endroits en voulant rigoureusement revenir, lors de la reprise récente du rite romain, à l'usage absolu de ce conopée, dont on s'est obstiné à recouvrir nos plus beaux tabernacles, sous le prétexte de se conformer au rituel observé à Rome. Or on sait bien qu'à Rome beaucoup d'églises ne se conforment pas à cette prescription, faite à une époque fort reculée, où nos tabernacles n'existaient pas et consistaient uniquement en cette petite armoire qu'on voit encore pratiquée, en un grand nombre d'églises romanes, dans le mur du sanctuaire, du côté de l'Évangile. La porte de ce vénérable *armorium* était alors ou revêtue de métaux précieux ornés de ciselures et d'émaux, ou, dans les églises plus pauvres, d'un simple voile d'étoffe brodée. L'intérieur n'était pas moins convenable. C'est là ce qu'exigea le rituel, ou plutôt ce que demandaient les sacramentaires, auxquels le *rituel* proprement dit n'a succédé que sous le pape Paul V (1605-1621). — On n'eut pas de peine à comprendre depuis le treizième siècle, où les tabernacles devinrent mobiles, que des ornements plus dignes qu'une simple étoffe pouvaient avec succès remplacer celle-ci, et l'on s'appliqua à l'envi à ces magnifiques objets d'art qui en tant d'églises devinrent des chefs-d'œuvre de sculpture, de ciselure, de peinture et de toutes sortes de détails artistiques. Vouloir maintenant revenir à l'ancien usage, au risque d'étouffer sous un voile qui n'a plus de signification, tout ce que peut avoir de symbolique l'ornementation ou la forme générale d'un tabernacle, c'est changer de l'or pour la plus pauvre parure, qui a encore le très-fâcheux inconvénient d'être bientôt ternie ou souillée et de répondre fort peu, par cela même, à l'effet qu'on veut produire et au but louable qu'on voudrait atteindre. — Nous savons bien qu'on pourrait nous objecter que ce voile, aussi bien que la nappe descendant de chaque bout de l'autel jusqu'au marchepied, sont un souvenir de l'ensevelissement de Jésus-Christ ; mais, en fait de symboles à appliquer au culte, ne doit-on pas préférer ceux qui offrent une image plus sensible ? et quel œil, quel esprit n'adoptera pas plutôt des sculptures ou des peintures comprises de tous que des draperies dont le sens est fort généralement ignoré ? Le bon goût doit toujours présider à un choix sérieux et éclairé.
Disons encore que le *capocielo* ou baldaquin se peut se disculper de ridicule qu'autant qu'il repose sur des colonnes et complète pour l'autel un système d'entourage digne et honorable. Il s'en faut de tout qu'il atteigne à ce principe quand il est simplement suspendu à la voûte de l'église par une espèce de corde et ne se relie à rien qui lui serve de base ou de support. — Voir Grandcolas, *Traité de l'office divin* ; le *Voyage liturgique* de Moléon, etc.

déclare que « tout cela s'est pour jamais évanoui, » que tout est renouvelé, et la vie première et les modifications qui la caractérisent (1).

Et de nouveau, comme Il l'a déjà fait pour toutes les révélations de plus haute importance, « Celui qui est sur le trône » ordonne à l'Évangéliste « d'écrire les vérités » qu'il va entendre (2). « Tout est accompli, » dit-il. — C'est l'économie des desseins de Dieu dans la création qui vient de s'accomplir. Pour Dieu, il n'y a plus rien à faire ; pour les Élus, plus rien à vouloir : figures, prophéties, promesses, menaces, loi naturelle et positive, « tout a pris fin (3). » Il y a là encore un souvenir du Calvaire : le divin Martyr expirant sur la Croix s'était écrié : *Tout est consommé :* c'était la fin de la Synagogue, remplacée désormais par l'Église. Aujourd'hui les destinées de cette Église s'affermissent définitivement, et ses ennemis disparaissent. D'autre part, Celui « qui est l'*Alpha*, » le principe, l'origine, et, par sa souveraine intelligence, le prototype de toutes choses, est aussi « l'*Oméga*, » le terme auquel tout se rapporte et en qui tout doit se consommer. Cette expression est devenue plus tard dans les monuments chrétiens un symbole mystérieux de Notre-Seigneur Jésus-Christ. Souvent elle accompagna, sous la forme des deux première et dernière lettres de l'alphabet grec, A-Ω, le chrisme ou monogramme du Sauveur inscrit au fronton des temples ou sur les murs ou les tombeaux des catacombes (4). On la trouve souvent aussi divi-

L'alpha et l'oméga accompagnant le chrisme dans les monuments primitifs.

---

(1) « Et absterget Deus omnem lacrymam ab oculis eorum ; et mors ultra non erit ; neque luctus, neque clamor, neque dolor erit ultra, quia prima abierunt. » (*Apoc.*, XXI, 4.)
(2) « Et dixit Qui sedebat in throno : Ecce nova facio omnia. Et dixit mihi : Scribe, quia hæc verba fidelissima sunt et vera. » (*Ibid.*, 5.)
(3) « Et dixit mihi : Factum est. Ego sum Alpha et Omega, principium et finis ; Ego sitienti dabo de fonte aquæ vitæ gratis. » (*Ibid.*, 6.)
(4) Voir Aringhi, *Roma subterranea*, dans un grand nombre de planches.

sée, de côté et d'autre de l'image du Sauveur, dans les peintures grecques et latines. Nous avons admiré, sur un beau sarcophage en marbre des cryptes de Saint-Seurin de Bordeaux, ces deux caractères figurant au milieu de sculptures fort délicates, que nous croyons du cinquième ou sixième siècle (1); et nos vieilles églises romanes possèdent encore, soit sur les murailles peintes de leurs chapelles, soit aux voûtes des nefs et des sanctuaires, comme à Saint-Savin en Poitou, de grandes images du Père ou du Fils qu'accompagnent le plus souvent ces deux lettres. On les voit gravées aussi sur des reliquaires en métal, quelquefois sur les ornements sacerdotaux des douzième et treizième siècles, et il n'est pas rare de les rencontrer bien antérieurement et jusqu'à ces mêmes époques sur les tombeaux chrétiens, à droite et à gauche du monogramme du Christ, ou entre deux colombes, symboles de l'innocence des mœurs et de la constance dans la foi (2).

Les sources du Sauveur, fontaine de vie, image de la limpidité et de la paix des jours éternels.

Le bonheur des Élus se trouve tout entier dans une locution fort habituelle aux Livres saints, et gracieuse de la plus douce poésie. Avez-vous vu sortir d'une roche couronnée de verdure une eau limpide et transparente, jetant aux feux du soleil ses brillantes perles de cristal, éblouissant vos regards enchantés du jeu varié de ses émeraudes et de ses saphirs? avez-vous observé comme le vif et clair ruisseau que forment ces ondes tranquilles et silencieuses répand au milieu de leur course que rien ne trouble une fraîcheur aimable et une sorte d'éclat mystérieux qui embellissent la solitude? Sur ces bords, les fleurs s'épanouissent pour une vie plus durable; les arbustes s'élèvent plus

---

(1) Cette opinion, qui n'est pas celle de M. de Caumont, est d'ailleurs celle de M. l'abbé Cirot de la Ville, professeur à la faculté de théologie de Bordeaux, qui l'a motivée dans une intéressante *Notice sur l'église de Saint-Seurin.* — Voir *Bulletin monumental,* t. VIII, p. 256 et 262.

(2) Voir encore *Bullet. monum.,* t. IX, p. 60 et 61.

vivaces; c'est tout une végétation plus nourrie et plus forte. Le calme de ce doux murmure, la pureté de l'air, le paisible frémissement du feuillage, le clair-obscur de la lumière et de l'ombre variant les teintes qui vous entourent et se projetant sur l'eau qui s'échappe en de lentes et continuelles ondulations : tant d'harmonies n'invitent-elles pas une âme élevée à la pensée de Dieu, à la contemplation de ses œuvres, et alors ne se forme-t-il pas en vous un monde supérieur qui vous captive, et des horizons qui vous dérobent aux choses matérielles d'ici-bas? — Et si vous avez abordé cette retraite après une longue course aux ardeurs de l'été, et que vous y trouviez à la fois un siége commode où reposer vos membres fatigués et des flots purs qui vous invitent à boire, n'avez-vous pas rencontré là un de ces instants, si rares dans le voyage de la vie, où l'âme jouit sans mélange, où les sens profitent sans préoccupation d'un bien-être aussi complet qu'inattendu?... — Dieu n'a pas cherché d'autre image pour nous peindre l'inaltérable repos de ses Saints. Déjà Il avait promis par Isaïe de faire puiser son peuple aux bienheureuses eaux des fontaines du Sauveur (1); Il avait révélé à la Samaritaine une eau mystérieuse et qui désaltérerait pour toujours, et jaillirait des cœurs chrétiens vers une vie éternelle (2); une autre fois Il disait à la foule, par allusion à l'Esprit qui devait être répandu sur l'humanité : « Celui qui croit en moi fera sortir de son cœur des eaux vivantes (3). » C'étaient encore « ces torrents de voluptés

<small>Relations mystiques entre ces eaux et celles de beaucoup d'autres types bibliques.</small>

---

(1) « Haurietis aquas cum gaudio de fontibus Salvatoris. » (*Is.*, XII, 3.)

(2) « Qui biberit ex aqua quam Ego dabo ei, non sitiet in æternum... Fiet in eo fons aquæ salientis in vitam æternam. » (*Joan.*, IV, 13, 14.)

(3) « Effundam Spiritum meum super omnem carnem. » (*Os.*, II, 28.) — « Qui credit in me, sicut dicit Scriptura, flumina de ventre ejus fluent aquæ vivæ. Hoc autem dixit de Spiritu quem accepturi erant credentes in Eum. » (*Joan.*, VII, 38, 39.) — Une fois de plus nous voyons ici le sens anagogique rendu en certains termes, expliqué par l'Apôtre en des termes autres, mais équivalents.

célestes » promis par le Psalmiste, cette source divine qui s'identifie en Dieu avec l'auguste Lumière qui dissipe toutes nos obscurités (1).— Eh bien, les voici données dans toute leur abondance, ces eaux si vivement attendues. L'âme sauvée, qui en a eu les prémices dans le baptême (2), y est plongée à jamais, car l'Esprit de Dieu, qui la saisit, la remplit et l'environne comme un fleuve de joie, de bonheur et de paix. La vérité, aperçue dans le séjour des épreuves à travers les ombres de la foi, lui apparaît claire et saisissante ; elle devient le principe et l'objet de son ineffable contemplation et de son éternel amour; en un mot, elle s'abreuve aux torrents de ces incomparables voluptés qu'un instant S. Paul avait goûtées et qu'il ne pouvait dire (3). Et ce

(1) « Inebriabuntur ab ubertate domus tuæ, Domine, et torrente voluptatis tuæ potabis eos : apud Te enim est fons vitæ, et in Lumine tuo videbimus lumen. » (*Ps.*, xxxv, 9, 10.)

(2) Tous les Pères ont regardé le rocher frappé par Moïse dans le désert, au xxe chapitre des *Nombres*, comme le symbole de Jésus-Christ sauvant les âmes, par le baptême, des ardeurs passionnées du monde corrompu ; les eaux sorties de ce rocher étaient celles dont le Sauveur parla plus tard à la Samaritaine, et qui devaient la purifier avec tant d'autres. S. Paul a expliqué ce mystère très-nettement dans sa première Épître aux Corinthiens : *Bibebant* (Israelitæ) *de spiritali consequente eos, petra : Petra autem erat Christus* (1 Cor., x , 4). Le symbolisme a été plus loin sur ce sujet, et semblerait bien subtil à ceux qui ne comprennent pas le mysticisme patristique, car on a vu avec S. Augustin la Passion du Sauveur dans les coups frappés sur le rocher par le conducteur du peuple juif, et dans ces deux coups les deux morceaux de bois dont la croix fut faite. Il y a plus : on peut constater, d'après Aringhi, l'emploi réitéré de cette figure biblique dans les peintures des catacombes, où elle a évidemment le sens du baptême signalé dans les écrits apostoliques ; Moïse y représente, pour les premiers chrétiens, d'après un verre peint trouvé dans ces souterrains illustres, S. Pierre lui-même, chef de la nouvelle Alliance, et qui, par sa prédication au jour de la Pentecôte, aussi bien que dans la conversion du centurion Corneille, a ouvert aux Gentils *la source* des grâces dans la nouvelle Loi. Dom Guéranger a développé ces belles traditions dans son *Année liturgique*, Carême, 2e édit., 1860, p. 335, 340 et 343.

(3) « Scio hominem in Christo... raptum... usque ad tertium cœlum..., quoniam raptus est paradisum, et audivit arcana verba quæ non licet homini loqui. » (2 *Cor.*, xii, 2, 4.)

bonheur sans égal, Dieu l'a donné gratuitement, car il est moins la récompense des bonnes œuvres, restées bien au-dessous de son intensité, que la conséquence des mérites du Sauveur unis à la bonne volonté de l'homme, et sans lesquels personne ne peut rien penser ni rien faire qui lui vaille la couronne des Saints (1).

Mais pour posséder de telles richesses, l'Oracle divin le répète encore, il faudra « avoir vaincu. » L'Alpha et l'Oméga, souverain dispensateur de la couronne et des victoires qui nous la méritent, ne peut faire triompher que les cœurs énergiques et les consciences courageuses. Ces biens adorables ne peuvent être donnés aux suppôts de *la bête*, aux impies, de quelque ordre qu'ils soient. « L'impudique ni l'idolâtre, l'homicide ni le menteur, » n'auront aucune part à cet héritage ; « pour eux encore l'étang de feu et de soufre, seconde et éternelle mort, » juste châtiment de la première (2). En un mot, la grâce du salut n'est destinée qu'à celui « qui aura eu soif » des eaux qui en sont le symbole, selon la parole du divin Maître : « Bienheureux ceux qui ont faim et soif de la justice (de l'innocence, de la sainteté), parce qu'ils seront rassasiés (3) ! » On le voit encore, l'allégorie, le symbolisme entrent comme partie intégrante dans le langage sacré qui prodigue aux hommes les leçons de Dieu.

Poursuivons.

Un des sept Anges qui avaient répandu sur la terre et sur la mer les sept fléaux qui ont si profondément changé la

<small>Les méchants exclus de toute participation à ce rafraîchissement.</small>

<small>Ministère des Anges près des hommes.</small>

---

(1) « Hoc et ipsum hominis meritum donum et gratuitum. » (S. Aug., *Epist.* 186, cap. III.)— « Et cum Deus coronat merita nostra, nihil aliud coronat quam dona sua. » (Ibid., *Epist.* 194, cap. v.)

(2) « Timidis autem et incredulis, et execratis et homicidis, et fornicatoribus et veneficis, et idololatris et omnibus mendacibus, pars illorum est in stagno ardenti igne et sulphure ; quod est mors secunda. » (*Apoc.*, XXI, 8.)

(3) « Beati qui esuriunt et sitiunt justitiam, quoniam ipsi saturabuntur. » (*Matth.*, V, 6.)

face des choses, s'approche du disciple bien-aimé, et va remplir à son égard des fonctions bien différentes : car les Anges obéissent à Dieu indistinctement, selon le ministère dont Il les charge, et de la même manière qu'au dernier jour ils éveilleront aux sons éclatants de la trompette les bons et les méchants qu'ils devront séparer pour le ciel ou pour l'enfer (1). Or, c'est ici un ministère de consolation que remplit le messager céleste ; et comme tout s'est coloré jusqu'à présent des teintes sombres d'une profonde tristesse ou d'une terreur solennelle, l'enthousiasme d'un bonheur assuré va s'emparer de l'heureux Prophète : on verra bien à ses peintures et à ses expressions que c'est encore Dieu qui parle et qui décrit. « Venez, » dit le mystérieux Envoyé, « je vous montrerai l'Épouse, Celle qui a l'Agneau pour Époux (2). » — Ce même Ange, qui avait montré au chap. XVII la prostituée de Babylone dans un désert affreux et inculte où les démons méditent les funestes calculs de leurs méchants complots sur le monde, cet Ange transporte l'esprit du Prophète sur une grande et haute montagne pour lui découvrir les beautés inconnues de la Jérusalem nouvelle (3).

Les extases des Saints, contestées par le rationalisme, expliquées et justifiées par celle de S. Jean.

Observons en passant que cette translation, ou plutôt *ce transport* du Prophète, explique, dès l'origine du christianisme, une action particulière de Dieu sur l'âme qu'il veut favoriser de quelque révélation particulière, et prouve combien sont téméraires ceux qui voudraient expliquer par des hallucinations de l'esprit et des yeux les faits analogues si souvent reproduits dans l'hagiographie. La doctrine de

---

(1) « In consummatione sæculi exibunt Angeli, et separabunt malos de medio justorum. » (*Matth.*, XIII, 49.)

(2) « Et venit unus de septem Angelis habentibus phialam plenam septem plagis novissimis, et locutus est mecum dicens : Veni, et ostendam tibi Sponsam uxorem Agni. » (*Apoc.*, XXI, 9.)

(3) « Et sustulit me in spiritu in montem magnum et altum, et ostendit mihi civitatem sanctam Jerusalem descendentem de cœlo a Deo. » (*Ibid.*, 10.)

l'Église est faite à cet égard depuis S. Paul, qui en parle clairement et à diverses reprises pour lui-même ou pour d'autres (1), jusqu'à Ste Gertrude, Ste Catherine de Sienne, Ste Thérèse, S. André de Cupertino, et tant d'autres qui reçoivent encore de nos jours les secrets que Dieu dévoile aux humbles, et qu'Il cache à ceux qui se croient plus savants que Lui.

Mais il faut remarquer cette circonstance de la montagne sur laquelle s'élève la cité divine. Quoi de plus *élevé*, en effet, que l'Église de Dieu ? quoi de plus grand, puisqu'elle embrasse toute la terre, et que sa catholicité enchaîne toutes les nations au joug béni de Jésus-Christ ? Et les montagnes aussi ont une action importante dans le style de la Bible et des Pères ; outre ce que nous avons déjà vu ci-dessus (2), elles sont tantôt le Sauveur ou l'Église, comme on le voit dans Isaïe et David (3), tantôt l'Écriture ou les Apôtres, comme dans Habacuc ou le Psalmiste (4). Ailleurs c'est tout ce qui suggère une grande conception, une idée de supériorité, les anges, la sainteté, la vie monastique, la contemplation d'une âme intérieure : c'est pourquoi, au moyen âge, on bâtissait de préférence les églises dédiées à S. Michel et aux autres archanges sur des lieux élevés (5) ; c'est pour cela aussi que dans la Bible on appelle souvent

L'Église symbolisée par l'élévation de la cité, Épouse de l'Agneau.

Symbolisme des montagnes dans l'Écriture.

Elles sont tantôt le Sauveur,

---

(1) « Spiritus Domini *rapuit* Philippum, et amplius non vidit Eum Eunuchus. » (*Act.*, VIII, 39.) — « Cecidit super eum (Petrum) mentis excessus, et vidit cœlum apertum. » (*Ibid.*, X, 10.) — « Scio hominem... quoniam *raptus est* in paradisum et audivit arcana verba quæ non licet homini loqui. » (2 *Cor.*, XII, 2, 4.)

(2) Voir le verset 20 du chapitre XVI.

(3) « Erit mons domus Domini preparatus in verticem montium. » (*Is.*, II, 2.) — « Qui confidunt in Domino sicut mons Sion. » (*Ps.*, CXIV, 1.)

(4) « Dominus a Libano veniet, et Sanctus de monte opaco. » (*Habac.*, III, 3.) — « Levavi oculos meos ad montes. » (*Ps.*, CXX, 1.) — Voir S. Grégoire, pape, Rabau-Maur, et autres cités par dom Pitra (*Spicileg. Solesm.*, t. II, p. 142 ; III, p. 47).

(5) Voir *Mémoires de la Soc. des antiq. de l'Ouest*, t. VIII, p. 355.

montagne de Dieu celle dont on veut exprimer l'élévation naturelle ou l'importance religieuse (1). Par opposition, et par la même raison que les sentiments dignes et vertueux dégénèrent facilement en orgueil, les montagnes symbolisent le démon, les hérétiques, les mauvais riches, les puissances du siècle persécutrices de la vérité. « La maison de Dieu, disait Isaïe, sera fondée sur une haute montagne (2) ; » ce qui s'applique fort bien à une place forte inexpugnable, comme était la forteresse de Sion au milieu même de la Jérusalem terrestre. Dans ce dixième verset que nous expliquons, c'est donc l'Église triomphante qui nous est représentée dominant de toute sa hauteur tout ce qui l'environne ; c'est elle dont la description va être d'autant plus riche de détails que c'est en même temps, ne l'oublions pas, une cité mystique et une épouse vierge.

tantôt le démon.

L'âme participant dans le ciel de la nature de Dieu.

Ainsi donc, cette cité « resplendit de la clarté de Dieu (3). » Dans le sens propre, c'est la participation de l'âme pure dans le ciel à la nature de Dieu, dont elle possédait quelque chose par sa création (4), et plus encore par les avantages reçus de l'incarnation du Verbe (5), les justes, qui doivent briller comme des soleils dans le royaume de leur Père (6), ne tenant cette pureté éclatante et désormais inaltérable que de Celui qui s'est fait « la lumière de l'humanité (7). »

Principes de la

Cette clarté est donc, d'après les interprètes, aussi bien la

---

(1) Voir *Spicileg. Solesm.*, t. III, p. 478. — « In monte Dominus videbit. » (*Gen.*, XXII, 14.) — « Venit (Moyses) ad montem Dei Oreb. » (*Exod.*, III, 1.) Etc., etc.

(2) « Domus Domini in vertice montium. » (*Is.*, II, 2.)

(3) « Habentem claritatem Dei : et lumen Ejus simile lapidi pretioso, tanquam lapidi jaspidis, sicut cristallum. » (*Apoc.*, XXI, 11.)

(4) « Faciamus hominem ad imaginem nostram et similitudinem. » (*Gen.*, I, 26.)

(5) « Divinæ consortes naturæ. » (2 *Petr.*, I, 4.)

(6) « Fulgebunt justi sicut sol in regno Patris eorum. » (*Matth.*, XIII, 44.)

(7) « Verbum... erat lux vera quæ illuminat omnem hominem venientem in hunc mundum. » (*Joan.*, I, 9.)

marque distinctive des corps ressuscités et revêtus d'une gloire qui leur est propre, que le caractère de l'âme béatifiée, pénétrée, entourée des rayons mêmes de la majesté divine, qu'elle absorbe, pour ainsi dire, et qu'elle s'assimile à un certain degré dans la vision béatifique. Ainsi la glorieuse cité n'est pas seulement le ciel, où se réunissent en un seul peuple les élus de l'Église triomphante, c'est encore l'âme chrétienne, en qui se résument les divins et mystérieux caractères de cette Église. Nous devons donc appliquer jusqu'à la fin cette dualité symbolique à tout ce qui va nous être dit de cette Jérusalem figurative, dont la sainteté glorieuse, applicable même à l'Église militante, nous apparaît ici sous un si vif éclat qu'Elle brille aux yeux de l'écrivain sacré « comme une pierre de jaspe aussi transparente que le cristal (1). » {théologie catholique sur ce sujet.}

Les pierres précieuses, auxquelles la Lumière divine est comparée, jettent des feux saisissants qui réjouissent la vue sans la fatiguer. Elles sont toutes des cristallisations de certaines bases chimiques, colorées par des accessoires que la science a pu analyser et reconnaître pour des oxydes métalliques (2). Le symbolisme s'est emparé de ces matières séduisantes, et ne pouvait négliger cet éclat, cette pureté limpide, ces teintes vives ou douces, et si agréables, qui flattent l'esprit autant que le regard. On ne pouvait manquer non plus d'y trouver un rapprochement philosophique avec les transformations morales de notre âme, destinée à une perfection incomplète ici-bas, sans doute, mais qui se complétera dans le sein de Dieu : quoi de plus analogue à ce changement, objet de nos plus intimes espérances, que le travail lent et sûr que subissent au sein de la terre les matières {Les pierres précieuses, symboles des attributs divers de l'Église triomphante.}

---

(1) « Jaspis, viror interni desiderii, » dit S. Méliton, et il cite Isaïe (LIV, 12) : « Ponam jaspidem propugnacula tua. » (*Clavis*, LVIII, LIX ; *ubi suprà*, t. II, p. 337.)

(2) Voir Caire, *La Science des pierres précieuses appliquée aux arts*, in-8º, Paris, 1826, p. 18 : *Examen historique sur les gemmes*.

Hautes raisons qui autorisent ce symbolisme.

communes et sans valeur dont se forment ces riches minéraux si estimés de nous? Le diamant n'est que du charbon; d'autres ne sont que des terres ou autres substances mêlées aux rouilles de divers métaux ; et la nature a fait de ces grossiers éléments des trésors partout recherchés, auxquels le Sauveur a comparé le royaume céleste et l'âme qui sait y aspirer (1).

Préjugés populaires du moyen âge sur les gemmes, — fondés la plupart sur des notions transmises par les auteurs de l'antiquité.

Mais les principes constitutifs de cette magnifique famille de brillants sont moins connus au moyen âge, où la chimie n'était pas encore une science, que les attributions plus ou moins erronées que leur donnaient le vulgaire aussi bien que les savants. Comme aux animaux et aux plantes, certains préjugés s'attachaient à leur rôle dans la nature et dans l'ordre moral, et relevaient leur mystérieuse valeur des scintillantes merveilles d'un symbolisme ingénieux. Outre ce fleuve Ydonis dont parle le prestre Jehan, « qui vient de Paradis terrestre et est tout plein de pierres précieuses (2); » outre cette autre pierre, la reine de toutes,

---

(1) « Simile est regnum cœlorum homini quærenti bonas margaritas. Invenit autem una pretiosa margarita..., vendidit omnia quæ habuit, et emit eam. » *(Matth.,* XIII, 45, 46.)

(2) « L'antiquité païenne avait déposé ses superstitions jusque dans l'usage qu'elle faisait de ces joyaux recherchés. On sait l'histoire de l'anneau de Gigès, dont le chaton pouvait rendre invisible celui qui le tournait en dedans de sa main, et probablement, dès lors, que la pierre en était un opale qui avait, disait-on, cette propriété.

On trouve dans Aristote, dans Pline et d'autres naturalistes anciens, l'origine de ces croyances, que devait nécessairement adopter comme symbole l'imagination de nos pères. M. l'abbé Corblet a groupé au service de la science, et pour l'intelligence de plusieurs auteurs, les propriétés accordées avant le christianisme à toutes les gemmes dont nous allons parler, et l'on verra par ce facile rapprochement comment les idées du monde primitif se sont infiltrées dans le nôtre. « Le diamant, dit le docte ecclésiastique, se ternissait en touchant la main d'un traître; l'émeraude se brisait au doigt d'une femme adultère ; le rubis calmait la colère ; la topaze consolait; l'agate rendait joyeux ; le jaspe guérissait les maladies de langueur; l'améthyste préservait de l'ivresse; l'hyacinthe chassait l'insomnie; le saphir rendait impossible l'action du venin des reptiles; la calcédoine faisait réussir dans les entreprises difficiles ; la turquoise ôtait aux chutes leur danger; la cornaline

qui attirait les autres par ses vertus magnétiques et séjournait avec le roi des joyaux dans les plus belles contrées de l'Orient (1), il y avait toute une théorie sur telle ou telle, et particulièrement sur le *jaspe*, qui, par sa couleur verte, exprime la durée impérissable des remparts surnaturels qui protégent à jamais la vie des Élus; car la verdeur dans les plantes, la terre tapissée de verdure au printemps donnent l'idée d'une végétation active et permanente. Le jaspe possédait d'admirables vertus. La poésie en faisait un talisman qui préservait de la tristesse et des maladies contagieuses (2). Nous avons vu, au chapitre IV, s'échapper des rayons divins l'éclat du jaspe; au pied du trône divin s'étendait une mer de cristal : les mêmes attributs se reproduisent dans notre nouvelle description, car voilà encore que le cristal contribue à l'embellissement de la cité mystique. Cette charmante vitrification, limpide et transparente, rend bien la pénétration du regard des Saints, qui voient l'essence divine, dont ils jouissent sans aucune tache qui l'altère, sans aucun obstacle qui leur en cache rien. Le verre, nous l'avons dit, est d'ailleurs le symbole du baptême par sa ressemblance avec l'eau, et de la gloire des Saints, dont

Propriétés du jaspe.

égayait; et les perles, enfin, gouttes d'eau tombées du ciel et durcies en touchant la terre, inspiraient l'amour. Cléopâtre, d'après un savant anglais, n'aurait fait dissoudre dans du vinaigre la plus précieuse de ses perles que pour inspirer à Antoine la passion insensée qui lui coûta l'empire du monde, la vie et l'honneur. » (*Revue de l'art chrétien*, t. VI, p. 560.)

(1) *Prestre Jehan*, dans le *Monde enchanté*, de M. Ferdinand Denis, in-32, 1843, p. 193.

(2) *Ibid.*, p. 312.— Le moine anonyme qui vivait au treizième siècle à l'abbaye de Citeaux nous a laissé des vers où il signale ces grands avantages :

Confortativæ virtutis jaspis habetur
Tristitiamque fugat, et vacuas suspiciones ;
Sed quodcumque genus collo suspendere possis
Vel digito portes, terras securus adibis,
Nec tibi pestiferæ regionis causa nocebit,
Sed magis hospitibus sensebere dignus honore.

(*Spicileg. Solesm.*, t. III, p. 337 et 487.)

l'intelligence, dégagée de tout ce qui n'est pas Dieu, est mise par Job bien au-dessus de ce terme de comparaison (1).

Application des attributs des pierres précieuses à la sainte Vierge par un anonyme du moyen âge.

Un auteur allemand du moyen âge, cité par dom Guéranger, et dont le savant bénédictin laisse regretter le nom, a réuni dans une gracieuse *séquence* ou prose rimée toutes les vertus de la sainte Vierge en les symbolisant par une de ces pierres précieuses que nous connaissons déjà, et par quelques autres de plus. Ce sont les mêmes significations adaptées à un anneau d'or tout émaillé de ces gemmes diverses, et que le pieux auteur, dans sa poétique composition, offre à la Vierge Mère comme un mystique souvenir de ses noces éternelles avec l'Époux divin. La description de chaque pierre et le parti qu'il en tire pour la rapprocher des caractères de l'auguste Mère du Sauveur forment un double mérite d'exactitude et de variété qui prouve une fois de plus comment l'école symbolistique avait une suite d'idées reçues qu'elle savait parfaitement adapter à la prière et au culte. Ainsi, l'éclat céleste répandu sur la cité de Dieu s'épanchait ailleurs par une pensée toute semblable, sur la plus sainte personnification humaine de l'Église triomphante (2).

Description de la cité mystique, dont le jaspe est le principe lumineux.

Mais cet éclat n'est pas la cité elle-même : examinons-la avec ses détails.

« Une haute et grande muraille la protége de tous côtés. Cette enceinte a douze portes ouvertes par trois aux quatre parties du ciel : un Ange se tient à chacune d'elles, et sur chacune est inscrit le nom de l'une des douze tribus d'Israël (3). »

Tant de particularités, qui pourraient sembler d'abord

---

(1) « Non adæquabitur ei aurum vel vitrum. » (*Job*, XXVIII, 17.)
(2) Voir *Année liturgique*, temps pascal, t. II, p. 343 et suiv.
(3) « Et habet murum magnum et altum, habentem portas duodecim, et nomina inscripta, quæ sunt nomina duodecim tribuum filiorum Israel ; — ab oriente..., et ab aquilone..., et ab austro..., et ab occasu portæ tres. » (*Apoc.*, XXI, 12 et 13.)

minutieuses, contribuent ingénieusement à compléter l'idée que nous avons dû prendre de la félicité éternelle. Rien donc ici qui ne s'applique à une cité de la terre où le prince aurait voulu réunir tous les indices d'un bon et sage gouvernement. Qu'on se figure une ville immense, florissante, jouissant d'une paix non interrompue, à l'abri de *hautes* fortifications et d'inébranlables remparts; ouverte *de tous côtés* par des portes larges *et monumentales* indiquant ses principaux quartiers à qui veut y venir des plus lointaines contrées, pour partager la sécurité parfaite de ses habitants; voyez à chacune de ces portes des *gardes* incorruptibles et aguerris, moins pour sa sûreté contre des attaques qu'on n'y redoute point que par une sorte d'honneur et de privilége; et enfin ces frontons magnifiques sur lesquels brillent les noms glorieux des grands hommes qui l'ont fondée, agrandie, défendue au besoin, et solidement établie dans sa splendeur. Voilà une faible image de ce que Dieu a fait pour la cité de ses enfants. C'est l'Église militante, gardée par les Anges contre les approches des hérésies et du mensonge qui n'y peuvent pénétrer; élevant ses murs indestructibles entre elle et les menaces des puissances mondaines; conservant sa paix à l'abri de ces boulevards; ouvrant ses portes à quiconque y cherche un droit de cité à l'abri de ses lois; inscrivant sur tous les monuments qui l'embellissent les noms de ses Apôtres, de ses martyrs, de ses docteurs, de ses confesseurs et de ses vierges (1). Mais c'est aussi, dans la pensée spécialement expri-

L'Église militante a aussi son image dans tous ces détails.—Comment tout cela est admirablement compris dans la Rome des Papes.

(1) Il n'est pas hors de propos d'observer ici combien l'esprit de l'Écriture s'est attaché, dans la Rome des papes, à reproduire ces détails de la Jérusalem apocalyptique. Partout dans cette cité reine on voit briller le nom de Jésus-Christ avec les souvenirs des grandes choses et des grands hommes du christianisme. Pas une place publique, pas un monument, pas une des antiques voies qui partaient du centre de la monarchie universelle vers les grandes cités qu'elle s'était soumises, qui ne porte quelque vestige officiel du pouvoir nouveau donné à l'Église. Une pensée si activement et si généralement suivie saisit de respect

mée en cet endroit, l'Église triomphante qu'esquissait jadis la mystérieuse prédiction d'Ézéchiel : là les dix tribus d'Israël (c'est-à-dire le monde entier, représenté par le peuple choisi) trouveront leur place, y étant appelées par la grâce de Jésus-Christ (1). Le divin Législateur avait employé ces mêmes termes en comparant le royaume céleste à un banquet où les enfants d'Abraham, d'Isaac et Jacob viendraient s'établir des quatre points cardinaux (2). Cette concordance est remarquable. Si elle ne tient pas à une inspiration directe, elle prouve du moins quels rapports existaient dans les desseins providentiels entre les anciennes prophéties et les assertions du Sauveur.

Les douze Apôtres symbolisés par douze pierres précieuses. — Première pierre des églises et leur dédicace.

Les Apôtres sont comparés encore par leur nombre « à douze pierres fondamentales de la vaste muraille qui entoure la grande cité (3). » Ils ont fondé l'Église sous la conduite du Maître, qui en est la pierre angulaire. Dispersés sur la terre, ils y ont planté la Croix, et chaque grande portion du monde éclairée par eux se glorifie de toutes les intelligences de bonne foi. Les ennemis de l'Église, au contraire, la méconnaissent et la blasphèment : leur haine s'aveugle en ses excès jusqu'à s'exhaler en insultes contre cet esprit qui leur est caché et qu'ils abaissent au niveau d'un fétichisme absurde. C'est ainsi qu'on a pu lire dans les journaux livrés au parti de la révolution des réflexions écrites de Rome par des folliculaires qui s'étonnaient de voir au Colisée et sur la place Saint-Pierre les glorieux souvenirs du triomphe des Apôtres et de la Croix. Quels symboles convenaient donc mieux pour exprimer que le martyre conduit à la gloire et que les persécutés de Néron devaient être un jour les protecteurs de l'univers ? — (Voir le journal *le Monde*, août 1862.)

(1) Voir le chapitre XLVIII d'Ezéchiel, v. 30 et suiv.
(2) « Dico vobis quod multi... venient ab Oriente et Occidente... et Aquilone et Austro..., et recumbent cum Abraham, Isaac et Jacob in regno cœlorum. » (*Matth.*, VIII, 11 ; *Luc.*, XIII, 29.)
(3) « Et murus civitatis habens fundamenta duodecim, et in ipsis duodecim nomina duodecim Apostolorum Agni. » (*Apoc.*, XXI, 14.) — Ne pourrait-on pas trouver dans ce texte, comme dans celui que nous avons expliqué ci-dessus : *Petra autem erat Christus*, l'idée originelle de la première pierre bénite pour demeurer dans les fondements des églises catholiques, et du vocable des Apôtres donné à nos premiers monuments religieux ? Nous reparlerons de la *dédicace* des églises.

leur nom et le porte en quelque sorte écrit au frontispice des principaux siéges de l'Europe et de l'Asie. C'est ce que S. Paul appelle aussi, en parlant de l'Église universelle, *être fondée sur le fondement des Apôtres et de ses Prophètes* (1).

Ce n'est pas tout : d'autres caractères conviennent à cette Jérusalem éternelle. Voyez l'Ange « saisissant une règle d'or » (n'oubliez pas que cet Ange représente Jésus-Christ) : il en mesure la ville, les portes et la muraille (2). Le quarantième chapitre d'Ézéchiel nous montre aussi un Ange occupé au même ministère, et mesurant le temple nouveau que bâtiraient les Juifs revenus de la captivité. On sait déjà, par le chapitre XI du livre que nous expliquons, le sens allégorique renfermé dans ce calcul des dimensions du temple : le ciel, temple qu'aucune ruine ne doit atteindre, est également mesuré sous la figure d'une ville, pour nous montrer les rapports nécessaires établis par Dieu entre les fidèles israélites arrachés à l'esclavage de Babylone, et les chrétiens introduits par le sang de l'Agneau dans la magnificence de sa gloire. On remarque de plus ici que la règle « est d'or, » symbole en même temps de la Sagesse divine qui commande, et de la charité qui obéit. La cité elle-même, dit le dix-huitième verset ci-après, « est toute d'or pur. » — Le Fils de l'homme, au chapitre premier, porte « une ceinture d'or », et Marie, dans les Psaumes, est « une reine vêtue d'une robe d'or (3). » — Comme la Sagesse ne bâtit une ville qu'avec des proportions convenables au nombre des habitants qui la doivent peupler, la charité dispose tout avec

La règle d'or et les mesures du temple.

L'or, symbole de la sagesse et de la charité.

---

(1) « Estis cives Sanctorum et domestici Dei, superædificati super fundamentum apostolorum et prophetarum, ipso summo angulari lapide Christo Jesu. » (*Ephes.*, II, 19.)

(2) « Et qui loquebatur mecum habebat mensuram arundineam auream ut metiretur civitatem, et portas ejus, et murum. » (*Apoc.*, XXI, 15.)

(3) « Astitit Regina a dextris tuis, Deus, in vestitu deaurato. » (*Ps.*, XLIV, 20.)

nombre, poids et mesure, et fait du ciel la patrie de l'ordre, sans lequel il n'existerait pas de bonheur parfait. Un auteur du neuvième siècle a très-bien expliqué cette règle d'or et résumé toutes ces pensées en la regardant comme un symbole de la justice distributive et de la splendeur des récompenses que Dieu prépare à ses élus (1). Cette explication est suivie par les interprètes modernes, comme on peut le voir dans Sacy, Gagny et les autres. S. Augustin l'entend de la foi, sur laquelle sont fondés le mérite des bonnes œuvres et le salut des hommes (2). On voit qu'à cela près de quelques nuances imperceptibles, l'exégèse d'un passage est la même partout : exemple qui n'est pas le seul, dans les divers écrivains ecclésiastiques, d'une marche uniforme qui part du même point pour arriver au même but.

Ces dimensions mystérieuses données en cet endroit au temple nous semblent avoir influé sur un certain symbolisme des nombres que l'architecture imprima durant le cours des douzième et treizième siècles à nos édifices religieux. Nous réservons nos remarques à ce sujet pour le lieu où nous parlerons du symbolisme de ces constructions.

« Or la ville est bâtie en carré, et elle est aussi longue que large (3) » par conséquent. Le carré était, chez les anciens,

La règle, emblème de la justice distributive, des récompenses éternelles,

et de la foi, principe des bonnes œuvres.

Le carré, symbole de Dieu par sa forme égale de tous côtés,

---

(1) « Arundo autem per quam templum ab Angelo qui est Christus mensuratur, aurea esse perhibetur. Quid igitur per auream virgam nisi regula justitiæ nobis demonstratur? Quæ bene aurea esse dicitur, quoniam, quemadmodum aurum in sua natura cæteris præeminet metallis, omniaque quibus immiscetur, per ejus nitorem decoratur; ita quidquid Christus discretionis lance deliberat, suam speciositatem inferendo illuminat. » (S. Prudentii, episc. Trecensis, *Tractatus super ædificium Dei. — Fides*, n° 2, publié par dom Pitra, *Spicil. Solesm.*, t. III, p. 422.)

(2) « In arundine aurea homines in Ecclesia ostendit (Deus) fragili quidem carne, sed aurea fide fundatos, sicut dicit Apostolus : Habentes thesaurum in vasis fictilibus. » (S. Aug. *In Apoc.*, cap. XVIII, ubi suprà, t. IX, p. 313.)

(3) « Et civitas in quadro posita est, et longitudo ejus tanta est quanta et latitudo. Et mensus est civitatem de arundine aurea per stadia duodecim millia; et altitudo et latitudo ejus æqualia sunt. » (*Apoc.*, XXI, 16.)

le symbole de Dieu, perfection absolue (1) ; il est donc la plus parfaite des formes dans un édifice dont toutes les parties se répondent exactement. On conçoit que celui-ci, ayant douze portes, dont trois vers chaque point cardinal, ne peut être d'une parfaite exactitude que moyennant une égale répartition des mesures sur chaque côté. Aussi voyons-nous ici « la hauteur égaler » tout le reste. C'est encore peut-être une réminiscence d'Isaïe, promettant au peuple captif et redevenu libre de lui ramener ses enfants des quatre coins du monde (2), comme l'Église doit attirer à Elle toutes les nations. Denys le Chartreux fait à ce sujet une observation intéressante : « Ce carré, dit-il, doit être pris très-certainement d'une manière allégorique ; il rend très-bien l'immutabilité du ciel empyrée, les corps carrés demeurant nécessairement dans le repos, et n'étant point destinés à un mouvement de rotation comme les corps sphériques. Ce qui nous apparaît dans ce texte, c'est donc la stabilité durable des habitants du ciel, que rien ne pourra jamais déposséder de leur bonheur (3). » Quoi qu'il en soit, une masse carrée imposante au regard, inébranlable par ses conditions de durée, offrait partout, avant l'emploi de l'artillerie, une garantie supérieure de résistance, comme on le voit par les places qui nous sont restées des peuples d'autrefois (4). Ce plan convenait donc très-bien à la Cité divine.

et de l'immutabilité, par son défaut de mouvement propre.

Cette forme plus fréquemment employée dans l'architecture des forteresses; et pourquoi.

(1) Voir notre première partie, chapitre VI.
(2) « Ab Oriente adducam semen tuum, et ab Occidente congregabo te ; dicam Aquiloni : Da ; et Austro : Noli prohibere. » (*Is.*, XLIII, 5, 6.)
(3) Dionysii Carthus., *In Apoc. Enarratio*, cap. XXI. — Voir aussi Wouters *in h. loc.*
(4) C'est peut-être ici la bonne raison de la forme quadrangulaire donnée à certaines villes bâties au moyen âge. Voir à ce propos les curieux articles de M. Félix de Verneilh sur les villes de Montpazier, de Beaumont, de la Tinde, de Sainte-Foi, etc., *Annales archéologiques*, t. VI, p. 74. Le savant auteur y cherche le motif de cette régularité des plans observés par lui ; il établit avec beaucoup de perspicacité que les architectes des siècles sérieux n'ont jamais fait *de l'irrégularité sans motif* (p. 84 et 85); plus loin il touche à la vérité (ou à ce

374   HISTOIRE DU SYMBOLISME.

Le nombre douze et ses mystères.

L'Ange qui la mesure lui trouve « douze mille stades : » encore un nombre mystique répété pour la troisième fois dans ses rapports avec Jérusalem. On l'a remarqué déjà aux IVe et VIIe chapitres ; tout le reste est ainsi mesuré par *douze :* les douze portes, les douze anges qui les gardent, les douze tribus dont les noms y sont inscrits, les douze fondements qui la soutienent. Dans ce passage le nombre de douze mille stades n'est pas précis et absolu, mais indéfini, comme dans beaucoup d'autres dont nous avons maintenant l'habitude; s'il était pris à la rigueur, il ne donnerait pas moins de cinq cent cinquante-cinq de nos lieues anciennes, et encore ne savons-nous pas, d'après le texte, s'il faut les prendre en superficie générale ou en longueur, ou comme exprimant toute l'étendue de son pourtour. Cette difficulté seule n'indiquerait-elle pas l'impossibilité d'établir ici une précision rigoureuse ? Il n'est donc question, dans ce nombre, que de donner une haute idée et des dimensions dont parle S. Jean et des innombrables Élus qui doivent se ranger autour de Dieu dans cette merveilleuse enceinte. C'est donc une expression de perfection et d'universalité, comme les cent quarante-quatre mille âmes marquées, dans l'ensemble des tribus, du signe de l'Agneau au chapitre septième. Il ne s'agit donc que d'établir par cette exagération une magnificence qui dépasse de beaucoup tout ce qu'on peut se figurer de plus beau en ce monde.

Mysticisme des

Quant à cette égalité des dimensions en tous sens données

qui nous semble l'être) en constatant le soin que s'était donné Vitruve de ne tracer que des plans régulièrement alignés, pour les villes qu'il projette dans son fameux Traité (*Annal.*, t. X, p. 270). — Le plan d'Aigues-Mortes (même volume, p. 272, et t. XI, p. 335) vient confirmer notre opinion comme ville de guerre ; nous croyons donc qu'il ne faut pas chercher ailleurs le motif de cette forme donnée aux remparts, que flanquaient à des distances rapprochées de fortes tours, et dont la ligne droite laissait à l'œil des sentinelles ou des assiégés la liberté de plonger en même temps sur toute la surface à défendre. Ceci confirmerait le sens donné par Denys le Chartreux au 16e verset du présent chapitre.

à la ville, il semble qu'il en faut chercher une explication toute mystique, si l'on veut bien en comprendre le sens. Il ne paraît pas qu'elle puisse s'élever, en effet, dans les mêmes proportions qu'elle est longue et large. A quoi eussent servi de telles murailles, sinon à y gêner la circulation de l'air, à y interdire les rayons du soleil et à priver ses habitants de ces belles perspectives qui ajoutent tant de charmes à l'habitation des grandes cités?... Il faut donc voir dans la longueur l'éternité du bonheur des Saints; la largeur est l'étendue de leur charité sans borne pour l'objet infini de leurs adorations; enfin la hauteur, c'est la sublimité de la contemplation dans la jouissance de leur vision intuitive. Cette hauteur, s'élevant jusqu'à cent quarante-quatre coudées, mesure humaine, ce qui constitue encore le carré de 12, ou 12 multiplié par lui-même, n'est réellement qu'un nouvel exemple de ce nombre parfait appliqué à un objet de comparaison dont on amplifie la portée pour mieux exprimer un fait véritable (1).

Ces quatre mesures ont exercé la pensée des mystiques, diversement encore. S. Grégoire le Grand, interprétant l'endroit d'Ézéchiel auquel ce passage fait allusion, réunit la double idée de la Jérusalem céleste, demeure des Élus, et de l'Église chrétienne, encore exilée ici-bas; puis il considère, dans les dimensions mystérieuses de S. Jean, l'état moral de chacune de ces deux cités (2). Hugues de Saint-Victor adopte cette explication; il voit aussi l'Église partagée entre ce monde périssable et le monde supérieur, comme formée à moitié de la nature angélique et de la nature humaine : c'est ce qu'indiqueraient la hauteur et la largeur de Jérusalem. L'égalité donnée à ces deux dimensions signifie que l'homme peut s'élever par l'humilité jusqu'à la haute valeur

dimensions de la Cité, d'après les Pères.

---

(1) « Et mensus est murum ejus centum quadraginta quatuor cubitorum, mensura hominis, quæ est Angeli. » (*Apoc.*, XXI, 17.)
(2) S. Gregor. Magni *In Ezechiel.*, CXLVIII.

des Anges, et qu'en général nos travaux d'ici-bas n'ont pas d'autre but que cette égalité, à laquelle nous pouvons arriver un jour (1).

Ses matériaux. Mais à cette merveilleuse construction il aurait manqué d'une richesse si le divin Architecte l'eût laissée au dépourvu de ce que l'esprit de l'homme admire et recherche le plus. Ces dimensions extraordinaires qui excitent notre étonnement, que sont-elles en regard de la structure et des matériaux ? Les pierres les plus fines et les plus éclatantes unissent leur incorruptibilité à celle de l'or pour faire de ces vastes murailles une parure digne de l'Épouse du Fils de Dieu (2); l'intérieur même y est « d'or pur, et transparent comme le cristal. » — La pierre choisie pour former l'enceinte est encore « le jaspe, » dont la *verdeur* et la dureté rendent fort bien l'éternelle *jeunesse* et la solidité impérissable de cette cité reine (3). L'or, si beau par lui-même, mais encore épuré, comme il convient à tout ce qui entre en cette admirable architecture, n'est pas seulement, comme nous l'avons vu naguère, le symbole de l'amour sacré : par sa *transparence* il se rattache aussi à cette « clarté divine » qui entoure et pénètre l'Épouse, au deuxième verset précédent ; il est ici l'Épouse elle-même, l'ensemble des habitants de la Cité, dont les corps lumineux et diaphanes forment, dit S. Grégoire, une condition essentielle de leur nouvelle existence ; dont les cœurs mutuellement ouverts et sans secret n'ont plus que des sentiments unanimes ; tous confondus enfin dans la jouissance ineffable du sentiment qui les ravit (4).

Autre symbolisme du jaspe et de l'or.

---

(1) Hug. de S.-Victor., *De Claustro animæ*, lib. IV, cap. xviii.
(2) « Et erat structura muri ejus ex lapide jaspide ; ipsa vero civitas aurum mundum simile vitro mundo. » (*Apoc.*, XXI, 18.)
(3) « Jaspis primus ponitur in fundamento Domus Domini..., significatque eos qui fidem Dei tenent, et nunquam arescunt ab ea, sed semper *virent* in ea. » (Hug. de S.-Victor., *De Bestiis et aliis rebus*, lib. III, cap. LVIII.)
(4) « Illorum corda sibi invicem et claritate fulgent, et puritate translucent. Ipsa eorum claritas vicissim sibi in æternis cordibus patet;

En disant que la muraille avait douze fondements marqués aux douze noms des Apôtres, S. Jean n'avait pas tout dit : ce n'était là qu'une indication générale dont les détails viendraient après la description d'ensemble. Il est temps de les aborder, d'en signaler les belles richesses, et maintenant ces fondements nous apparaissent ornés de pierres précieuses de toutes sortes; chacun d'eux en a une qui se rapporte à l'Apôtre dont il a le nom (1). Ceci exige un commentaire sérieux, que n'ont point négligé les exégètes de la sainte parole.

Ses fondements et leur solidité.

La Cité mystique de cette majestueuse révélation apparaît dans le ciel. Bien différente des villes bâties de la main des hommes, elle est visible autant par ses fondements que par ses autres parties; ces bases doivent donc être ornées à l'avenant de tout le reste : les pierres précieuses vont y briller. Il y a plus : c'étaient ces pierres elles-mêmes qui constituaient les douze assises fondamentales; et si l'on songe que rien n'est plus solide et n'offre plus de résistance que ces diamants et autres matériaux de même nature employés dans cette œuvre, on concevra combien doit être inébranlable cette série de douze fondements superposés, en une matière la plus inattaquable, la plus éclatante, la plus riche, et que l'Esprit-Saint n'a pas trouvé d'image plus capable d'établir l'immuable indéfectibilité de l'Église. Ainsi les Apôtres, dont ces fondements sont les symboles; l'apostolat, source de leur action spirituelle sur le monde, sont revêtus

---

ibi quippe uniuscujusque mentem ab alterius oculis membrorum corpulentia non abscondet, sed patebit animus; patebit corporalibus oculis ipsa etiam corporis harmonia. » (S. Greg. Magni, *Moral.*, lib. XVIII, cap. xxvii.)

(1) « Et fundamenta muri Civitatis omni lapide pretioso ornata : fundamentum primum jaspis; secundum sapphirus; tertium chalcedonius; quartum smaragdus; quintum sardonyx; sextum sardius; septimum chrysolitus; octavum beryllus; nonum topazius; decimum chrysoprasus; undecimum hyacinthus; duodecimum amethystus. » (*Apoc.*, XXI. 19.)

de tous les dons de la grâce sanctifiante et d'une puissance à laquelle l'enfer s'efforce en vain de résister.

<small>Les vingt-quatre Vieillards, les douze Patriarches et les douze Apôtres, figures des deux Alliances.</small>

Comme les vingt-quatre Vieillards rangés autour du Trône céleste formaient en une seule réunion les deux colléges des Patriarches et des Apôtres, et que les deux Alliances étaient figurées par eux, ici encore il y a quelques rapports à observer entre ces douze pierres de la Jérusalem nouvelle et celles qui ornaient, d'après l'Exode, le rational du grand-prêtre des Hébreux (1). Nous en avons parlé assez longuement (2) ; n'en reprenons que le sens adopté par la généralité des commentateurs sur chacune des pierres nommées dans le texte apocalyptique, sans nous arrêter même à citer nos preuves déjà faites pour chacune d'elles, et sur lesquelles on peut d'ailleurs recourir à nos sources habituelles (3) ; suivons-les par ordre et regardons-les toutes comme autant de symboles des vertus qui doivent édifier en nous la Jérusalem morale.

<small>Analyse de chaque pierre précieuse, et son symbolisme.</small>

<small>Le jaspe, ou la foi : c'est S. Pierre.</small>

Primum jaspis. La couleur verte, l'extrême dureté du jaspe représentent la foi, vertu qui protège l'Église et entretient sa vie, par conséquent celle de notre âme. Dans le rational, le jaspe correspond à Gad, le *fort*, l'*armé*, et, dans nos fondements, c'est S. Pierre, dont la promesse de Jésus-Christ fait un symbole de foi inébranlable et infaillible ; c'est pourquoi il tient la première place.

<small>Le saphir, contemplation et joie céleste : S. André et Nephtali.</small>

Secundum sapphirus. Bleu tendre, mêlé parfois de points d'or : aspiration aux joies célestes ; avant-goût de ces joies

---

(1) « Rationale quadrangulum erit... Ponesque in eo quatuor ordines lapidum : in primo versu erit lapis sardius, et topazius, et smaragdus ; — in secundo carbunculus, sapphirus et jaspis ; — in tertio ligurius, achates et amethystus ; — in quarto chrysolithus, onychinus et beryllus. » (*Exod.*, XXVIII, 15-20.)
(2) Voir 1re partie, ch. XIV.
(3) Voir Hug. de S.-Victor, *ubi suprà*. — D. Pitra, *Spicileg. Solesm.*, t. II, p. 337 ; — t. III, p. 403. — Mme Félicie d'Ayzac, *Symbolisme des pierres précieuses*, *Annal. archéolog.*, t. V, p. 216.— Caire, *La Science des pierres précieuses*, passim.

par la contemplation. C'est Nephtali, *qui doit jouir en abondance de toutes choses*, selon la prédiction de Moïse, et *dont les paroles seront toutes belles*, d'après la prophétie de Jacob (1). Ce serait aussi S. Paul, apôtre plein d'amour et de force ; mais, selon d'autres, que nous aimons mieux suivre, S. André, dont la vive affection pour son Maître l'enflamma aux premiers jours de sa vocation et ne fit qu'augmenter en présence de sa propre croix. Nous verrons que l'hyacinthe convient mieux à S. Paul.

Tertium chalcedonius. Agate à la pâte nuageuse et mêlée de vagues teintes blanchâtres, la chalcédoine donne des gerbes de flammes comme l'escarboucle. On en a fait pour cela un symbole de la charité ; elle convenait en même temps à Joseph, miséricordieux envers ses frères, et à l'Apôtre qui donna le premier sa vie pour Jésus-Christ, et on l'attribua à S. Jacques le Majeur, frère de S. Jean l'Évangéliste et premier évêque de Jérusalem, où il fut précipité du haut du temple.

<small>La chalcédoine, charité : S. Jacques le Majeur et le patriarche Joseph.</small>

Quartum smaragdus. L'émeraude est d'un vert pur et ferme. Elle est donc encore la foi incorruptible, la pureté éternelle des justes. C'est, en un mot, la force et la durée. Elle caractérise le patriarche Juda, destiné à ne quitter le sceptre de sa nation que pour le remettre aux mains du Roi éternel ; — puis notre S. Jean, seul d'entre les Apôtres qui unit la force et la grâce dans son aimable virginité : nous avons vu que cet apôtre est distingué par une robe verte.

<small>L'Émeraude est Juda et S. Jean l'Évangéliste.</small>

Quintum sardonyx. La sarde et l'onyx, qui étaient pour les anciens une variété de la chalcédoine, forment cette gemme, qui doit participer de leur double nature. On y admire, en effet, des nuances de blanc, de jaune et de bleu noyées dans un fond de rouge. De là on l'applique à la candeur, à la sincérité : c'est Manassé, fils aîné de Joseph, qui, privé

<small>La sardoine : S. Philippe et Manassé ou Lévi.</small>

---

(1) « Nephtali abundantia perfruetur. » (*Deuter.*, XXXIII, 23. — « Nephtali dans eloquia pulchritudinis. » (*Gen.*, XLIX, 21.)

des avantages de la bénédiction paternelle transmise de préférence à Éphraïm, n'en voulut pas à ce frère plus favorisé que lui. Et cependant nous supposons une erreur dans ceux qui ont amené là ce patriarche : car il n'est pas des enfants de Jacob, mais de Joseph, et en l'adoptant ici nous sortirions de la liste des douze Patriarches proprement dits. Nous préférons donc voir dans la sardoine la personnalité de Lévi, qui, malgré sa participation au crime de Siméon et la malédiction paternelle qui en fut la suite, donna plus tard par sa tribu l'exemple de la plus grande sincérité dans la foi, en se rangeant sans hésiter du côté de Moïse pour venger Dieu contre les adorateurs du veau d'or.— Cela va d'autant mieux avec l'apôtre S. Philippe, qui suivit Jésus-Christ sans balancer, quand le Sauveur l'eut appelé à le connaître.

La sarde : Ruben et S. Barthélemy.

Sextum sardius. La sarde a une teinte de feu vive et limpide ; c'est la foi, qui s'élève, comme la flamme, vers les régions supérieures. Ruben fit une mauvaise action qui enflamma Israël ; le scandale est assimilé au feu qui éclate, se fait jour partout, dévore tout : *Quis scandalizatur et non uror?* dit S. Paul (1). La sarde symbolise donc Ruben. L'amour qu'il témoigna à Joseph, que seul il tenait à sauver de la citerne fatale, se représente aussi par cette couleur de feu de la sarde. Par la même raison, le cruel martyre de S. Barthélemy, qui fut tout rougi de son sang ; l'amour sans borne qu'il témoigna à son Maître ; son pouvoir sur le démon, proportionné à la grandeur de son sacrifice, durent lui faire attribuer la sarde ; et les interprètes le reconnaissent généralement dans celle de notre vingtième verset.

La chrysolithe : S. Matthieu et Éphraïm.

Septimum chrysolithus. Cette *pierre d'or*, par son fond jaune mêlé de vert, a paru au pape Innocent III le symbole de la vigilance (2). Il est aussi celui de la Sagesse suprême

---

(1) 2 *Cor.*, XI, 29.
(2) « In singulis ordinibus habebat pontifex tres lapides, significans quod in primo debet habere fidem, spem et charitatem..., in quarto vigilantiam... » (*De Sacro altaris Mysterio*, lib. I, cap XXVII.)

qui vient de Dieu, car le vert est la couleur de la mer, sur laquelle on a plus besoin de veiller que partout ailleurs ; le jaune ou l'or représente Dieu, souverainement sage. Ainsi, on a attribué la chrysolithe au patriarche Éphraïm, dont la tribu devait, dans la personne de Jéroboam, s'emparer du sceptre de Salomon et le conserver à ses enfants. Dans le sens tropologique, elle s'applique à S. Matthieu, ou à l'esprit de pénitence qui suivit sa conversion : la persévérance dans un repentir chrétien ne pouvant être sans une continuelle surveillance de soi-même, et cette *crainte* qui fait redouter les tentations étant *le principe de la sagesse* qui opère le salut.

Octavum beryllus. C'est l'aigue-marine représentant, pour les temps anciens, Benjamin, dont la tribu a dans l'histoire sainte des vicissitudes de splendeur et d'affaiblissement : glorieuse dans la personne de Saül élevé à la royauté, laquelle est abattue en lui-même quand il est réprouvé de Dieu ; d'autant plus grande en S. Paul converti, qu'elle avait été humiliée en lui quand il persécutait les chrétiens ; grande enfin par sa fidélité inviolable à la loi divine, mais bien petite quand on la voit, au temps des Juges, réduite à un contingent de six cents hommes (1). Tout cela semblait reproduit par l'éclat passager que le béryl tire des feux du soleil ; car il a la couleur de l'eau de la mer *(aqua marina)* frappée des rayons de cet astre. Rien de plus éblouissant parfois, mais rien de plus variable. Comme les eaux figurent aussi la sainte Écriture, et, par analogie, l'Église, dépositaire comme elle de la vérité, et enfin, comme nous l'avons vu, le peuple, qui est l'Église vivante et animée de la terre, ainsi le béryl renferme la pensée de la sainte parole élucidée par le Sauveur, soleil mystique fécondant toutes les pensées de la foi. C'est donc la science théologique,

L'aigue-marine : S. Thomas et Benjamin.

(1) « Remanserunt de omni numero Benjamin qui evadere et fugere in solitudinem potuerunt, sexcenti viri. » (*Jud.*, XX, 47.)

la doctrine certaine, la vérité enseignée. Par tant de raisons, on la donne, dans la symbolistique, à l'apôtre S. Thomas, à cause des premières incertitudes de sa foi chancelante, et dont l'héroïsme alla bientôt jusqu'au martyre, couronne de son apostolat dans les Indes.

La topaze : S. Jacques le Mineur et Siméon.

Nonum topazius. La rareté de cette pierre, le prix énorme qu'on donnait d'un échantillon de belle eau, son éclat qui la rapproche du brillant de l'or, la faisaient comparer aux choses les plus précieuses. Le roi-prophète plaçait au-dessus d'elle le seul bonheur de connaître et de goûter la loi de Dieu (1). Plus anciennement, Job affirmait que la Sagesse divine l'emportait de beaucoup sur les topazes de l'Éthiopie (2). Elle fut donc le type figuratif des plus grandes vertus. Alain de l'Isle y voit l'emblème de l'homme sanctifié par l'ensemble des vertus chrétiennes : il est pur comme l'or, s'élève jusqu'à Dieu par une chasteté intacte, la plus admirable de toutes (3). Elle est donc attribuée comme figure d'une force invincible à Siméon, exterminateur des Sichémites, et à S. Jacques le Mineur, si ferme contre les Pharisiens et les Scribes.

La chrysoprase : S. Jude et Issachar.

Decimum chrysoprasus. C'est une topaze légèrement nuancée de vert, comme son nom grec peut l'indiquer. C'est, par conséquent, une sagesse *verte*, énergique, s'élevant avec force contre le mensonge et l'hérésie. Les interprètes n'indiquent pas son point de comparaison parmi les Patriarches : mais pourquoi n'y pas voir Issachar, que nous n'avons pas encore nommé, lequel est comparé à un coursier vigoureux (4), et restant avec persévérance dans ses affaires

---

(1) « Dilexi legem tuam super aurum et topazion. » (*Ps.*, CXVIII, 127.)
(2) « Trahitur Sapientia de occultis; non adæquabitur ei topazius de Ethiopia. » (*Job*, XXVIII, 18.)
(3) « Significat sanctum virtutibus ornatum qui, purgatis sordibus hujus sæculi, est purus sicut aurum...; et qui hanc virtutem habet est clarior et mirabilior omnibus aliis. » (Alanus ab Insulis, *Quæstiones naturales*, apud D. Pitra, *Spicil. Solesm.*, t. II, p. 339.)
(4) « Issachar asinus fortis, accubans inter terminos. » (*Genes.*, XLIX, 14.) — Voir, 2ᵉ part., p. 109.

intérieures et dans la culture fructueuse d'un rivage fertile ? Cette fermeté d'action s'applique bien aussi, quoique à un point de vue qui en varie les effets, à l'apôtre S. Jude, dont le caractère obligé de sévérité austère se répand dans son épître catholique sur les désordres de mœurs que gardaient encore certains Juifs convertis. C'est aux Juifs que cette épître est adressée, et, par conséquent, ce fort et généreux serviteur de Jésus-Christ, *coursier* infatigable dans les contrées de la Palestine, « demeure, par son action apostolique, dans les étroites limites de son pays. »

Undecimum hyacinthus. Figure de la douceur et de l'humilité, surtout de l'indulgence chrétienne, qui « n'éteint pas la mèche fumant encore ni ne brise le roseau déjà froissé (1). » Le bleu clair, image de celui d'un ciel pur et sans nuages, distingue cette pierre, dont la nuance change d'ailleurs avec celle de l'atmosphère. Tout cela nous semble convenir à Dan, oublié, comme Issachar et Lévi, par les symbolistes, mais qui ne trouve qu'ici sa véritable place ; car, devant *juger son peuple et toutes les tribus d'Israël*, il doit modifier les sévérités de la justice par la compassion pour le coupable, et atténuer par la bonté les dures obligations de ce difficile ministère. Cette même raison convient à S. Paul, à l'égard duquel on est généralement d'accord, parce que son zèle ardent (*quis scandalizatur et non uror ?*) fut tempéré par une prudence condescendante, comme on le voit dans ses admirables Épîtres et dans ses *Actes* écrits par S. Luc.

L'hyacinthe :
S. Paul et Dan.

Enfin *duodecimum amethystus*. D'après son nom grec, qui signifie *enivrer* (μεθύσκειν), auquel on ajoute l'α privatif, on croyait que la possession d'une améthyste faisait résister à l'ivresse. Quoi qu'il en soit, sa réunion agréable du rose, du pourpre et du violet la consacrait simultanément à la virginité modeste, au dévoûment porté jusqu'au martyre, et à la

L'améthyste :
S. Matthias et Zabulon.

---

(1) « Linum fumigans non extinguet, et arundinem quassatam non conteret » (*Is.*, XLII, 3.)

simplicité enfantine. C'est pour cela qu'on l'applique à Zabulon, de qui descendaient plusieurs Apôtres en qui brillèrent ces vertus, et à S. Matthias, dont l'humilité remarquable fut si opposée à l'orgueil, qui est un véritable enivrement.

Toutes ces gemmes ainsi étudiées en particulier, et reconnues pour être la signification mystique des hérauts de l'Évangile, n'en représentent pas moins aussi, d'une manière générale, les dons divers que Dieu a mis dans ses Élus. Ce sont autant de degrés de gloire propres aux citoyens de la Jérusalem que nous étudions, et dont S. Paul a établi la différence en les comparant à des étoiles qui brillent de feux plus ou moins vifs (1).

Les douze portes. Après les fondements, il faut symboliser les douze portes. Elles sont faites « d'autant de perles (2). » On sait quelles fréquentes comparaisons Notre-Seigneur en fait, dans l'Évangile, avec la Foi, avec le royaume de Dieu; comme il prend les perles pour le type des biens les plus précieux et de l'Évangile lui-même. On n'entre dans le ciel que par la possession de ces trésors, pour lesquels il faut tout quitter, et qu'on doit s'efforcer de retrouver, quoi qu'il en coûte, si on a eu le malheur de les perdre (3). Dans les *Petites Formules* de S. Eucher, la perle est la doctrine évangélique (4) : c'est le quarante-sixième des quatre-vingt-douze noms de Jésus-Christ dans la *Nomenclature sacrée* de S. Grégoire de Nazianze et dans Méliton (5). Et pour cela, le Sauveur a dit qu'il était la Porte, et qu'on n'entrait que par elle dans les pâturages éternels (6).

---

(1) « Stella enim a stella differt in claritate. » (1 *Cor.*, XV, 41.)
(2) « Et duodecim portæ duodecim margaritæ sunt per singulas, et platea civitatis aurum mundum, tanquam vitrum perlucidum. » (*Apoc.*, XXI, 21.)
(3) « Simile est regnum cœlorum homini negotiatori quærenti bonas margaritas. » (*Matth.*, XIII, 45.) — « Nolite mittere margaritas vestras ante porcos. » (*Ib.*, VII, 6.)
(4) *Spicileg. Solesmense*, t. III, p. 403.
(5) *Ibid.*, p. 373, — et t. II, p. 341.
(6) « Ego sum ostium ; per me si quis introierit..., pascua inveniet. » (*Joan.*, X, 9.)

Mais ces *douze* portes n'en sont pas moins encore les douze Apôtres, dont la force, comme fondements, soutient notre faiblesse, et qui, par leur éminente dignité et leurs admirables vertus, l'emportent sur celle de tous les ordres de la hiérarchie dans l'Église, autant que la perle, belle par elle-même sans aucun secours du travail et de l'art, a de prix au-dessus des autres pierres, auxquelles elle est préférée. A ce sujet, S. Augustin a dit des choses très-dogmatiques et très-précises (1).

Les perles et leur signification.

Tout ce que nous venons de voir est l'extérieur de la ville : voyons-en l'intérieur. « La place était d'or pur, transparent comme le verre. » Au verset 18, c'était la ville entière qui était d'or et toute diaphane : *Aurum mundum simile vitro mundo*. La *place* en exprime ici le cœur même et comme la partie la plus habitée. Ces expressions ont donc le même sens que nous avons développé ci-dessus (2). Mais voici une particularité plus remarquable : l'Apôtre « ne voit point de temple dans la ville, parce que Dieu et l'Agneau en est le temple (3). » Ces paroles renferment tout le secret de la béatitude céleste. Nos temples, bâtis sur la terre par la main des hommes, furent toujours un besoin de cœur humain, qui aime à se rapprocher de Dieu, et à qui Dieu daigna manifester souvent qu'il agréait ce désir (4). Ils sont

Intérieur de la cité mystique.

On n'y voit pas de temple, et pourquoi.

---

(1) « Quare sunt fundamenta Apostoli et Prophetæ? Quia eorum auctoritas portat infirmitatem nostram. Quare sunt portæ? Quia per ipsos intramus in regnum Dei. Prædicant enim nobis, et cum per ipsos intramus, per Christum intramus; ipse est enim janua. Et cum dicuntur duodecim portæ Jerusalem, et una porta Christus, et duodecim portæ Christus, quia in duodecim portis Christus. » (S. August., *In psalmum* LXXXVI *super* « fundamenta ejus in montibus sanctis. »)

(2) « Quia omnes Sancti in æterna beatitudine summa claritate fulgebunt, instructa auro dicitur. » (Hug. à S.-Victore, *De Claustro animæ*, lib. IV, cap. II.)

(3) « Templum non vidi in ea, Dominus enim Deus omnipotens templum ipsius est, et Agnus. » (*Apoc.*, XXI, 22.)

(4) Voir *Genèse*, cap. IV, VIII, XII. — *Exode*, cap. XX, XXIV, etc. — *Josué*, VIII. — III *Rois*, V. Etc., etc.

nécessaires à l'entretien et au renouvellement de notre piété, et indispensables au culte extérieur, sans lequel notre âme perdrait bientôt le souvenir et le sentiment de ses devoirs religieux.

<small>Principes de la théologie catholique sur l'existence des corps et des âmes dans la béatitude.</small>

Mais arrivée au terme de ses destinées éternelles, cette âme n'a plus besoin d'objets sensibles et secondaires pour son culte, qui ne peut plus périr ni diminuer. La cité divine « n'a donc pas de temple; » elle est elle-même un vaste lieu d'adoration universelle où Dieu est en nous comme nous en Dieu, par une immersion de notre intelligence dans la sienne, de notre amour dans son amour. Cette remarque de S. Jean démontre clairement que la cité mystique, avec tous ces détails figuratifs dont elle se compose, revient à une réalité, à l'accomplissement certain et positif de l'espérance chrétienne. Dire « que Dieu en est le temple, aussi bien que l'Agneau, » qui lui est substantiellement uni par son essence divine, c'est dire aussi que les Saints seront contenus et renfermés en eux par la possession de l'essence divine (1). C'est par la même raison que « cette cité n'a besoin ni de soleil ni de lune, » comme lumière, car elle n'a pas de nuit, et le jour qui y règne ne lui vient pas de ce soleil que la physique longtemps erronée de nos savants regarda comme le principe sans lequel nous n'eussions rien vu. C'est la lumière de Dieu qui éclaire le ciel. « L'Agneau, » toujours inséparable du Père par sa divinité, « est la lampe » indéfectible de ce lieu sacré (2). Les astres matériels, on le conçoit d'ailleurs, ne doivent participer en rien à illuminer des intelligences ; les cœurs et les esprits, le corps lui-même, une fois ressuscité, étant lumineux et subtil, jouiront d'une clarté spirituelle

---

(1) « Et civitas non eget sole, neque luna, ut luceant in ea. Nam claritas Dei illuminavit illam, et lucerna ejus est Agnus. » (*Apoc.*, XXI, 23.)

(2) Voir S. Thomas d'Aquin, *Summa Theolog.*, Supplément., quæst. XCII, art. 1, conclus.

dont l'auréole convenue autour de la tête ou de la personne des Saints est l'indice symbolique, et le bien-être de ces créatures glorifiées ne pourra plus être influencé par rien de créé. En un mot, cette humanité régénérée sera semblable à celle de Jésus-Christ, dont le Corps glorieux paraîtra à ses Saints dans l'éclat dont les Apôtres virent une faible image au moment de sa transfiguration (1).

Cette lumière est donc le terme symbolique par lequel s'exprime le bonheur des Saints. Éternellement ce peuple, cette nation choisie dont chaque membre aura reçu l'Évangile avec toutes ses conséquences « marchera à cette lumière surnaturelle; » et pour faire voir combien elle l'emportera, par la félicité qui lui en sera revenue, sur toutes les félicités de notre monde périssable, « les rois de la terre oublieront pour elle leur gloire et leur puissance » (comme on l'a vu dans les plus grands monarques de tous les temps : Constantin, Charlemagne, S. Louis, S. Édouard et tant d'autres), s'efforçant de conquérir par-dessus tout cette « pierre précieuse » pour laquelle ils méprisèrent tout le reste (2). Quant aux peuples, ils marchent d'ordinaire comme les rois : les uns et les autres se rendent au même but, et

---

(1) C'est ce mystère de l'absorption de notre être en Dieu dans le ciel que Santeuil avait rendu si heureusement dans ces belles strophes de son hymne des premières vêpres de la Toussaint :

> Cælo quos eadem gloria consecrat...
> Jam vos pascit amor, nudaque veritas,
> De pleno bibitis gaudia flumine...
> Altis secum habitans in penetralibus,
> Se Rex ipse suo contuitu beat,
> Illabensque, sui prodigus, intimis
>   Sese mentibus inscrit.
> Altari medio cui Deus insidet,
> Agni fumat adhuc innocuus cruor...

N'était-ce pas rendre avec autant de bonheur que d'élévation le style même de l'Apocalypse? (Voir *Hymni sacri et novi*, auctore Santolio Victorino, in-12, Paris, 1698, p. 209.)

(2) « Et ambulabunt gentes in lumine ejus, et reges terræ afferent gloriam suam et honorem in illam. » (*Apoc.*, XXI, 24.)

S. Jean renferme dans ce trait une leçon aux grands et aux petits de se rapprocher de Dieu par la sainteté de leur commerce terrestre, s'ils veulent un jour participer aux ineffables clartés des cieux.

<small>Toutes les nations appelées à sa possession par la pratique du christianisme.</small>

Il semble que ce qui précède devrait suffire à compléter l'idée de la cité bienheureuse; mais il faut encore qu'on le sache comme complément de ces divines promesses : cette gloire, cette béatitude de la Jérusalem d'En-Haut ne seront refusées à personne. Pour ces nations appelées, pour ces rois invités, « les portes ne se fermeront point chaque jour, » comme dans les villes obligées de se précautionner contre les attaques de nuit (1). Au contraire, « on y apportera la gloire et l'honneur des nations » (2). Tout à l'heure, c'étaient les rois et les grands du monde qui y devaient venir; maintenant les nations, et par conséquent les individus qui les forment, sont admis à ce partage dans une égalité de droits qui n'a pu exister sur la terre, en dépit des utopies orgueilleuses de la cupidité et de l'ambition. Voilà donc la part des justes, qui seuls, quand leurs persécuteurs, avec tous les méchants de la terre, « seront enfermés dans l'étang de feu, » entreront par les portes de la justice et de la béatitude éternelles (3) pour y fleurir sans retour comme les branches du palmier (4). « Loin de là à jamais l'abomination des impurs et le mensonge de l'iniquité obstinée. » On ne verra dans la maison de Dieu que « ceux qui se sont fait inscrire au livre de la vie, » dont les sceaux mystérieux ne peuvent être brisés que par l'Agneau (5).

---

(1) « Et portæ ejus non claudentur per diem : nox enim non erit illic. » (*Apoc.*, XXI, 25.)

(2) « Et afferent gloriam et honorem gentium in illam. » (*Ibid.*, 26.)

(3) « Aperite mihi portas justitiæ... justi intrabunt in eam. » (*Ps.*, CXVII, 20.)

(4) « Justus ut palma florebit. » (*Ps.*, XCI, 13.)

(5) « Non intrabit in eam aliquid coinquinatum, aut abominationem faciens et mendacium; nisi qui scripti sunt in libro vitæ. » (*Apoc.*, XXI, 27.)

L'APOCALYPSE (DU CH. XXI A LA FIN).   389

Nous ne terminerons pas cette exposition symbolique de la Jérusalem de S. Jean sans arrêter l'attention de nos lecteurs sur les belles réminiscences que ces détails ont laissées dans nos anciennes liturgies françaises. On les reconnaît surtout dans l'hymne si digne et si poétique des secondes vêpres de la Dédicace des Églises, hymne dont l'antiquité se manifesterait, à défaut d'autres preuves, par la naïveté mélancolique du chant qui l'accompagnait, et que nous avons remplacé, hélas! avec elle par une suite de notes saccadées, se traînant sans harmonie dans une série laborieuse d'inévitables cahots... Toutes les strophes de cette pieuse et imposante composition reproduisent comme autant de tableaux ceux qu'avait animés le Prophète. Ce sont dans la ville sainte, où les Élus préparés par la main de Dieu forment comme autant de pierres vivantes de l'édifice, des portes ornées de magnifiques brillants, des murailles d'or pur cimentées par des perles, et dont le Christ s'est fait la pierre fondamentale et angulaire (1). C'est l'Agneau immolé qui devient le soleil de cette nouvelle patrie ; Dieu lui-même, qui en est le temple et dans lequel retentit, sans interruption, le triple *Hosanna* des Anges et des Élus (2) ; ce sont encore les majestueux portiques ou-

<small>Hymne de la dédicace de l'Église.— Beauté de cette composition, calquée sur celle de S. Jean.</small>

(1) Urbs beata, vera pacis
Visio, Jerusalem,
Quanta surgit! Celsa saxis
Conditur viventibus ;
Quæ polivit, hæc coaptat
Sedibus suis Deus.

Singulis ex margaritis
Singulæ portæ nitent;
Murus omnis fulget auro,
Fulget unionibus ;
Angularis Petra Christus
Fundat urbis mœnia.

(2) Ejus est sol cæsus Agnus,
Ejus est templum Deus ;
Æmulantes hic Beati
Puriores Spiritus,
Laude jugi Numen unum
Terque sanctum concinunt.

verts de toutes parts à qui veut s'y introduire, au prix des consciencieux labeurs de la vie terrestre (1). Ainsi, nous devenons nous-mêmes, et pour toujours, des temples vivants consacrés par l'Esprit-Saint et dociles à l'onction de sa grâce (2). Ces grandes pensées, qui, toutes seules, élèvent l'âme chrétienne à la plus juste appréciation de ses futures destinées, se représenteront bien d'autres fois, et sous bien d'autres formes, à l'occasion du culte extérieur et de tout ce qu'il a puisé dans nos divines Écritures.

Chapitre XXII.— Le même Ange qui a rassemblé toutes ces merveilles sous les yeux du Prophète continue à lui en montrer les derniers développements. Il semble vouloir épuiser, pour donner une idée du bonheur des Saints, toutes les figures possibles, et nous allons voir que ces nouvelles peintures ne sont que l'accomplissement des promesses de l'ancienne Loi, faites en termes moins obscurs et plus poétiques encore.

<small>Fleuve d'eaux vives, symbole de la paix éternelle.</small> Donc « du Trône de Dieu et de l'Agneau coulait un fleuve d'eau vive (3). » Dieu et l'Agneau, le Père et le Fils, n'ont ici qu'un même trône, parce qu'ils sont parfaitement égaux entre eux. Le fleuve qui nous apparaît s'est déjà montré au chapitre précédent, verset 6. Dieu le promettait aux Élus comme la source à laquelle sa grâce les désaltérerait pour toujours. Au seizième chapitre, v. 3, les eaux de la mer signifient le corps de l'empire romain, et, au verset suivant,

(1)   Undequaque sunt aperta
    Civitatis ostia ;
    Quisquis ambit huc venire
    Inserique mœnibus,
    Ante duris hic probari
    Debuit laboribus.

(2)   Sit perennis laus Parenti...
    Chrisma cujus nos inungens,
    Viva templa consecrat.

(3) « Et ostendit mihi fluvium aquæ vitæ, splendidum tanquam cristallum, procedentem de sede Dei et Agni. » (*Apoc.*, XXII, 1.)

celles des fleuves désignent les provinces qui en dépendent : ce sont deux sens d'une même chose, modifiés par leur différence propre. Au quinzième verset du chapitre XVI, les eaux « sont les peuples, » comme dans Jérémie, Isaïe et Nahum, que nous avons cités en donnant les motifs de ces symboles. Ici s'en présente une nouvelle application et une occasion de plus de faire remarquer à quelles variétés se prête la théorie symbolistique de l'Écriture. La mer, en effet, les fleuves impétueux, les torrents, peuvent bien indiquer, par des rapports faciles à saisir, les peuples émus par les colères des révolutions, les ébranlements de ces grandes masses qui portent la guerre et la dévastation sur tous les rivages, sur toutes les terres qu'elles traversent. Dans cette acception, les Prophètes ont dit combien sont admirables les élans de la tempête (1), redoutables les torrents de l'iniquité (2).

<small>Immenses ressources du symbolisme scripturaire. — Encore les eaux et leurs significations variées.</small>

D'autres circonstances font naître d'autres idées, et les mêmes objets vont aider à des comparaisons opposées. Dans la Cité sainte, les eaux doivent avoir l'aspect tranquille d'une rivière calme, majestueuse, rafraîchissante, n'inspirant que des pensées douces à celui qui la contemple et qui y boit : c'est ce fleuve prédit par David, « dont la course sans obstacle réjouit la cité de Dieu (3); » et enfin, selon Gagny, c'est l'Esprit-Saint, procédant du Père et du Fils, et répandant, par les sacrements dans l'Église de la terre, et par la charité parfaite dans celle du ciel, les grâces et le bonheur propres aux créatures sauvées. Ces eaux étaient encore une des prévisions d'Ézéchiel, et plusieurs traits de S. Jean, en parfait accord avec ceux de ce Prophète, montrent clairement que l'un raconte l'accomplissement de ce que l'autre avait annoncé à six cents ans de là (4). Tel encore « cet arbre

<small>Arbre de vie; ses propriétés figuratives.</small>

(1) « Mirabiles elationes maris. » (*Ps.*, XCII, 4.)
(2) « Torrentes iniquitatis conturbaverunt me. » (*Ps.*, XVII, 5.)
(3) « Fluminis impetus lætificat civitatem Dei. » (*Ps.*, XLV, 5.)
(4) « Super torrentem orietur in ripis ejus ex utraque parte omne lignum pomiferum. Non defluet folium ex eo, et non deficiet fructus

de vie qui étale sur les deux rives des fruits qui mûrissent chaque mois, et dont les feuilles guérissent les nations (1). » Il avait été déjà parlé de cet arbre (ch. II, v. 7). C'est une allusion évidente à celui du Paradis terrestre, qui, perdu par la faute du premier homme, est rendu à ses descendants par la charité de l'Agneau immolé. Mais celui-ci est bien plus excellent encore : il n'est pas jusqu'à ses feuilles qui ne participent aux propriétés du tronc, puisqu'elles « guérissent les nations, » en détruisant en elles le péché, et préparent ainsi, comme dit S. Augustin (2), à l'immortalité du ciel ceux qui, par une désobéissance héréditaire, avaient perdu la vie incorruptible que leur soumission aurait méritée ici-bas.

Symbolisme des arbres en général. — Unanimité des écrivains sur ce point.

Les Docteurs ont regardé les feuilles des arbres comme le symbole de la parole divine, l'arbre de vie comme l'image de Notre-Seigneur; et, réunissant ces deux idées, ils ont expliqué par là comment le Psalmiste avait compris, en comparant le Juste à un arbre planté le long des eaux, que ce Juste était le Dieu-homme dont la parole « ne doit jamais passer, » non plus que cette luxuriante végétation dont la verdeur et la vie sont dues à ce voisinage béni. C'est ce passage de l'Apocalypse, joint à ceux dont il paraît être un souvenir dans les deux prophètes, que S. Grégoire explique dans ses *Formules spirituelles*, quand il reconnaît à ces feuilles une vertu médicinale en faveur des nations, parce que dans la parole de Dieu est le salut et la force des âmes languissantes et malades (3). Il en résulte qu'en rattachant

ejus. Per singulos menses afferet primitiva, quia aquæ ejus de sanctuario egredientur, et eruut fructus ejus in cibum, et folia ejus ad medicinam. » (*Ezech.*, XLVII, 7.) — Rapprochons ce texte du suivant:

(1) « In medio plateæ ejus et ex utraque parte fluminis, lignum vitæ, afferens fructus duodecim, per menses singulos reddens fructum suum, et folia ligni ad sanitatem gentium. » (*Apoc.*, XXII, 2.)
(2) « Habebat homo ex aliorum arborum fructibus refectionem contra defectionem, de ligno vitæ, stabilitatem contra vetustatem. » (S. August., lib. XVII, cap. I.)
(3) Folium : Verbum. Unde : « Et folium ejus non defluet. » (*Ps.*, I, 3.) « Quod de Christo, qui est lignum vitæ, dictum est ; Cujus folium non

cette guérison mystérieuse à notre condition d'ici-bas, compromise par le péché, ce bel arbre si favorisé devient pour notre âme rachetée le symbole de ce bonheur éternel qui doit consister à contempler Dieu dans son Essence, et à reconnaître et adorer parfaitement la sainte Humanité du Verbe que des Pères avaient vue sous les ombrages de l'Eden (1).

Ne nous étonnons plus de ne voir dans cette admirable enceinte aucune de ces malheureuses passions de la terre, qui y sont une source commune de tant de troubles et de sujets si fréquents des malédictions du Seigneur. Autour du trône de l'Agneau se rangeront seuls ses heureux serviteurs; ils se rassasieront des ineffables douceurs de sa présence; ils porteront en traits ineffaçables sur leur front ce nom divin, déjà signalé au verset 12 du chapitre III, comme une marque d'honneur et un témoignage qu'ils lui appartiennent à jamais par cette radieuse couronne dont l'éclat participe de la sienne (2). Tous ces biens n'existaient que dans le Paradis terrestre, faible image, malgré son bonheur, de ceux que le ciel seul pouvait contenir. C'est pourquoi encore, Dieu « étant par lui-même la lumière de ses

Bonheur des Saints en Dieu.

---

defluet, quia verbum Ejus non præteribit. Hujus ligni folia sunt ad salutem gentium, quia in verbo Ejus medicina et salus languentium animarum. » (S. Greg. Magni *Form. Spirit.*, n° CXI.) — Raban-Maur, l'Anonyme de Clairvaux et l'auteur des *Distinctions monastiques* adoptent toutes ces interprétations. Ils nous donnent par ce fait, auquel nous ajouterons une foule d'autres faits semblables, une idée de cette doctrine si nettement conçue du symbolisme scripturaire, puisque S. Grégoire est du sixième siècle, Raban-Maur du neuvième, le religieux de Clairvaux du douzième, et celui d'Angleterre du treizième : et tous ne font que commenter S. Méliton et sa *Clef de l'Écriture*. C'est ainsi que la théorie du symbolisme se perpétue par des organes divers, mais toujours d'accord sur le fond et sur les détails.

(1) C'est la conséquence à tirer de la note précédente, et de l'unanimité des commentateurs à l'adopter.

(2) « Et omne maledictum non erit amplius, sed sedes Dei et Agni in illa erunt, et servi Ejus servient Illi. Et videbunt faciem Ejus, et nomen Ejus in frontibus eorum. » (*Apoc.*, XXII, 4.)

Élus, il sera pour eux comme un jour perpétuel qu'aucune nuit ne pourra interrompre, » et « que n'éclairera aucun soleil » que lui-même. La Loi ancienne et l'Évangile, double flambeau du monde moral, de la société humaine vivant sous la tente de cette vie périssable, ont semblé à quelques-uns, non sans raison, indiqués en cet endroit comme les deux lumières dont l'effet ne sera plus nécessaire dans cette vie nouvelle où les Élus habiteront à jamais (1). En un mot, c'est le grand jour sans vicissitudes connues, sans fin aussi, que l'Église attend, qu'Elle chante d'avance, et vers lequel Elle s'élance de tous ses vœux. C'est le jour qui a fait la joie des Saints, et qui faisait tressaillir le cœur de la séraphique Thérèse, quand elle s'extasiait sur le sens de la promesse divine : *Cujus regni non erit finis.*

<small>Nouvelle preuve du sens historique de l'Apocalypse.</small> On ne pouvait mieux terminer la vaste et sublime suite de ces pages inspirées que par ce dernier trait complétant si bien ce qui se rapporte à l'action de Dieu et aux destinées de l'homme. Ce qui suit n'est plus que la conclusion de la prophétie. L'Esprit affirme que tout y est vrai, incontestable, divin; l'Ange le redit au Prophète; celui-ci répète qu'il est vraiment l'envoyé de Dieu, qu'il n'a fait qu'annoncer ce qu'il faut faire et ce qui va *bientôt* arriver (2). Ces termes confirment la valeur de l'interprétation que nous avons préférée, avec Bossuet et d'autres : ces prédictions devaient s'accomplir *bientôt*, comme le répète encore le verset 10, qui va suivre, et dès lors elles sont aujourd'hui depuis longtemps achevées; seulement, les vives peintures de l'éternelle Jérusalem, de la félicité de ses habitants subsistent toujours. Elles furent vraies pour les martyrs, qui méritèrent par leur

---

(1) « Et nox ultra non erit, et non egebunt lumine lucernæ, neque lumine solis, quoniam Dominus Deus illuminabit illos, et regnabunt in sæcula sæculorum. » (*Apoc.*, XXII, 5.)

(2) « Et dixit mihi : Hæc verba fidelissima sunt et vera. Et Dominus Deus spirituum Prophetarum misit Angelum suum ostendere servis suis quæ oportet fieri cito. » (*Ib.*, 6.)

sang d'y être appelés dès les premiers jours de l'Église; elles le sont pour les âmes justes, qui meurent encore dans la grâce du Sauveur, et elles le seront pour celles qui, jusqu'à la fin des temps, iront grossir l'héritage qu'Il s'est acquis. C'est ce *bientôt* qu'il faut entendre aussi du dernier avénement du céleste Juge, venant chaque jour pour ceux qui meurent en Lui ou dans sa disgrâce, et qui doivent prendre place, selon leurs mérites, soit dans « l'étang de feu, » soit « autour du trône de l'Agneau (1). »

« Heureux donc ceux qui gardent et observent les paroles de cette prophétie! » Ils deviendront les frères de cet Ange de Jésus-Christ aux pieds duquel S. Jean se prosterne, et qui le relève en refusant cet hommage réservé à Dieu seul (2). C'est pourquoi, l'arrêt étant prononcé dans la justice et dans la sagesse de Dieu, il est irrévocable pour le juste et pour le pécheur. Que celui-ci donc persiste dans son péché; que l'autre avance toujours dans le bien, dont une âme éclairée est insatiable (3). Celui qui s'est déjà dit deux fois « le principe et la fin » des choses va se faire la béatitude de quiconque « aura lavé sa robe dans le Sang de l'Agneau et mis sa force dans le Bois de vie (4), » dans la Croix, par qui s'est faite la résurrection du monde, qu'avait tué le péché. Ces paroles sont de celles que chantait l'Église au jour de la résurrection du Sauveur, quand les baptisés se rendaient aux fonts pour y renouveler leurs promesses, encore revêtus de la tunique blanche qu'ils ne déposaient

<small>Conclusion : respect pour cette prophétie.</small>

<small>La Procession des baptisés, au jour de Pâques.</small>

---

(1) « Et ecce venio velociter. Beatus qui custodit verba prophetiæ libri hujus! » (*Apoc.*, XXII, 7.)

(2) « Cecidi ut adorarem ante pedes Angeli.., et dixit mihi : Vide ne feceris. Conservus enim tuus sum et fratrum tuorum Prophetarum, et eorum qui servant verba prophetiæ libri hujus. Deum adora. » (*Ib.*, 8, 9.)

(3) « Qui nocet noceat adhuc..., qui sanctus est sanctificetur adhuc. Ecce venio cito, et merces mea mecum est, reddere unicuique secundum opera sua. » (*Ib.*, 12.)

(4) « Ego sum alpha et omega... Beati qui lavant stolas suas in sanguine Agni, ut sit potestas eorum in ligno vitæ, et per portas intrent in civitatem. » (*Ib.*, 13, 14.)

qu'au huitième jour. Ces marques d'innocence, cette pieuse joie, cette félicité n'appartiennent qu'aux Élus. Loin d'eux et de ceux qui le deviendront un jour (*bientôt*), « les chiens, les empoisonneurs, les homicides et les idolâtres, et quiconque aime le mensonge et le pratique (1). » Tous ces différents genres de criminels doivent se prendre surtout au figuré, car on empoisonne les âmes par l'immoralité et les hérésies, on les tue par les faux principes d'une religion mensongère, autant et bien plus dangereusement qu'on ôte la vie au corps par les violences et le meurtre. Tous ces fauteurs de mauvaises actions se trouvent renfermés dans le mot de *chiens*, qui s'applique aux malfaiteurs en de nombreux endroits de l'Écriture. Moïse, entre autres, appelle « *le prix du chien* » l'argent qui provient de quelque crime honteux et qu'il défend d'employer aux besoins du tabernacle (2). S. Paul donne ce nom aux faux apôtres (3) ; Notre-Seigneur oppose pour raison de son refus à la Cananée « qu'il n'est pas juste de donner aux chiens le pain de la famille (4). » De là ce passage, qui peut d'abord paraître extraordinaire, de notre belle hymne du Saint-Sacrement : *Ecce Panis Angelorum... non mittendus canibus* (5).

<small>Le chien, symbole d'impiété, et, par opposition, de fidélité.</small>

----

(1) « Foris canes, et venefici, et impudici, et homicidæ, et idolis servientes, et omnis qui amat et facit mendacium. » (*Apoc.*, XXII, 15.)

(2) « Non offeres mercedem prostibuli, nec pretium canis, in domo Domini. » (*Deuter.*, XXIII, 18.) Le chien est donc regardé comme le type de l'impudeur.

(3) A cause de leur impudence, de leur avidité dans le gain sordide, de l'importunité de leurs clameurs contre l'Église, véritables aboiements de la haine et de la jalousie : *Videte canes, videte malos operarios, videte concisionem.* » (Philipp., III, 2.) — Ce dernier mot exprime bien les dangereuses *morsures* de ces mauvais prêtres ou autres hérétiques, déchirant la *Robe sans couture* du Christ, et les âmes qui ont le malheur de les écouter.

(4) « Non est bonum sumere panem filiorum et *mittere canibus*. » (Matth., XV, 26.)

(5) On voit clairement dans ces paroles du Sauveur la pensée de S. Thomas d'Aquin. En général, le chien était donc un animal peu estimable chez les Hébreux, si on l'envisageait du côté de ses mauvaises qua-

Mais bientôt tout va rentrer dans le silence, et, en vue de cette prophétie, Celui qui l'a dictée veut donner une nouvelle assurance de son infaillibilité, qui soutienne jusqu'à son accomplissement la foi qu'elle mérite. « C'est moi, Jésus, qui ai envoyé mon Ange me rendre le témoignage de ces choses dans les sept Églises. Je suis le rejeton et le fils de David, l'étoile brillante qui resplendit au matin (1). » Cette proclamation du Christ, celle de son Ange, termine le livre comme elle l'avait commencé. C'est une garantie encore de l'authenticité des promesses; et puis cette étoile, qui apparaît après la nuit de cette vie, brille au matin de la seconde vie, qui ne finira pas. Elle annonce la naissance du jour céleste, comme celle des Mages leur fit découvrir Jésus; c'est celle que prédisait Balaam comme devant se lever sur

Divers titres donnés au Sauveur; autant de symboles.

L'Étoile du matin, et son opposition.

---

lités. On ajoutait encore au terme de mépris qu'il exprimait, si on comparait quelqu'un à un chien mort, comme David le fit de lui-même pour persuader à Saül qu'il avait tort de le persécuter, et Miphiboseth à David, quand il voulut le remercier des honneurs de la table royale. (Voir I *Reg.*, XXIV, 15, — II *Reg.*, IX, 8.) — Mais, par opposition, les bonnes qualités du fidèle animal le mettent aussi maintes fois en regard des meilleurs sentiments et des fonctions les plus honorables. Il devient, par souvenir de ceux qui léchaient les plaies du pauvre Lazare, le symbole des confesseurs, qui guérissent ainsi les plaies des âmes malades, et adoucissent par leurs conseils les douleurs qu'elles leur confient, disent S. Grégoire et Raban-Maur (*Spicileg. Solesm.*, III, 75 et 76). — Pierre le Chantre loue dans le chien l'utilité de ses cris, qui éloignent les voleurs; de sa langue, qui est médicinale; de son instinct, qui le rapproche de l'homme, et de son habileté pour la chasse, de son attachement à son maître, qu'il cherche et retrouve, qu'il s'obstine souvent à garder et à défendre jusqu'à la mort (*Ibid.*, p. 76). — Et Pierre de Riga, savant symboliste allemand du dixième siècle, dit, à propos du chien de Tobie, dans son charmant poëme *De Aurora*:

Lectio sacra canes doctores nominat: illi
Latrant, perimunt; hi sacra verba ferunt. (v. 163.)

Tout ce qui se rapporte aux idées symboliques données par l'antiquité et le moyen âge sur le chien se trouve résumé au long dans les *Distinctions monastiques*, lib. I, ch. LI. — Voir *Spicileg.*, ubi sup., p. 459.

(1) « Ego Jesus misi Angelum meum testificari vobis hæc in Ecclesiis. Ego sum radix et genus David, stella splendida et matutina. » (*Apoc.*, XXII, 16.)

Israël (1), et Zacharie sous le nom poétique de la lumière de l'Orient (2). Ce nom, qui convient exclusivement, ainsi entendu, à Celui qui seul « éclaire tout homme venant en ce monde (3), » se donne aussi par communication aux Saints et aux Docteurs catholiques, lesquels resplendissent soit dans le ciel, par la gloire de leur vie éternelle (4), soit sur la terre, par l'enseignement de la doctrine dont le ciel est la récompense (5), et par les divers genres de mérite de leurs vertus (6). Ce sont encore les âmes justes (7); ce sont les Anges eux-mêmes, désignés dans Job sous le symbole des astres du matin (8). Mais chaque symbole ayant toujours son opposition, celui-ci a encore la sienne, motivée par quelque fausse imitation de l'attribut sanctifié. L'étoile peut donc être le signe de l'hypocrisie et de la feinte. Déjà, au chapitre XII, nous avons vu le dragon, ennemi des justes, déployer sa queue et entraîner sur la terre un nombre considérable des étoiles du ciel (9); et Daniel, dans le passage

---

(1) « Orietur stella ex Jacob. » (*Num.*, XXVII, 17.)

(2) « Ecce vir : Oriens nomen ejus, et subter eum orietur, et ædificabit templum Domino. » (*Zachar.*, VI, 12.)

(3) « Lux vera quæ illuminat omnem hominem venientem in hunc mundum. » (*Joan.*, I, 19.)

(4) C'est le sens donné par les commentateurs à cet endroit du psaume CXLVI : *Qui numerat multitudinem stellarum, et omnibus eis nomina vocat.*

(5) « Et qui ad justitiam erudiunt multos fulgebunt quasi stellæ in perpetuas æternitates. » (*Dan.*, XII, 3.) — Et encore dans Baruch (III, 4) : « Stellæ autem dederunt lumen. » — Il est bien entendu que ce sens est ici anagogique; les termes n'en ont pas moins leur signification naturelle, dans l'éloge d'une des plus riches merveilles de la création.

(6) « Stella autem a stella differt in claritate. » (1 *Cor.*, XV, 41.) S. Paul se charge ici d'expliquer par le sens spirituel des choses purement naturelles.

(7) « Stellæ non sunt mundæ in conspectu Ejus. » (*Job*, XX, 5.)— C'est bien là encore ce qu'a dit S. Grégoire : Que Dieu trouve des taches jusque dans ses Anges, les plus pures pourtant de ses créatures intelligentes.

(8) « Cum me laudarent astra matutina. » (*Job*, XXVIII, 32.)

(9) Voir *suprà*, ch. VIII, v. 10, et ch. XIII, v. 4.

de son livre où se dessinent pour la première fois les événements apocalyptiques, représente le bouc mystérieux remportant une victoire « semblable (1). » Nous verrons l'étoile revenir à son rôle céleste et représenter aussi la sainte Vierge.

Après tant et de si magnifiques choses, dévoilées à la terre pour son salut, que reste-t-il à ceux qui les ont entendues que d'y acquiescer par une pure aspiration aux biens à venir? L'Esprit-Saint, « qui prie en nous par d'ineffables gémissements, » selon S. Paul (2), se charge d'y former ces pieux désirs du règne de Jésus-Christ. Uni à « l'Épouse, » qui est l'Église, « l'un et l'autre se convient mutuellement et se disent : Venez. » — « Celui qui écoute, » le peuple fidèle, instruit maintenant des épreuves qui l'attendent et des joies qu'il peut espérer, doit pousser le même cri d'impatient amour. « Que celui qui a soif » de cette présence éternelle « s'approche ; qu'il vienne puiser aux eaux de la vie, qui ne coûtent rien, » et que le Seigneur donne libéralement à qui les aime « et les veut (3). » Cette béatitude promise au verset vi du chapitre précédent y a été expliquée, et nous n'avons pas à y revenir.

Aspirations à la jouissance des biens du ciel.

Ici tout est fini. La vérité s'est fait jour ; plus de prophétie désormais. Celle-ci est livrée au monde; que les sages l'entendent et la retiennent, que les impies la méprisent et en dédaignent l'accomplissement..... Mais comme déjà, en ces premiers temps de l'Église, de nombreux hérétiques s'avisaient de favoriser les erreurs de dogmes en falsifiant les Livres sacrés, comme on l'a toujours fait depuis, et notamment pour les doctrines de Luther et de Calvin, un avertis-

Menaces aux violateurs de ce livre.

---

(1) « Dejecit... de stellis, et conculcavit eas. » (*Dan.*, VIII, 10.)
(2) « Ipse Spiritus postulat pro nobis gemitibus inenarrabilibus. » (*Rom.*, VIII, 26.)
(3) « Et Spiritus et Sponsa dicunt : Veni. Et qui audit dicat : Veni. Et qui sitit veniat, et qui vult accipiat aquam vitæ gratis. » (*Apoc.*, XXII, 17.)

sement est donné à ces audacieux faussaires. « Qu'ils n'ajoutent pas un mot à cette déclaration solennelle et divine; qu'ils n'en retranchent rien, » Dieu les frapperait des plaies qui y sont décrites; « ils seraient effacés du Livre de vie, exclus de la ville sainte, » et n'auraient aucune part aux promesses qui s'y rapportent (1). Et pour ajouter à la juste frayeur de cette menace, Celui qui la fait, et dont le témoignage couvre ces pages miraculeuses, avertit de nouveau « qu'il va venir, » et l'Apôtre inspiré se hâte de répondre : « Venez, Seigneur Jésus (2). » Ce cri n'est pas le sien seulement, c'est celui des âmes altérées du souverain bien. C'est à elles aussi que s'adresse le dernier souhait : « Que la grâce de Notre-Seigneur Jésus-Christ soit avec vous (3). » Ainsi se terminaient les lettres apostoliques, comme on peut le voir dans celles du Nouveau-Testament. L'Apocalypse finit par une formule semblable, ayant commencé par le salut fraternel. C'est souhaiter à quiconque devra lire ces grandes choses les lumières surnaturelles et l'onction céleste qui en feront comprendre le sens et tirer les fruits de force et de consolation nécessaires à qui devra surtout soutenir tant et de si héroïques épreuves.

En terminant cette exégèse, dont l'étendue semble dépasser les bornes d'un travail secondaire, mais que nous ne pouvions séparer de notre sujet principal, nous ne devons pas omettre d'y rattacher quelques œuvres de grande importance disséminées au moyen âge sur le sol de notre patrie. Au nombre des églises que l'art roman ou gothique

---

(1) « Contestor enim omni audienti verbum prophetiæ Libri hujus : Si quis opposuerit ad hæc, apponet Deus super illum plagas scriptas in Libro isto; et si quis diminuerit de verbis Libri prophetiæ hujus, auferet Deus partem ejus de Libro vitæ, et de civitate sancta, et de his quæ scripta sunt in Libro isto. » (*Apoc.*, XXII, 18 et 19.)
(2) « Dixit qui testimonium perhibet istorum : Etiam venio cito. Amen! Veni, Domine Jesu. » (*Ibid.*, 20.)
(3) « Gratia Domini nostri Jesu Christi sit cum omnibus vobis. » (*Ibid.*, 21.)

y avait ornées des motifs de l'Apocalypse, il faut surtout admirer le tympan de la cathédrale d'Angers. C'est comme un abrégé du Livre saint avec les principales scènes savamment distribuées dans un espace proportionnément fort restreint, mais qui s'est admirablement assoupli au génie du sculpteur. En Poitou, Airvault qu'on admire encore, Charroux que le vandalisme a effacé, en Bourgogne Cherlieu, et nous en citerions bien d'autres, embellirent leurs façades des mêmes chefs-d'œuvre tout fiers, après sept ou huit siècles, et en dépit de trop nombreuses mutilations, des graves délicatesses de ces difficiles sujets. L'art italien semble avoir tenu à réunir aussi sous un même coup d'œil ce même ensemble des images apocalyptiques dans une des plus curieuses églises de Rome. A Sainte-Praxède, construite en 822 par le pape Pascal Ier, l'arc triomphal porte, en magnifiques mosaïques, la cité sainte, le Christ, les douze Apôtres, les Élus qui habitent cette sublime Jérusalem et les Anges préposés à sa garde ; puis l'Agneau mystique, les sept chandeliers, les quatre symboles évangélistes, les vingt-quatre Vieillards en manteau blanc présentant leurs couronnes au Christ trônant dans l'abside et foulant de ses pieds la mer de cristal. Sur cette tête auguste plane la main divine sortant d'un groupe de nuages, et, sur la terre, que toute cette scène domine, apparaissent au milieu de palmiers, symboles de gloire, un paon à tête nimbée, emblème d'immortalité, et les brebis à qui elle est promise paissant tranquillement dans les pâturages du Seigneur.

A tant de travaux coloriés par les artistes de nos grands siècles archéologiques, ajoutons encore ceux, en grand nombre et non moins fragiles, dont l'éclat néanmoins s'est conservé intact jusqu'à nous, et que nous avons déjà signalés par quelques mots à propos du Cantique des cantiques. Parmi les magnifiques vitraux qui décorent la cathédrale de Bourges, le peintre en conçut un, et des plus beaux, dont il voulut faire comme une iconographie générale de l'Apocalypse. Homme d'élite sans doute, et d'une haute intelligence des mystères chrétiens, comme l'étaient au treizième siècle tous ceux qui s'inspiraient avant tout de la théologie la plus élevée, sa pensée fut assez énergique, selon la remarque d'un savant archéologue (1), pour dégager d'un ensemble impossible à décrire les scènes les plus saillantes et dans lesquelles se retrouve, pour ainsi dire, l'esprit du livre divin.

Choix expressif des couleurs dans ce chef-d'œuvre du treizième siècle.

Il n'a donc reproduit en trois groupes que trois des actes les plus significatifs du mystère : ils rendent très-bien la division en trois parties distinctes que nous avons reconnue à la prophétie de S. Jean. On voit d'abord, dans la partie inférieure du vitrail, les sept chandeliers d'or qui entourent le Sauveur, lequel montre d'une main le livre fermé des sept sceaux, de l'autre tient le globe du monde, attribut de la puissance souveraine; sa bouche tient le glaive à deux tranchants. Il porte la robe verte et le manteau violet, dont on sait la double raison ; son nimbe rouge, symbole de l'immortalité des martyrs, est traversé d'une croix d'or. Ces deux derniers attributs se retrouvent exactement les mêmes dans les deux tableaux supérieurs. Au-dessus du Christ, six Anges adorateurs sont suspendus au milieu des nuages; les deux plus proches de la Personne divine balancent des encensoirs. A ses pieds, de côté et d'autre, sont d'abord sept personnages munis d'un livre, tous nimbés, aux costumes divers de couleurs, mais longs et flottants. On y distingue un roi à sa couronne.

Autres étoiles symboliques.

Nous pensons d'autant plus, avec le P. Cahier, qu'il faut voir dans cette troupe bienheureuse les sept étoiles qui, aux trois premiers chapitres, représentent le nombre infini des peuples fidèles ; d'ailleurs, le roi susdit, comme le plus apparent de la troupe, porte sur son livre sept petites étoiles. Le savant jésuite ne les y a pas remarquées sans doute, car elles eussent suffi pour changer

(1) Le P. Cahier, *Monographie des vitraux de Bourges*, p. 220 et suiv., planche VII.

son hésitation modeste en une certitude incontestable. Viennent enfin une foule d'âmes, figurées par des personnages nus et sans sexe, inondés des eaux du baptême par un Saint à la robe verte, au manteau rouge, au nimbe d'or. A ces caractères nous pourrions reconnaître S. Jean lui-même représentant l'effet naturel de cette mystérieuse mer de cristal, dont nous avons dit la signification symbolique. Les couleurs le plus souvent attribuées à Jésus-Christ conviendraient bien ici, croyons-nous, à l'Apôtre, qui, comme lui, est régénérateur et martyr, et le remplace d'autant plus complétement qu'il administre en son nom le sacrement dans lequel vit en germe toute la vertu du Christianisme. Remarquons que ce baptême se donne par *infusion*, au moyen d'un vase vidé sur la tête du néophyte.

<small>Baptême par infusion.</small>

Le groupe qui tient le milieu de la verrière représente le Sauveur assis sur un siége disposé en arc, c'est le chapitre IV. De ses mains étendues s'échappent en flammes vives des foudres et des éclairs. L'iris est sans doute indiqué par la couleur bleue qui fait le fond de la composition translucide et que sèment des étoiles rouges. Ces deux couleurs sont les plus dominantes dans l'arc-en-ciel et sont destinées, dans la peinture hiératique, à peindre le firmament, qui, pour les physiciens de cette époque, n'était qu'un mélange d'air et de feu. Les quatre médaillons secondaires jetés autour de celui-ci renferment, chacun par six, les vingt-quatre Vieillards. Sans y apparaître par leurs formes consacrées, les saints animaux cependant y figurent dans la personne des Évangélistes : S. Matthieu y est expressément nommé et autorise à croire que les autres y avaient également leur nom, disparu peut-être par suite d'accidents subis par la verrière ; d'ailleurs, nous croyons aussi y lire *Lucas*. Comme la Loi ancienne et la nouvelle se dessinent sous l'apparition de cette auguste assemblée, on y retrouve S. Pierre, non moins reconnaissable au type bien connu de son front qu'au mot *Petrus* écrit sous ses pieds.

<small>L'arc-en-ciel.— Suprématie de S. Pierre.</small>

De ces glorieux assesseurs, douze seulement sont assis, et S. Pierre occupe un siége plus distingué, une véritable *chaire*. Ce fait, que nous recommandons aux disciples de Calvin et de Fébronius, ne laisse pas hésiter sur la distinction à faire entre les hérauts des deux Testaments et leur réunion dans ce passage de la prophétie, non moins admirablement rendu que théologiquement compris par l'intelligent auteur de cette grande peinture.

Jésus-Christ glorifiant les Élus dans sa propre gloire.

Après la foi baptismale, qui amène les prédestinés vers le trône de Jésus-Christ; après la manifestation universelle de la Loi de grâce par celle de l'Évangile, en qui viennent se consommer les promesses et les prophéties, vient la consommation des Élus, et c'est le sujet du dernier groupe, où Jésus est debout dans sa gloire, figurée par le nimbe ovoïde ou en amande qui l'entoure avec une bordure de nuages blancs, accostée de deux Anges debout. La robe de ces esprits bienheureux est blanche, selon l'usage général, comme le manteau du Christ, qui revêt une robe violette, et pour qui le blanc, cette fois, est un insigne de sa glorification irrévocable. Le manteau de ces Anges est rouge, par allusion à leur vive charité, selon les oracles du Psalmiste et de S. Paul (1). Ils ont des ailes violettes; et l'on voit que, tout en s'appliquant à des parties différentes de chaque personne, les mêmes couleurs sont données à Jésus et à celles de ses créatures qui l'approchent de plus près et qui partagent sa gloire et sa vie éternelle. Au-dessous de ce cadre, des hommes d'âges divers et revêtus de la longue robe des hautes conditions s'avancent vers S. Pierre, qui, ses deux clefs d'or à la main gauche, adresse de la droite un signe de refus à ceux qui le pressent de plus près. C'est qu'ils ont les mains vides, et leur tête est dépourvue de l'auréole à laquelle on reconnaît, dans le groupe suivant, les âmes choi-

Anges, et leurs couleurs choisies.

Riche multiplicité d'autres symboles.

---

(1) « Qui facis Angelos tuos spiritus, et ministros tuos ignem urentem. » (*Ps.*, CIII, 4.) — « Et ministros suos flammam ignis. » (*Hebr.*, I, 7.)

sies : elles tiennent d'ailleurs le livre de la doctrine et de la foi. Aux deux derniers panneaux supérieurs, est l'Épouse mystique, déjà décrite par nous (1), allaitant et couronnant les enfants de Dieu. Vis-à-vis est l'Agneau ressuscité, blanc, nimbé de rouge à la croix d'or (pour faire reconnaître en lui ce même Christ qui figure dans le premier médaillon). Il est entouré de nuages; il tient l'étendard blanc sur lequel se lisent l'A et l'Ω, signe de Celui qui est le principe et la fin de tout, et en qui se résument notre génération dans le temps et notre régénération éternelle.

Au-dessus de tout cela planent, surmontées par autant de nuages, les sept étoiles qui forment un dais au trône de l'Agneau et aux Bienheureux qui boivent au torrent inépuisable de ses délices, et rappellent probablement par ce nombre, désormais aussi intelligible que mystérieux, les innombrables légions d'Esprits célestes et de Saints couronnés dont elles sont le symbole dans plusieurs endroits de l'Apocalypse (2).

Tel est ce livre, que tant de caractères recommandent au chrétien et à l'artiste, ce livre dont on retrouve partout dans les œuvres du moyen-âge les traits divins appliqués à l'enseignement religieux, et dont les arts du dessin reçurent partout les fécondes influences, depuis les Catacombes jusqu'à Albert Durer. En l'étudiant comme nous venons de le faire, preuves en main et guidé par des autorités si respectables, on s'étonnerait que l'incrédulité de Voltaire et de ses complices, que les hérésiarques traînés à la suite des deux grands apostats du seizième siècle, se fussent exercés à n'y montrer que des objets de sarcasmes et de dénigre-

Hautes leçons qui découlent de ce livre pour la religion et pour l'art.

---

(1) Ci-dessus, ch. v, p. 121 de cette deuxième partie.
(2) Voir la planche vii de la *Monographie* citée des PP. Cahier et Martin. C'est à ce dernier, dont la perte prématurée est si regrettable à la science archéologique et à l'art chrétien, qu'est due, aussi bien que toutes les autres de ce beau recueil, cette magnifique planche, d'une fidélité irréprochable, tant pour les teintes que pour les détails.

ment, si l'on ne savait de quelles aberrations l'impiété systématique est capable, aussi bien que l'esprit de parti, échauffé d'une implacable haine contre l'Église du Christ. Pour nous, qui ne pouvons qu'admirer sincèrement une telle prophétie, comme la Parole même de Dieu, comme la source de mille beautés morales et plastiques, nous y lisons les plus hautes leçons de la philosophie catholique, les phases les plus intéressantes (car elles sont les plus glorieuses) de l'histoire primitive du Christianisme; et il n'est peut-être pas une seule des images si vives qu'on y retrace dont les moindres détails n'aient motivé d'innombrables expressions de l'art. La pierre des églises, le bois des stalles, les couleurs des manuscrits, des fresques, des mosaïques et des vitraux, l'ornementation des autels et des vases sacrés, les encensoirs, les bénitiers, les fonts baptismaux, les crosses des évêques, les ornements sacerdotaux, tous les instruments du culte prennent plus ou moins leur origine dans ce Livre inspirateur. Quelque loin qu'il nous ait entraîné dans le développement de son symbolisme, on voit si nous pouvions nous y refuser, et quels riches filons se répandent en branches inépuisables dans cette mine féconde. Nous les retrouverons souvent encore, se glissant à travers le vaste champ que nous n'avons pas fini de parcourir.

CHAPITRE XIV.

L'ÉGLISE.

Après avoir démontré les intimes rapports des deux Testaments, et par eux le symbolisme des Livres sacrés, nous continuons notre marche d'après la méthode de déduction, en nous occupant immédiatement de l'Église et des figures qui l'ont annoncée ou qui servent encore à la désigner symboliquement. Nous eussions volontiers placé avant elle, dans l'ordre de ces dissertations, ce qui regarde le Dieu sauveur et sa sainte Mère. Ce premier rang eût semblé plus convenable pour l'un et l'autre à nos sentiments de respect et d'amour. Mais n'est-ce pas procéder avec plus de clarté que de poser d'abord la base de nos croyances, l'autorité sans laquelle nous ne croirions pas à l'Évangile..., en un mot : l'Église (1)? car, dépositaire de la foi en Jésus-Christ et en tous les mystères qui en résultent, dans l'économie divine de la religion, l'Église n'est pas moins la maîtresse de l'enseignement symbolique. C'est elle qui nous montre, par ses docteurs et ses écrivains, l'admirable chaîne des vérités fondamentales, éclairées de tout ce que le symbolisme a de plus vif et de plus saisissant. Elle doit donc passer avant tout sous nos regards et se faire la clef de toutes les obscurités que nous tendons à éclaircir. C'est pourquoi aussi les Pères

L'Église, source de tous nos renseignements ultérieurs.

---

(1) « Evangelio non crederem, nisi me Ecclesiæ commoveret auctoritas. » (S. Aug.)

viendront immédiatement à sa suite ; ils sont ses organes naturels, formant à eux tous les innombrables anneaux de la tradition, attestant au nom de chaque siècle la pensée des pasteurs et des peuples, et répandant à profusion sur l'Écriture et ses adorables obscurités (1) l'éclat de leur génie éclairé et conduit par l'Esprit-Saint. Ces deux grandes sources ne font donc ensemble qu'un seul et même fleuve de science esthétique. Il nous faut avant tout l'explorer, le connaître, et savoir d'autant mieux vers quelles curieuses régions il nous conduira.

Sens multiple du mot Église.

Ce mot *Église*, dans l'acception absolue de son origine grecque, signifie *assemblée* ; c'est le même sens que le mot *Synagogue*, ou *réunion* de personnes assemblées dans un même but (2). La synagogue des Juifs était la figure prophétique de l'Église chrétienne. Ce dernier mot fut employé dès le principe dans l'Évangile et les Épîtres des Apôtres pour exprimer cette réunion de fidèles attachés aux principes de Jésus-Christ. Le Sauveur, dans S. Matthieu, promet d'édifier son Église sur la pierre (3) ; il veut qu'on dénonce à l'Église celui qui refuse de se réconcilier avec son frère, et que si le coupable n'écoute pas l'Église, il soit regardé comme un païen et un publicain (4). S. Paul salue les chrétiens de Rome, ceux de Corinthe et des autres villes, au nom des Églises qu'il a fondées (5). Le même mot s'appliquait, dans la Loi ancienne, à toutes les assemblées où se chantaient les louanges de Dieu, où s'offraient les sacrifices (6) ; il désignait jusqu'aux simples convocations du

---

(1) « In quibus sunt quædam difficilia intellecta. » (2 *Petr.*, III, 16.)
(2) Συναγωγή, Ἐκκλησία.
(3) « Super hanc petram ædificabo Ecclesiam meam. » (*Matth.*, XVI, 18.)
(4) « Si non audierit eos, dic Ecclesiæ. » (*Matth.*, XVIII, 15.)
(5) « Salutant vos omnes Ecclesiæ. » (*Rom.*, XVI, 16.) — « Salutant vos Ecclesiæ Asiæ. » (1 *Cor.*, XVI, 19.)
(6) « Intra ecclesiam oraverunt. » (*Judith*, VI, 21.) — « In ecclesiis benedicite Deo. » (*Ps.*, LXVII, 27.)

peuple (1), jusqu'aux conciliabules des méchants (2) ; enfin on le voit pris comme synonyme de la synagogue juive, par l'auteur des Proverbes, qui rend grâce à Dieu de n'avoir oublié sa Loi ni devant les hommes ni en sa présence, c'est-à-dire ni dans les assemblées populaires ni dans celles de la religion (3). C'est donc l'ancienne et la nouvelle Alliance qui sont représentées par ces deux idées ; et comme dans toutes les autres figures l'idée de la Loi primitive s'absorbe complétement dans la seconde, celle-ci, unique héritière des promesses divines, succède à l'autre et l'efface dans l'éclat de sa radieuse couronne. C'est pour cela que les Pères ont fait observer que le nom d'*Église* est plus noble et plus élevé que celui de *Synagogue*. Le premier, en effet, emporte avec lui l'idée d'une convocation (εχχαλέω, *evoco*) ; l'autre n'est qu'une congrégation, une réunion (συνάγω, *congrego*) ; on convoque des hommes, on réunit un troupeau : c'est la différence des créatures plus dignes à celles qui le sont moins, au jugement de S. Jérôme et de S. Augustin cités par Legrand (4).

Réunissant les deux peuples, comme l'observe S. Augustin (5), l'Église confond au nombre de ses enfants les races anciennes et celles d'aujourd'hui, le Juif et le Grec, le fidèle et le gentil. Plus de mur de séparation sur cette terre devenue son domaine, et sur laquelle ne doivent plus germer et

Maternité universelle de l'Église chrétienne, épouse de Jésus-Christ.

---

(1) « Omnis enim Ecclesia Israel stabat. » (III *Reg.*, VIII, 14.) — « Noverit universa Ecclesia. » (1 *Reg.*, XVII, 47.)
(2) « Odivi ecclesiam malignantium. » (*Ps.*, XXV, 5.)
(3) « Pœne fui in omni malo, in medio Ecclesiæ et Synagogæ. » (*Prov.*, V, 14.)
(4) Legrand, *Notiones præviæ de Ecclesia*, ap. Migne, *Cursus completus Theolog.*, t. IV. col. 15. — Melchior Canus, *De Locis theologicis*, lib. IV, cap. II. — *Ibid.*, t. I, cap. CCLXXXVI.
(5) « Ecclesia..., hæreditas Dei ex circumcisione et præputio congregata est, id est ex populo Israel, et ex cæteris gentibus per lapidem quem reprobaverunt ædificantes, et factus est in caput anguli (ps. CXVII); in quo angulo tanquam duo parietes de diverso venientes copularentur. » (S. Aug., *In psalm.* LXXVIII *enarr.*, t. VIII, p. 316.)

croître que les fruits des mêmes œuvres et de la même charité. Le même Père exprime encore fort bien cette succession de la Synagogue recueillie par l'Église et l'amour que le Christ ne porte plus qu'à celle-ci, en comparant la première à une épouse coupable dont l'infidélité avait désolé son époux, et l'autre à une nouvelle épouse plus digne de lui (1); et tout cela à propos d'Isaac, tempérant par la possession de Rebecca le chagrin que lui avait causé la mort de sa mère (2). Ainsi le Patriarche est la figure prophétique de Jésus-Christ. Sara morte est celle de la Synagogue, Rebecca devient celle de l'Église chrétienne. C'est d'après ce type qu'il faudra considérer désormais l'époque de Moïse et celle du Sauveur.

Figures bibliques de l'Église dans la Synagogue et quelques femmes de l'ancienne Loi.

La Synagogue était déjà signifiée, dès les premiers jours du monde, dans l'institution du mariage. La loi établie par le Seigneur sur la nécessité pour l'homme de quitter son père et sa mère pour s'attacher à une épouse, et de ne faire plus avec elle qu'une seule chair (3), cette loi est un symbole mystérieux que S. Paul et les Pères se sont chargés de nous expliquer (4). Ainsi « le nouvel Adam, l'Homme-Dieu, quittera *le Père* qui est au Ciel, et sa mère qui est sur la terre, la Synagogue, et il s'attachera à son épouse, à l'Église » (5). Des deux femmes que Jacob épouse successivement au vingt-neuvième chapitre de la Genèse, Lia figurait le peuple juif, la Synagogue par conséquent; Rachel était l'image de notre Église. C'est pour ces deux sœurs que

---

(1) « Accepit Christus Ecclesiam, et in tantum dilexit, ut dolorem qui de perditione matris Synagogæ acciderat, amore Ecclesiæ mitigaret. Nam, sicut infidelitas Synagogæ Christo tristitiam fecit, ita illa fides Ecclesiæ lætitiam generavit. » (*Serm.* LXXVI, *de tempore*, t. X, p. 242.) — Voir la note suivante:

(2) « Et in tantum dilexit eam, ut dolorem qui ex morte matris ejus acciderat, temperaret. » (*Gen.*, XXIV, 67.)

(3) « Relinquet homo patrem suum et matrem suam, et adhærebi uxori suæ, et erunt duo in carne una. » (*Gen.*, II, 23.)

(4) « Sacramentum hoc magnum est, ego autem dico in Christo et in Ecclesia. » (*Ephes.*, V, 32.)

(5) Voir Rohrbacher, *Histoire universelle de l'Église*, t. 1, p. 79.

Jésus-Christ, possesseur de l'une, et appelant l'autre incessamment et par miséricorde, sert encore maintenant et se soumet à sa mission laborieuse, à l'exemple du patriarche (1). Et de même, dit un Père du deuxième siècle, que les enfants qu'avait eus Jacob soit de ses épouses, soit de ses esclaves, étaient tous traités sans distinction de leur origine dans la famille, de même aussi, grâce à la mission de Jésus-Christ, les enfants de l'ancienne et de la nouvelle Loi sont confondus, et tous, sans distinction, jouissent des mêmes avantages, pourvu qu'ils observent les commandements de leur Maître commun (2).

Voilà le mystère enveloppé sous l'esprit du premier Testament. Les Juifs modernes furent de la sorte avertis sans interruption par leurs propres Écritures et par les plus éloquentes voix de l'Église, depuis le Sauveur, qui appelait Jérusalem sous ses ailes, en versant sur ses résistances des pleurs de commisération (3) ; depuis les Apôtres, si souvent obligés de secouer la poussière de leurs pieds (4), jusqu'au dernier converti qui, de nos jours, sollicite ses frères égarés de de revenir au giron de la mère commune (5). Mais devant leurs yeux reste encore étendu le voile du Temple, rompu

Les Juifs sourds à ces avertissements. — Mystère du voile qui leur obscurcit la vérité.

---

(1) « Habebat (Laban) duas filias. Nomen majoris Lia (laboriosa) ; minor vero appellabatur Rachel (ovis). Rachel decora facie et venusto aspectu. Quam diligens Jacob ait : Serviam tibi pro Rachel... septem annis. Et dixit Laban :... Hanc quoque dabo tibi pro opere quo servituris es mihi septem aliis annis. » (*Gen.*, XXIX, 16, 17, 27.)

(2) « Medium maceriæ solvens (Christus), fecit ex utraque unum. » (*Ephes.*, II, 14.) — Voir S. Justin, martyr, *Dialog. cum Tryphone Judæo*, n° 131.

(3) « Jerusalem quæ occidis Prophetas..., quoties volui congregare filios tuos quemadmodum avis nidum suum sub pennis, et noluisti. » (*Luc.*, XIII, 34.)

(4) « In quamcumque civitatem intraveritis..., salutate eam dicentes : Pax huic domui... Et quicumque non receperit vos..., exeuntes foras, excutite pulverem de pedibus vestris...» (*Matth.*, X, 11, 12, 14.) — «Judæi autem... Paulum et Barnabam... ejecerunt... de finibus suis ; at illi, excusso pulvere pedum in eos, venerunt Iconium. » (*Act.*, XIII, 50, 51.)

(5) Voir *Lettres de M. Drach à ses coreligionnaires* (deuxième lettre).

pourtant d'une façon si éloquente à l'heure bénie de la mort du Christ, comme le remarquent tant d'interprètes (1), et dont nous voyons la théorie symbolistique se révéler au pied de la Croix.

La Synagogue n'en reste pas moins la servante de la vraie Mère.

Ces deux types ont donc marché de front dans les Écritures, et toujours l'un et l'autre avec les caractères opposés qui les spécifient. Cette opposition symbolique n'a d'exception que dans quelques cas où la Synagogue prend le rôle de mère. Alors elle est la véritable Église de son temps, et gouverne les âmes de son autorité divine. Mais encore ce gouvernement n'est autre qu'une *opposition* prophétique de celui qui se prépare pour l'avenir ; c'est toujours l'Église de Jésus-Christ (2), en sorte que la Synagogue, déchue d'avance

(1) « Et ecce velum templi scissum est in duas partes a summo usque deorsum; et terra mota est, et petræ scissæ sunt. » *(Matth.,* XXVII, 51.)

Voyons comment ce voile a été compris par les grands symbolistes du Christianisme. S. Paul d'abord l'explique de la Chair de Notre-Seigneur qui enveloppait sa Divinité aux regards des hommes grossiers et charnels : *Habeamus viam stratam... quam Christus primus ipse calcavit..., quam nobis aperuit per Carnem suam, quæ est quasi januæ velum per quod ingrediendum est* (Hebr., x, 20). Et ailleurs, il dit encore en parlant des Juifs : *Usque in hodiernum diem, cum legitur Moyses, velamen ponitur super cor eorum... Velamen manet non revelatum, quoniam in Christo evacuatur* (2 Cor., III, 14, 15). — Moïse avait dit aussi au peuple privilégié : *Prophetam suscitabo eis de medio fratrum suorum similem tui. Ponam verba mea in ore Ejus... Qui autem verba Ejus, quæ loquetur in nomine meo, audire noluerit, Ego ultor existam.* (Num., XVIII, 18, 19.) Et c'était bien cet envoyé qu'on attendait lors de la venue du Messie, puisque alors l'apôtre S. Philippe put dire sans hésitation à Nathanaël : *Quem scripsit Moyses in Lege, et Prophetæ, invenimus Jesum* (Joan., I, 45). — On voit par l'enchaînement de tous ces textes comme la vérité éclate à qui veut la trouver, et quel secours le symbolisme lui prête. — Un célèbre commentateur le reconnaissait, quand il disait : « Mystice hoc velum significat nos qui sumus in atrio et sancto, id est in Ecclesia militante, per fidem et ænigmaticam cognitionem speculari Deum et futura bona quæ sunt in Sancto sanctorum, id est in cœlo. Unde in Christi passione hoc velum scissum est, quia Christus sua morte nobis aditum ad cœlum et claram Dei visionem aperuit. » (Cornelius à Lapide, *In Exodum,* XXVI, 31.)

(2) « Ipsa gens Judaïca magnus quidem propheta Christi christianique populis, » dit S. Augustin *(Contra Faust.,* lib. III, cap. XIV). — Et

et bornée à une existence secondaire, n'apparaît en réalité que comme la *servante*, et sans aucune espérance d'héritage. C'est cette triste déchéance que l'art chrétien a voulu surtout exprimer, et il n'a fait, d'après les Docteurs et les Pères, que populariser par là un chapitre important de notre enseignement catholique. — Voyons d'abord comment ces deux extrêmes ont été compris, et ensuite comment leur parallélisme s'est trouvé reproduit et consacré dans tous les monuments, l'iconographie et la liturgie chrétiennes.

C'est le titre d'Épouse et de Mère que nous voyons donner plus anciennement à l'Église dans les livres de la Bible qui nous parlent d'Elle; et encore ce titre ne lui revient pas moins, quoique plus indirectement, lorsqu'elle est comparée à une vigne féconde, à un champ fertile, et même à une grenade, comme l'ont fait S. Ambroise et S. Grégoire le Grand, par allusion à cette multitude de grains rassemblés sous une même écorce, comme les fidèles dans une même unité (1). Aux premiers jours du monde, Ève devient la figure de l'Épouse de Jésus-Christ. Et voyez par quels décisifs rapprochements on peut l'établir : la première femme doit sa vie au sommeil d'Adam, et l'Église prend la sienne dans la mort du Christ. C'est du côté d'Adam qu'Ève tire son origine; c'est du côté de Jésus percé d'une lance après son dernier soupir que découlent, avec l'eau et le sang, les sacrements, base de la constitution de l'Église. Qui ne voit clairement que tant de singularités, fort peu nécessaires en

Rapprochements symboliques entre l'Église et la première femme.

---

ailleurs il explique l'Église de cette petite pierre que Nabuchodonosor avait vue en songe se détachant d'elle-même d'une haute montagne, puis grossissant peu à peu jusqu'aux proportions d'une montagne envahissant bientôt tout l'univers : « Quid apertius? Lapis de monte præciditur... Mons ille unde præcisus est, non impleverat omnem faciem terræ : non enim tenuerat regnum Judæorum omnes gentes. At vero regnum Christi universum orbem terrarum cernimus occupare. » (*Tractat. in Joan.*, n° 15.)

(1) S. Ambros., *In Cantic.*, cap. VIII. — S. Gregor. Magn., *in eumdem libr.* — Voir encore Pierium, *Hori Apollinis hieroglyph.*, p. 3 et 579.

elles-mêmes à l'œuvre de la Providence, n'ont eu pour but que de figurer des événements futurs (1)? Plus tard, Sara ouvre cette longue série de femmes patriarcales, dont la nombreuse postérité n'est autre que celle de l'Église, d'autant mieux figurée dans sa fécondité extérieure, qu'outre les enfants de la promesse, d'autres leur naissent d'esclaves qui leur sont soumises, comme les nations le seront un jour à l'Église de Jésus-Christ (2). Mais en avançant vers le milieu des époques prophétiques, l'image se dégage mieux des ombres primitives, devient plus sensible, et se colore de traits plus décisifs et mieux accusés. C'est dans le livre de Tobie qu'elle brille particulièrement d'un éclat auquel le saint homme ne semble se complaire que parce qu'il voit, à travers les six siècles qui le séparent de la Rédemption universelle (3), des traits qui le ravissent, et dont la ressemblance est aujourd'hui si frappante pour nous. C'est ce qui a fait dire à tous les interprètes qu'outre le sens littéral qui s'applique aux Juifs des derniers temps, appelés à quitter le Lévitique pour l'Évangile, il est bien évidemment question de l'Église dans ce Cantique d'action de grâces laissé par le saint vieillard comme un testament tout empreint de l'esprit de prophétie (4). La transition de l'idée propre à l'idée figurée y est d'autant plus naturelle, que le

Son action providentielle indiquée dans le Cantique de Tobie, et magnifiquement rendue par Racine.

---

(1) « Dormit Adam ut fiat Eva; moritur Christus ut fiat Ecclesia. Dormienti Adæ fit Eva de latere; mortuo Christo lancea percutitur latus, ut profluant sacramenta quibus formetur Ecclesia. Cui non appareat quia in illis futura figurata sunt? » (S. August., *Tractat. in Joan.*, IX, n° 10.)

(2) Voir encore S. August., *De Baptismo*, lib. I et VII.

(3) La mort de Tobie vers l'an 3371 de la création, c'est-à-dire environ 630 ans avant l'ère chrétienne.

(4) « Tobias..., repletus spiritu prophetiæ, de superna Hierusalem multa decantat. Populus quoque Judæorum in fine sæculi conversus multos doctores habebit et prophetas, qui mentes populorum ad superna desideria accendant cœlestis patriæ gaudia prædicando. » (Hugo de Sancto-Victore, *Allegoriæ in Vetus Testam.*, lib. XI, cap. II; apud Migne, t. I, col. 713.)

L'ÉGLISE.

nom de l'ancienne Jérusalem est toujours dans la Bible le nom mystique de la nôtre. Le plus grand et le plus pur de nos poètes français l'a magnifiquement exprimé dans ces beaux vers, dont la fidélité dogmatique n'est comparable qu'à leur ineffable harmonie :

> Quelle Jérusalem nouvelle
> Sort du fond du désert, brillante de clartés (1),
> Et porte sur son front une marque immortelle (2) ?
>   Peuples de la terre, chantez (3) !
> Jérusalem renaît, plus charmante et plus belle !
>
>   D'où lui viennent de tous côtés
> Ces enfants qu'en son sein elle n'a point portés (4) ?...
> Lève, Jérusalem, lève ta tête altière (5) :
> Regarde tous ces rois, de ta gloire étonnés (6).
> Les rois des nations, devant toi prosternés,
>   De tes pieds baisent la poussière (7);
> Les peuples à l'envi marchent à ta lumière (8).
> Heureux qui pour Sion d'une sainte ferveur
>   Sentira son âme embrasée (9)!
> Cieux, répandez votre rosée,
> Et que la terre enfante son Sauveur (10)!
>   (RACINE, *Athalie*, act. III, sc. 7.)

Ce rhythme inimitable, dont toutes les pensées ont leur origine dans les Prophètes, comme nous l'avons noté à des- <small>Tous les Prophètes d'accord sur ce point, et par</small>

---

(1) « Quæ est ista quæ ascendit de deserto deliciis affluens? » (*Cant.*, VIII, 5.)
(2) « In capite ejus corona stellarum duodecim. » (*Apoc.*, XII, 1.)
(3) « Cantate Domino, omnis terra. » (*Ps.*, XCV, 1.)
(4) « Lætare, sterilis quæ non paris....., quia multi filii desertæ magis quam ejus quæ habet virum. » (*Is.*, LIV, 1; *Gal.*, IV, 27.)
(5) « Exalta in fortitudine vocem tuam ; dic civitatibus Juda: Ecce Deus vester. » (*Is.*, XL, 9.)
(6) « Reges Tharsis et Insulæ munera offerent, et adorabunt Eum omnes reges terræ. » (*Ps.*, LXXI, 10.)
(7) « Coram ipso procident Æthiopes, et inimici Ejus terram lingent. » (*Ps.*, LXXI, 9.)
(8) « Et ambulabunt gentes in lumine tuo, et reges in splendore ortus tui. » (*Is.*, LX, 3.)
(9) « Quam pulchri super montes pedes... annuntiantis bonum, prædicantis salutem, dicentis Sion : Regnabit Deus tuus. » (*Is.*, LXII, 7.)
(10) « Rorate cœli desuper, et nubes pluant Justum; aperiatur terra,

conséquent sur le symbolisme religieux.

sein, n'est pourtant pas autre chose qu'une traduction presque littérale de Tobie lui-même, et il fallait que ces grands hommes de l'ancienne Alliance, vivant à des époques diverses et fort éloignées, fussent pleins de l'Esprit de Dieu, méditassent sa parole dans les mêmes vues, et se rattachassent à des espérances bien solides et bien universelles, pour se rencontrer ainsi dans les mêmes prédictions avec une si poétique variété de termes, et en suivant toujours l'inspiration d'une image identique! Qui ne voit encore par là combien le symbolisme vivait dans ces âmes célestes! Mais écoutons le captif de Ninive. Il est comblé des bienfaits de Dieu ; un fils chéri, qu'il craignait tant d'avoir perdu, lui est revenu sous la garde d'un Ange ; les richesses laissées aux mains de Gabelus sont recueillies : le jeune fils a trouvé une épouse digne de lui ; le pauvre aveugle a recouvré la vue, et de tant de biens son cœur reconnaissant n'oublie pas de remercier le Seigneur. Mais ce chant d'un cœur pénétré pour lui-même d'une gratitude si méritée ne suffit pas à sa joie et à son amour. Autrefois comme aujourd'hui, les Saints vivaient pour le Ciel, et n'aspiraient qu'à ce royaume de Dieu, dont l'Église chrétienne est la porte unique ; il termine donc par une véritable prophétie, dont les traits principaux s'appliquent également, sans doute, à la Jérusalem de la terre et à celle du Ciel, mais dont quelques-uns ne peuvent évidemment convenir qu'à cette dernière, pour laquelle nous les avons vus développés dans l'Apocalypse :

L'Église symbolisée par Jérusalem dans Tobie,

« Jérusalem, cité chérie de Dieu, de quel éclat lumineux tu vas resplendir ! Tous les peuples du monde se prosterneront à tes pieds ; les nations t'arriveront des plus loin-

et germinet Salvatorem. » (*Is.*, XLV, 8.) — On voit par ce texte et ceux qui précèdent combien l'alliance des deux Testaments est remarquable et comment le magnifique talent de notre plus admirable versificateur a su tirer parti, pour cette magnifique allégorie, de tout ce que lui offrait de plus coloré le symbolisme biblique.

tains rivages, apportant leurs tributs, adorant le Seigneur dans ton enceinte, et te regardant comme le centre de toute justice et de toute sainteté ; car au milieu de toi sera invoqué le plus glorieux de tous les noms! Malheur à qui te méprisera ! Comme seront maudits ceux qui t'auront blasphémée, ainsi seront bénis ceux qui t'édifieront. Bénis aussi par le Souverain Maître, tes enfants seront ta joie, et comme toi ils s'attacheront à Lui. Heureux tous ceux qui t'aiment et qui se réjouissent de ta paix! O mon âme, bénis le Seigneur, parce qu'il s'est fait notre Dieu, parce qu'il a délivré Jérusalem, sa ville sainte, de toutes ses tribulations. Heureux moi-même, s'il reste encore quelqu'un de ma race pour voir ces splendeurs de l'auguste cité ; car ses portes seront bâties de saphirs et d'émeraudes ; tout le circuit de ses murailles se fera de diamants ; ses places publiques seront pavées de pierres d'une éclatante blancheur ; ses rues retentiront de chants d'allégresse. Que le Seigneur qui l'a ainsi exaltée soit béni, et qu'il règne en elle dans la suite de tous les siècles ! (1) »

S. Paul avait en vue ces grandes promesses quand il disait aux Éphésiens : « L'édifice tout entier repose sur Jésus-Christ ; par Lui il s'élève et s'accroît comme un temple consacré au Seigneur. Et vous, mes frères, vous entrez dans cette belle construction pour devenir l'habitation du Saint-Esprit (2). » Ainsi, plus ou moins expressément, la fécondité de l'Église est toujours invoquée. Elle a *un sein* pour renfermer ses enfants ; il y a unité de nature entre elle et eux, et c'est toujours la Femme apocalyptique, telle que nous l'avons vue, poursuivie par la haine du dragon, et couronnée enfin de ses conquêtes et de ses triomphes : Épouse, en un mot, paraissant devant son Époux pleine de gloire, n'ayant ni taches ni rides, mais tou-

Dans S. Paul.

(1) *Tobix*, XIII, 15. — Voir tout entier ce magnifique texte.
(2) « In Christo Jesu omnis ædificatio constructa crescit in templum sanctum in Domino, in quo et vos coædificamini in habitaculum Dei in Spiritu. » (*Ephes.*, II, 21 et seq.)

jours sainte, irrépréhensible et d'une inaltérable beauté (1).

Dans S. Méliton. C'est toujours d'après le même figurisme que S. Méliton applique à l'Église des paroles par lesquelles Dieu, dans la Genèse, ordonne à la terre de produire tous les végétaux. « Alors la terre signifie l'Épouse du Christ. » Toute herbe verdoyante est l'efflorescence des enfants de Dieu, forts de la sainte énergie des vertus chrétiennes. Ailleurs, c'est le Psalmiste implorant contre les ennemis de Dieu l'exclusion de la Terre Sainte, c'est-à-dire de l'Église, où les méchants *Elle est une vigne féconde,* ne peuvent que nuire aux membres de la famille (2). S. Eucher, dans ses *Petites Formules*, regarde, avec Isaïe, l'Église comme *une vigne* dont les raisins sont les bonnes œuvres. Rien de plus ressemblant que la vigne, dit un autre auteur, à notre vie humaine, et, par suite, à notre vie mystique ici-bas (3). Comme la vigne pousse ses racines dans la terre, se charge de fruits, enlace de ses bras tout ce qui l'entoure et tend à s'élever sans cesse, et voit une partie de ses branches coupées comme nuisibles ou inutiles, ou bien liées pour arrêter leur trop vaste expansion, ainsi l'Église s'enracine dans la foi, se propage par les générations qu'elle appelle, étend au loin les bras de sa charité, y attire les âmes et s'élève au Ciel avec elles par ses efforts. Les vices aussi, par ses soins, sont retranchés comme autant de rameaux dangereux, et tout le reste est lié, retenu, protégé contre les excès par les exemples des Saints et par les commandements de la discipline.

(1) « Ut exhiberet Ipse sibi gloriosam Ecclesiam, non habentem maculam aut rugam, aut aliquid hujusmodi, sed ut sit sancta et immaculata. » (*Ephes.*, v, 27.)

(2) « Germinet terra herbam virentem. » (*Gen.*, I, 11.) — « Domine, a paucis de terra divide eos. » (*Ps.*, xvi, 14.)

(3) Voir *Spicileg. Solesm.*, t. III, p. 406 : « Vineæ bonorum opera. » «Plantabunt vineas, » dit Isaïe (lxv, 21). — Voir encore *Spicil. Solesm.*, t. II, p. 449. — Et Hugues de Saint-Victor : « Vitis ad imitationem vitæ nostræ, ipsam defigit radicem, propagine oneratur, brachiis quidquid comprehendit stringens erigit; ex qua alia sarmenta inciduntur, alia ne reflectant ligantur. Sic radicatur Ecclesia in fide, etc., etc. » (Hug. à Sancto-Victore, *Miscellanea*, lib. III, tit. cx. — Migne, t. III, col. 694.)

Le psaume cxxvii est encore une allusion à l'Église, quoique S. Augustin, qui aime tant à voir en Elle toutes les Mères et toutes les Épouses de l'Ancien Testament, n'y voie que l'éloge de l'âme fidèle sous les traits d'une femme vertueuse (1). Mais S. Hilaire de Poitiers n'a pas oublié le sens le plus large et le plus conforme aux pensées habituelles de l'Écriture, et il l'explique ainsi de la façon la plus élevée et la plus digne. « Votre femme, dit le Prophète à l'homme juste, sera dans l'intérieur de votre maison comme une vigne fructueuse, ses enfants seront autour de votre table comme de jeunes oliviers. » — « Ici encore, ajoute le grand docteur, voilà l'Épouse et ses enfants multipliés par la grâce ; Épouse dont la beauté est tout intérieure, dont la fécondité est dans sa foi ; enfants donnés à Jésus-Christ, formés par ses vertus, et réunis autour de cette Table divine dont le Pain vivifie ceux qui le mangent, et ne consiste pas moins dans la Parole sainte que dans le Corps du Seigneur (2). »

et une Épouse Mère.

Mais il est un autre type de l'Église, plus beau mille fois et infiniment plus digne de nos respects, à qui s'appliquent également, et avec une étonnante justesse, tous les textes que nous venons d'étudier, et mille autres encore : c'est Marie elle-même, la Mère de Dieu, l'Épouse de l'Esprit-Saint. Tous les écrivains ecclésiastiques, Pères et Docteurs, sont d'accord pour attribuer les mêmes passages bibliques à l'Église et à Marie. On peut en voir la preuve développée au long dans le *Polyanthea Mariana*, livre plein de faits et d'idées, qui n'a pas été achevé et mériterait de l'être (3).

considérée par les Pères sous les mêmes symboles que Marie.

---

(1) S. August., *Enarrat. in psalm.* cxxvii, v. 3 et seq.
(2) « Uxor tua sicut vitis abundans in lateribus domus tuæ ; filii tui sicut novellæ olivarum in circuitu mensæ tuæ. » (*Ps.*, cxxvii, 3, 4.) — « Mensa Domini est ex qua cibum sumimus, Panis scilicet vivi, cujus est hæc virtus, ut Ipse vivens eos quoque qui Se accipiant vivificet... Est et mensa Lectionum Dominicarum in qua spiritualis doctrinæ cibo aluntur. » (S. Hilarii, Pictav. episc., *In psalm.* cxxvii *explanatio*, in-4°, Basil. ed. Froben., 1535, p. 650.)
(3) *Polyanthea Mariana*, in-4°, Coloniæ Agrip., 1727, cité par les auteurs de la *Monographie de la cathédrale de Bourges*, p. 115.

S. Ambroise donne en quelques mots la raison de ce rapprochement. « C'est, dit-il, que Marie a été vraiment mère en demeurant vierge, comme l'Église qui reste immaculée dans son union avec le divin Époux (1). » Si l'on cherche, en effet, à appliquer à la Sainte Vierge les appellations données à l'une et à l'autre par les Pères, et qu'on a réunies dans ses litanies si connues des fidèles, on reconnaîtra qu'il n'est pas une de ces qualifications glorieuses qui ne puissent convenir aux deux. Les Psaumes et les Livres sapientiaux sont pleins de cette double attribution, et l'on pense bien que les commentateurs n'en devaient faire faute à la suite de S. Augustin, et peut-être quelques-uns avant lui (2). Entre autres exemples ne prenons que le 10e verset du psaume XLIV : « O Dieu, la Reine s'est assise à votre droite, revêtue d'une robe d'or (3). » On sait que ce psaume est un épithalame des noces divines de Jésus-Christ et de l'Église, sous le sens littéral de celles de Salomon et d'une princesse d'Égypte. C'est le jugement des plus savants glossateurs (4). Or il n'en est pas un qui ne regarde comme dit de Marie ce qui est littéralement écrit de cette Épouse de la terre, et de Marie ils passent volontiers à l'Église pour faire remarquer que les droits de l'une et de l'autre sont les mêmes à cette interprétation. Ce titre de reine qui, selon la force du mot hébreu *shegal*, signifie *épouse, compagne du lit;* cette place donnée *à droite,* avec honneur et déférence ; cette robe d'or qui ne va bien qu'à la première d'entre les femmes, tout indique des caractères que ne peuvent répudier ni l'Épouse

---

(1) « Discamus mysterium : vere desponsata sed virgo, quia est Ecclesiæ typus, quæ est immaculata sed nupta. » (S. Ambr., *Comment. in Luc.*, I, 27.)

(2) Voir S. August., *in h. loc.* — Wouters, *Dilucidatio in Apocalyps.*, CXII.

(3) « Astitit Regina a dextris tuis, Deus, in vestitu deaurato, circumamicta varietate. » (*Ps.*, XLIV, 10.)

(4) Voir Tirini *Comment. in Psalm.* — Cornel. à Lapide, et alios plures.

ni la Mère du Christ; et c'est ainsi que les auteurs ascétiques l'ont entendu d'après S. Basile, S. Bernard et beaucoup d'autres (1). S. Augustin a vu même, dans cette variété d'ornements qui revêt cette *reine* de tant d'éclat, la multiplicité des sacrements et la diversité des langues dans lesquelles ils sont administrés sans aucune différence de rites essentiels, sans aucune atteinte à l'unité de la foi (2). Le même docteur a développé dans beaucoup de ses livres le sens figuré de tous les mots de la Loi ancienne sous lesquels se trouve désignée l'Église nouvelle. Selon qu'il avance dans ses belles expositions de l'Écriture, il voit, sous les allégories de la sérénité ou des épreuves de Sion, les Patriarches ou les Saints d'autrefois dont la vie est partagée en contradictions et en triomphes; c'est encore l'arche qui sauve du naufrage éternel; la toison de Gédéon humide ou desséchée tour à tour; son aire où la paille se rencontre mêlée au bon grain; la veuve de Sarepta pleurant la mort de son fils. C'est aussi la cité du grand roi, la colombe pure et gémissante, la maison de Dieu, la montagne de Sion, le jardin fermé aux voleurs qui en raviraient les fruits, un olivier chargé de ses baies succulentes, le bercail, le royaume céleste, et mille autres objets, tous aussi vrais, tous aussi ressemblants (3). Cette même fécondité d'exposition se remarque dans la généralité des Pères, parmi lesquels on trouve une admirable concordance de pensées et d'appréciations.

Richesse de pensées de S. Augustin à cet égard.

(1) S. Basil., Cæsar. episc., *De Vera Virginitate*, circa init. — S. Bernard., *De interiori Domo*, cap. LXVIII.
(2) « Vestitus Reginæ hujus et pretiosus et varius est : sacramenta doctrinæ in linguis omnibus variis : alia lingua Afra, alia Græca, alia Hebræa, alia illa et illa. Faciunt illæ varietatem vestis Reginæ hujus. Quomodo autem omnis varietas vestis in unitate concordat, sic et omnes linguæ ad unam fidem. In veste varietas sit, scissura non sit. » (S. August., *In psalm*. XLIV, n° 14.)
(3) Voir surtout les livres *Contre Cresconius; Du Baptême contre les donatistes*, et le XX° de la *Cité de Dieu*. — Lisez encore S. Bernard, *Sur la Nativité de la Sainte Vierge*. (Opp., t. I, ed. Bened., col. 1014 et suiv.)

Paraboles du Nouveau Testament, où l'Église est clairement désignée.

Quand arrive le Nouveau Testament, d'autres figures se reproduisent pour la même réalité; c'est Jésus-Christ surtout qui nous les donne en de significatives paraboles. On sait quelle différence existe entre la parabole et la figure : celle-ci empruntant à des images étrangères leurs rapports de ressemblance avec l'objet qu'elle veut faire comprendre ; celle-là s'emparant, dans le même but, d'une fiction qui exprime quelque réalité et en laisse apercevoir le fond. Cette manière d'enseigner, que préférait le Sauveur, était,

Emploi fréquent de ce moyen en Syrie.

dit S. Jérôme, très-familière en Syrie (1), et convenait très-bien, en soutenant l'attention par l'attrait de la curiosité. C'est pourquoi les Pères en ont fait un si grand cas et s'y sont arrêtés avec tant de complaisance dans leurs homélies. Ils veulent surtout donner à leurs peuples l'intelligence des paraboles du Sauveur, et s'attachent à en expliquer les moindres détails (2), sans omettre de prévenir à l'occasion que tout n'y doit pas être pris à la lettre, mais apprécié selon les circonstances et conformément aux intentions du divin Prédicateur (3). Ainsi, quand le Maître de l'Évangile loue le serviteur infidèle de sa prudence à ménager son avenir, S. Augustin fait observer que cette louange se rapporte au résultat et non au principe qui l'a fait agir (4). C'est de la sorte que Tertullien, remarquant dans la para-

---

(1) « Familiare est Syris, et maxime Palestinis, ad omnem sermonem suum parabolas jungere, ut quod per simplex præceptum teneri ab auditoribus non potest, per similitudinem exemplaque teneatur. » (S. Hieron., lib. III, *Comm. in cap.* XVIII *Matth.*)
(2) « Christum in humanis actibus divina gessisse mysteria, et in rebus visibilibus invisibilia exercuisse negotia lectio hodierna monstravit. » (S. Petri Chrysolog. *Sermo* L.)
(3) « Non est humano aut sæculi sensu in rebus Dei loquendum. Quæ scripta sunt legamus, et quæ legerimus intelligamus, et tunc perfectæ fidei officio fungemur. » (S. Hilarii Pictav., *De Trinitate*, lib. VIII, ante medium.)
(4) « Industrii sunt magis ad consulendum sibimet in posterum, quamvis fraude, non jure. » (S. August., *De Genes. ad litteram*, lib. XI, cap. II.)

bole de l'Enfant prodigue des traits qui ne se rapportent exactement ni à Dieu ni au sujet que le Sauveur y expose, répète qu'on doit prendre garde beaucoup moins à certains détails de moindre importance qu'au but principal que se propose le divin Narrateur (1).

Cinq paraboles sont particulièrement célèbres dans l'Évangile comme types mystiques de l'Église, considérée aux divers points de vue qui établissent à son égard la doctrine catholique. S. Jean-Baptiste emploie la première comme symbole d'une vérité fondamentale, la distinction des bons et des mauvais au jugement de Dieu, quand il menace les Juifs rebelles à la lumière qu'il leur annonce de voir le Christ venir, un fléau à la main, purifier son aire et, séparant le froment de la paille, ouvrir à l'un ses greniers et jeter l'autre dans un feu qui ne s'éteindra pas (2). Les Pères entendent par cette aire l'Église, dont le sein renferme à la fois les bons et les méchants; c'est le jour du jugement dernier, qui sera celui de la purification, par l'arrêt définitif des récompenses ou des supplices éternels. *L'aire purifiée.*

S. Matthieu et S. Luc décrivent le festin auquel sont conviés indistinctement les justes et les pécheurs, les pauvres et les malades, les aveugles et les boiteux. Le cénacle est plein : c'est *le royaume des cieux*, mais c'est encore l'Église, souvent désignée en ces termes dans le texte sacré; c'est surtout son extension universelle, c'est l'appel fait par Elle à toutes les nations. Tout le monde y entre, bons et mauvais, revêtus ou non de la robe nuptiale sans laquelle on n'y doit pas rester, et cette robe, c'est l'innocence conservée depuis le baptême, ou recouvrée par la pénitence et la charité. Mais à l'heure où le Roi se présente, les indignes sont *Festin où tous sont conviés.*

---

(1) « Ne valde *laboremus* omnia in expositione *torquere*. » (Tertullian., *De Pudicitia*, cap. VIII et IX.)
(2) « Venit cujus ventilabrum in manu sua, et permundabit aream suam, et congregabit triticum suum in horreum, paleas autem comburet igni inextinguibili. » (*Luc.*, III, 17.)

tout à coup séparés des conviés honorables et jetés dans ces *ténèbres extérieures,* dans ce lieu de punition qui n'est plus du royaume, où ne se trouvent plus que des pleurs et des grincements de dents (1). Rien de plus clair, sous ces apparences, que l'Église appelant par le baptême aux saintes joies de la vie chrétienne, que les égarements de ceux qui l'abandonnent, et leur exclusion éternelle des récompenses qu'aurait méritées leur fidélité.

<small>Poissons choisis ou rejetés.</small>

« Un filet jeté dans la mer est semblable à l'Église, » dit encore le Sauveur. Une fois plein de toutes sortes de poissons, les pêcheurs le retirent de la mer et s'assoient sur le rivage, choisissent ceux qu'ils estiment les meilleurs et les plus beaux, et jettent les autres de côté. Ainsi, au dernier jour, les Anges s'empareront des serviteurs infidèles et les jetteront dans la fournaise ardente des douleurs et du désespoir (2).

<small>Distinction des brebis et des boucs.</small>

Voici maintenant un vaste pâturage où les boucs paissent tout le jour indistinctement avec les brebis. Le soir arrive ; le pasteur vient et sépare ces espèces si différentes. Il met les brebis à sa droite et les boucs à sa gauche. Les uns sont les âmes pures, les autres des âmes perdues loin de Dieu. Ensemble elles vivent des mêmes biens dans ce monde de vices et de vertus. Au jour marqué, le Fils de l'homme s'entoure de ses Anges, rend à chacun selon ses œuvres, absout ou condamne : sa droite est pour les élus, sa gauche pour les réprouvés. Notre iconographie abonde en images semblables, toutes saisissantes, dans les manuscrits, ou aux tympans des églises, ou aux vitraux coloriés de nos grandes basiliques (3). »

---

(1) « In tenebras exteriores ubi erit fletus et stridor dentium. » (*Matth.*, XXII, 13.) — Nous avons expliqué le sens de cette robe nuptiale d'honneur et de pureté sur les VIe, VIIe et XXIIe chapitres de l'Apocalypse.
(2) « Simile est regnum cœlorum sagenæ missæ in mare, et ex omni genere piscium congreganti. » (*Matth.*, XIII, 47.)
(3) « Separabit abinvicem, sicut pastor segregat oves ab hædis. » (*Matth.*, XXV, 32 et seq.)

Enfin nous avons encore la parabole du champ de blé. *Champ de blé mêlé d'ivraie.*
Le Père de famille y avait semé de pur froment, comme dans l'Église le bienfait de sa parole divine ; mais pendant la nuit, lorsque l'intelligence et le cœur se laissent affaiblir, un ennemi de la famille, le démon, vient semer l'ivraie, herbe pernicieuse qui étouffe toute bonne semence, au milieu de ces sillons si bien préparés. Que faire au temps de la moisson ? Le bon Père n'abandonnera pas cette récolte où se sont mêlées tant de plantes parasites et dangereuses. Il fera arracher et brûler celles-ci, et le bon grain sera recueilli avec soin par les moissonneurs. Là sont encore ces natures iniques dont la vie en ce monde aura été celle du péché, des exemples pervers avec leur détestable influence sur les faibles qu'ils ont séduits, en étouffant leurs vertus ; l'enfer les attend. Puis cette moisson choisie, ces enfants de Dieu humbles et doux, fermes et persévérants en dépit des tentations et des obstacles, « brilleront comme des soleils dans le royaume de leur Père (1). »

Quand le Sauveur donna à S. Pierre la primauté d'honneur et de juridiction sur toute la hiérarchie ecclésiastique, il identifia tellement l'Apôtre avec l'Église, que l'un devint le type le plus expressif de l'autre. Le nom de *Céphas*, qui signifie *pierre* en syriaque (2), et qui sert d'allusion à Jésus, *S. Pierre et l'Église identifiés par le Sauveur.*

Sens symbolique du mot Céphas.

---

(1) Sinite utraque crescere usque ad messem... Bonum semen, hi sunt filii Dei...; zizania autem filii nequam... Messis vero, consummatio sæculi est...; messores autem, Angeli. Tunc justi fulgebunt sicut sol in regno Patris eorum. » (*Matth.*, XIII, 24. — Voir encore Legrand. *Tractat. de Ecclesia*, notiones præviæ.)

(2) C'est la seule étymologie acceptable d'après Tertullien, S. Jérôme, S. Augustin et la plupart des autres Pères contre ceux qui ont avancé que Céphas venait du grec κεφαλή. Notre-Seigneur ne parlait pas grec, et S. Matthieu, qui cite le premier ce discours du divin Maître (ch. XVI, v. 17), avait écrit son évangile en syriaque. Quoi qu'il en fût, les deux étymologies seraient également favorables au symbolisme des noms propres dont il s'agit ici. Elles laisseraient croire également que le nom du Prince des Apôtres, comme tant d'autres que nous avons cités, renfermait une prédiction de son avenir, soit qu'il dût être *le chef* de l'Église, κεφαλή, soit qu'il en dût être la pierre fondamentale, *Céphas*. — Voir notre 1re partie, ch. III : *Symbolisme des noms propres*.

indique l'inébranlable fermeté de ce fondement contre lequel ne prévaudront jamais les efforts de l'enfer (1). Le pouvoir des Clefs, que le souverain Juge confie à son Vicaire, est un autre symbole du pouvoir de lier et de délier les consciences : de sorte que dans cette personne, dit S. Augustin, se résume toute l'Église (2). C'est le sentiment unanime des SS. Pères, qui voient dans le fondement de l'édifice la même chose que la tête pour le corps, le gouvernement pour la cité, le prince pour l'État, le père dans la famille (3). C'est ce qui a fait dire aux théologiens que là où est Pierre, là est l'Église (4), et à S. Jérôme qu'il se regardait comme uni d'esprit et de cœur avec les amis de la chaire apostolique (5).

Multiplicité des monuments chrétiens du nom de S. Pierre.

Ce chef des Apôtres est un de ceux dont le nom s'est appliqué le plus souvent aux constructions religieuses et, par suite, à un grand nombre de localités. L'art a dû s'en emparer d'autant plus et le reproduire avec les variétés inspirées par les progrès successifs de la palette et du ciseau. Comme points extrêmes dans ce genre, et comme type remarquable aux archéologues, nous indiquerons le beau tympan qui

Tympans de la cathédrale de Poitiers,

---

(1) « Tu es Petrus, et super hanc Petram ædificabo Ecclesiam meam; et portæ inferni non prævalebunt adversus Eam, et dabo tibi claves regni cœlorum. » (*Matth.*, XVI, 18.)

(2) « Ecclesiæ Petrus, propter apostolatus sui primatum, gerebat figurata personalitate personam. » (S. August., *Tractat. in Joan.*, CXXIV.)

(3) « Quid vero metaphora Petræ et ædificatione Ecclesiæ Jesus designaverit, non est investigatu difficile et arduum. Quod enim est in ædificio fundamentum, idem est in corpore caput; in civitate rector; in regno princeps, in domo paterfamilias. » (Regnier, *Tract. de Ecclesia Christi*, pars II, sect. I, cap. I, De Primatu Romani Pontificis.—Migne, *Curs. theol.*, t. I, col. 849.) — Quant au symbolisme des clefs, voir ce que nous en avons dit sur les ch. I, III, IX et XX de l'Apocalypse, — et ci-après.

(4) « Ubi Petrus, ibi Ecclesia. » (S. Ambros., *In psalm.* XL, n° 30.)

(5) « Si quis Petri cathedræ jungitur, meus est. » (S. Hieron., *Epist.* 58.) — Et Pierre le Vénérable à Innocent II pendant les troubles de Rome : « Nihil nos a Petro, nihil a Christo quæ omnia in Te uno habemus, separare poterit. » (Petri Venerab., abb. Cluniac., *Epist.*—*Biblioth. Patrum*, t. XXII, col. 826.)

décore la porte du sud dans la façade de notre belle cathédrale de Poitiers : c'est la *tradition des clefs*, que nous avons décrite dans l'histoire de ce monument (1). Elle est du quatorzième siècle, et belle de poses, de proportions et de dessin. Beaucoup moins précieux comme objet d'art, mais plus curieux par l'esthétique, un méchant petit tympan, très-significatif à sa manière, se voit encore à une porte méridionale de la jolie église de Bougy, dans le Calvados. S. Pierre y est assis en chasuble pointue par le bas, tenant d'une main la houlette pastorale, de l'autre ses deux clefs, double indice de la charge des âmes et de la juridiction universelle. Cette crosse paît les agneaux (2); ces clefs ouvrent ou ferment, sans que personne puisse s'y opposer (3). A droite du Saint, un arbre s'élève et penche vers lui sa végétation vaste et abondante, sortie d'une tige assez modeste : c'est le grain de sénevé devenu un grand arbre où tous les oiseaux peuvent se réfugier : c'est la foi de l'Église ou la prédication évangélique appelant à elle toutes les âmes (4). A gauche, le coq veille près de celui qu'il avertit

et de Bougy (Calvados).

(1) *Histoire de la cathédrale de Poitiers*, t. 1, p. 159.
(2) « Pasce oves meas..., agnos meos. » (*Joan.*, XXI, 16, 17.)
(3) « Clavis quæ aperit et nemo claudit, claudit et nemo aperit. » (*Apoc.*, III, 7.)
(4) « Simile est regnum cœlorum grano sinapis... Quod minimum quidem est omnibus seminibus ; cum autem creverit, majus est omnibus oleribus, et fit arbor... » (*Matth.*, XIII, 31.) — Sur quoi S. Jérôme a dit : « Prædicatio Evangelii minima est omnibus disciplinis. Quis est qui seminat nisi sensus noster et animus, qui suscipiens granum prædicationis humore fidei fecit in agro sui pectoris pullulare?... Hæc autem prædicatio, quæ parva videbatur in principio, cum vel in anima credentis, vel in toto mundo sata fuerit, non exsurgit in olera, sed crescit in arborem; ita ut volucres cœli (quas vel animas credentium, vel fortitudines Dei servitio mancipatas sentire debemus) veniant et habitent in ramis ejus? » (S. Hieron., *Commentar. in S. Matthæum*, lib. II, cap. XIII.) — Et S. Augustin : « Si diligenter intendamus, inveniemus a Domino rectam hanc similitudinem comparatam. Sicut enim granum sinapis prima fronte speciei suæ est parvum, vile, despectum, non saporem præstans, non odorem circumferens, non indicans suavitatem...; ita ergo et fides christiana prima fronte videtur esse parva.

autrefois de ce grand reniement qu'il n'a cessé de pleurer. C'est peut-être par une allusion à ce souvenir que le sculpteur a donné, contre l'usage, à chaque bras du pontife un manipule qui ne devrait s'attacher qu'au bras gauche. Puisque cette partie du vêtement sacerdotal rappelle l'esprit de componction dont le prêtre doit se remplir à l'approche des saints mystères (1), il aura semblé peut-être fort convenable à l'artiste d'en donner deux fois le symbole à son patron, pour mieux rendre le mérite de sa pénitence.

Le manipule et sa signification.

Observons en passant que tous ces détails auxquels on n'aurait peut-être pas essayé d'attribuer un sens sont du moins ici acceptables, s'ils ne sont point radicalement vrais. Nous ne connaissons pas, en effet, d'analogue à ce sujet sculpté; mais mille autres sont de toutes parts prodigués sur nos monuments, dont l'interprétation n'est ni plus arbitraire ni moins admissible. Quand vous rencontrerez ainsi dans quelque image chrétienne des accessoires qu'on pourrait croire insignifiants tout d'abord, ou contraires aux traditions adoptées, cherchez donc à concilier ces objets avec certains traits de la vie du personnage principal, ou

Sens superhistorique à examiner souvent, comme ici.

Principes et théorie à en tirer.

---

vilis et tenuis, ». etc. (*Serm.* LXXXI *in fest. sancti Laurentii*, — XXI *De Sanctis*, t. X, p. 710.)

(1) « Merear, Domine, portare manipulum fletus et doloris, ut cum exsultatione recipiam mercedem laboris. » (*Orat. ante missam.*) — Le manipule ne fut d'abord qu'un linge destiné pendant l'office aux fonctions de notre mouchoir actuel, parce que la forme longue de la chasuble et son défaut de toute ouverture sur les côtés n'auraient pas permis, en cas de besoin, de prendre dans les poches de l'habit ordinaire le linge nécessaire à s'essuyer ou à se moucher. Mais plus tard, lorsque la forme de l'habit sacerdotal eut reçu des modifications qui auraient pu dispenser de cet appendice, la longue habitude contractée pendant huit ou dix siècles peut-être en fit maintenir l'usage, qui devint obligatoire, et cet usage, de tout naturel qu'il était d'abord, devint purement symbolique. La preuve s'en trouve dans cette prière, dont le sens indique la pensée primitive, car Durant de Mende y voit un souvenir de pénitence et un sentiment de renoncement aux fragilités de tous les jours : *Per sudarium etiam pœnitentia designatur, qua labes quotidiani excessus et tædium mundanæ conversationis extergitur*, etc. (*Ration. divin officior.*, mihi, f° XXXVI.)

qui se rattachent dans l'histoire ou la liturgie à l'épisode dont vous cherchez la clef; sachez aussi le sens des différents attributs prêtés à votre sujet, comme ici celui du manipule, des clefs et du coq, et si vous avez ces notions, il vous sera facile d'en tirer des conclusions rationnelles dont toutes les preuves *possibles* s'appuieront sur une étude sérieuse et résisteront à tous les contradicteurs. A moins de témoignages formellement opposés, on peut alors se contenter de telles explications, qui toutes ont pour principe la science du symbolisme le plus avéré. C'est par cette unique règle qu'on peut parvenir à expliquer le démon luttant contre un pélican, à l'ancienne abbaye de Laach, en Alsace (1); la chasse au sanglier observée sur un chapiteau de Saint-Hilaire de Melle et à la *Nunziatella* de Messine; la pesée des âmes, si fréquemment répétée, et une foule d'autres allégories en apparence inexplicables, mais que la science éclairée par des études compétentes viendra toujours à bout d'élucider tôt ou tard, en dépit de toutes les dénégations trop longtemps admises.

(1) Voir *Bulletin monumental*, t. VIII, p. 558. — On y lit avec étonnement, quand on connaît un peu l'histoire et la marche du symbolisme, que M. Schnase ne reconnaît pas, dans ce *pélican écrasant le démon*, un sujet symbolique, mais un *sujet employé comme simple arabesque*. L'arabesque, ici, serait d'une forme passablement inusitée. Mais ce qui accuse bien la pensée de l'artiste dans cette sculpture, c'est l'inscription gravée sur le cartouche qui l'avoisine : *Peccata Romæ*. Qui ne voit par ce texte même un souvenir du xviiie chapitre de l'Apocalypse : *Cecidit Babylon magna?* Nous avons vu sur ce chapitre que Babylone était le nom mystique donné à la Rome de Néron. Ici l'ouvrier se fait commentateur; et comme le pélican a toujours été l'emblème de Jésus-Christ, *Pie Pelicane, Jesu Domine,* c'est lui qui terrasse ici le démon, maître de la Rome païenne, dont les péchés sont punis dans la défaite de l'ange criminel. — Ajoutons que l'interprétation négative de M. Schnase date de 1842, et que, depuis cette époque, le symbolisme a enfin triomphé du parti pris ou de l'inexpérience de ses adversaires. — Au reste, cet emploi raisonnable des conjectures plausibles et des analogies entre dans les moyens que propose aussi le Père Cahier. — Voir *Monographie des vitraux de Bourges,* p. 85, et, ci-après, notre chapitre x pour un autre exemple. — Voir encore *Bullet. monum.,* t. IX, p. 493.

surtout quant à l'intervention du clergé dans l'art du moyen âge.

Un autre point capital ressort de cet exemple : c'est la participation active et péremptoire des personnes ecclésiastiques dans la confection de l'imagerie religieuse aux temps anciens. Il est clair que le tympan de Bougy, adapté à une église du douzième siècle, et plus grossier de forme qu'on n'en faisait généralement en ce temps-là, n'est que l'œuvre d'une main malhabile, et très-probablement d'un sculpteur sans littérature (1) ; il lui a donc fallu l'inspiration d'un esprit supérieur pour réunir les éléments de son travail. Un prêtre a passé par là, et n'aurait pas laissé le double manipule, s'il n'y eût été le résultat d'une intention symbolique ingénieusement méditée. L'explication que donne Durant de cette petite portion du vêtement sacerdotal confirme l'application que nous en faisons à S. Pierre avec le sculpteur du pays de Caux.

La barque de S. Pierre.

Mais revenons à notre Apôtre. La barque du Pêcheur de Galilée ne pouvait rester étrangère aux besoins du symbolisme, et maintes fois elle est devenue, dans les écrits théologiques et dans l'ornementation de nos temples, la figure de l'Église gouvernée sûrement par son Chef à travers les tempêtes de ce monde (2). Une des plus anciennes traces de cette idée existe encore dans une lampe de bronze remontant à l'un de trois premiers siècles, conservée dans la galerie de Florence. Elle a été citée par M. Raoul-Rochette (3), et plus récemment par le P. Cahier, qui en a accompagné une belle

---

(1) Voir *Bullet. monum.*, t. IX, p. 341.

(2) « Tentationibus hujus sæculi prope oppletur nostrum navigium...; surgunt procellæ stagni ejus... Tentatio est. » (S. August. *Enarrat. secunda in psalm.* XXV, n° 4.) — Et ailleurs : « Naves Ecclesias intelligimus. Commeant inter tempestates, inter procellas tentationum, inter fluctus sæculi, inter animalia pusilla et magna. Gubernator est Christus in ligno crucis suæ. Non timeant naves; non valde attendant ubi natent, sed a Deo gubernentur. » (*In psalm.* CIII, *sermo* IV.—Voir la même pensée développée dans S. Ambroise, lib. IV *In Lucam*, cap. V, prope fin.).

(3) *Tableau des Catacombes de Rme*, in-12, 1837, p. 253 et 297.

gravure d'un texte qu'on ne lira pas sans profit (1). Destinée à consumer devant une sépulture des catacombes cette huile qu'on y regardait comme un honneur symbolique rendu au martyr volontairement consumé pour Jésus-Christ; regardée comme une image ardente de l'éternelle charité des Élus, cette lampe, en forme de barque, portait S. Pierre assis au timon, et S. Paul debout à la proue. S. Paul prêche, mais S. Pierre gouverne : c'est le sens catholique dans sa plus exacte expression, comme l'a fait observer, en 1839, le cardinal de Bonald dans une remarquable circulaire au clergé de son diocèse du Puy (2). Cette allusion à la barque mystérieuse a été développée agréablement par un autre évêque du troisième siècle. « Le monde, dit-il, est la mer sur laquelle vogue le vaisseau de l'Église, sans cesse exposé aux tempêtes, mais ne faisant jamais naufrage, parce qu'il a pour pilote Jésus-Christ, pour voiles toutes les églises particulières, pour insigne, le trophée de la Croix. Sa proue est l'orient; l'occident est sa poupe; les deux Testaments sont ses rames, ses cordages la charité divine qui unit toutes les parties de l'Église. Le souffle du Saint-Esprit est le vent qui la dirige; nous pouvons voir ses ancres de fer dans les commandements du divin Maître, qui ne cèdent jamais aux orages. Des essaims d'Anges la gardent comme autant de nautonniers, et pour glorieuses enseignes les images des Prophètes, des Apôtres et des Martyrs, dominant du lieu éternel de leur repos toutes les vicissitudes de notre marche dans ce vaisseau sacré que l'enfer attaquera toujours en vain (3). »

Bien avant S. Hippolyte, et dès le berceau du Christianisme, un auteur, regardé par Origène comme ce bien-

L'huile des lampes d'église.

Allusion de la barque divine développée par S. Hippolyte d'Ostie.

Église symbolique de S. Hermas.

---

(1) *Mélanges d'archéol. et d'histoire*, t. III.
(2) Voir le texte de cette circulaire, *Bulletin monumental*, t. V, p. 230.
(3) S. Hippolyti, episc. Ostiensis, *De Antichristo*, n° 61. — Inter opp., in-f°, edit. Fabricii, 1616, 1618.

heureux disciple de S. Paul que l'Apôtre mentionne dans son Épître aux Romains (1), S. Hermas, dans son livre *Du Pasteur*, voit l'Église sous la figure d'une tour bâtie sur les eaux, par allusion au baptême, de pierres carrées, brillantes et polies (qui sont les fidèles, les évêques et les prêtres), s'adaptant parfaitement entre elles, car la charité est l'union mystique des cœurs. Ces pierres venaient d'une même carrière, de la foi en Jésus-Christ. Celles qui venaient d'ailleurs étaient rejetées, comme doivent l'être les hérétiques et les païens obstinés. De ces dernières, quelques-unes tombaient, des étages déjà construits dans le chemin, et n'y restaient pas, mais roulaient de là dans un lieu désert, comme les âmes qui s'éloignent quelque temps, mais que la pénitence ramènera à la doctrine et à l'unité. D'autres tombaient dans le feu, et s'embrasaient, parce qu'elles n'étaient bonnes à rien, semblables aux méchants endurcis. Six jeunes gens, d'une beauté singulière, des Anges guidant un corps nombreux d'ouvriers, dirigeaient les détails de cette grande œuvre et s'employaient diligemment à lui donner sa hauteur et sa perfection. Après son achèvement devait avoir lieu un grand festin auquel tous les travailleurs assisteraient. C'est là qu'ils béniraient, sans jamais plus s'en séparer, Celui qui avait donné le plan et ménagé l'exécution de cette tour (2).

La tour de Salomon.

Au reste, cet édifice n'est pas placé dans cet endroit sans une intention de l'auteur. Il s'est rappelé, sans doute, la

---

(1) « Salutate Hermam. » (*Rom.*, XVI, 14.) Cette opinion paraît seule adoptable, car S. Hermas peut très-bien avoir vécu jusqu'au commencement du deuxième siècle, puisqu'il aurait écrit son livre *Du Pasteur* sous le pontificat de S. Clément, qui commença l'an 91, et que d'ailleurs il explique de l'Église la Femme aux douze étoiles du ch. XII de l'Apocalypse. Or S. Jean n'a pu écrire que vers l'an 95. Il faut donc reporter la composition du livre *Du Pasteur* aux neuf ou dix dernières années du premier siècle.

(2) S. Hermæ *Pastor*, visio tertia, §§ 3 et suiv. — Apud Cotelier, *Biblioth. Patr.*, Patres apostolici.

tour qui, dans le Cantique de Salomon, est louée pour les solides remparts qui l'entourent et pour le nombre de défenseurs qui la protégent (1). Ce sont là autant de traits que les commentateurs s'accordent à appliquer à l'Église. S. Grégoire de Nysse et S. Grégoire le Grand ont de belles pages sur cette expression toute symbolique; de son côté, S. Augustin la regarde comme convenant plus parfaitement à Jésus-Christ même, pierre fondamentale sur laquelle est assis le ferme édifice de l'Église (2).

Mais un mystère plus élevé surgit au Calvaire après le dernier soupir du Sauveur, et a toujours paru aux Pères une figure de l'Église naissante. La tradition a conservé le nom de ce Longin qui se fit le dernier bourreau du divin Maître et pénétra de son fer la poitrine et le cœur du crucifié (3). Cette cruauté gratuite renfermait un enseignement providentiel qu'on n'a pas perdu de vue, et le comte de Stolberg observe (4) que ceux d'entre les Pères qui se sont attachés à cette pensée ont dû s'y croire autorisés par le ton solennel dont S. Jean parle de cette circonstance dans son Évangile d'abord (5), puis dans sa première Épître, et enfin dans son Apocalypse, où il la rappelle (6). De ce côté sacré,

L'Église, née du côté percé de Jésus-Christ.

---

(1) « Turris David; multi clypei pendent ex ea. » (*Cantic.*, IV, 4.)
(2) « Ipse Christus est turris, ipse nobis factus est turris a facie inimici, qui est et Petrus, super quam ædificata est Ecclesia. » (*In psalm.* LX.)
(3) Cf. Jacobus de Voragine, *Legenda aurea*, de S. Joanne Evangelista.
(4) Voir *Histoire de Notre-Seigneur Jésus-Christ*, in-8°, t. II, p. 350.
(5) « Unus militum lancea latus Ejus aperuit, et continuo exivit sanguis et aqua. — Et qui vidit testimonium perhibuit, et verax est testimonium ejus...; et ille scit quia vera dicit, ut et vos credatis. » (*Joan.*, XIX, 34 et seq.)
(6) « Hic est qui venit per aquam et sanguinem Jesus Christus, non in aqua solum, sed in aqua et sanguine. Et Spiritus est qui testificatur quoniam Christus est veritas. » (1 *Joan.*, V, 6.) — « Ecce venit in nubibus, et videbit omnis oculus, et qui Eum pupugerunt. » (*Apoc.*, I, 7.)

percé par la lance du soldat, sortit un mélange d'eau et de sang. Cette lance, d'après le sentiment commun, frappa de droite à gauche (1), pénétra jusqu'au cœur de l'Homme-Dieu (2), et ce dut être par un miracle évident que cette eau, pure et naturelle, comme toute la tradition le reconnaît, s'échappa, contre toutes les règles physiques, de cette source d'où le sang devait seul jaillir : raison de plus pour s'arrêter à une de ces circonstances sous lesquelles la sagesse de Dieu s'est réservé si souvent d'enseigner à l'homme de grandes choses. C'est sans doute ce qui a engagé S. Jean à tant insister sur ce fait, dont il renouvelle l'assertion jusqu'à trois fois (3), et le pape S. Alexandre à ordonner, dès le commencement du deuxième siècle, qu'au Saint Sacrifice le prêtre mêlât une petite portion d'eau au vin qu'il se dispose à consacrer (4). Aussi les interprètes sont-ils unanimes à y voir les sacrements du Baptême et de l'Eucharistie (5). « C'est pourquoi, dit S. Jean Chrysostome, l'Église est sortie du côté de Jésus-Christ mort, comme Ève était

L'eau et le sang du Sauveur, images du Baptême et de l'Eucharistie.

(1) C'est le sentiment universel de toute l'époque hiératique suivie dans tous les monuments d'iconographie, et notamment dans une rose du treizième siècle à la cathédrale de Beauvais. — Voir *Monographie des vitraux de Bourges*, étud. IV, fig. C.

(2) « Quomodo hic ardor amoris divini melius ostendi potest, nisi quod non solum corpus, verum etiam ipsum cor lancea vulnerari permisit? » (S. Bernard., *Serm.* III *de passione Domini*.)

(3) « Nisi manatio illa aquæ et sanguinis ex Christi Jesu latere miraculum fuisset, sanctus evangelista triplicem de hujus eventu veritate asseverationem non subjunxisset. » (Natalis Alexandri *Commentar. in Joan.*, cap. XIX; ap. Migne, t. XXIII, col. 713.) — Et S. Jean Chrysostome, dans une homélie sur ce passage de S. Jean, s'écrie : « Nolo tam facile, auditor, transeas tanti secreta mysterii. »

(4) Légende de S. Alexandre, *In Breviar. romano*, 3 maii ; — et Bollandus, *ead. die*.

(5) « De latere sanguis et aqua. Dixi baptismatis symbolum et mysteriorum aquam illam et sanguinem demonstrare... Unum baptismatis symbolum, unum sacramenti. Ideo non ait : exivit sanguis et aqua, sed : exiit aqua primum, et sanguis; quia primum baptismate diluimur, et postea mysterio dedicamur. » (S. Joan. Chrysost., *ubi suprà*.)

sortie du côté d'Adam endormi, parce que les fidèles qui composent le corps de l'Église sont formés par le baptême et nourris par la communion (1), et parce que ces deux sacrements sont les principaux, et ceux auxquels tous les autres se rapportent. C'est ce qui a fait dire encore aux saints Pères que tous les sacrements sont sortis du côté de Jésus-Christ (2). C'est ce qui leur a fait voir dans le martyre un baptême véritable qui pouvait suppléer celui de l'eau (3).

(1) « Ille sanguis in remissionem fusus est peccatorum ; aqua illa salutare temperat poculum : quibus præfigurabatur Ecclesia. Propter hoc prima mulier facta est de latere viri dormientis, et appellata est *vita, materque vivorum*... Hic secundus Adam, inclinato capite in cruce, obdormivit, ut inde formaretur ei conjux quæ de latere dormientis effluxit. » (S. August. *Tractat.* cxx *in Joan.*)—Est-ce de ce Père que s'inspirait le pape Innocent VI lorsqu'établissant au quatorzième siècle une fête spéciale de la sainte Lance, il disait : « Illud celebriter memoran-
» dum est quod ipse Salvator, emisso in cruce jam spiritu, sustinuit
» perforari lancea latus suum, ut inde, sanguinis et aquæ profluentibus
» undis, formaretur unica et immaculata, ac virgo sancta, mater Ec-
» clesia, sponsa sua. » (Innoc. papæ VI in decreto de festo Lanceæ et Clavorum.)

(2) « Vigilanti verbo evangelista usus est ut non diceret : latus Ejus *percussit* aut *vulneravit*, sed *aperuit*; ut illud quodam modo vitæ ostium panderetur, unde sacramenta manaverunt, sine quibus ad vitam, quæ vera vita est, non intratur. » (S. August., *ubi suprà.*) — Voir le P. de Ligny, *Vie de Notre-Seigneur Jésus-Christ*, t. II, p. 217, in-8°, 1836.

(3) « De latere Ejus sanguis et aqua processit, quod baptismum et martyrium figuravit. » (Append. opp. S. Hieronymi, *In psalm.* LXXVII, 16.) — Nous ne pouvons omettre, après ces preuves, de rapprocher ce fait évangélique du passage de S. Paul aux Hébreux (IX, 16) : « Accipiens Moyses sanguinem vitulorum et hircorum, *cum aqua*..., omnem populum aspersit, dicens : Hic est sanguis Testamenti quod mandavit ad vos Deus. » — On voit ici le *sang* et l'*eau* employés en une seule et même fonction sacrée, en une purification légale; et une formule semblable fut précisément adoptée par le Sauveur pour indiquer la transsubstantiation à la Cène du jeudi saint.—C'est une réponse de plus à opposer aux protestants en faveur du sens littéral donné par Notre-Seigneur aux termes : CORPUS MEUM et SANGUIS MEUS. Quoi qu'il en soit, nous ne voyons pas que les scoliastes aient assez considéré l'*eau*, qui figure dans ce texte de S. Paul à côté du *sang*, et nous y devons trouver une image symbolique du baptême, aussi bien que dans l'épître aux Éphésiens, où tous ont reconnu ce sacrement : « Christus dilexit Ecclesiam..., mundans eam *lavacro aquæ* in verbo vitæ. » (*Ephes.*, V, 26.)

On voit par le texte que nous avons cité de S. Bernard, organe en cela de toute la tradition, que la lance qui frappa le Sauveur en croix dut pénétrer jusqu'au cœur. C'est donc le côté droit qui fut percé, le fer traversant toute la poitrine, et se glissant ainsi de droite à gauche. Ces notions si précises condamnent les peintres et les sculpteurs, qui expriment assez souvent le contraire dans leurs crucifixions et placent Longin à gauche de la croix, s'imaginant se mieux conformer par là aux saines notions de l'histoire. Le moyen âge ne s'est pas mépris sur ce point, comme on peut le voir dans une fresque du sanctuaire de S. Pierre-des-Églises (1), aux vitraux de Bourges (2), et partout ailleurs dans toute la période la plus chrétienne de l'art (3).

En définitive, c'est donc encore un symbole de l'Église que ce mystère du Cœur de Jésus frappé de la lance, et le vénérable Bède a renfermé dans une seule phrase tout ce qu'on en croyait déjà de son temps, lorsqu'il a dit que le centurion représentait au Calvaire l'Église naissante du Christianisme (4). — Après ces données si décisives qui nous rendent parfaitement l'existence mystagogique de l'Église dans la pensée des siècles de foi, bien d'autres types nous resteraient encore à examiner, et nous serions loin d'avoir épuisé le trésor de ces riches formules ; bornons-nous à une dernière, trop célèbre et trop fréquemment employée pour être omise, et disons encore quel rôle, soit naturel, soit d'opposition, a été donné à la lune comme allégorie de l'Église.

Cet astre, tantôt caché plus ou moins, tantôt éclairé par

---

(1) Voir nos *Recherches* déjà citées *sur l'église et la paroisse de Saint-Pierre-les-Églises*, p. 21 et pl. 2.
(2) Voir *Monographie* des PP. Martin et Cahier, 30, 31, 35, 46 et suiv., 56 et suiv.
(3) Voir *Mélanges d'archéologie*, etc., des mêmes auteurs, t. I, p. 233.
(4) « Per centurionem fides Ecclesiæ designatur. » (Bedæ, *In Evangel. S. Joan.*, XIX.)

la réflexion du soleil, grandissant jusqu'à son quinzième jour et décroissant ensuite graduellement jusqu'au trentième, devient, dit S. Augustin, une vive image de ce qui se fait pour l'Église. Celle-ci, en effet, a pour ainsi dire une existence à la fois spirituelle et temporelle (1). Comme spirituelle, on la voit revêtue de tout l'éclat qu'elle tient de son divin Époux ; comme vivant dans le temps, elle est soumise à une sorte d'obscurité. Sa visibilité par les bonnes œuvres la glorifie aux yeux du monde ; sa foi indéfectible, ses caractères intérieurs, sa prière continuelle dans les cœurs des fidèles ne sont vus que de Dieu, et deviennent en même temps une splendeur pour lui et une obscurité pour le monde, qui sait à peine les apprécier. D'autre part, la lune, n'ayant pas de lumière propre, mais empruntant la sienne du soleil, ressemble très-bien à l'Épouse mystique du Fils unique de Dieu, si souvent appelé dans les Livres saints le *Soleil*, l'*Orient*, l'*Époux radieux*. Le grand génie qui nous prête ces réflexions aime ainsi à rapprocher la lune et l'Église presque à chaque fois qu'il est question de la première dans les psaumes ou ailleurs. Tantôt les phases obscures de l'astre nocturne lui représentent les persécutions de l'Église, pendant lesquelles on voit les méchants martyriser les Saints à la faveur de cette nuit anagogique (2); tantôt c'est sa course temporelle dans ce monde, d'où elle ne sortira que pour son triomphe éternel : mais course pure, quoique laborieuse, pendant laquelle régneront, par la grâce de

---

(1) « Luna quam congruenter significet Ecclesiam memini me promisisse consideraturum... Lumen lunæ videtur crescere usque ad quintam decimam lunam, et rursus usque ad tricesimam minui... Luna in allegoria significat Ecclesiam, quod ex parte spirituali lucet Ecclesia, ex parte autem carnali obscura est. Alii dicunt non habere lunam lumen proprium, sed a sole illustrari... Ergo, et secundum hanc opinionem, luna intelligitur Ecclesia, quod suum lumen non habeat, sed ab unigenito Dei Filio, qui multis locis in sanctis Scripturis allegorice sol appellatus est, illustratur. » (S. August. *Enarrat. in ps.* x; mihi, t. VIII, p. 23.)

(2) « Ut sagittent in obscuro rectos corde. » (*Ps.*, x.)

438   HISTOIRE DU SYMBOLISME.

Jésus-Christ, la justice et la paix dans la conscience de ses enfants (1).

Toute l'antiquité chrétienne a recueilli ces applications, que S. Méliton, dès le second siècle, n'avait pas négligées dans son recueil, et qui devinrent pour les âges suivants un héritage fructueux. S. Grégoire le Grand, Raban-Maur, Pierre le Chantre, Pierre de Capoue, Thomas de Cantimpré, les ont commentées avec toute la vivacité de leur esprit symbolistique (2), mais aucun plus agréablement que Pierre de Riga dans son poëme sur le Cantique des cantiques, où il développe le texte *Pulchra ut luna, electa ut sol*, d'après les mêmes principes d'astronomie que vient d'exposer S. Augustin (3).

Autres rôles symboliques donnés à la lune par opposition.

Nous avons prévenu que ce rôle donné à la lune comme type de l'Église avait son opposition, et c'est toujours d'après cette règle, maintenant bien connue, laquelle permet d'em-

---

(1) « Orietur in diebus Ejus justitia et abundantia pacis, donec auferatur luna. » (*Ps.*, LXXI.) — « Donec, » ajoute S. Augustin, « morte omnino devicta atque destructa, omnis mortalitas absumatur. Si vero vocabulo lunæ non mortalitas carnis, per quam nunc transit Ecclesia, sed ipsa omnino Ecclesia significata est, quæ permaneat in æternum ab hac mortalitate liberata, ita dictum accipiendum est, tanquam diceretur : donec luna extollatur, id est elevetur, per gloriam resurrectionis, cum Illo regnatura qui Eam in hac gloria primogenitus a mortuis antecessit, » etc., etc. (*Enarrat.* in h. loc.) Il faut lire ces deux expositions des psaumes X et LXXI, où tout ce système d'exégèse est développé au long, et l'objet envisagé sous toutes ses faces.

(2) S. Melitonis *Clavis*, cap. III, de supernis creaturis, nº 6. — Voir aussi *Spicileg. Solesm.*, t. II, p. 65 et suiv., où tous ces auteurs sont cités ; — puis les PP. Martin et Cahier, *Vitraux de Bourges*, p. 237, à propos du *Speculum Ecclesiæ* d'Honorius d'Autun.

(3) Ad se luna trahit solis a luce nitorem :
Sic habet a Christo solum sua Sponsa decorem,
Ut sol eligitur quam solam jure vocavit,
Cui Sol justitiæ solium super astra locavit.
Inde loquens Sponsus cœpit monstrando docere
Possit in Ecclesia virtus quod tanta vigere.
Visitat Ille quidem Sponsam, renovatque frequenter,
Expellens tenebras proprio fulgore patenter.

(Petri de Riga, *Aurora*, in Cantic., v. 949 et suiv.
—*Spicileg. Solesm.*, t. II, p. 67.)

ployer un même objet symbolique à des significations contraires, prises de la contradiction de ses qualités ou attributs. On ne s'étonne donc pas de voir cet astre, qui est pris tantôt pour la Mère du Christ, tantôt, et par des raisons identiques, pour « l'Épouse qu'il s'est acquise par son sang (1), » n'être plus, en d'autres circonstances, que l'image du monde exposé aux continuelles vicissitudes de ses vaines fluctuations (2), et demeurant au-dessous des Saints dans l'estimation qu'ils savent faire des choses périssables (3). Ces attributions opposées sont encore celles des maîtres de la science que nous citions tout à l'heure; mais la plus singulière de ces oppositions consiste à ne plus voir dans la lune que la figure de la Synagogue. Il faut nous rendre compte de cette apparente singularité, en entrant naturellement dans un autre ordre d'idées.

Elle figure aussi la Synagogue.

La croix, qui, dès les premiers jours de la religion, devint le signe vénéré du Christianisme, ne fut d'abord dessinée que dans sa plus simple expression. C'était un *Tau*, comme on le voit encore en maints endroits des catacombes (4). L'image du Sauveur n'y était pas encore appendue. Un agneau seul figurait près du symbole sacré et en disait assez aux fidèles, suffisamment instruits des mystères cachés aux païens (5). C'est ce que voulait exprimer S. Paulin de Nole lorsqu'il disait :

Histoire des transformations de la croix et du crucifix.

> Sub cruce sanguineo niveo stat Christus in agno.
> Agnus ut innocua injusto datur hostia Christus (6).

Cette réserve se conserva, par une raison de prudence, jusque vers la fin du sixième siècle, quoi qu'en aient dit

---

(1) « Quam acquisivit sanguine suo. » (*Act.*, xx, 28.)
(2) « Stultus ut luna mutatur. » (*Eccli.*, xxvii, 12.)
(3) « Et luna sub pedibus Ejus. » (*Apoc.*, xii, 1.)
(4) Voir Aringhi, *Roma subterranea*, t. I, p. 557, et t. II, p. 569 et suiv.
(5) *Ibid.*, t. II, p. 555 et 559, planche.
(6) S. Paulini, episc. Nol., *Epistola* xii.

certains critiques de grande valeur, tels que Jean Lami et le P. Grætzer, suffisamment réfutés par un savant jésuite de nos jours (1); et encore ne fût-ce que cent ans plus tard, en 692, quand déjà l'usage du crucifix succédait généralement à celui de la simple croix, que les Pères grecs du conciliabule quinisexte de Constantinople, dit *In Trullo*, autorisèrent cette innovation, devenue sans danger en présence du paganisme vaincu (2). Mais ces Pères ne condamnèrent point pour cela l'allégorie, comme l'a dit par erreur Émeric David, lorsque, au commencement de notre siècle, il pouvait moins bien juger qu'à présent l'importance et la réalité du symbolisme (3). Au contraire, tout en plaçant sur la croix

(1) P. Cahier, *Mélanges d'archéologie*, etc., t. II, p. 208.
(2) « Ut ergo quod perfectum est vel colorum expressionibus omnium oculis subjiciatur, Ejus qui tollit peccata mundi Christi Dei nostri, humana forma characterem etiam in imaginibus, deinceps pro veteri agno erigi ac depingi jubemus. » (Concil. Quinisext., anno 692, can. 82; apud Labbe, t. III, col. 1691.) — Il n'est pas moins vrai que, si l'on ne peut citer, avant Constantin, d'images du Dieu-Homme crucifié, c'est au règne de ce prince ou peu après qu'on peut attribuer les premières figures qui en furent hasardées, mais toujours dans les catacombes, ce qui en rendait l'apparition beaucoup moins dangereuse aux yeux des païens, qui se persuadaient difficilement qu'un Dieu pût s'être laissé supplicier. Ces premières images étaient entièrement vêtues d'une longue robe qui partait du cou et recouvrait le corps jusqu'aux pieds. Les bras étaient étendus horizontalement sur la traverse de la croix Un clou perçait chacune de mains et chacun de pieds; le nimbe n'était pas encore généralement crucifère, quoique cet attribut fût donné dans le même temps à l'Enfant Jésus (voir Aringhi, t. I, p. 557 et 355), au même Sauveur crucifié (*ibid.*, t. II, p. 407), et à l'agneau (*ibid.*, p. 559). Quant au nombre des clous, l'archéologie a fort bien prouvé, soit dans ce même ouvrage, où toutes les raisons les plus incontestables sont tirées sur ce point des textes des Pères (t. II, p. 406), soit par l'unanime assentiment des modernes, qu'ils ne furent jamais moins de quatre. Il est rare de trouver des crucifix antérieurs au douzième siècle qui n'en aient que trois. — Voir : *La Croix, ou Recherches historiques et archéologiques* sur le crucifiement *de Jésus-Christ*, par l'abbé Decorde, p. 48, in-8°, 1854; *Revue de l'art chrétien*, II, 485; Molanus, *Histor. sanct. imagin.*, p. 417 et suiv., 436 et suiv. 616 et suiv.
(3) Voir *Histoire de la peinture au moyen âge*, in-12, 1842, p. 59. — M. Mazure a mieux compris ce fait esthétique dans sa *Philosophie des*

L'ÉGLISE.

l'Humanité visible du Verbe incarné, on garda à l'agneau son rôle dans l'iconographie sacrée, et la crucifixion s'entoura de détails qui en restèrent inséparables jusqu'à la fin de l'époque hiératique, qu'ensevelirent plus tard les prétentions absolument classiques de la Renaissance. Dès le neuvième siècle, on vit le Christ en croix, la tête entourée du nimbe, le corps ceint du *perizonium*; à ses pieds se tordit en expirant le serpent infernal; au-dessus du titre écrit par Pilate, la main divine tint suspendue une couronne, et de chaque côté de ce titre apparurent à droite le soleil, à gauche la lune (1). Ces deux symboles, tout en rappelant

Pourquoi le soleil et la lune à

arts du dessin. Voir ce qu'il y dit de la transition de l'art romain à celui du moyen âge, p. 266 et 283, in-8°, Paris, 1838.

(1) Voir une miniature tirée du Manuel de prières de Charles le Chauve, appartenant aujourd'hui au roi de Bavière; — et le P. Cahier, *ubi suprà.*, p. 211, et la planche qui accompagne son texte.—Quelques rares spécimens font exception à la règle, généralement suivie, qui place toujours le soleil à la droite du Christ crucifié, par la même raison que le Sauveur expirant incline sa tête de ce côté, qui est celui du nord, vers lequel rayonnera d'abord la lumière évangélique. Nous allons voir d'autres raisons de ce symbolisme, auxquelles il faut ajouter celle que donne S. Grégoire, parlant du côté droit du saint tombeau, où se tenait l'Ange de la résurrection le matin de Pâques : « Notandum nobis est, » dit ce Père, « quidnam sit quod in dextris sedere Angelus cernitur. Quid namque per sinistram nisi vita præsens? quid vero per dexteram nisi perpetua vita designatur? Unde in Canticis canticorum scriptum est : Læva ejus sub capite meo, et dextera illius amplexabitur me. Quia ergo Redemptor noster jam præsentis vitæ corruptionem transierat, recte Angelus qui nuntiare perennem ejus vitam venerat, in dextera sedebat. » (*Homil.* xx *in evang. Luc.*)—A lire le texte évangélique, en effet, *viderunt Juvenem sedentem in dextris*, on ne voit pas ce que cette désignation de la droite aurait eu d'important pour l'histoire si elle n'avait eu un sens inspiré, et c'est ainsi qu'en partant du principe admis par les symbolistes de la différence mystique entre la gauche et la droite, le pieux docteur est amené ingénieusement à en faire ici l'application.

Cette exception ne se montre guère que vers la fin du treizième siècle, où le symbolisme commence à chanceler sous la main d'un certain nombre d'artistes, si bien qu'il semble oublier parfois jusqu'au nimbe des Saints, comme on le voit dans un ivoire du musée du Louvre publié par M. Didron. — (*Annales archéologiques,* XX, 181.) — M. Didron, certainement habile observateur, assigne cette crucifixion au

442   HISTOIRE DU SYMBOLISME.

<small>droite et à gauche de la croix.</small> l'éclipse miraculeuse arrivée en pleine lunaison, ont cependant une signification bien supérieure où le mysticisme tient la principale part. Observez, en effet, la position de Notre-Seigneur sur la croix : la tradition transmise par l'antiquité, au moyen âge, constate son orientation en établissant que le divin supplicié avait en face l'Occident, le Levant, par conséquent, à l'opposite : d'où résulte que sa droite attachée au bois s'étendait vers le Nord, et sa gauche au Midi. C'est ainsi que Sedulius, prêtre et poète du cinquième siècle, le redit après d'autres dans son beau poème de *la Pâque*, en des vers qui semblent avoir été la règle, sinon l'expression, déjà consacrée avant lui, de l'orientation de nos églises :

<small>Orientation de Notre-Seigneur crucifié.</small>

> . . . . Ratione potenti
> Quattuor inde plagas quadrati colligit orbis.
> Splendidus auctoris de vertice fulget Eoüs,
> Occiduo sacræ lambuntur sidere plantæ ;
> Arcton dextra tenet, Medium læva erigit axem,
> Cunctaque de membris vivit natura Creantis,
> Et cruce complexum Christus regit undique mundum (1).

<small>Le Nord, côté des pécheurs et du démon.</small> Or il est bien évident qu'il y a dû avoir dans la pensée des anciens artistes une raison pour placer le soleil à la droite de Jésus expirant. Cette droite est le Nord, où l'astre radieux n'apparaît jamais ; la main qui s'y dirige le désigne, semble-t-il, de préférence à tout autre point : voilà pour quelle raison on y a voulu placer le globe de la lumière. Celui qui est venu pour appeler non les justes, mais les pé-

---

commencement du treizième siècle. Nous lui demandons la permission de la croire au moins de la fin de cette période, et peut-être même du commencement du siècle suivant. Nous croyons en trouver le motif dans le faire général de la sculpture, qui tend singulièrement aux formes modernes, et non moins dans cette absence, signalée par lui-même, de caractères symboliques qu'on n'eût pas négligés vers le milieu de l'époque la plus fidèle au symbolisme.

(1) Sedul., *Carmen Paschale*, lib. V, vers 189. — Migne, *Patrolog.*, t. XIX, col. 724.

L'ÉGLISE. 443

chœurs (1), tourne naturellement les efforts de sa grâce vers cette partie du monde où la gentilité est plus nombreuse (2), où les Prophètes plaçaient le trône de l'ange rebelle, où triomphent les ténèbres du cœur (3). C'est là, pour ainsi dire, que sera désormais l'Orient, puisque ces premières nations converties par les Apôtres enverront aux autres peuples, grâce à de fraternelles relations, le rayon divin qu'ils auront reçu avant eux (4). C'est de ce côté aussi que l'Église enverra la parole évangélique chaque fois que le diacre, dans la solennité des saints mystères, annoncera dans l'Évangile la parole de Jésus-Christ. C'est ce que les Pères ont vu dans le Psalmiste parlant de Sion devenue la joie de toute la terre, à cause de son voisinage avec l'Aqui-

(1) « Non veni vocare justos, sed peccatores. » (*Matth.*, IX, 13.)
(2) « Per dexteram enim justi, per sinistram peccatores figurantur. Propter quod Dominus in judicio statuet quasdam oves a dextris, hædos autem a sinistris. » (Innocent. III, *De Sacro altaris Mysterio*, lib. II, cap. XXXIV.)
(3) « Lucifer, qui dicebas in corde: In cœlum conscendam..., sedebo in lateribus Aquilonis. » (*Is.*, XIV, 13.) — L'auteur des *Distinctions monastiques* confirme ces observations : « Aquilo, » dit-il, « diabolus, tentatio violenta, Gentiles, senectus, vultus redarguentis severitas. » En un mot tout ce qui est nuisible ou désagréable à l'homme. (Voir *Spicileg. Solesm.*, III, 456.) — Au contraire, le Midi désigne naturellement les choses les plus douces. Son souffle est celui de l'Esprit-Saint, la floraison des champs, la paix sereine de la sagesse, la jeunesse, la charité des fervents. (*Ibid.*, p. 455 et suiv.) Naturellement encore ce n'est pas vers ce côté que la mission évangélique devait le plus s'empresser. Ce qui n'empêche pas que l'excès volontaire de cette chaleur bienfaisante du Midi oblige trop souvent l'homme attaqué par les tentations de solliciter sa délivrance avec le Prophète: *Ab incursu et dæmonio meridiano.* (Ps. 40.)
(4) Pour peu qu'on jette un regard sur l'itinéraire des Apôtres, et surtout de S. Paul, qui fut par excellence celui des Gentils, on voit que Jérusalem, au nord de laquelle se trouvaient les nombreuses populations de l'Asie, n'avait au midi que l'Égypte, où l'idolâtrie, et par cela même le règne du démon. C'est dans cette contrée que les superstitions païennes gardèrent les plus profondes racines, jusque-là que Théodose fut obligé, à la fin du quatrième siècle, d'y user de sévérité pour détruire les temples et y abolir les sacrifices d'animaux. — Voir Fleury, *Histoire ecclés.*, ad ann. 385.

lon, premier objet des complaisances du Seigneur (1). On voit donc clairement ici un fait iconologique où la vérité naturelle est dédaignée en faveur d'une idée purement mystique. Ce fait aura d'autres exemples, auxquels nous devrons nous arrêter ; car lui et d'autres peuvent seuls donner à de certains esprits superficiels le mot d'une foule d'obscurités qu'entretient l'ignorance et que favorisent trop des systèmes erronés.

<small>Déchéance de la Synagogue,</small>

Cette digression à propos du soleil ne doit pas nous faire oublier la lune, et, loin de là, nous y ramène. La place de l'un une fois déterminée à la droite du Sauveur crucifié, l'autre a nécessairement la sienne à la gauche ; mais, par cela même qu'elle n'occupe plus auprès de Lui la place d'honneur, son rôle s'abaisse, sa destinée déchoit, et celle qui fut la magnifique image de l'Église n'est plus que la triste représentation de la Synagogue... Et quelle Synagogue !... non plus cette Mère qui avait désiré quatre mille ans le rejeton de Jessé, protégé la Loi divine, maintenu les saintes règles des traditions antiques ; mais une reine détrônée, privée des attributs de son rang, exilée et confuse, et s'éloignant de cette croix sur laquelle est mort l'auteur de la vie... ; astre dont nous pouvons dire, avec le poète cité plus haut, qu'après un lever si radieux il se couchait dans une déplorable tristesse, et qu'il avait trop mérité de mourir ainsi devant le Dieu mourant dont il avait méconnu le berceau (2).

<small>figurée aussi par</small>

Dans l'ordre des idées morales, la lune est donc encore l'in-

---

(1) « Fundatur exsultatione universæ terræ mons Sion latera Aquilonis. » (*Ps.*, XLVII, 3.) — Et S. Hieronymi *In cap.* XIV *Isaiæ*; — S. August. *Epist.* CXX, alias CXL ; — S. Isidori Hispal. *Sententiarum*, lib. II, cap. XXVIII.

(2)   Auxilii orbata Patris, lætata per ortum,
    Mœsta per occasum. Nam, ut lux tempore fulsit
    Nascentis Domini, sic, hoc moriente, recessit.
              (Sedulius, *ubi suprà*, v. 268.)

C'est dans le même esprit que S. Grégoire a dit : « Luna in sacro eloquio pro defectu carnis ponitur; quia dum menstruis momentis decrescit, defectum nostræ mortalitatis designat. » (*In Evangel. S. Lucæ homil.* 2.)

dice le plus énergique de la nuit du monde resté infidèle. C'est l'Église juive refusant de se rendre aux tendres avertissements « de Celui qui était plus qu'un prophète, » et maintenant elle-même le voile étendu sur les yeux de ses propres enfants. C'est pourquoi, sur plusieurs petits monuments soit peints, soit gravés, du moyen âge, on la voit en effet se voilant la face ; ou bien, si elle n'est représentée que par son disque, on n'en laisse voir d'éclairé qu'un simple croissant, le reste du cercle demeurant teinté de noir : nouvel exemple de l'idée esthétique prenant la place des données de l'histoire, puisque la lune était à la moitié de sa course mensuelle et jouissait de toute sa lumière lorsque s'accomplit le grand sacrifice de la Croix, au milieu de la semaine prédite par Daniel.—De son côté, le soleil se voile aussi, mais par allusion à cette disparition momentanée constatée dans les évangélistes (1), et après laquelle il resplendit sur Jésus-Christ, plus radieux que jamais, et redevenu par là un symbole de la Résurrection. C'est au-dessous du disque de la lune, où s'inscrit une tête de femme éplorée, qu'au pied de la croix se tient la Synagogue, dont cette tête est comme le type abrégé. N'était-ce pas là sa place, en effet, pour rappeler, dit Tertullien, qu'à ce moment solennel où le Cœur divin s'ouvre aux besoins du monde, l'Église naît de l'eau et du sang qui s'en épanchent, et que la nouvelle Ève vient de sortir du côté du nouvel Adam (2)?

Pourtant il faut être juste, même envers la Synagogue, et les Prophètes ont parlé d'elle, même après son aveuglement, en des termes qui laissent espérer sa conversion à la grâce. C'est ainsi que plusieurs scoliastes entendent les textes de Michée, d'Isaïe, d'Osée et de Malachie, qui, historiquement,

---

(1) « A sexta autem hora tenebræ factæ sunt super universam terram usque ad horam nonam. » (*Matth.*, XXVII, 45.) — S. Marc et S. Luc rapportent le même fait en termes identiques.
(2) « Somnus Adæ mors erat Christi dormituri in mortem, ut de injuria perinde lateris Ejus vera mater viventium figuraretur Ecclesia. » (Tertulliani, *De Anima*, cap. XLIII.)

regardaient les Juifs sortis de la captivité de Babylone. Michée, pour ne citer que lui, console Sion en lui promettant *pour cette boiteuse* le retour dans ses voies, la fécondité enfin rendue à cette marâtre devenue stérile par sa faute, le règne du Christ sur elle, et sa réunion à l'Église sous un même Chef (1). Il faut avouer cependant que ces bienveillantes interprétations sont, relativement, assez modernes; qu'on s'occupa bien peu de ces espérances dans les trois premiers siècles de l'Église, et que ni S. Justin, dont le dialogue avec Tryphon est si célèbre, ni Tertullien, qui écrivit aussi directement sur la matière, et qui peut être regardé comme l'un des plus intéressants interprètes de cette époque, n'émettent, que nous sachions, aucune idée semblable. Au contraire, nous trouvons à leur suite toute la longue série des Docteurs s'élevant sans cesse contre la perfidie et l'endurcissement d'Israël, détesté partout; puis les Pères s'efforçant de convoquer de toutes parts ces enfants prodigues au giron de l'Église, regrettant l'aveuglement qui les retient, et n'attribuant qu'à la fin du monde l'accomplissement des prophéties qui autorisent l'attente de leur retour (2). Leur turbulence et leur haine contre les chrétiens avaient forcé les empereurs à opposer des lois sévères à leurs menées secrètes et à leurs continuelles révoltes; en un mot, leur condition comme peuple et comme particulier était des moins honorables, et quoiqu'ils fussent, à l'occasion, protégés par les Papes eux-

<small>Combien les juifs méprisés des peuples chrétiens, détestés de tous et traités avec indulgence par les Papes.</small>

---

(1) « Congregabo *claudicantem*, et eam quam ejeceram colligam; et ponam eam quæ laboraverat... in gentem robustam ; et regnabit Dominus super eos in monte Sion. » (*Mich.*, IV, 6.) — Voir dom Calmet, Tirin, Menochius.

(2) S. Grégoire le Grand leur applique ces paroles du Cantique : « Revertere, Sunamitis..., ut intueamur te » (*Cant.*, VI, 12), et il ajoute: « Sunamitis quippe captiva interpretatur. Sunamitis ergo ut revertatur, vocatur; quia synagogæ in fine mundi fides ab Ecclesia auferetur, ut dignitatem pristinam recipiat, quæ sub infidelitatis jugo a dæmonibus captivatur. » (*In Cant.*, CVI.) — Voir encore le *Dialogue* de S. Augustin (ou du moins d'un de ses contemporains), *De Altercatione Ecclesiæ et Synagogæ* (in append., t. VI, opp.; mihi, p. 371).

mêmes contre les rigueurs parfois illégales que leur suscitaient de trop fréquentes agressions (1), cette protection même peut bien faire croire qu'on les souffrait assez impatiemment. C'est donc bien antérieurement au treizième siècle, croyons-nous, qu'il faudrait fixer l'époque où l'art chrétien s'appliqua à représenter la Synagogue sous ses attributs les plus satiriques. Si nous nous éloignons en cela des autorités dont nous reconnaissons ordinairement la compétence (2), nous croyons que l'histoire nous y autoriserait, à défaut de monuments connus.

Que ce n'est guère que depuis le treizième siècle que cette haine a diminué.

Quoi qu'il en soit, voici qu'à cette époque si pleine d'expansions artistiques, où le symbolisme se développe d'autant plus avec l'architecture et le dessin parvenus à leur expression la plus éloquente (3), la Synagogue apparaît toujours au pied de la croix parallèlement à l'Église, et signalée aux sérieuses réflexions de l'âme chrétienne par des accessoires bien différents. Celle-ci d'abord, debout sous la main droite de son céleste Époux, est parfois nimbée, parfois couronnée ; quelquefois elle est l'une et l'autre. Aux vitraux de Bourges,

La Synagogue au pied de la croix; — à ce propos, caractère à respecter du dessin religieux de cette époque.

L'Église placée parallèlement à la droite du Christ. — Attributs qui l'y distinguent.

(1) S. Grégoire, entre autres, les défendit plusieurs fois contre les mesures violentes qui faisaient fermer leurs synagogues à Palerme ou à Terracine. (Voir S. Greg. Magni Epist. 26 et 59, lib. VII, — et le S. Gregorii Milleloquium, p. 427, cap. II, et 766, cap. II.)
(2) Voir la *Dissertation* du P. Cahier *sur cinq ivoires sculptés*, Mélanges, t. II, p. 51.
(3) Nous prions qu'on ne se scandalise pas de cette assertion. On peut trouver, et nous l'avouons pour beaucoup de ses détails, le dessin des douzième et treizième siècles un peu moins satisfaisant que celui du seizième et de notre temps ; mais que l'on veuille bien considérer le point de départ de tout jugement rationnel sur l'art au moyen âge, et l'on aura bientôt la certitude qu'en se prononçant contre lui, on oublie trop que la forme était systématiquement sacrifiée à la pensée, qui était tout pour des hommes infiniment plus sérieux que nous, et moins disposés par conséquent à remplacer le sentiment esthétique par les beautés toutes secondaires du naturel. L'effet spécial qu'on avait à produire faisait éloigner des vitraux toute sollicitude de la perspective, qu'on remarque pourtant dans les miniatures. On ne s'attachait dans les grandes pages translucides qu'à cet effet indispensable qui devait parler à l'esprit, à la mémoire, et l'on obtenait par cette simplicité des moyens tout

où toute la tradition hiératique se reproduit avec une infinie variété, elle porte une robe blanche et un manteau de pourpre; à Chartres, au bas côté septentrional de la cathédrale, elle tient d'une main la croix triomphale, de l'autre une petite église avec son clocher. Souvent, et avant même le douzième siècle, elle tend vers le Sauveur un calice qui se remplit du sang précieux sous la plaie ouverte par la lance (1). Ce calice, pour qu'on y découvre mieux le mystère eucharistique, dont nous parlerons bientôt, est surmonté, en certains endroits, de l'hostie consacrée, comme au portail sud de la cathédrale de Strasbourg. Près de cette personnification de l'Église souvent aussi est la Sainte Vierge, et alors, du côté opposé, se trouve S. Jean accompagnant la Synagogue, à laquelle sont prodiguées toutes les marques d'humiliation dont le symbolisme a pu disposer. Autant la figure de son heureuse rivale est ouverte et radieuse, autant sa pose est digne et confiante en recueillant ce Sang divin qu'Elle va jeter sur le monde pour le laver et le guérir, autant la reine détrônée est triste et piteuse sous cet arbre salutaire dont elle n'a point voulu. C'en est fait! tout est bien fini de l'ancienne Loi, car de sa tête penchée s'échappe la couronne qu'elle n'a pas su tenir; un bandeau, ce *velamen* dont parle S. Paul, et dont le mystère a été fort bien compris par la tradition catholique, couvre ses yeux et l'accuse d'une cécité volontaire (2); la bannière de l'autorité féodale, insigne em-

---

ce qu'il fallait au peuple pour l'enseignement de la foi et de la piété pratique. Voilà ce que nous appelons une expression éloquente, rendue par un art convenable, par les principes et la doctrine des grands siècles chrétiens.—Depuis que nous avons écrit ces lignes, nous avons retrouvé avec plaisir les mêmes principes affirmés non moins positivement par M. l'abbé Barbier de Montault dans son beau Mémoire sur la restauration du dôme et de la mosaïque d'Aix-la-Chapelle. (Voir *Annal. archéolog.*, XXVI, 299.)

(1) Plus tard, et surtout au quinzième siècle, une inspiration donnée par la légende du Saint-Graal fait recueillir le Sang divin par des Anges, et plusieurs verrières de cette époque ont répété ce motif.

(2) « Velum templi scissum est medium. » (*Luc.*, XXIII, 45.) « Velum

prunté des siècles alors florissants de la chevalerie, est brisée en sa main gauche, et de sa droite, devenue inerte, tombe la table de la Loi mosaïque, sur laquelle on lit le mot *synagoga*, moins pour indiquer la pauvre femme trop peu méconnaissable que pour exprimer, par une sorte d'inscription funéraire, sa déchéance et sa mort.

Mais l'Église est souvent représentée aussi par Marie, debout à droite de la croix. C'est de l'histoire (1), mais le symbolisme n'y manquera pas. Le rôle et les attributs identiques donnés à l'Église et à la Mère du Sauveur par la ressemblance de leur mission se continuent jusqu'au Golgotha ; ils iront plus loin : ils suivront l'Auguste Vierge jusqu'au cénacle de la Pentecôte, et là, au dire des Pères, Elle représentera encore l'Église, fondée enfin dans le Sang de l'Agneau et succédant pour toujours à l'ancien oracle d'Israël (2). Une telle substitution était déjà dans la pensée chrétienne bien avant l'ère triomphale du symbolisme, et Sédulius, cinq ou six siècles auparavant, lui avait consacré de beaux vers qui nous montrent l'épouse infidèle répudiée ; Marie, la nouvelle Épouse, belle du double honneur de sa maternité divine et de son inaltérable virginité, désignée au monde, dans la personne du disciple chéri, comme une Mère qui, après nous avoir apporté le Sauveur, devient la voie par

La Sainte Vierge figure de l'Église,

---

ornamentum tabernaculi est ; coruscante igitur gratia, dedicatur Ecclesia, Synagoga destruitur. » (S. Cæsarii, Arelat. episc., *Homil.* vi de *Paschate*, Biblioth. Patr., t. XVIII, p. 825.)

(1) « Stabat autem juxta crucem Jesu mater ejus, et soror matris ejus. » (*Joan.*, xix, 25.)— C'était, dit S. Bernard après toute l'antiquité, le martyre prédit à la Vierge par le vieillard Siméon : « Martyrium Virginis... in Simeonis prophetia commendatur. » (*Sermo de duodecim stellis.*)

(2) « Nonne in figura Mariæ typum videmus esse sanctæ Ecclesiæ ? Ad hanc utique descendit Sanctus Spiritus..., et hæc igitur sponsa Christi... et gentium magistra. » (S. August., *Sermo* xxii (alias x) *De Tempore* : *In Natali Domini*, sub fin.; mihi, t. X, p. 672. — Et S. Isidore de Séville : « Maria Ecclesiam significat, quæ cum est desponsata Christo, virgo nos de Spiritu Sancto concepit, virgo etiam parit. » (*Allegoriæ biblicæ*, n° 139.)

HISTOIRE DU SYMBOLISME.

accompagnée de S. Jean au pied de la croix. — Comment ce Saint y est représenté.

laquelle les âmes iront à Lui (1).— Toujours parallèlement à Marie, S. Jean pleure au pied de la croix, où Jésus lui recommande sa Mère. Il a le plus souvent une robe *verte* dans les peintures, les verrières et les émaux quand il assiste ainsi au Testament de son Maître : c'est le signe de la régénération et de la vie nouvelle, comme la tunique *rouge* qu'il porte ailleurs auprès du Christ triomphant marque la lumière éternelle dont il est en possession, et la charité dont son cœur est plein (2). Quelquefois il porte un livre ouvert en sa qualité d'Apôtre, et, comme on le donne à Jésus-Christ lui-même (3), aussi bien que les pieds nus, et aux meilleurs

Livre symbolique des Apôtres, Docteurs et autres Saints

(1). Plange sacerdotes perituros, plange ministros
Et populum, Judæa, tuum pro talibus ausis.
Non tuba, non unctus, non jam tua victima grata est.
. . . .
Discedat synagoga suo fucata colore :
Ecclesiam Christus pulchro sibi junxit honore.

Hæc est conspicuo radians in honore Mariæ,
Quæ cum clarifico semper sit nomine mater,
Semper virgo manet. Hujus se vestibus astans
Luce palam Dominus prius obtulit, ut bona mater,
Grandia divulgans miracula, quæ fuit olim
Advenientis iter, hæc sit redeuntis et index.
(*Sedul. Carm. Pasch.*, lib. V, v. 351.)

L'Église de France a longtemps chanté dans le même esprit des paroles plus harmonieuses encore :

O arcana Dei consilia, o tuo
Deturbata gradu, primus amor Dei,
Plebs Judæa ! tuis gloria gentium
Damnis, vitaque nascitur.

(2) Voir *Essai sur les argentiers et les émailleurs de Limoges*, par M. l'abbé Texier, ch. XV et XXIII. — (*Mém. de la Soc. des antiquaires de l'Ouest*, t. IX, p 185, 187 et 250.)

(3) Durant de Mende (*Ration. divin. offic.*, lib. I, De Picturis) prétend à tort, soit par défaut d'observation, soit qu'il ait borné son examen à des documents peu complets, que l'iconographie n'a donné le livre qu'à ceux des Apôtres qui ont laissé des écrits. Ceci serait en contradiction avec une foule de documents établissant évidemment le contraire. Le livre, qui se donne aussi aux docteurs, aux abbés et même aux abbesses, est l'indice du droit ou du devoir d'enseigner la doctrine. On l'a même donné aux sibylles dans le même sens. Pour Jésus-Christ et les Apôtres, il est tantôt ouvert, tantôt fermé, d'après l'Apocalypse et la prose de Malabranca. En cela toutes les variantes se justifient par des exemples

siècles de l'art, on lui voit le nimbe, comme à tous les Saints. Il y a plus : de même que Marie préfigure l'Église près de son Fils expirant, S. Jean, de la place qu'il s'y est faite, représente aussi la Synagogue; il passe, en effet, de l'ancienne Loi à la nouvelle; aussi sa robe verte rappelle très-bien cette idée, car on l'a donnée également à cette maîtresse déchue que la Loi nouvelle va remplacer, s'absorbant en celle du Christianisme, et par cela même frappée d'un changement radical et d'une complète rénovation (1).

On n'a pas assez remarqué, au moins quant à son intention symbolique, un fait d'une haute importance que nous ne devons pas omettre en traitant le sujet qui nous occupe : c'est que, antérieurement au onzième siècle, on rencontre assez fréquemment, à chaque côté du crucifix, au lieu de Marie et de S. Jean, les apôtres S. Pierre et S. Paul, d'autant plus reconnaissables que leurs noms figurent ordinairement sur un cartouche qui les accompagne (2). Il n'est pas douteux que ces deux Saints ne soient là encore une personnification de l'Église de Jésus-Christ et de la Jérusalem de Pilate, représentée l'une par son chef visible, l'autre par l'un des premiers persécuteurs des chrétiens. Ce persécuteur s'est converti, il est vrai; mais nous avons vu, et nous

S. Pierre et S. Paul au pied de la croix avant le onzième siècle. — Ils y figurent encore l'Église et la Synagogue.

---

et des autorités. — Voir *Bulletin monumental*, t. XI, p. 214, 296; XIV, 204, 214.

(1) Un tableau du seizième siècle, formant le retable de l'autel du *Corpus Domini* à Saint-Maximin (Var), donne à S. Jean au pied de la croix une tunique bleue et un manteau rouge : ce sont les mêmes couleurs que porte la Sainte Vierge, du côté opposé; et en elle-même cette confusion ou cette identité indique un oubli complet de la science symbolique. Le siècle de Luther et de Calvin se faisait déjà anti-symboliste soit par ignorance, soit par dédain des meilleures traditions du Christianisme.

(2) S. Augustin, cité par Molanus, dans un texte qu'il nous a été impossible de retrouver, parle de plusieurs images du Sauveur ainsi accompagné, et en donne cette raison : « Quia merita Petri et Pauli, etiam propter eumdem passionis diem, celebrius et solemniter Roma commendat. » (Conf. Molanus, *De Historia sacrarum imaginum*, p. 52; in-4°, Lovanii, 1771.)—Nous doutons un peu que ce style soit de S. Augustin.

n'oublierons pas, que plusieurs autorités respectables, sinon très-nombreuses, croient à une résipiscence future des Juifs d'après des textes authentiques; S. Paul peut donc être très-bien ici la figure de ces gentils vers lesquels, d'ailleurs, il s'est tourné quand les enfants de la Synagogue ont eu refusé de l'entendre (1). Il y a plus : on rencontre assez communément, dans les anciennes images où les deux Apôtres figurent ensemble, le plus digne des deux, S. Pierre, occupant non la droite, qui est réservée à S. Paul, mais la gauche, qui paraîtrait si peu convenir à la suprême dignité. Il est bien entendu que la gauche et la droite s'entendent ici à l'opposite de celles de l'observateur, et c'est ainsi que, dans une peinture du cimetière de Saint-Calixte, les deux Saints apparaissent de côté et d'autre de Notre-Seigneur assis. En d'autres planches du même ouvrage, on les voit assis eux-mêmes dans une position identique (2). Ces exemples sont bien plus anciens que toutes les images de crucifix quelconques. Il faut y voir le premier motif de ces deux places données plus tard à chacun de ces deux grands chefs de l'Église.

<small>Pourquoi la droite est souvent donnée à S. Paul auprès du Christ.</small>

Quand S. Paul donc tient la droite au pied de la croix, nous pouvons bien croire que cette position, comme l'a établi S. Pierre Damien, se rattache à ce que nous avons dit du Nord, vers lequel Jésus crucifié se tourne de préférence (3). Mais une autre raison symbolique nous sourit encore, et Baronius nous la donne : c'est, selon lui, un souvenir de la bénédiction de Jacob accordée à Éphraïm de préférence à Manassé, son aîné (4). On sait que cette béné-

<small>De la bénédic-</small>

---

(1) « Tunc constanter Paulus et Barnabas dixerunt : Quoniam repellitis... verbum Dei, ecce nos convertimur ad gentes.» (*Act.*, XIII.)
(2) Aringhi, *Rom. subterr.*, t. II, p. 402 et 412, planches.
(3) « Petrus potissimum fuit apostolus circumcisionis, Paulus autem gentium, quæ, relicta synagoga, ad dexteram Dei ponendæ sunt. » (Petr. Damian., episc. Ostiensis, *De Picturis principum Apostolorum*, apud Molan., lib. III, cap. IV.) Voir la note suivante.
(4) « Apud Romanos in sacris potior sinister locus semper habitus est, dexter vero posterior; sive quod in Ecclesia Christi ex benedic-

diction, que Joseph désirait obtenir pour ses enfants dans l'ordre naturel, fut dérangée par une inspiration de l'aïeul, qui, croisant ses mains, passa ainsi la droite sur la tête du puîné, tandis que l'aîné reçut l'imposition de la gauche (1). Mais aussi S. Paul était de la tribu de *Benjamin*, qui signifie *le fils de ma droite*, et l'Église a toujours regardé dans ses offices l'élève de Gamaliel comme le loup ravissant prédit par Jacob (2). Ce loup est devenu un agneau ; il est le *fils de la droite* ; la bénédiction divine s'est répandue sur lui plus abondante. Ce cruel et trop fidèle représentant de la Synagogue a repris dans la grande famille chrétienne sa place prophétisée. Cela n'ôte rien aux mérites ni à la gloire de S. Pierre, et ce qui le prouve, ce qui détermine très-bien en même temps l'antique valeur de cette anomalie apparente, c'est que Rome, qui ne pourrait s'y tromper, Rome si pleine de la plus tendre vénération pour la mémoire si justement honorée du premier Pape, a toujours suivi cet usage, que l'Église orientale avait elle-même adopté (3), et

tion de Jacob donnée, par une raison symbolique, plutôt à Éphraïm qu'à Manassé.

tione illa patriarchali, in Ephraïm atque Manassen, mutatæ sunt rerum vices, et ordo; utque sinistra esset in dexteram, et dextera in sinistram dignitatis et benedictionis ordine mutaretur. » (Baronius, *Annal. ecclesiast.*, t. III, *ad ann.* 213, n° 6, et *ad ann.* 325, n° 59.) — S. Pierre Damien, cité plus haut, dit encore : « Petrus a sinistris collocatur, et inde documentum sumamus summum pontificem humilitate decoratum esse oportere, sicut ipse Petrus fuit, unde istud arbitror observari in altari sacelli pontificii. » (S. Petr. Dam., *ubi suprà*.)

(1) « Joseph posuit Ephraïm ad dexteram suam, id est ad sinistram Israel; Manassen vero in sinistra sua, ad dexteram scilicet patris, applicuitque ambas ad eum. Qui extendens manum suam, posuit super caput Ephraïm, minoris fratris, sinistram autem super caput Manasse, qui major natu erat, commutans manus... Videns autem Joseph...' dixit : Non ita convenit, pater, quia hic est primo genitus, pone dexteram tuam super caput ejus. Qui renuens, ait : Scio, fili mi, scio : et iste quidem erit in populos, et multiplicabitur ; sed frater ejus minor major erit illo, et semen illius crescet in gentes. » (*Gen.*, XLVIII, 13 et suiv.) — Voir encore S. Jérôme, *In Jerem.*, cap. XXXI.

(2) « Benjamin lupus rapax. » (*Gen.*, XLIX, 27.) — « Hoc in apostolo Paulo impletum est, quia de illo dictum erat. » (S. August., *Serm.* XII *de Sanctis*.)

(3) « Hinc et ille veterrimus usus, ut in sacris diplomatibus a dextris

dont on trouve des traces jusqu'au pontificat de S. Sylvestre, qui remonte au mois de janvier 314. Un de nos poètes latins du seizième siècle avait parfaitement expliqué cette pensée :

> Seu dextrâ lævaque sedent, par gloria utrique est :
> Par honor et laus est, stat bene quisque loco (1).

Au lieu donc d'épuiser ici tout une série de raisons secondaires qu'on peut trouver dans les auteurs spéciaux, et notamment dans Molanus, observons, en finissant sur ce point, que cette droite donnée à S. Paul ne semble pas avoir d'exceptions ; qu'on la voit non sur l'anneau du Pêcheur dont les papes scellent leurs brefs, — comme on l'a dit quelquefois par erreur (2), — mais sur les plus anciens sceaux de plomb dont ils accompagnent leurs bulles (3).

Les deux Apôtres nous ont menés quelque peu loin de la Synagogue : revenons-y pour l'étudier dans une dernière et complète expression de son action symbolique au pied de la croix.

Crucifixion, d'après un manuscrit de l'abbesse Herrade.

De curieuses variantes ont plus d'une fois chargé le tableau de la crucifixion d'incidents trouvés ingénieusement par l'imagination des peintres, qui, tous, au moyen âge, agissaient d'après des inspirations fort théologiques, soit tirées de leur propre fonds, soit émises dans l'enseignement de leurs maîtres. Rien de plus complet, sous ce rapport, que la miniature publiée par M. le comte Auguste de Bastard dans sa magnifique et laborieuse *Iconographie des manuscrits* (4). Tirée de l'*Ortus deliciarum*, de l'abbesse Herrade, cette belle planche se complique, outre les images ha-

Paulus, Petrus vero a parte læva collocarentur. » (Baronius, *ubi suprà*.)
(1) Barthélemy de Chasseneux, *Catalogus gloriæ mundi*, lib. III, considerat. secunda, in-f°, 1529.
(2) Voir un article de M. de Saint-Laurent sur l'art chrétien primitif, *Revue de l'art chrétien*, t. I, p. 405.
(3) Voir Natalis de Wailly, *Éléments de paléographie*, t. II, planche v.
(4) Le vrai titre est : *Peintures et Ornements des manuscrits*. C'est une publication hors ligne, tant par le choix des sujets que par la mé-

bituelles de Marie et S. Jean et des soldats qui présentent la lance et l'éponge, d'aperçus nouveaux que nous ne voulons

thode et le discernement qui ont présidé à son ensemble. C'est, dit l'auteur dans son *Exposé sommaire de la publication*, donné en 1839, « une histoire figurée de la peinture par les miniatures et les vignettes reproduites en *fac-simile* et rangées selon l'ordre géographique et chronologique, idée propre à l'auteur, et dont il revendique avec raison la priorité. Le livre commence avec le quatrième siècle, à la chute de l'empire d'Occident, et se termine à la fin du seizième... Il présente à la fois des miniatures, des vignettes, des initiales historiées et autres détails de calligraphie exclusivement tirés des livres manuscrits. Le mode de peinture adopté est celui du *fac-simile*, c'est-à-dire la copie exacte et sincère des originaux, l'imitation servile de la page, texte, vignettes et miniature, sans addition, restitution ni restauration. L'or, et le platine, moins oxydable que l'argent, sont appliqués en feuille ou en poudre, en relief ou sans relief, suivant les diverses époques. En un mot, on s'est attaché à la reproduction identique du monument lui-même, dans sa richesse ou dans sa pauvreté, selon son état actuel de conservation ou de délabrement. » — On conçoit de quel secours doit être un tel livre pour l'histoire vraie et éclairée du symbolisme, qui ne manque pas de s'y montrer avec ses caractères réels et incontestables. L'illustre auteur a encore secondé ces belles reproductions d'un texte plein d'aperçus aussi ingénieux que savants, et dont on voit bien que son Histoire des crosses, faite à propos de la crosse abbatiale de Tiron, dans le quatrième volume du *Bulletin du comité de la langue, de l'histoire et des arts en France*, a singulièrement profité, par une foule de notes empreintes d'une vaste et solide érudition. Nous ne doutons pas que ces notes, réunies par une table analytique, ne fissent un bon livre de symbolisme, considéré dans ses détails et dans sa vie de chaque siècle, surtout avec les additions que l'auteur y a faites depuis leur apparition, en 1860. — L'histoire de l'art, particulièrement pour la France, devait donc beaucoup gagner à celle des *Peintures et Ornements des manuscrits*. Le laborieux érudit commença en 1832, seul alors et sans collaborateurs, cette œuvre gigantesque. Elle fut d'abord encouragée par le gouvernement, qui, en souscrivant pour soixante-six exemplaires destinés aux principales bibliothèques de France, apportait à l'entreprise un puissant secours. Plusieurs autres allocations furent données par les Chambres, à la suite d'enquêtes spéciales et sur les rapports les plus honorables d'une commission officielle qui fonctionna en 1839 et 1840. Mais la révolution de 1848 vint paralyser la publication, pour laquelle M. le comte de Bastard avait dépensé de sa fortune personnelle beaucoup plus qu'il n'avait reçu du gouvernement. Cette interruption est une calamité réelle pour notre histoire nationale, caractérisée par chacun de ses siècles dans ces pages regrettables, que l'avenir reprendra, selon l'espoir de l'auteur vénérable qui s'y était tout entier consacré avec ce que la Providence lui a donné de noble énergie et de généreux désintéressement. Il est vrai que

456   HISTOIRE DU SYMBOLISME.

pas omettre d'indiquer ; elle s'accompagne, dans l'original, d'explications fort précieuses pour l'intelligence de chaque figure. Voici donc comment le peintre a groupé les nombreux sujets qui se rattachent à la double notion de l'Église et de la Synagogue.

<small>Beaux détails symboliques de ce tableau,</small>

Au centre, Jésus crucifié et déjà mort : c'est une belle conception, pleine de sens chrétien et de cette haute intelligence du mysticisme, que l'époque de transition posséda à un si haut degré. Le cœur divin répand, par la plaie faite au côté droit, un jet de sang que l'Église reçoit, de ce même côté, dans un calice tenu de sa main droite. De sa gauche, elle porte l'étendard de la croix, au bout duquel flotte un pennon à deux flammes. Sa tête se couronne d'un diadème orné de pierreries, et dont l'ensemble, qui affecte l'appareil régulier d'une muraille et se coupe au-dessus du front par une porte qui dépasse le cercle supérieur, rappelle l'enceinte de la Jérusalem céleste que nous avons expliquée au chapitre XXI de l'Apocalypse. Mais, par un caractère fort rare, et peut-être introuvable partout ailleurs, cette femme mystérieuse, au regard empreint de douloureuse gravité, de consolante espérance, et fixé sur cet *Époux de sang* (1), est assise sur un quadrupède dont la forme fantastique est moins bizarre encore qu'ingénieusement significative. C'est évidemment la contre-partie de cette autre bête du dix-septième chapitre de l'Apocalypse pourvue de sept horribles têtes, et sur laquelle cheminait Babylone présentant aux nations la coupe enivrante de ses adultères. Mais la

---

de telles œuvres ne périssent jamais : elles peuvent dormir dans les temps où l'intérêt et l'orgueil prennent le dessus des affaires humaines ; mais elles portent avec elles un caractère de magnificence et de bien public qui les réveille et les remet en honneur aussitôt que revient l'amour plus pur des grandes et belles choses. C'est pourquoi nous regardons comme impossible que le retour à cette belle conception n'en utilise pas un jour les matériaux déjà publiés et ceux non moins désirables qui ne sont encore qu'en manuscrit.

(1) « Sponsus sanguinum Tu mihi. » (*Exod.*, IV, 25.)

monture est ici bien différente : elle n'a que quatre têtes, toutes remarquables par une expression d'innocence et de douceur digne des saints personnages qu'elle représente ; car on reconnaît dans cet ensemble le tétramorphe d'Ézéchiel, disposé dans un ordre qui n'est pas tout à fait celui des saints animaux du Prophète, non plus que de nos peintures hiératiques (1). Ainsi, du cou de ce docile animal, dont la pose arrêtée et la complète immobilité répondent bien à son rôle, s'échappent, en premier lieu et tenant le centre, la tête de l'Ange (presque toujours et mal à propos indiquée comme étant celle d'un homme) (2), et qui désigne

et d'abord, le tétramorphe d'Ézéchiel.

(1) Voir le premier chapitre d'Ézéchiel. — Il semble que l'Ange de l'école, un siècle tout au plus après Herrade de Landsberg, avait eu connaissance de ce précieux manuscrit de la docte abbesse, ou que déjà ce type s'était reproduit ailleurs, car on lit dans un des opuscules du grand théologien: « *In locis quibusdam*, in dextris crucifixi depingi puellam hilari vultu, pulchra facie, et coronatam. Quæ Ecclesiam designat et sanguinem Domini reverenter in calice suscipit. Quia fidelis anima cor mundum vulneribus Christi applicans, sanguinem ejus spiritualiter, cum omni devotione sumit. Unde lumen, et cordis gaudium, et æternæ gloriæ coronam acquirit. » (S. Thom. Aquin., *In opuscul.* LVIII *de Sacramento altaris*, cap. XXXI.) — Au seizième siècle, Wicelius ajoute à une autre description un mot caractéristique d'où nous pourrions conclure que ce même sujet qu'avait peint Herrade avait été sculpté, sans doute au douzième ou au treizième siècle, dans un tympan de la cathédrale de Worms. « Videtis, » dit Molanus (*ubi suprà*, lib. IV, cap. VIII, p. 447), « Wormaciæ, ad templi primarii fores, typum *raræ antiquitatis*, reginam veluti triumphantem, et *jumento quadricipiti* lætam *insidentem*, ad terrorem partis adversariæ vivaciter effigiatam. Hanc autem reginam Ecclesiam esse catholicam dubitari non potest, quia quatuor illa capita et correspondentes pedes exprimebant notissimo per orbem typo, et jam olim ab Ezechiele descripto, quatuor Evangelistas. » — Ceci ne doit pas être inutile aux archéologues, qui veulent voir comme nous, dans le cavalier des nombreux tympans du douzième siècle, l'Église, ou le Christianisme triomphant du monde et de l'enfer. Et puis c'est un témoignage de plus en faveur de ces types traditionnels et convenus que le clergé seul pouvait faire passer de la théologie dans les travaux de l'art chrétien — Voir ce que nous avons dit sur les chevaux blancs des ch. VI et XIX de l'Apocalypse.

(2) Cette erreur vient de ce qu'ayant vu donner des ailes aux quatre animaux en signe de leur nature spirituelle, on a cru voir un homme ailé dans la figure qui n'est réellement qu'un Ange. (Voir l'explication que nous en avons donnée ci-dessus, p. 44 de ce volume.)

S. Mathieu ; celle de l'aigle, qui est S. Jean ; à droite, celle du veau, attribué à S. Luc ; et enfin, à gauche, celle du lion de S. Marc. Toutes ces têtes sont nimbées. Le même ordre s'observe quant aux quatre pieds, les deux de devant étant ceux de l'Ange et de l'aigle, comme ceux de derrière du veau et du lion. L'Église se présente donc là avec la pensée vivante des quatre hérauts qui vont la préconiser dans le monde, en y annonçant la *bonne nouvelle* de la vie par la mort d'un Dieu.

puis Longin, ou le Centurion, A côté d'elle, et sur le même plan, Longin, tenant encore de la main gauche, mais dans l'attitude du repos, le fer qui a percé le flanc sacré, avance sa droite vers le Sauveur, et déjà semble dire cette profession de foi si courte, mais si complète, qui l'a sauvé : « Celui-ci était vraiment le Fils de Dieu (1). » Toute l'antiquité a reconnu dans ce militaire, centurion ou autre, un type de la foi chrétienne, née en réalité sur le Calvaire (2), et l'on reconnaît dans notre image, à son manteau largement drapé, aux broderies perlées des manches de son habit, que l'abbesse Herrade croyait bien voir dans Longin, non un soldat du commun, mais le centurion de la tradition évangélique dont S. Matthieu nous a conservé les paroles. Au reste, ces ornements de luxe de l'école byzantine décorent les propres vêtements de la grande dame, comme ils embellissent le nimbe croisé de l'Homme-Dieu, comme aussi la robe de Marie, laquelle se tient debout derrière ces deux premiers personnages, et, les regards fixés sur son Fils, semble s'être un peu retirée, pour laisser entre elle et lui s'accomplir cette mystérieuse institution des sacrements.

---

(1) « Centurio autem et qui cum illo erant... timuerunt valde, dicentes : Vere Dei filius erat iste. » (*Matth.*, XXVII, 54.)

(2) « Per centurionem fides Ecclesiæ designatur, quæ, velo mysteriorum cœlestium per mortem Domini reserato, continuo Jesum et vere justum hominem et vere Dei filium, Synagoga tacente, confirmat. » (Bedæ, *In Luc.* CXXIII.)

La scène n'est point finie cependant, et une dernière pensée non moins touchante doit en perfectionner le symbolisme. En arrière de tout cela, Dimas, le bon larron, au visage calme et plein d'espérance, est attaché à l'instrument de son supplice (1). Il jette les yeux sur Celui qu'il a invoqué (2), et représente les pécheurs convertis et lavés dans le Sang de l'Agneau (3) : de même que de ce côté droit de la croix les justes, selon les récits évangéliques (4), sortent du tombeau tout près de celui d'Adam, qui apparaît ouvert au pied de l'arbre réparateur, et laisse voir un squelette, conformément à la tradition qui a fait du Calvaire le lieu même de la sépulture du premier homme (5).

et les deux larrons;

(1) Les auteurs varient sur le nom donné par quelques-uns au mauvais larron, appelant l'autre Gistas. Les livres apocryphes du Nouveau Testament, où ces noms étaient cités, ont été compris diversement : de là ces incertitudes. Mais le plus grand nombre des auteurs les plus autorisés est celui que nous suivons ici.—Voir Molanus, *Hist. sanct. imagin.*, lib. IV, cap. IX; mihi, p. 450. — En certaines peintures, l'âme du bon larron crucifié s'exhale de sa bouche expirante sous la forme d'un petit personnage sans sexe : un Ange la reçoit et l'emporte vers le ciel. Celle du voleur criminel, au contraire, est violemment arrachée de sa bouche par un démon qui en fait sa proie.

(2) « Domine, memento mei quum veneris in regnum tuum. » (*Luc.*, XXIII, 42.)

(3) « Les Pères ne sont pas moins explicites sur ce point : pour ne citer que S. Jérôme, au milieu de S. Augustin, de S. Hilaire, de Raban-Maur et de beaucoup d'autres : « In duobus latronibus uterque populus et Gentilium et Judæorum : primus Dominum blasphemavit; postea alter egit pœnitentiam, et usque hodie Judæos increpat blasphemantes. » (*In Matth.*, cap. XXVIII, 44.) — « Denique, » dit encore S. Ambroise, « unus a dextris et unus a sinistris, quia sic erit in die judicii. » (*In Luc.*, XXIII, 33.)

(4) « Et monumenta aperta sunt, et multa corpora Sanctorum qui dormierunt, surrexerunt. » (*Matth.*, XXVII, 52.)

(5) Il y a sur ce point de nombreux témoignages des Pères qu'on peut voir dans Molanus (*ubi suprà*), et dans la *Monographie de la cathéd. de Bourges*, p. 207. S. Ambroise abrège toutes ces assertions en quelques mots : « Ipse autem crucis locus vel in medio est conspicuus omnibus, vel supra Adæ, ut Hebræi disputant, sepulturam. Congruebat quippe ut ibi vitæ nostræ primitiæ locarentur ubi fuerant mortis exordia. » (S. Ambr. *In Luc.*, CXXIII, 26.)

et la Synagogue personnifiée par ses caractères symboliques,

Passons à la gauche du Christ : voici un ordre d'idées bien différent. La Synagogue s'y montre au premier plan, de façon à faire parallèle à l'Église. Vêtue comme elle de précieuses étoffes enrichies de gemmes et d'orfrais, il lui manque une couronne qu'elle ne doit plus porter ; le voile qui couvre sa tête descend jusqu'au-dessus de ses yeux, qui ne sont pas couverts par lui, mais qui semblent avoir été effacés de son visage, où l'on n'en trouve plus qu'une légère trace à peine perceptible. A peu de chose près, c'est ainsi que la décrit S. Thomas après avoir parlé de l'Église, et sa description renferme tous les traits qu'on a donnés, dans le même but, à d'autres images analogues (1). Entre ses bras repose, triste et morne, le bouc émissaire, chargé comme elle des péchés de son peuple (2), et d'ailleurs symbole lamentable de la malédiction sur les *mauvais*, rejetés à la gauche du juge souverain ; ou bien enfin triste emblème, et désormais inutile, des victimes sanglantes de l'ancienne Loi, qui s'éteint devant celle du Calvaire. La main droite soutient le livre de la Loi entièrement fermé, la gauche deux

---

(1) « A sinistris autem pingitur synagoga, oculis panno ligatis, tristi facie, inclinans caput, et corona decidente, quæ ipsum sanguinem fundit et fusum continuit. In quo figuratur quod hæc et omnis mortaliter peccans, tria bona perdit: lumen gratiæ, gaudium conscientiæ, et coronam gloriæ. Hinc dicitur Threnorum quinto : Væ nobis quia peccavimus ! Ideo obtenebrati sunt oculi nostri, mœstum factum est cor nostrum, cecidit corona capitis nostri. » (S. Thom. Aquin., *ubi suprà*.)

(2) « Aaron... duos hircos stare faciet coram Domino... Caprum emissarium emittat in solitudinem..., fundat preces super eo...; cumque portaverit hircus omnes iniquitates eorum in terram solitariam, et dimissus fuerit in deserto, revertetur Aaron, » etc. (*Lev.*, xvi, 7, 10, 22.) — « Congregabuntur... omnes gentes, et statuet oves quidem a dextris suis, hædos autem a sinistris. » (*Matth.*, xxv, 32.) — Le docte Père Cahier préférerait au bouc émissaire celui qui devait être immolé et qui figurait la victime pascale. Nous préférons le sentiment de Rupert, auquel il renvoie et dont il ne paraît lui-même que peu éloigné (voir Rupert, *In Matth.*, lib. XI, *sub fine*), comme plus conforme à la position d'exilée faite à la Synagogue. On voit, au reste, une fois de plus ici que plusieurs sens raisonnables et pris à d'excellentes sources peuvent être donnés à un même objet symbolique.

rouleaux de parchemin à moitié obscurs et à moitié lumineux : nous prenons ces rouleaux pour l'emblème des Prophètes, dont le temps est passé comme celui de Moïse (1), mais dont les prédictions vivent encore néanmoins pour condamner la révolte obstinée du judaïsme (2). La reine détrônée a laissé tomber sa bannière, moins riche, il est vrai, que celle de l'Église, et qui, loin de flotter comme elle, gît dans la poussière du chemin, abandonnée et flétrie.

Cependant quelle étrange monture lui est donnée ! Cette ânesse est-elle un de ces animaux recherchés autant que remarquables, également propres à la course et au travail, comme on en élevait avec soin, et dont les belles qualités n'étaient pas moindres que celles de nos chevaux les plus estimés (3) ? Mais en vain ce caractère s'élèverait dans l'estime des hommes. — La pauvre bête n'est plus ici qu'un type déconsidéré, comme celle qui la monte, et dont la pose mal assurée indique une chute imminente ; déjà elle fléchit ; elle n'est plus guidée ni retenue, même par l'inutile bride qui gît à ses pieds ; sa tête suit le mouvement de son corps vers la terre ; sa bouche ouverte, ses oreilles penchées font de tout son être l'image de la stupidité (4), et, qui plus est,

et sa monture suspecte.

---

(1) « Si sanguis hircorum... inquinatos sanctificat ad emundationem carnis, quanto magis sanguis Christi : impossibile enim est sanguine hircorum auferri peccata. » (*Heb.*, IX, 13 ; X, 4.)

(2) « Le P. Cahier regarde ces deux cartouches roulés comme deux couteaux destinés aux sacrifices anciens. Nous ne croyons pas pouvoir adopter cette interprétation, et nous renvoyons, pour plus d'éclaircissements, à la quatrième planche d'étude de la savante *Monographie*.

(3) « Asini et asinæ in Oriente, si sedulo educantur, jumenta sunt impigra, alacria, specie pulchra, et minime ignobilia ; quare magni æstimantur, et tropice pro hominibus sedulis et industriis veneunt. » (Janh, *Archæologia biblica*, cap. III, § 48.—Migne, *Curs. Scr. sacr.*, t. II, col. 1099.) — Nous avons vu dans la prophétie de Jacob (*Gen.*, XLIX, 14) : *Issachar asinus fortis*. Voir ci-dessus, ch. IV, *Symbolisme des faits bibliques*, p. 109.

(4) « Nullus ergo in nobis... imitetur... asinum per stultitiam » (Hug. à Sancto-Victore, *Serm.* LXII, *De Arca Noe*) ; et six siècles avant Hugues de Saint-Victor, Boèce : « Segnis ac stupidus secundùm asinum vivit » (*De Consolat. philosophiæ*, lib. V).

tous ces caractères conviennent tout aussi bien au mulet, dont l'entêtement est proverbial, et nous ne voudrions pas répondre que ce dernier n'a pas été dans l'intention de l'auteur, par réminiscence d'un texte du Psalmiste (1), si nous ne lisions bien ostensiblement au-dessus de la chétive monture : *Animal Synagogæ : asinus stultus et laxus.* Cette indication est très-conforme, d'ailleurs, à ce que disent de ce symbole tous les écrivains ecclésiastiques et les bestiaires officiels du moyen âge. L'orgueil et la bêtise paresseuse n'y trouvent pas de plus dignes représentants; aussi a-t-on vu généralement dans l'ânesse montée par le Seigneur au jour de son entrée à Jérusalem le type de la Gentilité, appelée des ténèbres et des folies de sa vie mondaine aux lumières du royaume spirituel (2). On ne pouvait donc mieux faire

Idées dont l'âne est le symbole dans l'iconographie.

(1) « Nolite fieri sicut equus et mulus, quibus non est intellectus. » (*Ps.*, XXXI, 9.)

(2) Voir le *Physiologe* publié par les PP. Martin et Cahier, *Mél. d'archéol.*, t. III, p. 225 : « Li asnes salvages a la figure al déable, et si est la bête del monde qui plus s'esforce de braire et qui plus a laide vois et orible. » Ceci est du treizième siècle, comme le montre assez le langage de cette traduction du bestiaire latin de Guillaume le Normand. Voir la traduction et le commentaire de ce trouvère donnés par M. Hippeau, in-8°, Caen, 1852. — On voit parfois l'âne jouer de la vielle, pincer de la harpe, porter une chape : c'est toujours l'orgueil prétentieux, cherchant un mérite auquel il ne peut atteindre : la preuve s'en trouve dans la crypte de Parize-le-Châtel (Nièvre), où un âne tient une harpe au milieu d'autres sujets qui représentent les péchés capitaux. (*Statistique monumentale de l'arrondissement de Nevers*, par M. le comte de Soultrait, in-8°, 1851.)— Voir encore, pour beaucoup de détails, *Bulletin monumental*, t. XIV, p. 297, et XVII, p. 360.— Cependant rendons justice aux bonnes qualités de la pauvre bête; elle a aussi son *opposition :* elle est donc souvent la sobriété, le travail, la patience, le symbole enfin de la vie utile sans gloire et du mérite sans ostentation. Ceci soit dit pour la venger de ses mauvais côtés, et surtout de ce qu'en disent souvent les auteurs sacrés résumés par Wolfgang Franzius : « Patres passim exponunt asinam de gentibus, ut significetur Christum equitatorem super asinam, hoc est vocaturum gentes ad unionem Ecclesiæ. Gentes ergo fuerunt asinæ, hoc est simplices, stolidæ, et versatæ in magnis tenebris, » etc. (*Animal. histor. sac.*, p. 101 et seq.) Nous verrons ce qu'on a si improprement appelé *la fête de l'âne.*

que de livrer une telle nature pour symbole à la Synagogue, abandonnée de Dieu et rejetée si loin de son héritage. Les mots : *Et ego nesciebam*, écrits au-dessous de la tête de notre âne par Herrade, et qu'avait prononcés Jacob après le songe où il vit l'échelle mystérieuse, expriment, de reste, toute la signification qu'il faut donner ici à ce symbole. Ces mots ne se rattachent-ils pas évidemment à ceux du centurion et de la foule déicide qui, selon la parole du Sauveur à son Père, ne savaient ce qu'ils faisaient (1) ?

Derrière la Synagogue, et le plus près de la croix, est un personnage, vêtu avec distinction, comme Longin : on l'a appelé Stephaton, et c'est un des fils de la Synagogue, dignement placé auprès d'elle, comme s'il voulait venger la défaite de sa mère par une méchanceté de plus. Il tient d'une main le vase de vinaigre et de fiel, de l'autre le roseau et l'éponge, qu'il présente à sa victime. Nous avons dit que le divin Maître a déjà rendu le dernier soupir. Historiquement parlant, cette action ne devrait donc pas être mise ici; mais il s'agit bien plus pour nos artistes de l'ensemble symbolique du grand fait de cette mort salutaire et de ses adjacents, que de la précision chronologique des historiens ordinaires. Cette application du principe superhistorique n'est pas rare, nous l'avons déjà vue et nous la ferons observer bien d'autres fois. — S. Jean, debout, regarde cette mauvaise action du soldat cruel, et étanche ses larmes d'un pli de son manteau. Enfin, sur le dernier plan, Gistas, le mauvais larron, met le dernier trait à cette grande scène, dont il occupe l'extrémité. Encore vivant, mais silencieux et pensif, il détourne la tête, non peut-être sans quelque doute ni remords, du Dieu qu'il a osé insulter (2). Comme à son

<small>Stephaton, le porteur d'éponge.</small>

---

(1) « Vere Deus est in loco isto, et ego nesciebam. » (*Gen.*, XXVIII, 16.)—« Pater, dimitte illis : non enim sciunt quid faciunt. » (*Luc.*, XXIII, 34.)

(2) « Blasphemabat Eum dicens : Si tu es Christus, salvum fac temetipsum et nos. » (*Luc.*, XXIII, 37.)

compagnon, comme au Christ, une ceinture vaste et parfaitement drapée couvre le tiers de son corps ; comme à Dimas aussi, rien n'a été donné à ses pieds pour se supporter ; aucun clou, aucune corde même ne les attache ; leurs jambes sont marquées de blessures nombreuses que le Sauveur n'a pas, et leurs bras seuls, passés derrière la croix par-dessus sa traverse, semblent y attacher le corps et l'y retenir (1).

La gauche et la droite du Christ symbolisées par les actions différentes qui s'y accomplissent.

Ainsi nous avons vu du côté droit tout ce qui fait la consolation du Sauveur persécuté : sa Mère, calme et suppliant pour le monde ; l'Église recevant en notre faveur le gage éternel de sa puissance sur les âmes ; le Romain déicide converti à la foi ; le Juif repentant, admis aussitôt à la promesse de la gloire divine. — A gauche, au contraire, l'infidélité dogmatique, entêtée dans son aveuglement ; la méchanceté persévérante du Juif, poursuivant sa victime jusqu'au dernier soupir de son agonie ; le seul cœur d'un disciple chéri s'élevant au-dessus de ces noires ingratitudes, et l'endurcissement des âmes perdues se détournant de Jésus-Christ pour mourir dans l'orgueil de leur impénitence et de leur mépris.

Au-dessus de la croix, les deux astres ont pris leur position habituelle, et, en dehors, de chaque côté, le voile du temple, séparé en deux parts, n'offre plus que des lambeaux. C'est que, comme lui, désormais, le monde moral sera divisé pour sa propre ruine ou pour son salut, selon qu'il aura suivi la Synagogue de Satan ou l'Église vraie de l'Évangile et de la Croix (2).

(1) Ce qui indique peut-être pour les larrons le brisement de ces membres cité par l'Évangile : « Milites et primi quidem fregerunt crura et alterius qui crucifixus est cum eo. Ad Jesum autem cum venissent..., non fregerunt. » (*Joan.*, XIX, 32.) Cette mesure, qui servait à s'assurer que le supplicié était bien mort, ne fut pas appliquée à l'Homme-Dieu, et c'était encore la réalité dont l'Agneau pascal avait été le symbole : *Nec os illius confringetis* (Exod., XII, 46); et S. Jean le remarque bien : « Facta sunt hæc ut Scriptura impleretur » (XIX, 36).

(2) « Positus in ruinam et in resurrectionem multorum in Israel. » (*Luc.*, II, 34.) — « Se dicunt Judæos esse, et non sunt ; sed sunt synagoga Satanæ. » (*Apoc.*, II, 9.)

Tel est ce tableau, où l'on voit comme l'imagination vive et féconde de nos pères s'est exercée, aussi bien que par tant d'autres éléments moins compliqués, sur ce grand sujet de l'Église, vers lequel, comme vers le centre de leur vie morale, convergeaient tous les efforts de leurs pensées. Que serait-ce donc si nous avions à dérouler ici l'inépuisable série des autres symboles admis dans nos écrivains catholiques à reproduire ce même fait ! Mais plusieurs volumes resteraient insuffisants à cette tâche, et nous dirions par anticipation une foule de choses qui viendront mieux plus tard. Renvoyons donc, pour des études spéciales et plus vastes, aux manuscrits enluminés des douzième, treizième et quatorzième siècles ; aux châsses des Saints, aux sculptures extérieures et intérieures de nos vieilles églises ; à leurs verrières encore si belles, à leurs tableaux sur bois, à leurs fresques murales, à leurs diptyques devenus si rares, à leurs ivoires ciselés, à leurs émaux recherchés si justement. Dans tous ces témoignages de l'art chrétien ranimant à l'envi, pour la nourriture des âmes, toutes les grandes instructions de la foi, l'Église, à côté de son divin Époux, se retrouve « toujours parée de cette robe variée » du Prophète royal (1), de ces ornements innombrables qui sont sa vie esthétique. Avec Lui Elle règne, elle triomphe, elle gouverne ; en un mot, c'est d'Elle, dans son union avec Lui, que s'élancent, comme du foyer des plus hautes aspirations de l'intelligence, toutes les nobles pensées de la religion et de l'art.

Fécondité de l'art chrétien dans ses allégories sur l'Église.

(1) Astitit Regina... in vestitu deaurato, circumdata varietate. » (*Ps.*, XLIV, 10.)

CHAPITRE XV.

LES PÈRES DU PREMIER AU SIXIÈME SIÈCLE.

Le Nouveau Testament contenu en germe dans l'Ancien.

Quand l'Église chrétienne succéda à la Synagogue, Elle dut garder naturellement de celle-ci tout ce qui restait d'admissible dans l'expression du principe fondamental que le Sauveur était venu développer. En conservant avec respect les livres des Prophètes, dont la pure morale ne périssait pas, et qui portaient en eux tant de preuves anticipées de la vérité rédemptrice ; en plaçant vis-à-vis de l'Évangile le Pentateuque, qui n'en était que le germe encore obscur et inactif ; en nous donnant à méditer les Livres historiques où Jésus-Christ apparaît visible et lumineux dans chacun des plus illustres chefs du peuple d'autrefois, cette Mère, si admirablement fécondée par le sang de l'Époux mystique, avait à continuer à travers les peuples modernes sa mission divine de propagande sacrée par un enseignement

L'enseignement nouveau est donc fondé sur la doctrine qui en était la figure.

aussi fertile qu'animé, aussi populaire qu'universel. Cet enseignement naquit donc avec elle ; nous le voyons poindre dans l'Évangile ; Jésus s'y adonne, et, quand il recommande à ses quelques disciples « d'enseigner en son nom par toute la terre, » ces hommes, qui ne comprennent pas encore l'immense portée de ce précepte devenu le fondement de la prédication catholique, reçoivent cependant avec lui le grain de sénevé qui doit fructifier en eux subitement au jour prochain de la venue du Saint-Esprit. Ce jour-là devient la fête des langues (1) : toutes sont comprises de tous (2), et le premier usage que les Apôtres font de cette parole miraculeuse consacre l'indissoluble union des deux Alliances, en démontrant que les merveilles de ce jour avaient eu leurs symboles dans les histoires et les prophéties d'autrefois (3).

Rien de plus naturel donc que de se trouver entraîné, par les nécessités mêmes de l'enseignement nouveau, à faire valoir, en frappant les esprits pour toucher les cœurs, ces infaillibles ressorts de l'intelligence humaine que Dieu n'avait pas dédaignés, disons mieux : qu'il avait mis en œuvre dès le commencement. Aussi bien, la Loi n'était pas abolie dans son essence ; les modifications reçues par elle n'étaient que secondaires. Si les cérémonies prophétiques avaient disparu, le Décalogue n'en restait pas moins avec les détails du culte qui en ressortent. La réalité remplaçait les figures ; mais cette réalité, quoi de plus propre à la faire comprendre que d'en rapprocher les expressions primitives ? Le symbolisme était donc là, tout prêt à recevoir une plus ample extension que jamais. Il allait traduire aux esprits de tout ordre les mystères de la révélation, comme naguère encore il exposait aux enfants de Jacob les secrets à demi voilés de leur glorieux avenir.

<small>Le symbolisme ne peut donc s'en séparer.</small>

---

(1) « Accipietis virtutem supervenientis Spiritus Sancti in vos, et eritis mihi testes. » (*Act.*, I, 8.) — Et cum complerentur dies Pentecostes..., apparuerunt illis dispertitæ linguæ tanquam ignis, seditque supra singulos eorum, et repleti sunt omnes Spiritu Sancto, et cœperunt loqui variis linguis, prout Spiritus Sanctus dabat eloqui illis. » (*Ibid.*, II, 1-4.)

(2) « Erant autem in Jerusalem habitantes Judæi, viri religiosi ex omni natione quæ sub cœlo est... Multitudo et mente confusa est, quoniam audiebat unusquisque lingua sua illos loquentes. » (*Act.*, II, 5 et seq.)

(3) « Stans autem Petrus..., locutus est eis : Hoc est quod dictum est per prophetam Joel : In novissimis diebus effundam de Spiritu meo super omnem carnem..., et dabo prodigia in cœlo et in terra...; sol convertetur in tenebras, et luna in sanguinem. » (*Ibid.*, 14 et seq.) — Voir aussi, au treizième chapitre des *Actes*, le discours prononcé par S. Paul dans la synagogue d'Antioche de Pisidie.

C'est l'origine du mysticisme des Pères.

Telle est l'origine de ce qu'on appelle le mysticisme des Pères, c'est-à-dire de cette disposition à surnaturaliser par la pensée et par le cœur tout ce qui paraissait purement littéral dans l'Écriture et dans la tradition. L'habitude de tout reporter à Dieu dans les choses de la nature physique et dans leur propre existence devait leur faire adopter tous les points de comparaison qui s'offraient à eux entre la vie momentanée d'ici-bas et celle qu'ils espéraient dans le ciel. Depuis l'*Apocalypse* jusqu'à l'*Introduction à la vie dévote*, depuis S. Ignace d'Antioche, qui veut, en son épître aux Smyrniens, être broyé comme un froment sous la dent des bêtes qui l'attendent dans le cirque, jusqu'aux *Lettres spirituelles* de Fénelon et de Bossuet, quiconque a traité du salut par Jésus-Christ a senti, pensé et parlé comme aux premières heures du Christianisme. Pour s'en convaincre, on n'a qu'à ouvrir S. Clément, Origène ou S. Cyrille d'Alexandrie. Mais surtout on observera cette marche de l'intelligence catholique dans les nombreuses citations dont nous voulons nous appuyer jusqu'au bout dans cet ouvrage.

Rien de plus curieux, dans notre histoire religieuse, que ces premières démonstrations des catéchèses chrétiennes. Les prédications secrètes des trois premiers siècles côte à côte des persécuteurs, la foi et l'espérance inscrites aux parois inconnues des catacombes, les courageuses apologies qu'un petit nombre de plumes inspirées osèrent porter jusqu'au trône des empereurs, tout est plein de ce langage mystérieux des comparaisons et des symboles destinés à cacher aux païens, à élucider pour les fidèles d'augustes leçons qui ne pouvaient s'adresser qu'à eux. Ce fut dans le culte surtout que ces hautes pensées se divulguèrent. C'est au milieu des saintes assemblées, et dans l'action même du Sacrifice non sanglant, que les évêques, chargés presque seuls alors du ministère de la parole, répandirent, soit par la liturgie, soit par l'enseignement oral, tout ce qu'il fallait savoir, croire et pratiquer pour être inscrit parmi les enfants du Christ.

Leurs successeurs ne firent pas autrement, et ainsi la tradition des Apôtres se perpétua dans le dogme, dans la morale, dans l'enseignement ; elle emprunta les mêmes formes pour en revêtir la pensée catholique ; elle donna au culte, par la liturgie, le même langage extérieur ; et ainsi se remplirent du même esprit les innombrables pages dues aux Pères de l'Église et aux écrivains qui secondèrent le mouvement imprimé par eux à la foi.

En distinguant généralement ceux de ces écrivains qui vécurent dans les six premiers siècles, de ceux qui les suivirent jusqu'à nous, on donne aux premiers le titre spécial de Pères de l'Église. Ils ont fondé, en effet, sinon les dogmes reçus de Jésus-Christ, Vérité infaillible, au moins l'enseignement de la doctrine, et donné, pour ainsi dire, le plan à suivre soit dans le développement des principes théologiques, soit dans leur défense victorieuse contre l'hérésie et l'incrédulité. — On reconnaît sous le nom de Docteurs les Pères dont la doctrine et les opinions sont suivies et autorisées par l'Église. A côté d'eux se rangent avec honneur cette foule d'hommes, aussi pieux que savants, qui ont disserté des matières religieuses, et se sont fait un nom par la sûreté de leur jugement et leur incontestable attachement à la foi.

Différence entre les Pères et les Docteurs.

Le sentiment individuel des Pères ne peut faire loi en matière théologique. On doit distinguer dans leurs écrits ce qui est *dogme*, obligeant la conscience par la foi, et ce qui n'est qu'une *pensée personnelle*, représentant l'*opinion* particulière de l'écrivain. C'est ce que le pape S. Célestin Ier eut soin de faire observer aux évêques des Gaules, lorsque, leur mandant, à la fin de l'an 431, de réprimer les hardiesses de quelques prêtres qui attaquaient la doctrine de S. Augustin sur la grâce, il ajoutait néanmoins que rien n'obligeait à adopter tous les raisonnements de ce Père, et

En quoi l'autorité des Pères est ou n'est pas obligatoire pour les fidèles.

Sentiment du pape Célestin Ier et de S. Augustin à cet égard.

les diverses manières de développer sur ce point l'enseignement dogmatique (1). On trouverait dans ce grand Docteur d'autres exemples d'interprétations scripturaires qui n'ont pas toujours été suivies après lui, par exemple celle qui lui faisait expliquer les six jours de la création par autant d'époques indéterminées (2), et non par des jours de vingt-quatre heures, comme le texte mosaïque le dit positivement dans l'hébreu. Il faut donc l'unanimité des opinions ou l'accord du bien plus grand nombre pour faire loi, parce qu'alors cette unanimité est l'organe d'une tradition apostolique, car elle appartient par cela même à tous les temps et à toutes les Églises de la chrétienté. C'est l'application de la règle célèbre posée dès le cinquième siècle par S. Vincent de Lerins (3), règle que l'illustre solitaire avait trouvée dans S. Augustin lui-même, sur laquelle Tertullien s'appuyait antérieurement encore dans son beau livre des *Prescriptions* (4), et qu'on peut faire remonter jusqu'au commencement du deuxième siècle par S. Ignace d'Antioche, disciple de S. Jean

---

(1) Cf. Labbe, *Concilior.*, t. II, col. 1611.

(2) « Unus dicitur dies quo Deus fecit cœlum et terram..., cujus diei nomine omne tempus significari bene intelligitur. » (S. August., *De Genesi contra Manichæos*, lib. II, cap. III.)

(3) « Quod ubique, quod semper, quod ab omnibus creditum est. » (Vincent. Lirinens., *Commonitorium adversus hæreticos*, cap. II.)

(4) Voir S. Augustin, *Opere imperfecto contra Julianum*, lib. IV, n° 112, mais surtout dans une de ses lettres que nous voulons citer, parce qu'elle renferme toute la doctrine suivie avant et après le saint Docteur sur cette importante donnée théologique. « Illa, » dit-il, « quæ non scripta in libris canonicis, sed tradita custodimus; quæ quidem toto terrarum orbe observantur, debent intelligi vel ab ipsis Apostolis, vel plenariis conciliis, quorum est in Ecclesia saluberrima auctoritas, commendata atque statuta retineri; alia vero quæ per loca terrarum regionesque variantur, liberas habere variationes, nec disciplinam ullam esse in his meliorem gravi prudentique christiano quam ut eo modo agat, quo agere viderit Ecclesiam, ad quamcumque forte devenerit. Si quid vero totum per orbem frequentaverit Ecclesia, quid ita faciendum sit disputare, insolentissimæ insaniæ est. » (*Epist.*, 48.) — S. Irénée, dès le troisième siècle, argumentait de même contre les hérétiques (*Adversus hæreses*, lib. III, cap. III, n° 1).

l'Évangéliste (1). Or, en dehors du dogme, cet accord n'a jamais été plus complétement unanime que sur le symbolisme tel que nous le comprenons dans cet ouvrage. Nous allons le prouver, en cherchant dans les plus avoués d'entre nos auteurs l'expression de cette partie si intéressante de l'enseignement catholique.

On sait généralement quel est le beau caractère des Pères de l'Église. Ce furent presque tous de grands génies, doués d'une belle imagination, fortifiés dans la science des choses divines par de longues et attentives méditations ; aussi remarquables pour la forme littéraire de leurs écrits que par la vigueur de leur dialectique ; disposant aussi bien du vaste dépôt des connaissances humaines étudiées par eux dans les écoles de philosophie, que des Écritures, dont ils avaient puisé l'intelligence aux sources plus pures du Sauveur. De plus, c'étaient des cœurs tout imbus d'une charité sincère, d'une grande simplicité de foi fortifiée des plus austères pratiques des vertus chrétiennes, et que plusieurs soutinrent jusque dans le martyre. De là l'irréfragable autorité de leur nom, l'universelle confiance qu'ils possédèrent toujours dans l'Église comme les modèles les plus vénérables de la sainteté et du savoir. Quand une telle nuée de témoins se présente et atteste, on doit bien les croire. C'est à eux, ou à personne, qu'il faudra s'en rapporter sur la valeur de la thèse que nous soutenons.

Caractère moral et littéraire des Pères de l'Église.

Nous l'avons vu : Dieu dans l'ancienne Loi, les Prophètes dans leurs chants et leurs prédictions, Notre-Seigneur dans l'Évangile, S. Jean dans l'Apocalypse, S. Paul dans ses Épîtres, avaient procédé par le symbolisme. Les Pères, nourris de ces pages immortelles, avaient dû y apprendre à s'en servir ; ils y virent un vaste champ, ils l'exploitèrent au profit de leurs homélies, de leurs controverses et de leurs poèmes.

Comment ils adoptèrent le symbolisme chrétien.

(1) *Epist. ad Ephesios*, n° 3 ; *ad Magnesianos*, n° 4 ; *ad Trallenses*, n°ˢ 1 et 2, et alibi.

C'est dans ces admirables productions, non moins que dans les Livres bibliques, qu'il faut chercher les origines, les développements et la raison de l'art chrétien et des pratiques du culte extérieur.

<small>L'ignorance de leurs écrits et de leur méthode, cause de beaucoup de faux jugements.</small>

Et cependant cette recherche s'est faite rare jusqu'à notre époque, à travers les trois ou quatre derniers siècles, tout préoccupés de distractions politiques, de travaux superficiels ou d'oppositions voltairiennes à l'influence du catholicisme ; et cette agglomération de mauvais obstacles s'est grossie, dans notre siècle même, de l'insuffisance de certaines plumes s'ingéniant, sans vocation, à traiter de choses dont on ne soupçonnait même pas la connexité avec une foule d'autres. Si les Pères, en effet, ont une théologie, il faut la comprendre pour découvrir le sens des enseignements qu'ils répandent ; il faut donc absolument en aplanir les abords par beaucoup de lectures préliminaires. On y voit fourmiller des allusions à des précédents peu connus dans la littérature profane ; des applications variées, obscures pour le commun des savants, s'y relient aux dogmes compliqués de la philosophie antique et aux systèmes que s'étaient faits sur l'origine des choses les prytanées d'Athènes et de Stagyre. Platon et Aristote, Épictète et Plutarque, Sénèque et Cicéron, Pline et Marc-Aurèle sont là, sans qu'on s'en doute, rectifiés par la pensée chrétienne, mais d'autant plus capables d'embarrasser celui que des études théologiques n'ont pas initié au sens qu'il faut y voir. Le langage lui-même y a des formes nouvelles et originales que n'avait pas émises l'époque dite de la belle latinité, mais dont la spécialité énergique est un des plus beaux caractères de ses auteurs. Une noble fierté s'empare de ces âmes élevées qui, venues (quelques-unes du moins) de l'erreur païenne, ou heureuses d'une foi demeurée invariable depuis leur berceau, se répandent en expressions pleines de hardiesses et jettent leur défi catholique avec une véhémence de style qui traduit merveilleusement l'ardeur zélée de leurs convictions.

S. Justin, Tertullien, S. Clément d'Alexandrie, S. Jérôme, S. Augustin, sont remarquables surtout par cette vigueur de style, que tempèrent néanmoins les politesses de la rhétorique et les fréquentes réminiscences de Rome lettrée et des classiques de la Grèce.

Ce n'est pas qu'il faille s'attendre à rencontrer toujours chez eux ces élégances de la diction, qui, dans les Pères occidentaux surtout, luttèrent contre les affaissements de la langue, quand les guerres intestines et les invasions des barbares eurent introduit jusque dans les idiomes la rudesse des mœurs publiques : loin d'eux, fort souvent, la phrase étudiée et la tournure académique du style de Tacite et de Cicéron, de Virgile et d'Horace ! La science théologique a besoin d'un idiome à elle, qui se fasse des termes nouveaux et des expressions propres. Mais ce néologisme intelligent et ces ingénieuses prétentions à une vie littéraire toute nouvelle n'ôteront rien, qu'on le sache, à l'enthousiasme de la poésie dans Fortunat et Sédulius, ni à la fermeté philosophique dans Tertullien, S. Augustin et S. Isidore de Séville. Et dans ce fonds si abondant, sous cette forme si rude parfois en apparence, se développera toute cette littérature du moyen âge, où l'imagination et la raison cheminent ensemble, où les plus hautes pensées humanitaires sont toujours d'accord avec la foi ; où la vigueur et l'éclat du génie se réunissent à la douce énergie de la phrase en des hommes tels que S. Ambroise et S. Anselme, S. Bernard et Hugues de Saint-Victor. Nous en sommes fâché pour ceux qui prétendent écraser de leurs dédains cette chaleureuse et vive littérature du moyen âge ; mais ils ne font preuve que d'une ignorance aussi inexcusable qu'elle est hardie, et, s'ils se sont décidés à traiter ainsi les chefs-d'œuvre des Pères et des Docteurs, quoi d'étonnant qu'ils dédaignent, par la même raison, les arts et les sciences d'une époque si mal comprise !

Originalité de leur littérature.

Tant de science et d'esprit unis à une connaissance amou-

Leur étude in-

reusement acquise des dogmes chrétiens durent singulièrement favoriser, dans ces âmes d'élite, le développement de la méthode symbolistique; aussi elle y déborde à pleines pages, et c'est là, comme dans la glose la plus sûre des doctrines scripturaires, qu'il faut pénétrer pour comprendre le symbolisme et se hasarder d'en dire son mot. Mais qui s'engage à présent dans ces lectures grecques ou latines ? Combien, en dehors du clergé, peuvent s'arrêter, au milieu de notre vie agitée, dans ces graves et silencieuses méditations de mille beautés à peine soupçonnées ? De là si peu de solutions éclairées, tant d'incertitudes et d'ignorance chez la plupart des écrivains de notre temps, qui n'ont pu vivre dans l'intime familiarité de ces grands hommes, et qui, à titre d'historiens, d'archéologues ou de philosophes, soutiennent contre le Christianisme, et quelquefois sans trop le croire, des systèmes que de doctes réfutations ne suffisent pas toujours à renverser.

Nous avons maintenant à montrer les Pères de l'Église tout pleins de cette science qui a mission de se vulgariser au profit de l'esthétique chrétienne. Déjà nous savons comment ils procèdent, et beaucoup de ces grands maîtres sont venus sous nos yeux combattre pour notre camp et se ranger parallèlement à nos opinions, ou plutôt ce sont les leurs que nous avons adoptées, convaincus à leur école et instruits par leurs savantes et sûres leçons. Allons plus loin cependant; passons en revue beaucoup d'autres plus ou moins illustres qu'eux, formant à travers les siècles, depuis les premiers jours du Christianisme jusqu'à nous, une chaîne non interrompue de traditions vénérées et reçues universellement. Cet examen de chacun doit être rapide et concis, d'autant plus que les témoins sont en grand nombre; il doit moins nous représenter des faits, auxquels nous arriverons plus tard, que les opinions de chaque époque, et par elles une preuve authentique de ce qu'on y a cru et admis; nous acquerrons ainsi, en nous arrêtant aux principaux d'entre

dispensable à la science archéologique.

Examen chronologique des Pères et auteurs ecclésiastiques de chaque siècle, depuis le premier jusqu'au treizième.

eux, des notions de patrologie indispensables à l'intelligence de ce qui nous reste à étudier dans ce travail.

Donc, après les Apôtres, dont nous savons assez la pensée, l'histoire de l'Église nous offre, en tête des Pères par son ancienneté, ce disciple de S. Paul, nommé Hermas, dont nous avons cité le livre *Du Pasteur :* on sait déjà que ce livre est tout allégorique. Un pasteur qui apparaît à l'auteur dans une vision lui révèle, sous des formes figurées, des vérités dogmatiques sur l'existence de l'Église ici-bas. Ce livre, contemporain de l'Apocalypse, est comme une suite de manifestations et de préceptes moraux, mais beaucoup moins imagé, et surtout écrit d'un style beaucoup plus simple (1). On y découvre une continuelle allusion aux divers degrés de la pénitence publique, telle qu'on la pratiquait dans ces premiers temps. Sa doctrine l'a fait regarder d'abord comme canonique. Origène, au troisième siècle, et Rufin, au quatrième, le citaient comme appartenant au Nouveau Testament (2).

1er siècle : Hermas, et son livre *Du Pasteur.*

Le premier siècle nous offre encore S. Denys l'Aréopagite, disciple de S. Paul et premier évêque d'Athènes. Quoi qu'il en soit des critiques qui se sont entendus pour attribuer à d'autres ses livres de *la Hiérarchie céleste*, de *la Hiérarchie ecclésiastique*, des *Noms divins* et de *la Théologie mystique*, des savants ont prouvé que les témoignages allégués contre cette attribution ne sont pas valables, et que personne ne l'avait contestée avant le sixième siècle (3). C'est surtout dans les trois premiers de ces ouvrages que le symbolisme abonde. *Les Noms divins*, c'est-à-dire ceux qui se donnent aux trois adorables Personnes de la sainte Trinité,

S. Denys l'Aréopagite, et ses *Traités des Noms divins*,

---

(1) Voir Cottelier, *Patres apostolici*, t. I, in-f°, 1672.
(2) Origen., *In Epist. ad Romanos*, lib. X ; — Rufin, *Expositio in symbol. apostolicum.*
(3) Voir Natalis Alexandri *Dissertatio sæc.*, 1 ; et le P. Honoré de Sainte-Marie : *Réflexions sur les règles et l'usage de la critique*, t. I, in-4°, Lyon, 1712.

sont exposés avec beaucoup d'étendue, et l'auteur explique parfaitement comment nous sommes obligés, pour rendre l'idée exacte des opérations divines, de nous conformer au langage des hommes, qui lui prêtent, comme ce Dieu a fait lui-même tout d'abord, les mêmes formes et les mêmes facultés qu'à nous. « C'est louer Dieu dignement, dit-il encore, que de reporter à sa louange l'étude de toutes les choses créées et de les considérer toujours dans leurs rapports véritables avec Lui. » Ne voit-on pas dans cette idée l'origine de cette étonnante multiplicité de sujets divers appendus aux murs de nos églises, et qui, sous le nom de corbeaux, de corbelets ou de modillons, exercent, presque toujours avec si peu de succès, la perspicacité de quiconque n'en cherche pas la clef dans la philosophie du Christianisme ?

et De la Hiérarchie.

Mais le livre *De la Hiérarchie ecclésiastique* est particulièrement d'une haute valeur pour l'étude du symbolisme primitif. C'est une liturgie complète, et un développement de tous les mystères des sacrements et des rites dont on voit le berceau dès cette époque, et qu'on trouve universellement consacrés au douzième siècle pour toutes les cérémonies du culte chrétien (1). L'auteur y dit explicitement : « Ceux à qui Jésus-Christ a confié le soin d'établir et de régler la hiérarchie de l'Église ont, avec raison, choisi des objets sensibles pour exprimer et figurer des choses qui sont au-dessus des sens. Ces objets sont déterminés, les uns dans les saintes Écritures que ces illustres personnages nous ont laissées, les autres dans les traditions qu'ils nous ont transmises par une succession non interrompue de témoins. Ils savaient que notre nature, si dépendante des sens en tout point, avait besoin, pour s'élever à la hauteur des choses purement intellectuelles, d'être frappée et saisie par les

---

(1) S. Dionys., *De Hierarch. ecclesiast.* — Opp. græco-latina, edit. Cordier, t. II, p. 340. — Antnerp., 1634.

sens. » Notre théorie est tout entière dans ces mots; c'est pourquoi le moyen âge a fait tant d'estime de ce Père grec. Hugues de Saint-Victor a donné une longue exposition de *la Hiérarchie céleste*, où il fait ressortir tout ce qu'il y a de symbolique dans le texte de l'auteur (1) ; et, au treizième siècle, Durant de Mende l'attestait encore en expliquant d'après lui comment l'Église suit une pensée divine quand elle varie si largement les honneurs qu'elle rend à ses Saints (2).

Avec le deuxième siècle, nous apparaissent S. Irénée, S. Justin, Athénagore, S. Clément d'Alexandrie. Le premier, dans un Commentaire de S. Luc, s'attache à faire valoir ce principe, déjà développé par nous, que les Prophètes ont employé un grand nombre d'allégories et de paraboles qu'on ne doit pas expliquer selon le sens extérieur (3). Pour les comprendre il faut avoir ce que le Sauveur appelait « la clef de la science, » par quoi les interprètes entendent l'intelligence des Écritures et, par conséquent, du symbolisme qui s'y trouve répandu (4).

II° siècle : S. Irénée de Lyon.

L'*Apologie* de S. Justin à l'empereur Antonin renferme une observation qui, toute seule, prouverait l'importance qu'on attachait aux symboles dès le berceau de la religion. Le saint martyr y fait voir au prince comment Jésus-Christ avait été prédit, dans le mystère de son entrée à Jérusalem

S. Justin et son *Apologie*.

---

(1) Voir t. I opp., ed. Migne, col. 923.
(2) « Sane igitur hæc varietas circa festa servatur, quoniam sicut per Apostolum *stella differt in claritate a stella*, sic etiam erit resurrectio mortuorum. Cum ergo, secundum beatum Dionysium, ecclesiastica hierarchia repræsentet aliqualiter in suis actionibus seu ordinationibus cœlestem hierarchiam in qua Sancti secundum diversitatem meritorum suorum disponuntur, ideo ad hoc repræsentandum varietates diversorum officiorum in nostra Ecclesia reperiuntur. » (Duranti, episc. Mimat., *Rationale divinor. officior.*, lib. VII, de Sanctor. festivitatibus ; — mihi, f° 298.)
(3) S. Irenæi, lib. II, *In Luc.*, cap. xxviii.
(4) Voir S. August., *Quæstion. evangelicæ*, lib. II, cap. xxiii. C'est ce que le V. Bède appelle « usque ad intelligentiam sacratioris arcana penetrare. » (*In h. loc.*)

478 HISTOIRE DU SYMBOLISME.

et dans sa mort douloureuse, par les paroles de Jacob mourant (1). Ce mystère d'un fils « qui attache son ânon à une vigne et qui lave son vêtement dans le sang du raisin » était un symbole, dit notre savant apologiste; il signifiait certaines choses que Jésus-Christ devait faire et d'autres qui devaient lui arriver. C'est Lui, en effet, qui envoya chercher pour son service le petit de l'ânesse qu'on avait attaché au tronc d'une vigne à l'entrée du bourg de Bethphagé; c'est Lui encore dont la Passion accomplit toutes les promesses d'expiation que les fidèles devaient trouver dans l'effusion de son Sang, devenu pour nous le vin Eucharistique (2).

S. Hippolyte. S. Irénée eut pour disciple S. HIPPOLYTE, dont la vie est devenue si obscure qu'on ignore même jusqu'au Siége qui lui fut donné avec l'épiscopat; mais les écrits de ce Père nous sont restés, et quelque mal compris qu'il ait pu être par les critiques du dernier siècle, peu instruits de ce qui regarde le symbolisme (3), on doit voir en lui un des plus fidèles adeptes du figurisme scripturaire. Nous ne dirons pas qu'il ne l'ait pas outré quelquefois; ce qui est certain, c'est que ses apparentes exagérations sont admises par d'autres, et témoignent moins d'une pensée personnelle que d'une réelle connaissance de l'Écriture et du droit qu'on a toujours eu de l'interpréter selon les règles symbolistiques. Nous sommes donc moins étonné que l'abbé de Longchamp de voir notre docteur prétendre, dans son Commentaire sur

---

(1) « Juda ipse erit exspectatio gentium, ligans ad vineam pullum suum. Lavabit in vino stolam suam, et in sanguine uvæ pallium suum. » (*Gen.*, XLIX, 11.)

(2) « Istud porro : *ligans ad vitem pullum suum et lavans in sanguine uvæ stolam suam*, symbolum erat, res significans partim Christo eventuras, partim ab Eo gerendas, » etc. (S. Justini *Apolog. ad Antoninum Pium*, n° 32.)

(3) L'abbé de Longchamp, *Tableau historique des gens de lettres*, t. I, p. 175, in-12, 1767, livre sans mérite et d'un insupportable pédantisme.—Voir notre *Étude sur les historiens du Poitou*, p. 179, in-8°, Niort, 1870.

l'*Histoire de Suzanne*, que Joachim est la figure de Jésus-Christ, que le verger signifie la vocation des Saints, plantés dans l'Église comme des arbres fruitiers, et que les deux vieillards sont les Juifs et les Gentils, qui dressent des embûches à l'Église, dont Suzanne est le type mystérieux (1). Pour peu qu'on sache la Bible et qu'on ait lu ses interprètes, on retrouve là des réminiscences du juste florissant comme une palme (2), de l'arbre planté le long des eaux et donnant ses fruits en son temps (3), de la femme persécutée par le dragon infernal (4); surtout on y voit une preuve évidente que, dès cette époque primitive, le symbolisme catholique était formé.

A défaut d'autres preuves, n'en trouverions-nous pas assez dans S. MÉLITON, dont nous avons cité déjà si souvent l'autorité longtemps oubliée? Évêque de Sardes en Lydie, il florissait vers l'an 150. En 171, il écrivit et adressa à Marc-Aurèle son *Apologie pour les chrétiens*, que nous ne connaissons plus que par des fragments. Ceux-ci sont en syriaque ; d'autres morceaux, qui les accompagnent, sont en grec et regardent les mystères fondamentaux de la religion. Le symbolisme n'y manque pas (5); mais c'est surtout dans sa *Clef* ou explication des symboles scripturaires qu'on voit établi au long le système d'interprétation dont le saint auteur pourrait être regardé comme le père ; car il ne semble pas qu'avant lui aucun autre eût rédigé une suite raisonnée de principes applicables à l'exégèse biblique. Après lui, au contraire, sont venus en foule des imitateurs de cette méthode, et le douzième siècle surtout, siècle symbolistique s'il en fut, a vu un grand nombre de commentaires popula-

S. Méliton, évêque de Sardes, et sa *Clef des Ecritures*,

---

(1) Voir *Biblioth. Patrum*, t. I, p. 570.
(2) « Justus ut palma florebit. » (*Ps.*, XCXI, 13.)
(3) « Erit tanquam lignum quod plantatum est secus decursus aquarum, quod fructum suum dabit in tempore suo. » (*Ps.*, I, 3.)
(4) Voir, supra, *Apocalypse*, ch. XII.
(5) Voir *Spicileg. Solesm.*, t. II, p. XXXVII à LXIV.

riser la science du maître. Quant au livre lui-même, il resta, par une de ces étranges fortunes faites à quelques-uns, longtemps enfoui dans les bibliothèques à l'état de copies manuscrites, à peine connu de quelques savants, jusqu'à ce qu'enfin l'illustre cardinal Pitra, un de nos érudits bénédictins modernes, que des recherches assidues avaient mis sur sa trace, le découvrit dans la bibliothèque de Strasbourg, et le publia, en 1855, dans le beau recueil consacré par lui à la gloire littéraire de la nouvelle abbaye de Solesme (1). Outre le texte, l'habile éditeur eut l'excellente idée de publier en regard les divers passages des Pères et écrivains ecclésiastiques où se déroule la doctrine symbolistique dont Méliton n'avait fait qu'énoncer les principes absolus, sans autre développement théologique. De la sorte, nous voyons dans ce livre plein d'intérêt se grouper autour du saint évêque toute la science du moyen âge et comme une abondante encyclopédie pour l'interprétation de l'Écriture sainte. La vaste érudition et la sûre perspicacité du docte et laborieux bénédictin n'ont rien oublié de ce qui pouvait compléter les notions du lecteur sur l'auteur primitif, non plus que sur ceux qui, en le suivant, se sont appliqués à en faire valoir toutes les ressources. La science antique n'y pouvait rester étrangère ; elle y apporte le souvenir et les nombreux témoignages des anciens sur les mêmes sujets ; et c'est une étude pleine d'intérêt que le rapprochement, facilité par ces autorités si compétentes, entre les opinions de Pline, Aristote, Æmilius Macer, Æschrion, Diophane, et tant d'autres écrivains du paganisme, et les plus illustres Pères du Chris-

savamment éditée par dom Pitra.

---

(1) Dom Pitra a raconté lui-même, dans une élégante *introduction* latine au second volume de son *Spicilège*, tous les détails de cette découverte, avec l'histoire scientifique de ce livre précieux, qui remplit le second volume et une partie du troisième (voir t. II, p. XIII et suiv.). Ce troisième se termine par beaucoup d'autres opuscules fort curieux à notre point de vue, et que nous aurons occasion de citer dans la suite de ce travail.

tianisme, depuis S. Méliton lui-même jusqu'à S. Bernard et Innocent III.

La *Clef* de Méliton se divise en treize chapitres dans lesquels le pieux successeur de S. Jean au siége de Sardes traite successivement de toutes les choses mentionnées dans la Bible comme ayant quelques rapports avec la vie humaine, spirituelle ou terrestre. Dieu, Jésus-Christ, le monde physique, l'homme, les métaux, les arbres et les fleurs, les oiseaux, les animaux en général, les nombres, les noms propres de la langue hébraïque, se partagent cet immense répertoire, qui peut être considéré comme un traité complet du symbolisme des personnes et des choses. Tout ce qu'il dit, tout ce qu'il fait penser est pour nous en particulier d'une autorité d'autant plus appréciable que nous y trouvons confirmées toutes les théories que nous nous étions faites sur cette matière longtemps avant la publication de ce livre (1) : tant il est vrai que la même foi, les mêmes études, fondées sur l'inébranlable principe de la sagesse de Dieu et des infaillibles enseignements de l'Église, conduisent sûrement à un même résultat dans l'interprétation des mêmes mystères ! Des tables, et des résumés d'autres mains plus récentes, mais fort anciennes, complètent l'édition de dom Pitra, en multipliant pour le lecteur les preuves qu'il a le droit d'exiger et qui fortifient toutes ses convictions.

Pour donner maintenant un spécimen de la méthode suivie par S. Méliton, ouvrons au hasard la *Clef des Écritures*. Voici le chapitre III : *De supernis creaturis*. Au n° 24 se trouve l'explication symbolique du mot *tonitruum*, et nous lisons à la suite : « *Prædicatio superni terroris : vox tonitrui tui in rota.* » (Ps. LXXVII, 19.) — « *Dominus ascendit in cœlos et tonat.* » Ici une explication de l'éditeur sur ce texte, qu'on

---

(1) Voir notre explication des modillons *de la cathédrale de Poitiers*, dans l'*Histoire* de ce monument, t. 1, p. 218 et suiv., in-8°, 1849.

ne retrouve pas identiquement dans la Vulgate, mais qui s'y rencontre par des analogues. Enfin le sens donné par la première explication se confirme par cet autre passage de Job (XXXVIII, 26) : « *Quis dedit vehementissimo imbri cursum et viam sonantis tonitrui ?* »

Ainsi le tonnerre est d'abord le symbole des mécontentements du Seigneur contre les hommes; mais il l'est aussi de Jésus-Christ lui-même : « *Tonitruum, Christus;* » et l'auteur ajoute : « *Unde Apostoli* Boanerges, *id est filii tonitrui.* » (Marc, III, 17.)

De là nous passons aux divers commentaires des anciens, et tour à tour nous voyons S. Eucher de Lyon, S. Grégoire le Grand, Raban-Maur, Pierre de Capoue, les moines anonymes de Clairvaux et de Cîteaux, Pierre de Riga et d'autres s'étendre sur ce sujet et apporter à ce bouquet ingénieux les fleurs qu'ils ont recueillies de toute part dans le parterre des Écritures et de la tradition (1). — Tels beaucoup d'autres mots se rapportant à ce chapitre des « créatures qui se forment en haut : » la grêle, la pluie, la glace, la neige, etc.

S. Clément d'Alexandrie, et son Pédagogue.

Vers la fin de cette même période, éclairée par les veilles de S. Méliton, S. CLÉMENT D'ALEXANDRIE, mort en 217, écrit son livre du *Pédagogue*, instruction sur les choses de la foi, importante étude des premiers élans du Christianisme vers les âmes. Ce livre, comme tous les autres du même auteur, fait l'admiration de S. Jérôme, qui les trouve pleins de science et de philosophie (2). Eusèbe, S. Cyrille d'Alexandrie vantent sa vaste érudition et sa rare sagacité (3). Or, dans ce livre du *Pédagogue*, le Saint énumère en un long

(1) Voir *Spicileg. Solesm.*, t. II, p. 82 et suiv.
(2) « Insignia volumina, plenaque eruditionis et eloquentiæ, tam de Scripturis divinis quam de sæcularis litteraturæ instrumento. » (S. Hieron., *De Scriptoribus ecclesiasticis*, cap. XXXVIII.) — « In eo quid indoctum, imo quid e media philosophia est? » (Id., *Epist.* 83 *ad Magn.*)
(3) Voir le *Pédagogue* de S. Clément d'Alexandrie, in-8°, Paris, 1696, lib. III, cap. II.

passage, auquel nous ne pouvons que renvoyer, une foule d'objets symboliques dont les chrétiens se servaient déjà pour exprimer les pensées de la religion. Tout ce qui était à leur usage, dans les relations de la vie commune comme dans le culte, se rattachait pour eux, par quelque figure mystérieuse, à la connaissance et au souvenir des enseignements et des mystères. Leurs cachets portaient l'empreinte de ce *poisson* dont le nom grec exprimait par chacune de ses lettres les initiales des noms et de l'attribut spécial du Sauveur; ou bien la colombe solitaire, donnée pour type à l'âme chrétienne, isolée dans le monde sous l'abri de la foi, gémissant des longueurs de son exil, se gardant pure et chaste pour Dieu, en dépit des impuretés de la terre; — ou bien encore c'est la lyre à sept cordes, voix du cœur sanctifié, s'élevant au ciel par la pieuse harmonie qu'établissent en lui les sacrements et les dons surnaturels de l'Esprit divin.— C'est encore l'ancre de l'Espérance, fixant les regards de l'âme vers le port éternel d'où lui viendra son secours. — C'est le navire lui-même, Église voilée aux yeux profanes, mais bien connu des initiés et rappelant la pêche miraculeuse de leur adorable Chef. Et tout cela, remarquons-le bien, se répétait avec mille autres figures sur les pierres funéraires des catacombes, feuillets précieux du livre le plus symbolique de nos annales sacrées ; et tout cela était maintes fois emprunté des païens eux-mêmes, lesquels ne se doutaient guère que le sens admis par leur mythologie méprisée s'adaptât ainsi à des dogmes si différents. Nous verrons le symbolisme chrétien partir de là pour se répandre dans le monde avec la foi, qui l'envahissait de plus en plus, et pénétrer de ces obscures demeures des martyrs dans tous les livres de l'enseignement catholique.

Les autres écrivains du même siècle ne sont pas moins explicites.

Un disciple de S. Justin, qui marcha bien loin de son maître et désola l'Église de son temps par les plus auda- Tatien et son *Physiologue*.

cieuses hérésies, Tatien, chef de la secte des *éneratites* ou *continents*, vient encore, quoique dans des rangs hostiles, poser parmi les symbolistes les plus décidés. C'est bien à lui, pense-t-on, qu'il faut attribuer le premier *Physiologue* ou *Bestiaire* où soit traité d'une façon doctrinale, et pour ainsi dire officielle, de la nature des animaux et de leurs relations morales avec l'homme. Il est vrai que ce livre fut condamné pour ses hétérodoxies au concile tenu à Rome en 496 par le pape Gélase ; mais il n'en est pas moins, bon ou mauvais, l'expression très-attachante des opinions contemporaines plus ou moins exagérées et du système symbolistique dont on faisait dès lors un assez grand cas pour lui consacrer des traités spéciaux. D'ailleurs, les erreurs graves qu'on reproche à Tatien ne sont propres qu'à certaines opinions de son livre, et n'empêchent pas le reste d'être acceptable. C'est de lui probablement que s'inspirèrent tous ceux qui peu à près, et jusqu'au treizième siècle, se sont disputé le champ du zoologisme chrétien ; de là aussi les nombreuses traductions qu'en ont vues les quatorzième et quinzième siècles, et dont le savant P. Cahier a donné tout récemment un si intéressant commentaire (1).

IIIe SIÈCLE : S. Cyprien de Carthage, en ses divers livres.

S. CYPRIEN DE CARTHAGE occupe les cinquante-huit premières années du troisième siècle. Il prêche, il écrit, et partout on le trouve exploitant, au service de la doctrine, les sources vives des symboles bibliques et les mystérieuses figures des dogmes chrétiens. Il voit dans les Patriarches, dans les Prophètes et dans les Justes de l'ancienne Loi autant de présages vivants du Christ à venir (2). Dans une de ses nombreuses lettres, il rappelle qu'au dix-neuvième chapitre de l'Apocalypse les eaux signifient le peuple, et que

---

(1) Voir *Mélanges d'archéologie*, etc., t. II, p. 88 et suiv., et *Vitraux de Bourges*, p. 80.

(2) « Invenimus et Patriarchas, et Prophetas, et justos omnes qui figuram Christi, imagine præeunte, portabant. » (S. Cypriani, *De Bono Patientiæ*.)

le Sang de Jésus-Christ a été figuré par le vin. Ainsi, ajoute-t-il, après le mélange du vin et de l'eau dans le calice, le peuple est uni à Jésus-Christ étroitement; et comme ces deux éléments ne peuvent plus être séparés, l'Église, c'est-à-dire les fidèles persévérants dans la foi ne peuvent se séparer de Jésus-Christ, mais y demeurent toujours attachés (1).

ORIGÈNE est de la même époque. Nous en avons parlé en traitant du sens figuré des Écritures, et nous savons qu'on a singulièrement exagéré les accusations contre l'abus qu'on lui impute du figurisme. Quelque erroné que puisse avoir été ce reproche, ce sont les protestants qui d'abord ont donné à cette accusation les proportions d'une calomnie, et beaucoup de catholiques plus ou moins *sincères* se sont fait un plaisir de les imiter en cela, comme Jaucourt, par exemple, qui insulte à toutes les belles qualités de nos grands hommes en affaiblissant de toute la force de ses tirades voltairiennes l'illustre réputation que leur maintient à jamais le respect du monde catholique (2). Ce qui est certain, c'est qu'Origène cherche et trouve partout le symbolisme, et l'emporte de beaucoup, par le soin qu'il prend de le signaler, sur tous les Pères qui l'ont précédé et suivi. Ses images ont, pour cela même, beaucoup de vivacité; le dogme, la discipline, la morale, lui fournissent une multitude de comparaisons aussi ingénieuses qu'énergiques, et il passe avec raison pour celui de tous les écrivains ecclésiastiques qui

Origène, et ses Homélies.

---

(1) *Epistolar.*, lib. 1, epist. VI.
(2) Voir *Encyclopédie* de d'Alembert, in-4°, t. XXV, p. 300, v° *Pères de l'Église*. Cet article, comme bien d'autres, est une rapsodie prise dans tous les ennemis du Catholicisme, renouvelée des injustices des anciennes sectes et des philosophes modernes. Tous les écrivains dissidents n'ont pas toujours été aussi injustes, nous l'avons remarqué déjà, et Winkler, pour ne citer que lui, aimait à disculper les Pères des imputations écrites contre eux par l'ignorance et les préjugés de ses coreligionnaires. (Voir J.-J. Winkler, *Philogometa Lactantiana*, præfat.)

486　　　HISTOIRE DU SYMBOLISME.

Extension des bras pendant la prière.

a le plus accrédité ce moyen d'interprétation. Le péché, à ses yeux, est un adultère avec le démon. — L'extension des bras, ou l'élévation des mains, fréquemment usitées de son temps dans la prière, expriment les dispositions que le cœur doit y avoir en s'appliquant tout à Dieu (1); cette dernière observation est surtout à noter. Avant la reprise générale du rite romain par les Églises de France, plusieurs d'entre elles avaient encore ce touchant usage, dont nous voyons ici la haute antiquité, de faire étendre les bras du prêtre lorsqu'il disait l'*Unde et memores* qui suit la Consécration... C'était alors une allusion symbolique à la croix, dont il venait de renouveler le Sacrifice, et sur laquelle Jésus-Christ avait étendu ses bras divins pour inviter tout le monde à s'y jeter. Quand le même cérémonial romain existait partout, même avec des liturgies particulières, on conservait dans les différents diocèses certaines coutumes immémoriales fondées sur des traditions toujours vénérables, toujours chères aux populations. Pourquoi s'en être dépouillé, et spécialement de celle-ci, quand tout devait les faire aimer, quand le plus touchant symbolisme plaidait pour elles, quand Rome elle-même, la mère et la maîtresse des Églises, n'eût trouvé sans doute aucun motif d'en interdire la continuation ?

S. Victorin de Poitiers, et ses Commentaires.

S. Victorin ne doit pas être oublié au milieu de ces témoignages. Évêque de Poitiers et victime de la persécution sous Dioclétien (2), il couronne ce siècle par la fécondité de ses ouvrages, qui ne sont que des commentaires de l'Écriture loués par S. Jérôme (3). Ce Père, trompé, a-t-on dit, par la ressemblance de deux adjectifs latins (*patabiensis* et *pictaviensis*), l'aurait cité comme évêque de Poi-

---

(1) Origen., *Homilia* I *in Luc.*, cap. II.
(2) De 284 à 303.
(3) « Opera ejus grandia sensibus, viliora videntur compositione verborum, non æque enim latine ut græce noverat. » (S. Hieron., *De Scriptor. ecclesiast.*)

tiers, où il n'a jamais siégé; cette erreur, si c'en était une, n'infirmerait en rien le jugement qu'il porte de ses écrits (1). Nous avons cité plusieurs fois le commentaire de S. Victorin sur l'Apocalypse. Nous aurions pu parler de l'importance qu'il attachait au symbolisme des nombres, et, à cet égard, il est un digne devancier de S. Augustin, qui ne l'aurait pas désavoué à l'occasion de ce qu'il dit sur le jeûne et sur le nombre *quatre* qu'il y rattache (2).

S. Paulin, S. Jérôme, S. Grégoire de Nazianze, S. Léon le Grand, S. Basile, S. Hilaire de Poitiers, S. Épiphane, S. Cyrille de Jérusalem, S. Jean Chrysostome et beaucoup d'autres nous dévoilent au quatrième siècle l'horizon toujours plus vaste de notre sujet. Écrivains infatigables, usant de la plume comme de la parole pour éclairer les consciences, pour défendre le dogme et la morale attaqués de toutes parts contre les hérésies qui se multiplient à mesure que le paganisme s'éteint, on les voit se serrer sur la brèche

IVe siècle : beaucoup d'écrivains de cette époque.

(1) Ce Victorin fut réellement évêque de Poitiers et n'est autre que Nectarius, dont le nom grec est l'équivalent de Victor, *vainqueur, immortel*. Une épitaphe ainsi conçue: HIC REQUIESCIT NECTARIVS ANTISTES, a été retrouvée, non loin de la basilique de Saint-Hilaire, à Poitiers même.—Voir *Bulletin de la Soc. des antiq. de l'Ouest*, t. X, où nous avons établi le fait de cet épiscopat comme devant être replacé dans l'histoire de notre Église; et en effet, nous l'y avons restitué dès le premier chapitre (Origines) de notre *Histoire de l'Église et de la province de Poitiers*.

(2) « Quarto die fecit Dominus duo luminaria in cœlo (*Gen.*, I, 16)... Nunc ratio veritatis ostenditur quare dies quarta *tetras* nuncupetur; quare usque ad horam nonam, aut usque ad vesperam jejunamus... Mundus itaque iste ex quatuor elementis constat: igne, aqua, cœlo, terra. Hæc igitur quatuor elementa temporum *tetradem* faciunt. Sol quoque et luna per anni spatium quatuor tempora efficiunt: veris, ætatis, autumni, hyemis; et hæc tempora *tetradem* faciunt. Et ut ex ea re longius enarrem, ecce quatuor animalia ante thronum Dei (*Apoc.*, IV, 6); quatuor Evangelia; quatuor flumina in paradiso fluentia: Geon, Fyson, Tigris, Euphrates (*Gen.*, II, 10); quatuor generationes populorum ab Adam usque ad Noe, a Noe usque ad Abraham, ab Abraham usque ad Moysen, a Moyse usque ad Christum; et quatuor animalia: hominis, leonis, vituli, aquilæ »(*Apoc.*, IV, 7).—(S. Victorini martyris *Fragm., De Fabrica mundi*; Migne, *Patrolog.*, t. V, col. 303.)

et fortifier leur argumentation de toute l'autorité de la parole divine. Cette parole, ils la publient, la commentent sans cesse dans la chaire et dans les livres, et ce double moyen s'appuie toujours des mille symboles de la foi. Il n'est rien dans aucun ordre des choses créées qui n'apporte son tribut à cette divulgation de la pensée divine, et tout ce qui précède dans notre travail, comme tout ce qui suivra tend à démontrer avec quelle inépuisable variété de forme s'en étaient acquittés les plus beaux génies de cette grande époque. Déjà, en effet, le sens allégorique de l'Écriture était si bien accepté de tous que les mystères si profonds de l'Apocalypse se montraient aux chrétiens dans tout le jour de leur vérité : nous avons déjà remarqué ce qu'Eusèbe rapporte de Constantin : après la victoire définitive qui le plaça sans rivaux sur le trône de l'univers, ce prince voulut faire voir dans la croix la cause principale de la destruction de l'idolâtrie. Il se fit représenter dans un tableau destiné à une exposition permanente au frontispice de son palais. Au-dessus de sa tête brillait la croix, et, sous ses pieds, le dragon ennemi du genre humain, si longtemps acharné contre l'Église et vaincu par Elle, était transpercé d'une lance et tombait au fond de la mer, selon l'image qu'en avait décrite le dernier des Prophètes évangéliques (1).

Tableau symbolique de Constantin, vainqueur du paganisme par la croix.— Relations de ce fait avec le cavalier des tympans d'églises.

(1) Voir les trois premiers versets du chapitre XX de l'Apocalypse, et l'explication de ce texte dans ce volume, ci-dessus, p. 330. — Voici le texte d'Eusèbe où nous puisons ce renseignement : « Constantinus statuam in loco Romæ celebri collocari noluit, nisi cum hastili ad formam crucis in manu propriæ imaginis, et cum inscriptione : HOC SALUTARI SIGNO, VERO FORTITUDINIS INDICIO, CIVITATEM VESTRAM TYRANNIDIS JUGO LIBERAVI. » (Euseb., *De Vita Const.*, lib. I, cap. XXXIII.)—« Quin etiam tabula depicta quam in sublimi ante palatii vestibula suspenderat, se omnium oculis contemplandum proposuit... salutareque passionis *insigne* supra caput ipsius beatum in pictura exprimendum. Inimicam autem illam et hostilem *belluam* qua Ecclesiam Dei impiorum tyrannide oppugnasset, *draconis specie et figura* describendam curavit..., medio ventre transfixam, et in profundos maris fluctus præcipitatam subtili et artificiosa pictura. Ita imperator voces propheticas adumbra-

LES PÈRES DU QUATRIÈME SIÈCLE.   489

S. JÉRÔME, quoique mort en 420, occupe une portion considérable du quatrième siècle et peut lui être attribué par la date de ses œuvres bien plus encore qu'au suivant. Il faudrait épuiser les pages éloquentes de cet illustre interprète des Écritures pour réunir tout ce que le symbolisme lui doit de doctes et ingénieuses applications. Il n'est rien des choses sacrées qui, déjà de son temps, et dans ses livres, ne soit l'objet d'une explication surnaturelle. Il ne veut pas qu'on regarde les cierges allumés pendant le chant de l'Évangile comme destinés à donner une lumière matérielle, inutile en plein jour; ils sont, dans cette circonstance, l'expression de la joie spirituelle des cœurs chrétiens (1). Il trouve dans le texte de Job, qui espère « mourir dans son réduit, et voir ses jours se multiplier ensuite comme les branches du palmier, » une prophétie de la répudiation des Juifs et de l'adoption des Gentils (2). Il développe l'Évangile d'après la même méthode, comme on peut le voir dans tous ses

S. Jérôme, et sa fécondité symbolistique.

Les cierges allumés pendant le chant de l'Évangile.

tione quadam est impertitus. » (*Ibid.*, lib. III, cap. III.)—Il n'est pas difficile d'établir ici, entre ce vainqueur frappant le dragon, l'ennemi du Christianisme abattu par lui, et le cavalier de nos tympans d'églises foulant aux pieds de son cheval le petit bonhomme atterré, un rapprochement qui vient encore fortifier l'opinion la plus généralement reçue enfin sur le sens de cette sculpture symbolique. La même pensée s'est revêtue là et là de formes diverses mais équivalentes. Quoi de plus clair et de moins contestable à mesure qu'on découvre plus sûrement l'action du symbolisme sur l'art chrétien?

(1) « Per totas orientales Ecclesias, quando legendum est Evangelium, accenduntur luminaria, jam sole rutilante, non utique ad effugandas tenebras, sed ad signum lætitiæ demonstrandum. » (*Contra Vigilantiam.*) — Le *Micrologue*, ouvrage du onzième siècle sur la liturgie, indique cette lumière comme un symbole de celui qui s'est appelé *Lux mundi.*— Tous ces témoignages sont évidents, contre les opinions du P. Lebrun et celle trop légèrement adoptée de l'abbé Pascal, auteur des *Origines et Raison de la liturgie catholique*, livre où abondent les inadvertances et les erreurs.

(2) « In nidulo meo moriar, et sicut palma multiplicabo dies meos. » (*Job*, XXXIX, 18.)—« Dominus in Ecclesia quasi nidulo suo..., in qua provocat et nutrit filios suos, mori dicitur...; sed... cum ex resurrectione fuerit glorificata, palmæ celsitudinem obtinebit. » (S. Hieron., opp., t. V, p. 739, edit. Bened.)

nombreux commentaires, et il est un de ceux dont la savante fécondité nous vaut le plus de renseignements sur l'état de la science esthétique à son époque, outre les traces intéressantes qu'on trouve dans ses écrits d'une foule d'usages liturgiques déjà réglés avant lui et dont son autorité prouve en maintes rencontres le sens véritablement spirituel.

S. Hilaire de Poitiers; son *Commentaire sur S. Matthieu.*

S. Hilaire, la gloire de notre chère et admirable Église de Poitiers, qui lui doit encore le magnifique reflet de ses premiers jours, ne saurait être oublié ici, dussions-nous paraître un peu long dans cette riche énumération de nos ressources. Génie aussi capable qu'aucun autre de sentir les rapports des choses de Dieu à celles de l'âme humaine, il n'avait pu que fortifier dans son séjour de quatre années en Orient son intelligence du langage symbolique dont l'Occident était plein. Aussi son *Commentaire sur S. Matthieu* abonde-t-il d'allusions toutes prises dans le sens mystique des paroles sacrées. Pour n'en citer qu'un exemple, reportons-nous au premier chapitre de cet Évangéliste. Nous y voyons le grand Docteur, que suivront plus tard S. Augustin et S. Grégoire, donner une signification allégorique aux présents des Mages, dont l'or, l'encens et la myrrhe représentent la royauté, la divinité et l'humanité de Jésus-Christ. Il va plus loin, et trouve une prédiction de la mort douloureuse du Sauveur dans cette myrrhe qui sert aux embaumements; comme un présage de la résurrection dans l'encens, et de son autorité de juge dans cette même royauté que l'or symbolise. De la sorte, ces offrandes exprimaient fort bien les titres principaux de l'Enfant-Dieu qui les acceptait. D'autre part, leur choix de telles substances n'était pas des plus précieux, puisque les Mages avaient dans leur pays autant d'or que de parfums divers. C'était donc plus au sens des choses qu'à leur valeur réelle que les princes orientaux durent s'attacher (1).

(1) « Oblatio munerum intelligentiam in eo totius qualitatis expressit : in auro Regem, in thure Deum, in myrrha Hominem confitendo.

Dans son beau livre *De la Trinité*, S. Hilaire fait encore allusion à divers passages bibliques où Jésus-Christ est comparé à un ver de terre pour ses anéantissements infinis, et il énumère les raisons qui ont fait comparer ce Dieu si grand à un être si misérable et si petit. Le ver de terre, en effet, est censé, dans les livres des anciens, le produit d'une génération spontanée, ce qui convient à la naissance miraculeuse du Sauveur; il sort plein de vie des entrailles de la terre, et voilà la résurrection. Aussi, quand le Christ promet avec le Prophète des Psaumes « d'annoncer le nom du Seigneur à ses frères (1), » il prédit par cela même son incarnation et sa sortie du tombeau (2). Un laborieux et patient archéologue fait remarquer avec beaucoup de justesse que pour s'exprimer avec autant de netteté et si absolument, il fallait bien compter sur l'intelligence de lecteurs à qui la science symbolistique était familière. Il n'en était pas autrement, quand pour faire comprendre la parole du Psalmiste promettant au Juste la multiplicité de ses enfants (3), et que la virginité même est appelée à recueillir cette promesse, il affirme que, les vierges ne devant pas être privées de ces grâces, il faut bien que pour elles il y ait dans cette expression un sens purement spirituel. Pour elles, en effet, il y a une *Table* du Seigneur où se mange le Pain de vie, où se puise la substance de ses divines instructions. Les bonnes œuvres ceignent cette table comme une couronne mystique de jeunes oliviers, et les

Son livre *De la Trinité;*

ses *Psaumes*

Atque ita per venerationem eorum sacramenti omnis est consummata cognitio : in Homine mortis, in Deo resurrectionis, in Rege judicii. » (S. Hilar., Pictav. episc., *In Matthæum*, cap. I.)

(1) « Narrabo nomen tuum fratribus meis. » (*Ps.*, XXI, 23.)

(2) « Hæc enim non tam homo quam vermis locutus est : *Narrabo nomen tuum fratribus meis*; et hic vermis vel non ex conspectu communium originum vivens, vel e profundis terræ vivus emergens, ad significationem assumptæ et vivificatæ per se etiam ex inferno carnis professus est. » (S. Hilar., *De Trinitate*, lib. XI, n° 15.)

(3) « Filii tui sicut novellæ olivarum in circuitu mensæ tuæ. Ecce sic benedicetur homo qui timet Dominum. » (*Ps.*, CXXVII, 3.)

saintes pensées de la foi y sont comme autant de fruits excellents échappés aux rameaux qui l'ombragent (1). Ces gracieuses images ne témoignent-elles pas d'une intelligence aussi juste qu'aimable dans le grand Docteur?

sa lettre à sa fille Ste Abre.

Mais qui ne connaît sa lettre à Ste Abre, sa fille, où, sous le voile transparent d'un vêtement modeste et d'un magnifique bijou, il lui parle de la pauvreté et de la virginité chrétienne, dans un langage que la jeune enfant pouvait comprendre apparemment, et que sa mère, du moins lui devait expliquer, pour peu que des obscurités imprévues laissassent hésiter son inexpérience (2)? Par ce seul opuscule, on comprend de quel fréquent usage était pour les fidèles ce langage tout figuré de la Bible et de la littérature du siècle, capables d'être entendus par les simples et les petits.

S. Paulin, évêque de Nole.

Voyez cependant comme les plus doctes aussi le sentent et le goûtent bien... S. PAULIN, qui florit de 353 à 431, écrivait à S. Augustin en lui envoyant une eulogie : « Agréez ce pain que je vous envoie, bénissez-le, et qu'il devienne par là le symbole de notre commune foi. » Puis il demande quelques pièces de vaisselle très-simples : « J'aime les vases de terre, dit-il, parce qu'ils me représentent, avec la pensée de notre naissance par Adam, ce vase de terre que nous sommes nous-mêmes, et dans lequel il nous faut renfermer le trésor de Jésus-Christ (3). »

---

(1) « Quantos autem peccatores videmus florere domo conjuge, liberis ! Jam vero benedictione Dei privabitur felix illa et beata virginitas causam sibi beatitudinis non relinquens? Ergo erigendæ in spiritalem doctrinam mentes atque aures. *Mensa* enim Domini est qua cibum sumimus, *panis* scilicet *vivi*, cujus hæc virtus est ut ipse vivens eos qui se quoque accipiant, vivificet. Est et *mensa lectionum dominicarum*, in qua *spiritalis doctrinæ* cibo alimur. Bonæ voluntatis opera tanquam *novellæ olivarum* mensam nostram *circumibunt*, id est doctrinæ nostræ cognitionem, optimorum quasi ramorum fructibus obumbrabunt. » (S. Hilar., *In psalm.* CXXVII, n°s 7, 8, 10.)

(2) Voir nos *Vies des Saints de l'Église de Poitiers*, p. 544.

(3) S. Paulini *Epist.* V.

Quels traits plus aimables que ceux donnés par S. MARTIN, l'illustre thaumaturge des Gaules, à tout ce qui l'entourait à Marmoutier, où il immortalisa les bords de la Loire, à Ligugé, où de nos jours sa mémoire refleurit sur les rivages du Clain? Il converse avec quelques disciples dans ces campagnes solitaires, et tout à coup s'offre à ses regards une brebis récemment privée de sa laine : « En voici une, dit-il, qui a accompli le précepte de l'Évangile; elle avait deux tuniques et elle en a donné une. C'est ainsi que vous devez faire. » — Une autrefois, c'est un pauvre pâtre presque nu et transi de froid sous la peau de bête qui le couvre à peine : pour le pieux solitaire, c'est Adam exilé de l'Éden et réduit à garder un vil troupeau..., et il veut qu'on se dépouille de ce vieil homme pour revêtir Jésus-Christ, le nouvel Adam qui répare le péché de l'autre. — Voyez-vous ces bœufs qui ont brouté l'herbe d'une prairie sans attaquer sa verdeur, et plus loin ces porcs qui en ont bouleversé le sol?....Puis, au milieu, cette large portion restée intacte, où la végétation luxuriante est tout émaillée de mille fleurs? Martin y trouve une figure du mariage chrétien qu'embellit et sanctifie la grâce du sacrement, mais qui n'a plus la gloire de la virginité; puis une triste image du désordre des passions honteuses; puis enfin le symbole de cette dignité virginale dont la couronne s'irradie, comme d'autant de diamants, de toutes les fleurs des bonnes œuvres et des saintes vertus (1). C'est encore S. Martin qui, sur le bord d'une rivière où des oiseaux cherchent à prendre des poissons, en tire un exemple qui mettra en garde contre les ennemis du salut. Le démon se tient sans cesse en embuscade et cherche à faire sa proie de notre âme.

Les Saints, qui élevaient leur pensée plus habituellement vers Dieu à propos de tout, avaient donc en eux, par cette

---

(1) « Opere prætium autem est, etiam familiaria illius verba spiritali sale condita memorare. Ovem recens tonsam forte conspexerat..., » etc. (Voir Sulpitii Severi *Dialog.*, II, cap. X; Migne, *Patrolog.*, t. XX, col. 208.)

disposition même de leur esprit, le principe du symbolisme chrétien. Rien ne leur était plus facile que d'improviser des relations philosophiques entre ce qu'ils savaient de l'Écriture et les moindres objets de leur attention. C'est, quoi qu'en aient pu dire des esprits dépourvus d'études sérieuses, l'origine la plus certaine de beaucoup de sujets de l'iconographie monumentale.

Prudence et S. Prosper, et leurs Poèmes.

Les poètes n'auraient pas négligé cette méthode, eux dont l'influence semblait s'imposer à tous les prosateurs, plus sérieux cependant par le calme plus habituel de leurs pensées; mais la poésie chrétienne n'est pas cette folle de la maison qui rit de tout et charme jusqu'aux apparences du vice. PRUDENCE, et après lui S. PROSPER, deux génies de cette même période, ont considéré en David le type de Jésus-Christ, et dans la vie de l'un tout ce qui devait caractériser l'autre. Parmi les Pères, Origène, S. Hilaire et une foule d'autres se sont plu à développer ce rapprochement (1).

V° SIÈCLE : S. Augustin, et sa Doctrine chrétienne.

Il semblerait que nous n'avons plus besoin de nous appuyer sur S. AUGUSTIN, côte à côte duquel nous avons si souvent marché jusqu'ici, et que nous retrouverons si souvent encore sur la route qui nous reste à parcourir. Mais pourrions-nous aborder le cinquième siècle de l'Église (2) sans nous arrêter près de lui, ne fût-ce que par une seule citation bien concluante? Nous l'avons vu dans la pratique du symbolisme dont tous ses écrits sont imbus, nous pour-

---

(1)   Regia mystifici fulgent insignia David :
Sceptrum, oleum, cornu, diadema, et purpura, et ara,
Omnia conveniunt Domino; chlamys atque corona,
Virga potestatis, cornu crucis, altar olivum.

Voir Prudentii *Dittoch.*, 20 ; S. Prosper., *De Promissionibus Dei*, pars II, cap. XXV; S. Hilar. Pictav., *In Matthæum*, cap. XII, et alibi.

(2) Ce grand maître, né en 354, appartient autant au quatrième siècle qu'au cinquième, dans le cours duquel il mourut, en 429. Mais c'est dans ces vingt-neuf dernières années qu'il produisit ses plus belles œuvres et revit toutes les autres en les corrigeant par son livre *Des Rétractations*. On doit donc regarder sa vie littéraire comme plutôt inscrite dans le cinquième siècle que dans le précédent.

LES PÈRES DU CINQUIÈME SIÈCLE.   495

rions l'entendre mille fois encore professant les mêmes principes et s'efforçant d'en imprégner son auditoire ou ses lecteurs (1). Arrêtons-nous seulement à un passage qui renferme sa théorie, officiellement enseignée dans son livre *De la Doctrine chrétienne*. Il veut d'abord, en traitant des Écritures, qu'on donne, pour les bien entendre, toute l'importance nécessaire à la langue hébraïque, dans laquelle les noms propres, comme nous l'avons établi (2), ont tous un sens d'une haute portée. Il recommande d'abord ensuite l'étude du sens allégorique : « Beaucoup de locutions figurées, dit-il, restent inintelligibles à qui ignore la nature des animaux, des pierres, des végétaux, et d'autres choses fréquemment employées dans l'Écriture comme objets de com-

---

(1) Il dit, par exemple, en parlant de l'histoire de Jonas : « Non absurde neque importune requiritur quid ista significent; ut quum hoc expositum fuerit, non tantum gesta, sed etiam propter aliquam significationem conscripta esse credantur... Non enim frustra factum est, sed tamen factum est. Si enim movent ad fidem quæ figurate tantum dicta, non facta sunt, quanto magis movere debent quæ figurate non tantum dicta sed facta sunt! Nam sicut humana consuetudo verbis, ita divina potentia etiam factis loquitur. » (S. August., *Lib. ad Deo gratias*, opp., t. II, ed. Bened., p. 285.)

Et ailleurs, parlant des prophéties renfermées dans les bénédictions données par Isaac à Esaü et à Jacob : « O res gestas, sed prophetice gestas! in terra sed cœlitus; per homines sed divinitus. » (*De Civitate Dei*, lib. XVI, cap. XXXVII, sub fine.) — Il ne suppose même pas de religion possible, comme il est vrai, sans des signes sensibles d'adoration publique et de culte extérieur : « In nullum autem nomen religionis, seu verum seu falsum, coagulari homines possunt, nisi aliquo signaculorum vel sacramentorum visibilium consortio colligentur. » (*Contra Faust*, lib. XIX, cap. I.) — Mais surtout le prudent évêque ne veut pas, comme s'il eût prévu quelqu'une des folles oppositions du rationalisme de tous les temps, il ne veut pas que le sens spirituel ôte rien de sa réalité au sens historique, non moins vrai, non moins respectable : « Ante omnia tamen, fratres, hoc in nomine Domini et admonemus quantum possumus et præcipimus, ut, quando auditis exponi sacramentum Scripturæ narrantis quæ gesta sunt, prius illud quod gestum est credatis sic gestum quomodo lectum est; ne, subtracto fundamento rei gestæ, quasi in aere quæratis ædificare. » (*Serm. de Tentatione Abrahæ*.)

(2) Ci-dessus, t. I, ch. III.

paraison. On sait, par exemple, que le serpent expose tout son corps aux coups de celui qui le poursuit, de préférence à sa tête, qu'il a toujours soin de cacher. Voyez-vous comme ceci explique la parole du Seigneur, quand il nous recommande d'imiter la prudence de cet animal... C'est Jésus-Christ qui est notre tête, notre *chef*. La foi aussi est la plus nécessaire de nos vertus, et pour rester fidèle à Jésus-Christ, pour conserver notre foi, il faut offrir tout notre corps, la vie de ce monde en un mot, aux persécuteurs de l'Évangile. Chaque année le serpent, renfermé à l'étroit dans le refuge de quelque mur, dépouille sa vieille peau, et reprend de suite des forces nouvelles; on comprend par là le vœu de l'Apôtre, que nous sachions dépouiller le vieil homme pour nous revêtir du nouveau (1), et ce que disait le Sauveur : Entrez par la porte étroite (2). — Ce que je dis du serpent, continue-t-il, peut s'appliquer à beaucoup d'autres espèces : si l'on n'en connaît les mœurs et les habitudes, on s'arrêtera devant maintes difficultés des Livres saints; j'en puis dire autant des minéraux et des plantes. Si vous savez les propriétés de l'escarboucle, qui jette ses feux au milieu de la nuit, vous éclairerez beaucoup d'obscurités bibliques où elle est citée; ainsi du béryl et du diamant. Il n'est pas facile de comprendre comment un rameau d'olivier est un gage de paix durable apporté par la colombe de l'arche, si l'on ne sait pas que cet arbre reste toujours vert et que l'huile qui réside dans son bois le préserve des influences destructives de l'humidité extérieure. Beaucoup ignorent que l'hysope, prise comme remède, dégage le poumon, et qu'elle pénètre par la ténuité de sa racine jusqu'au cœur des rochers; aussi ne comprennent-ils point le texte du Psalmiste (3). — Vous ne savez rien des nombres, et vous

---

(1) « Exuite veterem hominem..., induite novum. » (*Ephes.*, IV, 24.)
(2) « Intrate per angustam portam. » (*Matth.*, VII, 13.)
(3) « Asperges me hyssopo, et mundabor. » (*Ps.*, L.)

ne comprendrez rien aux endroits de l'Écriture où ils figurent mystérieusement. — Est-il possible qu'un esprit éclairé n'entende pas le sens mystique du jeûne de 40 jours qui se réitère dans Moïse, dans Élie et dans Notre-Seigneur lui-même ? » — Puis le grand Docteur expose ce que nous avons dit ailleurs d'après lui, et cite beaucoup d'autres nombres appliqués à d'autres sujets scripturaires. Il parle encore, à propos des instruments de musique, des sens divers qu'il faut donner dans les psaumes au psaltérion et à la harpe (1). Ce passage serait décisif en faveur de cet illustre génie, si l'on voulait lui contester le sentiment du symbolisme le plus vaste et le mieux soutenu.

Ce même siècle nous donne, parmi un grand nombre de doctes évêques, S. Pierre Chrysologue, dont les courtes et élégantes homélies exposent le sens moral de passages choisis de l'Écriture, des paraboles évangéliques et des miracles du Sauveur. Il s'applique à le faire souvent remarquer sous la lettre historique des faits divins. Il demande à

S. Pierre Chrysologue, évêque de Ravenne, et ses *Expositions* de l'Écriture.

----

(1) « Rerum autem ignorantia facit obscuras figuratas locutiones cum ignoramus vel animantium, vel lapidum, vel herbarum naturas, aliarumve rerum quæ plerumque in Scripturis, similitudinis alicujus gratia, ponantur. Nam et de serpente, quod notum est, totum corpus suum pro capite objicere ferientibus, quantum illustrat sensum illum quo Dominus jubet astutos nos esse sicut serpentes : ut scilicet pro capite nostro, quod est Christus, corpus potius persequentibus offeramus, ne fides christiana tanquam caput necetur in nobis, si parcentes corpori negemus Deum. Vel illud quod per cavernæ angustias coarctatus, deposita veteri tunica, vires novas accipere dicitur, quantum concinit ad imitandam ipsius serpentis astutiam, *exuendumque ipsum veterem hominem*, sicut Apostolus dicit, *et induamur novo*, et exeundum per angustias, dicente Domino : *Intrate per angustam portam*. Ut ergo notitia naturæ serpentis illustrat multas similitudines, quas de hoc animante Scriptura dare consuevit, sic ignorantia nonnullorum animantium, quæ non minus per similitudines commemorat, impedit plurimum lectorem. Sic lapidum, sic herbarum...; nam et carbunculi notitia quæ lucet in tenebris, multa illuminat etiam obscura librorum, ubicumque propter similitudinem ponitur. Et ignorantia berylli, vel adamantis, claudit plerumque intelligentiæ flores..... » (*De Doctr. christ.*, lib. II, cap. xvi ; mihi, t. III, p. 10.)

son peuple de Ravenne qu'il n'oublie jamais de voir sous les actions visibles de Jésus-Christ les mystères invisibles qu'elles renferment (1). Selon lui, et il s'exprime alors en des termes plus absolus qu'aucun autre, tout est figure dans l'histoire et dans la morale du peuple de Dieu; le symbolisme s'y répercute dans chaque nom, dans chaque personne, et jusque dans les lettres et les simples syllabes des Livres saints; et il le prouve par ces *épousailles* mystérieuses que la foi établit entre Dieu et l'âme fidèle, entre Jésus-Christ et celle que le baptême lui a *mariée* (2).

S. Cyrille d'Alexandrie, et ses Commentaires.

S. CYRILLE D'ALEXANDRIE, en résumant les observations des naturalistes anciens sur les ressemblances entre certains animaux et certains hommes, en tire des inductions morales qui ne manquent pas plus de charmes que de justesse. Expliquant le premier chapitre de la Genèse, « Dieu ne fit qu'un seul commandement, dit-il, et de ce mot jaillirent en quelque sorte toutes les races d'animaux, si différentes entre elles, l'innocente brebis et le cruel lion, et tant d'autres dont les instincts opposés sont autant d'images des passions humaines. Le renard est l'emblème de l'homme astucieux, le serpent celui de ces hypocrites qui lancent sur leurs amis le venin de leurs calomnies; le cheval, des grossières voluptés qui trop souvent séduisent la jeunesse et l'entraînent. Tandis que la fourmi fait honte au paresseux par ses soins laborieux de chaque jour, et l'engage à se former un trésor de mérites pour le siècle futur; l'abeille,

---

(1) « Christum in humanis gestibus divina gessisse mysteria, et in rebus visibilibus invisibilia exercuisse negotia, hodierna lectio demonstravit. » (S. Petri Chrysologi *Serm.* L, *de Paralytico*, in Matth., cap. IX.)

(2) « Quid tenemus, fratres? Non apices, non litteræ, non verbum, non nomina, non personæ in Evangelio divinis vacua sunt figuris... Nonne dicit Oseas (II, 19) : Sponsabo te in justitia et judicio, et in misericordia et in miserationibus, et desponsabo te in fide?—Nonne Paulus (2 *Cor.*, XI, 2): Sponsavi vos uno viro virginem castam exhibere Christo? » (*Serm.* CXLVI, *de Joseph sponso.*)

de son côté, compose son miel de mille fleurs et nous engage à composer des leçons de l'Écriture l'œuvre importante de notre salut (1).

Le pape S. Léon le Grand, mort en 464, et « par la bouche duquel S. Pierre lui-même avait parlé (2), » apostrophe ainsi le grand-prêtre Caïphe, qui déchira ses vêtements en feignant une douleur hypocrite, quand Jésus lui eut affirmé qu'il était véritablement le Fils de Dieu : « O Caïphe, que devient maintenant le rational qui brillait sur ta poitrine ? Où est la ceinture, symbole de ta pureté ? l'éphod, image des vertus sacerdotales ? Tu te prives toi-même de ces insignes mystiques et sacrés ; tu déchires de tes propres mains tes habits pontificaux, au mépris du précepte qui t'ordonnait « de déchirer ton cœur bien plus que tes vêtements. » Mais aussi c'en est fait de l'ancienne Alliance : elle est effacée pour toujours. C'est ce que signifie ce déchirement des marques sacrées d'un sacerdoce à jamais détruit (3). »

S. Léon le Grand et le Concile général de Chalcédoine.

Ce même Saint pouvait donc dire encore, comme S. Pierre Chrysologue et tant d'autres, « qu'il ne fallait pas s'attacher seulement à la superficie historique de l'Évangile, mais aller au fond et y chercher la Vérité, qui nous y attend (4). »

On peut invoquer, pour la gloire artistique de cette époque, la plupart des peintures symboliques des catacombes, peintures dont plusieurs restent postérieures aux trois siècles précédents, pendant lesquels on ne put travailler sans interruption à décorer ces églises souterraines, où les païens mêmes avaient accès, mais dont la plupart, quoi qu'on ait pu dire, se rattachent aux premières années

Peintures des catacombes, encore multipliées à cette époque.

---

(1) S. Cyrilli Alexandr. *In Pentateuch. commentar.*
(2) « Petrus per Leonem locutus est. » (Patres, *Concil. Chalcedon.*, IV ; — Labbe, t. I.)
(3) S. Leonis pap. Magni, *De Passione Domini serm.* VI.
(4) « Lectio sancti Evangelii quam modo, fratres, audistis, valde in superficie historica est aperta, sed ejus sunt nobis mysteria sub brevitate requirenda. » (S. Leon., *In Evang. homil.* XXII, ed. Bened., t. V, p. 245.)

du Christianisme (1). Ce qu'on ne contestera point, c'est qu'à la suite même des persécutions, et quand le culte ne craignait plus les atteintes des lois impériales, les chrétiens continuèrent de fréquenter ces lieux sacrés, y faisaient des stations et des pèlerinages et ne cessèrent pas tout de suite d'y apporter en de pieuses images le tribut de leurs plus touchants souvenirs. On peut attribuer aussi bien au cinquième siècle, dont nous parlons, qu'à ceux qui le précédèrent, beaucoup des œuvres coloriées qui s'y voient encore et qui doivent à leur symbolisme une vénération méritée. Orphée s'y trouve avec sa flûte à sept tuyaux, et c'est le Christ qui veut élever au ciel toute la terre par la douceur attrayante de ses accents ; Daniel entre les lions, Jonas pris et rendu par le poisson, les trois Enfants dans la fournaise, Noé recevant dans l'arche la colombe de la paix, sont d'autres figures très-significatives de la vie, de la mission pacifique et de la résurrection de l'Homme-Dieu (2).

Le pape S. Célestin Ier, et sa Lettre aux Évêques des Gaules.

A cette même époque, la liturgie, qui, déjà formée depuis longtemps, s'était fait une place remarquable dans la vie symbolistique des dogmes et de la morale de la religion, s'exprimait aussi par la bouche d'un Pape. S. Célestin Ier écrivait, en 431, aux Évêques des Gaules, à propos de quelques prêtres qui attaquaient la doctrine de S. Augustin, « que les formules de prières sacerdotales *établies par les Apôtres* ren-

---

(1) Emeric David (*Histoire de la Peinture au moyen âge*, p. 29, in-12) a outré excessivement sa thèse sur le petit nombre des peintures tracées primitivement dans les catacombes, et il a donné au cinquième siècle beaucoup de sujets qui lui sont bien antérieurs. Les découvertes les plus récentes prouvent qu'il faut restreindre de beaucoup la portée de ses observations, et S. Ém. le cardinal Wiseman en a consacré le résultat d'une manière fort attachante dans son délicieux livre de *Fabiola*.

(2) Voir beaucoup de planches dans les deux volumes d'Aringhi, *Roma subterranea*. — On sent d'ailleurs ici qu'à telle période des cinq premiers siècles qu'appartiennent ces allégories, et quoique l'Orphée, par exemple, et le Jonas, et les trois Enfants, y soient, selon nous, tout à fait des premiers siècles, de telles images ne se groupent ainsi dans le même but qu'au profit de la théorie que nous soutenons.

ferment des mystères fort instructifs, de telle sorte que les principes qui établissent la règle des prières publiques s'appliquent également aux règles de la foi (1). » Tout est symbolique, en effet, dans les moindres détails des cérémonies; tout y a sa signification des plus transparentes, et c'est afin de le mieux faire comprendre dans un chapitre spécial que nous omettons ordinairement de le faire observer en beaucoup d'occasions qui s'en présentent.

Ici s'élève une objection que les ennemis du symbolisme chrétien n'ont pas manqué d'apporter dans l'arène de leurs passions littéraires, mais dont ils ne peuvent se glorifier que comme d'un argument vieilli de dix ou douze siècles au service des iconoclastes, et qui n'a jamais eu plus d'effet qu'aujourd'hui sur les défenseurs de la vérité. Il s'agit d'un texte de S. Nil, par lequel on prouverait qu'au cinquième siècle personne ne prétendait voir aucun symbolisme dans les allégories peintes sur les murs des églises. Nous verrons, en son lieu, un texte de S. Bernard servir aussi de mauvaise raison contre les champions du symbolisme plastique au moyen âge. En attendant, examinons ce qu'il faut penser de S. Nil et de ceux qui le prennent pour un véritable antagoniste de nos idées.

S. Nil, préfet de Constantinople, et sa Lettre à Olympiodore.

Il était disciple de S. Jean Chrysostome, de ce grand exégète qui regarde les allégories évangéliques comme autant de figures propres à élucider la vérité (2); qui, par exemple, énumère si distinctement tous les points de ressemblance entre le serpent d'airain et Jésus-Christ crucifié (3). Cela ne prouverait pas trop que l'un dût ignorer ce que l'autre aurait si bien compris; et, d'ailleurs, sa position dans la

---

(1) « Obsecrationum sacerdotalium *sacramenta* respiciamus, quae *ab Apostolis tradita* in toto mundo atque in omni Ecclesia catholica, uniformiter celebrantur, ut legem credendi lex statuat supplicandi. » (S. Cœlestin. pap. *Epist.* xxi. — Labbe, *Concil.*, t. II, p. 1611.)
(2) *Homil.* xxiii *in Jean.*
(3) Ibid., *homil.* xxvi.

ville impériale dont il était préfet, ses œuvres surtout, où se reconnaît l'homme lettré non moins que le magistrat illustre et le chrétien fervent, rien de tout cela ne peut laisser croire que ses études fussent restées incomplètes (1). Telle est pourtant la conséquence qu'il faudrait tirer d'une lettre qui, pour être certainement de lui, n'a cependant ni le sens archéologique ni la portée artistique qu'on voudrait lui attribuer sans assez de réflexion.

Dans une discussion sérieuse, il ne suffit pas, pour étayer une idée, d'apporter en sa faveur un texte plus ou moins clair, escorté même de son contexte nécessaire, le tout plus ou moins finement traduit : on a besoin aussi d'une attention scrupuleuse, d'une grande impartialité, pour ne traduire que selon le véritable sens des mots et ne leur donner que les acceptions de la langue originale. Procédons de la sorte : voyons à qui et dans quelle circonstance fut écrite la fameuse pièce que certains archéologues s'applaudissent d'avoir déterrée, et peut-être arriverons-nous à leur faire entendre qu'ils en ont fort exagéré la signification.

Olympiodore, ami de S. Nil, à qui il avait succédé dans la préfecture de Constantinople, devait faire construire en l'honneur de Jésus-Christ et des Martyrs une église qu'il voulait décorer de peintures ; mais, n'osant s'en rapporter à son goût personnel, il s'adresse au Saint, qui déjà habitait depuis quelques années le désert du Sinaï, vivant au milieu des exercices de la vie érémitique. Voici ce que le solitaire lui répond :

« Vous allez, me dites-vous, élever une grande église à la gloire de nos Martyrs et à celle du Dieu qu'ils ont confessé par leurs laborieuses souffrances et leurs derniers combats. Vous me demandez si je pense qu'il faille en orner

---

(1) Du reste, il ne faut pas confondre ce S. Nil, qu'on a surnommé *l'Ancien (Senior)*, avec un autre, dit S. Nil *le Jeune*, qui fut solitaire en Calabre au dixième siècle et mourut au commencement du onzième. Celui dont nous parlons ici mourut en 450 et avait, dit-on, 90 ans.

le sanctuaire de certaines images, et représenter sur les murs latéraux des courses d'animaux et des chasses diverses. Vous y montreriez des campagnes où seraient tendus des lacs; des lièvres et des chevreuils viendraient s'y prendre, tandis que d'autres bêtes s'enfuiraient au loin, poursuivies ici par des chasseurs, et là harcelées par des chiens. Sur la mer on jetterait des filets où se prendraient toutes sortes de poissons que des pêcheurs se partageraient ensuite sur le rivage. Enfin vous reproduiriez en mosaïques de nombreux objets naturels, destinés, dans votre pensée, à charmer les regards des fidèles dans la maison de Dieu. Vous voudriez encore répandre aux murs de la nef une multitude de croix; y reproduire des oiseaux, des quadrupèdes, des reptiles, avec une foule de plantes et d'arbres variés.

» Que vous dirai-je de tant de choses ?... ce sont, à mon avis, des jeux d'enfants, de purs moyens de séduire les yeux de la foule. Je trouverais plus digne d'un esprit sérieux que le sanctuaire de notre Dieu fût orné à l'orient d'une simple et unique image de la croix; c'est par ce signe divin que le monde se sauve et que l'âme découragée retrouve l'espoir. J'aime mieux aussi qu'une église chrétienne se remplisse, par les soins d'un habile peintre, des histoires de l'Ancien et du Nouveau Testament. Par elles, du moins, ceux qui n'ont pas fait d'études et qui ne peuvent lire les saintes Écritures se fortifient au souvenir des fidèles serviteurs de Dieu, s'animent à imiter leurs immortelles vertus, à préférer comme eux le ciel à la terre, et les biens invisibles à ceux qu'on ne possède qu'ici-bas. Quant aux chapelles que vous disposez dans la nef, je pense qu'une simple croix devrait suffire à chacune, et qu'il faut absolument leur épargner tout ornement superflu (1). »

(1) « Scribis mihi si puto decorum sit tibi exstructuro templum maximum ad honorem tam sanctorum Martyrum quam Christi quem

Notre traduction est fidèle, sinon élégante. Maintenant quelles raisons en pourrait-on tirer contre le symbolisme du cinquième siècle ou des siècles précédents ?

Les voici, autant que nous avons bien compris la question :

<small>Objections qu'on en veut tirer contre le symbolisme iconographique.</small>

« Vous voyez, nous dit-on, un homme parfaitement instruit des usages de son temps, et du sens qu'on y devait attacher aux images sacrées, rejeter nettement toutes ces figures de bêtes, toutes ces scènes de dissipation, toute cette ornementation luxueuse, mais inutile; vous le voyez la chassant du temple comme indigne, et n'y vouloir que le plus simple de tous les symboles, la croix, que les plus naturelles de toutes les histoires chrétiennes, celles de l'An-

---

ipsi per certamina et dolores ac sudores testificati sunt, vel imagines etiam ponere in sacrario, et variis animalium venationibus parietes implere a dextris et a sinistris; ita ut et videantur in terra quidem extensa lina, et lepores et capræ; et cætera animalia fugere; porro capere festinantes cum catellis alacriter insequi. In mari vero laxari retia, et omne genus piscium capi et ad aridam manibus piscatorum (eligi?). Insuper et gypso fingi omnes species, et ostendi ad desiderium oculorum in domo Dei. Sed et in communi domo mille cruces infigi, et picturas volucrum ac jumentorum, et repentinus decor diversorum germinum fieri. — Ego ad ea quæ scripta sunt dixerim quia nimirum infantium est, et parvulos decet, his quæ prædita sunt seducere fidelium oculum. Firmi vero et virili sensus proprium est ut sacrario quidem ad orientem divini templi unam et solam crucem formare. Per unam enim et salutarem crucem salvatur hujus mundi genus, et desperatis quidem spes ubique prædicatur. Historiis autem Veteris et Novi Testamenti replere hinc et inde manu optimi pictoris templum Sanctorum ; quatenus qui nesciunt litteras, neque possunt legere divinas Scripturas, contemplatione picturæ memoriam fortis facti sumant eorum qui vero Deo proprie servierunt, et ad æmulationem erigantur gloriosarum et memorabilium lectionum; pro eo quod terram pro cœlo commutaverint, quæ non videntur visibilibus præponentes. Porro in communi domo, multis ac diversis domunculis insignita sufficere unicuique mansiunculæ infixam pretiosam crucem, et superflua dimitti necessarium existimo. » (Labbe, *Concilior.*, t. VII, col. 227, et *S. Nili opp.*, éd. à P. Poussines, Paris, 1657, in-4°.) — Cette édition est pleine de fautes, qui rendent assez souvent le texte inintelligible et même incapable de correction, de sorte qu'on ne peut s'en rapporter à elle qu'en collationnant la traduction latine avec le grec, qui en est la langue originale.

cien et du Nouveau Testament. Arrière donc vos grotesques, vos animaux de toutes natures, vos chasses fantastiques, vos têtes plates, vos monstres qui grimacent et se tordent sous les gargouilles du dehors et les corniches de l'intérieur! Tout cela n'a point de sens, c'est de pur caprice; les Saints n'en veulent pas. Renoncez à nous les faire prendre pour le fruit d'une théorie généralement respectée de nos pères. »

Mais si nous adoptions ces conclusions, il faudrait méconnaître tout le passé du Christianisme et oublier ce qu'ont dit de ses allégories tous les Pères que nous avons cités jusqu'ici, lesquels se résumeraient tous si bien dans ce que S. Augustin a soutenu de la nécessité de comprendre le rôle mystique des animaux et des plantes dans la Bible... — Les catacombes n'auraient jamais eu les belles sculptures de leurs tombeaux, ni les fresques de leurs murailles, où se répètent encore, après dix-huit siècles, les poissons, les colombes, les lampes, les ancres, les paons, l'agneau, le phénix, les monogrammes du Christ, et les nombreuses images qui rendaient, sous les traits du bon Pasteur ou d'Orphée, ce Dieu bon qui attirait les âmes et les charmait (1)? On eût ignoré que les assemblées primitives du clergé et du peuple dans le lieu saint n'étaient qu'une reproduction des scènes indiquées dans l'Apocalypse, et une image prophétique de la future union des âmes dans le ciel (2)? S. Nil n'aurait donc rien su des constitutions apostoliques, observées depuis longtemps avec une sorte de scrupule en ce qui touchait l'orientation des églises et leurs formes générales (3)?

Réponse à ces objections, tirées de l'état du symbolisme antérieurement à S. Nil,

et de la connaissance qu'il en avait.

(1) Voir Aringhi, *Roma subterranea*, t. I, p. 281; t. II, p. 626, et, en dernier lieu, *Les Catacombes de Rome*, de M. Perret, et, enfin, la savante et magnifique publication du chevalier de Rossi, *Inscriptiones christianæ urbis Romæ, septimo sæculo antiquiores*, in-f°, Romæ, 1857-1861 et années suivantes. Ces ouvrages ont glané après tant d'autres des moissons abondantes et de quoi confirmer toutes les traditions de l'antiquité chrétienne.
(2) Voir ci-dessus, à la fin du chapitre IX de l'Apocalypse.
(3) Voir le cardinal Bona, *De Divina Psalmodia*; Moroni, *Diction-*

Au lieu de nous abandonner à ces rêves impossibles, examinons la pensée fondamentale de cette lettre, et nous verrons, avec un critique fort compétent sur ces matières (1), que S. Nil paraît beaucoup moins nier le symbolisme d'Olympiodore que lui conseiller des sujets plus convenables à son avis. Il lui semble donc que les histoires des deux Testaments ont quelque chose de plus saisissant au premier abord, pour la foule qu'elles doivent instruire, que des peintures allégoriques traduisant, il est vrai, des idées morales, mais moins intelligibles au vulgaire, quelque évidente qu'en dût être la signification à certains esprits plus capables de les comprendre. Il est vrai qu'en dehors de toute allégorie, et se bornant à faire admirer dans les paysages les merveilles de la création, comme l'avait fait le Psalmiste (2), le riche magistrat pouvait très-bien, sans scandaliser personne, jeter aux parois du temple les mille incidents de cette nature qu'embellissait de si magnifiques détails l'inépuisable main du Tout-Puissant. Néanmoins, pour la foi de son temps, c'eût été trop peu, lorsque tant d'autres expressions de la doctrine chrétienne appelaient l'imagination de l'artiste. N'y avait-il pas depuis longtemps sous ces images de la chasse et de la pêche quelque catéchèse importante et de certaines idées pour la direction des cœurs ? Il n'est pas un Père antérieur à S. Nil qui n'ait vu dans la pêche miraculeuse racontée par S. Matthieu (3)

— Il n'exprime qu'une préférence pour d'autres sujets.

Symbolisme de la chasse et de la pêche, d'ailleurs bien usité avant lui.

---

naire d'érudition ecclésiastique, v° liturgie. Et remarquez cependant que S. Nil veut dans l'église une croix *à l'orient*, ce qui suppose très-bien qu'il attache une importance religieuse à cette orientation.

(1) Emeric David, *Hist. de la Peinture au moyen âge*, p. 37, in-12, Paris, 1842.

(2) « Domine Dominus noster, quam admirabile est nomen tuum in universa terra !... Videbo cœlos tuos..., lunam et stellas... Quid est homo quod memor es ejus?... Constituisti eum super opera manuum tuarum... Omnia subjecisti sub pedibus ejus, *oves et boves* universas, insuper et *pecora campi, volucres cœli et pisces maris*. » (*Ps.*, VIII.)
— Voir encore le psaume CIII, où sont dépeintes avec une si riche poésie les beautés de la terre et les travaux de l'homme pour qui elle a été faite.

(3) S. Matth., IV, 19. — Voir les *Commentaires* de S. Jérôme, de S. Hilaire et de Maldonat, *in h. loc.*

l'image de la vocation au Christianisme ; les *pêcheurs* y représentent les Apôtres, comme les *poissons* y sont les hommes appelés. Mais ici un trait de plus autorise certainement à voir dans le plan d'Olympiodore la parabole de ce filet mystérieux lancé dans la mer et où *toutes sortes de poissons* viennent se prendre (1) ; les termes eux-mêmes du texte de S. Nil : *et ad aridam manibus piscatorum* (eligi), ne laissent pas douter de la réminiscence que nous invoquons. N'oublions pas surtout que ces pêcheurs ont eu réellement leur symbolisme propre, et que S. Méliton, l'homme complet en ce genre, voyait, dès le deuxième siècle, dans ces *pêcheurs*, et d'après la parole même du divin Maître, *les prédicateurs de la vérité*, ou bien encore, et toujours d'après cette auguste Autorité, *les Anges* qui, au dernier jour, assis pour ainsi dire sur le rivage de l'éternité, en présence du Juge suprême, sépareraient les bons des méchants et jetteraient ces derniers dans l'abîme en punition de leurs péchés (2).

Il y a plus, et ce symbole de la chasse, conservé dans tous les symbolistes de tous les siècles, se retrouve à la fin du dixième dans un Commentaire sur Job, écrit par un

---

(1) « Simile est regnum cœlorum *sagenæ missæ in mare* et *ex omni genere piscium* congreganti, quam, cum impleta esset, educentes et *secus littus sedentes, elegerunt* bonos in vasa, malos autem foras miserunt. » (*Matth.*, XIII, 47.) — Voir *in h. loc.* S. Jérôme ; S. Augustin, *De Diversis serm.* V ; S. Hilaire, *In Matth. cap.* XIII. — On voit bien, par la ressemblance de ce texte avec les prétentions d'Olympiodore exprimées dans les mêmes termes ou par des mots identiques, les rapports évidents qu'il établissait dans sa pensée entre la parabole évangélique et la représentation qu'il en voulait.

(2) « Faciam vos fieri *piscatores* hominum » (*Matth.*, IV, 19) ; ce qui fait dire à S. Méliton citant ce passage : « Piscatores, *Apostoli vel cæteri prædicatores* ; sagena, *fides vel prædicatio.* » (*Clavis*, De Mundo, nos XXVII, XXVIII. — *Spicileg. Solesm.*, t. II, p. 171. — Et ailleurs Notre-Seigneur dit encore, pour expliquer sa parabole du XIIIe chapitre de S. Matthieu : « Sic erit in consummatione sæculi. Exibunt Angeli et separabunt malos de medio justorum, et mittent eos in camino ignis. » (*Matth.*, XIII, 49.)

autre Olympiodore, l'un des membres de cette pléiade qui marcha avec S. Eucher à la suite de Méliton (1). On peut voir, dans le nouveau *Spicilége*, un faisceau d'autres textes tout aussi concluants dans l'espèce (2). — La pratique de l'art n'a pas été moins explicite à ce sujet. Le moyen âge a souvent reproduit dans ses sculptures, surtout au dehors des églises, des faits analogues, comme on le voit aux cathédrales de Reims, d'Angoulême et de Strasbourg (3), aux collégiales de Chauvigny-sur-Vienne et de Saint-Hilaire de de Poitiers. Mais bien avant cette époque le symbolisme s'était attaché à ces images toujours expressives, et préludait ainsi à ses productions de la grande époque de l'art, où la théologie l'imprimerait sur la pierre, où la démonologie catholique rappellerait avec soin aux fidèles les pensées des Apôtres et des Saints sur l'action du diable contre l'âme humaine et l'opposition indispensable de celle-ci. Nous ne voudrions pas affirmer qu'il n'y avait pas dans ce système un emprunt fait au paganisme par l'exégèse chrétienne, comme il n'est pas rare dans les premiers siècles. C'était certainement par convenance avec les attributs de la déesse des chasseurs qu'on voyait des chasses formées en mosaïques sur le pavé du temple de Diane au Mont-Aventin (4); mais

(1) *Spicileg. Solesm.*, t. III, p. XVIII, XIX et 529.
(2) « Doctores et Apostoli, piscatores qui mortem subeuntes caput draconis apprehenderunt et contriverunt » (par allusion à Tobie, qui traita ainsi le poisson qui l'effrayait sur les bords du Tigre).— Olympiodori, diaconi Alexandrini, *In Job*, apud *Corona græcorum Patrum*, a Fabricio edit., t. VII, p. 737. — Il y a plus, et depuis que ces observations nous ont été suggérées par les souvenirs de ces graves autorités, nous avons pu les voir confirmées par les doctes recherches du P. Arthur Martin, qui traite aussi de la chasse et des chasseurs symboliques dans sa description d'un reliquaire de Namur. (Voir *Mélanges d'archéologie*, I, 120.) Il y traite comme nous la question de S. Nil, et, qui plus est, celle de S. Bernard, que nous développerons lorsque nous parlerons de ce Père parmi les symbolistes du douzième siècle.
(3) Voir les PP. Martin et Cahier, *Vitraux de Bourges*, p. 126, note 10.
(4) Voir Montfaucon, *Antiquité expliquée*, t. II, p. 89, pl. XVI.

aussi, par une imitation qu'on dut appliquer ensuite à des idées bien supérieures, la liturgie catholique dut permettre que de tels sujets pénétrassent jusque dans les églises. A Saint-Agricole de Reims, bâti par Jovinus, général en chef des armées romaines dans les Gaules sous Julien l'Apostat, on voyait le tombeau de ce pieux soldat, dont les bas-reliefs offraient entre autres images celle d'une chasse aux lions, et le héros à cheval y perçait de sa lance un de ces animaux (1). Était-ce là un symbole, ayant, comme tous les autres, son arrière-pensée? n'était-ce qu'un jeu du sculpteur consacrant la tombe d'un homme de guerre par le souvenir d'un amusement favori? Qui pourrait le décider, quand tout autre détail nous manque sur ce chef-d'œuvre de marbre? Mais aussi comment oser nier l'allusion religieuse, quand de si nombreux exemples autorisent l'une et l'autre conjecture? Toujours est-il que de telles représentations n'étaient pas, du temps de S. Nil, exclues du lieu saint; que, dans la nuit même des catacombes, des figures mythologiques avaient souvent caché le véritable personnage du Sauveur, reconnaissable aux seuls initiés, et qu'on avait conservé plus tard, dans le même but, d'autres symboles païens au service de vérités chrétiennes. On pouvait bien aussi faire en ce genre ce que les Pères autorisaient dans le culte extérieur, où déjà beaucoup de rites païens avaient été reçus, soit pour en purifier l'usage, soit pour appliquer à la vraie religion le sens mystérieux que les Gentils attachaient à l'erreur (2).

Tombeau de Jovinus à Saint-Agricole de Reims.

(1) Montfaucon, *Antiquité expliquée*, t. III, p. 329, pl. CLXXXII; Flodoard, *Ecclesiæ Remensis historia*, lib. I, cap. VI; Marlot., *Hist. de Reims*, t. I, p. 533.
(2) C'était le sentiment de S. Augustin, expliquant nettement la conduite de l'Église attaquée sur ce point par l'ignorance ou la mauvaise foi de sectes dissidentes : « Cum a dæmonum misera societate sese animo separat, debet ab eis accipere christianus ad justum usum prædicandi Evangelii vestem quoque illorum, id est hominum quidem instituta..., atque habere licuerit in usum convertenda christianum. » (*De Doctrina christiana*, lib. II, cap. XL.) — S. Jérôme dit aussi : « Omnes

L'action du démon symbolisée par la chasse.

Ces faits généraux bien constatés, pourquoi la chasse d'Olympiodore ne serait-elle pas venue là comme sa pêche? Écoutez encore notre oracle du règne de Marc-Aurèle : « Les filets *sont les tromperies du diable;* les *chasseurs*, ce sont les *diables eux-mêmes*, dont Nemrod, ce « puissant chasseur » de la Genèse, était la figure gigantesque (1). Au reste, Pierre le Chantre, l'un des grands symbolistes du treizième siècle, nous apprend que la qualification de chasseur se prend presque toujours en mauvaise part dans l'Écriture, comme celle de pêcheur en bonne part (2), et Pierre de Capoue, autre commentateur non moins célèbre de la même époque, nous en donne la raison : « C'est que les démons, dit-il, se font sur la terre toutes les habitudes des chasseurs; ils emploient les ruses et les tromperies comme autant de rets où se prennent les âmes; l'activité, le mensonge leur sont familiers; ils poussent les persécuteurs contre nous comme autant de chiens; leurs tentations sont des flèches; ils dressent des embûches, et ouvrent sous nos pas la fosse profonde où l'on se perd. » Et l'ingénieux écrivain confirme tous ces caractères de l'obsession diabolique par des textes scripturaires où se trouvent, de l'avis commun des interprètes, autant de figures du démon (3).

---

nos qui in Christo credimus, de idololatriæ errore venisse non difficeor... Illud fiebat idolis, et idcirco detestandum est; hoc fit martyribus, et idcirco recipiendum. » (*Contra Vigilant.*)

(1) « Retia, *deceptio diaboli* : Cadent in retia ejus peccatores. » (*Ps.*, CXL, 10.) — *Ubi suprà*, n° XXXIX; *Spicileg.*, t. II, p. 172. — « Venatores, *dæmones* : Venantes ceperunt me quasi avem, inimici mei gratis. » (*Thren.*, III, 52.) — « Diabolus in cujus figuram Nemrod, ille gigas venator coram Domino. » (*Gen.*, X, 9.) Et d'ailleurs Nemrod signifie *révolté.* (*Ibid., De Bestia*, n° LX. — *Spicileg.*, t. III, p. 77.)

(2) « *Venator* fere semper in malo accipitur in Scriptura sacra, sicut *piscator* in bono. » (*Id., ibid.*)

(3) « Dicuntur autem dæmones venatores quia et in terra usum habent venatorum. Habent enim retia fraudulentiæ et insidiarum ad capiendos fideles...; habent funes, laqueos..., arcum doli et mendaciorum..., sagittas tentationis..... Canes, scilicet persecutores..., parant foveas, insidias. » (*Id., ibid.*)

Tout le moyen âge s'empresserait au besoin de témoigner sa prédilection pour ces images si animées. Entre autres, on peut voir encore à la cathédrale de Spire un petit bénitier en bronze partagé, dans tout son pourtour, en deux zones dont l'une offre les quatre Évangélistes associés aux quatre fleuves du paradis terrestre, inondant le monde des eaux vives de la parole divine ; l'autre est ornée d'une chasse aux bêtes sauvages que poursuivent dans une forêt des hommes à cheval. Quels symboles pouvaient mieux convenir à ce précieux petit meuble que ces eaux mystérieuses jaillissant jusqu'à la vie éternelle, et ce combat du fidèle contre les ennemis spirituels (1) ?

On conçoit maintenant, d'après ces notions avouées de toute l'antiquité, comment il faut entendre le projet d'Olympiodore, et ce qu'il pensait préalablement des sujets qu'il avait choisis. Sa lettre ne nous est pas restée, il est vrai, et nous le regrettons, car il est probable qu'il y expliquait le symbolisme de ce plan général préféré par lui à tant d'autres. Mais celle de S. Nil, dont la première partie expose nettement la question, n'est certainement qu'une reprise des propres termes du magistrat byzantin, et il serait difficile de ne pas reconnaître à ces peintures, destinées au sanctuaire (*in sacrario*), des enseignements sérieux, dignes de toute l'attention des âmes les plus philosophiques d'un siècle de foi. Dans ce siècle encore, l'Église, triomphante enfin des persécutions païennes, soutenait des luttes énergiques contre l'hérésie personnifiée dans Macédonius, Pelage et Nestorius ; l'arianisme vivait dans un grand nombre de peuplades barbares, et des cruautés sanglantes éprouvaient de toutes parts les catholiques. Quoi d'étonnant, dès lors, dans le choix de ces animaux qu'Olympiodore se propose de peindre, *lepores, et capræ, et cætera animalia* FUGERE?

Système symbolistique d'Olympiodore très-bien caractérisé, et parfaitement compris de S. Nil.

---

(1) Voir *Annales archéologiques* : Bronzes et orfévrerie du moyen âge, par M. Didron, t. XIX, p. 106.

Le lièvre n'est-il pas cette âme timorée qui se retire, dit la Sagesse divine, au fond des rochers (1)? Ces chevreuils n'expriment-ils pas les justes et l'Église elle-même, venus de la gentilité vers le Christ sauveur, et que poursuivent ses propres enfants (2)? Car les chiens, *catelli*, sont les mauvais pasteurs, les gens à mauvaises doctrines que l'Apôtre recommande d'expulser du lieu saint; ce sont les apostats, les païens, tous esprits ligués contre l'Épouse du Christ et contre les âmes qu'Elle veut sauver (3). Quant aux *oiseaux* et aux *reptiles*, ce que nous en avons dit maintes fois n'y peut laisser voir que le mélange des bons et des mauvais, des âmes innocentes et des suppôts de l'impureté dont le monde est plein; de même que ces *plantes* et ces arbres étaient déjà, sans aucun doute, la flore murale végétant avec ses significations variées dans le temple du Seigneur. Il n'est pas jusqu'à cette multitude de croix, semées sur les murs de côté et d'autre, qui ne reproduisent un motif employé dès longtemps sur les parois des catacombes, que le moyen âge n'ait continué à son profit, et dont nous n'ayons pu nous-mêmes plusieurs fois faire parer les églises ou les chapelles dont on nous confie l'ornementation (4).

Celui-ci est donc moins un adversaire du symbo- Il ne faut donc pas attribuer à S. Nil ni d'avoir pu méconnaître le sens symbolique des images qu'on lui soumettait,

---

(1) « Lepusculus, *timoratus homo*, » dit S. Méliton. — « Plebs invalida, qui collocat in petra cubile suum, » dit le Sage. (*Prov.*, XXX, 26.) — *Clavis*, De Bestiis, n° LVIII.

(2) « Capreæ, *justi ex gentilitate*. » (Meliton., *ib.*, n° XIX.) — L'Église, d'après Raban-Maur, Pierre de Capoue, S. Eucher de Lyon et les physiologues cités dans le *Spicileg. Solesm.*, t. III, p. 33, 364 et 401.

(3) « Foris canes et malefici. » (*Apoc.*, XXII, 15.) — « Canes, *sacerdotes mali*: Canes non volentes latrare. » (*Is.*, LVI, 10.) — « *Apostatæ*: Sicut canis revertitur ad vomitum, sic stultus ad stultitiam. » (*Prov.*, XXVI, 11.) — « *Gentiles*: Non est bonum sumere panem filiorum et dare canibus. » (*Marc.*, VII, 27.) — S. Grégoire le Grand adopte tous ces symboles. — Voir *Spicileg. Solesm.*, t. III, p. 75 et 459, où toutes les qualités du chien, bonnes ou mauvaises, sont énumérées et motivées au long par l'auteur anglais des *Distinctions monastiques*.

(4) Voir les planches du premier volume d'Aringhi, p. 335, 531.

ni d'avoir voulu en interdire l'usage. A ces grandes pages de peinture, il préfère seulement quelque chose de plus simple, de plus évident aux peuples qui fréquenteront cette maison de prière. Si l'on avait étudié le caractère de ce Saint, toujours appliqué aux choses de sa perfection personnelle, et porté plus que d'autres, en sa qualité d'ermite, à s'en faire une idée plus austère (1) ; si l'on avait lu sa Lettre à Némertius sur le symbolisme des églises, lettre qu'a traduite Anastase le Bibliothécaire, et que nous citerons plus tard (2); enfin, si l'on avait su quels éléments de symbolisme renferment une foule de livres que nous venons de citer, et qu'on ouvre trop peu avant d'entrer en de telles discussions, on se fût moins applaudi de cette Lettre du solitaire, car on l'eût mieux comprise. Mais ce malheur d'être interprété par des autorités sans vocation, quoique si respectables à tant d'autres égards, n'était pas le premier de ce genre qui dût arriver au saint auteur. Dès le huitième siècle, quand les iconoclastes s'efforçaient de faire prévaloir leur hérésie, déjà si souvent condamnée, on porta jusqu'au deuxième concile de Nicée l'objection qui aurait voulu autoriser l'erreur en l'appuyant de S. Nil et de sa fameuse Lettre; il avait, disait-on, pensé comme eux. La Lettre à Olympiodore fut donc lue, par ordre des Pères, en pleine assemblée, et l'on put se convaincre qu'il y avait loin d'une opinion libre et fort adoptable en elle-même à une oppo-

<small>lisme qu'un particulier disant son avis sur la convenance de tels ou tels symboles.</small>

---

(1) Voir sa *Vie*, dans Bollandus, xiv januar., p. 953. — Le mépris que S. Nil avait fait du luxe et de ses habitudes pour se retirer dans celles de la vie pauvre et laborieuse du désert persuade à qui lit cette *Vie* que le Saint ne voulait pas tant détourner son ami d'images jugées symboliques par tout le monde que l'engager à se contenter d'une ornementation conforme à la simplicité évangélique. Nous verrons S. Bernard, à l'égard duquel on s'est trompé de même, parler à ses moines le même langage, uniquement par le même motif.

(2) Voir ci-après le quatrième chapitre du tome III, d'après cette lettre à Némertius, publiée par dom Pitra, *Spicil. g. Solesm.*, t. III, p. 398.

sition formelle contre toute espèce d'images dans le lieu saint (1).

En face de cette histoire et des réflexions qu'elle suggère, n'avons-nous pas lieu de regarder comme peu fondé l'enthousiasme de ceux qui comptaient sur elle, et, sous ce rapport du moins, ne pourrait-on pas appliquer ici, avec une légère variante qu'on voudra bien nous permettre, le fameux axiome de l'école : *De Nilo... nihil ?*

Progrès de la peinture chrétienne du cinquième siècle. Mais un fait plus grave est à conclure pour l'histoire de l'art. En voyant cette description, faite par le gouverneur de Constantinople, de grandes scènes qu'il a méditées pour son église, ne se prend-on pas à croire que la peinture, si maltraitée pendant les trois siècles de persécution religieuse qui devaient la tuer et l'anéantir, se prenait à revivre avec la paix ? Il fallait compter sur des artistes de quelque mérite, sans contredit, pour exécuter ces grandes pages si pleines de variété et de mouvement. On le comprend d'autant mieux quand on étudie les nombreux spécimens que nous ont transmis de cette époque la céramique, les fresques, la mosaïque et les verres peints, dont un si grand nombre ornent les musées de Rome aux dépens des catacombes. L'Orient renaissait au souffle inspirateur du Christianisme, après les troubles nés de tant de guerres; comme en France et en Italie, tout reflorissait sous le sceptre des papes, des Théodoric, et des évêques, ceux-ci véritables fondateurs des nations modernes.

Poursuivons l'examen de nos savantes autorités ecclésiastiques.

---

(1) Voir Labbe, *ubi suprà*. — Voir aussi dom Cellier, *Histoire des auteurs sacrés*, t. XIII, p. 181, in-4°. — Le savant bénédictin semble avoir aussi compris l'opposition de S. Nil d'une manière trop absolue. Mais il ne pouvait guère soupçonner quel argument on s'en voudrait faire quelque jour contre le symbolisme.

CHAPITRE XVI.

LES PÈRES DU SIXIÈME AU ONZIÈME SIÈCLE.

A mesure que nous avançons vers le moyen âge, le symbolisme semble, il est vrai, étendre son influence dans le domaine de l'art, nos auteurs commencent à parler plus au long des règles qu'il impose ou des œuvres qu'il s'efforce de vulgariser. Nous avons dû comprendre que le sixième siècle ne peut être regardé comme l'aurore de son apparition, puisque, dès le berceau de la religion chrétienne, on le distingue chez les Pères dans la liturgie et dans l'iconographie sacrée. Quelques écrivains se sont donc montrés par trop timides en n'attribuant l'origine et l'application de cette grande théorie qu'au temps de S. Grégoire le Grand, de S. Césaire d'Arles et de S. Fortunat de Poitiers (1). Il est important de le prouver.

Le sixième siècle profite des données précédentes.

Pour commencer par S. Césaire, il avait trop étudié S. Augustin, qu'il aimait d'une prédilection filiale, pour n'en pas adopter la manière (2) ; et l'on remarque surtout dans ses Homélies ou Sermons, aussi courts que nombreux, la méthode exégétique d'après laquelle on accepte, comme

S. Césaire d'Arles, et ses Sermons.

---

(1) Voir quelques articles de M. Chavin de Mallans sur cette question, traitée plutôt comme un sujet de curiosité que de science véritable par un écrivain de talent, mais dont les études étaient encore trop superficielles sur ce point. (*Ami de la religion*, in-8°, t. CXXVII, p. 741, et t. CXXVIII, p. 261 et suiv.)

(2) Voir Tillemont, *Mémoire pour servir à l'hist. ecclés.*, t. XIII, p. 947, 950.

figure plus spéciale du Sauveur, quiconque dans l'Ancien Testament s'est fait le sauveur du peuple ou de quelqu'un : ainsi d'Isaac, de Joseph, de Gédéon, de Josué et d'autres. Comme S. Augustin aussi, S. Césaire déclare que, lorsqu'il lit les Écritures, il y rencontre partout Jésus-Christ s'offrant à lui plus ou moins à découvert, mais toujours et partout le consolant par un sentiment de piété (1). Il expose aussi à la manière du grand Docteur, pour lequel on l'a pris souvent, et dont les œuvres sont ordinairement éditées avec les siennes, les mystères cachés dans les faits bibliques. Nous l'avons cité (2) rapprochant toutes les circonstances de la résurrection opérée à Sunam par Élisée de ce qui se passa entre le Sauveur et la nature humaine, pour laquelle le divin Maître s'était rapetissé si humblement. Il trouve encore dans ce même endroit de quoi intéresser à la mère du jeune mort. Cette femme, d'abord stérile, avait eu son fils à la prière du Prophète, que la Providence avait conduit chez elle. Ainsi l'Église, avant la venue du Christ, n'avait réellement pas d'enfants : l'une doit son fils aux supplications d'Élisée ; l'autre, à la présence du Fils de Dieu, doit la naissance du peuple chrétien. Élisée s'absente, et l'enfant meurt ; la gentilité meurt de même dans le péché, jusqu'à ce que son Libérateur vienne vers elle. Pour rendre la vie au fils de la Sunamite, il faut que le prophète descende de la montagne où il demeure ; et Jésus doit descendre du ciel pour que la vie soit rendue à ces païens, fils perdus de l'Église qu'il fallait recouvrer et lui rendre (3). Mais l'instinct sym-

L'Église symbolisée dans la Sunamite d'Élisée,

et dans la veuve

---

(1) « Christus mihi ubique librorum illorum... peragranti et anhelanti, in sudore illo damnationis humanæ, sive ex aperto sive ex occulto, occurrit et reficit. » (S. August., *Contra Faustum*, lib. XII, cap. XVII.)

(2) Ci-dessus, ch. v, p. 106.

(3) « Mulier illa sterilis erat, sed orante Eliseo genuit filium : sic et Ecclesia, veniente ad se Christo, genuit populum christianum. Sed filius mulieris illius, dum Eliseus absens esset, mortuus est : sic filius Ecclesiæ, id est populus Gentium, antequam Christus veniret,

boliste de notre saint auteur va plus loin quand il analyse ce qui se passa chez la veuve de Sarepta. A ce que dit l'Écriture, *et pour agrandir son symbolisme*, comme l'observe un critique à qui rien ne semble avoir échappé du mysticisme des Pères (1), il ajoute un détail que l'histoire ne signale pas et qu'elle ne laisse même guère supposer. C'est du prophète Élie qu'il s'agit cette fois, c'est-à-dire un autre type de Jésus-Christ. Elie vient vers la veuve comme Jésus est venu vers l'Église. Cette veuve était sortie de la ville pour se baigner et recueillir *deux morceaux de bois :* ce sont les expressions de la pauvre femme, et elle s'en sert parce que sous ce nombre est caché le mystère de la Croix, laquelle se compose de deux pièces posées en travers ; de là, notre veuve est une image des nations appelées à connaître ce mystère et désireuses de s'en nourrir. Enfin, quand Élie fait descendre par sa prière la pluie qui manquait depuis trois ans et demi, c'est la pluie fécondante de la Parole évangélique prêchée pendant ce même laps de temps par le Sauveur, et qui rendit au monde la sainte fertilité des œuvres méritoires. Nous abrégeons, mais le

de Sarepta consolée par Élie.

peccatis mortuus erat. Descendente de monte Eliseo, filius viduæ huic vitæ redditur; descendente de cœlo Christo, filius Ecclesiæ, id est populus Gentium, suscitatur. » (S. Cæsar. Arelat. *Serm.* II *de Eliseo*, in t. V opp. S. Aug., ed. Bened.)

(1) S. Césaire a sans doute conclu la proximité d'une fontaine de ce que dit le livre des Rois, qu'Élie demanda à la veuve tout d'abord *paululum aquæ in vase* (III *Reg.*, XVII, 10); mais le contexte fait bien voir que celle-ci alla chercher de l'eau dans la maison, et qu'elle l'apporta *dans un vase*, qu'elle n'avait certainement pas d'abord avec elle, comme il résulte du texte hébreu et de celui des Septante. Notre Saint a vu dans cette eau l'élément prophétique du baptême, aussi bien que dans les trois prostrations qu'elle fit sur le corps mort de l'enfant, par rapport aux trois immersions du néophyte dans l'eau mystérieuse du sacrement: *Hoc etiam*, dit-il, *in sacramento Baptismatis demonstratur, dum tertia vice vetus homo mergitur, ut novus surgere mereatur.* Il y aurait donc eu dans cette eau une application à quelque trait resté inconnu, mais que S. Césaire suppose. C'est bien une preuve de l'importance qu'il attachait au symbolisme des moindres détails. — Voir la note suivante.

texte que nous citons suppléera au besoin où nous sommes de nous borner (1).

<small>S. Grégoire, et ses *Morales;* — sa méthode d'interprétation biblique,</small>

S. Grégoire, pape, mort en 604, illustre la fin du sixième siècle. Ses *Morales*, ou explication du livre de Job, prêtaient beaucoup aux allusions du symbolisme, et il n'y a pas fait faute. Mais ses Sermons, ses Lettres, s'illuminent tous de cet éclat du sens mystique, et, comme tous les figuristes, il use de tout dans l'Ancien Testament pour expliquer le Nouveau. Cette marche lui paraît si claire qu'il n'en voit pas d'autre possible (2). C'était d'ailleurs, comme il l'observe lui-même, l'usage des Prophètes, de commencer par énoncer la personne, le temps et les lieux dont ils ont à parler, et de n'entrer qu'ensuite dans le sens mystérieux de la prophétie; l'histoire s'y pose donc tout d'abord, et après elle viennent les conséquences spirituelles dans l'exposé des allégories et des figures (3). La robe nuptiale de l'Évangile, sans laquelle

---

(1) « Illa omnia quæ recitantur typus erant et imago futurorum. In Judæis enim figurata, in nobis gratia Dei donante completa sunt. Beatus enim Elias typum habuit Domini salvatoris. Sicut enim Elias a Judæis persecutionem passus est, ita et verus Elias Dominus noster ab ipsis Judæis reprobatus est et contemptus. Elias reliquit gentem suam, et Christus deseruit synagogam... Sed videamus ubi beatus Elias illam viduam invenit. Exierat enim ut aqua se lavaret et ligna colligeret. Quid enim aqua et quid ligna significant, videamus. In ligno Crucis mysterium ; in aqua ostenditur Baptismatis sacramentum..... » (Ap. opp. S. Augusti, *ubi suprà*.)

(2) « Cunctis vera scientibus liquet. » (S. Gregor., pap., *Moralium*, lib. VI, cap. I.)

(3) « Usus prophetiæ lectionis est, ut prius personam, tempus locumque describat, et postmodum dicere mysteria prophetiæ incipiat. Quatenus ad veritatem solidius ostendendam, ante historiæ radicem figat, et post fructus spiritus per signa et allegorias proferat. » (S. Gregor., *Exposit. in Ezechiel.*, lib. 1, homil. II.) — Et ailleurs, à propos de la parabole du trésor caché : « Regnum cœlorum idcirco terrenis rebus simile dicitur, ut ex his quæ animus novit surgat ad incognita quæ non novit : quatenus exemplo visibilium se ad invisibilia rapiat, et per ea quæ usu didicit, quasi confricatus incalescat : ut per hoc quod est notum, diligere discat et incognita amare... Thesaurus autem cœleste est desiderium; ager vero in quo thesaurus absconditur, disciplina studii cœlestis..... » (*Homil.* XI *in Matth.*)

personne ne peut entrer au festin du roi (1), c'est plus que le baptême, plus que la foi : c'est la charité, dont le Christ s'est revêtu pour nous lorsqu'il a daigné s'unir à l'Église en des noces mystiques et éternelles (2). Dans un autre ordre d'idées, et à propos d'un passage où Job déplore son isolement et ses tentations, le saint Docteur se rappelle un verset d'Isaïe où la Judée, sous les traits de l'âme infidèle, « devient la demeure des dragons et des autruches, où les démons se rencontrent avec les centaures, où les faunes s'appellent par leurs cris de joie (3) ; » ces bêtes couvertes de poil, dit-il, sont les faunes des Grecs et les incubes des Latins. Ils ont la tête et le buste de l'homme, et tout le bas du corps des animaux. Ces poils sont la figure du péché, qui se hérisse sur la conscience, s'empare de la raison, en dérègle les instincts, et fait en quelque sorte de l'homme une bête; et ces cris tumultueux qui servent de signal à ces monstres pour se rassembler désignent très-bien l'entraînement qui mène d'une première faute à tant d'autres (4).

La gloire de S. Grégoire le Grand est d'avoir eu surtout pour panégyriste toute la tradition, qui l'a suivi dans son exégétique, et n'a pas rencontré un seul écrivain qui ait *adoptée par tous les interprètes à sa suite.*

(1) « Amice, quomodo huc intrasti non habens vestem nuptialem ? » (*Matth.*, XXII, 12.)
(2) « Quid, fratres carissimi, exprimi per nuptialem vestem putamus... nisi caritatem ? Recte enim charitas nuptialis vestis vocatur, quia hanc in se Conditor noster habuit, dum ad sociandæ sibi Ecclesiæ nuptias venit. » (*Homiliarum* lib. II, homil. XXXVIII.)
(3) « Erit cubile draconum et pascua struthionum, et occurrent dæmonia onocentauris, et pilosus clamabit alter ad alterum. » (*Is.*, XXXIV, 13.)
(4) « Pilosi appellatione figurantur hi quos Græci faunos, Latini vero incubos vocant, quorum forma ab humana effigie incipit, sed bestiali extremitate terminantur. Pilosi ergo nomine cujuslibet peccati asperitas designatur, quod, etsi quando ab obtentu rationis incipit, semper tamen ad irrationales motus tendit, et quasi homo in bestiam desinit. Pilosus ergo alter ad alterum clamat, quum perpetrata nequitia ad aliam perpetrandam malitiam provocat. » (S. Gregor., *Moral. in Job*, cap. VII.) — Ne trouvons-nous pas ici beaucoup des hybrides de nos sculptures ?

cru possible d'examiner l'Écriture par une autre voie. Nous verrons maintes fois cet assentiment se manifester dans le cours de cet exposé de la doctrine des Pères. Dom Pitra en a recueilli une suite de 310 sentences tirées de ses *Morales*, de son *Pastoral* et de ses autres livres (1), et ne compte pas moins de 48 auteurs qui forment autour de lui une école qu'illustrent les plus célèbres noms de la littérature catholique.

<small>S. Fortunat de Poitiers; ses *Poésies* et ses *Sermons*.</small>

Nous n'avons garde d'oublier l'illustre évêque de Poitiers, S. FORTUNAT, le dernier représentant de la poésie latine avant Charlemagne, et l'homme de son siècle dont la haute intelligence y fit plus généralement les délices des hommes de goût (2). Son esprit vif et original, dont le coloris a rayonné sur d'innombrables sujets, dut souvent, dans sa marche hardie, rencontrer le symbolisme, et lui prêter le charme des harmonies poétiques en retour des belles inspirations qu'il en empruntait. Dans ses hymnes, que le goût raffiné et circonscrit de nos littérateurs païens n'adopte guère, mais qu'embellit l'élévation de la pensée et le sentiment de la piété catholique, on reconnaît, quelquefois en un seul mot, la trace de l'exégèse symbolique, sans laquelle nul n'a jamais compris l'Écriture et, par conséquent, la religion. Ainsi, dans son *Ave, maris stella*, plein d'une si touchante simplicité, un de ses petits vers renferme toute l'économie de la Rédemption, avec la coopération de cette Ève nouvelle devenue la mère du Sauveur. (3). — Ainsi encore l'arbre de la croix se produit ailleurs comme une opposition symbolique à celui dont le fruit avait empoisonné

---

(1) « *Gregorianæ formulæ* ad spiritualem Scripturæ sacræ intelligentiam. » (*Spicileg. Solesm.*, t. III, p. XXI et 409.)

(2) Voir sa *Vie*, dans Bollandus, XIV décembre, et nos *Vies des Saints de l'Église de Poitiers*.

(3)   Dei Mater alma
   ...Mutans Evæ nomen.
    (*Miscellanea*, lib. VIII, cap. v.
    — Int. opp., pars I, cap. VII.)

la nature spirituelle du premier homme (1); à cet arbre s'est attachée la vraie vigne, dont le vin n'est autre chose que le Sang du Sauveur (2). Cette dernière allégorie, dont les catacombes mêmes n'avaient pas été privées, puisqu'elle tient à une parabole évangélique (3), a été fort goûtée ensuite, et a passé d'âge en âge jusqu'à nous comme une des attributions les plus populaires du Dieu caché dans l'Eucharistie. Mais il faut avouer que cette gracieuse image, tant reproduite sur nos calices, nos tabernacles et nos vêtements sacrés, où elle se suspend à l'*arbre* régénérateur, n'avait jamais apparu avant S. Fortunat sous la forme d'une aussi élégante poésie. La prose n'est pas moins imbue de ce mysticisme dans l'évêque de Poitiers. Pour lui, le Sauveur du monde est ce Josué (*Jesus Nave*) qui introduisit Israël dans la terre promise, en le guidant des ténèbres de cette vie de péché vers l'éternelle lumière des Élus (4). — Écoutons-le expliquant les diverses circonstances de la passion du Fils de Dieu : la croix y est encore la compensation du premier arbre; le Christ n'y est cloué que pour nous délivrer de la mort méritée sous les feuillages de l'Éden; sa couronne d'*épines* rétracte la malédiction jetée dès lors à la

---

(1) *Arbor decora et fulgida*, qui s'expliquera par cette autre strophe :

    De parentis protoplasti
    Fraude Factor condolens,
    Quando pomi noxialis
    In necem morsu ruit,
    Ipse lignum tunc notavit
    Damna ligni ut solveret
    . . . .
    Et medelam ferret inde
    Hostis unde læserat.
    (Opp., pars I, cap. II.)

(2) Tu plantata micas...
    Appensa est vitis inter tua brachia, de qua
    Dulcia sanguineo vina rubore fluunt.
    (*Miscellan.*, lib. II, cap. I.)

(3) « Ego sum vitis vera, et pater meus agricola est. » (*Joan.*, XV, 1.)

(4) « Jesus hebraice *salvator* dicitur... Cujus figuram Jesus Nave gerens, populum de deserto in patriam et terram repromissionis certum

terre; la lance, qui ouvre dans son côté une source de sang et d'eau, en fait sortir toute la valeur du baptême, tout le fruit du martyre de la pénitence ; « et pour nous élever à de plus hauts mystères, ajoute-t-il, Jésus-Christ est frappé au côté afin de guérir, par ce coup qu'il supporte, la blessure que nous avait faite cette première femme sortie du côté d'Adam (1). » On voit combien ces idées, déjà vieilles de six cents ans dans la pratique de l'enseignement évangélique, se maintenaient chez les représentants de la tradition. Nous avons vu d'ailleurs, en parlant des circonstances symboliques du crucifiement (2), comment aussi beaucoup d'autres Docteurs l'avaient entendu.

VIIᵉ SIÈCLE : son caractère moins littéraire n'en est pas moins imbu du symbolisme.

Le septième siècle et les deux suivants, attristés par les guerres des barbares, sont du moins féconds en beaux esprits ; le monde intellectuel semble se taire au milieu des ruines et avoir perdu avec sa liberté civile celle de l'intelligence et de l'esprit. Mais la science, en ces temps malheureux, a toujours la ressource des monastères et des églises ; elle s'y réfugia, et comme la religion n'avait pas moins souffert que les peuples, on s'y appliqua d'autant plus aux études qui consolent et fortifient. L'Écriture, la liturgie, la discipline monastique devinrent le triple objet de recherches sérieuses. Le symbolisme y gagna, en tant qu'inséparable de ces précieux éléments, et des traités spéciaux sur la matière se rangèrent, dans l'histoire littéraire de cette époque, à côté des ouvrages où il n'aspire qu'au rôle de complé-

---

est induxisse. Et Iste de tenebris et terra ignorantiæ sequentes ad cœlos ducit. » (S. Fortun., *De Symbolo,* nº 3.)

(1) « In cruce suspensus est ut nos a damnatione ligni vetusti dissolveret; felle vero potatur ut amaritudinem prævaricati pomi et nimis acidi amputaret; spinis coronatur ut maledictæ terræ vetustum crimen erueret; lancea percutitur ut per plagam lateris aqua fluente vel sanguine, baptismum vel mysterium martyrii promulgaret; et, ut dicatur aliquid altius, in costa Christus percutitur ut nobis vulnus infixum per Evam, quæ de costa viri formata fuerat, amputaret. » (*De Symb.,* nº 4.)

(2) Ci-dessus, p. 454 et suiv.

ment. C'est surtout, au septième siècle, par deux hommes que s'accomplit cette tâche laborieuse : le vénérable Bède et S. Isidore de Séville. Ils y furent les plus illustres représentants de l'esprit encyclopédique, et suffisent à faire comprendre quelle vaste étendue on donnait alors dans les couvents aux études scientifiques. C'est à partir de leurs travaux que nous pouvons signaler le commencement de cette époque dite hiératique, si importante dans l'histoire de l'art, et qui expire avec le douzième siècle. BÈDE, déclaré vénérable par la voix publique, et Père de l'Église dans un concile (1), toujours apprécié par son *Histoire ecclésiastique d'Angleterre*, excepté peut-être dans cette Angleterre elle-même, que l'hérésie aveugle sur ses grands hommes catholiques, n'écrivit pas moins de huit volumes in-folio sur tout ce qui peut intéresser l'esprit humain, et s'adonna principalement à des commentaires de la Bible, où il recueillit avec autant de goût que de méthode les opinions des Docteurs, se faisant ainsi lui-même un guide et une source pour les savants qui devaient le suivre. Tout en mettant beaucoup d'ordre et de sens dans ses écrits, il y représente d'autant plus fidèlement la tradition, à laquelle il s'attache ; et nous verrons que ce qu'il avait fait en donnant plutôt les idées reçues que les siennes propres fut imité plus tard par d'autres écrivains, comme plus capable de maintenir dans les graves matières de l'enseignement religieux l'unité de doctrine et l'universalité de la foi. On pourrait donc avoir, par une lecture assidue des Commentaires de ce digne religieux, une idée complète et exacte de la manière exégétique des Pères (2). Origène et S. Jérôme, S. Ambroise et S. Augustin, se retrouvent, par exemple, dans ce qu'il dit du Cyrénéen, qui porta quelques instants la croix du Sauveur sur le che-

Le vénérable Bède, et ses travaux encyclopédiques.

---

(1) Concil. Aquisgran. anno 836 habitum. Ap. Labbe, *Conc.*, t. VII, p. 170.

(2) Voir surtout l'édition de Cologne : *Venerab. Bedæ præsbyt. opera*, 1688.

min du Calvaire. « Ce Simon n'est pas de Jérusalem ; il est d'une ville étrangère et éloignée, et devient en cela le type des Gentils, autrefois étrangers aussi pour l'Église, et devenus pour Elle, par leur vocation, des concitoyens, des membres de la famille. C'est donc justement que *Simon* veut dire *obéissant*, et que *Cyrène* signifie *héritage*. N'oublions pas non plus que ce personnage si charitable revenait d'un *village*, en grec πάγος, d'où l'on a fait *païen*. Ainsi les nations étrangères, en s'attachant à suivre le Dieu crucifié, se chargent d'une portion de sa croix, entrent dans un nouvel héritage, et n'obéissent plus qu'à Celui qu'elles avaient méconnu (1). » — Il n'est peut-être pas une page de Bède où le sens biblique ne soit de la sorte attiré, pour ainsi dire, jusqu'aux extrêmes limites du symbolisme.

S. Isidore de Séville ; ses *Commentaires* et ses *Origines*.

Il est vrai qu'il a fait un grand usage de S. Isidore de Séville, qui l'avait à peine précédé d'un siècle, et dont la carrière littéraire finissait à peu près quand la sienne commençait. Mais cette gloire de l'Espagne n'en est que plus remarquable quant à l'objet qui nous occupe, et ses nombreux écrits deviennent encore une irrécusable expression des habitudes symbolistiques de ce temps. La réputation du saint évêque est solidement établie dans l'École, son nom y fait autorité, et il est regardé comme le point de jonction entre les Docteurs qui précèdent le moyen âge et ceux qui brillent à l'aurore de cette période célèbre. Ses biographes s'accordent tous sur le mérite dont il fit preuve en toutes les rencontres où la discipline et la science ecclésiastique réclamèrent son zèle et son autorité. En 633, il fut l'âme du

(1) « Simon non Hierosolymita sed Cyrenæus ; per eum populi gentium designantur... Unde pulchre Simon *obediens*, Cyrene *hæres* interpretantur. Nec prætereundum quod Simon de *villa* venisse refertur. Villa enim græce πάγος vocatur, a qua pagani nomen trahunt : eo quod a civitate Dei alieni, et quasi urbanæ sint conversationis ignari. Sed de pago Simon egrediens crucem portat post Jesum, quum populus nationum, paganis ritibus derelictis, vestigia dominicæ passionis obedienter amplectitur. » (*In Luc.*, lib. VI.)

quatrième concile de Tolède, où l'on régla qu'on observerait, d'après l'ancienne coutume, la même formule de prières et de Sacrifice dans toute l'Espagne et dans toute la Gaule ; aussi est-il regardé comme le principal auteur de la liturgie espagnole ou mozarabique, dans laquelle le symbolisme a un rôle si prononcé, où l'*Alleluia* fut interrompu tout d'abord pendant les tristesses du carême, où le cierge pascal brûla toute la nuit de Pâques pour représenter Jésus-Christ ressuscité (1).

Entre autres livres pleins d'érudition sur le cercle général des connaissances humaines acquises de son temps, il faut lire surtout ses *Commentaires* et ses *Allégories des deux Testaments*, qu'il avoue avoir puisés en grande partie dans les auteurs qui l'ont précédé. Ses *Origines*, que des grammairiens de renom, tels que Paul Mérula et Duverdier, accusent d'être peu solides, sont louées cependant comme pleines d'une rare érudition par des autorités au moins aussi importantes (2). Rosin reconnaît qu'il nous a conservé dans ses volumineux ouvrages un grand nombre de passages d'anciens auteurs qui se seraient perdus sans lui (3) ; et Scaliger admire le discernement qu'il a mis dans ces citations (4). Mais tous ces doctes s'occupaient médiocrement du symbolisme, si tant est qu'ils s'en doutassent, et nous devons à la gloire de S. Isidore de le faire remarquer à notre tour comme l'écrivain qui résume le mieux la science symbolistique depuis l'Apocalypse jusqu'à S. Grégoire. Voilà

---

(1) Grancolas, *Traité de l'Office divin*, p. 564, in-12. — Fabricius a fait cet éloge de notre Saint : « Commentaria, quæstiones, et mysticorum expositiones sacramentorum, in Vetus Testamentum ego sumpsi ab origine Victorino, Ambrosio, Hieronymo, Cassiano, Augustino, Fulgentio, ac nostris insigniter temporibus eloquenti Gregorio. » (Fabricius, *Notitia in Isidor.* — Migne, *Patrol.*, t. LXXXII, col. 61.)
(2) Nonius, *In Hispaniam*, cap. XVI.
(3) *Antiquités romaines*.
(4) Voir Baillet, *Jugements des savants*, t. II, p. 202 ; — Scaliger, *mihi*, p. 95.

donc un témoin qui tout seul se chargerait de la défendre, si les autres avaient pu nous manquer. Au reste, son autorité fut telle parmi ses contemporains que, l'année même de sa mort, tous les Évêques de l'Église d'Espagne, assemblés au huitième concile de Tolède, dirent de lui qu'il était « l'honneur de l'Église, le dernier de ses Docteurs dans l'ordre des temps, mais l'un des premiers par la science, et dont le nom ne pouvait être prononcé qu'avec respect. (1) »

Redisons-le : les œuvres de S. Isidore et celles de Bède peuvent être considérées dans leur ensemble comme un recueil complet du symbolisme chrétien. Les *Questions* du premier sur la Bible résolvent toutes les difficultés d'exégèse qu'il est possible de poser en cette matière. Son livre *Des Nombres dont il est parlé dans l'Écriture* développe toute cette étonnante série de données mystiques auxquelles nous avons consacré un chapitre (2). Ses *Sentences* montrent en mille endroits l'origine de nos sculptures sacrées où la vie humaine se voit enlacée par tous ses détails avec les influences diaboliques, et les bons offices des saints Anges, et les leçons variées de la morale et de la vérité. Dans ses *Offices ecclésiastiques*, il développe les raisons mystiques de la liturgie ; et enfin, tout pénétré de ces considérations si familières aux hommes intérieurs, et dont la source est dans les Livres saints, il n'écrit guère, sur quelque sujet que ce soit, sans faire ressortir au profit de la vie spirituelle les allusions dont son cœur est nourri. Il n'invente donc rien, il ne dit rien d'inacceptable quand il voit dans l'Ancien Testament le péché d'Adam, dans le Nouveau le Christ né de la Vierge. Ne lisons-nous pas dans l'Apôtre que « la mort a régné d'Adam à Moïse, » et dans le Psalmiste : « Chantons au Seigneur un cantique nouveau ? »

(1) *Concil. Toletan.* habit. an. 636. — Labbe, t. V, p. 1735.
(2) Ci-dessus, 1re partie, ch. vi.

L'homme nouveau est venu, en effet; la nouvelle alliance amène la nouvelle Loi (1).

Voyez-vous aux corniches de nos églises ces faces moitié animales, moitié humaines, aux regards fauves, aux cheveux de flamme, dont l'horrible gueule aux dents aiguës avale ou mord des hommes nus dont les pénibles efforts ne servent de rien contre cette force brutale qui les domine et les engloutit? c'est le diable; il dévore celui qui a déjà commis le crime; il se contente de mordre, pour l'avaler bientôt, celui qu'il ne fait que tenter encore et dont le péché n'est pas consommé. Cette bouche du diable, vide maintes fois, et caractérisée seulement par un effroyable rictus, figure ses paroles secrètes, les inspirations fallacieuses dont il poursuit l'homme dans le silence de son cœur (2).

Explication des chapiteaux à têtes diaboliques.

Quant aux mystères, le saint Évêque n'a garde d'en omettre le sens figuré. Celui des souffrances et de la résurrection d'un Dieu nous indique le passage de cette vie périssable à celle qui ne doit pas finir. C'est par la foi que nous opérons ce passage, car elle nous est donnée dans le baptême pour détruire en nous le péché d'origine. Par ce baptême nous sommes ensevelis avec Jésus-Christ dans la mort de notre volonté abdiquée; nous passons de cette

---

(1) « Testamentum Vetus est peccatum Adæ; unde dicit Apostolus : Regnavit mors ab Adam ad Moïsen. » (*Rom.*, v, 14.) «Novum est Christus de Virgine natus; unde Propheta dicit : Cantate Domino canticum novum (ps. xcv, 1); quia homo novus venit, nova præcepta attulit. » (*De Veteri et Novo Testam. Quæstiones*, quæst. I.)

(2) « Eum diabolus jam deglutisse dicitur quem jam perfecto scelere devorasse videtur. Eum vero quem non deglutivit operis perfectione, sed tentationum illecebris mordet, ut devoret, adhuc quasi in maxilla mandit. Unde et Paulus habet stimulos carnis quibus humilietur (2 *Cor.*, xii), non habet peccati perfectionem qua deglutiatur.— Os diaboli verba ejus sunt; verba vero ejus inspirationes occultæ sunt, quibus corda hominum alloquens occultis urit cupiditatibus. » (Isidori, Hispal. episc., *Sententiarum* lib. III, cap. v, n. 32, 33.— Migne, *Patrol.*, t. LXXXIII, pl. 666.)

mort mystique à une vie nouvelle et meilleure, et des entraves de ce monde à la liberté de la résurrection et de la gloire sans fin (1).

VIIIe siècle : Paul Diacre, et son Homiliaire.

N'eussions-nous, pour faire connaître le huitième siècle, que S. Boniface de Mayence, Paul, diacre d'Aquilée, et Ambroise Autpert, abbé de Bénévent, ce serait assez encore pour ajouter un anneau précieux à la chaîne que nous parcourons.

PAUL WARNEFRIDE, surnommé LE DIACRE, de son titre dans la hiérarchie sacrée, a laissé dans ses œuvres historiques et spirituelles autant de monuments de ses lumières et de sa piété. Mais nous chercherions vainement plus d'authentiques témoignages de l'esprit symbolique de son siècle dans ses propres écrits, que dans ceux qu'il a recueillis des Pères antérieurs, dont il a formé son *Homiliaire.* C'est un recueil des plus belles homélies dues à toutes les plumes catholiques dont l'Église se glorifie. Il composa cet ensemble de doctrine et d'exégèse à la prière de Charlemagne, qui paraît y avoir travaillé lui-même dans une pieuse intention d'embellir les Offices par cette « guirlande de fleurs sacrées (2). » Là toute la méthode symbolistique se retrouve sous la plume des grands évêques, des prêtres savants dont la parole a nourri le peuple de Dieu. Tous les mystères de la religion, toutes les fêtes de l'année, tous les Saints déjà

---

(1) « Transitus de hac vita mortali in aliam vitam immortalem, hoc est de morte ad vitam, in passione et resurrectione Domini commendatur. Hic transitus a nobis modo agitur per fidem, quæ nobis datur in remissione peccatorum, quando consepelimur cum Christo, quasi a mortuis transeuntes de pejoribus ad meliora, de corporalibus ad spiritualia, de conversatione hujus vitæ ad spem futuræ resurrectionis et gloriæ. » (*De Officiis ecclesiast.*, lib. I, cap. XXXII.)

(2) « Intendimus, idque opus Paulo Diacono, familiari clientulo nostro, elimandum injunximus, scilicet ut studiose catholicorum Patrum dicta percurrens; veluti elatissimis eorum pratis certos quosque flosculos legeret, et in unum, quæque essent utilia, quasi sertum aptaret. » (Caroli Magni *Præmonitum* in cap. *Homiliarii* Pauli Diac. — Migne, *Patrolog.*, t. XCV, cap. MCLIX.)

célèbres, sont exposés ou loués par les bouches les plus éloquentes dont les textes sont passés si souvent sous nos yeux.

C'est vers le même temps que S. Boniface, l'apôtre des Frisons et d'autres peuples encore barbares de l'Europe septentrionale, jetait les fondements de l'abbaye de Fulde (744), d'où la science devait briller bientôt sur toute la Germanie. Au milieu de ses travaux apostoliques, il trouve moyen de se débarrasser, dans le commerce de la poésie, des fatigantes préoccupations du saint ministère, et il adresse à sa sœur une énigme où toutes les vertus, s'exprimant sous la figure d'autant de personnes allégoriques, exposent leurs propres attributs et les avantages qu'elles procurent à ceux qui les aiment. Ce petit poëme, où les règles de la quantité latine sont parfois assez négligées, ne manque cependant ni de fraîcheur ni de naturel, et nous y remarquons surtout l'éloge gracieux de la virginité, qui le termine (1). Mais ses *Lettres*, précieux souvenir des efforts d'un missionnaire contre les désordres à extirper, sont pleines des gémissements de l'Écriture sur la vigne mystique, en faveur de laquelle il n'épargne rien et dont l'ingratitude répond si peu à son zèle. Là viennent se ranger tour à tour, dans ses plaintes au pape Zacharie et à plusieurs évêques, toutes les formes bibliques les plus analogues à sa situation, et sa mémoire ni son cœur ne faillissent à cette science des saintes interprétations que les lèvres du prêtre doivent garder (2),

S. Boniface de Mayence; ses Poésies et ses Lettres.

---

(1) Vitæ perpetuæ vernans cum floribus almis,
Inclyta cum Sanctis virtutum gesto coronam,
Regis Sanctorum matrem comitata Mariam,
Gaudens quæ genuit proprium paritura parentem.

(*Ænigmata de virtutibus*, opp., p. 3, n. 9.
—Migne, t. LXXXIX, col. 891.)

(2) « Possum enim de memetipso pro certo juxta vocem cantici dicere : *Filii matris meæ pugnaverunt contra me; posuerunt me custodem in vineis, vineam meam non custodivi.* — *Vinea* enim, secundum Nahum prophetam, *Domini Sabaoth domus Israel est*: nunc videlicet Ecclesia catholica esse comprobatur... *Cum autem exspectarem ut*

et toutefois rien de cette abondance symbolistique ne paraît dans ses *Sermons* proprement dits. On voit qu'ils ont dû être faits pour des intelligences encore grossières, qui n'eussent rien entendu à des allégories dont les éléments leur manquaient, et le Saint n'entreprend pas plus de les intéresser par des images que de les persuader par des raisonnements suivis et multipliés. Il expose la doctrine; il rapproche d'elle les peines éternelles du péché, les interminables récompenses de la foi et des bonnes œuvres. Sous ce rapport, ces homélies sont des modèles de simplicité, et devraient être lues par tous ceux qui doivent évangéliser les peuples de la campagne.

Autpert, et ses Sermons monastiques.

Mais au-dessus de tout ce siècle, qui avait tant besoin de Charlemagne, plane bien haut le docte bénédictin Ambroise AUTPERT, dont nous savons le beau travail sur l'Apocalypse. Né dans le midi de la France, mais épris, dans un voyage en Italie, du charme qu'offrait à ses goûts studieux la solitude créée au bord du Vulturno sous l'invocation de S. Vincent, il s'y fixa, y pratiqua les vertus monastiques, s'y adonna à la méditation des Livres saints, et en commenta quelques-uns selon la méthode symbolistique déjà tracée pour lui en ces mêmes études, et en dehors de laquelle il voyait bien que devenait impossible l'interprétation des vérités dogmatiques et morales. Plus tard, il devint prêtre, et ce caractère divin ne fit que fortifier son penchant aux travaux de la pensée et à la recherche du sens caché des chefs-d'œuvre bibliques.

faceret uvas, fecit labruscas; et juxta alium Prophetam : *Mentietur opus olivæ, et campi non facient escas...* Sed, proh dolor! officium laboris mei rerum collatione simillimum esse videtur cani latranti et videnti fures et latrones frangere et suffodere et vastare domum domini sui, et quia defensionis familiares non habeat, submurmurans ingemiscat et lugeat... Apostolus *episcopum*, prophetam *speculatorem*, Salvator mundi *pastorem Ecclesiæ* sacerdotem appellat, et omnem tacentem peccata populi *doctorem sanguinis* animarum perditarum sub silentio reum esse comprobant..., etc. » (*Epist. Cuthberto* LXIII.— Migne, *Patrol.*, t. LXXXIX, col. 763.)

Mais cette heureuse immunité du soin des autres que goûtait le paisible solitaire, ces préoccupations exclusives de la théologie et de la prière, qu'il savourait sous la garde de l'obéissance religieuse, ne devaient pas durer toujours. On l'appela à la direction du couvent ; la charge des âmes vint l'obliger à de fréquentes allocutions, que ses frères écoutaient chaque dimanche dans une des salles communes de l'abbaye. Ce fut l'occasion de ses Sermons, dont quelques-uns nous sont restés, et dont le mérite aurait bien pu valoir au saint homme la note de profonde érudition que Paul Diacre se plaisait à lui donner. Dans ces discours, on se plaît à voir les chastes épanchements du cœur fidèle ; on croit entendre S. Bernard, qu'il précède de quatre siècles, distribuant aux moines de Clairvaux les douces paraphrases de son *Cantique;* et, soit qu'il expose les mystérieuses explications des colombes et des tourterelles, qui rachetaient autrefois le premier-né de la femme pauvre (1), soit qu'il rende raison du choix des trois disciples appelés par le Seigneur à

---

(1) « Præceptum quidem Legis fuerat ut si cui forte agnus defuisset, et unum horum, id est aut par turturum aut duos pullos columbarum invenisset, Deo in oblationem Filii afferret... Sed quia utraque Christi Ecclesiæque sacramenta significant, credendum est utrumque ad sacrificium Matrem invenisse atque obtulisse. In hac oblatione avium præfigurabatur oblatio quæ pro salute mundi oblata est vesper diei, Domini scilicet passio, per quam sumus reconciliati Deo. Quia vero omnes Electi membra sunt Christi, in turture scilicet designantur turtures, in columba columbæ, designat etiam hæc avium oblatio mortificationem Electorum, quibus per Apostolum dicitur : Obsecro vos ut exhibeatis corpora vestra hostiam... Deo placentem (*Rom.,* XII, 1). Sed nulla esse potest accepta Deo mortificationis oblatio in quibus non fuerit veræ fidei castitas, veræque charitatis concordia. Proinde non sine causa Sacrificium quod pro Domino mystice oblatum perhibetur, ex turturibus et columbis fuisse narratur. In turture enim castitas invenitur, et in columba charitas commendatur. Turtur intemeratam servit uni viro fidem ; columba aliarum cohabitantium non deserit unitatem. Catholicus igitur christianus tunc vere spiritualis turtur efficitur, si veram Trinitatis fidem in catholica societate permaneat, et contra tentationum scandala immobili firmitate persistat. » (Rutperti abb. *Sermo de lectione evangelica,* n° 5. — Migne, *Patrol.,* t. LXXXIX, col. 1295.)

contempler sa transfiguration (1), on le suit avec intérêt et l'on se laisse éblouir doucement par ce reflet des plus beaux génies de la religion ; car, lui aussi, il suit pas à pas les traces des Pères, et ce qu'il a de pensées à lui n'empêche pas que les règles reçues de la tradition générale ne viennent s'échelonner une fois de plus sous sa plume savante entre le passé et l'avenir de la littérature chrétienne.

<small>Causes de la stérilité littéraire de ce siècle.</small>

Et cependant cette ferveur scientifique doit être regardée comme un mérite de plus dans ces grands hommes d'un temps difficile, quand on se reporte aux obstacles de tout genre qui s'opposaient au développement des succès littéraires. Les bibliothèques, il est vrai, se formaient dans chaque couvent ; mais elles étaient restreintes à quelques rares étagères que des mains laborieuses et dévouées ne garnissaient que fort lentement. Les voyages, que les doctes aiment tant comme une source abondante d'observations utiles et de rencontres curieuses, n'étaient pas sûrs, avec le risque de tomber sans cesse aux mains des Lombards, des Saxons ou des Sarrasins. Les monastères eux-mêmes n'étaient point respectés par les Barbares, et ne pouvaient rester longtemps ni des refuges pour l'étude ni d'inviolables dépôts des produits de l'esprit humain. C'est pourquoi nous ne retrouvons guère du huitième siècle que des compilations ; la pensée ne s'exerce que sur des données faites d'avance ; c'est même ce à quoi se bornent à peu près tous

---

(1) « Nequaquam sine præfigurationis sacramento ad tantam Redemptoris gloriam intuendam, solus Petrus, Jacobus et Joannes assumitur. Petrus tanquam a petra vocabulum assumpsit : *Petra autem erat Christus*. Huic Petræ Petrus dixit : *Tu es Christus Filius Dei vivi*... Convenienter Petra Petro respondit : Tu es Petrus, et super hanc petram ædificabo Ecclesiam meam... — Jacobus vero in nostram vertitur linguam *supplantator*. Supplantator autem quorum, nisi vitiorum ? Et nos certe in Jacobi persona vitia supplantamus... — Joannes autem interpretatur *columba*, per quem sine dubio illi figurantur qui intra sanctam Dei Ecclesiam, Dei et proxime amore uniuntur. Per columbam enim Spiritus Sanctus designatur, qui Patris et Filii charitas esse probatur. Ergo fides in Petro, operatio virtutum in Jacobo, charitas vero in Joanne monstratur. » (Ib., *Homil. in Transfigurat. Domini*, n. 3. — *Ib.*, col. 1307.)

les trésors littéraires de cet espace de près de trois siècles qui s'écoule entre Charles Martel et Hugues Capet, et dont il ne faut excepter que la brillante et trop courte époque de Charlemagne.

L'influence de ce prince agit, au neuvième siècle, sur quelques intelligences d'élite qui enseignent dans les écoles publiques, s'appliquent, dans les solitudes pacifiées, à la méditation des choses de l'esprit, ou composent des livres dont l'Église se glorifie encore. Mais cet élan rapide s'affaisse avec le génie qui l'avait imprimé dans le tourbillon de nouveaux désordres sociaux, et ce n'est qu'en petit nombre qu'on voit resplendir après lui des hommes capables de lutter contre le torrent de l'ignorance, qui s'élance encore et envahit tout. La plupart des écrits, néanmoins, conservent l'esprit symbolistique de l'Église, et, en dépit des difficultés, elle compte beaucoup de religieux recommandables par le mérite littéraire. On s'occupe toujours de l'interprétation scripturaire, on y marche à côté des Pères, et nous pouvons encore y recueillir des preuves que l'imagination des savants n'y dédaigne pas la méthode consacrée.

IXe SIÈCLE : influence de Charlemagne.

En ce temps-là Héric, moine d'Auxerre, compose un *Poème* en six livres *sur la vie de S. Germain*, et s'ingénie, dans le prologue du sixième, à jouer sur le nombre *six*, qu'il retourne en soixante-six vers sur toutes ses faces, dont il fait ressortir le symbolisme (1).

Héric d'Auxerre, et son poème De la Vie de S. Germain.

(1) Expansas operis claudit pulcherrimus ἑξάς,
   Lector amice, vides.
Cujus si causas et mystica symbola quæras,
   Impiger ediderim
Exemplar solidum facturus Conditor orbem
   Hoc sibi proposuit.
Tempore namque opus omne suum discrevit eodem,
   Pagina sancta refert.
Quamvis et simul et semel omnia condita, verax
   Theologia canat;
Perfectum sed opus numeri perfectio signat
   Partibus apta suis...
    (Herici, mon. Antiss., *De Vita S. Germ.*
    lib. VI, præfatio. — Migne, *Patrol.*,
    t. CXXIV, col. 1191.)

534   HISTOIRE DU SYMBOLISME.

Isaac, évêque de Langres, et ses Canons de discipline.

Isaac, évêque de Langres de 858 à 880, donne à son clergé un recueil de canons de discipline et y explique la coutume de l'imposition de la main du prêtre sur le pénitent qu'il réconcilie, par cette même coutume appliquée autrefois à l'hostie légale. Il la voit dans le soin que Jésus-Christ se donna, avant de ressusciter Lazare, de faire enlever la pierre de son tombeau, et ensuite de le faire délier en signe de sa délivrance (1).

S. Adon, archevêque de Vienne, et son Martyrologe.

S. Adon, archevêque de Vienne, mort en 875, fait un *Martyrologe universel*, et raconte dans les actes de S. Genès, et d'après le propre récit de l'illustre victime de Dioclétien, qu'au moment où le martyr simulait sur le théâtre la réception du baptême, et que, subitement converti, il professa sincèrement la foi qu'il était venu ridiculiser, il vit des Anges effacer, en le lavant dans l'eau, le Livre où étaient écrits ses propres péchés, et le montrer ensuite purifié et plus blanc que la neige (2). On reconnaît dans ce fait une allusion au vingtième chapitre de l'Apocalypse, et quoiqu'il nous reporte à l'époque de cette prophétie, il n'en constate

(1) « Non est mirandum si absolutio peccatorum per manus impositionem precibus fit sacerdotum, quum Dominus in veteri Lege super caput hostiæ manum sacerdotis præceperit imponi. Etenim, sicut tunc per illam hostiam, ita nunc per manum episcoporum... vel sacerdotum impositionem... remittuntur peccata. Nam, quando Dominus Lazarum suscitavit, ait suis discipulis : *Tollite lapidem* (Joan., xi), subauditur : *ut mortuus resurgat*; dans exemplum ut, sicut ipsi manibus tollunt lapidem ut mortuus resurgat, ita et ipsi et successores eorum manus pœnitentibus imponant, ut per impositionem manuum suis precibus mortuum de sepulcro, id est peccatorem de vitiis, surgere et relevare faciant. Et sicut illi Lazarum institis colligatum, jubente Domino solvunt, qui ait : *Solvite eum et sinite abire*, ita isti... per manus impositionem peccatorum solvant vincula, et absolutos ire permittant. » (Isaaci, episc. Lingon., *Canones*, tit. 1, cap. xi. — Ap. Sirmon., *Concil. gen.*, t. VIII, col. 598; — seu Migne, *Patrol.*, t. CXXIV, col. 1098.)

(2) « Ubi me aqua nudum tetigit, et interrogatus credere me respondi, vidi super me manum cœlitus venientem, et Angelos Dei radiantes... qui omnia peccata quæ ab infantia feci, recitarunt de Libro, quem mox in ipsa aqua laverunt..., et mihi candidiorem nive postmodum ostenderunt. » (S. Adonis, episc. Viennensis, *Martyrol.*, viii kal. sept.)

pas moins que le sens de ce passage est fort bien accepté par l'hagiographe. Au reste, le figurisme de la Bible ne lui reste pas plus étranger qu'à tout autre. Il aime surtout les parallèles entre les personnages et les faits des deux Testaments, et, dans sa *Chronique*, où il raconte succinctement les événements de l'histoire universelle depuis la création jusqu'à son temps, tout ce qui se rattache aux faits divins de l'Écriture trouve sous sa plume un fait analogue dans la vie spirituelle de l'Église depuis Jésus-Christ. C'est toujours l'Homme-Dieu qui apparaît sous l'enveloppe des Patriarches, et il s'y trouve représenté par Adam, Abel, Noé, Joseph et tant d'autres. Adon y constate surtout les mystères évangéliques préfigurés dans ceux du monde primitif, comme l'union de Jésus-Christ et de l'Église dans celle de nos premiers parents (1).

Mais personne n'atteignit dans ce temps-là à l'érudition sûre et variée de RABAN-MAUR, que son mérite et sa vertu élevèrent en 847 sur le siége de Mayence. On peut le regarder, sur la même ligne que tant d'autres, comme un des plus hardis copistes de ses devanciers; en cela il imite une apparente licence déjà fort ancienne, et dont nous avons vu que Bède et Isidore de Séville s'étaient bien gardé de rougir. Son traité *De Universo*, ou des *Étymologies*, espèce d'encyclopédie comme on aimait à en faire de son temps, n'aspire pas même au mérite de se faire un titre différent de celui du saint évêque espagnol. Pourquoi l'aurait-il fait, quand on ne se disputait pas encore sur la propriété littéraire, et puisque aussi bien il suivait en cela l'exemple donné par tous les gens de lettres avec une bonne foi naïve, et le plus souvent pour y ajouter, de son crû, des remarques nouvelles qui témoignent d'un véritable savoir? Mais ces

Raban-Maur, évêque de Mayence; ses *Traités* encyclopédiques et ses *Allégories bibliques*.

---

(1) « Et in formatione Adam, et de costa lateris ejus mulieris Evæ, sacramentum Christi et Ecclesiæ. » (*Chronicon*, ætat. 1, Migne, t. CXXIII, cap. XXVI.

remarques elles-mêmes corroborent si bien les principes nettement arrêtés du symbolisme, que l'écrivain devient un témoin de plus en sa faveur. Son traité, en effet, n'est qu'une explication et une définition des termes propres à faire comprendre le sens, soit naturel soit mystique, des Écritures, comme avait fait S. Méliton. Des citations seraient ici fort inutiles, Raban-Maur déclarant lui-même dans une de ses épitres dédicatoires que, tout en réunissant sur toutes choses le plus que possible de notions scientifiques, il voulait toujours en donner le sens mystique, toujours si recherché, et en effet si utile (1). Dom Pitra ayant publié dans son *Spicilége* le travail d'Adam de Prémontré sur les *Allégories bibliques* de Raban-Maur, avec de justes et savantes appréciations des écrits de ce grand homme, nous y renvoyons, pour abréger, comme à une source de renseignements étudiés avec conscience (2). Remarquons, du moins, que sa manière de traiter le symbolisme a quelque chose de plus spontané et de plus didactique que celle de ses prédécesseurs. Il élargit donc la voie, et désormais on traitera, à son exemple, l'exégèse avec moins de routine et de froide imitation. Ce ne seront plus des emprunts faits au passé, ce seront des preuves nouvelles recueillies çà et là dans la marche plus hardie d'un itinéraire plus ample et plus varié.

Walafride Strabon, et sa Glose ordinaire

Ainsi, ces travaux individuels, que nous analysons si rapidement, formaient, à cette première période du moyen âge, un ensemble de matériaux pour des œuvres plus considérables, auxquels s'appliquaient, sans généraliser encore leur plan, des moines studieux, dont la postérité ne peut assez reconnaître les services. Parmi ces traités qui naquirent en

---

(1) « Venit in mentem ut juxta morem antiquorum qui de rerum naturis atque verborum etymologiis plura rescripsere, ipse aliquod conderem de rerum naturis et verborum proprietatibus, sed etiam de mystica rerum significatione. » *(Epist. ad Haymonem Halberstadiensem;* — apud Migne, *ubi suprà.)*

(2) *Spicileg. Solesm.,* prolegom., p. xxiv et seq. t. III, p. 128.

grand nombre d'un tel mouvement donné aux intelligences, le plus curieux, et qui devint le plus populaire jusqu'au quatorzième siècle, est dû aux observations de WALAFRIDE STRABON, savant bénédictin, qui habita successivement jusqu'à sa mort, vers 849, les célèbres abbayes de Saint-Gall et de Richenow, et y compléta le travail de Raban-Maur. Son livre est connu dans l'École sous le nom de *Glose ordinaire* (1), *Glossa ordinaria*, imprimée à Anvers en 1590, avec ses œuvres complètes (2). C'est un recueil non de tous les endroits de la Bible qui se prêtent au sens figuré, mais de textes choisis, avec les commentaires des Pères, surtout de S. Grégoire, sans trop de prétentions à aucune idée du propre fond du compilateur. Avec ce *compendium*, on peut se former une très-juste idée de la méthode patristique d'interprétation scripturaire.

Walafride disparut au milieu du neuvième siècle. Autour de lui, et à quelques années près, s'étaient groupées d'autres lumières de ce temps, que nous pourrions lui associer dans cette revue. Contentons-nous de citer ALCUIN, qui gouverna avec éclat les écoles de Tours; AGOBARD, qui illustra le siége de Lyon; LOUP, abbé de Ferrières, qui se glorifiait des leçons de Raban-Maur, et le remplaça dans l'enseignement public; PASCHASE RATBERT, qui, en gouvernant le monastère de Corbie, y laissa des œuvres littéraires où se lisent encore avec fruit d'excellents conseils sur la méthode des études (3). Toutes ces grandes intelligences pourront être consultées, et apporteront le même témoignage à l'esprit du symbolisme qui anime leurs volumineux écrits. Mais citons en particulier le savant HINCMAR, qui, appelé, en 846, à l'ar-

<small>Autres écrivains de ce siècle : Alcuin; Loup de Ferrières; Agobard; Paschase Ratbert; Hincmar de Reims, et son *Festin de Salomon*.</small>

---

(1) Voir l'abbé de Rancé, *De la Sainteté et des Devoirs de la vie monastique*, t. II. p. 356, in-12, Paris, 1684.
(2) 7 vol. in-f°.
(3) Voir surtout ses préfaces sur chacun de ses douze livres du *Commentaire sur S. Matthieu*, dans la collection de ses *Œuvres* donnée par le P. Sirmond.

chevêché de Reims, écrivit beaucoup, et se montra théologien distingué autant qu'orateur habile. Dans un traité intitulé *Ferculum Salomonis*, le Festin de Salomon, il considère l'Église comme le corps mystique de Jésus-Christ, et y rapporte quatorze vers qu'il attribue à S. Ambroise sur les propriétés sacrées du nombre *trois* (1)..

x° siècle : commencements de la langue française; études de ce temps.

On a beaucoup trop déprécié le dixième siècle. Au milieu des causes multiples qui contribuèrent à y enchaîner l'essor des esprits, les lettres y furent néanmoins cultivées avec succès par un assez grand nombre d'hommes remarquables. Un de ses plus importants caractères littéraires fut la tendance assez générale à quitter le latin pour une espèce de langue vulgaire sortie de lui, mais trop informe encore pour prétendre à la moindre rivalité. Ce n'était pas moins une sorte de transition assez dangereuse, et dont l'influence se fit sentir au moins jusqu'à ce que, vers l'an 950, Gerbert et Abbon de Fleury vinrent enfin ranimer le goût et ressusciter l'estime des travaux sérieux. L'attrait général fit revenir à l'Écriture Sainte et à ceux qui s'en étaient occupés. Beau-

(1) Le titre de cette pièce, *Ferculum Salomonis*, a été mal rendu par les Bénédictins de l'*Histoire littéraire de la France* (t. V) et par leur copiste, aussi peu fidèle que mauvais philosophe, l'abbé de Longchamp, dans son *Tableau historique des gens de lettres* (t. IV, p. 27 et suiv.). Nous nous garderons donc bien de traduire comme eux le *Ferculum Salomonis* par « le mets de Salomon, » ce qui n'a pas de sens pour quiconque a pu seulement parcourir l'œuvre d'Hincmar et de ne pas s'en tenir uniquement au titre. Ce titre, effectivement, fait allusion à un passage du *Cantique des cantiques* : « *Ferculum fecit sibi rex Salomon de lignis sethim* » (Cant., III, 7). Ce *ferculum* est le lit de parade sur lequel mangeaient les Orientaux : il est donc pris ici dans le sens général de repas somptueux, de festin nuptial; car, outre qu'on ne pourrait guère prendre sérieusement pour *un mets* un meuble quelconque fait *en bois*, ce bois fût-il de *sethim*, notre sentiment est justifié par le 11° verset de ce même chapitre, où il s'agit d'une noce : « *Videte, filiæ Sion, regem Salomonem in diademate, quo coronavit illum mater sua in die desponsationis illius...* » — Le *ferculum* a si bien été entendu ainsi par Hincmar lui-même que toute son œuvre tend à nous faire voir dans Salomon Jésus-Christ, et dans l'Épouse du Cantique l'Église qu'Il va s'associer. — Voir Hincmar., archiep. Remens., *opp.* t. 1, p. 756, ed. Sirmon; et Ducange, v° *ferculum*.

coup purent s'y distinguer par des veilles laborieuses, tels que S. Mayeul, abbé de Cluny, qui passait la nuit à relire les œuvres mystiques de S. Denys l'Aréopagite (1). — Rémi d'Auxerre, qui avait beaucoup écrit dans le siècle précédent, n'atteint celui-ci que pour y continuer d'y analyser les pages sacrées. Toujours épris de la méthode ordinaire, il préfère de beaucoup, dit-il, l'allégorie à la lettre; cependant il donne d'abord le sens littéral, qu'il tient à bien faire entendre, et c'est un progrès qu'il doit peut-être à l'école de Raban.

S. Mayeul de Cluny; Remi d'Auxerre, et sa méthode.

Après lui, il faut citer le bienheureux Notker, moine de S. Gall, peu connu, mais qui mérite de l'être à notre point de vue pour son *Traité sur les interprètes de l'Écriture sainte*, livre plein de science et beaucoup moins à dédaigner que ne le dit un critique fort peu entendu à nos affaires du symbolisme (2).

Le B. Notker, et son Traité des interprètes de l'Écriture.

Quelque savants que furent, au reste, ces pieux docteurs, ils ne l'emportèrent pas sur Rastier, évêque de Vérone, à qui l'on dut, vers 960, des compositions où parut une intelligence élevée du texte sacré et du sens des Pères, qu'il entendait fort bien et qu'il appliquait avec beaucoup de justesse. Il a, entre autres écrits, quelques Sermons dont le plan est aussi rationnel que le fond est bien traité. Dans le premier de ceux sur la Pâque, il expose comment toutes les circonstances exigées des Israélites pour la manducation de l'Agneau pascal peuvent se rapporter à la conduite morale des chrétiens; et ce n'est là qu'un bien court spécimen d'une plume qui ne manque pas d'élégance oratoire, non plus que de chaleur et de sens (3).

Rastier, évêque de Vérone, et ses sermons.

(1) Voir *Hist. littér. de la France*, t. VI, p. 74, 76.
(2) Longchamp, *ubi suprà*, t. IV, p. 115.
(3) « Sic autem comedetis eum. Renes vestros accingetis, calceamenta habebitis in pedibus, tenentes baculos in manibus, et comedetis festinantes. Est enim phase, id est transitus a Domino (*Exod.*, xii, 11), quasi dixisset: Transite a diabolo ad Christum, qui renes a luxuria restringit, qui Sanctorum exemplis gressus operum munit, qui baculo regiminis

Origines du Blason;

En quittant ce siècle, abandonnons aussi quelques instants les sentiers de la doctrine, et arrêtons-nous, par une diversion naturellement indiquée, à une autre sorte de symbolisme, dont la place reste encore marquée dans l'histoire du langage figuré. C'est vers la fin de cette période séculaire qu'il faut, disent tous les historiens, placer l'origine du blason et des armoiries. Quelque ancien que fût l'usage des devises et des symboles dont Homère et les poètes grecs après lui ne manquèrent pas de gratifier leurs personnages, ce n'est vraiment qu'à la naissance de notre chevalerie qu'il faut attribuer les commencements de l'art héraldique. Les devises et les cris de guerre y devaient passer naturellement, car dans l'antiquité même on les voit réunis à des symboles dont ils exprimaient le sens, et, dans les temps modernes, pas une maison noble ne négligea de joindre une de ces courtes phrases à l'image qui garnissait son écu. Ces types distinctifs apparaissent donc chez nous dès l'an 1037 (1). On trouve, dès ce temps, des sceaux d'Albert, duc de Lorraine, représentant un écu chargé d'*un aigle au vol abaissé*. En 1072, Robert le Frison, comte de Flandre, scelle une charte au sceau chargé d'*un lion*. On connaît les armes des comtes de Toulouse : une *croix vidée, cléchée et pommetée*, figurant, en 1088, sur un diplôme de Raymond de Saint-Gilles (2); et enfin, en 1100, le moine de Marmoutier

---

a diabolo sese defendit, qui desideranda festinat ad patriam cœlestem pertingere. Huic itaque soli conceditur pascha Domini celebrare, et tamen nec huic sine lactucis agrestibus, id est memoria præteritorum facinorum, et effusione utilissima lacrymarum. » (Rastieri, episc. Veron.; *Serm.* I *de Pascha*, sub fine. — Apud d'Acheri, *Spicileg.*, t. II, p. 309.)

(1) Voir Michaud, *Histoire des Croisades*, t. I, cinquième édition, 1838, p. 109.

(2) Dom Mabillon (*Diplomatique*) a pu contester l'authenticité de cette pièce quant au fond : on l'a fait observer justement; mais le sceau reste en dehors de toute contestation, puisqu'il a réellement l'empreinte que nous signalons, et qu'elle constitue bien encore les armes des Toulouse-Lautrec.— Au reste, nous ne cherchons pas à faire ici l'histoire

qui a écrit l'histoire de Geoffroi-Martel, comte d'Anjou, parle des armoiries comme déjà fort en usage et distinguant entre elles les grandes familles du pays (1).

Mais ce n'étaient là encore que des signes de convention dont le caprice individuel avait déterminé le choix ; il n'était pas possible que le symbolisme théorique y demeurât étranger, quand partout et pour tous il formait une langue parfaitement intelligible. Il n'en faudrait d'autres preuves que ces croix, ces lions, ces arbres, ces étoiles, ces mille objets enfin, pris dans tous les règnes de la nature visible, et dont pas un ne manquait de sa signification sur l'écu qu'on se plaisait à en décorer. Réduit à sa plus simple expression, le blason se contentait d'assigner à une famille un symbole que d'autres n'avaient pas. Bientôt, et surtout quand la noblesse fut devenue légalement héréditaire, la multiplicité des prétentions de ce genre fit varier forcément la pose, le rôle, les couleurs d'un même objet, et les règles, sans se constituer encore, se bornèrent à éviter des points de ressemblance qui eussent nécessairement engendré de nombreuses confusions. C'est pourquoi, à défaut de renseignements écrits dans ces premiers temps des essais héraldiques, nous croyons pouvoir affirmer que les émaux ou couleurs ne viennent pas de l'Orient, autant qu'on a bien voulu le dire ou le répéter (2). Ils devaient avoir précédé les croisades, et n'auront pris des

ses premiers essais.

proprement dite du blason, ni par conséquent à rien décider entre les armoiries qui distinguèrent les fiefs jusqu'à S. Louis et les *symboles* qui avant lui furent les marques distinctives des familles. Nous renvoyons, pour donner une idée de ces différences, au docte travail de M. Anatole de Barthélemy : *Essai sur l'origine des armoiries féodales et sur l'importance de leur étude au point de vue de la critique historique.* — Voir *Mémoires de la Soc. des antiq. de l'Ouest*, t. XXXV.

(1) Voir M. Geoffroy d'Eschavanes, *Armorial universel*, in-8°, t. I, p. 4, et le texte du moine de Marmoutier dans l'*Art de vérifier les dates*, in-8°, t. XIII, p. 55.

(2) M. Darcel a fort justement observé, à ce sujet, que ce nom donné aux couleurs venait de l'habitude où l'on était de les exprimer précisément par des émaux sur des pièces du service journalier ou du harnachement, et que d'ailleurs le développement de l'art héraldique correspond précisément à l'époque des émaux champlevés. (*An . archéolog.*, XXI, 192.)

Arabes que leurs noms, dont l'étymologie, en effet tout orientale, ne rend que d'une manière tout à fait conventionelle ce qu'ils expriment dans nos langues européennes.

Les tournois en déterminent les règles.

Quoique l'on puisse bien constater l'existence des armoiries dès l'an 978, comme nous le verrons par un fait relatif aux Montmorency, c'est aux tournois, dont le premier donné en France le fut en 1066, qu'il faut faire remonter les premières lois connues du blason (1). On en glorifie Henri Iᵉʳ, dit l'Oiseleur, mort en 936. L'armure couvrant le chevalier des pieds à la tête, une marque particulière devait le distinguer de ses concurrents ou des inférieurs de son propre parti ; on prenait donc des couleurs différentes que l'on portait sur son pennon, ou sur sa cotte de mailles l'emblème de sa pensée ou de ses prétentions. Il n'en faut pas moins aller bien loin de cette origine pour trouver quelques traces d'une théorie arrêtée, et les notions d'abord contestées sur ce point, et aujourd'hui reconnues généralement, ne laissent pas remonter, pour trouver un manuscrit qui en parle, plus haut que le règne de Philippe-Auguste, c'est-à-dire de 1180 à 1223, et encore ne sont-ce jamais que de vagues et obscures énumérations de pièces armoriales qui prouvent tout au plus que la noblesse s'en occupait. D'autre part, un passage de S. Bernard prouve qu'au douzième siècle les noms des *émaux* étaient connus, puisqu'en parlant du luxe des vêtements qu'il reprochait à quelques dignitaires ecclésiastiques il se sert du mot *gueules* pour exprimer la couleur rouge (2). Une description d'écus militaires

Premier emploi des émaux du blason.

---

(1) Le nom seul du *blason* indique son origine germanique, et exprimait par un seul mot, *blasen* (sonner du cor), l'action par laquelle commençait toujours le tournois. Aussi cette étymologie donnée par le P. Ménestrier (*Nouvelle Méthode du blason*, p. 2, in-12, Lyon, 1750) est la seule qui soit reçue depuis longtemps, à l'exclusion de celles que Borel, Mesnage, et *tutti quanti*, tenaient à tirer d'un latin plus qu'équivoque.

(2) « Rubricatas pelliculas quas *gulas* vocant. » (S. Bernardi *Tract. de officiis Episcoporum*, cap. II.)

d'après les symboles et les couleurs qui y figuraient fut écrite en 1253 par un anonyme, après lequel vint Jacques de Bretix, poète depuis longtemps oublié ; on date aussi de 1312 une sorte d'armorial des chevaliers qui assistèrent à Rome au couronnement de l'empereur Henri VII (1). Quoi qu'il en soit de ces premiers efforts, des faits archéologiques d'un haut intérêt prouvent très-bien cependant que, dès ce même temps, et en plein treizième siècle, l'écu avait définitivement adopté pour son champ les sujets symboliques les plus capables d'exprimer une pensée générale avec la plus grande simplicité possible. On voit encore autour du grand portail de la cathédrale d'Amiens les vertus chrétiennes figurées avant 1225 par des vierges assises et portant chacune un écusson chargé de l'emblème propre à son caractère spécial (2).

Sujets symboliques chargeant les écussons,

Mais il ne faudrait pas croire que l'art héraldique fût déjà alors ce qu'il a été depuis. On pourrait citer des témoignages authentiques de l'assertion contraire. En 1849, nous retrouvâmes dans l'église Sainte-Radégonde de Poitiers, que l'autorité diocésaine nous avait chargé de restaurer, une longue suite d'écussons que le badigeon avait recouverts depuis plusieurs centaines d'années, mais qui devaient avoir six siècles d'existence, comme les peintures qui les entouraient, et que nous avons décrites ailleurs (3). Raccordés

mais encore peu arrêtés dans le cours du treizième siècle.

---

(1) M. d'Eschavanes, *ubi suprà*, p. 5.
(2) Les savants ecclésiastiques dont le beau travail a si complètement expliqué cette belle page de symbolisme nous permettront de croire à cette intention du sculpteur, qui semble rentrer parfaitement dans les idées d'un siècle qu'ils font connaître en termes si attachants. Cet écu donné à chaque vertu est si bien, en effet, un titre de noblesse, que ces vierges sages le portent seules, à l'exclusion des vices que l'artiste leur oppose dans chaque médaillon adjacent, ceux-ci n'exprimant leur action que par des poses et des actes qui rentrent tout à fait dans l'expression ordinaire de la vie. (Voir *Mémoire sur le grand portail de la cathédrale d'Amiens*, par MM. Barreau et Duval, *Bulletin monumental*, t. XI, p. 438 et suiv.)
(3) Voir *Mémoires de la Soc. des antiq. de l'Ouest*, t. XVII. p. XVI.

avec soin d'après les indications précises que purent donner la plupart des traits demeurés inaltérables, ces écussons offrent maintenant à l'observateur, dans les nombreuses irrégularités de leur composition, des signes incontestables d'une science qui n'avait pas encore cessé de tâtonner, si bien qu'on y peut lire en majeure partie des armes *à enquerre*, opposées en tout aux règles qui se sont faites plus tard (1).

quoique certaines armoiries se soient fixées dès l'époque des croisades.

Quoi qu'il en soit de ces incertitudes, qui durent être de longue durée, jusqu'au moment où les grands vassaux dépendirent plus directement des princes suzerains, nous pouvons regarder les grandes guerres des croisades comme une première occasion générale donnée aux chevaliers de se fixer, pour leurs armoiries, à un choix qui ne dut plus varier, soit que déjà nantis ils eussent orné la bannière de leur seigneurie des signes auxquels on devrait se rallier dans le combat ou la retraite, soit qu'en souvenir de quelque fait d'armes ils se donnassent d'eux-mêmes ou reçussent du prince qui les commandait certaines pièces qu'on

---

(1) Ces armoiries *à enquerre* ou *à enquérir* sont de celles qui, bien plus communes à cette époque primitive, manquaient aux règles qu'on s'est accoutumé à observer depuis, mais qui alors ne semblaient pas encore aux héraldistes une obligation de conscience. Elles ne sont pas rares au treizième siècle, auquel il faut attribuer celles de Sainte-Radégonde de Poitiers, et M. Darcel, que nous avons déjà cité, a trouvé, parmi les précieux objets du trésor de l'ancienne abbaye de Conques, un bassin émaillé de cette époque où deux écussons sur quatre accusent cette anomalie, qui ne se rencontre plus que fort rarement dès la fin du quatorzième siècle. C'est qu'alors on abandonna la pratique des émaux champlevés, dont l'isolement, opéré dans le champ par l'évidement des pièces, séparait naturellement des couleurs qui, à défaut de ce moyen, parurent plus tard se confondre ensemble, et, par cette immixtion de l'une dans l'autre, contrarièrent des règles positives qui d'abord étaient savamment éludées. Il devait arriver que de telles armes, rendues par le peintre autrement que par l'émailleur, ne se déterminaient plus que difficilement : ce pourrait être, selon l'opinion judicieuse de M. Darcel, la raison de ces incertitudes laissées par la science du blason, et nous le croyons volontiers avec lui. — Voir *Ann. archéolog.*, ubi supra, p. 191 et suiv.

appela dès lors *honorables*, et qu'on dut tenir, dans la suite, à perpétuer dans les familles par une transmission non interrompue. A ces pièces, toutes d'origine primitive, et qui indiquent une illustration bien antérieure peut-être aux guerres d'Orient, on se vit forcé plus tard d'ajouter une foule d'autres pièces ou *meubles*, selon que les titres de noblesse se multiplièrent, et alors les pièces d'abord *honorables* purent bien passer à des possesseurs qui ne les avaient pas gagnées au même titre : elles ne prouvent donc plus d'une manière absolue l'extrême ancienneté d'une famille. Toujours est-il que, sur un écu, elles sont d'une présomption favorable à ces magnifiques souvenirs : ainsi les croix que les chevaliers aimaient à opposer aux Sarrasins comme le signe sacré de la foi chrétienne ; les merlettes, oiseaux de passage fréquents en Palestine, et qui rappelaient au croisé et son pèlerinage et l'espérance de son retour ; les besans, pièces de monnaie arabe dont se payaient les rançons après les revers de la guerre ; les croissants, dépouille du mahométan terrassé dont le vainqueur avait saisi la bannière : tous ces symboles sont ordinairement un glorieux héritage qu'on peut faire remonter jusqu'au delà du treizième siècle. Il en est ainsi des pièces les plus simples, quand elles figurent seules sur le blason ; car, dès le principe, la plus grande simplicité fut observée, et toutes les figures héraldiques se réduisirent à sept : le *chef* représentait le casque du chevalier ; la *fasce*, son écharpe ou ceinture militaire ; le *pal* indiquait une juridiction, et se plaçait devant la tente du seigneur, à l'endroit où il rendait la justice ; la *bande* était l'écharpe posée sur l'épaule de droite à gauche ; la *barre* avait le même sens, mais de gauche à droite : la réunion du pal et de la fasce forme la *croix*, signe de la Rédemption adopté naturellement comme le plus précieux souvenir des guerres d'outre-mer ; le *chevron* représentait l'éperon du chevalier, principal insigne de ce grade comme indispensable à la chevauchée ; le *sautoir*, dont le nom rappelle un exercice de même genre, consistait en un cordon pendu au flanc de la haquenée pour y faire l'office de l'étrier, dont l'usage ne fut généralisé que fort tard.

Modifications de leur sens primitif. Toutes ces pièces ne gardèrent pas longtemps la simplicité de leur sens primitif; elles s'en détournèrent assez vite soit en modifiant, soit en étendant leur signification. Ainsi le *chevron* devint l'emblème d'une châtellenie par sa forme pointue, qui ressemblait à la toiture aiguë des manoirs féodaux; la *barre*, diminuant un peu de sa largeur, devint la marque d'une naissance bâtarde; ainsi des autres : d'où l'on voit que le langage héraldique devint tout à fait une expression conventionnelle peu à peu adoptée de tous, et consistant en symboles qui finirent par se multiplier à l'infini.

Les supports, et leur signification variée. Ensuite les *supports* ou *tenants* furent inventés pour accompagner l'écusson, et ils varièrent selon le caprice de chacun, mais toujours par une raison non moins symbolique que le reste. Philippe-Auguste est inspiré par ses guerres quand il fait soutenir ses armes par deux lions; les Ursins ne voient rien de mieux que de confier les leurs à deux ours, système souvent imité et qui a produit les *armes parlantes*. Charles VI, par dévotion à la Sainte Vierge, place d'un côté l'image de Marie, de l'autre celle d'un Ange, et ramène d'autant plus souvent sa pensée au mystère de l'Annonciation. S. Louis avait pris deux dragons, animaux célèbres dans la poésie orientale, et qui, aussitôt après sa première croisade, semblaient raviver l'image de ses combats pour le sépulcre du Christ. Des prisonniers de guerre devinrent des sauvages armés de massues; des cerfs, des licornes, des lévriers, animaux de prédilection, rendirent l'idée qu'on y attachait d'une loyauté fidèle, d'une grande force morale, d'une énergique vitesse dans l'expédition. Enfin ces mêmes objets en vinrent plus tard à recevoir un rôle plus digne dans le champ de l'écu, et y passèrent soit isolés, soit *accompagnés* ou *cantonnés* d'attributs divers tirés de tous les ordres de choses visibles.

Les émaux ou On comprend que les couleurs ne durent pas non plus se prendre au hasard. Quand les armoiries commencèrent à se formuler d'après un enseignement pratique, on se garda bien de n'y pas faire entrer ces symboles depuis si longtemps connus pour avoir leur langue spéciale. Sur ce point, l'Orient était déjà fort avancé, et le long séjour qu'y firent les preux de l'Europe leur apprit à compléter leur blason par ce moyen aussi ingénieux qu'éloquent. Le nom d'*émaux* donné aux couleurs vient de ce qu'on les peignit d'abord en émail sur les belles pièces d'orfévrerie qui rehaussaient les cérémonies de l'Église ou les somptueux ameublements des palais et des châteaux. Les plaques portées par les hérauts d'armes *s'émaillaient* également d'après les couleurs de leurs maîtres. N'oublions pas cependant que, parmi ces couleurs, celles données aux objets qui sont dits *au naturel* n'apparaissent que dans le cours du quatorzième siècle. Elles viennent ajouter une variante à la méthode exclusive des temps antérieurs, qui n'admettaient pas ces nuances fondues avec tant d'art, et passaient brusquement d'une couleur à l'autre par l'emploi forcé des émaux, dont les fonds s'alliaient entre eux sans ménagement ni transition. Ce fait artistique semble inspiré dans les armoiries par les progrès de la peinture, qui, à la même époque, s'élance plus vive et plus variée des entraves, jusqu'alors subies, de ses formes raides et de ses tons accentués. Ce progrès, tout en se vulgarisant vers la fin du moyen âge, n'en avait pas moins eu ses premiers jets bien antérieurement : quoique moins sensible, on l'avait déjà vu passer en quelques tentatives, et, avec l'écusson de la famille, dans ces images translucides qui ornèrent les fenêtres des habitations, et arrivèrent, au treizième siècle, jusqu'à ces magnifiques vitraux dont les églises de Chartres, de Bourges, de Saint-Denis, de Poitiers conservent encore de si beaux et si précieux spécimens (1).

<small>couleurs symboliques.</small>

(1) Voir l'abbé Texier, *Dictionnaire d'orfévrerie*, v° *émail*, et son curieux et savant *Essai sur les émailleurs de Limoges*.

Les hachures.

N'ayant pas à faire ici une histoire du blason, nous ne nous y arrêtons qu'eu égard à son caractère symbolique, et les couleurs n'y ont pas moins ce caractère, elles ne traduisent pas moins tout ce qu'on veut leur faire dire que les sujets eux-mêmes qui, au premier abord, pourraient sembler moins significatifs. Il n'y a pas jusqu'aux *hachures* ou pointillés, dont on se sert depuis deux siècles au plus pour suppléer aux couleurs dans la gravure et la sculpture, qui ne parlent à leur manière et ne guident dans la lecture exacte et complète des pièces d'un écusson (1).

Les métaux.

Au nombre des couleurs, il faudrait compter le jaune et le blanc, si ces deux éléments n'étaient pas considérés comme *métaux*, les deux seuls, au reste, employés dans le blason et représentant l'argent et l'or pour les cas possibles où l'on ne pourrait pas les appliquer. Mais ces deux métaux rentrent dans la dénomination générale des émaux auxquels ils se trouvent associés dans les armoiries, en souvenir des vêtements sous lesquels on se présentait aux tournois. L'or signifie les hautes qualités de l'intelligence et du cœur, la force d'âme, la justice, la pureté des sentiments honorables. L'argent est l'innocence, la candeur, la virginité.

Significations et étymologies des couleurs.

Les couleurs proprement dites sont au nombre de cinq : le *gueule*, qui est le rouge, du mot turc *ghiül*, rose, qui s'applique aussi à tout ce qui en a la couleur, et signifie le courage, le sang versé dans les combats. — L'*azur* ou bleu céleste, que les Arabes nomment *azul*, et qui exprime la majesté royale, l'aménité, la noblesse du sentiment, la pensée du ciel. — La ville de Sinope, en Paphlagonie, a donné son nom au beau vert nommé *sinople* qui s'y fabriquait, et qui, peu usité en comparaison des autres couleurs, mais fort honoré en Orient, où les princes et les ulémas peuvent seuls le porter, représente l'espérance, l'abondance, la liberté, le

(1) Voir le P. Ménestrier, *Méthode du blason*, p. 54.

renouvellement de la vie morale. — Au contraire, le deuil, la science sérieuse et méditative, la modestie et la prudence se cachent sous le noir qu'on appelle *sable*, du mot allemand *zobel*, dont nous avons fait « zibeline, » animal dont la peau est de cette couleur. C'était celle des chevaliers qui voulaient garder l'incognito, pour quelque raison que ce fût, tel que ce prince *Noir*, fils du roi d'Angleterre, qui, au quatorzième siècle, se fit tant remarquer dans ses guerres contre la France. — Enfin le *pourpre*, d'un emploi assez rare, se prend indifféremment pour la teinte purpurine et le violet. Il exprime une idée de puissance et de souveraineté dont il était l'attribut chez les anciens.

Tel était le langage des couleurs armoriales, qui n'ont guère changé jusqu'au milieu du quinzième siècle, où Sicile, héraut d'armes du roi d'Aragon Alphonse V, écrivit son *Blason des couleurs*. C'est au seizième siècle qu'il faut arriver pour constater dans ces principes une confusion qu'il a mise, hélas! en tant d'autres choses (1).

Deux *fourrures* se jetaient sur le champ colorié : l'*hermine*, peau blanche de l'animal de ce nom, qu'on mouchetait de petits lambeaux noirs, et le *vair*, composé de pièces alternées d'argent et d'azur en forme de petites cloches. Ces deux fourrures étaient particulières aux princes souverains, dont elles attestaient la supériorité hiérarchique. *Les fourrures.*

Les couronnes qui surmontent l'écusson ont aussi des formes et des ornements distincts qui correspondent au titre nobiliaire de leur possesseur ou au rang qu'il tient dans la noblesse. *Les couronnes.*

Et que dire des pièces *meublantes*, prises d'abord à volonté, qu'on tint à recevoir plus tard de la main du prince suzerain, et dont la concession fut réservée, en France, au roi *Pièces meublantes.*

---

(1) Voir *Le Moyen Age et la Renaissance*, t. II, cartes à jouer, f° IX. — Les cartes eurent sans doute aussi leur symbolisme, mais il est trop conjectural pour que nous nous y arrêtions.

seul, par un édit de 1555? Rien de plus varié, de plus habilement complexe que ces pages hiéroglyphiques qui se lisent comme des lettres patentes et racontent les plus glorieuses pages de l'histoire d'une maison.

<small>Armoiries des villes,</small>

Les villes, comme celles de l'antiquité, eurent aussi leurs armoiries, différentes de celles que portaient leurs comtes ou seigneurs, car ceux-ci leur reconnurent une sorte d'autonomie indépendante, par suite de leur établissement en communes. Les écussons de ces nouveaux municipes répondirent donc aux médailles que frappaient autrefois pour elles-mêmes les grandes cités qu'immortalisent les <small>des communautés,</small> noms de Rome, d'Athènes, de Marseille, etc. Les communautés religieuses eurent également besoin d'un sceau sur lequel figurèrent le plus souvent l'image des patrons ou quelque insigne de piété, ou même des initiales du vocable <small>et des corporations,</small> de l'abbaye. Il n'y eut pas jusqu'aux associations ouvrières et corps de métiers qui ne voulussent se distinguer de la sorte. Ils se reconnaissaient aussi ou à la figure du patron ou à quelque instrument de la profession, placé sur la bannière ou sur les médailles de présence. Ainsi de nouveaux éléments furent donnés au symbolisme dans ce développement plus ou moins exagéré des prétentions de chacun. Comment en eût-il pu être autrement quand on avait par là un moyen si facile et si estimé de relever la position sociale <small>toutes utiles au point de vue social.</small> de toutes les classes? Ce moyen de légitime émulation, qui assimilait des corps roturiers à une sorte de noblesse, était une garantie de l'honneur du corps, dont certaines règles disciplinaires excluaient les indignes par une réelle dégradation. Les gouvernements s'étaient chargés de donner une réelle importance à cette vie commune en accordant, par ordonnance souveraine, ces insignes aux associations qui en réclamaient.

<small>Ordres de chevalerie.</small>

Mais la puissance de ces signes héraldiques ne parut nulle part avec plus d'éclat que dans l'établissement des Ordres militaires et religieux de chevalerie. Tous reçurent, avec leur titre si hautement honoré, des écussons plus ou moins simples; plus ou moins brillants. La croix y figure presque toujours en première ligne, et sous les mille modifications de sa forme première, elle y rappelle aux grandes pensées de la foi comme au principe réel de toute gloire.

Résumons-nous sur cette curieuse branche de la science symbolistique. On voit, dans ce qui précède, par quel degré de parenté le blason s'en rapproche. Aussi bien tout ce qui regarde l'interprétation des pièces armoriales rentre dans la connaissance des mêmes éléments, des bestiaires, de la flore murale, et se rattache à notre précédente dissertation sur les couleurs. Quant aux engins et machines de guerre, aux ponts, aux châteaux, aux détails de l'armure; quant aux astres, de quelque forme qu'ils soient, ils portent avec eux une signification qui tient à un petit nombre d'idées générales. Presque toujours ce sont des exploits de chevalerie, des villes prises, des positions enlevées qui se traduisent ainsi, et l'on peut, à coup sûr, juger de tout le reste par analogie à ce principe. Il est vrai que d'autres blasons ne peuvent se lire qu'à l'aide de faits historiques, tellement positifs qu'ils excluent toutes les conjectures. On doit conclure de là que si les armoiries les plus simples ont pu originairement signaler une noblesse fort ancienne, il en est aussi qui, avec le temps, se sont compliquées de pièces méritées par de belles actions, et qui s'y ajoutèrent comme un noble souvenir et une digne récompense. On peut citer, à l'appui de cette observation, les Montmorency, qui portèrent d'abord *une croix de gueules sur champ d'or*. Un membre de cette famille ayant pris, en 978, quatre enseignes sur l'empereur Othon, qui s'avançait contre Paris après avoir envahi le Nord de la France, cantonna sa croix de quatre alérions ou aiglettes sans bec ni pattes, car il n'aurait pu y poser les aigles mêmes, exclusivement réservées au drapeau de l'Empire. En 1214, un de ses descendants, le connétable Mathieu II, ayant pris douze enseignes à la bataille de Bou-

Sens général donné aux diverses pièces du blason.

Les plus simples indiquent souvent une plus haute ancienneté.

Exception à cette règle pour les Montmorency.

vines, dont le gain fut dû en partie à sa bravoure, ajouta douze alérions aux quatre qu'il tenait de ses ancêtres, et l'illustre famille en a toujours eu seize depuis lors autour de sa croix de gueules (1).

<small>Pièces récentes qui indiquent une noblesse nouvelle.</small> D'autre part, on peut juger qu'une noblesse est moderne quand elle porte des pièces d'un usage récent. Une famille de France porte d'*argent à trois grenades enflammées d'azur*. Or les grenades ne datent, dans l'art militaire, que du commencement du seizième siècle.

<small>Traité à faire sur le langage des armoiries.</small> Un traité fort intéressant pourrait être écrit sur le langage ainsi exposé des armoiries, et nous y verrions l'origine de presque toute notre noblesse nationale rattachée à des faits historiques, devenus ainsi pour chacun de ses membres autant d'impérissables souvenirs. Personne n'a encore étudié ce sujet à ce point de vue; nous l'indiquons donc comme digne d'occuper l'attention de quelque érudit, et de compléter les curieuses notions déjà répandues dans les livres héraldiques.

Mais revenons à nos savants, dont les chevaliers nous ont quelque peu fait perdre la trace.

(1) Voir Roger, *La Noblesse de France aux croisades*, p. 321, in-8°, Paris, 1845.

CHAPITRE XVII.

LES PÈRES DU ONZIÈME AU TREIZIÈME SIÈCLE.

Plus nous avançons, plus nous voyons la science du symbolisme s'étendre et se généraliser dans les veilles de nos docteurs. Le onzième siècle date, à cet égard, dans l'histoire de la pensée au moyen âge. Jusqu'alors nous avons vu seulement dans l'exégèse l'expression d'une sorte d'instinct théologique, portant de préférence vers le sens allégorique de la parole divine, toutes les fois qu'il ne s'agissait pas absolument d'une exposition dogmatique des vérités religieuses ; cette manière était plutôt le résultat de l'imitation que du raisonnement. Mais une heureuse révolution se préparait depuis que, sous les auspices d'Alcuin, mais surtout du docte Lanfranc, on avait commencé à réviser les copies de la *Vulgate*, et à en assurer la correction dans la célèbre abbaye du Bec, où ce dernier commença à professer en 1042. Lanfranc était un de ces admirateurs de S. Grégoire qui tenaient à honneur de le suivre dans l'explication des Écritures, et qui, depuis S. Isidore au septième siècle, jusqu'à D. Calmet au dix-huitième, ont formé une chaîne non interrompue des disciples du grand Pape (1). Tous ses ouvrages sur le dogme, la liturgie et le droit canonique continuent donc la nombreuse série de nos arguments.

Il en est de même du bienheureux PIERRE DAMIEN, élevé au siége d'Ostie en 1057, et mort en 1073. Ses Lettres, ses

XI° SIÈCLE : progrès dans la science esthétique.

Lanfranc, abbé du Bec.

Le B. Pierre Damien, évêque d'Ostie, et ses Sermons.

(1) Voir dom Pitra, *Spicileg. Solesm.*, t. III, p. xxiv.

Sermons, ses Biographies de quelques Saints montrent, avec beaucoup d'érudition, une fermeté de style et une certaine élégance dont le mérite est rarement égalé parmi les écrivains de cet âge. Il entre parfois fort avant dans le symbolisme des Prophètes; et par exemple, dans une lettre à un neveu de même nom que lui, expliquant les ressources que la jeunesse trouve dans la foi pour se bien conduire au milieu du monde, il compare l'Évangile au frein dont parle Zacharie, et le jeune homme au cheval dont ce frein doit réprimer les emportements. Il trouve de cette façon dans une foule de textes d'ingénieux avertissements pour la conduite morale de l'âme (1).

S. Anselme de Cantorbéry, et son Elucidarium.

Ce siècle est dignement terminé par S. ANSELME, qui, vers 1060, occupait avec le même succès que Lanfranc une chaire à l'abbaye du Bec, et devait lui succéder plus dignement encore sur le siége archiépiscopal de Cantorbéry. Ce grand homme, qu'il faut saluer comme le véritable auteur de la méthode scolastique introduite dans les matières de théologie, eut encore l'honneur d'écrire un des premiers sur les choses de piété avec autant de netteté que d'onction (2). Dire qu'il commenta l'Apocalypse, c'est établir que le symbolisme ne lui sembla pas moins une chose sérieuse qu'à ses nombreux devanciers. Son *Traité des Sacrements* et celui des *Offices divins* sont pleins de cet esprit, aussi bien que ce qu'il a laissé d'un écrit sur l'*Examéron* ou œuvre

---

(1) « Per Zachariam dicitur : *Quod super frænum equi est sanctum Domino vocabitur.* Frænum equi sanctum est Evangelium, quod utique carnalis desiderii in frænis equi cohibet appetitum. » (Petri Damiani *Epist.* xxII, lib. VI.)

(2) Quoi qu'en dise l'abbé Tabaraud (*Biographie universelle*, v° *Anselme*, t. ll), qui a fort mal jugé le grand Docteur, celui-ci a rendu un immense service aux études théologiques, en basant l'argumentation, dans la discussion de matières faciles à embrouiller, sur la méthode syllogistique, d'autant plus détestée des hérétiques, y compris les jansénistes, qu'elle ne laisse pas d'échappatoire à la mauvaise foi. On voit bien, en lisant l'article que nous citons ici, ou que Tabaraud sacrifie à ses opinions peu orthodoxes en dédaignant S. Anselme, ou qu'il ne l'avait pas assez lu pour écrire pertinemment de sa valeur personnelle et de ses œuvres.

des six jours. Son *Elucidarium* (1), qu'on attribue quelquefois sans preuve à un autre auteur, mais qui serait certainement d'un contemporain, est un abrégé de théologie, avec la solution des difficultés pratiques. L'usage qu'il y fait de l'allégorie, et l'importance qu'il attache à ce moyen, va parfois jusqu'à y plier forcément le sens naturel, comme lorsqu'en expliquant le mystère de la dédicace d'une église, il veut que les Patriarches aient comme creusé les fondations de l'Église chrétienne par les figures prophétiques dont leur vie est pleine; que les Prophètes, par leurs écrits, en aient posé les fondements; que les Apôtres en aient élevé les murs par leurs prédications, et que leurs successeurs enfin l'aient comme ornée de peintures, par le développement donné à la parole de ces grands maîtres (2). Ces pieuses exagérations prouvent d'autant mieux combien alors plaisait le symbolisme; elles furent tout à fait du goût de ce siècle et du suivant, car pendant le douzième on aima beaucoup cet ouvrage, et les copies s'en multiplièrent à l'envi. Néanmoins Anselme devait avoir un mérite bien plus réel aux yeux de la postérité. On lui doit la distinction des quatre sens distinctifs que renferme le texte des Écritures : le sens littéral ou historique, le sens tropologique, et ceux qu'on nomme allégorique et anagogique (3). Mais le sens moral l'emporta encore, les fidèles s'y attachant beaucoup

---

(1) Et non pas *Elucidatorium*, comme on l'a dit quelquefois. Ducange cite sur ce mot un endroit de la préface de ce livre où le saint auteur, exposant les raisons de ce titre, dit : « Titulus itaque operi, si placet, *Elucidarium* præfigatur, quia in eo obscuritas diversarum rerum *elucidatur*. » — Le P. Cahier, quoi qu'il en soit, ne croit pas que ce livre soit de S. Anselme.—Voir *Vitraux de Bourges*, p. 124 et 150.

(2) « Patriarchæ, quasi designantes Ecclesiæ locum, figuris foderunt; Prophetæ fundamenta ejus scriptis suis posuerunt; Apostoli prædicationibus parietes exstruxerunt; illorumque sequaces expositionibus depinxerunt. » (Cité par le P. Cahier, *Vitraux de Bourges*, p. 150.) — On voit mieux la justesse de ces applications, si tout cela se rapporte à l'Église catholique, dont les églises matérielles ne sont après tout qu'un symbole avéré.

(3) Voir *Histoire littéraire de la France*, t. VII, p. 116.

plus volontiers, par cela même qu'ils y trouvaient plus de moyens de pratiquer les enseignements bibliques en se nourrissant de leur esprit.

S. Brunon d'Asti, et ses *Écrits liturgiques*.

Ne sortons point de ce siècle sans signaler S. BRUNON D'ASTI, auteur plein de sentiment et de suavité, qui ne mourut qu'en 1123, mais dont les plus belles œuvres furent écrites, pour la plupart, bien longtemps avant sa vieillesse. Critique, controversiste et commentateur (tout érudit alors devait l'être), il fit une exposition du *Cantique des Cantiques* (1), un livre *De la Consécration des églises*, et *Des Vêtements épiscopaux* (2), et divers autres traités sur les sacrements et les mystères. On voit combien tout cela se prête aux interprétations mystiques, et Brunon est en effet l'un des plus abondants mystagogues de cette époque. Sa préface et son *Commentaire sur l'Apocalypse* sont pleins de curieuses observations sur le symbolisme des pierres précieuses.

L'hymne de Ste Florence de Poitiers.

Enfin l'hymnologie nous a laissé, en Poitou, un petit monument littéraire plein de simplicité, et que nous n'hésitons pas d'attribuer au onzième siècle, sans trop savoir quel en est l'auteur, mais parce qu'à cette époque furent découverts et transportés dans l'église cathédrale de Poitiers les restes de Ste Florence. C'était une jeune vierge qui, venue de Phrygie, où S. Hilaire l'avait baptisée, s'était mise à Poitiers sous la conduite du saint évêque. Déposée, après sa mort, en 367, dans une église rustique détruite plus tard par les guerres, son corps était resté dans les décombres, où l'évêque Isembert Ier le découvrit vers 1040 (3). Ce dut être alors qu'un Office lui fut composé, dans lequel la jeune Sainte est représentée « comme une belle fleur

---

(1) Insérée quelquefois à tort parmi les œuvres de S. Thomas d'Aquin.
(2) Inséré dans le *Spicilége* de d'Achéri, t. II.
(3) Voir nos *Vies des Saints de l'Église de Poitiers*, p. 531, Poitiers, 1858.

digne de son nom, puisqu'en elle toutes les vertus ont fleuri ; arbre stérile dans sa terre natale, mais devenu fertile aux lieux où il fut transplanté, aussitôt qu'un maître habile eut inséré ses branches sauvages dans le tronc de l'olivier franc. Aussi, quels fruits délicieux n'avaient pas succédé aux fleurs de sa jeunesse ! Comme elle a su rendre à l'Époux le double des talents qu'il lui avait confiés (1) ! »

Mais voici la belle époque, et le douzième siècle recueille l'héritage des grands Docteurs, élargit encore la route, et annonce le treizième, le plus magnifique de tous, comme une aurore dont tout ce qui a précédé n'était qu'une flottante lueur. C'est le temps où le mysticisme l'emporte dans l'estime commune où se pressent en groupes serrés les commentateurs de Méliton : Alain le Grand, Garnier de Rochefort, Pierre le Chantre, Pierre de Capoue, Thomas de Cantimpré, beaucoup de grandes intelligences formées dans l'École toute nouvelle de Clairvaux, et plusieurs écrivains de haute valeur, demeurés anonymes à l'ombre du cloître, et dont les œuvres n'en furent pas moins, pour ces précieux asiles du savoir, autant de glorieux monuments de leur action sur le monde moral. Alors le plus obscur écrivain, ne fît-il que quelques vers, les écrit sous l'inspiration générale,

XIIe SIÈCLE : les commentateurs de S. Méliton.

(1) ...Virgini Florentiæ
Cui nomen signans florem
Satis apte congruit,
Nam virtutum honestate
Multiformi floruit.

Hic nativo sibi loco
Fuit arbor sterilis,
Sed Pictavis transplantata
Est effecta fertilis.

Quam abscidit oleastro,
Magister egregius,
Inserens olivæ bonæ
Pontifex Hilarius ;

Et sub flore juventutis
Fructus bonos prætulit,
Et talentum sibi datum
Duplicatum retulit.

(*Anc. off. de l'Égl. de Poitiers.*)

et ne manque pas d'y employer la forme la plus aimée, comme on le fit, en 1123, pour l'épitaphe de Frédéric, évêque de Liége (1). Alors encore s'opère, dans la science du symbolisme comme dans l'architecture, un mouvement qui annonce et amène bientôt, vers la seconde moitié du siècle, une théorie plus marquée, née peut-être de l'observation plus attentive des principes et des raisonnements qui le suggèrent. Un langage nouveau se fait pour ainsi dire dans l'application de ces études à l'art chrétien, et un savant religieux, que nous avons cité maintes fois, observe, comme une preuve d'exubérance du symbolisme à cette époque, la nécessité où l'on s'y est trouvé d'inventer le *mysticare* (au lieu de *mystice significare*) pour rendre plus succinctement cet art de parler à la pensée et d'exposer par un seul mot les interprétations, dont le retour devenait plus habituel que jamais (2). On trouve l'emploi de ce mot assez fréquent dans Pierre de Riga et Hugues de Saint-Victor. Le premier l'applique à une église matérielle, figure de l'Église, épouse de Jésus-Christ (3). — Le second y revient souvent dans son *Miroir des mystères de l'Église* (4), et le rend tout à fait synonyme de *significare*, *exprimere*, *ostendere*.

Mais un mot nouveau n'aurait en lui-même que peu de valeur s'il n'exprimait tout une époque, et le besoin de celui-là et son adoption si générale supposent nécessairement un travail des esprits, une préoccupation commune

---

(1)   Clauditur hac tumba simplex sine felle columba
        Quæ nobis vivam referebat pacis olivam,
        Cor sublime gerens, Scripturæ totus inhærens...
        (Longueval, *Hist. de l'Égl. gallic.*, liv. XXIII.)

(2) Voir le P. Cahier, *Vitraux de Bourges*, p. 119 et 229, et, ci-dessus, notre ch. VII, p. 390.

(3) « Ecclesiam *mysticat* illa domus. » (Petr. Riga, *In Levitic.*)

(4) « Campanæ prædicatores *mysticant*, qui, quia ad multa sunt necessarii, multis designantur vocabulis. » (*De Mysteriis Ecclesiæ*, cap. I.) — « Cancellus humilior reliquo corpore Ecclesiæ, *mysticat* quanta humilitas debeat esse in clero. » (*Id., ibid.*) — « Sequentia (quæ est et prosa) æternæ vitæ *mysticat* laudes. » (*Ib.*, cap. VII.) Etc.

LES PÈRES DU DOUZIÈME SIÈCLE.   559

à l'égard d'une méthode jusque-là inusitée. Aussi voit-on introduire dans l'art, comme dans la littérature sacrée, ces plus vastes données qui, sans jamais altérer le sens littéral du dogme ou de l'histoire évangélique, en exaltent quelquefois la portée pour l'étendre au delà des limites reçues, mais toujours dans une intention mystique, et afin de faire goûter plus complétement le fruit que les âmes contemplatives doivent en retirer. C'est ce que nous avons appelé déjà plusieurs fois le sens *superhistorique*. Le P. Cahier, qui l'avait admis avant nous, donne, comme exemple d'un fait où le moyen âge l'a employé, cette verrière de Bourges où le peintre de *la Résurrection* représente la pierre du tombeau renversée au moment où Jésus-Christ en sort, quoiqu'en réalité ce fut l'Ange qui l'ouvrit quelque temps seulement après l'accomplissement du mystère, car le Sauveur s'en retira sans aucun bruit ni fracture, comme il apparut plus tard à ses disciples, malgré les portes fermées. Notre judicieux symboliste n'admet pas, et avec raison, qu'on puisse blâmer les artistes des douzième et treizième siècles d'avoir ainsi fait. Selon lui, ils n'abandonnaient le sens réel que par une pensée de mysticisme et pour en tirer une leçon symbolique en faisant remarquer la folle prudence des meurtriers de l'Homme-Dieu, laquelle ne donne que plus d'éclat à leur défaite (1).

La preuve que cette conjecture est fondée se trouve dans la *Glose ordinaire*, qui, dès le neuvième siècle, expliquait cette ouverture du tombeau par la suppression de l'ancienne Loi et l'abrogation des figures antiques, devenues vides et inutiles après l'accomplissement des prophéties (2). Or, comme la *Glose*, écrite de 826 à 839 par Wala-

Sens *superhistorique*, justifié par ses résultats doctrinaux.

---

(1) *Vitraux de Bourges*, p. 88.
(2) « Lapidis revolutio significat reserationem sacramentorum Christi, quæ velo litteræ tegebantur; quo ablato, resurrectio, mortis abolitio, vita æterna cœpit toto orbe prædicari. » (*Glossa ordinaria*, In Matth., cap. XXVIII.) — « Lex etenim in lapide scripta est, cujus ablato tegmine gloria resurrectionis ostensa est. » (*Ib.*, In Marc., cap. XVI.)

fride Strabon (1), fait profession d'écouter ses devanciers plutôt que ses inspirations propres, on voit que ce système d'extension appliqué au sens naturel de l'histoire sainte n'était pas nouveau au douzième siècle, dont nous parlons; mais c'est alors surtout qu'il passe dans le domaine de l'art, qu'il règne dans les vitraux des basiliques, dans les miniatures des manuscrits (2), et soumet à son arbitraire les tympans sculptés de nos portes monumentales, où le gouffre infernal prend la forme de l'horrible gueule d'un monstre (3), où Nabuchodonosor siége auprès d'Adam et d'Ève tentée par le serpent (4), où la Sainte Vierge, après l'enfantement divin, est couchée comme une simple femme et soumise à un repos dont elle n'a pas eu besoin (5). Ainsi encore, jusqu'à la fin du douzième siècle, on s'était accordé à faire sortir la femme du côté gauche d'Adam, comme on le voit, dès le commencement du sixième, dans le poème de S. Avit sur la création :

Comment l'iconographie s'en empare.

> Cui Pater omnipotens......
> ...... costarum ex ossibus unam
> Subducit *lævo* lateri, carnemque reponit (6).

(1) Walafride, né en 806, mourut en 839. Il n'est guère supposable qu'il eût moins de vingt ans quand il écrivit sa Glose. On peut donc rapporter la composition de cet ouvrage au laps de treize ans que nous adoptons ici.

(2) Par exemple dans la *Bible moralisée* de la bibliothèque Richelieu, citée encore par le P. Cahier, *ubi suprà*, p. 88, et l'*Emblemata biblica*, cité plusieurs fois ci-dessus.

(3) A la cathédrale de Bazas, à celle de Poitiers, etc. — Voir notre *Histoire* de ce dernier monument, t. I, p. 135, 140.

(4) A Notre-Dame de Poitiers, Nabuchodonosor paraît là comme le type de l'orgueil qui a perdu le premier homme et qui le fit tomber à son tour. — Voir un *Mémoire* de M. Lecointre-Dupont *sur la façade* de cette église, parmi ceux de la *Société des antiquaires de l'Ouest*, t. VI, p. 137 et suiv.

(5) Encore Notre-Dame de Poitiers (même ouvrage). Mais ce détail pouvait bien être dû à l'intention de représenter la Sainte Vierge comme soumise non aux inconvénients naturels de l'enfantement, mais à la condition des plus humbles femmes. Cela se conçoit à côté d'un Dieu fait homme, et n'offre rien que le sens *superhistorique* ne puisse bien expliquer.

(6) S. Aviti, Viennensis episc., poema *De Initio mundi*, v. 148.

Mais quand vient cette époque de modification, on se rappelle que la plaie reçue par le Christ en croix le fut au côté droit, comme toute la tradition le constate, et ce fut assez pour chercher une analogie entre cette plaie qui avait enfanté l'Église et cette mystérieuse opération pratiquée par la main créatrice sur le premier homme. Nous avons vu que cette femme sortie du côté d'Adam était une figure prophétique de l'Église chrétienne. — Ne trouvât-on de ces exemples qu'au moyen âge, ce serait une raison de les respecter, car ils appartiennent à une époque essentiellement hiératique, où l'artiste, sinon le manœuvre, entendait parfaitement le sens surnaturel des sujets sacrés et recevait du prêtre, quand il ne l'était pas lui-même, tout le programme spirituel de son travail. Il peut se faire que plus tard et jusqu'à nous-mêmes beaucoup de peintres aient reproduit ces données, longtemps suivies, sans en comprendre la valeur, et par une sorte d'imitation qui n'est que le mécanisme grossier d'une pensée aveuglément servile. D'autres, sans doute, avec plus de talent et non moins d'ignorance, ont regardé ces prétendus excès comme des fautes à éviter dans les compositions de l'art moderne : double argument contre la malheureuse prétention de traiter des matières aussi sérieuses sans s'y être préparé par un travail suffisant... C'est le reproche qu'on pourrait faire à beaucoup de livres publiés, même de nos jours, avec aussi peu de succès que de mérite.

Tel est donc le caractère général du douzième siècle, dont il est bon de connaître maintenant les symbolistes principaux. A leur tête, dans l'ordre des dates, se présente Pierre Alfonsi, juif espagnol converti, et dont Alphonse VI, roi de Castille, fut le parrain en 1106. On lui doit des *Dialogues*, où il traite surtout de la conversion de ses anciens coreligionnaires, et dans lesquels on se doute bien qu'il prouve la nécessité de ses nouvelles opinions par les prophéties et leurs rapports avec la croyance qui en est la réa-

Pierre Alfonsi; ses *Traités philosophiques* et son *Physiologue*.

lisation (1). On lira aussi avec plaisir la *Discipline du clergié*, ouvrage *qui rend le clerc bien doctriné, compilé en partie*, dit un de ses traducteurs du treizième siècle, *des philosophes arabiques et de leurs chastoiements* (2), *en partie de la semblance des bestes et oiseaux* (3). Là encore il rattache les vieilles doctrines aux nouvelles, et les montre ne faisant qu'une seule morale dans une indivisible unité ; il y a même, à propos de *la semblance des bestes et oiseaux*, ce que nos pères de ce temps appelaient de la *physiologie*. Ces formes symboliques ne sont donc autre chose encore qu'une continuation de ce qu'avait professé l'antiquité chrétienne. Depuis Tatien, dont nous avons déjà parlé (4), les *physiologues* avaient fait une remarquable fortune à tous les âges, et, quant aux expositions des faits scripturaires, Alfonsi n'est qu'un écho de plus de toute la tradition ecclésiastique ; interprète assurée du Psalmiste, d'Isaïe et de tous les théologiens catholiques.

Bérengose, et ses livres sur les Mystères de la Croix.

BÉRENGOSE, dont nous ne savons précisément ni la naissance ni la mort, mais qui florissait vers 1112, trouve ici sa place naturelle. Les historiens l'ont assez méconnu, grâce à la confusion qu'ils ont jetée dans l'orthographe de son nom, dont on a fait sans discernement tantôt Bérengose

---

(1) Ces Dialogues sont au nombre de douze, et se passent entre l'auteur, Pierre, et un interlocuteur qu'il nomme Moïse et qui tient le parti du judaïsme : « Quid dicis de sacrificiis quæ de bove, capra et ove præcipit fieri Dominus? » dit Moïse. — Pierre, qui se fait le champion de l'Église, répond : « Omnia sacrificia quæ in lege Moysi præcepta sunt et ordinata, nihil nisi figura et significatio SACRIFICII præcipui quod venturum erat, fuerunt. » (*Dialog.*, XII.) — Il tend particulièrement, dans ce dernier Dialogue, à démontrer la conformité du mosaïsme avec la religion de Jésus-Christ.

(2) *Sentences morales*. — *Chastoiement* : du verbe *chastoier*, reprendre ; *chastier* au seizième siècle.

(3) Voir le deuxième volume des *Fabliaux et Contes* des poètes français du onzième au quinzième siècle, recueillis par M. Méon, Paris, in-8°, 1808.

(4) Voir ce que nous avons dit de Tatien en parlant des Pères du deuxième siècle.

(qui est le vrai *Berengosius*), tantôt Bérengaud et même
Béranger (1). Quoi qu'il en soit, il était abbé de S. Maximin
de Trèves, et a laissé trois livres fort symboliques, dont l'un
traite de l'*Invention de la Croix*, un autre du *Mystère de
la Croix*, puis des Sermons sur d'autres matières qui ne
prêtent pas moins au mysticisme, telles que la *Dédicace
de l'Église* et la *Vénération des reliques* (2). Entre autres
figures, il adopte, comme le commun des commentateurs,
les rapports trouvés entre Jésus-Christ et Isaac, entre la
croix du premier et le bois du sacrifice que le second porte,
trois jours durant, jusqu'à la montagne où Dieu l'appelait.
Il reproche aux Juifs de ne pas vouloir comprendre ce qu'il
y a de lumineux dans ce rayon divin qui leur montre la
vérité sous l'ombre des symboles. Il n'y a pas jusqu'à l'âne
laissé au bas de la montagne, où il doit attendre le retour
de ses maîtres, qui ne lui offre une ressemblance des Juifs,
vers lesquels la foi reviendra au dernier jour (3). Rappelons encore que rien n'est nouveau dans cette glose. S. Ambroise au quatrième siècle, S. Isidore de Séville au septième,
Rémi d'Auxerre au dixième, avaient reconnu dans les moindres détails de ce sacrifice d'Abraham autant de mystères à
méditer. Sous leur plume, tout prend une forme inattendue,
comme dans Bérengose, qui les suit fidèlement. Abraham
est le Père éternel acquiesçant à la mort sanglante de son
Fils ; les deux serviteurs qui l'accompagnent sont les deux
portions du peuple d'Israël qui, après la mort de Salomon,

Le symbolisme des deux Testaments plus sensible que jamais.

---

(1) Voir Moréri, t. I, v° *Berengosius*.
(2) Voir Append. ad. opp. S. Ambrosii, t. II, p. 498 et 564, ed. Bened.,
où la *Biblioth. maxima Patrum*, t. XII, p. 368 et seq., Lugd.
(3) « Hæc est lux quæ Isaac... voluit illuminare dum ligna holocausti
meruit ipse portare. Mystice nobis innuens quod, sicut ipse ligna in
holocaustum bajulavit, ita Christus crucem suam in ipsa Passione portavit. Hæc est illa lux quæ in asino illo judaïcæ cæcitatis nobis exressit chaos; de quo scriptum est: Exspectate cum asino donec revertamur ad vos; mystice scilicet designans quod ad Judæos, qui nondum
sunt fidem Trinitatis experti, circa finem sæculi fidei debent arrhabonę
reverti. » Berengos., *ubi suprà.*

type du Christ, se divisera sous deux rois différents. L'âne représente la vénale ignorance des Juifs, qui ne savent pas ce qu'ils portent, quoique chargés des livres prophétiques où tout leur avenir est écrit. Les trois jours du voyage expriment les trois divisions du temps qui séparent la loi de nature, celle de Moïse et celle de la grâce. Ces trois jours de marche deviennent aussi un nombre sacré, par cela même qu'Isaac les a passés à se rendre à son calvaire, et que Jésus-Christ est resté trois jours dans le tombeau. Ces circonstances varient un peu, il est vrai, dans l'exégèse des divers interprètes, mais ils s'entendent tous sur le fond mystérieux du fait, et le sens général qu'il faut lui donner (1). C'est une *typologie* véritable qui s'exerce ici, démontrant jusqu'à l'évidence une conformité de sentiments qui fait du symbolisme une science.

Honorius d'Autun; sa perle de l'âme; valeur de ses autres écrits.

HONORIUS, écolâtre de l'Église d'Autun (2), florissait de 1130 à 1143, et se range avec honneur au nombre des lumières de son temps. Si ce mérite lui est contesté comme à beaucoup d'autres à qui nous en reconnaissons dans ce livre, il faut dire que c'est toujours par des biographes peu au fait, pour la plupart, d'ouvrages relatifs aux études ecclésiastiques, et qui se font un devoir de calomnier tout ce qu'ils nomment philosophiquement *mysticisme* et *superstition*. Ce qui est vrai, c'est que celui-ci fut un homme universel, eu égard à ce qu'on pouvait savoir alors, et ses *Commentaires sur le Cantique*, où il rapporte tout à la Sainte

---

(1) Voir le P. Cahier, *Vitraux de Bourges*, p. 27.

(2) Quelques-uns lui ont contesté cette fonction, aussi bien que son droit à compter parmi les hommes illustres de la cité éduenne. L'abbé Lebœuf surtout a fait une dissertation pour prouver qu'Honorius était d'Augsbourg, *Augusta Vindelicorum*, qu'on avait confondue avec *Augustodunum*. Un voyage en Allemagne qu'Honorius fit sur la fin de sa vie, et quelques mots écrits par lui sur Aldebert, marquis d'Autriche, qu'il appelle *marchionem meum*, ne prouvent pas assez en faveur de Lebœuf, ni contre les fonctions qu'on a toujours attribuées à Honorius. — Voir *Mémoires de Trévoux*, avril 1739, p. 1093.

Vierge; son *Sacramentaire*, où il développe le sens mystique des choses sacrées; son *Eucharisticon* et ses autres livres de théologie; enfin son *Examéron*, ou explication du premier chapitre de la Genèse, répondent parfaitement à l'action du symbolisme dans cette période du moyen âge (1). Mais le plus célèbre de ses écrits, considéré sous ce rapport, est le *Gemma animæ*, ou *La Perle spirituelle*, où il traite d'une manière fort attachante des rites de l'Office divin et des cérémonies de la Messe. On voit que, pour un tel livre, le seul titre est : Du Symbolisme. Il en est ainsi de son *Sigillum Mariæ*, qui fait suite à l'exposition du *Cantique*, et dans lequel l'originalité de la pensée dépasse de beaucoup tout ce qu'on avait dit avant lui. Riche de mille textes de la Bible, il les applique à Marie, il va les chercher au plus loin pour lui en faire comme un épithalame empreint d'enthousiasme, et auquel on ne peut refuser le mérite de faire ressortir, par-dessus tout, ce sens superhistorique dont nous parlions tout à l'heure (2). De tels écrits font d'Honorius l'un des interprètes les plus éminents et les plus utiles à étudier. Rien ne lui échappe des singularités mystérieuses de la Bible; les nombres, le figurisme des deux Testaments, les sacrements sortis du cœur de Jésus crucifié, les mains de Jacob croisées sur Éphraïm et Manassé, Ève et Marie, le Christ et les Patriarches, deviennent sous sa plume autant de matières de développements pleins d'intérêt.

En 1135, meurt l'abbé RUPERT, à l'abbaye de Deutz, en Belgique, qu'il gouvernait depuis quinze ans, et où ses vertus lui méritèrent le titre de Bienheureux (3). Sa gloire

Le B. Rupert, abbé de Deutz; ses *Divins Offices*.

---

(1) Ses principaux ouvrages sont recueillis dans le vingtième volume de la bibliothèque des Pères, *Magna Bibliotheca Patrum*.

(2) « Apostoli sponsam Christi Ecclesiam siguis et scriptis velut gemmarum monilibus ornaverunt, et proprio sanguine laverunt. Atque impositam naviculæ sanctæ Crucis, strenui nautæ de pelago hujus sæculi ad portum vitæ evexerunt. Quam quatuor Evangelistæ, velut quadrigæ Dei, doctrina sua de quatuor angulis orbis in cœleste palatium perduxerunt. » (Honor. Augustod.)

(3) Dom Martenne, *Voyage de deux bénédictins*.

littéraire fut pour beaucoup dans ce titre, puisqu'elle ne lui vint que de sa constante application à l'étude des saintes Lettres. Ses écrits *sur les divins Offices*, ses hymnes, ses Commentaires sur S. Matthieu, témoignent également de sa science et de sa piété.

<small>Hugues de Saint-Victor, et ses Traités spéciaux.</small>

Hugues de Saint-Victor entra en 1118 dans l'abbaye de ce nom, qui venait d'être fondée à Paris par Guillaume de Champeaux. Il enseigna la théologie pendant neuf ans, et mourut en 1142, après avoir refusé toutes les charges de son Ordre que son mérite lui fit offrir plus d'une fois (1). Sa vie fut toute de pénitence et de travail; aussi se consuma-t-elle promptement, et il ne dépassa pas sa quarante-quatrième année. Auteur de nombreuses pages *sur le Pentateuque* et autres livres de la Bible, d'écrits de théologie mystique et dogmatique, il recommande souvent, comme une règle importante, de bien entendre le sens littéral de la Bible avant d'en chercher le sens figuré, ce que tout le monde n'avait pas fait

<small>La colombe et le corbeau.</small>

avant lui (2). Par là, il est moins exclusif que bien d'autres, et cependant il aime le symbolisme jusqu'à l'appliquer dans des livres spéciaux, à en faire ressortir toutes les res-

(1) Fleury s'est trompé en disant que Hugues fut prieur du monastère de Paris, et encore plus dans le jugement qu'il porte du docte religieux, à qui il reproche un prétendu « défaut d'originalité et son faible pour les fables. » (*Hist. ecclés.*, t. X, p. 72, in-8°, Nîmes.) Il ne voit pas assez que le bon moine, comme tous ses contemporains, ne constatait là que des données vulgaires, acceptées seulement en tant que symboliques et à cause du sens qu'elles donnent toujours aux *moralités*. A l'époque de Fleury, ceci n'était compris de personne. On voit bien, d'ailleurs, que le prieur d'Argenteuil, trop souvent impressionné par ses préjugés et ses opinions personnelles, étudiait trop rapidement les auteurs du moyen âge, qu'il était accoutumé à dédaigner. Des études plus sérieuses ont fait revenir de l'engouement qu'on avait pris pour le *judicieux* historien; elles ont prouvé que ce jugement si vanté avait failli plus d'une fois, et l'on en trouve mille preuves soit dans la *Critique* de ses livres par Marchetti, soit dans l'*Histoire universelle de l'Église*, où Rohrbacher a réfuté Fleury, et particulièrement, par rapport à Hugues de Saint-Victor, dans son quinzième volume, p. 392 et suiv.

(2) Voir Hugon. à S.-Vict., opp., *Homil. v in Ecclesiasten*, Migne, t. CLXXV, col. 155.

sources pour la vie spirituelle (1) : telles sont ses *Allégories du vieux et du nouveau Testament*, ses traités *des Sacrements*, *Des Offices*, *De l'Arche de Noé* considérée tour à tour au point de vue mystique et moral ; son *Bestiaire*, source féconde pour l'explication de toute notre physiologie monumentale ; son *Miroir des Mystères de l'Église*, où toutes les parties du temple chrétien sont indiquées avec le

(1) Les premières lignes de son livre *De Bestiis et aliis rebus*, qu'il commence en parlant de la colombe, sont d'une charmante délicatesse. Il les adresse à un de ses amis récemment venu dans le cloître : « Desiderii tui petitionibus, carissime, satisfacere cupiens, columbam, cujus sunt pennæ deargentatæ, et posteriora dorsi ejus in pallore auri (*Ps.*, XLVII) pingere, et per picturam mentes ædificare decrevi, ut quod simplicium animus intelligibili oculo capere vix poterat, saltem carnali discernat ; et quod vix concipere poterat auditus, percipiat visus. Nec tamen volui columbam formando pingere, sed etiam dictando describere, et per Scripturam demonstrare picturam, ut cui non placuerit simplicitas picturæ, placeat saltem moralitas Scripturæ. Tibi ergo cui datæ sunt pennæ columbæ, qui *elongasti fugiens*, ut *in solitudine* maneres et requiesceres (*Ps.*, LIV), qui non quæris delationem in voce corvina *cras*, *cras* ingeminante, sed contritionem in gemitu columbino. Ecce in eadem pertica sedent accipiter et columba. Ego enim de clero, tu de militia ad conversionem veniens : ut in regulari vita quasi in pertica sedeamus ; et qui rapere consueveris domesticas aves, nunc bonæ operationis manu silvestres ad conversionem trahas, id est sæculares. Gemat igitur columba ; gemat et accipiter, vocemque doloris emittat. Vox enim columbæ gemitus, vox accipitris quæstus. In principio hujus operis idcirco proposui columbam, quia Spiritûs gratia semper præparatur pœnitenti, nec nisi per gratiam pervenitur ad veniam. De accipitre vero post columbam subjungitur, per quem nobilium personæ designantur. Cum autem aliquis nobilium convertitur, per exemplum bonæ operationis præsentatur..... » (*De Bestiis*, prologus, et lib. I, cap. XXXV, Migne, t. III, cap. XIII.)

Remarquons, dans cette longue et intéressante tirade, un exemple de subtilité symbolistique qui va jusqu'à s'emparer de l'harmonie imitative, et presque du calembour. L'Esprit-Saint blâme dans les *Proverbes* l'homme aveuglé qui remet sans cesse sa conversion au lendemain, en se disant *cras*, *cras* ; et comme le corbeau est l'emblème du pécheur attaché aux choses de la terre : « Peccator carnalium desideriis patitur, quasi corvus qui ad arcam non rediit » (*Gen.*, VIII), et que d'ailleurs son cri ressemble parfaitement au *cras* des Latins, notre auteur ne trouve rien de mieux que de renfermer dans ce mot une allusion qui ne laisse pas que d'avoir son côté original.

sens mystérieux qu'on doit leur donner (1), comme aussi les cérémonies du culte, et en particulier de la Messe ; et enfin ses *Sermons*, qui forment une suite de cent dissertations où le sens allégorique ressort des enseignements divins de l'Écriture, sans rien ôter à l'histoire ou au dogme.

<small>Importance des travaux de cet auteur.</small>

Tant de matières diverses, élaborées avec une si grande variété de connaissances et dont l'enchaînement logique suppose un esprit solide et élevé, donnent nécessairement à l'homme qui les possède et en parle comme Hugues de Saint-Victor un cachet d'universalité qu'il est impossible de méconnaître. Là, en effet, se dessine l'écrivain laborieux embrassant tout entière la tâche qu'il poursuit, y rattachant par un système continu l'étude du symbolisme, et déjà profitant des progrès de l'art chrétien, qui s'épanouissent de toutes parts, pour en expliquer toutes les idées et en découvrir les mystérieuses leçons. Donc, tout en restant fidèle aux théories habituelles, il dilate le domaine du symbolisme ; il fait déjà, pour ainsi dire, en faveur des siècles à venir, de l'archéologie sacrée, et il renferme dans ces pages méditatives tant de science et de lumière, qu'après les obscurités nuageuses entassées jusque sur notre époque par la décadence trois ou quatre fois séculaire de ces études, il nous faudra forcément recourir à lui pour reconstituer nos doctrines, comme à un irrécusable témoin des vérités que nous défendons. Il faut bien reconnaître l'allégorie comme toute-puissante dans ce douzième siècle, puisque les plus hautes intelligences l'appliquent à tout, et que non

---

(1) Cet ouvrage est cité par Mme Félicie d'Ayzac, dans une note du tome V des *Annales archéologiques*, p. 218, sous le titre d'*Eruditionis theologicæ in speculum Ecclesiæ*, comme faussement attribué à notre victorin. Mais le texte qu'elle en donne est bien réellement de lui ; seulement il est tiré du livre intitulé, dans les œuvres de Hugues, *Speculum de mysteriis Ecclesiæ*. Il est donc bien probable que Mme d'Ayzac aura travaillé avec un manuscrit dont le titre avait été mal copié, ou d'après quelque commentaire inédit dont l'obscurité a pu occasionner cette erreur.

content de perpétuer les notions incontestées de la réalisation de l'ancienne Loi par la nouvelle, le symboliste veut nous faire envisager les choses mêmes de ce monde comme la figure des biens éternels; il voit dans les Prophètes la pratique des vertus théologales, l'amour des biens du ciel, l'obéissance à la Loi même de Jésus-Christ. Hugues dut à cette perspicacité, aussi bien qu'à la diversité de ses nombreux travaux, d'être appelé l'Augustin de son siècle. C'est qu'il en a la manière, l'ayant beaucoup étudié, et dans l'humble chanoine de Saint-Victor se trouve la subtilité du grand Docteur, avec son sens profond, sa marche méthodique, et son rare et précieux avantage de mettre dans sa pensée autant de pénétration que de clarté dans son style. Il a pu se tromper sur quelques points de théologie positive; mais ce léger tribut payé à l'erreur par tous les grands génies n'altère aucunement une des plus belles renommées qui se soit faite dans l'Église, en dehors de ceux qu'elle a couronnés de l'auréole des Saints.

Un des plus illustres contemporains de notre auteur, et son confrère du même couvent, ADAM DE SAINT-VICTOR, avait composé un recueil de *Proses* dont on possède maintenant, grâce aux soins laborieux d'un savant éditeur, une collection aussi complète que possible (1). Rien de gracieux et de poétique comme ces petits chefs-d'œuvre d'une dévotion aimable et naïve, qui ont trop disparu de nos Offices publics, à notre profond regret, depuis qu'une sorte de puritanisme liturgique a fait rejeter de nos diocèses de vénérables usages que le Saint-Siége, en cas de besoin, eût certainement permis d'y conserver. On ne sait vraiment ce qu'il faut le plus admirer dans ces chastes et suaves compositions du pieux auteur : ou de l'exactitude dogmatique de sa phrase rimée, ou de l'ingénieux agencement du principe

Adam de Saint-Victor, et ses Proses.

Beautés de la poésie du moyen âge.

---

(1) *OEuvres poétiques d'Adam de Saint-Victor*, publiées par M. Gautier, archiviste de la Haute-Marne. 2 vol. in-18, Paris, 1859.

catholique et du symbolisme qui l'élucide. Avec quel charme il développe l'idée si complexe et si souvent exploitée de l'arbre de Jessé, à l'occasion de la naissance du Fils de Dieu (1)! C'est la plus heureuse précision dans les termes

(1)
>Res est nova, res insignis
>Quod in rubo rubet ignis,
>Nec rubum attaminat;
>Cœli rorant, nubes pluunt,
>Montes stillant, colles fluunt :
>Radix Jesse germinat !
>
>De radice flos ascendit
>Quem Prophetæ præostendit
>Evidens miraculum :
>Radix Jesse regem David,
>Virga matrem designavit
>Virginem, flos parvulum.

Puis voici une admirable reproduction de la verge d'Aaron et de cette amende mystérieuse qui y fleurit :

>Frondem, florem, nucem sicca
>Virga profert, et pudica
>Virgo Dei Filium:
>Fert cœlestem vellus rorem,
>Creatura Creatorem,
>Creaturæ pretium !
>
>Frondis, floris, nucis, roris,
>Pietati Salvatoris
>Congruunt mysteria.
>Frons est Christus protegendo,
>Flos dulcore, nux pascendo,
>Ros cœlesti gratia.

Et cette poétique image n'est pas épuisée, non plus que son symbolisme :

>Contemplemus adhuc nucem,
>Nam prolata nux in lucem
>Lucis est mysterium.
>Trinam gerens unionem,
>Tria confert : unctionem,
>Lumen et edulium.

Voilà de ces magnifiques chants que nous avons perdus, qui au douzième siècle retentissaient sous les voûtes de Saint-Victor et de Notre-Dame de Paris, et que les évêques, réunis en 1215 au concile de Latran, rapportèrent dans un grand nombre de leurs diocèses. La France, qui avait son architecture nationale, avait aussi alors l'honorable initiative d'une poésie digne d'elle, et l'Office romain, qui n'en a certainement pas de supérieure à celle-ci, remplacerait avantageusement par de telles strophes tant d'hymnes, d'antiennes et de répons dont sa belle littérature est déparée trop souvent.

unie à une richesse d'imagination qui rapproche sans efforts de cette branche féconde le souvenir de toutes ses analogies bibliques. Ceux qui dédaignent la poésie du moyen âge ne la connaissent pas; ils lui réitèrent sur le même ton, d'après des autorités ignorantes ou prévenues, le reproche de barbarie et de mauvais goût. Nous les conjurons de lire par eux-mêmes : c'est leur donner le meilleur moyen de se convertir.

Plaçons ici un autre oracle de ce siècle, qui, pour l'avoir servi au faîte de l'administration temporelle, n'en a pas moins usé de sa vaste intelligence au service de l'Église et laissé de précieux témoignages d'une immense capacité. Absorbé par les soins politiques de son ministère pendant la régence du royaume qu'il prit en 1147, entraîné par les affaires de l'État et la confiance des rois vers des œuvres toutes différentes de celles du cloître, SUGER, abbé de Saint-Denis, trouva néanmoins le temps de faire de bons livres, parmi lesquels le symbolisme revendique spécialement celui qu'il écrivit *sur son administration* (1). Là, aussi bien que dans le récit de ce qui regarde la consécration de son église abbatiale (2), qu'il avait fait reconstruire et agrandir (3), il s'efforce de tout rapporter, dans la structure générale et dans les détails d'ornementation, à des idées symboliques dont chacune est un enseignement de l'histoire

Suger, abbé de Saint-Denis, et son livre relatif à son administration de l'abbaye.

Richesse du symbolisme appliqué par lui à l'architecture de son église;

---

(1) Voir Sugeris, abbatis Sancti-Dionys., *De Rebus in sua administratione gestis*, Paris, 1648, in-8°, édit. donnée par Duchesne;—Dom Bouquet, *Script. rerum gallic.*, t. XII.

(2) *Vitæ Ludov. VI et regum Franciæ; De Translatione corporum S. Dionysii et Sociorum ejus, ac Consecratione ecclesiæ a se ædificatæ* (t. IV de la collection de Duchesne).

(3) Mais trop précipitamment, en sorte que, l'ayant laissée achevée quand il mourut, en 1152, elle dut être reconstruite en grande partie par deux de ses successeurs et ne se trouva terminée qu'en 1281 : le chœur et le porche sont donc seuls de Suger ; le reste est de Eudes Clément et de Matthieu de Vendôme, qui gouvernèrent l'abbaye après lui.—Voir dom Félibien, *Hist. de l'abb. de Saint-Denis*, p. 253 et suiv., Paris, 1706, in-f°.

sacrée, ou une leçon de l'exégèse mystique. Son but est toujours et partout d'élever, par le regard, de la terre aux choses invisibles du ciel, d'appliquer les sens et le cœur aux vérités surnaturelles (1), comme tous les Saints l'avaient voulu avec le grand évêque d'Hippone (2). Toutes les natures de matériaux furent employées lors de la reconstruction de la basilique avec cette riche sobriété qui en assurait le bon goût, et, selon l'usage, il n'y eut aucune des parties de l'édifice, ou des ornements qui l'embellissaient, que la piété du docte abbé et sa connaissance profonde du mysticisme chrétien n'accompagnât d'une explication en vers latins, toujours gravée sur l'objet même ou à côté, afin d'en faciliter l'intelligence. Les portes furent revêtues de plaques dorées, les autels d'or ou d'argent; les châsses des Saints, les croix, les vases sacrés, furent relevés par des sculptures en ivoire, par des pierreries et des émaux; et de ces travaux du dessin, pas un qui, avec ces précieux éléments, ne figurât, aux yeux exercés des moines et des fidèles, des mystères que la poésie se plaisait d'ailleurs à expliquer, et que l'auteur demandait humblement à voir se réaliser pour lui un jour dans le ciel :

Significata magis significante placent.

Ses vitraux, et leur parallélisme des deux Testaments. Aux fenêtres de l'édifice brillèrent des vitraux de couleur, et, après sept ou huit siècles de vicissitudes, qui anéantirent une très-grande partie de ces chefs-d'œuvre, on peut encore admirer, dans une des baies absidales, l'arbre de Jessé offert par Suger lui-même. Tout cela est décrit de sa main et expose ses intentions; et cette description si exacte, si détaillée, prouverait, du reste, comment alors

---

(1) « De materialibus ad immaterialia excitans. » (*De sua administr.*; Bouquet, *ubi suprà*, p. 96 et suiv.)

(2) « Quod hic factum corporaliter videmus in parietibus, spritualiter fiat in mentibus, et quod hic perfectum cernimus in lapidibus et lignis, hoc, ædificante gratia Dei, perficiatur in corporibus vestris. » (S. August., *Serm. de tempore*, 256.)

le symbolisme de l'art était généralement compris (1).

Il faut remarquer aussi que presque toutes les peintures que décrit le savant religieux comme tirées de l'Ancien et du Nouveau Testament sont celles qui peuvent le mieux établir la supériorité de ce dernier. Le P. Cahier est fort ingénieux, et, croyons-nous, dans le vrai, quand il regarde cette pensée nettement élaborée dans ceux de ces vitraux parvenus jusqu'à nous. En effet, l'Église et la Synagogue, l'arche d'alliance, Moïse sauvé des eaux, le buisson ardent, le passage de la mer Rouge, le serpent d'airain, la loi du Sinaï sont destinés comme autant de prophéties à des réalisations qui démontrent à la fois et la bonté de la Loi ancienne, qui prépare la nouvelle, et l'excellence bien supérieure de celle-ci, en qui se trouve l'application de toutes les promesses; et, quand tout cela est nettement et suffisamment développé par une suite de médaillons coloriés, notre symboliste résume cette doctrine dans un dernier tableau où S. Paul, type du Christianisme, est représenté moulant du blé pour le pain eucharistique, la plus sublime expression du catholicisme, et les prophètes, organes du mosaïsme, apportant eux-mêmes sous la meule les sacs qui contiennent le grain. Ce mystère, d'abord assez difficile à lire sur le verre colorié, avait besoin d'être expliqué plus que tout autre, et c'est dans ce but qu'on l'a accompagné de quatre vers, qui n'y laissent plus aucune équivoque (2). Ces paroles conviennent bien à S. Paul, dont le premier discours nous fait remonter aux premiers jours de la religion primitive, et descendre de là jusqu'à l'accomplissement de toutes les figures dans Jésus-Christ (3). L'Ancien Testament se perfectionne ainsi

<small>S. Paul moulant du blé que lui apportent les Prophètes.</small>

---

(1) Voir dom Bouquet, *loc. cit.*, t. XII, p. 348 et suiv.
(2)   Tollis agendo molam de furfure, Paule, farinam :
    Mosaïcæ legis intima nota facis.
    Fit de tot granis verus sine furfure Panis,
    Perpetuusque cibus noster et angelicus.
               (Suger, *ubi suprà*.)
(3) Voir *Act. Apostol.*, cap. XIII.

dans le Nouveau, qui le dégage de tout ce qui était charnel et ne lui laisse que l'esprit qui vivifie en détruisant la lettre, qui n'est plus qu'une chose morte. Suger semble d'ailleurs avoir emprunté cette comparaison à notre S. Hilaire, qui dit quelque chose d'approchant à propos des deux femmes dont parle Notre-Seigneur, quand ce divin Maître annonce la subite irruption des causes inattendues de la fin du monde (1) : le germe est donc toujours le même, et la récolte à tous. Il paraîtrait que S. Eucher avait émis la même idée au cinquième siècle; mais toujours faudrait-il regarder le Docteur de Poitiers comme le plus ancien de ceux qui en auraient parlé (2).

Manuscrits à miniatures.

Quelque imposantes que soient dans une basilique ces magnifiques pages de peintures vitrifiées qui en ornent les baies ogivales, il faut cependant réserver encore une grande part d'éloges à ces beaux manuscrits dont les précieux feuillets, d'une écriture modèle, s'accompagnent de gracieuses et naïves vignettes, où les charmantes qualités du dessin, la vivacité du coloris et la fraîcheur des tons ne servent pas moins la pensée, et respirent, avec la sérénité du cloître, le génie symbolistique de ses paisibles habitants. Au nombre des monuments de ce genre, toujours plus admirés par les connaisseurs, toujours plus estimés dans les bibliothèques publiques et particulières, se place, avec une grande supériorité, l'*Ortus deliciarum*, ce jardin des délices spirituelles dans lequel une femme, au nom trop longtemps oublié, consigna, vers la fin du douzième siècle, non-seulement ce que le symbolisme chrétien a de plus énergique et de plus accrédité, mais ce que l'art du peintre a pu jamais faire en

*L'*Ortus deliciarum *de l'abbesse Herrade.*

---

(1) « Duæ molentes in mola : una assumetur et una relinquetur. » (*Matth.*, XXVI.)— « Mola opus Legis est, » dit S. Hilaire. « Sed quia pars Judæorum ut per Apostolos credidit, ita per Eliam est creditura, et justificanda per fidem est. » (S. Hilar. Pictav., *In Matth. comment.*, cap. XXVI.)

(2) Voir *Vitraux de Bourges*, p. 70, et l'abbé Texier, *Dictionnaire d'orfévrerie chrétienne*, v° Suger, col. 1363.

ce genre de plus délicat et de plus subtil. Herrade de Lansberg était, en 1167, abbesse du monastère de Sainte-Odile, fondé au septième siècle à Hohenburg par Adalric, duc d'Alsace et père de cette Sainte. Herrade, venue vers 1140 dans cette illustre abbaye, y avait caché une vie que le rang de sa famille, l'une des plus puissantes de l'Allemagne, pouvait faire aspirer aux plus brillantes prétentions. Elle y trouva l'amour de Dieu uni à celui des saintes lettres dans ce pieux asile. Les trente-trois religieuses qui y vivaient sous la règle de S. Augustin, remarquables par leur érudition autant que par l'esprit régulier qui les animait, s'occupaient aux études sacrées, transcrivaient des livres, chefs-d'œuvre de patience et de goût, et suivaient en cela le chemin qu'aimait à leur tracer l'abbesse Relindis, distinguée elle-même par ses succès dans la poésie latine, qu'elle enseignait à ses Sœurs. Dans ce milieu d'une existence vertueuse, paisible et si utilement occupée, Herrade ne put que s'associer avec fruit à ces travaux de la pensée que la beauté de son esprit et les tendances de sa brillante imagination durent bientôt lui faire aimer; et quand elle fut appelée à prendre la direction du monastère, elle y continua, par ses encouragements et ses exemples, les traditions que l'étude et les arts devaient à Relindis. C'est à un tel dévoûment aux travaux de l'intelligence que nous devons son beau manuscrit, conservé à la bibliothèque de Strasbourg, où la révolution de 1793 le jeta à la suite des profanations que la sainte maison dut subir, et qui la renversèrent comme tant d'autres.

L'*Ortus deliciarum*, dont le titre seul a son parfum de symbolisme, et fait sans doute allusion à ce jardin de sainte volupté que l'homme habita dans les jours de son innocence (1), ne compte pas moins de six cent quarante-huit feuillets en parchemin. Herrade seule y travailla avec un art comparable seulement à sa science des choses sacrées;

(1) « Deus... posuit eum in paradiso voluptatis. » (*Gen.*, XI, 15.)

et, par exception au plus grand nombre des manuscrits de ce temps, où les grandes miniatures n'étaient distribuées qu'avec une parcimonie justifiée d'ailleurs par les difficultés et l'exécution, et servaient d'ornement ou d'explication au texte, c'est ici le texte qui tient en quelque sorte la seconde place, et fort souvent il n'est même pas nécessaire à un certain nombre de ces dessins, qui s'expliquent d'eux-mêmes et tiennent lieu d'une dissertation. Nous en avons cité quelque spécimen en exposant le xiii⁰ chapitre de l'Apocalypse.

Les continuateurs de l'*Histoire littéraire de la France* paraissent n'avoir connu ce recueil qu'assez imparfaitement pour en avoir fait « une suite de passages bibliques (1); » mais il y a plus que cela, et quoique les citations scripturaires y abondent, puisque c'est toujours à l'Écriture que la docte religieuse emprunte le fond de son travail, c'est encore, selon le goût du temps, un traité aussi complet que possible de toutes les connaissances humaines qui se rapportent à l'étude de la religion. Laissons parler ici M. Walkenaër, qui la décrit en homme qui l'avait vue et à qui son érudition n'a pu en laisser méconnaître l'esprit, non plus que le mérite d'exécution :

« Les auteurs que cite Herrade sont, dit-il, en grand nombre, et si l'on excepte la Bible, S. Augustin, Gennadius de Marseille (2), ils ont tous écrit entre le neuvième et le douzième siècle. Aux récits historiques et aux détails technologiques, elle fait succéder des exposés allégoriques, des exhortations morales, et des vers pleins de douceur, d'onction et de sentiments pieux qu'elle adresse à ses religieuses. Les figures

---

(1) Voir t. XIII, p. 589.
(2) Écrivain ecclésiastique de la fin du cinquième siècle, dont les ouvrages sont perdus en grande partie, surtout ce qu'il avait écrit touchant les *Millénaires* et l'Apocalypse. Il serait curieux de reconnaître si le manuscrit d'Herrade ne contiendrait pas des fragments de cet auteur qui fussent restés perdus jusqu'à nous.

principales sont dessinées et groupées avec goût, et paraissent copiées ou inspirées d'après des originaux byzantins (1); mais les costumes sont du douzième siècle, et offrent un grand intérêt historique. Ce qui nous paraît très-remarquable, c'est la manière dont la docte religieuse a composé le tableau d'ensemble des connaissances humaines dont elle traite dans son livre. Au-dessus d'une tête à triple face, qui est la Trinité sainte, elle a écrit *Ethica*, *Logica*, *Physica*, c'est-à-dire la *morale*, la *logique* et la *physique*, et ce dernier mot comprend toutes les sciences naturelles, mathématiques et physiques. Au-dessous de la Trinité est le Saint-Esprit, de qui procèdent sept sources qui donnent naissance aux sept arts libéraux, savoir: la rhétorique, la dialectique, la musique, l'arithmétique, la géométrie, l'astronomie, la poésie et la magie. Mais les diables, sous la figure d'oiseaux noirs, sont représentés soufflant à l'oreille des magiciens et des poètes un art mensonger et impie (2). Près de la Trinité, au contraire, et dans un demi-cercle qu'elle a tracé, on voit Socrate et Platon assis devant un livre ouvert (3). Les divisions principales et les subdivisions des connaissances humaines rappellent, par la manière dont Herrade les a disposées, l'arbre dont se servent nos encyclopédistes modernes pour montrer comment les connaissances générales inscrites sur le tronc se subdivisent ensuite en un nombre infini de branches et dérivent les unes des autres; avec cette différence cependant qu'Herrade, par son emblème, fait descendre du

---

(1) Il vaudrait mieux dire peut-être qu'ils sont exécutés sous l'influence de l'art byzantin, dont tout notre douzième siècle avait accepté les données, quoique dessinés certainement par une main qui a conservé à tous ses sujets le caractère occidental.

(2) « Isti in immundis spiritibus inspirati, scribunt artem magicam et poeticam, scilicet fabulosa commenta. »

(3) Sans doute parce que Socrate avait proclamé l'unité de Dieu, et que Platon passait encore, comme jusqu'à nos jours à peu près, pour avoir professé le dogme de la Trinité, quoique rien ne soit moins clair que cela dans ses écrits. Toujours est-il que c'est là un ingénieux symbolisme.

ciel et émaner de Dieu les notions intellectuelles de l'homme, et que nos modernes philosophes semblent, par le leur, les faire sortir de la terre, et s'élever de bas en haut. Il y a tout un système de métaphysique religieuse dans ces deux conceptions opposées et atteignant cependant le même but (1). »

Il importe d'ajouter à ce judicieux exposé qu'Herrade, dans le texte de son livre, suit absolument, quant aux interprétations de l'Écriture sainte, tous les principes gardés jusqu'à elle, et s'en tient à ce qu'elle a appris des Pères et des traditions universellement reçues. Honorius d'Autun lui a été d'un grand secours, et on le retrouve maintes fois lui prêtant l'autorité et les inspirations de son exégèse. On en peut dire autant de l'*Elucidarium* de S. Anselme, et l'on en pourrait citer une foule d'autres, pourvu qu'on pût les reconnaître au style ou à quelque réminiscence; car, tout en les transcrivant, il est rare que la docte abbesse les cite par leurs noms : ce n'était point l'usage en ces temps de simplicité naïve, où l'orgueil de sa personnalité troublait si peu l'architecte des basiliques et le peintre des manuscrits, qu'il faut aujourd'hui plutôt chercher leur signature dans la

(1) Walkenaër, *Biogr. universelle*, art. Herrade. — Cet article, fort remarquable de précision et de justesse quant à l'appréciation du génie de cette femme illustre, ne nous semble pas établir assez nettement l'intention qu'elle s'était faite de symboliser les plus hauts mystères de la religion dans leur majestueux ensemble ; et, quant à *ce même but* que paraissent atteindre les deux *conceptions opposées* signalées par le savant académicien, il différera toujours de l'une à l'autre de ces conceptions par l'idée fondamentale : la philosophie catholique ne s'accommodant jamais d'une synthèse qui attribue à l'homme, chose créée, ce qui ne peut lui venir que du Créateur. C'est une noble et vraie conception de faire descendre tout bien intellectuel de Dieu même : la philosophie païenne ne disait pas autrement quand elle n'était pas celle de Lucrèce : *a Jove principium...* — Il était digne des encyclopédistes modernes de soutenir le contraire, ne fût-ce que par contradiction avec ce paganisme pour lequel ils ne manquaient cependant pas d'une assez vive tendresse. M. Walkenaër ne se fait certes pas leur complice, mais il ne désigne pas assez nettement peut-être ce qu'il y avait de plus haute philosophie dans le plan qu'il expose si bien.

poussière des bibliothèques modernes que sur les belles sculptures de leurs monuments ou les parchemins enluminés de leurs livres.

Mais, outre le mérite de l'intelligence nourrie de fortes études scolastiques, il y avait encore à se donner celui de l'invention, dans ces charmantes images d'or, de vermillon et d'azur. C'est là que brille le pinceau délicat de notre abbesse, évoquant à son service les leçons des *physiologues*, des architectes, de la flore murale, avec leurs formes hybrides, leurs couleurs éclatantes et leurs capricieuses variétés. Et subitement, après ces coups de pinceau qui donnent au vélin une vie morale, après ces ingénieuses iconographies d'un vice ou d'une vertu, d'une scène historique ou d'une allégorie, une suite de vers latins, presque toujours bien tournés, et qui ne manquent pas plus d'élégance que de concision, expliquent par une *moralité* la pensée spirituelle et le sens mystique de l'auteur. Nous avons vu, dans le treizième chapitre de notre Apocalypse, qu'ayant à peindre l'Avarice, Herrade fait traîner le char de cette affreuse passion par un ours, dont elle donne la raison : *Violentia est ursus*, et un peu après : *Terret clamore minisque*.

Ce livre, à lui seul, serait un traité de symbolisme chrétien; il assure une place distinguée, parmi les grandes capacités du douzième siècle, à l'ingénieuse abbesse, qui mourut en 1195.

Dans le même temps, JEAN BÉLETH enseignait la théologie à Paris, après l'avoir apprise à Poitiers, sous le fameux Gilbert de la Porée (1). Quelques-uns lui attribuent le *Gemma animæ*, d'Honorius d'Autun. Qu'il l'ait fait ou non, le nombre des ouvrages qu'on reconnaît de lui le dédommagerait

<small>Jean Béleth ; son *Rational de l'Office divin*, et ses autres livres ;</small>

---

(1) Dom Martenne, *Voyage de deux bénédictins*, p. 99 et 100. — Voir, sur Gilbert et Béleth, les détails intéressants donnés par l'*Histoire littéraire de la France*, t. XIV, p. 219 et suiv.

amplement de cette perte, d'autant plus qu'il a traité des sujets analogues, et presque tous sous l'influence du symbolisme le plus absolu. La subtilité de ses explications fait présager Durant de Mende, qui fut son disciple, souvent son copiste, et qui viendra, vers la fin du siècle suivant, tout expliquer en homme qui ne sait douter de rien. Pour que rien ne manque à la ressemblance, Béleth est auteur, comme Durant, d'un *Rationale divinorum Officiorum*, où il expose les raisons de la liturgie; puis il a un *Speculum Ecclesiæ*, titre que nous connaissons déjà à un livre de Hugues de Saint-Victor, et qui en diffère peu pour le fond; un livre

son traité des Sibylles.

sur *les sibylles*, prophétesses de l'antiquité païenne dont le moyen âge a reconnu, avec S. Bernard, les oracles sur le Messie et sur la fin du monde (1); un autre *sur les sept péchés capitaux et les sept vertus opposées;* des *Sermons*, et enfin son *Traité des saints Offices*, le plus symbolique de tous ses écrits. Ce dernier et les *Sermons* ont été souvent imprimés dans le cours des seizième et dix-septième siècles. C'est surtout dans la seconde partie des *Offices*, où il traite de la prière et de la liturgie, qu'il a développé le plus d'explications allégoriques, et il y est tout aussi explicite que qui que

(1) Ultima Cumæi venit jam carminis ætas;
Magnus ab integro sæclorum nascitur ordo :
Jam nova progenies cœlo dimittitur alto,
Jam venit et Virgo...

Tel est l'oracle attribué par Virgile, églogue IV, à la sibylle de Cumes; celle d'Érytrée avait dit à son tour les dernières phases de l'univers, et Malabranca l'a associée à David dans sa belle prose :

Dies iræ, dies illa
Solvet seclum in favilla,
Teste David cum sibylla.

Nous parlerons des sibylles : nous montrerons quel aveuglement a inspiré la polémique des savants modernes contre le moyen âge, qui les avait regardées comme providentiellement inspirées sur l'avenir du monde à l'égard du Christianisme; et nous verrons, grâce à de hautes autorités, que les *simples* ne sont pas ceux qui reviennent aux vieilles traditions de l'Église, systématiquement combattue par ses ennemis.

ce soit dans le parti pris de tirer des symboles de toutes les choses consacrées à un usage ecclésiastique. Il a raison, et par là se trouve d'accord avec l'Église elle-même, qui, tout en laissant à chacun la liberté de voir des mystères variés dans ses actes liturgiques, y renferme toutefois et nécessairement un sens mystique dont elle fait comme l'âme de ses signes sacramentels. La cloche, par exemple dans Béleth et dans beaucoup d'autres, exprime les prédicateurs, et ses mouvements alternatifs font voir comment le langage de l'orateur sacré, reproduit des divines Écritures, doit, pour la foule attentive, s'élever et s'abaisser tour à tour pour s'accommoder aux besoins de toutes les intelligences (1). Il enseigne encore que les sept heures canoniales représentent les sept âges de la vie humaine auxquels l'homme est obligé de prier; et s'il tient compte même de la première enfance quant à ce devoir et à l'application qu'il en fait à l'office de prime, c'est, dit-il, parce que S. Nicolas, dès le berceau, rendait hommage au Seigneur en s'abstenant du sein maternel les vendredi et samedi de chaque semaine (2). Cette raison est peu concluante sans doute ; elle tient un peu de l'abus de l'esprit dans l'emploi du symbolisme, et se rapproche fort du caractère d'exagération que nous serons obligé de reconnaître à Durant de Mende et même à Innocent III: Il est vrai que ces deux derniers appartien-

Ce qu'il dit des cloches et des sept heures canoniales.

---

(1) « Campana significat concionatores. » — Hugues de Saint-Victor avait exprimé la même pensée en d'autres termes: « Vasa ista metallica ora prædicantium significant. Plectra ferrea quibus interius tunduntur ut sonum emittant, linguæ sunt eorumdem. Funis autem mensura vitæ est, et conversationis modus qui in Scriptura proponitur. Funis manu tenetur quando Scriptura opere adimpletur. Funem sursum sequitur qui ductu Scripturæ sacræ ad bona elevatur; funem deorsum trahit qui eadem docente quantum in malis pressus jaceat, agnoscit. » (Hug. à Sancto-Victore, *De Sacramentis*, lib. II, p. 9, col. 474, t. I.) — Il y a encore beaucoup plus sur ce sujet dans l'*Appendix ad opp. dogmatica* du même auteur, *Miscellanea*, lib. VII, cap. XI.— Migne, opp. B. Hug., t. III, col. 875. — Voir aussi, ci-après, t. III, ch. III.

(2) *Legenda aurea*, in vita S. Nicolai. — Bolland., VI decemb.

nent au treizième siècle, et cette exubérance d'imagination y devient plus commune qu'au douzième, où toutefois elle s'est principalement développée. Jean Béleth lui-même n'est mort qu'en 1202; il serait donc un des premiers à qui l'on pourrait reprocher d'avoir dépassé les bornes en abusant un peu trop, par des conséquences outrées, des principes généralement admis et sur lesquels s'était élevée la théorie du symbolisme; mais ces écarts eux-mêmes prouvaient clairement, nous ne devons jamais l'oublier, et l'existence et l'action vitale du spiritualisme chrétien par les innombrables symboles dont il disposait.

S. Bernard; son beau caractère;

Plus sage, plus universel, mais surtout plus éloquent, un homme de génie, que nous connaissons déjà, domina toute cette époque, se fit l'arbitre des grands événements qui en agitèrent l'histoire, et couronna les plus hautes qualités du cœur et de l'intelligence du diadème de la sainteté. Né en 1091, mort en 1153, épuisé de travaux et d'austérités, S. Bernard, dont la vie atteint à peine à la seconde moitié du douzième siècle, en résume à lui seul l'esprit et le caractère; il y dépasse tout ce qui l'a illustré : c'est pourquoi nous ne le citons qu'à la suite de plusieurs autres qui l'ont précédé dans l'ordre des dates, mais dont il est le résumé et le complément. Ce grand homme n'eut pas de jeunesse. Avide de savoir, mêlé au monde par l'élévation de sa naissance, retiré par choix dans le cloître, il y passe quatre ans, et déjà sa maturité le fait admirer dans l'ordre de Citeaux, et, avant sa vingt-quatrième année, on lui donne à conduire l'abbaye de Clairvaux, nouvellement fondée au territoire de Langres. Alors sa réputation commence, et le sacrifie, en dépit de ses résistances, à toutes les commotions du monde extérieur, qu'attirent vers lui la grâce de ses discours, l'aménité de ses manières, et ce mélange de force et d'onction qui maîtrise les âmes et les plie toujours, tôt ou tard, à une volonté souveraine. Dans les questions les plus difficiles, l'Europe le veut pour arbitre; il affermit le Saint-

Siége ébranlé par d'iniques rivalités ; il dompte les rébellions des grands, il préside aux conciles par l'ascendant de son éloquence et de sa vertu ; et dans les nombreux mais courts intervalles de ces agitations laborieuses, il ne revient à Clairvaux que pour y continuer une correspondance où se rencontrent à la fois la fermeté des vues, l'énergie du commandement et la suavité de l'amour de Dieu. Toutefois ces soins ne lui font pas oublier celui de ses frères. Près de trois cents discours, dont quatre-vingt-six sur le sens mystérieux du *Cantique* de Salomon, attestent son zèle comme sa piété ; et cependant il instruisait au dehors par des *Traités* soit de controverse contre les hérésies d'Abailard, d'Arnaud de Bresse, de Pierre de Bruïs, soit de direction, comme son livre *De la Considération*, adressé à Eugène III sur les devoirs de la papauté, et beaucoup d'autres où respirent la vivacité de sa foi, et où l'Écriture se fond si naturellement à son style, toujours digne et élevé, qu'on l'y prendrait pour une nuance colorée de sa langue naturelle. S. Ambroise et S. Augustin furent ses inspirateurs préférés : on le voit bien à la tendresse de sa pensée et à l'heureuse netteté de sa diction; on les retrouve dans cette imagination ardente, tempérée par le sentiment d'une aimable charité, dans cette abondance d'idées qui ne dégénère jamais en prolixité, et qui éclaire les plus hautes difficultés de théologie, comme elle ravit dans l'exposé attachant des plus profonds mystères de la vie spirituelle. A ces traits, on reconnaît pourquoi tant d'autorité fut donnée à ce grand religieux sur les consciences, quel respect a dû s'attacher à sa mémoire, et comment, d'une voix unanime, on l'a nommé le dernier des Pères de l'Église.

<small>ses nombreux écrits,</small>

On pense bien que rien n'échappa à cet esprit si distingué de ce qui pouvait constituer à ses yeux la science théologique, et le symbolisme avait ses droits trop bien établis sur ce terrain pour que Bernard eût pu n'y attacher qu'une moindre importance. En cela, il ne différa de ceux qui le

<small>et son symbolisme.</small>

précédèrent depuis le septième siècle que par une plus grande sobriété dans l'expression mystique, et, s'il se ressent parfois d'une certaine subtilité, ce n'est point une habitude dans un esprit si large et si haut, c'est tout simplement une surabondance qui s'épanche un instant sans nuire à quoi que ce soit autour d'elle. Au reste, pas un de ceux qui ont traité le symbolisme avec le plus d'abandon n'eût mieux réussi, et sans doute il eût aimé ce jeu de l'imagination si conforme à ses méditations et à ses études ; il eût sans doute écrit, lui aussi, quelques *Distinctions monastiques*, quelques *Étincelles* ou d'autres recueils semblables dans le goût de son époque, si tant de jours donnés aux affaires de l'Église, au conseil des rois et à l'apostolat des âmes ne lui eussent refusé cet heureux loisir. Ses livres n'en respirent pas moins ce qu'il y a de plus ingénieux dans l'allégorie scripturaire, dans l'art de tourner au profit de la vie ascétique tout ce que la religion a de positif, et le monde extérieur d'applicable aux intérêts du ciel. Cette disposition se reproduit à chaque page de ses écrits, et, dans ses entretiens, il l'établit sans cesse comme base de ses raisonnements. C'est ainsi qu'il entre dans une de ses instructions de la Semaine Sainte, et y appelle tout d'abord l'attention sur les mystères qu'il faut adorer dans toutes les actions du Sauveur (1). Ailleurs, il admire combien est bornée la solidité de l'intelligence humaine d'avoir sans cesse besoin d'images sensibles pour s'élever jusqu'à la contemplation des vérités éternelles (2). Dans un de ses Sermons, il parle des *noces*

---

(1) « Cum universa fecerit Deus in numero, pondere et mensura, specialius tamen et tempora quibus *in terris visus est, et cum hominibus conversatus est*, quæcumque in eis operatus, locutus aut passus est, ita disposuit, ut ne unum quidem momentum, *ne unum iota* a sacramento vacaverit, aut *prætericrit* sine mysterio. » (*Serm.* III-*in domin. Palmar.*, n° 1.)

(2) « Miranda prorsus est miseranda humanarum conditio animarum, ut, licet tam multa foris vivacitate ingenii percipiant, egeant omnino figuris et ænigmatibus quibusdam corporearum similitudinum;

spirituelles signalées dans l'Évangile; il veut que l'Église, formée de la réunion des âmes, soit l'Épouse de Jésus-Christ, et que chaque âme en particulier le soit aussi ; il rappelle le mariage de Moïse avec une femme d'Éthiopie, et fait observer que ce mariage ne put faire changer de couleur à cette épouse, mais devint le sujet des murmures d'Aaron et de Marie, sa sœur ; et qu'au contraire nous avons, nous prêtres ou simples chrétiens, à remercier le Sauveur de s'être fait une Épouse comme l'Église, toujours jeune, sans tache, blanche de la candeur de son innocence et de la pureté de son amour (1). Ce passage que nous citons suffirait à signaler le talent qu'a S. Bernard de s'approprier le sens et l'expression de l'Écriture, qu'il cite moins qu'il ne le parle. Moïse et S. Paul s'y retrouvent ; mais surtout l'application du texte biblique à l'Église et aux Élus sont d'une précision et d'une justesse admirables.

Combien n'est-il pas encore ingénieux et attachant lorsque, parlant de S. André, apôtre de l'Achaïe, et pêcheur d'abord comme son frère Pierre, il engage ses religieux, en les comparant à des poissons, à se garder contre les filets du démon, qui tente les âmes pour les pêcher !... Il fait allusion, selon le relâchement ou la ferveur de leur vie mo-

---

ut ex visibilibus et exterioribus possint vel aliquatenus invisibilia atque interna conjicere. » (Opp., t. II, p. 1264, edit. Mabill., in-folio, 1690.)

(1) « Sumus... omnes simul una Sponsa, et animæ singulorum quasi singulæ Spousæ...; multo hæc Sponsa Sponso suo inferior genere, specie, dignitate. Attamen, propter Æthiopissam istam de longinquo Filius æterni Regis advenit, et ut sibi desponsaret illam, etiam mori pro ea non timuit. Moyses quidem Æthiopissam duxit uxorem, sed non potuit Æthiopissæ mutare colorem. Christus vero quam adamavit ignobilem adhuc et fœdam, *gloriosam sibi exhibuit Ecclesiam, non habentem maculam neque rugam.* Murmurat Aaron, murmurat et Maria, non nova, sed vetus; non Mater Domini, sed soror Moysi ; non nostra, inquam, Maria, illa enim sollicita est si quid forte deest in nuptiis : vos autem, ut dignum est, murmurantibus sacerdotibus, murmurante Synagoga, toto affectu in gratiarum actione versemini. » (Serm. II in domin. I post octav. Epiph. : *De Spiritualibus Nuptiis in evangelica historia designatis.*)

nastique, à la distinction que le Lévitique a faite des poissons purs ou impurs (1); il remarque trois sortes de milieu où les poissons peuvent vivre : la mer d'abord, et c'est le monde où peuvent se trouver des poissons dignes d'être servis à la table de Dieu ; — ensuite les fleuves : c'est l'ordre des prédicateurs, grandes eaux courantes appelées à jeter au loin les irrigations de la parole divine ; — enfin les étangs, où la vie solitaire qui prescrit ses bornes raisonnables à la vie extérieure, qui entrave sagement les écarts de la liberté, et fait dire plus ardemment au prisonnier volontaire, au poisson retenu entre ses bords : « Quand viendra celui qui doit me pêcher et m'admettre dans le réservoir éternel, après m'avoir pris pour lui sur le rivage (2)? »

Nous suivrions volontiers l'entraînement qui nous porterait à multiplier ces citations. Nous parlerions des sept espèces de nourriture que le solitaire doit trouver sous le mystère des sept pains dont Jésus-Christ rassasia miraculeusement la foule au désert (3); de ses Sermons sur la Dé-

---

(1) « Omne quod habet pinnulas et squamas..., comedetis; quidquid... non habet, abominabile vobis. » (*Levit.*, XI, 9 et 10.)

(2) « Hujusmodi pisces mundos esse legalis sanctio judicat, qui et pinnis levantur et proteguntur squamis, sive illi in mari sint, sive in flumine, sive in stagno. Habet etiam *mare hoc magnum et spatiosum* pisces mundos, et dominica dignos mensa. Quia ex his qui in sæculi latitudine habitu actuque versantur, reliquit sibi multa millia quos apostolica sagena trahit, ut cum educta fuerit, *segregentur a malis:* ubi sane sedebit et hic noster *piscator hominum*, qui totam nunc post se Achaïam trahit. Habet et *flumen* pisces mundos quicumque inter dispensatores fideles inveniuntur. Fluvius quippe est prædicatorum ordo, non in eodem permanens loco, sed extendens se et currens, ut diversas irriget terras. Sunt et in *stagno* mundi pisces qui in claustro Deo serviunt *in spiritu* et *in veritate*. Merito siquidem stagnis monasteria comparantur, ubi quodammodo incarcerati pisces evagandi non habeant libertatem, quo videlicet parati sunt semper ad epulas spirituales, dicentes singuli intra se : Quando veniet qui me deferat? *Cunctis diebus quibus nunc milito, exspecto donec veniat immutatio mea.*» (*Serm.* 1 in fest. S. Andreæ, *De Tribus Generibus piscium*, etc., n° 3.)

(3) « Jam vero ne longius protraham vos. Septem panes quibus reficiamini isti sunt : primus panis, verbum Dei ; secundus obedientia est;

dicace des Églises, où il déroule les idées mystiques contenues sous les rites de cette cérémonie, l'une des plus belles et des plus significatives de la religion, et demande qu'on y voie beaucoup moins le temple matériel que notre âme elle-même, édifice spirituel destiné à recevoir son Dieu (1). Là, nous le verrions se rapprocher beaucoup de S. Augustin, qui a traité le même sujet (2) : comme en parlant des parfums que Madeleine répandit sur les pieds et sur la tête du Sauveur, signalant ces parfums comme un double symbole de repentir et de reconnaissance (3), il suit, sans le copier, le docteur d'Hippone, qui trouvait dans cette belle action de la sainte pénitente une garantie de sa constante fidélité (4). Mais, du moins, ne le quittons pas sans admirer quelques-unes de ses charmantes allégories sur la Sainte Vierge, où il traite de ses vertus avec toute la largeur d'un symbolisme plein d'attraits, la comparant à la

tertius panis, meditatio sancta; quartus, orantium lacrymæ; quintus vero pœnitentiæ labor est; sextus panis est jucunda unanimitas socialis; porro septimus panis est Eucharistia, quoniam : Panis, inquit, quem Ego do, caro mea est pro mundi vita.» (*Serm.* I domin. VI post Pentec., nos 2 et 4.)

(1) « Miramini forsitan et erubescitis celebrare festa de vobis; sed *nolite fieri sicut equus et mulus, quibus non est intellectus.* Quid enim lapides isti potuerunt sanctitatis habere, ut eorum solemnia celebremus? Habent utique sanctitatem, sed propter *corpora ve tra...,* quæ *templum Spiritus Sancti sunt...* In nobis proinde spiritualiter impleri necesse est, quæ in parietibus visibiliter præcesserunt... Hæc utique sunt : aspersio, inscriptio, inunctio, illuminatio, benedictio. » Etc. (S. August., *Serm.* I *in dedicat. Eccles.*, n° 1.)

(2) « Quod hic factum corporaliter videmus in parietibus, spiritualiter fiat in mentibus; et quod hic perfectum cernimus in lapidibus et lignis, hoc ædificante gratia Dei, perficiatur in corporibus vestris.» (S. August., *Serm.* CCCXXXVI *in dedicat. Eccles.*, n° 6.)

(3) « Pedes primo ungit anima peccatrix illo primo unguento quod dicitur compunctionis; secundum conficitur ex memoria divinorum beneficiorum quo ungitur et caput Domini. » (*Serm.* LXXX *de Diversis.*)

(4) « Fa-tum audivimus, *mysterium* requiramus... Quæcumque anima fidelis vis esse, cum Maria unge pedes Domini pretioso unguento. » (S. August., *Tractat.* L. *in* J *an.*)

violette par son humilité, au lis par la pureté de sa nature et de son cœur, à la rose par la sainte vivacité de son amour (1). Au reste, il a étudié les symbolistes de profession de manière à se les attribuer pour ainsi dire; il les associe à son langage, il s'éclaire de leurs réminiscences, et dom Pitra remarque, en le prouvant fort bien, que S. Méliton compte encore en lui un disciple (2). Le moine suit l'évêque pas à pas quand il emprunte sa manière pour symboliser le cyprès, dont l'odeur suave exprime, dit-il, celle d'une bonne réputation, et le parfum spirituel d'un homme de bien adonné à l'oraison (3). Ce n'est pas tout : ce bois incorruptible figure encore pour lui la constance et la sainte fermeté des Pasteurs, qui doivent offrir aux peuples, quant à cette vertu, les beaux exemples de tous les grands hommes de l'ancienne Loi, et ceux de Jésus-Christ lui-même chassant les vendeurs du temple qu'ils profanaient (4).

Ce symbolisme attaqué est nié par quelques archéologues modernes,

Tel a été l'esprit de cet incomparable organe du mysticisme chrétien, de ce Docteur en qui l'enseignement des choses saintes se reproduit sous les formes les plus aimables, et dont le génie, infiniment supérieur aux écrivains de son siècle par l'élévation de la pensée et la pureté du langage, l'égale

---

(1) « Tu sanctorum areola aromatum, a Cœlesti consita Pigmentario virtutum omnium. Pretiosis floribus delectabitur vernans, inter quos pulcherrimos flores tres miramur in Te, o Excellentissima! Hi sunt quorum odore suavissimo totam domum Domini reples, o Maria, viola humilitatis, lilium castitatis, rosa charitatis. Merito de hac Dei areola Flos ille speciosus præ filiis paradisi electus est, et egressus *super Quem requievit* Spiritus Domini. » (Cité par Chrysogone, *Mundus Marian s.* serm. xxx, p. 585, ap. *Thesaur. Patr.*, t. III, p. 173.)

(2) *Spicileg. Solesm.*, t. III, p. xxix.

(3) « Est suavissimi odoris : significat bonæ famæ odorem suaveolentem de sancto viro, et maxime contemplationi dedito. » (S. Bern., *De Consideratione*, lib. IV.)

(4) « Pastores tales sint ut regibus Joannem exhibeant, Ægyptiis Moysen, fornicantibus Phineen, Eliam idololatris, Eliseum avaris, Petrum mentientibus, Paulum blasphemantibus, negotiantibus Christum. » (*Id., ibid.*)

aux plus illustres Pères des premiers temps pour la pureté de sa doctrine et l'autorité de sa raison. — Eh bien ! par un de ces phénomènes qui ne sont pas rares dans l'histoire des lettres, S. Bernard a trouvé, comme S. Nil, des antagonistes de sa pensée assez osés pour contester en son nom au symbolisme la réalité de ses théories. Emportés par la véhémence d'une imagination aussi active que peu exercée aux vastes études d'un tel sujet, d'excellents hommes, à qui beaucoup d'esprit ne pouvait suffire pour une telle cause, crurent découvrir un jour que l'abbé de Clairvaux avait parlé du symbolisme en termes propres à prouver qu'il n'existait pas. C'était aux premières lueurs que cette science trop longtemps obscurcie jetait, il y a trente ans, sur l'horizon littéraire. Les esprits les plus compétents par la direction habituelle de leurs recherches ne purent entrer dans le champ de l'archéologie sans se heurter aux sculptures dispersées sur les façades et le pourtour des églises, aux clochers et à l'intérieur des nefs. Des observations attentives, nées de la connaissance des saintes Écritures et des commentaires patrologiques, leur découvrirent le sens mystérieux de ces innombrables sujets, grotesques en apparence ou insignifiants. On demanda de toutes parts quelles significations pouvaient donc avoir tant de fleurs capricieuses, de bêtes inconnues, de personnages singulièrement affublés, dont la place paraissait, là au moins, inexplicable, et dont certains passèrent même, à des yeux effrayés, pour des scandales dignes d'une époque d'ignorance et qu'il fallait se hâter de démolir... [qui vont jusqu'à nier le symbolisme lui-même.]

A ces pruderies où l'ignorance moderne était de moitié avec des intentions honorables, des amateurs plus sérieux répondirent en exposant une théorie encore inconnue du symbolisme religieux. Ils rapprochèrent ces images paisibles et innocentes de textes bibliques où elles se miraient pour ainsi dire ; ils distinguèrent entre le symbolisme *pur*, donné et maintenu l'espace de 1300 ans par la tradition catholique, et les aberrations auxquelles se livrèrent, depuis le quatorzième siècle, tant d'artistes sans vocation qui mirent leurs fantaisies et leur personnalité à la place du mysticisme des cathédrales et des couvents. Mais l'opposition maintint ses dires, soit parce qu'elle ne voyait pas ces lumières, soit parce qu'elle espérait vaincre plus tard, et un peu aussi, probablement, parce que la confession d'une erreur coûte toujours plus ou moins au cœur humain... Ce qui est certain, c'est qu'elle se défendit par toutes sortes de raisons ou fausses en elles-mêmes ou incomplètes, concluant dans une cause dont elle ignorait les éléments, et n'appréciant pas assez la spécialité de ses adversaires. Ceux-ci n'en démordaient pas cependant; ils apportèrent des textes de Vincent de Beauvais, d'Hugues de Saint-Victor, de S. Isidore de Séville ; ils trouvaient de frappantes et inexcusables analogies entre les bestiaires du moyen âge, où chaque animal a son rôle, et les scènes multipliées aux corniches des édifices sacrés ; et quant à un petit nombre de sujets encore inexplicables peut-être, ils se retranchaient avec raison sur le peu d'études faites de notre temps à cet égard, et prédisaient un temps rapproché où des livres jusqu'alors trop peu lus mettraient au grand jour ces obscurités exceptionnelles.

Comment l'auteur de ce livre combattait un des premiers ces prétentions erronées.

Nous permettra-t-on de nous citer parmi ceux qui tenaient pour ce parti, et de rappeler qu'un de nos arguments sur la matière était dans l'impossibilité que l'Église eût jamais pu autoriser pour ses temples des images qui n'eussent été que de grossiers caprices ou de détestables impuretés (1) ? Deux ans après, en 1849, quand la question s'était embrouillée d'autant plus au milieu de discussions que nous ne pûmes ni suivre toujours ni partager, nous osâmes, dans un livre spécial, aborder

(1) Voir *Congrès sientifique de France*, 15ᵉ session tenue à Tours en 1847, t. I, p. 102.

l'explication de plus de *deux cents* modillons d'une des plus admirables basiliques de France; nous ne nous appuyâmes que de l'Écriture et des analogies prises dans les Pères. Sans faire encore un traité complet de symbolisme, en nous bornant aux limites de notre sujet, nous pûmes poser une pierre en attendant notre édifice d'aujourd'hui (1); et, tout en remettant à quelques lignes d'ici à examiner la valeur des objections plus ou moins savantes qui nous furent faites, disons simplement que, depuis lors, le symbolisme a singulièrement gagné du chemin: il est traité beaucoup mieux partout, quoique parfois assez mal encore en certains lieux; l'évidence est venue, la lumière que nous avions prédite s'est faite, et nous avons pu être loué de la persistance consciencieuse avec laquelle nous défendîmes l'archéologie et l'histoire. Il n'en faut pas moins raconter ici, à titre officiel, les efforts de nos chers ennemis, et consacrer quelques pages à ces piquants souvenirs d'une polémique par elle-même fort intéressante.

Et aussi bien nous revenons à S. Bernard, cause fort innocente de ces débats, et qui ne s'en serait jamais douté...

Le monastère de Cluny avait été fondé en 910, et, après deux cents ans, la ferveur primitive s'y était maintenue, plus remarquable encore sous le gouvernement de S. Hugues, qui mourut en 1109. C'était *un paradis et une retraite de vertus*, au dire de S. Pierre Damien, si sévère pourtant sur la régularité monastique (2). Mais Ponce, successeur de Hugues, se relâcha de cette précieuse austérité, et, comme il arrive toujours, les subordonnés sentirent dès lors et promptement s'affaiblir en eux l'esprit de la discipline. De là certaines divisions s'élevèrent sur l'observance de la règle entre ces religieux et ceux de Cîteaux, qui, établis en 1075,

<small>Comment S. Bernard s'opposait moins aux symboles qu'à l'abus qu'en pouvaient faire des religieux.</small>

---

(1) Voir notre *Histoire de la cathédrale de Poitiers*, t. I, p. 216 et suiv.

(2) S. Petri Damiani *Epist.* iv, lib. VI.

gardaient avec soin les prescriptions de S. Benoît et supportaient mal que les Clunistes y manquassent. Ceux-ci, en effet, oubliaient surtout les prescriptions de la pauvreté, se permettant, dans l'usage des habits, de la table et de l'ameublement, des licences que la règle avait toujours proscrites. Mais leurs églises étaient particulièrement remarquables. Entraînés par le courant de cette période architecturale où les édifices religieux recevaient des proportions plus vastes que jamais, les Clunistes donnaient l'exemple, dans leurs constructions, d'un grandiose qui, si magnifique et si bien inspiré qu'il nous paraisse, ne laissait pas d'altérer plus profondément en eux l'amour et la pratique d'une vertu fondamentale. Les richesses d'ornementation étaient dignes de ce luxe des architectes; la sculpture, dont l'abbaye avait une école célèbre, la peinture murale, celle des vitraux, y prenaient l'essor; et les cloîtres qui attenaient à l'église, et où se faisaient chaque jour les lectures et les conférences, se ressentaient de si admirables superfluités (1). Autant donc d'irrégularités dangereuses, blâmables aux yeux des autres congrégations. De celles-là, Cîteaux devait être la première à s'exclamer, et avec plus de raison. On sait encore, par ce qui nous reste des monuments cisterciens construits à cette époque mémorable, quelle austérité de style, quelle majestueuse nudité affecta son architecture, où l'on s'accorde à reconnaître l'influence des principes sévères de S. Bernard. Cîteaux ne pouvait donc manquer de se prononcer contre le relâchement. A Cluny, on se défendit; les écrits se croisèrent, auxquels se mêlèrent, comme toujours, des mécontentements et des plaintes; enfin on accusa S. Bernard d'avoir fomenté ces attaques et de les soutenir de l'autorité de sa parole.

Ceci se passait en 1130 (2). L'abbé de Clairvaux, qui déjà,

(1) Voir le P. Longueval, *Hist. de l'Église gallic.*, liv. XXIII, t. XI, p. 266 et suiv., in-12, 1826.

(2) Et non en 1125, comme l'ont écrit quelques historiens. — Voir

quelques années auparavant, avait eu occasion de signaler ces abus à Pierre le Vénérable, nouvellement appelé à la direction de Cluny, fut averti par Guillaume, abbé de Saint-Thierry de Reims, de ces murmures, auxquels se mêlait le nom déjà célèbre de S. Bernard. Ce Guillaume, qui gouvernait depuis dix ans un des plus fameux monastères de la Champagne, aimait Bernard et en était aimé pour la sainteté de sa vie. Celui-ci ne crut pas devoir se taire devant les influences d'un aussi sage conseiller, et quelque temps après il lui adressa, pour en avoir son avis, l'apologie de son Ordre et celle de sa propre conduite.

lettre apologétique de S. Bernard à Guillaume, abbé de Saint-Thierry de Reims

C'est dans ce mémoire que, pour mieux faire ressortir la sévère observance de Cîteaux et quelles raisons on y pouvait avoir de désapprouver ce qui se passait à Cluny, il blâme de toute la fermeté de sa verve inspirée les dépenses inutiles qu'on y faisait sous toutes les formes, sans excepter même celles qui avaient pour but, en apparence louable, l'ornementation des églises conventuelles et de leurs cloîtres. C'est de cette pièce que se sont emparés, contre le symbolisme des images hybrides du douzième siècle, ceux qui tout d'abord refusèrent de voir dans ces images un sens religieux. Trop pressés de s'attribuer le bénéfice d'un tel écrit, ils n'y virent qu'une dénégation du mysticisme que renfermaient ces images, lorsqu'ils auraient dû avant tout étudier le texte dans ses rapports avec l'intention de l'auteur, et en le dégageant complètement d'un côté de la question qu'il n'avait pas voulu traiter.

Mauvaises raisons tirées de cet écrit pour nier le symbolisme des sculptures du douzième siècle.

Le titre même de ce chapitre, qui est le douzième de son *Apologie*, n'indique-t-il pas très-bien que le saint Docteur ne s'élève point contre le sens des sculptures qu'il anathématise? Pour lui, il ne s'agit que des transgressions de la

Examen de ces raisons.

---

dom Mabill., *Annal. ord. Bened.*, ad h. ann., et opp. S. Bern., t. II, in-folio; quant à cette célèbre dispute, un *Mémoire* de M. Rostan *sur les abbayes de Thoronet, de Sylvacane et de Sénanque* (*Bulletin monumental*, t. XVIII, p. 109).

règle; il prétend parler « contre l'abus qu'on remarque dans la construction, l'ornementation et les peintures des églises et des oratoires (1). »

Texte de S. Bernard.

« J'en viens, dit-il, à des choses plus importantes, et qui ne le paraissent moins que parce qu'elles sont devenues trop communes. Je ne vous parle plus des vastes proportions qu'on donne aux églises, des marbres et des peintures curieuses qui ornent leurs murs, et qui, en attirant les regards de ceux qui viennent pour prier, altèrent le sentiment de la piété et me représentent en quelque façon certains usages de la Synagogue. Que tout cela se fasse pour l'honneur de Dieu, je l'accorde; mais, *moi religieux*, je n'en demande pas moins à *des religieux* ce qu'un païen demandait à des païens, et je dis comme lui : « O prêtres, dites-moi à quoi sert votre or dans le sanctuaire? » — Ainsi, en m'attachant au sens plus qu'au vers lui-même, je répète aujourd'hui : « Dites-

---

(1) « Cap. XII, luxum et abusum in templis et oratoriis exstruendis, ornandis et pingendis, arguit. » (S. Bern., *Apologia* ad Guill. S. Theodorici abbatis, Migne, t. 1, col. 914, d'où sont tirés aussi tous les fragments qui vont suivre.)

« ... Sed hæc parva sunt : veniam ad majora. Omitto oratoriorum immensas altitudines, immoderatas longitudines, supervacuas latitudines, sumptuosas depolitiones, curiosas depictiones : quæ dum orantium in se detorquent aspectum, impediuntque affectum, et mihi quodammodo repræsentant antiquum ritum Judæorum. Sed esto : fiant hæc ad honorem Dei. Illud autem interrogo monachus monachos quod in gentilibus gentilis arguebat : *Dicite* (ait ille), *pontifices, in templo quid facit aurum?* (Persii satyr. II, v. 49.) — Ego autem dico : Dicite, pauperes..., non enim attendo versum, sed sensum..., dicite, inquam, pauperes, in sancto quid facit aurum? Et quidem alia causa est episcoporum, alia monachorum; scimus namque quod illi, sapientibus et insipientibus debitores cum sint, carnalis populi devotionem, quia spiritualibus non possunt, corporalibus excitant ornamentis. Nos vero qui jam de populo exivimus; qui mundi quæque pretiosa ac speciosa pro Christo reliquimus; qui omnia pulchre lucentia, canore mulcentia, suaviter olentia, dulce sapientia, tactu placentia, cuncta denique oblectamenta corporea arbitrati sumus ut stercora, ut Christum lucrifaciamus : quorum, quæso, in his devotionem excitare intendimus? Quem, inquam, in his fructum inquirimus? Stultorum admirationem, an simplicium oblectationem? an, quoniam commixti sumus inter gentes, forte didicimus opera eorum, et servimus adhuc sculptilibus eorum? »

moi, *pauvres* religieux, que fait votre or dans votre église ? »
Il n'en est point, que je sache, *des moines comme des évêques*.
Ceux-ci, nous le savons, se doivent aux ignorants comme
aux savants, aux faibles comme aux forts. Ne pouvant
qu'*alimenter à peine*, par des moyens spirituels, *la foi* des
populations peu intelligentes, ils y parviennent *par les objets
matériels*. Nous, au contraire, séparés de ce peuple; nous qui
avons abandonné pour Jésus-Christ tout ce que le monde a
de précieux et de beau; qui avons abdiqué tout ce qui peut
briller aux regards, résonner doucement à l'oreille, flatter
l'odorat et le goût, ou plaire au toucher; nous, enfin, qui
avons regardé toutes les délices du corps comme de viles
choses, pour gagner Jésus-Christ, de qui d'entre nous voudrions-nous, je vous prie, exciter la dévotion par de tels
moyens ? *Quel fruit* en retirons-nous ? Sommes-nous ici
pour exciter l'admiration des esprits frivoles et amuser des
gens de peu de portée ? ou, parce que nous vivons forcément au milieu du monde, devons-nous aimer ses œuvres
et partager ses idolâtries ? »

Il poursuit, après quelques considérations du même
genre :

« On nous expose tels Saints ou Saintes revêtus de tous
les embellissements de l'art, et on les croit d'autant plus
grands Saints que leurs couleurs y font plus d'effet. On accourt pour les baiser, on fait son offrande, et l'on se sent
bien plus touché de cette beauté extérieure que de la sainteté de leur vie!... Mais je demande aussi pourquoi nous
montrons si peu de respect à ces autres images de Saints
dont on charge jusqu'au pavé des églises, et que, par cela
même, nous foulons aux pieds. Il nous arrive souvent de
cracher dans la bouche d'un Ange; souvent la face d'un Élu
est maculée sous le talon des passants. Que si ces ressemblances sacrées vous semblent si peu dignes de ménagement, comment n'en épargnez-vous pas du moins les belles
couleurs ? Pourquoi décorer ainsi ce qu'on couvrira bientôt

de souillures ? pourquoi peindre ce qu'il faudra effacer dans un instant sous ses pas ? Que font ces belles formes sous ces dalles que va salir la poussière, et de quel intérêt peuvent être tant d'*inutilités à des pauvres*, à des religieux, à des hommes qui font profession d'une vie qui doit être tout en esprit (1) ?

» Peut-être répondrez-vous au vers du poète que j'ai cité par ce verset du Psalmiste : « Seigneur, j'ai aimé la beauté de votre maison et le lieu où habite votre gloire. » Je l'accorde ; *admettons-le dans une église*, car enfin si tels ornements *flattent par trop l'orgueil et l'amour de l'or*, du moins est-il certain qu'ils ne peuvent être nuisibles aux âmes qui joignent à une grande simplicité la sincérité de leur dévotion.

» Mais *dans les cloîtres, en présence de moines*, dont l'étude est une occupation, que font, je vous prie, tous ces monstres ridicules et ces beautés difformes, et ces belles difformités si admirées ? Pourquoi ces dégoûtantes images de singes, ces féroces lions, ces centaures monstrueux, ces personnages qui n'ont que la moitié du corps humain, ces tigres tachetés, ces soldats qui se battent, ces chasseurs qui sonnent de la trompe ? Ici vous voyez une seule tête sur plusieurs corps, à côté d'un seul corps pour plusieurs têtes ; là, c'est un quadrupède terminé par une queue de serpent, ou un poisson qui se pare d'une tête de quadrupède ; là encore, une bête monte un cheval dont la croupe est celle d'une

---

(1) « Ostenditur pulcherrima forma Sancti vel Sanctæ alicujus, et eo creditur sanctior quo coloratior. Currunt homines ad osculandum, invitantur ad donandum, et magis mirantur pulchra quam venerantur sacra... Ut quid Sanctorum imagines non reveremur, quibus utique ipsum quod pedibus conculcatur, ... pavimentum ? Sæpe spuitur in ore Angeli ; sæpe alicujus Sanctorum facies calcibus tunditur transeuntium. Et si non sacris his imaginibus, cur vel non parcitur pulchris coloribus ? Cur depingis quod necesse est pedibus conculcari ? Quid valent venustæ formæ nisi pulvere maculentur assiduo ? denique quid hæc ad pauperes, ad monachos, ad spirituales viros ?... » (*Ubi suprà.*)

chèvre; plus loin, voilà qu'un animal armé de cornes n'est plus qu'un cheval par la croupe. En un mot, j'aperçois une si grande variété de figures répandues de toutes parts autour de moi, qu'on se trouve plus entraîné à lire sur ces marbres sculptés que dans les livres, et *plus attentif* certainement *à regarder tout le jour ces singularités qu'à méditer la Loi de Dieu*. Grand Dieu !... mais si vous n'avez pas honte de ces bagatelles, au moins comprenez un peu *de quelle vanité* sont pour vous *de telles dépenses* (1) !.. »

Voilà les pièces du procès, aussi complètes qu'il est nécessaire pour leur intelligence, aussi fidèlement traduites que notre impartialité nous le prescrivait. Maintenant, si l'on examine de près l'ensemble de cette philippique et qu'on veuille bien n'en pas séparer, comme on l'avait fait complaisamment, le paragraphe où notre Saint étale toutes ces originalités dont il se demande la cause; si nous apprécions froidement le fond de ces raisons, qui toutes se renferment dans les mots et phrases que nous avons soulignés à dessein, on reste bien convaincu qu'il ne s'agit pas pour S. Bernard d'attaquer le sens de ces figures, si grotesques sans doute par les formes qu'elles adoptent, mais de faire comprendre à ceux qui les acceptaient qu'elles sont pour eux des sujets de dépense inutile. C'est bien ce qu'y ont vu les éditeurs de toutes les époques, d'après le titre qu'ils ont

Fausses conséquences qu'on en voudrait tirer,

réfutées par les termes mêmes du saint Docteur,

---

(1) « Cæterum in claustris, coram legentibus fratribus, quid facit illa ridicula monstruositas, mira quædam deformis formositas? quid ibi immundæ simiæ? quid feri leones? quid monstruosi centauri? quid semi-homines? quid maculosæ tigrides? quid milites pugnantes? quid venatores tibicinantes? Videas sub uno capite multa corpora, et rursus in uno corpore capita multa. Cernitur hinc a quadrupede cauda serpentis, illinc in pisce caput quadrupedis. Bestia præfert equum, capram retro trahens dimidiam. Hic cornutum animal equum gestat posterius. Tam multa denique tamque mira diversarum formarum ubique varietas apparet, ut magis legere libeat in marmoribus quam in codicibus, totumque diem occupare singula ista mirando quam in Lege Dei meditando. Proh Deo! si non pudet ineptiarum, cur vel non piget expensarum? » (*Id., ibid.*)

donné au chapitre xii de l'*Apologie* (*Contre l'abus de l'ornementation*), si ce n'est S. Bernard qui l'y a mis lui-même. Il concède, d'ailleurs, ce genre d'ornements aux églises du monde, *aux cathédrales*, comme dit l'abbé de Rancé, qui a traduit ce passage et l'interprète comme nous (1). Il reconnaît que ce sont des moyens de *ranimer la foi des peuples par des objets matériels;* il ne les refuse, *lui moine, pauvre* par état et par devoir, qu'*à des moines*, dont le *vœu de pauvreté* éloigne tout ce qui *ne peut que briller aux yeux* ou flatter les sens dans ce que l'art n'a pas d'absolument nécessaire. Après tout, il le reconnaît : ces ornements, qui ne sont d'aucun intérêt à des hommes voués par état *à une vie toute spirituelle, ne peuvent être nuisibles aux âmes qui joignent une grande simplicité à la sincérité de la dévotion.*

Ces derniers termes ne sont-ils pas d'un homme qui sait parfaitement le but qu'on se propose, et qui se garde bien de le condamner partout où des raisons de sévère économie et de pauvreté religieuse ne les interdisent pas ? Que conseillerait-on de mieux aujourd'hui à ceux qui ne comprennent pas ces symboles que de les considérer avec simplicité comme des choses incapables de nuire à une dévotion sincère, jusqu'à ce que cette dévotion, éclairée par la science, parvienne enfin à s'en édifier, en n'y voyant plus que des enseignements utiles autant que naturels et profonds ? Eh bien ! remarquons-le : au temps de S. Bernard, tout le monde comprenait ce figurisme (2) ; les maîtres de la théo-

---

(1) *De la Sainteté et des Devoirs de la vie monastique*, t. II, p. 403, Paris, in-12, 1684.

(2) Voir sur ce point, qui n'est plus contesté, un article intéressant sur les ateliers de sculpture de M. l'abbé Choyer, d'Angers, *Union de l'Ouest*, 10 et 22 octobre 1851 ; — et M. de Montalembert, *Les Moines d'Occident*, t. I, p. 384. — Ce principe, de faire de cette iconographie des églises un catéchisme populaire, était fort ancien déjà au douzième siècle, et, au onzième, un concile d'Arras en réitérait la pratique : « Illiterati, quod per Scripturam non possunt intueri, hoc per quædam picturæ lineamenta contemplantur. ». (Synod. Atrebat., cap. III, apud d'Acheri, *Spicileg.*, t. I, p. 62.)

logie en donnaient le plan, nous le prouverons (1); ils surveillaient l'exécution, ils l'expliquaient dans leurs homélies, qui se reflètent évidemment des peintures murales et des vitraux. Chacun pouvait donc, et S. Bernard est un témoin de plus qui l'atteste, y *lire avec simplicité* de quoi nourrir une *dévotion sincère;* mais il est certain qu'à la rigueur les moines, *hommes plus spirituels*, et en général plus instruits, n'avaient pas besoin de ce moyen d'exégèse : il était remplacé chaque jour par la lecture des Pères, des Livres saints, et par des entretiens infiniment plus élevés, et plus clairs au premier abord que toutes ces images; car celles-ci, quelque significatives qu'elles fussent, n'en étaient, après tout, qu'une surabondante illustration.

Aussi voit-on bien percer à travers les excellentes raisons du pieux abbé l'énergie de son caractère, toujours prêt à repousser vivement ce qui blesse l'esprit de la vie monastique. Ce style direct qu'il prend tout à coup, et qu'il garde jusqu'au bout lorsqu'il en vient à ce genre de reproche; cette énumération complaisante des *belles difformités* et des *beautés difformes* qu'il caricaturise en rhéteur habile et à grand renfort d'antithèses, montrent assez l'avocat à la parole colorée, soigneux de choisir ses moyens et n'employant de la matière qu'il traite qu'une certaine portion qui convient mieux au système qu'il veut patronner. Il n'a garde, en effet, de mêler à tant d'images hideuses, adroitement accumulées ici, celles qui, sans aucun doute, avaient un rôle plus consolant dans ces mêmes cloîtres dont il parle : ces colombes gracieuses buvant à des vases mystiques, ces pélicans se saignant pour leurs petits, et ces Anges de lumière, et ces Prophètes qui, sans doute, s'y montraient aussi pour expliquer des mystères de tant d'autres apparitions. Il écarte donc tout ce qui pourrait atténuer tant soit peu son parti-pris d'étaler dans son cadre les formes déplaisantes

qui amplifie ses griefs et omet à dessein ce qui pourrait les affaiblir.

---

(1) Voir ci-après le 1er chapitre de notre 3e partie.

à l'exclusion des autres. Il revêt son thème, pour le besoin d'une bonne cause, de toutes les ressources d'une éloquence chaleureuse ; et, n'ayant pas devant lui l'auditoire auquel il s'adresse, il se le représente tout à coup par une prosopopée hardie, et l'amène sous son regard pour l'étreindre dans les replis de ses raisons. Mais, si ces moyens oratoires devaient pénétrer ceux qu'il attaque et les convertir à ses intentions, rien n'autorise à y voir plus qu'il n'y voyait lui-même, et à tourner contre le symbolisme cette vigoureuse argumentation en faveur de la pauvreté religieuse.

<small>Il y parle plus en faveur de la pauvreté religieuse que contre le sens mystique de ces images,</small>

Ajoutons que le Saint ne se borne pas à stigmatiser ces figures *qui coûtent si cher :* il rejette encore dans ce même livre ces roues lumineuses qui, suspendues à la voûte des sanctuaires, y versaient l'éclat d'une vive illumination, et n'avaient pas moins de richesses symboliques que tant d'autres objets ; il blâme aussi ces *arbres* de cuivre ou de bronze aux charmantes efflorences qui se chargent de cierges aux jours solennels. Or nous savons, par de récentes études, que ces magnifiques flambeaux étaient tous également composés et ciselés par une idée spirituelle qui s'y épanche en mille détails aussi curieux que variés. Et cependant l'ardent critique ne dit pas un mot de ces emblèmes si recherchés ; il n'y regarde en rien le mysticisme, qu'il doit certes bien connaître ; il n'en blâme pas tant la forme et le travail que les pierres précieuses, les perles et les diamants dont ils brillent (1). Pour lui le luxe de ces majestueuses couronnes, de ces magnifiques chandeliers absorbe les règles de la pauvreté monastique ; peu lui importent les sujets ciselés, aux apparences bizarres, mais si sérieux par les hautes conceptions qui les ont agencés (2). Il se tait sur tant d'images, si *équivoques* au jugement de nos adversaires :

---

(1) Voir *Apologia,* ce même chapitre xii.
(2) Voir *Mélanges d'archéologie* des PP. Martin et Cahier, t. III, p. 40 et suiv.; t. IV, p. 277 et 279.

c'est qu'il se propose moins ce but, en vérité, que de faire réformer les inutiles profusions de l'art.

Si de telles raisons ne pouvaient disculper S. Bernard de sa prétendue ignorance du symbolisme animal, nous prierions les soutenants de cette étrange idée d'ouvrir ses deux volumes in-folio, et de se demander pourquoi, lorsque tant de *bestiaires*, certainement fort connus de son siècle, étaient reproduits évidemment aux sculptures des cloîtres et des églises, on s'obstinerait à regarder un homme d'une aussi haute portée comme étranger à ces notions de toutes les intelligences d'élite. Il y a plus : on aurait pu établir sur ces pierres les propres pensées du grand Docteur, tout aussi capables de souffler les mêmes inspirations au sculpteur et au peintre. N'est-ce pas lui qui, en parlant d'Arnaud de Bresse, compare les principes de cet hérésiarque à un poisson lancé par une bête pourvue *d'une tête de colombe et d'une queue de scorpion* (1)? Ne fait-il pas donner lui-même un caractère mystique à tous ces monstres qu'il gourmande, quand il administre aux démons, dans ses propres écrits, des attributs semblables à ceux de ces bêtes abominables? Pourquoi les désigne-t-il tour à tour comme des serpents par leur morsure, des basilics par la fascination de leurs regards, des lions par leurs attaques féroces, des dragons par l'action délétère de leur souffle (2)? — Est-ce que le bon Saint ne se

dont il sait bien d'ailleurs la vraie signification,

comme le prouvent ses propres écrits

(1) « Arnaldus de Brixia, cujus conversatio mel, doctrina venenum, cui caput columbæ, cauda scorpionis..., fertur esse vobiscum. » (S. Bern. *Epist.* cxcvi *ad Guidonem legatum.*) — Qui pourra compter ces colombes hybrides répandues partout dans la sculpture du douzième siècle, et que le Saint avait très-certainement en vue et dont le sens ne lui échappait point?

(2) « Ex diversis officiis, vel potius maleficiis, vocabula quoque diversa sortiti, nominentur alius quidem aspis, alius vero basilicus, alius autem leo, alius autem draco, quod videlicet suo quidem invisibili modo varie nocent, quasi alius morsu, alius visu, alius rugitu et ictu, alius flatu? » (*Serm.* xiii *in psalm.* « Qui habitat. ») — Donc, pas une de ces bêtes qui, du temps de S. Bernard, n'existât avec son caractère dans les *physiologues*, où sa science de l'esthétique va les chercher, ou sur les murs sacrés qui n'en étaient que la reproduction.

serait pas rappelé quelque peu, en écrivant ces paroles, les *belles difformités* du cloître de Cluny ? est-ce que beaucoup de loups et de brebis dont on se demande la raison sur tant de chapiteaux et de murailles consacrées ne pourraient pas bien nous paraître, comme à lui, autant d'images des pauvres peuples conduits par de mauvais pasteurs (1) ?

Avouons que, lorsqu'on est capable de dire ces choses, on peut bien les comprendre dans l'iconographie, et que S. Bernard, ne les eût-il jamais dites, n'aurait pas manqué, avec sa profonde théologie, avec son imagination si riche et si vive, de les lire sans hésitation partout ailleurs que dans les belles galeries du monastère de Cluny. Il aurait pu voir, par exemple, à l'abbaye bénédictine de Saint-Florent de Saumur, l'église entièrement tendue de tapisseries qu'ornaient de vastes images des vingt-quatre Vieillards de l'Apocalypse, du *dragon* vomissant un fleuve pour y noyer la Femme mystérieuse, et, qui plus est, une scène de chasse aux bêtes féroces, qui, là encore, et en compagnie de telles pièces, avait bien sa raison d'être dans un symbolisme parfaitement arrêté (2). — On voit ici que S. Bernard et S. Nil pouvaient très-bien répudier sous condition la chasse et les chasseurs sans ôter à ces représentations

---

(1) « Si sacerdos pastor est, et populus oves, dignum est ut in nullo appareat ovibus pastor dissimilis. Si instar mei qui ovis sum, pastor meus et ipse incurvus graditur, vultum gerens deorsum, et terram semper respiciens, et soli ventri, mente jejunus, pabula quæritans, in quo discernimur? Væ si venerit lupus! non erit qui prævideat, qui occurrat, qui eripiat. » (S. Bern., *De Moribus et Officio episcoporum*, cap. II, int. opp., t. IV.) — Qui peut avoir lu l'évangile où Notre-Seigneur parle du Bon Pasteur qui se dévoue, du mercenaire qui fuit devant le loup, des faux bergers qui cachent sous la peau de brebis les projets perfides de leur cœur ; qui peut avoir lu tout cela et rester longtemps à se demander ce que signifient, dans notre imagerie du moyen âge, une tête de loup sur un chapiteau, une brebis sur un autre, etc., etc.?

(2) Voir *Historia monasterii Sancti-Florentii Salmur.*, dans dom Martenne, *ampliss. collect.*, t. V, col. 1130.

LES PÈRES DU DOUZIÈME SIÈCLE.   603

symboliques l'importance qu'on y attachait depuis longtemps (1).

Tant de preuves se trouvent confirmées par les soins qu'on se donna bientôt d'en venir à une réforme encore plus radicale. Cîteaux, déjà si rigide, s'imposa une rigidité plus grande : un Chapitre général de 1134 défendit expressément d'avoir, dans les églises ou autres lieux des monastères, ni sculptures ni peintures, afin d'y maintenir d'autant mieux l'esprit de la règle et la gravité des habitudes primitives (2). Les verrières peintes furent exclues ; des croix de bois durent partout remplacer celles de métal précieux qu'on se donnait ailleurs (3). En 1199 on en vint jusqu'à interdire sur les autels l'usage des nappes brodées. Enfin l'architecture elle-même se ressentit de ces dispositions vigoureuses ; elle adopta cette gravité de formes et cette parcimonie d'ornementation lapidaire qui la distingue, et marcha énergiquement vers la noble et élégante simplicité qui détrôna chez elle, au treizième siècle, l'ornementation si luxueuse qu'avait répudiée S. Bernard.

Réforme dans l'ornementation des églises de Cluny et de Cîteaux, d'après les idées de S. Bernard.

Ce zèle contre les *bagatelles* dans le lieu saint ne fut pas, au reste, particulier au saint abbé de Clairvaux. Avant lui, et de tout temps, d'autres non moins illustres avaient prêché contre les excessives dépenses qui diminuaient le revenu des pauvres et amoindrissaient la simplicité de la vie humble et pénitente du chrétien. S. Jean Chrysostome n'avait-il pas vivement parlé contre le luxe des sépultures, observant toutefois qu'il ne condamnait pas des convenances honorables mais des abus (4) ? Un peu plus tard, le cardinal Lo-

Exemples antérieurs de cette même rigidité, encore vivante dans les monastères de la Trappe.

---

(1) Voir ce que nous avons dit ci-dessus (p. 501 et suiv.) sur S. Nil et la fausse interprétation donnée à un passage de ce Père.

(2) Rancé, *Devoirs monastiques*, t. II, p. 435.

(3) Dom Martenne, *ampl. coll.*, t. IV, col. 1253, 1254, 1373. — *Bulletin des comités historiques*, t. III (archéologie), p. 132. — *Origines Cistercienses*, cap. XVII, apud Labbe, *Biblioth. manuscr.*, t. I, p. 646.

(4) « Hoc dico non ut sepulturam tollam, absit ! sed ut luxum ac in-

thaire, qui allait être pape sous le nom vénéré d'Innocent III, reprochait à des chrétiens, qui devaient mourir, les excès de l'ameublement dans leurs demeures privées (1). — Dans un autre genre, c'était là tout ce que voulait S. Bernard ; c'est l'avis des juges les plus estimés : de l'abbé de Rancé, qui n'ignore pas à quoi sa règle l'oblige (2); d'Émeric David, qui ne songe pas à l'entendre autrement (3) ; de Molanus, qui cite et interprète comme nous (4). En conscience donc,

tempestivam ambitionem succidam. » (S. Joan. Chrys., *Homil.* LXXXIV *in Joan.*)

(1) « Quid vanius quam ornare mensam mantilibus picturatis, ebore, manicatis vasis, aureis et argenteis vasculis, scyphis et mappis buccalibus et gradualibus, scutellis et cochlearibus, farcinulis et sotularibus, bacilibus et urceolis, capsulis et flabellis? Quid prodest pingere cameras, ditare terticas, palliare vestibulum, sustinere pavimentum, componere lectum inflatum plumis, apertum sericis, obductum cortinis, aut etiam conopeo? Scriptum est enim (*Ps.*, XLVIII): Cum morietur, non accipiet hæc omnia, neque simul cum eo descendet gloria ejus. » (Innoc. III, *De Contemptu mundi*, lib. II, cap. XL.)

(2) Le célèbre religieux cite précisément le passage de S. Bernard pour recommander la pauvreté dans les églises de son ordre (*Devoirs monastiques*, ubi suprà), et cet esprit vit encore dans les nouvelles fondations de la Trappe. J'eus occasion de le remarquer au monastère de Thymadeuc, en Bretagne, qui venait d'être établi, en 1850, sous les auspices du R. P. Bernard, premier abbé de cette maison. Reçu par ce vénérable ami, qui me rendit si douce son hospitalité de quelques jours, et que Dieu appela bientôt après à sa gloire, je m'étonnais de la simplicité qui avait présidé à la construction de la vaste et belle église dont il avait donné les plans. Il me cita les fameux reproches adressés par l'abbé de Clairvaux à ceux de Cluny, les réformes qui s'en étaient suivies, et me dit que le Chapitre qui l'avait élu pour fonder et gouverner Thymadeuc lui avait imposé l'obligation de garder cet esprit de pauvreté jusque dans la maison du Seigneur. Je connaissais trop ces principes, pour lesquels j'avais combattu, pour ne pas me féliciter avec le saint moine de la fidélité qui l'y attachait. Le P. Bernard a terminé ses travaux de la terre en 1858. — Voir sa *Vie*, publiée par M. le vicomte Gouvillon de Bélizal, in-12, 1862.

(3) *Histoire de la Peinture au moyen âge*, p. 119, in-12, 1842.

(4) « Beatissimus Bernardus vehemens est in reprehendendo in monasteriis *sumptuosas et curiosas* depictiones.» (*De Hist. sanct. imagin.*, lib. II, cap. XXXVII ; mihi, p. 108.) — Dom Pitra, répondant succinctement à chacune des interrogations accumulées par le savant cénobite dans les textes que nous venons de citer, renvoie aux divers physiologues plus connus du temps de S. Bernard, et affirme, comme nous,

il ne fallait qu'avoir étudié ce fameux texte du grand cistercien, et fouillé un peu dans les entrailles du douzième siècle, pour se dispenser d'emprunter contre le symbolisme *physiologue* des armes aussi fragiles. Nous croyons avoir vidé la question, et si nous paraissions nous y être un peu trop arrêté, on conviendrait que l'éclat qu'on en avait fait n'appelait pas moins que cet éclaircissement dans un livre comme celui-ci.

Nous devrions peut-être ici clore cette longue série des écrivains ecclésiastiques, et poursuivre notre histoire à travers les détails qui nous restent à traiter; mais un de ces détails les plus importants, n'est-ce pas l'architecture chrétienne, et, quand nous l'aborderons, n'aurons-nous pas à considérer ses ornements peints ou sculptés, si profondément empreints de tant de pensées mystiques élaborées avant eux? Il est donc rationnel de montrer les sources des savantes théories du moyen âge avant l'époque où elles reçurent leur plus théorique application. Entrons donc maintenant dans notre treizième siècle, où vont se développer bien d'autres éléments du symbolisme arrivé à sa plus haute période de perfection.

que l'élégant écrivain aurait eu dans ses propres œuvres de quoi résoudre les doutes qu'il affectait pour le triomphe de sa thèse. Nous aurons occasion de revenir sur ce sentiment à propos d'un autre moine de Cîteaux, pensant et parlant absolument comme S. Bernard.

CHAPITRE XVIII.

DES AUTEURS ECCLÉSIASTIQUES DU TREIZIÈME SIÈCLE.

<small>Caractères du treizième siècle héritant des traditions sacrées et les mettant en œuvre.</small>

Si nous avons vu dans S. Bernard le dernier anneau de la chaîne des Pères proprement dits, chaîne d'or interrompue longtemps avant lui, qu'il avait reprise comme une apparition inattendue, et qui n'a plus laissé après elle qu'une traînée lumineuse, cette trace néanmoins est encore assez splendide pour prolonger jusqu'à nous son vif éclat. Après ces sublimes intelligences à qui Dieu fit une part plus honorable dans son Église, d'autres viennent encore et s'y rattachent par la pureté de la doctrine et la hauteur des conceptions. Ce ne sont plus des *Pères* fondant l'enseignement catholique, embrassant dans leurs magnifiques écrits l'universalité du dogme et de la morale, versant l'Évangile parmi les peuples comme une eau régénératrice qui baptise les âmes : l'œuvre est posée, la famille est constituée de toutes parts; l'Église a, pour ainsi dire, atteint sa majorité, mais elle aura toujours besoin d'interprètes pour ses lois fondamentales, et, en suivant la ligne des Pères et des Docteurs, ces prophètes nouveaux continueront de nourrir les intelligences des sucs de la substance divine; ils diversifieront l'enseignement, et, sous toutes les formes, se pliant aux besoins de tous les esprits, ils élucideront pour eux les moindres détails comme les plus importants aspects de la vérité. Ainsi fut continuée l'institution chrétienne par tant de savants illustres, qui viennent s'interposer dans l'histoire entre S. Grégoire le Grand et S. Bernard, et depuis ce dernier jusqu'à nous : beaux et dignes génies aussi, dont la gloire et l'autorité ne le cèdent quelquefois à aucun des plus vastes esprits du Christianisme.

Le treizième siècle eut surtout ce bonheur de voir éclore ces grands hommes au milieu des brillants résultats qu'avaient préparés ses devanciers. Après tant de travaux qui, d'âge en âge, et même pendant les plus obscurs, avaient maintenu chez les nations européennes le sentiment religieux avec la prédication continue de la pensée chrétienne, on voyait cette pensée, si riche d'action sur le cœur humain, se traduire en chefs-d'œuvre matériels qui tous convergeaient à la gloire du Christ et laissaient pénétrer leur esthétique majestueuse à travers les formes nouvelles qu'ils affectaient. Architecture, sculpture, peinture, musique, poésie, tout s'animait au souffle d'une pensée surhumaine, et la vie coulait dans ces grandes expressions d'une société conduite par la sainteté unie à l'intelligence et à la valeur : c'était le temps de S. Dominique et de S. François d'Assise, d'Innocent III et de S. Louis ; c'était celui où le symbolisme atteignait à son apogée et ne pouvait plus que déchoir bientôt, faute de pouvoir s'élever davantage, d'après une loi fatale des plus belles choses de ce monde !

Développements de l'art,

et de la sainteté.

Ce symbolisme, à peine soupçonné de nos savants modernes, les jette pour la plupart dans une fausse appréciation de ces âges de foi. Incapables de le découvrir sous l'écorce qui les aveugle, ils manquent, dans l'étude superficielle qu'ils en essaient, du moyen essentiel de le bien connaître : ils en méconnaissent donc l'esprit, n'analysant que l'expression extérieure, dure enveloppe, il est vrai, des plus hautes conceptions, quand on ne peut les rendre que dans une langue déchue ou dans une autre encore réduite aux hésitations de son berceau ; ils courent après la poésie des troubadours, ils dédaignent les mélodies que ne re-

Injustes attaques de la science moderne contre cette brillante période du moyen âge.

disent point Lulli et Meyerbeer. Si les édifices gothiques leur semblent beaux, ils leur préfèrent beaucoup le grec de la Renaissance; et pour les intéresser au pinceau d'un artiste, il leur faut absolument *les Loges* de Raphaël et *le Jugement dernier* de Michel-Ange, car Cimabué, le Giotto, l'Angelico et tant d'autres ne sont que des écoliers, des tâtonneurs, quoi qu'il en soit chez eux de la gracieuse naïveté de la forme, de la touchante piété de la pensée et de l'inimitable richesse de l'esthétique. En est-il moins vrai qu'on est heureux de sentir autrement que ces fiers et dédaigneux critiques, dont on s'éloigne par instinct pour peu qu'on sente combien la vérité philosophique est inséparable des beautés réelles de l'art ?

Il faut bien que ces doctes maîtres se résignent à prendre le treizième siècle tel qu'il est, avec ses représentants imbus des principes et des habitudes de la science exégétique telle qu'on l'a faite et que l'Église l'a reçue avant eux, telle que la professent Innocent III, S. Thomas d'Aquin, Pierre de Capoue et d'autres justement célèbres à des titres divers. Suivons, dans l'ordre que la chronologie leur assigne, ceux qui nous paraissent compléter le plus dignement l'état contemporain de la science symbolique, et montrons-les comme les derniers organes de cette grande synthèse de l'art chrétien dans laquelle il nous faudra bientôt entrer avec eux.

Pierre de Capoue, et sa Rose alphabétique.

Le pape Célestin III avait élevé à la pourpre, en 1193, un savant homme, originaire d'Amalphi, que les biographes ont trop négligé et qui mérite d'autant plus d'être honoré cependant qu'il sut allier les travaux de l'étude aux difficiles fonctions diplomatiques dont il fut revêtu. PIERRE DE MORA, plus connu sous le nom de cardinal DE CAPOUE parce qu'il était devenu évêque de cette ville (1), avait pris aux

(1) La *Biographie universelle*, de M. Michaud, a gardé le silence après beaucoup d'autres, et jusque dans son *Supplément*, sur ce personnage, qui pourtant mérite une place dans l'histoire, puisqu'il fut

écoles de Paris et de Rome le goût des lettres et acquis le talent de les cultiver. Ses travaux en ce genre le portèrent vers les saintes Écritures ; il les étudia à la manière de son temps, qui était la bonne, pour en profiter dans la prédication, et il s'en fit plusieurs recueils de notes et de commentaires fort succincts dont le plus remarquable par son titre est la *Rose alphabétique*. Ce traité, peu considérable, mais digne d'estime par la justesse des allégories, est une suite fort attachante de symboles nombreux rangés dans l'ordre de l'alphabet et tous expliqués par un plus ou moins grand nombre de textes bibliques qui s'y rapportent. Cette ingénieuse érudition donne ainsi au lecteur une sorte de dictionnaire à l'aide duquel il peut se livrer sur tous les sujets à une composition facile, dont chaque lettre, comme un chapitre spécial, lui fournit les copieux éléments. Ainsi l'un des chapitres compris sous la lettre R, et qui n'a pas moins de quarante articles ou *distinctions*, est tout consacré à la rose, qu'il applique par beaucoup d'allusions aux principaux objets de notre foi. Dans cette fleur donc, il trouve tour à tour l'image de Jésus-Christ, de Marie sa divine Mère, et des martyrs. En cela, la rose est un triple symbole du bien, car ce Dieu et ces créatures bénies en ont eu l'odeur mystique par les douces vertus qu'ils ont pratiquées; ils en ont eu les épines par les persécutions de leur vie mortelle, la fleur par la pourpre de leur sang versé ou de la pénitence volontaire, la tige par les dons de l'Esprit-Saint s'épanchant de leur cœur comme autant de feuilles vertes

<small>Symbolisme de la rose.</small>

légat en France lors des affaires de Philippe-Auguste et de la reine Ingelburge, et que d'ailleurs ses écrits attestent beaucoup de savoir. Mais les biographes, par une manie aussi commode qu'économique, se copient tous les uns les autres, et s'embarrassent peu de combler les lacunes laissées par leurs prédécesseurs depuis Moréri. Celui-ci a pourtant donné une notice à l'illustre cardinal, sous le nom de Capoue, ce qui n'est pas rationnel, puisque ce n'est là qu'un véritable surnom, si tant est même que c'en soit un. Qui s'imaginerait, sinon de guerre lasse, et après avoir épuisé l'interminable nomenclature des Pierre, d'aller chercher un évêque sous le nom de la ville où il siégea ?

et vigoureuses (1). Quant à la signification mauvaise que peut avoir la rose, d'après le principe d'opposition déjà plusieurs fois rappelé dans cet ouvrage, il est clair qu'elle se trouve dans l'abus que la volupté mondaine en a fait, ainsi que des meilleures choses. Les pécheurs ont abusé de tout; ils ont dit, au milieu de leurs intempérances : « Couronnons-nous de roses avant qu'elles viennent à se flétrir (2), » et Anacréon les a chantées dans un sens qui n'était point celui de la sagesse chrétienne.

<small>Autres ouvrages de ce savant homme.</small>
N'eussions-nous que ces guides de la prédication du temps, abstraction faite des sermonnaires nombreux qui nous en sont restés, nous saurions par eux quel genre d'homélie se faisait alors, combien s'y trouvait à la fois de théologie et de piété, tirées de ces sources scripturaires dont Fénelon disait qu'il suffirait de les bien savoir pour prêcher facilement et avec fruit (3). C'est à quoi semble s'être adonné particulièrement Pierre de Mora, dont le docte cardinal Maï louait beaucoup les deux traités : la *Somme des prédicateurs* (4) et les *Règles pour annoncer la parole divine* (5). Ce sont des explications des mots les plus importants de l'Écriture, rangés à peu près dans l'ordre que Hugues de Saint-Cher donna plus tard à sa *Concordance*, et rattachés par leurs différents sens au besoin des prédicateurs. D'après l'estime

<small>Meilleures ten-</small>

---

(1) « Rosa nascitur ex spina, et Christus ex spinis mortalitatis nostræ processit. Verbum caro factum est et habitavit in nobis (*Joan.*, I, 14). — Maria, secunda rosa, orta est ex spinis Judææ pravitatis : quasi aurora consurgens (*Cant.*, VI, 9). — Rosa martyrum tertia est, candida et rubea : nascitur ex spinis persecutionis et hæreticorum dum eis martyres insurgunt, sicut lilium inter spinas (*Cant.*, II, 1). — Rosa stipem habet viridem..., fronde circumquaque expansa. Septem sunt dona Spiritus Sancti..... » (Ap. *Spicileg. Solesm.*, t. III, p. 489 et suiv.)
(2) « Est etiam rosa signum voluptuosæ amœnitatis. *Sapientia* (II, 8): Coronemus nos rosis antequam marcescant. » (Petr. Capuanus, *De Rosa*, n° XL, p. 496, *Spicil. Solesm.*)
(3) *Dialogue sur l'éloquence.*
(4) *Summa de arte prædicandi.*
(5) *Regula sermocinandi.*

qu'en faisait le savant auteur du *Spicilegium romanum*, qui regrettait de les voir ensevelis parmi les curieux manuscrits du Vatican, nous pouvons comprendre que, par la sagesse de la marche et le goût supérieur qui avait présidé à ces utiles compilations, les esprits élevés de ce siècle, tout en n'abandonnant pas le symbolisme, avançaient dans cette voie de perfection littéraire, qu'élargissaient de plus en plus le développement des études et les tendances qui en naissaient. On peut s'en convaincre fort bien en lisant le prologue de *La Rose alphabétique*, publié par dom Pitra (1). Le latin de ce morceau est plus pur et plus coulant qu'on ne l'eût écrit encore au douzième siècle, à moins qu'on ne s'y appelât Pierre Damien ou S. Bernard. On y goûte quelque chose de doux et d'humblement pieux qui touche le lecteur, et on croirait lire l'admirable abbé de Cîteaux, à la charmante fusion qu'on y remarque du style de l'Écriture avec celui de l'auteur. Faisons remarquer encore avec l'habile bénédictin, qui l'a prouvé par beaucoup de rapprochements, que Méliton avait été pour Pierre de Capoue une source abondante où celui-ci avait puisé amplement (2).

dances littéraires de ce siècle.

Quand Pierre mourut, à Rome, en 1208 (3), le trône de la monarchie catholique était occupé depuis dix ans par un autre génie, que l'estime de ses contemporains y avait porté malgré lui, et qui sut alléger, comme tous les grands hommes, le poids des affaires les plus lourdes par les consolations des travaux de l'esprit. Mais, pour se consoler des peines et des embarras d'une telle charge, c'est aux choses d'En-Haut qu'il faut recourir, et le pieux cardinal Lothaire s'y était appliqué avant son élévation à la papauté. Ses réflexions sérieuses sur la vanité périssable des grandeurs de cette vie lui inspirèrent son *Traité du mépris du monde*, l'un des livres de ce genre assez estimé dans

Le pape Innocent III, et ses Traités divers.

(1) Cf. *Spicilegium Solesmense*, t. III, p. 498.
(2) *Ibid.*, t. II, p. XXVIII.
(3) Moréri, t. II, p. 63, éd. 1707.

la suite pour avoir paru digne d'occuper les naissants efforts de la typographie à Strasbourg (1). Son *Commentaire* allégorique *sur les psaumes pénitentiaux*, ses *Lettres*, son *Traité de la Messe*, où chaque rite du Sacrifice divin est exposé d'après le sens figuratif; enfin quelques poésies pleines à la fois de force et d'onction, mettent INNOCENT III au premier rang parmi ceux qui attirent justement notre attention. Nous sommes donc loin de partager les doutes un peu superbes que des archéologues, même savants, ont publié sur la valeur des idées symbolistiques de ce grand homme, et nous n'adoptons pas plus sans réserve ce qu'ils ont dit de quelques autres, qui n'ont pas eu plus que lui le bonheur de les charmer. Avec un tel genre d'argumentation, nous finirions par en savoir plus long que nos maîtres, par mieux comprendre qu'eux leur propre époque, et souvent, avec des études fort superficielles sur des choses qu'ils entendaient parfaitement, nous prétendrions leur en remontrer et refaire, au profit de nos propres inventions, leur théorie, adoptée et reçue de toute l'Église. Quoi qu'il faille penser du plus ou moins d'exagération des idées émises par quelques-uns des beaux esprits du moyen âge, soyons sûrs qu'elles n'appartiennent jamais à un seul d'entre eux; remarquons surtout qu'elles sont autant de spécimens de cette grande œuvre du symbolisme, dont nous commençons à mieux connaître l'histoire, et, indépendamment de nos évaluations personnelles, constatons la valeur admise de leurs persuasions scientifiques. Sans doute Innocent III porte loin quelquefois l'envie de tout expliquer à l'aide d'une pensée mystérieuse; sa rhétorique abuse peut-être de l'amplification jusqu'à des détails qui peuvent sembler forcés : quel écrivain de vaste imagination n'a pas à se reprocher de telles licences, même aux plus beaux temps

Son symbolisme accusé à tort d'exagération.

(1) Voir Danielis Schœpflini *Vindiciæ typographicæ*. Il donne un spécimen (pl. I) d'une première édition de 1448, qui a pour titre : *Liber de Miseria humanæ conditionis*.

de notre littérature populaire? Si le savant du treizième siècle, après avoir exposé la vie végétative de l'homme ici-bas, et voulant rabaisser notre orgueil, finit par nous comparer à un arbre renversé dont les racines sont représentées par nos cheveux, le tronc par notre tête et notre cou, les rameaux par nos bras et nos jambes (1), n'avons-nous pas pu lire, dans une des œuvres dont nos contemporains se sont le plus engoués, que « les yeux baissés du P. Aubry, son nez aquilin, sa longue barbe avaient quelque chose de sublime dans leur quiétude, et comme aspirant à la tombe (2)? » Ce sont là des erreurs d'une vie littéraire, d'autant moins dangereuses qu'elles ne dérangent rien dans l'ordre des idées morales, et qu'elles se rachètent d'ailleurs par les autres agréments qui font aimer un écrivain. Or notre Innocent III a bien parfois plus que d'autres le sel attique. Plein d'esprit et d'érudition, son petit traité *De Contemptu mundi* renferme, à la manière de Pierre de Capoue, de véritables ressources pour l'enseignement de la piété chrétienne, et il n'est pas un de ses courts chapitres qui ne fournisse le cadre complet d'un sujet moral à traiter. Le bon usage qu'il fait des païens de l'ancienne Rome ne va pas mal à ses moralités, et l'on comprend une fois de plus que ces moines et autres gens d'Église des

Valeur littéraire de ses livres, et en particulier de son traité *Du Mepris du monde*.

---

(1) « O indigna vilitatis humanæ conditio! Herbas et arbores investiga. Illæ de se producunt flores, et frondes, et fructus; et tu de te... reddis abominationes fetoris... Quid est homo secundum formam, nisi quædam arbor inversa? cujus radices sunt crines, truncus est caput cum collo; cujus stipes est pectus cum alvo; rami sunt ulnæ cum tibiis, frondes sunt digiti cum articulis. Hoc est folium quod a vento rapitur, et stipula quæ a sole siccatur. » (*De Contemptu mundi*, lib. I, cap. VIII, ed. Paris., in-18, 1645.)

(2) Cette phrase burlesque était dans les premières éditions d'*Atala*, et notamment dans celle que nous avons sous les yeux, Paris, 1801, in-18, p. 100. On ne la retrouve plus dans les suivantes, parce que l'auteur essuya de la Critique des sarcasmes un peu verts. Pourquoi ce souvenir ne lui a-t-il pas fait éviter beaucoup de phrases de cette force dans la *Vie de Rancé*, et de pires encore dans les *Mémoires d'outre-tombe?* et bien d'autres choses encore, hélas!

siècles *barbares* n'étaient pas mal venus, tout en rappelant la façon philosophique de Sénèque, à citer Ovide, Horace et Juvénal. Il a aussi, outre sa connaissance du symbolisme chrétien, une juste mesure du mysticisme des Écritures. Parlant des tourments de l'enfer, il explique la parole du Psalmiste, menaçant les impies d'être dévorés éternellement par la mort (*mors depascet eos*), d'une manière aussi frappante que naturelle. Il trouve à cette action de la mort, qui se nourrit de ces victimes du péché, une allusion aussi ingénieuse que le fond en est vrai. La mort lui semble faire alors ce que font les animaux qui se nourrissent de l'herbe d'une prairie, n'en arrachent pas la racine, afin qu'elle puisse repousser, et peuvent bientôt y revenir. « Ainsi, dit-il, les impies, *dévorés par la mort*, revivent sans cesse pour mourir de nouveau. » C'est l'histoire, dont parlent les poètes, « de ce géant dont le foie renaissait toujours pour être mangé encore (1). » Ce qu'il y a de vrai dans l'explication biblique est bien le sens donné par les commentateurs de ce passage; on le voit par Théodoret, S. Jean Chrysostome et S. Augustin, cités par Genebrard. Mais aucun d'eux, ni

{Sa manière exégétique sur l'Écriture sainte.}

---

(1) « Sicut aves in inferno positi sunt; mors depascet eos. (*Ps.*, XLVIII, 15). Dictum est hoc a similitudine jumentorum, quæ non radicitus avellunt herbas, sed summitates solummodo carpunt, ut iterum herbæ renascantur ad pastum. Sic et impii quasi de morte pasti reviviscunt ad mortem, ut æternaliter moriantur. » — Ovidius :

Sic in consumptu Titii, semperque renatum
Sic perit ut possit sæpe perire jecur.
(*Ubi suprà*, lib. III, cap. IX.)

Virgile avait dit aussi :

Immortale jecur tundens, æternaque pœnis
Viscera..... (*Æneid.* lib. VI.)

Il ne serait pas impossible que ces citations d'auteurs païens eussent amené peu à peu l'emploi, dans la sculpture de nos églises, de certains faits de la fable adaptés comme *moralités* à des idées chrétiennes. Ainsi s'expliqueraient les travaux d'Hercule à la cathédrale de Limoges, et beaucoup d'autres dont nous aurons occasion de parler. On sait combien sont fréquentes aux modillons et aux chapiteaux de nos églises les têtes plus ou moins monstrueuses de démons ou d'animaux dévorant des créatures humaines.

aucun autre, que nous sachions, n'avait pensé à cette comparaison tirée du mot principal *depascet*, et qui en élucide singulièrement la signification.

Il y a quelque chose de plus populaire, pour ainsi dire, dans ses expressions liturgiques. Ses rapprochements n'y sont pas moins conformes à la méthode des Pères, et inspirés comme chez eux par les réminiscences de l'Écriture. Mais on y trouve une plus grande exubérance d'idées mystiques, telles que ses plus illustres contemporains commençaient à les affectionner. Voyez-le décrire l'encensement de l'autel par le pontife qui y monte. Il y rattache cet acte liturgique à ce qui est décrit au chapitre VIII de l'Apocalypse, où un Ange s'approche du trône de Dieu et tient l'encensoir d'or dont le parfum représente les prières des Saints. Dans la pensée de notre érudit, c'est pour imiter cette adoration éternelle que l'évêque, à peine arrivé au pied de l'autel, dispose l'encensement et s'en acquitte; car cet évêque, ce représentant de Jésus-Christ, figure par cela même l'Ange apocalyptique, qui n'était autre que le Fils de Dieu. L'encensoir d'or, c'est le corps immaculé de ce Fils d'une Vierge; l'autel, c'est l'Église; le feu, c'est la charité; l'encens, c'est la prière; et il continue en termes semblables, ne laissant aucun objet sans son équivalent spirituel signalé avec cette rapidité de style et cet aplomb d'un Docteur qui semble ne résumer qu'un enseignement déjà reçu de tous (1). C'est

Symbolisme de l'encensement de l'autel au commencement de la messe.

---

(1) « Ingressurus ergo pontifex ad altare, incensum apponit thuribulo. Per hoc illud insinuans quod Angelus venit et stetit ante altare habens thuribulum aureum, quod implevit de igne altaris; et data sunt ei incensa multa, ut daret de orationibus Sanctorum (*Apoc.*, VIII). Angelus enim Christus; thuribulum aureum, corpus immaculatum; altare Ecclesia; ignis charitas; incensum oratio, secundum illud propheticum : *Dirigatur oratio mea* (Ps., CXL). *Veniet ergo Angelus*, id est Christus; *stetit ante altare*, id est in conspectu Ecclesiæ, *habens thuribulum aureum*, id est corpus immaculatum; *plenum igne*, id est charitate; *et data sunt ei incensa multa* a fidelibus, id est orationes; *ut daret*, id est præsentaret eas Patri; *de orationibus Sanctorum* : non dicit orationes quia Christus non omnes orationes exaudit, sed de omnibus illis quæ pertinent ad salutem. » (Innoc. III, *De Sacro altaris Mysterio*, lib. II, cap. XIV.)

qu'en effet cette manière sûre de procéder par des affirmations n'est point, comme on voudrait le faire croire, une *rêverie* commune à certains autres ; Hugues de Saint-Victor, Raban-Maur et Alcuin n'avaient pas pensé autrement : il n'y faut voir que l'assurance motivée d'un homme qui possède sa matière, qui parle le langage de l'Église et qui s'est assez familiarisé avec lui pour donner à chaque mot le sens convenable dans l'ordre surnaturel du mysticisme catholique. Il n'y a rien là que la liturgie n'accepte, et nous verrons combien elle aime ces éclairs qui donnent de la vie à ses moindres observances, surtout lorsqu'elles sont fondées, comme ici, sur le terrain inattaquable de l'Écriture.

Les quatre anneaux d'or envoyés à Richard Cœur-de-Lion.

Par une raison semblable, nous ne trouvons pas qu'Innocent se soit trop écarté des formes reçues, quand il s'est donné le soin d'embellir par d'ingénieuses allégories des insinuations morales dans le goût de celle qu'il adressa à Richard Cœur-de-Lion, en 1198. Le Pontife vient de prendre possession du Saint-Siége ; comme cadeau de joyeux avénement, il envoie au roi d'Angleterre quatre anneaux d'or parés de pierres précieuses : ce prince n'en doit pas tant considérer le prix que le sens mystérieux caché sous leur nombre, leur matière et leur couleur. Ce nombre de 4 signifie les vertus cardinales, c'est-à-dire la justice, la force, la prudence et la tempérance, principaux attributs d'une âme royale. L'or représente la sagesse, le plus précieux des dons du ciel, puisqu'il renferme tous les autres et que Salomon la préféra à tous les trésors. Dans le jaspe est la foi, dont le vert est le symbole, à cause de la fermeté inattaquable de cette belle teinte et des allusions qu'elle prête à la venue de Jésus-Christ, régénérateur de toutes choses (1).

(1) « Habet enim Dominus colorem jaspidis quia semper viridis, semper immortalis, et nunquam ad siccitatem veniens. » (S. Bruno Ast., *Præfat. in Apocalypsim.*) C'est aussi le sentiment de Cornélius à Lapide (*In Exod.* xxviii).

Dans le saphir sera l'espérance : son bleu exprimant la sainte contemplation du bonheur céleste. Le rouge du grenat signifie la charité, et le jaune de la topaze les bonnes œuvres, aussi précieuses devant Dieu que l'or le plus pur, dont elle garde la couleur (1).

Ce qui jaillit de ces jeux d'esprit, qui plaisaient fort, du reste, au caractère poétique et à la vive imagination de l'aventureux chevalier, c'est certainement qu'alors on vivait dans l'habitude de ces sortes d'interprétations. Il n'en faudrait pas d'autre preuve que ce qui fut observé à l'intronisation de ce même Pontife, et dont l'usage s'est perpétué, à très-peu de chose près, jusqu'à notre temps. Le nouveau Pape, après avoir pris possession à Saint-Jean de Latran et donné aux cardinaux le baiser de paix, vint s'asseoir, devant la principale porte de l'église, sur la pierre appelée *sedes stercorea*, par allusion aux paroles du Psalmiste (2). A la porte du palais pontifical, il reçut *deux verges*, symboles du pouvoir de *diriger* et de *redresser*, et les *clefs* de l'Église et du palais pour indiquer l'autorité donnée à S. Pierre et à ses successeurs ; on le ceignit aussi d'une *ceinture de soie rouge*, afin de lui rappeler l'estime de la *chasteté* et de la *charité*, qui se gardent mutuellement. A cette ceinture était suspendue une *aumônière de pourpre* renfermant *douze*

Popularité de ce genre de symbolisme, prouvée encore par l'intronisation du Pontife.

(1) « Quaternarius, qui numerus est *quadratus*, constantiam mentis insinuat, quæ neque deprimi debet adversis, nec prosperis elevari, quod tunc laudabiliter adimplebit, quum quatuor virtutibus principalibus fuerit adornata : videlicet *justitia, fortitudine, prudentia, temperantia*... Sapphiri serenitas spem significat : habes igitur in sapphiro quod speres. Granati rubicunditas charitatem... significat : habes ergo in granato quod diligas. Topazii claritas operationem significat : habes igitur in topazio quod exerceas. » (Innoc. III pap. *Epist.* CCVI, lib. I.) — Voir encore Aringhi, *Roma subterranea*, lib. VI, cap. L; t. II, p. 701. — Ajoutons ici que dans cette courte exposition de ces quatre symboles se trouvent autant d'habiles et paternelles allusions au caractère de Richard, qui n'excellait pas précisément par la perfection des quatre vertus cardinales.

(2) « Suscitans a terra inopem, et *de stercore* erigens pauperem, ut collocet eum cum principibus populi sui. » (*Ps.*, CXII.)

pierres précieuses et de l'ambre. C'était symboliser : par la bourse, *le soin des pauvres ;* par les gemmes, *les vertus des douze Apôtres*, mentionnées au vingt et unième chapitre de l'Apocalypse, et, par l'ambre, qui attire les objets et exhale une odeur suave, *la parole de Dieu*, qui lie les âmes et embaume le monde moral. A toutes ces cérémonies une autre devait s'ajouter encore sur laquelle on aimera à lire l'appréciation intelligente de l'historien que nous suivons ici : « Le symbolisme de ces siècles qui donnaient une pensée profonde à tout acte de la vie, qui plaçaient dans la main gauche de l'empereur une pomme d'or remplie de cendre, afin que l'éclat extérieur lui rappelât la splendeur du trône, et la cendre cachée la destruction rapide de sa personne, ce symbolisme posa sur la tête du Pape une couronne de plumes de paon, afin qu'il n'oubliât jamais que ses regards, comme les yeux de ces plumes, devaient être dirigés de tous les côtés (1). »

Le paon, symbole de la vigilance. Le paon deviendrait donc le symbole de la vigilance pastorale ; cela rendrait moins étonnante l'intervention de cet *argus* païen dans les produits artistiques du Christianisme, où, d'ailleurs, nous le rencontrerons maintes fois à d'autres titres ayant chacun son *opposition* (2).

Origine symbolique de l'ordre de la Rédemption-des-Captifs. Ce penchant à tout allégoriser servit, sous ce même pontificat, à prouver, par un prodige remarquable, que Dieu, comme en bien d'autres rencontres, s'était prononcé par un moyen symbolique en faveur d'une nouvelle famille religieuse. Ce fut en 1198 que prit naissance, à la demande de S. Jean de Matha et de S. Félix de Valois, l'ordre de la Rédemption-des-Captifs. Or le premier y avait été porté pendant sa première messe par l'apparition d'un Ange qui se tint au-dessous de la Sainte Hostie élevée après la Consécration, sous la figure d'un jeune homme vêtu d'une *robe*

---

(1) Voir Hurther, *Histoire du pape Innocent III*, t. I, p. 83 et suiv.— Rohrbacher, *Hist. univ. de l'Église*, t. XVI, p. 17 et suiv.
(2) Voir notre Table analytique, à la fin de l'ouvrage.

blanche, ayant une *croix rouge* bordée de *bleu* sur la poitrine, et posant ses deux mains sur la tête de deux captifs agenouillés. Quelque temps après, le même Saint s'étant réuni à S. Félix, qui menait la vie érémitique dans une forêt de la Brie, un cerf d'une parfaite *blancheur* se présenta devant eux portant entre ses bois une croix distinguée par les mêmes couleurs. Quand ils furent à Rome, sans avoir compris le sens de cette vision, qu'ils comptaient soumettre au jugement du Pape, ils assistèrent un jour à la messe qu'Innocent célébrait à Saint-Jean de Latran en présence de nombreux prélats, de princes et d'une foule considérable, et, pendant cette messe, le même Ange apparut encore dans les mêmes conditions que d'abord. Le Pape ne douta point qu'il n'y eût là un mystère à réaliser; tout s'expliqua par le récit des deux pèlerins, et, en fondant, à leur prière, l'Ordre nouveau, il voulut que les membres en fussent vêtus comme l'Ange s'était montré, et que, pour répondre à ces trois couleurs *blanche, bleue* et *rouge,* l'institut fût consacré sous le vocable de la Trinité (1).

On connaît la célèbre allégorie des deux glaives, qu'avait aussi employée S. Bernard (2), et, avant lui, Hildebert du Mans (3). Innocent III eut occasion de l'expliquer aussi dans une de ces fréquentes difficultés que lui suscitait l'esprit tyrannique des princes de son temps. L'empereur des Grecs, Alexis Comnène, avait voulu se débarrasser de la promesse faite au Saint-Siége de préparer l'union de l'Église orientale à l'Église latine, et, dans une lettre au Pape, il laissait percer sa mauvaise humeur jusqu'à prétendre l'empire au-

Allégorie des deux Glaives, et distinction des deux Puissances dans la double personnalité du Pape et de l'Empereur.

(1) Voir Héliot, *Histoire des Ordres monastiques,* in-4°, t. II, p. 127 et suiv.

(2) « Uterque Ecclesiæ et spiritualis scilicet gladius, et materialis. Sedis quidem pro Ecclesia, ille vero et ab Ecclesia exerendus. » (S. Bern., *De Consideratione,* lib. IV, cap. III.)

(3) « Gladius regis, censura curiæ; gladius sacerdotis, ecclesiasticæ rigor disciplinæ. » (Hildeberti, Cenoman. episc., *Epist.* XL *ad Herlonem, Sagiens. episc. — Biblioth. Patr.,* t. XXI, p. 136.)

dessus du sacerdoce. Le Pape réfute ce paradoxe, ressource déjà si vieille alors et non encore abandonnée des ennemis de l'Église, et, rétablissant, au contraire, combien la puissance spirituelle, par son origine et sa fin, l'emporte sur les pouvoirs temporels, il rappelle que, selon la parole du Christ, elle verra ici-bas tout s'ébranler et périr, attendant elle-même, calme et inébranlable sur son rocher mystérieux, la fin de toutes les tempêtes et le jour éternel de son triomphe. Il se sert, pour faire entendre cette vérité, d'une comparaison tirée des deux grands flambeaux allumés par Dieu au temps de la création pour présider au jour et à la nuit. Le ciel, où ils brillent, figure l'Église; le jour désigne les choses spirituelles, et la nuit les choses temporelles. Ces grands luminaires sont les deux dignités sacerdotale et royale; la première, incontestablement plus grande et plus élevée, diffère autant de la seconde que diffèrent entre eux la lune et le soleil : autant aussi les pontifes sont au-dessus des rois (1).

(1) « Nosse debueras quod *fecit Deus duo* magna *luminaria in firmamento cœli : luminare majus ut præesset diei, et luminare minus ut præesset nocti :* utrumque magnum, sed alterum majus. Quia nomine cœli præsignatur Ecclesia; juxta quod veritas ait : *Simile est regnum cœlorum homini patrifamilias qui summo mane conduxit operarios in vineam suam.* Per diem vero spiritualis potestas accipitur, et per noctem carnalis, secundum propheticum sermonem : *Dies diei eructat verbum, et nox nocti indicat scientiam.* Ad firmamentum igitur cœli, hoc est universalis Ecclesiæ, fecit Deus duo magna luminaria, id est duas magnas instituit dignitates, quæ sunt Pontificalis Auctoritas et Regalis Potestas. Sed illa quæ præest diebus, id est spiritualibus, major est; quæ vero carnalibus minor est : ut quanta est inter solem et lunam, tanta inter pontifices et reges differentia cognoscitur. »—Voir *Decretalium* lib. 1, tit. XXXIII, cap. VI; et Baluze, *Epist. Innoc. III*, t. I, n° 63.

Ce principe de la supériorité du pouvoir pontifical, compris dans l'ordre moral et sans aucun préjudice de la souveraineté temporelle et de ses droits contre les souverains *qui règnent par Dieu,* ce principe, disons-nous, n'était pas de l'invention d'Innocent III : il est tout simplement l'une des bases de la théologie chrétienne; et s'il était contestable, par cela même le Christianisme de l'Église devrait être argué de faux. Aussi le voit-on professé par le pape S. Clément dès le premier

Cet homme d'une si noble énergie, dont la vie fut usée à 54 ans par des veilles incessantes et les rudes préoccupations d'un pontificat plein de luttes pénibles et de difficiles succès, s'épanchait par une prière pleine d'onction dans le *Veni, Sancte Spiritus*, sinon dans le *Stabat* qu'il faut définitivement rendre aujourd'hui à son véritable auteur, le bienheureux Jacopone, franciscain, mort en 1306 (1). Cette piété douce le vengerait assez, s'il en était besoin, des calomnies d'antagonistes intéressés, parmi lesquels Fleury se serait fait un rôle plus digne, s'il se fût un peu plus méfié des préjugés de son temps (2).

Plus heureux que le grand Pape, un humble moine qui avait préféré sa pauvre cellule de dominicain à tous les honneurs du monde eut aussi l'honneur de créer, au treizième siècle, sinon la première encyclopédie, comme on le dit trop souvent (3), au moins la plus complète qui se fût

Vincent de Beauvais, et son Miroir universel.

---

siècle, par son successeur, S. Gélase, au cinquième; et il n'a jamais été nié que par quelques flatteurs des intérêts politiques des princes, lesquels se trouvent fort mal aujourd'hui de cette grande étourderie, dont les conséquences sont toutes dans le socialisme moderne. *Et nunc, reges, intelligite!* — Voir *S. Gelasii papæ ad Anastas. August. epist.*; Labbe, *Concilior.*, t. IV, col. 1182, et t. VII, col. 1599.

(1) Voir le P. Luc de Wadingt: *Annales ordinis seraphici S.-Francisci*, t. XIV, p. 237, in-f°, 1745.

(2) Voir Marchetti, *Critique de Fleury*, t. II, p. 292.

(3) Avant lui, en effet, Aristote et Pline s'étaient fait une assez belle réputation parmi les anciens, et chez le peuple chrétien on pouvait déjà s'enorgueillir de savants universels, tels que Boëce, Cassiodore, le V. Bède et S. Isidore de Séville. Ainsi encore l'orgueil des ennemis de l'Église, depuis les encyclopédistes du dix-huitième siècle jusqu'à nos jours, a fait répéter par leurs adeptes que le moyen âge n'avait pas le sens commun. C'est bientôt dit, surtout par des hommes qui ne l'ont même pas abordé de loin et qui aiment mieux le calomnier que de le connaître. Heureusement que les esprits de bonne foi n'en sont pas là, et la seconde partie du dix-neuvième siècle, à laquelle nous assistons, pourra se glorifier d'avoir jeté à ces aveugles volontaires, sur cette grande question comme sur tant d'autres, l'éclat de tant de vérités que nos plus proches neveux sauront que choisir entre les assertions systématiques de l'erreur la plus obstinée et la vérité que tant de travaux consciencieux auront pu lui léguer. L'abbé Rohrbacher a très-bien ex-

vue jusqu'alors : nous voulons parler de VINCENT DE BEAUVAIS, à qui ce surnom vint sans doute du long séjour qu'il avait fait dans cette ville. Plus suivi dans son œuvre qu'on ne l'avait été jusqu'à lui, et plus méthodique, il prépara dans son *Miroir universel* une véritable et attachante histoire de la science et de l'art, telle que l'avaient faite les siècles antérieurs, et l'on est étonné de voir combien d'inventions réputées modernes étaient alors connues et justement estimées. On n'admire pas moins la solidité de jugement que montre l'auteur à l'égard des préjugés de son époque sur l'alchimie et les autres sciences occultes. Digne contemporain d'un autre religieux non moins célèbre, Roger Bacon, dont la sagacité et l'expérience avaient prévu les effets que nous recueillons de la poudre et de la vapeur, Vincent est l'homme de ce temps qui constate le mieux ce qu'on devait attendre de l'union de la raison et de la science; il fait plus : il va à la source de ces deux maîtresses de l'âme, les illumine, les vulgarise, et, sur les questions les plus difficiles agitées alors par l'École, et dont se prend à rire la suffisance de nos libres penseurs, il parle avec une clarté que n'ont point surpassée les plus beaux génies de la religion, et à plus forte raison ceux qui ont voulu en séparer la philosophie. Ainsi, qu'on nous permette de le dire, quoique cela paraisse un peu sortir de notre sujet, quand Bossuet exposait si nettement la question des *universaux*, si controversée au moyen âge; quand Newton croyait découvrir les lois de l'attraction, et Papin la secrète puissance de la vapeur; quand on commença à croire aux antipodes, sur la foi de Christophe Colomb et de Magellan; quand l'Académie des sciences songeait à déterminer la rotondité de la terre,

Supériorité de son génie.

Son Miroir naturel.

posé la vaste intelligence qu'avait le treizième siècle de toutes les plus hautes questions de métaphysique et de morale dans le 74e livre de son *Histoire universelle de l'Église*. C'est surtout dans le *Speculum morale* de Vincent de Beauvais que nous trouverons l'exposé net et évident de l'iconographie de nos cathédrales.

l'imagination de tant de grands hommes pouvait bien n'avoir eu que des réminiscences : ils ne disaient rien que Vincent de Beauvais n'eût écrit avant eux ; on peut s'en convaincre par la seule inspection des têtes de chapitres de son *Miroir naturel*, exposition vaste, savante des merveilles de la nature et des différents règnes que nous lui avons attribués depuis (1). On juge combien d'occasions se présentèrent à cet esprit méditatif, dont toute la vie s'est dépensée aux études du cloître, de saisir tant de choses sous l'aspect symbolique où naturellement elles s'offraient à lui. A côté donc d'une science d'analyse très-remarquable et d'une classification fort logique des connaissances humaines, dont il élague avec esprit les subtilités encore trop en vogue, il raconte, il décrit, il moralise, et, soit qu'il examine, soit qu'il décom-

---

(1) « Quod rotunda sit forma terræ » (*Speculum naturale*, cap. VIII); « Utrum terra inhabitetur undique » (cap. x). C'était le sentiment de S. Hilaire sur un passage du Vᵉ chapitre de l'Apocalypse.—Voir de Brémond, *Traité élémentaire d'astronomie*, p. 105, in-18, Paris, 1851. — « De mensura terræ » (cap. XIII). — A entendre Fleury (liv. LXXXIV, n° 5), et le prétendu abbé de Longchamp, qui a défiguré, en la barbouillant de noir, l'*Histoire littéraire* de nos Bénédictins, le docte moine de Beauvais n'avait pourtant ni méthode ni véritable science. Ils lui reprochent quelques idées peu exactes, qui ne se sont complétées que plus tard, et ne cherchent qu'à faire valoir contre lui, dans un jugement vague et une analyse aussi succincte que partiale, l'injuste appréciation qu'ils osent faire de pareils travaux. Ce procédé est détestable et indigne d'hommes dont le caractère ou les titres devaient être une garantie de leur conscience d'écrivains. Heureusement on revient sur l'opinion qu'on s'était faite de tels critiques. On peut voir une analyse très-intéressante, et surtout plus désintéressée, des ouvrages du savant dominicain dans l'article que M. Parisot lui a consacré, *Biogr. univers.*, t. XLIX, p. 119 ; dans Rohrbacher, *Hist. univ. de l'Égl.*, t. XVIII, p. 343 ; dans l'introduction à la *Vie de Sᵗᵉ Élisabeth*, par M. de Montalembert, et surtout dans la savante introduction à l'*Iconographie chrétienne* (Histoire de Dieu) de Didron. Il y a, entre ces écrivains sérieux et ceux qui se sont copiés servilement pour dénigrer un grand génie, toute la différence d'un rapporteur qui a lu, médité, compris le travail dont on lui demande compte, à celui qui n'a pas même jeté les yeux sur la première page des œuvres complètes et se hasarde à en disserter d'après quelques autres qui ne les connaissent pas mieux.

pose, il revient toujours au sens moral par une méthode large et élevée; et ce grand *Miroir* des choses du monde physique ou spirituel n'est qu'une continuelle occasion de reporter l'âme à Dieu, comme au principe souverain de toutes choses. Il fait pour l'*Histoire sainte*, qu'il mène, comme faisaient encore tous les historiens, de la création à son époque (1), ce que S. Grégoire a fait dans ses *Morales sur le livre de Job*. En théologie, ses spéculations mystiques sont d'une valeur incontestable et le placent, sous ce rapport, au niveau de ses plus illustres contemporains. Sa manière d'expliquer les relations mystérieuses, qui relient Dieu à l'homme et notre existence de la terre au futur bonheur où nous allons, est une action non interrompue dans laquelle toute créature intelligente a son rôle, et nous verrons combien il a influé, avec S. Isidore de Séville et Hugues de Saint-Victor, sur tout le symbolisme de notre architecture chrétienne. Nous retrouverons dans les décorations sculptées de nos églises des treizième et quatorzième siècles les vertus et les vices, et, à leur occasion, l'enfer et le purgatoire, aussi bien que le ciel; car, dans les livres du savant religieux, chacune de ces particularités devient un thème d'explications symbolistiques, où l'on voit avec surprise autant de prototypes d'innombrables productions que l'art chrétien a vulgarisées dans les deux siècles suivants. Les

---

(1) C'est-à-dire jusqu'en 1253 au plus tôt, et non 1244, comme le croit Didron (*ubi suprà*), puisqu'à la fin du *Speculum historiale* Vincent rapporte le martyre, arrivé en 1252, et la canonisation, en 1253, de S. Pierre de Vérone, assassiné par les Manichéens, et puisque dans le 32e livre du *Speculum naturale* il fait un résumé de l'histoire universelle depuis Adam jusqu'à la captivité et la délivrance de S. Louis, en 1250. La date de 1253, à laquelle s'arrête son histoire universelle, jetterait aussi quelque lueur sur l'incertitude où l'on est resté jusqu'à présent quant à l'époque où mourut Vincent de Beauvais, quelques savants la mettant soit en 1256, soit en 1264. Ce dernier chiffre semblerait moins dans le vrai, car il est très-probable qu'un tel écrivain ne se serait pas reposé huit ans avant de mourir, surtout à la fleur de l'âge, et qu'il a conduit son travail jusqu'à un terme fort rapproché de son dernier jour.

abstractions des sciences ne se plient pas moins à ce système d'exégèse : la nature elle-même, et d'autant mieux qu'elle varie à l'infini ses sujets d'étude, soumet toutes ses harmonies à l'examen du philosophe, et complète sa tâche, dont la marche, on le voit, n'a rien d'arbitraire, mais se déroule calme et raisonnée dans l'enchaînement logique des plus sages divisions.

Nous insistons sur Vincent de Beauvais pour inspirer au lecteur la confiance dont il est digne dans le cercle des matières que nous traitons. Chose singulière et qui démontre à quel point le symbolisme était oublié et restait inaperçu même de ceux qui comprirent mieux le génie méthodique et froidement calculateur de l'illustre encyclopédiste : avant M. Didron, qui, en 1843, publia ses importantes recherches sur l'*Iconographie chrétienne*, personne n'avait remarqué le mérite acquis par notre moine du treizième siècle, quand il avait songé à unir, par ses ingénieux rapprochements, les vérités de l'ordre moral à la pensée de Dieu, et par conséquent à la vie de l'homme, pour qui la morale a été faite... C'est que, dans ce temps-là encore, on regardait assez volontiers comme des rêveries tout ce qui aurait donné un sens à ces personnages, à ces fleurs, à ces animaux que l'antiquité n'avait cependant pas dédaignés et qu'avaient reconnus pour autant de symboles les plus célèbres écrivains. A voir combien y tenaient pourtant ces doctes hommes du moyen âge, comme ils surent immiscer un si précieux moyen à l'enseignement de la religion, on serait tenté d'appeler une hérésie cette résistance systématique et par trop opiniâtre de quelques esprits antisymbolistes malgré tout. Nous les engageons particulièrement à lire Vincent de Beauvais. Outre qu'ils y verront, dans un ordre bien supérieur et dans un cadre savamment élaboré, toutes les théories antérieures des interprètes et des théologiens, ils seront étonnés d'apercevoir dans cette foule de belles intelligences qui s'abreuvaient à la coupe du Christianisme, les philosophes eux-

Cet auteur, trop peu connu, résume tout le symbolisme iconographique du moyen âge.

Comment il adopte dans ce but les données populaires des savants.

mêmes que le paganisme revendique comme ses plus glorieux soutiens : Plutarque et Sénèque, Pline et Esculape, Virgile et Suétone se rencontrent là sur la même ligne que S. Ambroise et S. Jérôme, S. Basile et S. Grégoire le Grand, Walafride et Raban-Maur, Pierre Damien et Thomas de Cantimpré (1). Bien entendu, l'habile compilateur s'occupe moins de réformer ces graves autorités que d'appliquer aux principes qu'il veut allégoriser les croyances populaires dont ils se sont faits les naïfs interprètes : les sciences d'observation atteignent si difficilement leur perfection possible, et il est d'ailleurs si facile à un écrivain qui développe une thèse de l'appuyer des arguments de ses devanciers ! Alors il s'agit moins de peser la valeur de ces arguments que les opinions qu'ils patronnent, et l'on ne pourrait pas arguer rigoureusement contre celui qui les répète de son ignorance ou de sa crédulité.

On n'a pas assez compris cette distinction, quand on a trop légèrement accusé les Docteurs du moyen âge ; et si l'on voulait bien examiner quel abus a été fait de cette critique inattentive, on serait forcé d'arriver avec elle à l'encontre de Montaigne, d'Amyot et de S. François de Sales, dont on détruirait bientôt le plus sûr attrait. Et encore quel charme n'y a-t-il pas dans ces fables populaires où les doctes se fourvoient, moins par simplicité que par complaisance, et dont ils n'usent jamais qu'au profit de l'âme ou de l'esprit !

Sa description de l'oiseau du Paradis.

Voulez-vous voir comment notre bon moine décrit l'oiseau du Paradis, fait son histoire et explique son nom ? C'est du *Livre de la Nature des choses* (2) qu'il tire ses renseigne-

(1) Autre laborieux dominicain contemporain de Vincent. Il passa les quinze ou seize premières années du treizième siècle à compiler en France, en Allemagne et en Angleterre une sorte d'encyclopédie, qui déjà avait tant de succès quand Vincent de Beauvais écrivit, que ce dernier ne cite jamais, à propos de ce livre, le nom de l'auteur, mais seulement le titre : *Ex libro de Natura rerum* : comme s'il n'était pas permis d'ignorer de qui ce livre pouvait être.

(2) Voir la note précédente.

ments : « Cet oiseau ne prend donc point son nom de ce qu'il vient du Paradis (ce que *d'aucuns auraient pu croire*), mais de sa remarquable beauté. Il est effectivement d'une si charmante apparence et de tant d'éclat qu'on ne sait comment définir sa couleur. Il est de la grosseur du cygne ; sa voix est si douce et a quelque chose de si pieux, qu'elle réveille aisément dans l'homme le sentiment de la dévotion avec la sainte joie qui l'accompagne. S'il tombe en captivité, il se prend à gémir et ne cesse ses plaintes que lorsque la liberté lui est rendue. Il aime les eaux du Nil ; on le rencontre rarement ailleurs. On trouve dans ces mêmes contrées d'autres oiseaux de couleur fauve, plus petits que la corneille ; on les nomme *du Paradis*, parce qu'on ne sait ni d'où ils viennent ni où ils vont. On ne sait rien de leurs amours ; seulement, à certaines époques, on les voit se rassembler pour des voyages lointains, et tout à coup ils disparaissent, sans qu'on sache où ils vont ni quand ils devront revenir (1). »

Ainsi deux idées se rattachent à un même nom donné à cet oiseau merveilleux : l'une, fort naturelle et toute simple, c'est qu'il est d'une magnificence qui fait penser aux beautés de l'existence éternelle ; l'autre est une allégorie prise d'une particularité des mœurs de cet animal : on ne sait ni d'où il vient ni où il va, et c'est là un trait de philosophie comme il s'en rencontre à chaque page de ces siècles de foi vive

---

(1) « Aves Paradisi sic appellantur, non quia de Paradiso sint, sed ob insignem pulchritudinem. Tanti enim sunt decoris et gloriæ, ut nullus eis color credatur esse. Magnitudo earum est ut anserum. Vox ita dulcis et pia, ut excitare possit in homine devotionem et gaudium. Si quando vero capta fuerit et illaqueata, gemit, nec cessat plangere donec reddita fuerit libertati. Super flumina Nili libenter habitat, et raro alias reperitur. Sunt et aliæ aves in eisdem partibus, eodem modo appellatæ, fusci coloris et subrutili, minores quam monedulæ. Aves autem *paradisi* vocantur, quia nescitur unde veniant et quo vadant... Non enim coïtus earum videtur ; sed certis temporibus aggregatæ, terras quas inhabitabant transituræ relinquunt, et sic recedunt. » (*Speculum naturale*, lib. XVI, cap. XXXIX.)

et de vie sérieuse. Nous verrions bien d'autres exemples de ce gracieux emploi du symbolisme s'il ne fallait nous borner.

Reproches injustes faits à son style prétendu barbare.

Finissons sur ce sujet en faisant observer combien peu est fondée aussi la critique faite du latin de Vincent de Beauvais par ceux mêmes qui lui ont rendu justice sur le reste. Qu'entendre par *latin barbare* sinon un idiome où les *barbarismes* fourmilleraient, où la phrase rude et saccadée, coupée au hasard et sans goût, serait à peine intelligible et n'exprimerait la pensée qu'en se hérissant des termes du populaire et des paysans? Or ce n'est pas ainsi que notre savant a écrit. Que son style n'ait pas la majestueuse prétention du siècle d'Auguste, où il n'est pas encore très-sûr qu'on ait parlé comme nous voyons qu'on écrivait, il est remarquable au moins par une charmante simplicité; il coule net et intelligible, sans aucun fracas de parole, mais faisant aussi bien comprendre la théologie que l'histoire naturelle. Moins concis mais aussi plus clair que Pline, il n'a pas les obscurités difficiles de ce grand modèle; il est plus harmonieux que lui, et si la phrase semble ordinairement prolixe dans l'auteur *français*, sans toutefois manquer d'une certaine élégance, un tel défaut s'explique d'abord par la loi qu'il avait dû se faire de copier ses autorités, dont la forme est fort souvent moins agréable que la sienne, et aussi par les exigences d'une langue qui tendait, dans sa transformation déjà sensible, à se dépouiller des inversions qui gênaient sa marche en entravant sa vivacité. Le style de ces

Beauté méthodique de son plan.

beaux livres n'a donc rien d'insupportable, comme on voudrait le faire croire; le fût-il, ce malheur serait encore racheté par l'ordre admirable si bien posé et si constamment suivi de ces immenses matériaux merveilleusement employés au plus bel édifice littéraire dont le moyen âge puisse jamais s'enorgueillir. Ce double mérite explique assez bien le succès et l'autorité dont le *Quadruple Miroir* a joui longtemps. Il fut, d'ailleurs, un des premiers livres imprimés, et la Bibliothèque de Richelieu en conserve à elle seule quatre exemplaires manuscrits (1).

Le treizième siècle, nous l'avons dit, se signala plus que tout autre par l'ardeur de ces travaux de *physiologie*, et les premiers bégaiements de la langue française leur furent consacrés dans les poésies rimées des trouvères. L'un des plus connus de ces poèmes est le *Livre de Clergie*, qui est appelé « l'image dou monde. » Les manuscrits s'en sont multipliés et ont singulièrement varié la traduction faite du latin sur un auteur inconnu par divers rimeurs aujourd'hui fort peu célèbres. Ces noms obscurs prennent plus d'importance de cette entreprise que d'eux-mêmes, qui ne se sont signalés par aucun autre travail. Le fond de ce livre ne diffère pas des autres encyclopédies : c'est toujours le même examen des mystères de la nature, mêlé aux traditions plus ou moins étranges et souvent fantastiques du douzième siècle et des précédents. Ce sont les auteurs latins et grecs, fameux dans la philosophie et l'histoire naturelle, qui font les frais d'ensemble, et l'on pense bien qu'au milieu de tant de science, vraie ou hasardée, le symbolisme a encore sa plus belle part de vie. Ce poème n'a pas été imprimé, et nous pourrions regretter que M. Leroux de Lincy, qui en a parlé savamment, n'en eût mêlé aucune citation à son intéressante analyse, si nous ne pouvions recourir, pour nous en dédommager, au *Monde enchanté*, où M. Ferdinand Denys a fort bien prouvé que le *Clerc* était un symboliste de première force (2).

L'anonyme du *Livre de Clergie*; autre encyclopédie moins vaste, mais tout aussi symboliste.

(1) Ce sont les numéros de 4898 à 4902. — Le grand travail de Vincent fut divisé par lui en quatre parties, qui se suivent dans l'ordre méthodique et très-rationnel des connaissances humaines. Ce sont : 1º le *Speculum naturale* ; 2º *Speculum morale* ; 3º *Speculum doctrinale* ; 4º *Speculum historiale* ; et le tout se relie dans un ensemble intitulé : *Speculum majus*, ou *Miroir général*. C'est une chaîne scientifique dont chaque anneau tient au suivant par les plus logiques déductions, et qui ne remplit pas moins de dix volumes in-folio, imprimés pour la première fois, à Strasbourg, en 1473; la dernière édition fut faite en 1624, à Douai, par les dominicains de cette ville.
(2) Voir M. Ferdinand Denys, *Le Monde enchanté*, charmant petit

> S. Thomas d'Aquin, et sa théologie.

Vincent de Beauvais n'avait précédé que de douze ou quinze ans dans la tombe un homme dont la perte fut bien plus sensible encore à l'Église, dont la doctrine s'était comme personnifiée en lui. Ami, comme Vincent, du saint roi Louis IX, S. Thomas d'Aquin puisait aussi à la belle bibliothèque du prince, qui recherchait leurs conversations, aimait à les voir résumer ces trésors et à s'inspirer de leurs pensées. Thomas, en s'élevant plus haut, et demeurant bien au-dessus de Vincent qui dominait tout de la splendeur de sa science, eut la gloire de s'immortaliser dans cette branche des connaissances humaines qui ne varie point parce qu'elle atteint à une certitude divine. Ce qui

> Il associe la philosophie à la théologie, qui la domine cependant;

touche à l'homme physique et à ses sensations ici-bas, quelque prix qu'on puisse y mettre, de quelque noble importance qu'on le revête en le rapportant à Dieu, est borné cependant, et soumis à ces lois du progrès dont la frivolité mondaine fait trop souvent l'unique but de l'humanité. La théologie, au contraire, stable et ferme dans sa marche, est et sera toujours ce qu'elle a toujours été, immuable comme la vérité, inébranlable comme Dieu, dont elle révèle les mystères et manifeste les commandements. La gloire de S. Thomas fut d'allier à la théologie catholique les données de la philosophie, d'éclairer ainsi la raison par la foi, et d'élever l'une en l'aidant de l'éclat de l'autre, de telle sorte toutefois qu'au lieu de créer entre elles une concurrence qui les rendît égales (comme le voudraient encore un trop grand nombre d'esprits qui changeraient bientôt, pour la plus digne des deux, cette égalité en servitude), ce fût la plus digne qui l'emportât et fît de l'autre, son humble et heureuse servante, un simple moyen d'exposition, comme l'avait dit un illustre Docteur (1). Jusqu'à

livre où se trouvent rassemblées sous un mince volume les plus intéressantes notions sur les choses du moyen âge, p. 317 et 319; il y donne en partie l'article publié par M. Leroux de Lincy dans le *Bulletin du Bibliophile*.

(1) « Philosophia, ancilla theologiæ. » (S. Anselme.)

S. Thomas, Platon, qui avait dominé dans les écoles païennes par l'influence d'une métaphysique erronée; Aristote, qui, tout en avouant l'unité de Dieu, prêchait néanmoins le polythéisme pratique comme plus conforme aux intérêts des passions (1), avaient été tour à tour acceptés et combattus par les chrétiens. Ce dernier surtout, bien connu pour le secours qu'il prêtait à l'erreur, était appelé par Tertullien « le Patriarche des hérétiques (2). » Ces grandes et justes sévérités l'avaient depuis longtemps fait exclure des écoles. Durant les croisades, on le vit reparaître à la faveur des relations créées entre l'Europe et les Arabes; mais de nouveau il fallut remédier aux abus de sa doctrine, et ses écrits furent condamnés en 1209 par un concile de Paris (3). Cependant on abusait encore, par une certaine activité studieuse devenue générale, de la confiance qu'avaient inspirée les éléments de discussion qu'offrait le philosophe grec contre les mahométans et les juifs; lorsque S. Thomas, donnant à la théologie une forme nouvelle, tourna au profit de cette science la doctrine épurée des péripatéticiens, et, pour en dégager l'enseignement de toute subtilité dangereuse, il la réduisit à des propositions

mais il réduit Platon et Aristote à un rôle plus acceptable à la religion.

Dangers de la philosophie d'Aristote, signalés par Tertullien.

---

(1) En effet, il résulte de la lecture des principaux traités du philosophe que la vertu n'est que le soin de maintenir une sorte d'équilibre entre les passions, et que l'utilité est la première règle de la société humaine. On va loin avec de tels principes, et la société moderne en sait quelque chose !

(2) Non pas en ces termes mêmes, qu'on est trop accoutumé de citer sans les avoir vérifiés, mais en une phrase énergique où le sens de ce reproche se trouve éloquemment développé : « Ipsæ hæreses a philosophia subornantur. Inde Eones et formæ nescio quæ, et trinitas hominis, apud Valentinum : Platonicum fuerat. Inde Marcionis Deus melior de tranquillitate : a Stoicis venerat. Et ut anima interire dicatur, ab Epicureis observatur... Miserum Aristotelem ! qui illis dialecticam instituit, artificem struendi et destruendi, versipellem in sententiis, coactam in conjecturis, diram in argumentis, operariam contentionum, molestam sibi ipsi!... Quid ergo Athenis et Hierosolymis? quid academiæ et Ecclesiæ? quid hæreticis et christianis? » (Tertull., *De Præscription. hæreticor.*, cap. VII ; mihi, t. I, p. 400, sub fine.)

(3) Voir Labbe, *Concil. Paris.*, ad ann. 1209.

syllogistiques, telles que la dialectique d'Aristote, nette et absolue, était seule capable de les formuler. Presque simultanément à S. Thomas, Albert le Grand et Alexandre de Halès s'attachèrent à resserrer ainsi l'emploi du raisonnement en théologie; et comme S. Thomas a pu élever, dans sa *Somme*, le plus parfait monument qui ait encore existé sur ces matières, c'est à lui qu'est resté surtout l'honneur d'avoir imbu l'enseignement public de cette méthode qu'on a appelée scolastique, objet d'une estime d'autant plus méritée qu'avec elle se réduisent à rien les habiletés trompeuses de l'hérésie, forcée dans ses derniers retranchements, et incapable de s'y abriter sous des sophismes. On a traité de sécheresse insupportable cette rigoureuse sévérité d'expression qui désolait Luther en ses jours de révolte, et à laquelle il préférait les divagations de l'injure et de la mauvaise foi ; mais c'est précisément cette raison qui fera toujours préconiser la méthode du saint religieux dans les écoles catholiques. Les esprits sérieux, qui voient dans les choses au delà de leur superficie, ont reconnu dans ce nouveau langage de l'École, logique par la simplicité de sa forme, philosophique par la simple énergie de son argumentation, ce don excellent de clarté et de précision indispensable à l'énonciation des vérités les plus hautes (1). A l'aide de ce langage, qui n'a plus rien des séductions classiques sans doute, mais qui gagne, en s'en dégageant, une allure à lui, qui va droit au but et se rend également propre à l'attaque et à la défense, on sait toujours d'où l'on part, on voit toujours où l'on pourra s'arrêter. Déduire des conséquences de principes certains par des raisonnements justes, n'employer que des termes nettement définis, n'arriver à l'inconnu que par des faits déjà appréciés, c'était appliquer la méthode géométrique à la théologie. Qui pour-

---

(1) Voir l'éloge de la scolastique, par M. Barthélemy Saint-Hilaire, cité par M. le chevalier Artaud, *Histoire de la Vie et des OEuvres de Dante,* p. 258 et suiv., in-8º, Paris, 1841.

rait s'en plaindre parmi ceux qui se vantent d'aimer la vérité, et qui ne voient rien, quoique bien à tort, au-dessus des certitudes mathématiques?

Cette digression, qui semblera peut-être un peu longue, nous la devions à l'angélique Docteur à qui les attaques des dyscoles ont été si souvent prodiguées; car la gravité de sa science, l'austérité rigoureuse de sa méthode n'ont rien ôté à l'agrément de son esprit, et les hauteurs où il plane dans ses admirables écrits ne l'empêchent pas d'accepter comme moyen dans sa chaire de Cologne ou de Paris la ressource plus riante du symbolisme. Il se fût bien gardé, le grand et doux génie, de renoncer à user de l'esthétique, comme les Pères et les Docteurs! Comme eux donc, dans ses Commentaires sur l'Évangile et sur S. Paul, il admet le sens mystique; il voit Jésus-Christ dans Joseph, dans Isaac. Salomon est une figure du Sauveur, et la splendeur de son règne annonce positivement ces richesses infinies *du Règne qui n'aura point de fin*. S'il ne consent pas facilement à prendre ses arguments théologiques dans le sens purement spirituel de l'Écriture, et se sert peu de l'anagogie pour prouver les vérités de la foi, il n'en reconnaît pas moins explicitement qu'en prenant avant tout pour base le sens historique ou littéral, il faut y ajouter ensuite le sens spirituel qu'on peut s'efforcer d'y découvrir (1). On trouve dans ses *Opuscules* un traité sur le nombre *quatre*, dont il explique le mysticisme. Il ne néglige point, à l'occasion, de rétablir le vrai sens naturel de la Bible, quelquefois altéré par les divers traducteurs, comme il le fait, par exemple, à propos des *cornes* de Moïse, qu'il traduit par des *rayons*, se plaignant de ces cornes que certains peintres s'ingénient à représenter sur le front du grand homme au lieu de cette splendeur d'une lumière

Le symbolisme pratiqué par S. Thomas.

Les cornes ou les rayons de Moïse.

---

(1) Voir *Summa theologiæ*, pars 1, quæst. CII, art. 1; ou la traduction de Drioux, II, 334.

surnaturelle qui intimidait les enfants d'Israël (1). Il y a là un enseignement que les peintres ne devraient pas oublier ; et quoique, d'après Raban-Maur, qui explique ces deux cornes des deux Testaments, cette représentation fût assez commune dans le neuvième siècle, et qu'au treizième on la retrouve deux fois dans une même verrière de la cathédrale de Bourges, il semble plus conforme au sens direct d'exprimer ce rayonnement dont parlent les pages saintes, et qui, en effet, a bien plus de convenance et de dignité (2).

<small>Office du Saint-Sacrement; mérite de cette magnifique composition.</small>

Il faudrait faire un livre pour résumer tout ce que la science du symbolisme aurait à glaner dans les écrits du sublime Docteur ; mais il suffit d'en citer quelques fragments pour établir combien son esprit et son cœur surent comprendre cette méthode interprétative, qu'on ne trouve nulle part plus touchante et plus sûre que dans son splendide *Office du Saint-Sacrement*. En 1264, le pape Urbain IV se disposait à décréter cette magnifique solennité et chargea le saint religieux d'en composer la liturgie : celui-ci s'en acquitta en homme capable de comprendre une telle tâche. Le choix qu'il y fit des psaumes prophétiques, les allégories sacrées qu'il sut trouver dans l'Ancien Testament au plus auguste Mystère de l'Église, l'admirable concordance qu'il établit dans les répons de matines entre les figures de l'ancienne Loi et les réalités eucharistiques de la nouvelle, n'y sont pas moins remarquables que l'étonnante précision du dogme jointe à l'onctueuse piété de ses hymnes. Celles-ci sont particulièrement belles d'une noble

---

(1) « Littera nostra habet (*Exod.*, XXXIV) quod Moyses habebat *faciem cornutam*. Ita quod non possent filii Israel prope accedere. Alia littera (les Septante) habet *faciem splendidam*, quod melius dicitur. Non enim intelligendum est eum habuisse cornua ad litteram, *sicut quidam cum pingunt* (voilà un texte contemporain des *Vitraux de Bourges*) ; sed dicitur *cornula* propter radios qui videbantur esse quasi quædam cornua. » (S. Thom. Aquin., *In Epist.* II *ad Cor.*, III, lect. II.)

(2) Voir ci-dessus, p. 75.

et chaleureuse poésie qui n'est entravée dans ses religieux élans ni par le rhythme varié selon le besoin de la pensée et du sentiment, ni par les exigences des dogmes définis auxquels il plie le génie de la langue latine sans lui ôter rien de sa clarté et de son allure propre. Quelle majesté d'exposition dans son *Lauda, Sion !* quelle abondance d'idées et d'images! Comme il y relève l'excellence de la nouvelle Table, de la seconde Pâque, et de la Vérité qui dissipe les vieilles ténèbres du monde! C'est le Pain des Anges qui devient la nourriture des voyageurs de la terre, le vrai Pain des enfants qui ne se prodigue pas aux étrangers, qu'avaient figuré le sacrifice d'Isaac, l'Agneau pascal, la manne semée dans le désert... C'est le Bon Pasteur lui-même, toujours prêt à rassasier ses brebis, à les fortifier du Pain de son amour (1). Quelle beauté de sentiments et d'expressions !... Et quand va mourir « ce penseur gigantesque en qui se résume toute la science des siècles de foi, dont la grandiose synthèse n'a pu être égalée par aucune tentative postérieure, et qui, tout absorbé dans l'abstraction, n'en est pas moins un admirable poète (2) », c'est encore, au milieu de ses ardents désirs vers le ciel, une touchante et poétique allégorie qui exprime ses dernières espérances : « Venez, ô mon Bien-Aimé, et sortons ensemble aux champs éternels (3); » —c'étaient les paroles du Cantique qu'il venait de commenter, à la prière de ses frères. Qui, mieux que lui, pouvait savoir, aux confins de

---

(1) In hac mensa novæ Legis
Novum pascha novæ Legis
Phase vetus terminat.

Vetustatem novitas,
Umbram fugat Veritas,
Noctem lux eliminat.

(2) Voir M. de Montalembert, *Introduction à la Vie de Ste Élisabeth*, p. LII.

(3) « Veni, dilecte mi, egrediamur in agris .. Mane surgamus ad vineas; videamus si floruerit vinea. » (*Cant.*, VII, 11.)

l'exil, ce qu'étaient ces campagnes célestes, radieuses des feux du soleil impérissable, ces vignes odoriférantes du Père de famille, à la possession desquelles il avait tant aspiré (1)? N'était-ce pas lui à qui le Seigneur demandait en une extase ce qu'il voulait pour avoir si bien disserté des choses divines, et qui put répondre sans hésiter : « Vous seul, ô mon Dieu, et pas autre chose que vous (2) ! »

Malabranca, et la Prose des Morts. N'oublions pas, dans cette période que nous examinons, l'auteur si universellement admiré de notre belle prose des Morts, attribuée par quelques-uns à S. Bernard, par d'autres à S. Bonaventure, et enfin à Humbert de Romans, général des Dominicains, mais qu'on donne plus généralement au pieux cardinal MALABRANCA, mort en 1294. Quel que fût le beau génie qui nous légua ce poème si vigoureux et si tendre, si terrible et si humble à la fois, il serait encore de notre treizième siècle, puisque S. Bonaventure mourut la même année que Malabranca, et Humbert deux ou trois ans après. Cette mélancolique expression des tristesses de l'âme repentante a toujours été regardée comme un chef-d'œuvre tant de la pensée chrétienne que du chant tout symbolique dont elle a su doubler sa puissance. Elle est une preuve de plus qu'un style dont la simplicité n'exclut en rien la limpidité de la pensée n'empêche pas celle-ci de s'élever jusqu'au sublime, que sans doute elle n'eût pas atteint en dissimulant sous des formes recherchées la sombre austérité de ses funèbres avertissements. Là aussi règnent, au milieu d'images fidèles des terreurs du dernier jour annoncé par la Vérité divine, les symboliques figures que la poésie chrétienne a livrées si souvent au ciseau des sculpteurs et à

---

(1) « Simile est regnum cœlorum patrifamilias qui exiit conducere operarios in vineam suam... Ite et vos in vineam meam, et quod justum fuerit, dabo vobis. » (*Matth.*, XX, 1 et 4.)

(2) « Bene scripsisti de me, Thoma. Quam mercedem accipies? — Non aliam nisi te, Domine ! » — Voir Ribadeneira et les autres hagiographes.

la palette des peintres. Cette trompette dont parle S. Paul, aux sons éclatants, dont le merveilleux retentissement réveillera les tombeaux de tous les peuples et les pressera devant le trône de Dieu (1) ; cette épouvante subite de la nature interpellée et forcée de répondre à son Créateur (2) ; ce Livre ouvert où apparaîtront les motifs nombreux de la sévérité ou de la miséricorde du Juge (3) ; ces boucs et ces brebis placés à gauche ou à droite de ce magistrat souverain (4) ; ces flammes *âcres* et pénétrantes dont le coupable

---

(1) « Resurgemus... in momento, in ictu oculi, in novissima tuba. Canet enim tuba, et mortui resurgent incorrupti. » (1 *Cor.*, xv, 52.) — Cette trompette est ici toute métaphorique, au sentiment des interprètes, tels que dom Calmet, Sacy, Ménochius et autres, quoiqu'on puisse croire, avec S. Grégoire le Grand et S. Anselme, suivis par Corneille de La Pierre, qu'il s'agit d'une trompette réelle ou d'un son qui en aura la force et l'éclat. Ce qui est certain, c'est que Notre-Seigneur annonce lui-même ce son dans les mêmes termes (*Matth.*, xxiv, 31) ; que S. Jean le reproduit dans l'Apocalypse (*Apoc.*, I, 7), et que l'Apôtre le répète dans sa 2ᵉ épître aux Thessaloniciens (iv, 15). — Notre poète s'est admirablement emparé de cette saisissante image, et a créé en trois rimes énergiques un tableau complet de cette grande scène de la résurrection :

> Tuba mirum spargens sonum
> Per sepulcra regionum,
> Coget omnes ante thronum !

Quel bonheur d'harmonie imitative, et par conséquent de symbolisme littéraire dans ces majestueuses consonnances, les plus graves de la langue latine, et que le chant chrétien fait si bien valoir ! Nous ne parlons pas des efforts de tant de maîtres plus ou moins célèbres, pour remplacer ces solennels gémissements de la note ecclésiastique : il est des choses qu'on ne devrait jamais tenter d'imiter, et qu'on est convaincu de ne pas sentir dès qu'on ose se promettre de les surpasser.

(2)
> Mors stupebit, et natura,
> Cum resurget creatura,
> Judicanti responsura.

(3)
> Liber scriptus proferetur,
> In quo totum continetur,
> Unde mundus judicetur.

C'est encore le livre de l'Apocalypse. — Voir ci-dessus notre explication des chapitres x, xiii, xvii et xx.

(4)
> Inter oves locum præsta
> Et ab hædis me sequestra,
> Statuens in parte dextra :

Souvenir de la parole du Christ : « Statuet oves quidem a dextris suis, hædos autem a sinistris. » (*Matth.*, xxv, 33.)

craint déjà de se voir pénétrer (1), ne sont-ce pas autant de types effrayants, réalisant toutes les menaces de la Justice éternelle, et ne les retrouvons-nous pas aux tympans et aux verrières de nos églises, aux pages de nos manuscrits, élaborés en ce même temps? L'art tout entier, avec ses plus vives expressions, converge donc, à cette magnifique période du moyen âge, vers la gloire de Dieu : architecture, sculpture, poésie, musique,

> Tout prend un corps, une âme, un esprit, un visage ;

tout se symbolise, en un mot, selon les besoins les plus élevés de l'humanité.

S. Bonaventure, et ses Opuscules moraux.

Nous aurions à parler ici de S. BONAVENTURE, enlevé à l'Église de la terre en 1274, la même année que S. Thomas d'Aquin, et pendant le concile de Lyon, où ce dernier, prévenu par sa dernière heure, ne put même pas arriver. Mais une analyse de ses œuvres, fort considérables, nous ramènerait nécessairement à des observations que la nature de ses travaux nous aurait déjà inspirées. Ses Commentaires de l'Écriture, ses Sermons, ses opuscules moraux, sont empreints d'une piété affectueuse qui s'est toujours épanchée plus volontiers que la science même sur les douces allusions dont les Livres saints surabondent. Nous le verrions prodiguer le symbolisme d'une angélique tendresse au Dieu qu'il préfère à tout (2). Nous nous arrêterons mieux à indiquer deux hommes devenus célèbres par des titres différents, et qui, seuls à peu près connus dans leur genre, complètent les variétés de la science symbolistique en s'occupant de la liturgie dans ce qu'elle a de plus mystique et de

---

(1) Confutatis maledictis,
Flammis acribus addictis,
Voca me cum benedictis.

(2) « Dulcissime Domine Jesu, dulcedine saporis tui repleantur viscera animæ meæ. Te semper sitiat fontem vitæ, fontem sapientiæ et scientiæ, fontem æterni luminis, torrentem voluptatis, ubertatem domus Dei. » (S. Bonavent., *Oratio post missam*, in Brev. rom.)

plus significatif, et de l'hagiographie en ce qu'elle a de plus populaire du treizième siècle au seizième.

GUILLAUME DURANT, évêque de Mende de 1287 à 1296, année de sa mort, s'était adonné aux sciences ecclésiastiques, et avait composé sur le droit judiciaire un traité qui lui fit donner le surnom de *speculator*, par allusion à ce livre décoré du titre de *Speculum judiciale*. C'est son plus bel honneur dans l'Église que d'avoir été un canoniste judicieux et un habile négociateur. Comme liturgiste, il brille moins ; et si notre âge, qui revient aux études trop longtemps oubliées du catholicisme, parle beaucoup de lui à ce dernier titre, c'est qu'il est à peu près le seul qu'une sorte de hasard ait présenté d'abord à des esprits fort peu capables d'en peser la valeur relative. Cependant le digne successeur de S. Privat et de S. Séverin n'était pas au-dessous des Docteurs de son temps, et sa science lui avait fait confier par plusieurs Papes les plus honorables charges ecclésiastiques (1). Héritier des doctrines de tant de symbolistes, assidu à la lecture des Pères et des écrivains sacrés, son goût ne le porta pas moins vers la liturgie que vers le droit, et il en composa une *Somme* dont l'ensemble est le plus vaste cadre qui ait été entrepris sur ces matières. Il l'a

Durant, évêque de Mende, et son *Rational*.

---

(1) Voir Du Temps, *Le Clergé de France*, t. I, p. 254. — Cet auteur s'obstine à nommer Durant *Duranti*, par la même faute qui lui fait désigner le pape Clément IV, compatriote et ami de Durant, sous le nom de Guy *Focaldi*. Toutes les chartes à cette époque portent les noms de leurs signataires au génitif : ainsi *Duranti* pour *Durantus*, *Focaldi* pour *Focaldus*, Foucaud, parce que ces noms sont presque toujours précédés du mot *signum* ou *sigillum*, signature, sceau, que très-souvent même on se contentait d'y indiquer par un S ou d'y sous-entendre. Mais dans l'usage de l'histoire il faut rendre à ces noms leur terminaison nominative, ce qui leur évite d'être défigurés, comme Durant l'a été bien ailleurs. Quelquefois on sous-entendait aussi le mot *filius*, qui supposait encore un génitif, et il est certain que les premières éditions du *Rationale* portent : *Per magistrum Guillelmum Duranti*, en particulier la nôtre, qui est de 1494. On peut en conclure que le père de Durant portait le même nom que lui, ce qui avait commencé à se faire dès le treizième siècle.

divisée en huit livres où il s'étend sur chacune des particularités du cérémonial catholique, les distinguant par rapport aux personnes et aux choses, parlant successivement des lieux sacrés, des divers degrés de la cléricature, des vêtements sacerdotaux, de la Messe et des autres parties de l'Office, des fêtes de l'année chrétienne, et enfin de la connaissance du calendrier. Dans cette longue énumération de tout ce qui se rattache au culte, il n'oublie rien, il donne raison de tout, car il écrit un Rational, *Rationale Divinorum Officiorum*. Il procède sous les auspices des plus graves autorités des siècles passés, il s'appuie même sur les Livres saints, et alors sa marche est plus sûre, sa doctrine n'est mélangée d'aucune incertitude. Il n'en est pas ainsi quand il s'explique de lui-même et se livre à des imaginations qui ne peuvent plus avoir le même crédit, parce que l'exagération s'y introduit et ne donne souvent que des conjectures frivoles à la place de respectables vérités. Ceux donc qui ont cru, en s'occupant de la traduction de ce livre, publier une nouveauté et des documents jusqu'à nous inconnus, et surtout une suite d'assertions incontestables, se sont fortement trompés. Ils eussent pu lire dans S. Grégoire, dans le V. Bède, dans S. Isidore de Séville, dans Hugues de Saint-Victor, dans Raban, dans Innocent III et tous les auteurs qui ont traité des divins Offices, les observations qui les étonnent si fort, et ils reconnaîtraient que, pour bien comprendre Durant, il faudrait d'abord les avoir lus.

Quoi qu'il en soit, il ne faut pas non plus se trop grossir les objections contre ce qu'il a de personnel. La science symbolistique a le droit, comme toutes les autres, de juger par des analogies, et nous montrerons de reste que ce moyen mène souvent à de véritables découvertes. Aussi le *Rational* de Mende aura-t-il toujours son utilité pour l'étude du symbolisme liturgique : il résume tout le moyen âge dans sa théologie mystique des Sacrements, de la prière, du culte et des meubles sacrés. C'est bien quelque chose, et, en présence de ces avantages, on craindra moins d'accepter de sa part quelques erreurs bientôt détruites par la comparaison facile de ses principes avec ceux émis sur les mêmes matières depuis les Apôtres jusqu'à lui. On lui permettra même de temps en temps d'innocents calembours, qui ne font rien au fond des choses, et qui semblent destinés à diminuer la teinte nécessairement un peu monotone d'un écrit didactique (1).

Mais n'est-il pas d'accord avec tout le monde, par exemple, quand il veut qu'à chaque objet, à chaque ornement servant au culte soit attachée une signification mystérieuse (2)? C'est le langage habituel des Pères, dont nous avons vu les graves et nombreux témoignages. Le blâmera-t-on davantage s'il voit une figure de l'Église dans ce champ mystérieux dont l'odeur saisit Isaac à l'approche d'un fils qu'il va bénir (3), s'il en donne pour raison que dans cette Église, en effet, est le véritable champ paré des fleurs du printemps, enrichi de toutes les splendeurs de la vertu et des bonnes œuvres, dont les martyrs sont les roses, où les vierges représentent les lis, les confesseurs les violettes, et qui trouve sa verdure dans les heureux néophytes qui y viennent de toutes parts (4)? En admettant qu'il n'emprunte pas ce poétique énoncé de son opinion à quelque symboliste antérieur, ce qui n'est par sûr (5), pourquoi lui en

---

(1) Par exemple quand il parle du serviteur de S. Martin, achetant à regret un vêtement pour un pauvre sur l'ordre de son maître : ce vêtement étant trop court, notre auteur joue sur le mot *penula* : « Quo fere penula, quasi *pene nulla* poterat dici. » (*Rationale*, p. 252 ; *mihi*.)

(2) « Quæcumque in ecclesiasticis Officiis, rebus ac ornamentis consistant, divinis plena sicut signis atque mysteriis, ac singula sunt cœlesti dulcedine redundantia, si tamen habeant diligentem inspectorem qui norit mel de petra sugere, oleumque de durissimo saxo. » (*Ration. div. Off.*, f° 1, in-4°, 1494.)

(3) « Ecce odor filii mei sicut odor agri pleni. » (*Gen.*, XXVII, 27.)

(4) « Hic ager est Ecclesia, quæ floribus vernat, virtutibus splendet, operibus flagrat. Ubi sunt rosæ martyrum, lilia virginum, violæ confessorum, et viror incipientium. » (*Ration.*, lib. I, f° XIX.)

(5) S. Grégoire, Raban-Maur, S. Eucher, les *Distinctions monas-*

chercherait-on querelle, puisqu'il est juste de tout point et n'a rien que de très-conforme aux procédés ordinaires de la science? Il est peut-être aussi coupable lorsque, parlant des cinq croix gravées sur la table des autels et ointes du saint chrême par le pontife qui la consacre, il donne pour raison de ce nombre *cinq* le souvenir des cinq plaies de Notre-Seigneur (1); ce sentiment paraît accepté cependant par les liturgistes (2). On recueillerait bien d'autres mystères tout aussi profonds si l'on s'en tenait à méditer ce que l'Église en dit Elle-même dans l'imposante consécration de ce meuble précieux (3). Mais, si nous ne voyons nulle part ailleurs ce qu'ajoute Durant à ces paroles si avouables, « que ces cinq croix désignent aussi les mouvements de compassion que nous devons ressentir des cinq blessures de l'Homme-Dieu, » en est-il moins vrai que c'en est une pieuse conséquence, et qu'en l'exprimant on ne sort nullement des théories générales d'un symbolisme respecté de tous? Allons plus loin, et accordons, sur quelques passages de son livre, que le studieux commentateur peut s'égarer quelquefois et même se contredire (4) : ce sont là des inadvertances pardonnables dans un ouvrage de longue haleine; mais ne perdons pas de vue, pour le justifier dans son ensemble, qu'il est toujours d'accord, à quelques singularités près, avec le sentiment unanime des symbolistes.

Au reste, ce livre avait su conquérir une belle réputation

---

tiques, peuvent être la source de cette pensée, d'après S. Méliton qu'ils ont commenté et qui a dit : *Campus, Ecclesia.*—Voir *Spicileg. Solesm.,* II, 127.

(1) « Quinque cruces de oleo significant quod memoriam quinque passionum Christi, quas pro nobis in cruce sustinuit, semper habere debemus... Designat etiam quinque passiones misericordiæ, quæ nobis sunt accessoriæ. » (Ibid., *Ration. div. Offic.*, f° XVIII.)

(2) Voir l'abbé Raffray, *Beautés du culte catholique,* t. I, p. 157.

(3) Voir *Pontificale romanum*, præfat. De Consecratione altaris, p. 427, in-12, Meckliniæ.

(4) Voir le P. Cahier, *Monographie de la cathédrale de Bourges,* p. 292.

dans le monde scientifique et s'est toujours fait lire avec intérêt, puisqu'il fut, en 1459, le premier qu'on imprima en caractères mobiles de métal (1). Les éditions s'en sont multipliées avec chaque siècle, et il est maintenant entre les mains de tous les érudits ; mais ils n'y doivent pas rechercher une exacte reproduction du cérémonial usité aujourd'hui dans la plupart des églises. De nombreux changements y sont survenus selon des besoins nouveaux ou par d'autres motifs toujours sagement tirés de ces usages locaux, de ces diverses institutions qui, sans nuire à l'unité mystique de l'Église, diaprent sa robe des charmes précieux d'une attrayante variété (2). Quelques pratiques ont même disparu, comme le bleu dans les ornements sacerdotaux. Il n'en est pas ainsi de ce qui regarde le culte des Saints, à l'égard duquel Durant ne néglige aucune occasion d'expliquer les détails qui s'y rapportent, et d'entrer même dans les considérations qui intéressent l'iconographie, qui découvrent le sens des parties importantes de l'Office, et indiquent avec une grande justesse d'intelligence la cause originelle des paroles qu'on y emploie. Là s'énumèrent aussi de nom-

(1) A la fin de cette édition, on lit cette note curieuse : *Præsens Rationalis divinorum Codex Officiorum venustate capitalium decoratus, rubricationibus distinctus, artificiosa adinventione imprimendi ac characterisandi absque calami exaratione, sic effigiatus et ad Eusebiam Dei industrie est consummatus per* JOANNEM FUST, *civem Moguntinum, et* PETRUM GERNSHEIM, *clericum diœcesis ejusdem, anno Domini millesimo quadringentesimo quinquagesimo nono, sexto die octobris.*
—Voir Daniélis Schœpflini, *Vindiciæ typographicæ*, p. 33 et 63.— Notre édition, plus jeune de 35 ans, s'extasie un peu moins sur ce que l'imprimerie avait eu de merveilleux à son berceau, mais la note finale n'en est pas moins intéressante. C'est un in-4° gothique, à majuscules enluminées comme la précédente, et terminé par ces mots : *Finit Rationale divinorum Officiorum ; quod antea mille locis depravatum obnixa elucubratione magistri Boneti de Locatellis Bergomensis correctum est ; et impressum per egregium virum dominum Perrinum Latomi, Bonifacium Joanns et Joannem de Villa veteri socios, anno salutiferæ Incarnationis* MCCCCXCIIII, *die* XXIV *aprilis.*

(2) « *Regina... in vestitu deaurato circumamicta varietate.* » (*Ps.*, XLIV, 10.)

breux motifs des légendes, une foule de traits sans lesquels on ne comprendra rien à l'étude de nos antiquités religieuses, et qui en peu de mots élucident plus d'obscurités que la froide science du naturalisme n'en saurait jamais débrouiller à grands renforts de phrases et de combinaisons. S'il vous parle de l'Annonciation, il expose comment cette fête convenait au printemps, où tout renait et met la nature en harmonie avec la bonne nouvelle de l'Évangile que le Fils de l'Homme allait donner à la terre (1). A propos de S. Jean-Baptiste, il constate qu'une vieille coutume fait porter, la veille de sa fête, des flambeaux embrasés, et qu'on allume des feux dans la campagne pour rappeler que le saint Précurseur s'était montré au monde comme une vive lumière, tout ardente du feu de la charité (2). Il donne aussi les raisons de chaque Office propre aux différents degrés de la hiérarchie catholique; il en fait ressortir la convenance; il en indique les diverses parties, et c'est là que maintes fois il diffère de nos bréviaires actuels, dont beaucoup de détails ont été depuis longtemps modifiés. Mais, en revanche, il mentionne certaines coutumes locales qui se remarquent en plusieurs Églises (3), et auxquelles chacune d'elles tenait

---

(1) « Competit autem hoc festum tempori veris : nam tempore veris Deus factus est homo, et omnia facta sunt nova. » (Durant., *ubi suprà*, f° CCXLI.) — Nous verrons bien d'autres symboles cherchés dans les fêtes chrétiennes.

(2) « Feruntur brandæ, seu faces ardentes, et fiunt ignes qui significant sanctum Joannem, qui fuit lumen et lucerna ardens. » (*Ibid.*, f° CCXLIII.) — Voici encore une coutume sur laquelle maintes plumes se sont exercées à chercher une raison historique, et que les paroles de l'Évangile eussent suffi à expliquer pour qui les eût connues : « *Multi in nativitate* ejus gaudebunt, » avait dit à Zacharie l'Ange qui lui annonçait la naissance du Précurseur. Les peuples ont pris ce texte à la lettre ; l'Église a fait de la Saint-Jean-Baptiste une de ses plus grandes fêtes ; et, sur ce que S. Jean l'Évangéliste dit de son homonyme, *Lucerna erat ardens et lucens*, on a célébré la fête par des feux de joie qui, de tout temps, furent un usage populaire.— Voir S. Luc, *Evang.*, cap. I, 14; S. Jean, v, 35, et ci-dessus, t. I, p. 30.

(3) Il s'élève ainsi d'avance, avec toute l'autorité d'un contemporain, contre le parti qu'on semble avoir pris de notre temps, en un trop

comme à des traditions pleines de vie et de sentiment. On reconnaît avec intérêt l'usage conservé jusqu'à la fin du dix-huitième siècle de baptiser par immersion, et de réserver, quelques jours d'avance, un certain nombre d'enfants pour les samedis de Pâques et de la Pentecôte, afin de garder sur ce point une trace de l'usage traditionnel de l'Église. L'auteur reporte aussi l'institution du baptême au moment où le sang et l'eau coulèrent du côté de Jésus-Christ sur la croix (1). Il accepte pour raison de la droite, donnée à S. Paul plutôt qu'à S. Pierre dans des peintures antiques et sur les sceaux de plomb de la chancellerie romaine, que la droite exprime l'immortalité, ou le ciel, et la gauche la terre, ou la mort. Son texte, il est vrai, serait un peu obscur s'il ne l'éclairait pas d'avance en attribuant, parmi les quatre Évangélistes, le côté gauche à S. Matthieu et à S. Jean, qui avaient été appelés à l'apostolat par Jésus-Christ lui-même, et la droite à S. Marc et à S. Luc, qui n'y vinrent qu'après (2).

La droite et la gauche attribuées à S. Paul et à S. Pierre, par Durant.

grand nombre de diocèses, de faire, au nom et sous le prétexte de la liturgie romaine, table rase de toutes les coutumes spéciales, de tous les usages locaux, ce que le Saint-Siége n'a certainement jamais exigé. Il sera toujours regrettable, à ce point de vue et à quelques autres, qu'une œuvre aussi sérieuse n'ait point été étudiée en quelques endroits aussi longtemps qu'elle l'eût mérité.

(1) « Baptisma Dominus instituit cum de latere suo sanguinem et aquam produxit, quod postea quasi lege edictali sanxivit, dicens : Nisi quis renatus fuerit ex aqua et Spiritu Sancto, non intrabit in regno cœlorum. Et ipse Dominus baptisatus est in sua passione. » (*Ration. divin. Offic.*, lib. VI, f° 199.) — Il s'en faut que ce soit le sentiment généralement reçu, et, quoiqu'on sache bien p'us la nécessité du baptême que le moment précis de son institution celle-ci, est antérieure à la passion du Sauveur. C'est l'opinion de S. Augustin et de la Tradition après lui.—Voir *S. August. Episc.* 265, edit. Bened.; et ci-dessus, p. 433.

(2) « Quatuor Evangelistæ... sunt etiam significati per quatuor annulos arcæ, qui aurei et rotundi erant. In auro claritas; in rotunditate, quæ initio caret et fine, designatur æternitas. Ipsi enim æternam Christi claritatem et claram æternitatem describunt. Per duos annulos a sinistris Matthæus et Joannes, qui ab ipso Christo fuerant edocti, significantur. Quidam tamen per duos annulos a sinistris Matthæum et Joannem, qui adhuc passibili et mortali adhæserant, accipiunt; per duos a dextris Marcum et Lucam, qui post ascensionem ei jam facto

Mais, si ce passage, qu'il rattache d'ailleurs d'une façon fort curieuse aux quatre anneaux d'or qui fermaient l'arche d'alliance, se ressent de la recherche dans laquelle on tombait alors quant à l'emploi du symbolisme, il faut lui accorder cependant qu'il n'invente rien, et que la même raison est reconnue par d'autres autorités, telles que S. Pierre Damien avant lui et Molanus longtemps après.

<small>Naïveté de ses légendes.</small>

Nous avons dit que les légendes trouvent aussi une place dans ce gros ouvrage. Le septième livre leur est consacré. Là encore, Durant a soin de rapprocher des faits les données mystiques. Sans doute, on peut l'y retrouver parfois avec ses idées personnelles, comme lorsqu'il applique à la Sainte Vierge des circonstances toutes relatives à Marthe et à Marie sœur de Lazare ; mais ce n'est là qu'un sens *accommodatice* donné à quelques textes scripturaires et dont le Missel romain avait donné l'exemple en appliquant à la fête de l'Assomption, bien antérieure au treizième siècle, le récit de cette contemplation de Marie-Madeleine aux pieds du Sauveur, où elle avait, disait le divin Maître, « choisi la meilleure part (1). » D'ailleurs, le sentiment de la piété domine assez dans ces observations d'une bonne foi naïve et d'une

---

immortali et impassibili adhæserunt, accipiunt. Per sinistram enim mortalitas, per dextram immortalitas designatur, secundum illud : Læva ejus sub capite meo et dextera illius amplexabitur me. Et propter hanc causam in picturis ecclesiarum Paulus ad dextram, et Petrus ad sinistram statuuntur Salvatoris, et in bulla papali caput Pauli a dextris crucis et caput Petri a sinistris. » (*Rationale*, ubi suprà, f° CCLV, De Evangelistis.) — Nous avons déjà parlé sur cette question de S. Pierre Damien, qui dit entre autres raisons : « Quia dextera significat vitam cœlestem, sinistra autem temporalem. Unde non immerito dexter locus Paulo tribuitur, qui vivens adhuc in cœlestia raptus est, ubi arcana audivit quæ non licet homini loqui, et ad apostolatum vocatus est, Deo jam glorificato. » (Molanus, *De Histor. sanct. imaginum*, p. 311.)

(1) « MARIA elegit meliorem partem quæ non auferetur ab ea. » (*Luc.*, X, 42.) — Il est clair qu'en pareil cas le nom sert à transporter à une autre personne qui le porte aussi les idées qui ne doivent historiquement s'attribuer qu'à la première.

candeur qui explique naturellement l'originalité de certaines opinions. Puis, il nous y apprend des choses assez généralement ignorées et qui peuvent lui mériter l'indulgence des rigoristes. Savez-vous pourquoi, au jour de l'Assomption, on bénissait des branches nouvellement cueillies, usage perdu sans doute depuis longtemps ? C'est parce que Marie a été comparée à la rose et au lis (1), et cet usage, dit le texte, fait sans doute allusion à un récit de la *Légende dorée* d'après lequel un Ange, apparaissant à la Mère du Sauveur, lui aurait donné une branche de palmier dont l'expansive influence devait dissiper l'aveuglement des Juifs (2).

Cette *Légende dorée*, en effet, livre curieux dont il est temps de parler, avait dû se répandre déjà à cette époque, puisque JACQUES *de Voragine* ou DE VARAZE, son auteur, était contemporain de Durant et ne mourut que deux ans après lui, en 1298. Selon l'usage de son temps, il était connu sous le nom du village de Voragine, entre Gênes et Savone, où il était né vers 1230. Son mérite le fit élever de sa cellule de dominicain à l'archevêché de Gênes, et, en s'y consacrant à la conduite de son troupeau, il put exercer son zèle à la composition d'écrits qui nous sont restés ; car, outre les *Légendes*, il a laissé une suite de Sermons assez considérables, où sa manière symbolique est celle que nous avons vue de toutes parts avant lui. Ses premières années, passées dans le cloître, avaient facilité son penchant à l'étude, et il s'était fait, dit-on, un recueil de maximes et autres passages tirés des Pères, et qui lui servit considérablement dans ses

Le B. Jacques de Varaze; analyse de sa *Légende dorée*.

---

(1) « Quare autem herbæ colligantur et benedicantur in hoc festo ? Ipsa Legenda dicat : Unde beata Maria comparatur rosæ et lilio. » (*Rationale*, ubi suprà, lib. VII, f° CCXLVI.)

(2) Jacob. de Voragine, *Legenda aurea* : De Assumpt. B. Mariæ Virginis. — C'est de là aussi que, dans quelques reliefs où sont sculptés les Apôtres accompagnant le corps de Marie au tombeau, S. Jean est représenté parmi eux portant une palme.

prédications (1). On reconnaît à ce trait l'habitude déjà si ancienne de ces compilations très-judicieuses, qui, nécessaires pour suppléer à un grand nombre de livres qu'il était impossible de copier en entier, perpétuèrent la science et maintinrent le symbolisme dans les siècles même les moins savants. Enfin il a aussi une *Histoire de Gênes* depuis son origine, mais laquelle, quoique estimée, ne peut nous occuper ici (2) : c'est à ses *Légendes* que nous devons notre attention. Peu nous importeraient les critiques amères et passionnées qu'en ont faites Baillet et d'autres hagiographes précurseurs de nos rationalistes, qui, sous prétexte de reconstruire l'histoire sacrée et profane, l'ont défigurée à force de sécheresse, au grand profit du parti janséniste ou gallican, et, par conséquent, aux applaudissements du protestantisme et de ses adeptes plus ou moins avoués (3).

<small>Attaques systématiques de Baillet et de Fleury contre cet écrivain.</small>

(1) Voir Rohrbacher, *Hist. de l'Église*, t. XIX, p. 347.
(2) Elle a pour titre : *Chronicæ Gennenses*, publiée par Muratori au tome XI de son grand recueil *Rerum italicarum scriptores*.
(3) Voir cette diatribe de Baillet dans ses *Vies des Saints*, t. I, introduction, n° XXXII. Cet auteur paraît fort satisfait de trouver, dans le nom du village dont sa victime était originaire, *Voraggio*, un très-pauvre jeu de mots qu'il jette au Dominicain du treizième siècle, comme s'il était un *gouffre* où toute son hagiographie s'engloutît sans forme ni discernement. En tout il se montre contre le pieux évêque d'une partialité révoltante ; mais on dirait qu'entre autres moyens de le venger de ses injures, son ardent contradicteur s'est plu à se tromper lui-même d'une manière évidente en plusieurs de ses plus importantes assertions. Ainsi il annonce que Jacques était né en 1292 et mort en 1298, à 96 ans ! — Admettant qu'il faille voir dans le premier chiffre une faute d'impression, et lire 1192, ce serait encore une grosse erreur, car les biographes s'accordent à placer vers 1230 la naissance du religieux ; il n'y a donc d'acceptable ici que cette date de 1298, qui fut bien celle où mourut notre écrivain, à l'âge de 68 ans. — Fleury, qui a bien eu aussi la manie d'une censure peu fondée sur une foule de choses et de personnes très-respectées dans l'Église, se montre beaucoup plus impartial, sinon toujours assez éclairé sur Jacques de Varaze. Il rend justice à sa vie édifiante dans l'épiscopat, à sa doctrine et à sa charité ; mais il ne parle pas de sa mort en odeur de sainteté, dont Baillet se moque, et à laquelle cependant les contemporains rendent témoignage. Tout en l'accusant, comme Baillet encore, de n'avoir écrit dans cette Légende qu'un livre tombé dans le mépris à cause de ses fables et de ses

LES ÉCRIVAINS DU TREIZIÈME SIÈCLE. 649

Pour juger sainement de la forme d'un livre, il faut se reporter au temps où il fut écrit, au goût littéraire qui dominait alors, et rechercher l'opinion qu'on s'en faisait généralement. Or il est de toute certitude que ces hagiographies, écrites sous le titre d'*Histoire lombarde* (1) ou *Légende des Saints*, reçurent, peu après leur apparition, le nom de **Légende d'or**, ce qui est bien plus que *Légende dorée*, comme on l'a traduit ensuite; que pendant quatre cents ans elles firent les délices de nos pères; que ce fut un des premiers livres sortis des presses allemandes, en 1474, et qu'on en fit plus de cinquante éditions dans les quinzième et seizième siècles : toutes choses qui prouvent assez combien peu on la dédaigna. Le superbe mépris que la philosophie de Luther et de Calvin est parvenue à inspirer pour ce qui touche à l'ordre surnaturel a trop fait confondre avec la niaiserie ce qui n'était réellement que la naïve simplicité d'une foi sincère; et si l'on est forcé de convenir, l'histoire en main, que l'auteur d'un livre quelconque a professé avec succès les hautes sciences; qu'il se plaça au rang des grands orateurs de son époque; qu'il remplit, jeune encore et à la satisfaction de tous, les premières charges de son Ordre dans lesquelles il fut continué dix-huit ans; s'il faut avouer que ce même homme, par des négociations habiles, sut réconcilier des souverains, mériter l'épiscopat, et s'acquitter de ses difficiles et redoutables devoirs jusqu'à s'y faire regarder comme un Saint, pourrait-on vouloir concilier avec tant de notes si honorables pour l'esprit et le cœur une note d'imbécillité dont on s'est trop plu à le poursuivre?... Sans doute il y a peu d'ordre dans les récits de sa *Légende*;

Éloges qu'il mérita cependant.

Comment s'ex-

étymologies ridicules, il le disculpe cependant par « le mauvais goût du siècle, » n'attaque en rien sa bonne foi, et lui trouve de l'esprit. (*Hist. eccles.*, ad ann. 1292.) — On aurait pu dire aussi que Jacques de Varaze était honoré comme bienheureux ; Pie VII l'a reconnu en 1816. En un mot, on eût été plus juste en se montrant moins sévère.

(1) *Historia Lombardina*, du territoire où elle fut écrite, Jacques ayant été provincial de la Lombardie et archevêque de Gênes.

plique son caractère de simplicité.

on y rencontre des étymologies plus que hasardées ; on peut lui reprocher une crédulité qui porte à sourire : ces énormes griefs prouvent tout au plus qu'il a manqué à l'élégance de la composition ; que de son temps on ne savait pas le grec, d'où presque toute la langue latine est tirée, et qu'enfin cet écrivain, dont la bonne foi du moins n'est suspectée de personne, imitait dans ses narrations par trop merveilleuses les historiens qui l'avaient précédé, et dont les livres étaient lus de tous, et probablement ouverts sur sa table. C'est un tort que s'étaient donné avant lui S. Grégoire de Tours dans ses *Chroniques* ; S. Grégoire, pape, dans ses *Dialogues*, et beaucoup d'autres, jusqu'à Durant de Mende et Vincent de Beauvais, ses plus proches contemporains. Ce tort pouvait bien venir aussi de ce que, maintes fois avant lui et de son temps encore, les visions prophétiques de l'Ancien Testament, les révélations accordées par Dieu à des âmes saintes dans l'ombre des cloîtres ou dans les solitudes des anachorètes, avaient fait l'objet de nombreux poèmes, devenus fameux dans tout le monde chrétien, et dont les mystiques imaginations, entourées des charmes de l'invention poétique, étaient passées dans les esprits avec les assertions mêmes de la vérité. Mais enfin, et indépendamment de ces explications qu'appuie sérieusement l'histoire de toutes les littératures, un esprit sage, pénétré des croyances du Christianisme, oserait-il bien, après y avoir réfléchi, traiter de préjugés les profondes convictions qui nous attachent aux faits merveilleux ? saurait-il bien tracer une juste limite entre les miracles vrais et les miracles possibles ? et serions-nous bien venus à prouver clairement la fausseté d'un fait qui étonne en acceptant tel autre qui nous étonne moins ? Pour juger sainement en de telles matières, ne faudrait-il pas beaucoup plus d'études et de véritable savoir que n'en ont ordinairement les antagonistes des miracles, et ces juges implacables sont-ils, en vérité, de graves et habiles théologiens ?

On convient que certaines questions de jurisprudence ne peuvent être résolues que par des jurisconsultes éprouvés ; et pour décider les plus hauts problèmes de la puissance divine, suspendant parfois à son gré les lois ordinaires de la nature, les moins instruits se font docteurs et se donnent le droit de prononcer!...

Pour nous, qui avons peut-être celui d'émettre un avis en des sujets de cette portée, et qui, au point de vue du symbolisme, devons plaider la cause des Légendes, puisqu'il leur doit très-souvent le fond de ses moralités, nous disons franchement notre pensée aux savants, dût-elle nous faire taxer d'une simplicité excessive. Une fois donnée la possibilité et l'existence des miracles, tels que l'Évangile en raconte ou que les plus irréfragables traditions les ont avérés, nous ne voyons pas qu'il y ait quelque chose de plus difficile à croire à l'égard d'aucuns faits de cette catégorie. Il ne s'agit donc pas de juger du plus au moins : un miracle ne coûte pas plus qu'un autre à la main qui peut les faire tous, et si l'on en peut accorder un, on peut en croire mille après mûr examen, sans trop compromettre une perspicacité ordinaire. C'est pourquoi nous croyons que nos *dénicheurs de Saints* se sont montrés bien aveugles ou bien ridicules, complices d'un parti ignorant ou malicieux ; et pourquoi aussi, par une conséquence logique de notre foi, nous aimons mieux croire, comme bien et dûment arrivés, des faits surprenants sans doute, mais très-semblables à une foule d'autres qu'un esprit raisonnable ne s'avise pas de contester. Les déistes ont eu beau formuler sur ce point leur opposition systématique, mille fois renversée avant et après Voltaire : il y a toujours eu des faits surnaturels, ménagés de Dieu pour confondre la raison humaine et soumettre sa foi aux enseignements de la vraie religion. Il y a dû avoir aussi de faux miracles, fictions inventées par des fauteurs de religions menteuses au profit de l'erreur qu'ils professaient. Maintes fois aussi ces miracles trompeurs ont eu quelques-

Défense des miracles contre les attaques du philosophisme.

uns des caractères de la vérité, comme ceux que les devins de Pharaon cherchèrent à imiter de Moïse (1), comme ceux encore que Simon le Magicien voulut opposer à S. Pierre (2). Mais en présence de pareilles séductions, l'illusion ne peut durer, et Dieu ne permet pas que le mensonge dissipe sa lumière éternelle. Ainsi les devins de l'Égypte, après avoir changé leurs verges en serpents, comme avait fait le vrai Prophète, les virent dévorer par l'unique serpent de celui-ci ; et cette destruction était un symbole très-connu et dont on savait parfaitement la signification par ce qui était déjà arrivé aux vaches maigres du songe de Pharaon (3). De telles merveilles étaient donc le fait du démon, qu'un pieux cardinal a si justement appelé *le singe de Dieu* (4).

Valeur peu solide des premiers critiques de la Légende dorée.

Cela dit, revenons à Jacques de Varaze, et convenons qu'il n'est pas aussi simple qu'il le paraît. Qu'il puisse manquer de critique aux yeux des moins prévenus ; qu'on lui reproche de jeter des fables au milieu d'histoires empreintes de la plus sainte autorité : les protestants, pour le dénigrer ainsi, ne sont venus, d'ailleurs, qu'après des catholiques d'assez grand renom, tels que Claude d'Espances, recteur de l'Université de Paris ; Louis Vivès, que son siècle ne sut comparer pour l'érudition qu'à Érasme et à Budé ; Melchior Cano, théologien aussi solide qu'élégant écrivain. Mais ces

---

(1) « Tulitque Aaron virgam coram Pharaon et servis ejus, quæ versa est in colubrum. Vocavit autem Pharao sapientes et maleficos, et fecerunt etiam ipsi *per incantationes Ægyptiacas et arcana quædam similiter*, projeceruntque singuli virgas suas, quæ versæ sunt in dracones : sed devoravit virga Aaron virgas eorum. » (*Exod.*, VII, 10.)

(2) Voir Arnobe, *In Gentiles*, lib. II; — S. Cyrille de Jérusalem, *Cateches.*, VI ; et les preuves de ce fait, d'après les auteurs anciens, dans Alban Butler (Godescard), *Vies des Saints*, t. IV, p. 531, in-8°, 1833.

(3) « Vaccæ... septem... fœdæ confectæque macie... devoraverunt (septem vaccas pulchras et crassas)... Respondit Joseph : Ubertatis magnitudine peritura est inopiæ magnitudo. » (*Gen.*, XLVI, 3, 31.)

(4) « Diabolus enim quasi simia contrafecit Dominum. » (Hug. Carensis, *In psalm.* XXI.) — Voir encore Novarini *Schediasmata sacroprofana*, lib. XII, cap. XVI, n° 70 ; mihi, p. 349.

grandes autorités vivaient plus de deux siècles après Jacques de Varaze; ils appartenaient à la brillante période où renaissaient les études classiques, et ils ont bien pu méconnaître, comme nous le croyons, l'époque de cet écrivain, fort peu étudiée de leur temps, et en dehors de laquelle il ne peut pas être raisonnablement apprécié. Ces hommes si remarquables, mais absorbés par l'enthousiasme de la nouvelle voie où étaient entrées les études, ignoraient probablement que Jacques avait eu des prédécesseurs dont les livres reproduisaient des faits extraordinaires qu'ils tenaient des sources les plus vénérées. Au dixième siècle, Siméon Métaphraste faisait ainsi pour l'Orient : les plus anciennes traditions de l'Église grecque confirment la plupart de ses récits, et la critique des véritables savants n'a jamais confondu ces histoires, qui restent toutes, comme celles de Varaze, dans l'ordre des possibilités miraculeuses, avec celles des livres déclarés apocryphes, tels par exemple que les contes d'Abdias de Babylone, presque tous contredits par les plus vulgaires notions de la chronologie élémentaire.

Il est probable aussi que les doctes écrivains qui ont médit de la *Légende dorée*, un peu trop dédaigneux peut-être des tendances mystiques du treizième siècle, auront pris pour de pures rêveries beaucoup de faits donnés par l'auteur plutôt comme des figures que comme des réalités historiques. Qui pourrait soutenir que le pieux auteur à qui l'Écriture, les Pères, la théologie ont fourni en tant d'autres écrits tant de symbolisme, ne se sera point persuadé qu'il pouvait symboliser aussi la pratique de l'Évangile en des récits édifiants, plus ou moins augmentés à cette intention, et dont la moralité, au reste, est évidente? Il y a plus : nous sommes persuadé qu'il avait trouvé des faits arrangés avant lui dans cette intention, qu'il a reproduits dans le même but comme autant de moyens consacrés, et sur lesquels la foi populaire ne s'égarait pas plus que la sienne. Qui ne sait, par exemple, la célèbre histoire des *Sept Dormants*, que

<small>Il peut y avoir beaucoup de symboles sous ces récits, moins réels peut-être qu'allégoriques,</small>

<small>comme l'histoire des *Sept Dormants*.</small>

Guillaume Durant avait transcrite avant notre prélat? Sept frères confessent à Éphèse, en 250, le nom de Jésus-Christ. Pour fuir la persécution, ils se cachent dans une caverne du voisinage. On les y poursuit; on mure l'entrée, et *ils s'y endorment dans le Seigneur*. En 479, on y découvre leurs reliques qu'on transporte à Marseille; et la tradition s'égare, après un certain temps, jusqu'à raconter que les sept frères avaient eu un sommeil miraculeux de 229 ans. Eh bien! la mort n'est-elle pas un sommeil, et l'Écriture n'appelle-t-elle pas *heureux ceux qui s'y endorment dans le Seigneur* (1)? On voit donc ici le cachet évident de l'allégorie, et c'est pour cela que l'Église n'a jamais adopté dans ses Offices un récit dont le fond, pourtant, n'en est pas moins vrai, si on le dégage de ce merveilleux contredit par l'histoire (2). Mais c'est par la même raison que l'auteur a bien pu ne pas s'y tromper, tout en se prêtant, sans un grand crime, à la foi des simples. Il est vrai qu'on pouvait y voir une de ces illusions d'une piété plus tendre qu'éclairée, dont les résultats, sans être nuisibles aux âmes naïves, peuvent inquiéter des convictions moins dociles (3).

(1) « Beati qui in Domino moriuntur! » (*Apocal.*, xiv, 13.)—*Obdormivit in Domino* n'est pas rare sur les épitaphes chrétiennes.

(2) Nous pourrions raisonner de la sorte sur la légende des saintes Foi, Espérance et *Charité*, filles de S" Sophie (*La Sagesse divine*), sous les noms desquelles les bollandistes (1er août) établissent qu'il n'y a rien de certain, sinon leur culte, lequel encore n'apparaît guère qu'au neuvième siècle dans le Martyrologe d'Usuard, annoté par le B. Notker. Il est très-probable que ces trois noms auront été donnés à de saintes filles martyrisées au deuxième ou troisième siècle, et dont les noms véritables ne purent être connus, comme on fit des sept *dormants* et des quatre Saints *couronnés*. Ce qui est certain, c'est qu'en plusieurs églises des plus célèbres, telles que celles de Cologne et de Cantorbéry, on conserve encore de leurs reliques, aussi bien que dans un assez grand nombre d'églises secondaires.—Quoi qu'il en soit, il ne faut pas confondre, comme on l'a fait de temps en temps, la première de ces trois Saintes avec S" Foi, jeune vierge qui fut martyrisée à Agen vers la fin du troisième siècle, et dont la fête s'y célèbre au 6 octobre.

(3) Nous avons donné ailleurs une autre explication des légendes apocryphes, qui naquirent souvent d'amplifications oratoires proposées

C'est peut-être pour cette raison que le P. Bérenger de Landore, général des dominicains, mort en 1330, désapprouva l'*Histoire lombarde*, et chargea Bernard Guidonis d'en rédiger une autre d'après des sources plus authentiques. Mais n'oublions pas que dès le commencement du quatorzième siècle on commence à déserter les voies du symbolisme hiératique ; on le méconnaît peu à peu dans les livres et dans l'art; l'idée humaine y pénètre; le paganisme, avec ses fables, remplace déjà les traditions purement chrétiennes, et les légendes sculptées osent introduire bientôt jusque dans l'Église les scandaleuses aventures de Virgile et d'Aristote, jusque-là même que les travaux d'Hercule et autres prodiges mythologiques y viendront tour à tour usurper les idées chrétiennes sous prétexte d'enseignements allégoriques. De toutes parts donc on se préparait, par suite d'un certain affaiblissement de la foi, dû aux hérésies du treizième siècle et aux troubles suscités par elles dans l'Église, à entrer dans le naturalisme, qui aboutit aux haineuses destructions dont le seizième siècle fut témoin. En présence de ces faits, on peut expliquer pourquoi l'hagiographe italien perdit insensiblement le crédit qui avait fait sa gloire : raison de plus pour le juger au point de vue que nous adoptons, en le justifiant ainsi pleinement des grossières erreurs qui lui sont attribuées. Cette idée avait été effleurée, nous le savons, par François de Neufchâteau, qui soupçonnait l'auteur d'avoir voulu composer tout simplement des romans moraux, « dont on voit assez souvent, disait-il, percer la satirique finesse et l'intention allégorique (1). » Cette idée a du bon,

Le symbolisme déchoit de sa gravité dès le commencement du quatorzième siècle.

---

aux jeunes élèves des écoles du moyen âge, et que des éditeurs de peu de critique ont pu adopter ensuite sans assez de réflexion.—Voir notre *Histoire de S. Martin de Vertou*, 2ᵉ édit., in-18, p. 48 (note 1ʳᵉ du ch. III).

(1) Voir la *Notice préliminaire* mise à la tête de la traduction de la *Légende dorée*, par M. Brunet. Cette traduction est à refaire, et devrait encore être aidée, pour ce second travail, de la connaissance de certains principes de théologie que M. Brunet n'avait pas suffisamment acquis.

et le spirituel traducteur de l'Arioste n'était pas si loin de la vérité qu'a pu le croire M. Brunet, le dernier traducteur de la *Légende*; seulement il ignorait par quelles graves tendances Jacques de Varaze était inspiré et sous quelle influence plus élevée il publiait ses utiles *fictions* (1). Nous croyons rendre plus de justice au saint homme et concilier mieux son érudition avec la dignité de sa pensée, en regardant son livre comme une œuvre où, selon l'esprit de son siècle, il a mêlé l'allégorie à la vérité, ornant à sa manière la doctrine qu'il professait des charmes d'un merveilleux qui, après tout, ne sort jamais de la nature des choses qu'il raconte. Pour adopter cette hypothèse, il ne faut que se rendre un compte exact de la pensée catholique à l'égard de ces miracles qui étonnent le plus dans la *Légende*, et dont s'effarouchent tant certains esprits qui n'en comprennent pas le sens général.

Tolérance de l'Église à l'égard des miracles purement historiques,

En effet, ce don de commander aux éléments, dont toutes les histoires fournissent d'innombrables témoignages, est un héritage du Sauveur que l'Église transmet aux générations pour lesquelles s'accomplit la promesse divine (2) ; mais ce qu'on ne sait pas assez, c'est l'insigne tolérance de cette Église, qui, en se faisant gloire de ne rien céder de ses dogmes, et tout en proposant à notre esprit et à notre cœur ces grandes preuves de l'intervention providentielle dans ses

(1) Pour l'homme du dix-huitième siècle (auquel François de Neufchâteau appartient plus qu'au nôtre par ses opinions et sa vie publique), la *Légende* n'est qu'une variante de nos anciens fabliaux. D'autre part, tout en rendant justice à la manière de l'auteur, et en admettant le bien que ces récits ont dû faire dans les âmes, M. G. Brunet serait tenté de n'y voir qu'une série de contes amusants à l'égard du vulgaire, qui croyait au diable et se réjouissait des nombreuses mésaventures que le malin y éprouve. Mais ces conclusions ne suffisent pas, car elles témoignent trop de l'ignorance où sont trop souvent les gens du monde sur des matières auxquelles leur éducation n'aurait pas dû rester étrangère.

(2) « Qui credit in me, opera quæ ego facio, et ipse faciet, et majora eorum faciet. » (*Joan.*, XIV, 12.)

affaires, n'oblige pas de croire, par un assentiment de la foi théologique, d'autres miracles que ceux de l'Écriture, et nous laisse parfaitement libres de ne nous faire à leur égard qu'une foi purement historique, ou même de ne les pas croire du tout. Une telle incrédulité peut n'être pas toujours raisonnable : elle ne constitue jamais une rébellion, dès lors qu'elle respecte d'ailleurs la croyance commune et ne prétend pas lui opposer témérairement sa propre sagesse (1). Remarquons cependant que des auteurs non suspects ont maintes fois accepté sans conteste une foule de faits que repousserait le naturalisme de notre temps. Fleury, que personne n'a jamais accusé d'une crédulité exagérée, établit ainsi une foule de faits historiques dont il parle comme des plus naturels, et ne songe même pas à émettre le moindre doute à leur sujet. Il raconte, par exemple, sans aucune réflexion, que Ste Claire, pour éloigner les Sarrasins de son monastère qu'ils assiégeaient, se fit conduire à la porte précédée de la sainte Eucharistie, et qu'elle entendit sortir du saint ciboire, devant lequel elle priait, une voix enfantine qui disait : « Je vous garderai toujours » *(Hist. eccl.*, liv. LXXXIII, n° 41). — Rohrbacher, qui ne manque pas non plus de discernement, rapporte que le nom de cette Sainte lui était venu de ce que sa mère, priant Dieu de l'assister aux derniers instants de sa grossesse, avait entendu une voix l'assurer de son heureuse délivrance, et lui disant : « Ne crains pas ; tu mettras au monde une lumière qui l'éclairera » (liv. LXXI, § 5, 1re éd., t. XVII, p. 308). — Tous les hagiographes disent un trait à peu près semblable de la mère de S. Dominique. Pour Baillet, il ne sort pas de son système, et il a rejeté de la Vie de Ste Claire tout ce qui pourrait y paraître trop surnaturel : c'était dépasser ses maîtres.

Mais on comprend que l'Église, lors même qu'elle n'im-

dont les auteurs les plus graves ne doutent pas,

(1) Voir Benoît XIV, *De Canonisatione Sanctorum*, lib. IV, pars II, cap. XIII, n° 8.

pose aucune obligation de croire ces particularités purement historiques, et tout en demeurant sûre de ses croyances, puisse néanmoins laisser à chacun la liberté de ses opinions personnelles, quand tout y reste conforme aux principes de la morale et de la foi. Les différents bréviaires de la chrétienté contiennent de ces légendes, dont beaucoup sont aussi extraordinaires que les plus singulières de notre Lombard. Le Bréviaire de Rome ne s'en prive pas plus ; il vous parle avec autant d'assurance des corbeaux apportant le pain de chaque jour à S. Paul, ermite, et un de plus quand lui vient la visite de S. Antoine, que de S. Ambroise, dont la bouche ouverte à un essaim d'abeilles offre un présage symbolique de la future douceur de sa parole. On peut y lire une foule de faits analogues dont s'étonne une foi peu éclairée ; celle qui l'est plus les admet comme tous ces autres, et juge vrai sans répugnance ce qu'elle sait possible dans l'ordre des choses surnaturelles. Remarquez, d'ailleurs, qu'au milieu des récits de Jacques de Varaze il est fort habituel de lui entendre dire que tel fait cité par lui pour ne rien omettre est apocryphe, manque d'une authenticité suffisante, qu'il vient d'un auteur assez peu sûr. L'écrivain ne manque jamais de bonne foi, ni toujours de critique ; il prouve, du reste, que, si parfois il se trompe, du moins il ne voudrait pas tromper.

<small>et qu'elle n'admet qu'avec la plus grande circonspection.</small> L'Église ne procède pas avec moins de discrétion. Dépositaire par ses traditions les plus anciennes des souvenirs de ses martyrs et de ses confesseurs, les honorant d'un office public dont la légende est une portion importante, elle préfère ne rien dire de quelques-uns dont l'histoire est connue pourtant, mais moins autorisée, que de s'exposer à proclamer des choses incertaines : tels sont les actes de S. Georges, dont elle fait la fête au 23 avril ; de S. Saturnin de Rome, au 29 octobre, et de beaucoup d'autres dont la sainte vie n'est plus appuyée que sur leur nom ; mais aussi elle garde dans ses diptyques beaucoup de récits qui se re-

trouvent dans la *Légende dorée*. Forcée de les abréger, elle fait passer dans les antiennes et les répons les détails qui prolongeraient trop le récit officiel, comme on peut le voir, entre autres, dans les actes de Ste Cécile, 22 novembre, et de S. André, le 30 ; et ce qu'elle retranche ainsi n'est pas toujours le plus merveilleux ; n'en donnons pour exemple que la légende de S. Clément, pape, à qui Notre-Seigneur, sous la forme d'un agneau, indique du pied l'endroit où va jaillir une source nécessaire aux compagnons de son exil. Ce fait n'est-il pas miraculeux? L'Office romain ne le conserve-t-il pas au 23 novembre(1)? N'a-t-on pas mille fois prouvé, par de laborieuses et utiles recherches, qu'en dépit des sarcasmes de l'hérésie ou du déisme, les leçons du Bréviaire étaient encore ce qu'il y avait de moins contestable (2)? et, pour nous en tenir à S. Clément, cette simple narration d'un prodige opéré en faveur d'un peuple souffrant pour la foi et partageant les tourments et la résignation de son Souverain Pontife, est-elle plus extraordinaire que l'eau tirée du rocher par Moïse, plus surprenante que la translation à Lorette de la sainte maison de Nazareth, que la construction de Notre-Dame-des-Neiges, que les stigmates de S. François, que l'ébullition annuelle du sang de S. Janvier (3)? — On chercherait en vain sous leur ombre à découvrir quelques traces de symbolisme, il est vrai. Qu'en conclure, sinon que chacun d'eux a sa réalité propre? Ils ont d'ailleurs été vérifiés et crus par une foule d'esprits raisonnables, avoués et

---

(1) *Leg. aurea*, trad. de M. Brunet, t. II, p. 205.

(2) Récemment encore, le R. P. dom Guéranger a pu rétablir les véritables notions du baptême de Constantin par S. Sylvestre, qu'avait niées M. Albert de Broglie dans son livre *De l'Empire romain au quatrième siècle de l'Église*. Or l'Église avait toujours tenu pour ce fait, contre les négations du philosophisme, et le Bréviaire romain le consacrait au 31 décembre, dans la fête de S. Sylvestre. Ainsi la critique historique oblige encore une fois à reconnaître ses assertions. — Voir l'*Univers*, 26 avril 1858.

(3) Voir *Le Miracle de S. Janvier à Naples*, par l'abbé Postel, in-8°, 1857.

même défendus par des protestants ; enfin on ne les accepte jamais que sous la garantie de l'Église (1).

L'histoire profane a d'ailleurs beaucoup de ces exemples, qu'on lui pardonne volontiers.

Allons plus loin, et demandons à nos Aristarques, si difficiles à l'endroit de nos traditions ecclésiastiques, pourquoi ils le sont moins à l'égard des fables si nombreuses de l'histoire profane? On ne les a jamais vus accuser de mauvaise foi ces chroniqueurs dont le patriotisme n'hésitait jamais à faire remonter l'origine de leurs peuples et de leurs héros jusqu'aux plus illustres personnages de la plus haute antiquité. Nos antagonistes peuvent ne pas y croire, mais ils n'accusent pas de mensonge ceux dont la simplicité y a cru, et ils absolvent très-bien les écrivains champenois et autres qui ont fait de Troyes une colonie des compagnons d'Énée ; de Pise, une ville bâtie par Pélops ; des Poitevins, une race issue de quelques vagabonds échappés des glaces de la Scythie. On sait bien que l'Europe féodale a eu ses merveilleux romans de chevalerie, ses poèmes religieux, dont les ressorts étaient tous dans les convictions de la foi populaire. Au fond de tant de prodiges dont se délectaient les imaginations chrétiennes, nous ne disons pas qu'il n'y ait jamais eu un fondement primitif, plus ou moins obscurci sous le voile de quelque symbolisme et que la science ne puisse pas venir à bout de découvrir quelque jour. Combien plus devons-nous respecter des *possibilités* que l'Église ne désapprouve pas, guidée qu'elle est toujours par un amour de la vérité qui suppose nécessairement la crainte de froisser jusqu'à ses plus modestes apparences.

Beaucoup de faits racontés dans les légendes peuvent bien être des visions des Saints,

Nous avons vu comment Dieu s'est plu à se manifester souvent, dans les livres des deux Alliances, soit à ceux de ses amis qu'il destinait à de grandes choses, soit à ses ennemis qu'il daignait avertir. Pharaon et Joseph, Gédéon et Daniel, S. Paul et Ananie, reçoivent des communications

---

(1) Voir cet argument développé dans le bel ouvrage de notre regretté Ozanam : *Dante et la Philosophie catholique au treizième siècle*, p. 327, in-8°, 1841.

dont le surnaturalisme n'a pas de meilleures preuves que l'accomplissement des faits annoncés. Ce même phénomène divin s'est renouvelé dans les extases des Saints, dans leurs visions, dans ces rapports mystérieux de Dieu à l'âme chrétienne, qui ont tant prêté à rire aux impies de notre temps à propos de S. Joseph de Cupertino (1), et qui, sous quelque nom qu'on les reconnaisse, constituent certainement autant d'opérations humainement inexplicables. L'Église, en se fondant sur des assertions de la plus grande certitude morale pour affirmer qu'elle y croit et se déterminer dans ses jugements (2), ne prétend pas en expliquer la nature, et nous laisse libres, par conséquent, de motiver nos convictions pour tout ce qui ne répugne pas au sentiment chrétien. Qui nous empêcherait donc de voir dans beaucoup de ces actions prodigieuses, si fréquentes chez les hagiographes, autant de visions plus ou moins élevées, et d'arriver, par tant de moyens symboliques, à une fin digne de Dieu? De quelque manière qu'elle survienne, l'intervention divine est toujours là; elle agit en choisissant sa forme, elle varie ses moyens : mais ces moyens, cette forme ne cessent pas d'être dignes et élevés, même en s'abaissant au niveau des plus minces exigences du salut des hommes.

Cette habitude de nos pères de tout symboliser pour rendre la religion plus compréhensible devait singulièrement agir sur leur imagination, en leur rendant sensibles toutes leurs pensées, et en les matérialisant pour ainsi dire. Comme Dieu s'en servait pour faire le bien, le démon l'employa pour faire du mal, et c'est, selon nous, une des raisons

beaucoup plus fréquentes dans les âges d'une foi plus vive,

---

(1) Voir une réponse aussi spirituelle que logique de M. Louis Veuillot à la rédaction du *Siècle* insultant à l'Église lors de la canonisation de ce Saint (*Univers*, 26 avril 1857).

(2) Par exemple la canonisation des Saints, pour laquelle il faut de toute nécessité que des faits miraculeux soient prouvés contradictoirement, à moins que le Saint n'ait été un martyr, ce qui exclut tout doute sur le salut : « Vidi subtus altare animas interfectorum propter verbum Dei. » (*Apoc.*, VI, 9.)

qui rendaient infiniment plus fréquentes qu'aujourd'hui les apparitions des bons et des mauvais Anges qui reviennent si souvent dans les saintes Écritures, et plus souvent encore dans les vies des Saints. S. Martin voit le diable près de son lit de mort, et proteste à cette « méchante bête » qu'elle ne pourra rien sur lui (1). S. Anselme, religieux à l'abbaye du Bec, délivre par le signe de la Croix, symbole le plus actif du Christianisme, un de ses frères qui, n'ayant pas voulu lui pardonner, croyait être victime de deux loups qui le prenaient à la gorge (2). S. Thomas d'Aquin, jeté dans un grand danger de séduction par une courtisane, s'en débarrasse en la poursuivant avec un tison enflammé; et bientôt après, dans son sommeil, il voit un Ange qui l'entoure d'une ceinture mystérieuse, gage pour l'avenir d'une chasteté inexpugnable (3). Qui ne voit dans ces bêtes féroces le type spirituel de l'ennemi des hommes, si souvent signalé par Notre Seigneur lui-même (4) et, après lui, par les symbolistes, et, dans ce cordon, l'emblème de cette vertu des âmes pures que le prêtre renouvelle encore chaque jour dans son cœur en la demandant à Dieu par cette ceinture dont il serre son aube autour de lui avant de monter à l'autel (5)?

et dont certains détails étaient de véritables symboles.

(1) « Mala bestia, nihil in me funesti reperies. » (Sulpicii Severi *Dialog.* III.)
(2) *Legenda aurea*, p. 277, t. II, ed. Brunet.
(3) *Leg. aur.*, t. II, p. 307.
(4) « Mercenarius vidit lupum venientem, et fugit... Lupus rapit, et dispergit oves.» (*Joan.*, x, 12.)—L'auteur des *Distinctions monastiques*: « Lupus figuram gerit diaboli..., rapinis institit...; animas quas Deus creavit sibi subdere non cessat. » (Lib. III *De Lupo*; apud dom Pitra, *Spicileg. Solesm.*, III, 63.)
(5) « Præcinge me, Domine, *cingulo puritatis*, ut maneat in me virtus continentiæ et castitatis. » (*Preces ante Missam.*) — S. Grégoire : « Balteus: cingulum castitatis, ut in Job: *Balteum regum ipse dissolvet*. Sæpe enim contigit ut hi qui se in continentia regere videbantur, propter superbiam castitatis balteo spoliantur, et renes eorum funibus peccatorum præcinguntur. » — S. Eucher de Lyon dit en effet dans ses petites formules : « Funes, peccata ; » et Pierre de Capoue : « Cin-

LES ÉCRIVAINS DU TREIZIÈME SIÈCLE. 663

Concluons que Jacques de Varaze doit être abordé plus sérieusement qu'on ne l'a fait jusqu'à ce jour; donnons-lui la place qu'il revendique justement parmi les symbolistes. Aussi bien nous le rencontrerons encore dans le champ de l'iconographie chrétienne, et nous saurons mieux reconnaître ses inspirations.

Nous pourrions clore ici la série de nos observations sur le treizième siècle et entrer dans les matières qui vont nous montrer le symbolisme épanoui dans les œuvres de l'art; mais nous croyons devoir signaler, à la suite de ces nombreux témoins de tant d'époques savantes, celui dont la haute et chrétienne poésie a reflété tous ces enseignements. DANTE, l'illustre poète des trois dogmes fondamentaux du Christianisme, n'appartient pas, il est vrai, au treizième siècle par sa *Divine Comédie*, qui ne fut commencée qu'en 1298 (1), et connue seulement dans les premières années du quatorzième. Mais, outre qu'il ne peut être question, en pareil cas, d'un court espace de vingt années au plus, il est certain qu'il ne faut pas reculer au delà de 1290 la composition d'un grand nombre de fragments de l'*Inferno*, qui était d'ailleurs terminé en 1308 (2). Les deux poèmes qui le suivent étaient finis en 1321, année où mourut l'auteur; et tout le reste de ses œuvres poétiques, *La Vie nouvelle*, *Le Banquet*, un certain nombre de *sonnets* avaient précédé ces grandes bases de son immortelle réputation. D'ailleurs, il n'en est pas de ce symboliste, venu le dernier, comme de ceux qui professèrent, pour ainsi dire, cette science : ceux-ci ouvraient la voie et indiquaient la marche; celui-là, devenu artiste, s'y engage et la suit. Dante ne professe donc pas une

Dante, et sa Divine Comédie.

gulum quo alba stringitur, repressio est jactantiæ et vanitatis, ne per jactantiam castitatis meritum perdatur. » (*Spicileg.*, III, p. 156, 157, 402.)

(1) Voir Briseux, *Notice sur Dante*, en tête de la traduction de *La Divine Comédie*, Paris, Charpentier, 1841, p. LXXXVI.

(2) Voir M. Artaud, *Histoire de la Vie et des Œuvres de Dante*, p. 84 et 129, in-8°, Paris, 1841.

théorie ; il applique celle qu'il a lue avec attention autour des monuments de son siècle et aux façades alors si bien comprises des cathédrales. C'est là qu'il a découvert ces pieuses et mélancoliques images des âmes souffrantes, ces monstrueuses laideurs des réprouvés que nous avons analysées dans un autre ouvrage où nous posions les principes généraux de tout ce symbolisme de nos sculptures monumentales (1). Pour nous, c'est donc bien au siècle de S. Thomas et de S. Louis qu'appartient cette belle et ferme intelligence. Nous ne pouvons entreprendre ici l'analyse de ce triple chef-d'œuvre, dont un seul, sauf quelques blâmes mérités par certaines expressions d'un ressentiment injuste, comme on s'en fait toujours plus ou moins aux époques de politique passionnée, eût mérité au génie qui l'inspira une insatiable admiration. Tout en nous bornant à citer ses plus habiles commentateurs, tels que furent MM. Artaud, Ginguené et Ozanam, et, parmi les Italiens, Balbo et Foscolo (2), nous indiquerons le plan général comme une continuelle allégorie, où la beauté du style, alors pourtant déjà fort modifié dans la langue vulgaire de l'Italie, est digne de l'élévation de la pensée, et où la conception magnifique de l'ensemble se relève encore de charmants et sublimes détails.

Plan tout symbolique du livre.

Ce plan, le voici rapidement et exactement tracé par le plus récent traducteur de *La Divine Comédie* et de *La Vie nouvelle* :

« La théologie, c'est-à-dire la science de Dieu et de l'homme en Dieu, voilà le côté mystique et le côté moral de cette triple épopée. Le poète reconnaît que la terre est dangereuse, qu'on s'y souille, qu'on s'y égare : il en sort, sauvé

---

(1) Voir *Histoire de la cathédrale de Poitiers*, t. I, p. 100, 140, 141, 224 et 225.

(2) Voir Ginguené, *Histoire de la littérature italienne*, neuf volumes in-8°, 1824 ; — *Vita di Dante*, scritta da Cæsare Balbo, deux volumes in-8°, Turino, 1839; — *La Commedia di Dante Alighieri* da Ugo Foscolo, Lugano, 1829.

par la Poésie, il entre dans le monde mystique, s'effraie en effet aux supplices de ceux qui dévièrent de la route divine ; il se purifie aux feux du Purgatoire, puis il quitte *Virgile* (qui l'a accompagné jusque-là) pour *Béatrice :* il quitte *la poésie*, langue humaine, pour *la théologie*, langue divine. Il voit en Paradis (sous la conduite de ce nouveau guide) briller cette croix formée des âmes de ceux qui donnèrent leur vie pour Jésus. Il voit la *Rose mystique* s'ouvrant et se refermant en louant le Très-Haut. Arrivé enfin devant le profil même de Dieu, Dante, qui déjà ne trouve plus de voix pour rendre son amour, est ébloui et ne peut lever les yeux (1). »

Dante assistait aux grandes émeutes qui troublaient, pendant les treizième et quatorzième siècles, les républiques italiennes. Il s'y était mêlé, en était devenu victime, et vécut, durant les vingt-trois dernières années de sa vie, dans le parti des Gibelins. Tout son poème est une réminiscence de ses douleurs plus ou moins patriotiques... Il y reproduit ce qu'il a vu, ce qu'il sent, ce qu'il espère. « L'enfer, dit encore notre traducteur, c'est l'anarchie ; le purgatoire, c'est le passage à l'ordre ; le paradis, c'est la monarchie divine, type de la monarchie impériale (2). »

Patriotisme erroné de l'auteur.

(1) Brizeux, loc. cit., *introduction*, p. LXXXVI.
(2) Nous appelons *plus ou moins patriotiques* les douleurs exprimées par le poète, qui, en effet, se montrait peu dans les intérêts de la patrie italienne en se rangeant parmi les gibelins, partisans de la maison impériale. Le véritable patriotisme était en ce temps-là du côté des Guelfes, que la papauté soutenait, non pas tant, comme on est accoutumé à le dire, par ressentiment de ses querelles avec l'Empire à raison des investitures, que parce que la nationalité italienne eût fini par être absorbée dans la toute-puissance des empereurs allemands si on ne lui eût opposé une résistance vraiment patriotique. C'est encore une des plus mauvaises ingratitudes de l'histoire contre le Saint-Siége que ce système de travestissement des idées, travestissement employé avec une persistance systématique par ses ennemis plus ou moins avoués. Et le même esprit produit encore les mêmes résultats de nos jours. Le trône de S. Pierre et de ses successeurs est battu en brèche par de prétendus patriotes qui ne sont que des gibelins sous le nom

666   HISTOIRE DU SYMBOLISME.

La théologie et le symbolisme jugés par Boccace.

Et un autre génie qui l'avait bien compris, et qui, dans un siècle de foi, savait penser plus sagement que sa conduite ne semblait le dire, Boccace disait aussi, en parlant du sens profond de *La Divine Comédie* :

« ..... La poésie est théologie. »

En faisant taire nos sens, et si nous n'écoutons que la raison, nous ne tarderons pas à reconnaître que les poètes de l'antiquité ont suivi, autant que la portée de leur intelligence le leur a permis, les traces de l'Esprit-Saint. Ces traces de la science éternelle sont voilées dans l'Écriture sainte comme dans les écrits des poètes, et c'est sous ce voile que se conservent les vérités qui doivent être complétement démontrées à la fin des siècles. L'usage des figures, pour couvrir les vérités, a ces avantages : qu'elles présentent à la fois le texte du livre et le mystère qui y est renfermé, qu'elles exercent simultanément la réflexion des sages et l'instinct des simples; qu'en public on nourrit les faibles d'esprit, et que, dans le silence de la retraite, on élève encore la pensée des intelligences les plus sublimes. C'est comme un large fleuve sur les pentes duquel l'agneau peut se désaltérer, tandis que l'éléphant nage au-dessus de la profondeur du courant.

« ... Par ce que nous appelons *théologie*, il faut entendre

---

de libéraux; qui, sous prétexte de former à l'Italie une unité impossible, tendent à se nantir du gouvernement d'une république dont ils deviendraient les tyrans, et tirent les dernières conséquences des injures prodiguées à la papauté par ses ennemis de tous les temps, en rugissant contre son pouvoir temporel, sans lequel ils savent bien qu'elle n'aurait plus ni indépendance ni durée. Et, chose admirable, c'est la papauté, dans la personne de l'immortel Pie IX, qui seule, quand les rois eux-mêmes l'abandonnent lâchement devant les efforts de leurs ennemis, soutient les principes fondamentaux de toute société humaine, résiste, avec sa seule force de la morale et du droit, aux violences et aux hypocrisies de ses adversaires, et une fois de plus prépare la paix et le salut du monde au milieu même de ses plus effroyables bouleversements. Voilà le vrai patriotisme, ou il n'y en aura jamais. Quant à l'autre, le monde devrait bien savoir à quoi il aspire, quelle confiance il mérite, et ce qu'on doit attendre de lui!

ce que produit l'Écriture sainte, soit lorsqu'au moyen de récits historiques et par l'effet de certaines visions, ou soit par l'expression de lamentations et de plaintes, elle se propose de montrer le profond mystère de l'Incarnation du Verbe divin, de sa vie humaine, de ce qui lui est arrivé à sa mort, de sa victorieuse résurrection, de sa miraculeuse ascension, et enfin de tous les actes divins par lesquels Il nous a frayé un chemin vers la gloire éternelle et nous a rachetés du péché originel (1). »

Le poète trop léger du *Décaméron* définit très-bien ici une portion de la théologie; il oublie qu'elle consiste en autre chose que ces contemplations de la vérité : c'est peut-être que cette belle imagination avait le malheur de préférer ce qui oblige l'esprit à ce qui humilie et subjugue les passions du corps... Quoi qu'il en soit, c'est bien le caractère du poème de Dante, qui, tout imbu des solennelles réalités de la foi, les couvre d'un voile poétique pour arriver, comme le Tasse, à des enseignements de la plus étonnante sublimité. Il faut donc renoncer, de l'avis des juges les plus éclairés, à cette opinion de Balbo, pourtant si bon juge lui-même, que Béatrice ne représente pas la théologie dans l'œuvre du grand génie florentin (2); au contraire, elle y fait bien ce rôle plein d'une suave gravité, comme Virgile y fait celui de la poésie. C'est précisément ce que Boccace a reconnu, quand il nous rend avec tant de justesse l'admirable union de ces deux trésors de l'intelligence humaine (3). Il est vrai que la Théologie est plus spécialement dans les chants x et xiv du *Paradis*, mais elle accompagne Dante par tout le poème; elle y est vraiment l'allégorie qui amène partout l'expression de la pensée catholique; et si l'on veut avoir une complète extension

Erreur de Balbo sur le rôle et le caractère de Béatrice.

(1) *Vita del chiarissimo Dante...*, fatta d'all' inclito Giov. Boccacio, Firenze, 1576, p. 48 et suiv.; cité par M. Brizeux, p. LXXXI.
(2) Balbo, *Vita di Dante*, t. II, p. 180.
(3) Boccacio, Origine, *Vita... di Dante*, sub init.

668   HISTOIRE DU SYMBOLISME.

des hautes idées tout à l'heure développées par Boccace, il faut lire avec l'attention qu'elle mérite toute cette œuvre, où l'exilé de Florence a jeté le plus vif éclat sur l'état des âmes catholiques de son temps et les hautes sphères qu'y avait atteintes le symbolisme.

<small>Songe symbolique de la mère de Dante.</small>

Un tel esprit ne pouvait, en effet, échapper aux poétiques impressions de cette religion des esprits supérieurs. Naturellement doué des magnifiques conditions du poète, il semble naître tout exprès au milieu des circonstances qui devaient les exalter en lui, depuis les premières impulsions de la famille jusqu'aux plus émouvantes scènes de la vie sociale. Au rapport du biographe de Certaldo, la mère de Dante vit en songe, pendant sa grossesse, le fils qu'elle devait mettre au monde, se jouant sous un laurier, au bord d'une fontaine aux eaux limpides. Il buvait tour à tour de ces eaux et mangeait des baies échappées à un laurier dont le vaste ombrage l'abritait. Bientôt l'enfant devenait un berger, et, pendant qu'il cherchait à saisir les branches de l'arbre poétique, un faux mouvement le faisait tomber; il ne se relevait que pour devenir un

<small>Comment il s'est</small> paon (1). Que cette vision soit vraie ou inventée par quelque

---

(1) Le paon, qui signifie souvent le démon, et les impies, comme symbole de l'orgueil et d'autres mauvaises passions, devait avoir aussi, à cause de sa beauté, une signification avantageuse. Il désigne donc, par ce motif, et aussi parce que sa chair passait pour incorruptible, l'homme parfait, dont l'âme s'embellit de toutes les vertus, et que les tribulations de cette vie n'ont pu en faire dévier. C'est la doctrine de la *Glose ordinaire* : « Pavo est avis multiplicis coloris... Eorum caro siccata imputribilis permanere dicitur, et, quia pennarum pulchritudine vestiuntur, designare possunt perfectos, et igne tribulationis decoctos, adeo ut variis virtutibus decorentur. » (*Glossa ordin. in* III *Reg.*, x.)

Cette prétendue incorruptibilité de la chair de cet oiseau signifiait aussi l'éternité : c'est ce qui l'avait fait connaître à Junon, et pourquoi quelques impératrices l'avaient pris pour symbole, comme l'aigle était choisi par les empereurs. Une médaille de Faustine la mère porte au revers un paon dont la tête est nimbée. — Voir Novarini *Schediasmata sacro-profana*, lib. III, n° 136.

persuasion populaire venue à la suite d'une grande réputation, toujours est-il qu'elle atteste une époque où ces jeux de l'intelligence exerçaient encore une poétique autorité. Mais, dans le premier cas, il devait y en avoir assez pour inspirer à une froide et ardente imagination le sentiment de sa vocation poétique. Le laurier fut cueilli, l'eau du fleuve mystérieux fut goûtée, une grande chute succéda à ces premières joies, et enfin qui peut nier que la gloire ait paré la couronne du poète de ses plus séduisantes pierreries ? — Bercé peut-être aux souvenirs enthousiastes de ce rêve doré, l'enfant qui pouvait à neuf ans s'éprendre, en d'innocentes amours, des charmes enfantins de la jeune fille des *Portinari* et lui dédier ses premiers vers ; celui qui put jeter les purs échos de ce profond sentiment dans sa *Vie nouvelle* devait, dans un âge plus mûr, en présence des grands événements d'une vie agitée par les passions politiques, aspirer à de plus hautes pensées et appeler son génie à chanter de bien autres émotions. Ce fut sans doute le principe natif de sa grande trilogie. L'indignation pour les crimes de l'ambition cruelle, la reconnaissance pour des bienfaits tels qu'en reçoit toujours un proscrit, la pitié pour des faiblesses qui n'en étaient pas indignes, ouvrirent naturellement à Dante les trois grandes sphères de l'existence à venir. Là il pouvait d'avance, au gré de son cœur, punir les injustices de ses ennemis, récompenser le zèle généreux des âmes saintes, et laver dans le bain d'une expiation passagère les excusables langueurs de quelques débiles volontés. Et comme le symbolisme plane encore de toutes parts au-dessus de toutes les conceptions de l'intelligence, et que son voile transparent abrite toujours de belles fictions sous leurs vérités, il s'engage tout d'abord en cette course sublime avec des compagnons dignes d'y figurer. — Béatrice, cette noble amie d'enfance qu'il s'était promis d'immortaliser, représente l'image élevée de la confiance chrétienne se reposant dans les chastes convic-

réalisé dans la vie du poète. — Symbolisme du paon.

Chacun des personnages de La Divine Comédie allégorisé par le poète.

tions de la foi (1) ; Lucie est la lumière de la grâce pénétrant le cœur où Dieu règne par la vertu (2) ; Virgile est la poésie personnifiée dans celui de tous les poètes anciens qui prophétisa le Christ dans sa 4e églogue, et qui couvrit le mieux des couleurs allégoriques du genre pastoral des événements trop semblables à ceux qui ensanglantèrent les champs de bataille des Guelfes et des Gibelins (3). Quel plus convenable cortége du génie ?

Dante s'est inspiré aussi de l'iconographie architecturale. Nous montrerons bientôt en quoi l'art de nos basiliques se retrouve dans les livres harmonieux de *La Divine Comédie*. Bien différent des mystiques dont il s'était nourri, Dante ne donne pas dans ses vers le thème fécond de notre iconographie religieuse : elle était faite avant lui. Il la dessine donc, mais en maître, il la colorie en grand peintre, et il perfectionne souvent, par la parole écrite et par l'harmonie imitative de son rhythme enchanteur, ce que les mille fantaisies de la poétique *physiologiste* avaient façonné aux portes et aux murailles de nos temples, dans le noble but d'instruire et d'éclairer. Ce n'est pas être plagiaire que d'imiter ainsi : c'est doubler les forces du génie, c'est lui donner une magnifique approbation, en déclarant qu'on le comprend et qu'on l'aime. Mais laissons ces détails, qui

---

(1)   E donna mi chiamo beata e bella...
Luceran gli occhi suoi piu che la stella...
Io son Beatrice...
Vegno di loco ove tornar disio
Amor mi mosse, che mi far parlare.
... O donna di virtu, sola per cui
L' umana specie eccede ogni contento
Da quel ciel...
(*Inferno*, cant. II, passim.)

(2)   Lucia, nimica di ciascun crudele,
Si mosse, e venue...
Disse : Beatrice, Loda di Dio vera,
Che non soccorri quei che t' amo tanto
... E venni a te cosi com' ella volse....
(*Ibid.*, passim.)

(3)   Oh! se tu quel Virgilio, e quella fonte
Che spande di parlar si largo fiume ?
... O degli altri poeti onore e lume...
E dio a lui : poeta, i' ti richieggio...
Che tu mi meni là dov' or dicesti.
(*Ibid.*, cant. I, terc. 27 et 44.)

nous reviendront, et suivons la marche du poète dans les routes inconnues qu'il veut parcourir.

Il avait eu pour maître Brunetto Latini, qui lui-même avait écrit en vers, souvent très-heureux, une allégorie du nom gracieux de *Tesauretto*, le Petit Trésor, œuvre morale où les vices et les vertus s'escriment à qui fera mieux ressortir le plan adorable de la Rédemption et les puissances quasi-célestes de l'âme humaine pour y concourir. Que cette idée ait fait germer celle qui ouvre le poème d'Alighieri, comme on le croit assez généralement (1), on n'en pourra conclure qu'à une supériorité infinie du disciple qui sut monter si haut au-dessus de ce même point de départ. Comme Brunetto, il se trouve, à l'âge qu'on regarde comme le milieu de la vie, embarrassé dans une obscure et sauvage forêt qui est celle de ses mauvaises habitudes de jeunesse. Au bas d'une colline, le soleil levant, flambeau universel de la science, c'est-à-dire de la véritable philosophie, l'éclaire sur le danger que lui présentent trois bêtes cruelles auxquelles il s'est trop livré jusqu'alors. Ces bêtes sont une panthère, un lion et une louve, qu'au dire de tous les interprètes, il faut regarder comme la luxure, l'orgueil et l'avaricieuse ambition des choses terrestres (2). C'est de là que, par suite de poétiques inci-

La première allégorie empruntée à Brunetto Latini.

Partie philosophique et politique du poème.

---

(1) Le chev. Artaud, p. 30 et suiv.
(2)   E, ecco...
    Una lonza leggera e presta molto
    Che di pel maculato era coperta...
            Paura non mi desse
    La vista che m'apparue d'un leone
    Con la test' alta, e con rabbiosa fame
    Si, che parea, che l' aer ne temesse ;
    E una lupa, che di tutte brame
    Sembiava carra con la suo magezza.
    E molto genti se gia viver grame.
            (*Inferno*, cant. I, terc. 11, 15 et 16.)

Ces interprétations, que nous n'avons pas besoin de motiver parce qu'elles sont empruntées aux symbolistes du moyen âge que nous connaissons déjà en plus grande partie, sont acceptées et citées par M. Brizeux dans les notes de son excellente traduction, que nous indiquons ici une fois pour toutes.

dents, qui n'avaient manqué ni à Virgile ni à Homère, il se trouve transporté tout à coup, d'abord, devant les tourments sans fin des coupables, puis au milieu des expiations temporelles des Justes qui attendent encore; et enfin dans ces ineffables délices où les Élus puisent leur bonheur éternel. Successivement, dans ces trois régions, ou plutôt dans ce triple cadre où il renferme à son gré les personnages condamnés ou bénis par l'histoire de l'humanité, on le voit rencontrer dans la foule plaintive ou radieuse ceux de ses contemporains qui prirent plus ou moins de part aux révolutions dont il goûte lui-même les fruits amers. Il ne manque pas d'apprécier leurs actions dans la balance d'une philosophie toujours chrétienne, mais que l'esprit de parti laisse quelquefois errer jusqu'à d'involontaires injustices : c'est de quoi il faut un peu se méfier en le lisant (1). Nous ne blâmerons pas au même titre ces traits de satire mordante ou d'amères ironies qu'il lance à l'occasion contre ses ennemis ou ceux de l'Église, partout aimée et vénérée de lui, et qu'il ajoute comme un supplice de plus à ceux des grands criminels qu'il voit à jamais malheureux (2). Ce sont des moyens que Dieu et les Prophètes n'ont pas craint d'employer, parce qu'ils étaient comme l'expression de la justice divine (3). Prophète lui-même en en prenant le rôle, Dante n'use en cela que d'un ressort très-littéraire et très-permis : ce sont là ses passions de poète, et sa poésie ne peut qu'y gagner plus de sentiment et de vie. Voyez aussi quel admirable génie dans ces transitions si fréquentes, dans ces descriptions si difficiles, dans ces peintures si audacieuses des châtiments des damnés, et quelle pitié tendre, quels suaves épanchements de sensibilité, quelles splendides lumières dans ces

---

(1) *Inf.*, cant. II, terc. 5.
(2) Voir M. Artaud, p. 138, 221, 349.
(3) « Deus ait : Ecce Adam quasi unus ex nobis factus est, sciens bonum et malum. » — Voir Cornelius à Lapide, *In Genes.*, III, 22.) — « Ego in interitu vestro ridebo vos. » (*Prov.*, I, 26.)

contemplations des passagères souffrances du purgatoire, comme des douces et inaltérables joies du ciel! Et tout cela poétiquement enchâssé dans une philosophie symbolistique d'où jaillit sur chaque personne, sur chaque objet, un charme qui surprend toujours par sa nouveauté inattendue. Dans ses rimes musicales qu'il osa livrer à sa langue vulgaire en dépit des droits invétérés de Rome savante, il vulgarise d'autant plus l'art séduisant des comparaisons et des symboles, et il réussit comme un de ces Pères de l'Église dont les œuvres avaient nourri ses jeunes années et fait les délices de ses jours d'exil. Il prend donc Rachel et Lia pour les deux types de la vie contemplative et de la vie active (1). — S. Pierre, S. Jacques et S. Jean représentent la Foi, l'Espérance et la Charité ; car l'un est la pierre ferme comme la foi qui le fit marcher sur la mer (2) ; l'autre a parlé des biens futurs comme d'une moisson abondante et sûre en suite des épreuves de ce monde; il les a contemplés sur la montagne de la transfiguration (3), et le disciple bien-

Réminiscences du symbolisme des Pères. — S. Pierre, S. Jacques et S. Jean.

(1) Giovane e bella in sogno mi parea
Dona veder andar per una landa
Cogliendo fiori : e cantando dicea :
Sappia qualunque' l mio nome dimanda,
Ch' io mi son Lia, e vo movendo' ntorno
Le belle mani a farmi una ghirlanda.
Per piacermi al lo specchio, qui m' adorno :
Ma mia suora Rachel mai non si smaga
Dal suo miraglio : e siede tutto il giorno.
. . . .
Lei lo vedere e me l' ovrare appaga.
(*Purgator.*, c. XXVII, 34 es.; ed. Buttura, Parigi, 1840.)

(2) ... O luce eterna del gran viro
A cui nostro Signor lascio le chiavi...
Tenta costui...
. . . . . Intorno della fede
Per la qual tu su per lo mare andavi.
(*Parad.*, cant. XXIV, 12 , 13.)

(3) « Patientes igitur estote usque ad adventum Domini. Ecce agricola exspectat pretiosum fructum terræ... (*Jac.*, IV, 7.) Beatus vir qu. suffert tentationem : accipiet coronam vitæ ! » (I, 12.)
Mira, mira, ecco il Barone
Per cui laggiù si visita Galizia...
Inclita vita,
Fa risonar la speme in questa altezza :
Tu sai che tante fiate la figuri
Quante Gesu a' tre fé piu chiarezza.
(*Parad.*, cant. XXV, 6, 11.)

aimé n'a-t-il pas prouvé son amour par le martyre, après l'avoir puisé sur la poitrine du céleste Pélican, et reçu du haut de la croix le dépôt sacré de la plus sublime des mères (1)? — Ainsi se dessinent, sous ce crayon créateur, autant d'images curieuses que le poème a de tercets harmonieux. Ainsi les vices, les vertus, se classent sous le pinceau du poète avec des couleurs qui les frappent d'une ingénieuse ressemblance; et si le sculpteur des monuments de pierre qui, sans aucun doute, l'inspire presque toujours, atteste au plus haut degré un mérite d'invention plein de vérité et de verve, on ne peut s'empêcher de reconnaître que Dante, en s'exprimant avec tout l'avantage que lui donnaient la connaissance et le goût des mystérieux symboles, ajoute encore à leur expression par le coloris énergique d'un magnifique langage mis au service de la plus somptueuse imagination.

Autres poèmes du treizième siècle.—Romans de chevalerie,

Ce poème est beau sans contredit, et, au jugement de tous, il dépasse de beaucoup tout ce qui avait été fait précédemment en ce genre. Il suffirait à prouver jusqu'à quelle hauteur se sont élevées, à cette glorieuse époque de la religion et de l'art, les belles conceptions du symbolisme chrétien. Nous ne pouvons cependant passer entièrement sous silence d'autres formes de poésies symboliques en vers ou en prose qui méritent également notre attention, au moins comme points de repère dans l'histoire dont nous nous occupons. Ce sont autant de témoins qui apportent sur chaque siècle, depuis Charlemagne, une parole de plus à cette question du symbolisme universel,

---

(1) . . . L' amore ond' io avvampo
Ancor ver la virtu che mi seguette
Infin la palma ed all' uscir del campo...
. . . .
Questi e colui che giacque sopra 'l petto
Del nostro Pellicano; e questi fue
D' in su la croce al grande uficio eletto.
(*Parad.*, 28, 38.)

qu'ils tendent à débrouiller de plus en plus. Qui n'a entendu parler de ces romans de chevalerie qui fondèrent notre littérature française en bégayant d'abord la langue romane, concoururent puissamment au développement de ses formes naïves, et prirent du latin, si heureusement modifié par l'Église, ces allures nettes et hardies qui, en rejetant peu à peu les inversions, devaient faire de notre beau français la plus claire, sinon la plus élégante des langues modernes ? Au milieu des faits héroïques auxquels furent d'abord consacrées ces compositions populaires, l'allégorie tint toujours une place importante, et, sans parler des *Chansons de gestes*, comme celle de Rolland, des exploits de *La Table ronde*, et de tant d'autres dont le fond est essentiellement allégorique, on pourrait s'arrêter aux deux ou trois plus célèbres qui eurent le don de passionner le moyen âge : tels furent, parmi les fabliaux, le fameux *Roman du Renard*, spirituelle satire des travers de la société ; *le Saint-Graal*, où Jésus consacra son Sang divin à la première Cène, vase miraculeux dont les ennemis, combattus sans cesse par des preux fidèles, représentaient les penchants désordonnés que tout chrétien doit combattre, afin de mériter le ciel ; et enfin le célèbre *Roman de la Rose*, songe allégorique comme celui de Dante, mais où l'esprit brille plus que le génie, où le genre descriptif a bien plus de mérite que l'invention : livre que son premier auteur, Guillaume de Lorris, avait borné à de sages dimensions, que Jean de Meung allongea beaucoup trop pour l'honneur de sa réputation morale, et dont les personnages symboliques eussent pu réussir à intéresser sans produire avec eux, dans le jardin où ils devisent, des libertés d'action et de langage qui sentent trop la licence des troubadours.

et entre autres le *Roman de la Rose*.

Heureusement pour l'histoire de ce siècle, dont cette production licencieuse signalait la dernière moitié, le poëme de Clopinel n'était pas l'expression de la pensée

Le caractère chrétien s'y révèle surtout par ses tendances symbolistiques,

générale. Ces désœuvrés qui profanent la poésie aux passions vulgaires n'avaient alors de crédit que sur les grands qui passaient des cours aux tournois et des écarts d'une imagination enflammée aux graves devoirs d'une sincère piété. Pour le peuple, il s'en occupait fort peu, et goûtait sans attrait pour ces dissipations dangereuses la part plus large de paix intérieure que lui faisaient à l'envi l'esprit de famille et la simplicité de sa foi. Il fallait bien qu'il en fût ainsi pour que ce siècle, le plus religieux qu'il y eût jamais, comprît si profondément l'esthétique du Christianisme et imprimât ses fermes croyances dans les plus minces détails des arts qu'il immortalisait.

et particulièrement dans les Saints.

Et l'art ne s'embellissait pas seul de ces attrayantes manifestations : la vie domestique, les relations sociales, en étaient imbues ; la sainteté des mœurs y trouvait sa règle constante, sa force d'ascension continue, et l'histoire y enregistre simultanément la plus haute expression de la pensée et le plus touchant exemple de perfection chrétienne. Alors Dieu se plaît à favoriser les élans mystiques des cœurs fidèles. Cette doctrine du symbolisme qui préside à tous les actes, qui inspire tous les travaux de l'intelligence, dont les esprits se sont nourris en méditant les saintes Lettres, est communément ratifiée par des miracles ; les Saints reçoivent du ciel des faveurs qui la leur recommandent, et presque toujours ces âmes excellentes, dont la sensibilité est exquise comme leurs vertus, ne se révèlent au monde extérieur qu'embellies par quelqu'une de ces lumineuses merveilles dont les légendes sont pleines et dont on n'apprécie jamais assez la pénétrante beauté.

Comment s'étonner des miracles quand ils proclament ainsi la pureté de ces vierges qui brillent de toutes les grâces de la plus chaste innocence, quand ils manifestent la simplicité de ces préoccupations divines qui absorbent les grands génies de l'ascétisme, quand les Papes eux-mêmes se plaisent en des écrits doctrinaux à parler le langage figuré de ces extatiques penseurs ? Ste Claire assiste à la procession des rameaux, et sa palme refleurit entre ses mains quand toutes les autres sont desséchées : c'était le symbole de cette vie angélique dont la sève ne tarit pas au milieu des sécheresses du monde. Aussi Alexandre IV, qui procède à sa canonisation après avoir assisté à sa dernière heure, dilate son cœur en louant cette vie toute céleste ; il la déclare en des paroles enthousiastes « la plus resplendissante des lumières de cet âge, claire entre toutes les clartés, vive lumière de la maison de Dieu, la princesse des pauvres, la duchesse des humbles (1). » — L'illustre contemporain de ces deux gloires de l'Église, S. François d'Assise, était tout épris de ce qu'il rencontrait de touchant dans les moindres objets de la nature ; il s'y attachait avec affection et ne manquait jamais d'en tirer des conséquences allégoriques propres à renouveler toujours plus la ferveur de son âme. Il aimait surtout, parmi les animaux, ceux qui lui représentaient quelque vertu du Sauveur, les agneaux, par exemple, qui exprimaient sa douceur et sa patience. Il préférait l'alouette parmi les oiseaux, parce qu'elle s'élevait plus volontiers à une plus grande hauteur vers le ciel : n'avait-elle pas d'ailleurs une robe cendrée, comme celle qu'il avait choisie pour son Ordre, ce qui lui rappelait l'esprit de la pénitence et la pensée de la mort (2) ? Nous savons, par d'autres exemples déjà allégués, combien cette disposition du cœur était commune aux amis de Dieu dans les siècles hiératiques : c'était le symbolisme toujours vivant

Ste Claire.

S. François d'Assise.

---

(1) « Clara, claris præclara..., clarissima illuxit. Hæc fuit altum sanctitatis candelabrum, vehementer in habitaculo Domini rutilans..., pauperum *Primiceria, Ducissa* humilium. » Ces deux titres montrent quel respect on portait alors aux qualifications de la noblesse ; un Pape ne croit pas pouvoir mieux honorer une Sainte qu'en lui donnant celles-ci. — Dante appelait aussi S. Jacques : le Baron du pèlerinage de Galice : *il Barone per cui laggiù si visita Galizia.* (*Parad.*, cant. XXV, 6.)

(2) S. Bonaventuræ, *Vita S. Francisci*, cap. VIII et XII.

des Livres saints et des Pères, coloré, au contact de ces consciences éminentes, des tendres et doux reflets de la présence de Dieu.

Conséquences à tirer de cette revue des siècles chrétiens contre le philosophisme de nos jours.

Ces temps bénis ne sont plus, hélas! Le nôtre, imprégné des doctrines contraires dont nous dévorons l'amertume, s'est pris, dans sa folie, à rire de tant de choses sérieuses, à les obscurcir de ses mensonges, à les ridiculiser pour les ternir. Oublieux de ses origines, notre âge d'orgueil, de cupidité et d'intempérance, n'a aucune des vertus de nos pères; il profane leur caractère en le calomniant, l'accuse iniquement d'ignorance, et s'aveugle jusqu'à refuser de le comprendre. Et cependant les découvertes dont il se vante, et que l'imprimerie vulgarise au service du matérialisme, étaient en germe dans les véritables savants du moyen âge, depuis les encyclopédistes du septième siècle jusqu'à ceux du treizième; jusqu'à Vincent de Beauvais, après lequel nos académiciens n'ont rien trouvé en fait d'ordre et de méthode; jusqu'à Roger Bacon, qui sut régulariser et sanctifier l'état des sciences naturelles, et qui eut la première idée du calendrier, si sagement réformé par Grégoire XIII à la fin de ce seizième siècle trop excessivement loué.

En vain, nous serions condamné à entendre s'élever contre nous les infatigables voix qui maudissent la presse chrétienne quand elle ramène au respect de ces vieilles traditions fatalement méprisées. Nous avons vu de trop près, et médité trop longuement les éléments de nos croyances pour nous en démettre devant ces taquineries de parti, et nous en avons dit assez dans cet examen des auteurs dont l'Église se glorifie, pour que, mieux connus désormais de ceux qui veulent bien nous lire, ils ne laissent d'eux dans les esprits sages et impartiaux que de nobles et utiles souvenirs. Avec eux nous avons conduit notre travail jusqu'à la fin de cette seconde partie : nous avons vu le symbolisme chrétien naître des pages sacrées de l'Écriture, y briller de son éclat primitif, et de là, passant dans les traités dogmatiques ou moraux des écrivains ecclésiastiques, y établir ses titres de noblesse et prouver ses justes prétentions à réglementer la pratique de l'art. — Il nous reste donc à le montrer, dans cette action pénétrante de sa vie providentielle, réglant d'après ses lois la marche de l'art chrétien, depuis le plus superbe monument jusqu'à la plus modeste miniature, et imposant ses théories à l'artiste, qui partout les respecte, les étudie et s'y soumet.

Elle conduit naturellement à l'étude de l'art catholique.

C'est l'Église qui a dirigé cette marche. Épouse de l'Homme-Dieu, dont Elle continue la mission parmi les hommes, c'est Elle qui est venue, infaillible interprète, autoriser le langage des Pères; qui s'est divulguée à leurs yeux sous les doctes enseignements de leur parole; c'est Elle encore qui dictera ses inspirations quand il faudra changer en d'immenses cathédrales les pierres brutes de nos collines, parer leurs nefs consacrées des catéchèses peintes de la doctrine de vérité, sculpter à leur fronton les scènes terribles ou consolantes du jugement et du paradis. Donc, après l'édifice matériel construit sur les plans absolus de l'esthétique divine; après cette Trinité suprême qui résume en elle toute théologie et qui se montre aux yeux mortels dans ses plus sublimes attributs, doivent apparaître dans toute la majesté de leur mystique langage ces ineffables figures dont l'idéal demeure à jamais inséparable de notre foi : le Christ, qui rachète et qui sauve, qui règne et juge, qui condamne ou récompense éternellement; — la Femme, bénie entre toutes, qui devint sa Mère et nous sert près de lui de médiatrice et de secours; les Anges, ministres aimables dont le rôle iconographique est toujours le symbole de nos propres adorations; enfin les Apôtres, continuateurs sur la terre de l'œuvre céleste, et cette armée toujours jeune de Martyrs, de Confesseurs, de Vierges qui, à divers titres, occupent une si glorieuse place dans la hiérarchie catholique. Tels sont les sujets qui vont découler

L'Église, maîtresse suprême de cet enseignement pratique.

Marche ultérieure de cet ouvrage;

désormais des notions acquises dans ces deux premiers volumes, et dont on sent déjà par elles l'importance pour l'art religieux.

On y appliquera le symbolisme à l'art chrétien et aux splendeurs du culte catholique.

De son côté, le culte a d'égales prérogatives : il a ses solennités éloquentes, ses harmonies qui lui rattachent le cœur humain, ses splendeurs pour toutes les joies de l'Église, ses plaintes pour toutes ses tristesses, ses mélodies musicales qui ne conviennent qu'à lui, et dans lesquelles se dévoilent avec la majesté de la parole suprême la prière et la bénédiction des enfants de Dieu. Puis les choses d'ici-bas revendiquent leur place dans ce grandiose rendez-vous de toutes les pensées religieuses : les vices de l'homme livré aux funestes suites de sa chute originelle; les vertus qui y fleurissent en lui par la rosée de la grâce ; et ces fleurs dont chacune s'épanouit avec sa signification propre; et ces natures si diverses de quadrupèdes, de reptiles, d'oiseaux, de poissons, qui toutes chantent le cantique de la création, représentent une leçon vivante, et bénissent la Toute-Puissance de leur Auteur en face même du dragon infernal et de ses hideuses contorsions. Mais ce riche ensemble, dont l'admirable ordonnance est venue jusqu'à nous et nous étonne encore, a eu, comme toutes les choses soumises à la puissance faillible de l'homme, ses défaillances et ses décroissements : l'apogée de toute œuvre périssable touche ici-bas à son déclin. Il faudra donc signaler les causes malheureuses de cette décadence qui fit dormir dans le tombeau, trois siècles durant, cette vie artistique dont nous voyons à peine poindre sous nos yeux l'heureuse mais lente résurrection. Cette renaissance nouvelle, ce véritable essor vers une restauration dont apparemment l'humanité a besoin puisqu'elle y revient toujours, que sera-t-elle? en verrons-nous le succès définitif, ou bien d'énergiques tentatives n'aboutiront-elles qu'à d'irrécusables preuves d'impuissance devant la faiblesse des études sérieuses ? Les déplorables hardiesses de principes vagues et trop arrêtés devront-elles jeter encore l'art chrétien, à force de licences téméraires, dans un éclectisme qui le perdra? Cette question, il faut la résoudre à l'avantage du beau et du bien, et la solution en est tout entière dans la sérieuse attention des artistes à la voix de ceux qui ont mission pour les guider.

Notre travail va tendre désormais, dans la mesure de nos forces, à réaliser le désir de nos plus chères convictions.

FIN DU TOME II.

OUVRAGES DE M. LE CHANOINE AUBER.

Histoire de la cathédrale de Poitiers.— 2 volumes gros in-8°, ornés de 30 planches. — Poitiers, 1848-1849. — Couronné par l'Institut. . . . . **15 fr.**

Recherches historiques sur l'ancienne seigneurie de la Roche-sur-Yon, nommée ensuite Bourbon-Vendée, puis Napoléon-Vendée. — Volume in-8°. — Poitiers, 1849. . . . . **3 fr. 50**

Recherches historiques et archéologiques sur l'église et la paroisse de Saint-Pierre-des-Églises, près Chauvigny-sur-Vienne. — 1 volume in-8°, planche. — Paris, Didron, 1852. — Couronné par l'Institut. . . . . , . . **3 fr. 50**

Mélanges d'archéologie, d'histoire et de littérature. — 3 volumes in-8°. — Extraits des journaux et recueils scientifiques auxquels l'auteur a coopéré, tels que les Mémoires de plusieurs Sociétés savantes, le *Bulletin monumental*; celui du *Comité des Arts et Monuments*; la *Revue de l'art chrétien*; l'*Art en province*, et autres. — Épuisé. . . . . **30 fr.**

Biographie de Jacques de Billerin, Poitevin et conseiller-clerc au Parlement de Paris.— In-8°.— Poitiers, 1850. . . . . . **2 fr.**

Biographie de M. Guerry-Champneuf, avocat au barreau de Poitiers. — In-8°. — Poitiers, 1852. . . . . **1 fr.**

Biographie de Girouard, sculpteur poitevin. — In-8°. — Poitiers, 1641. . . . . **1 fr. 50**

Recherches sur la vie de Simon de Gramaud, Cardinal, Évêque de Poitiers.— 1 volume in-8°. — Poitiers, 1841, complétées (en 1857) par une relation de la découverte des restes du Cardinal dans la cathédrale de Poitiers.— In-8°.—Portrait. . . . . . **4 fr.**

Instruction de la Commission archéologique diocésaine établie à Poitiers, sur la construction, les restaurations, l'entretien et la décoration des églises, adressée par Monseigneur l'Évêque, Pré-

sident, au clergé de son diocèse.—1 volume in-8°. — Poitiers,
1851. . . . . 3 fr.
Vies des Saints de l'Église de Poitiers, avec des réflexions et des
prières à la suite de chaque Vie.— In-8°. — Poitiers, 1858, avec
une Table générale analytique et raisonnée, imprimée seulement
pour deux cents exemplaires. . . . . 2 fr.
Table générale, analytique et raisonnée du *Bulletin monumental*.
— 2 volumes in-8°.— Paris, Derache et Didron, 1846 et 1861.—
Ouvrage couronné par la Société française d'archéologie. 12 fr.
Histoire de S. Martin, abbé de Vertou et de Saint-Jouin-de-Marnes,
et de ses fondations en Bretagne, en Vendée et dans les pays
adjacents. — 1 volume in-8° de vi-223 pages, avec 3 planches.—
Poitiers, 1869. . . . . 3 fr. 50
— Deuxième édition, in-18 de 300 pages. . . . . . 1 fr. 50
Notice sur un reliquaire de l'époque romane.— In-8°, planches.—
Poitiers, 1845; Amiens, 1860. . . . . 1 fr.
Notice sur un poignard du xvi° siècle, et sur la famille de Blac-
Wood. — Poitiers, in-8°, 1843, avec une planche. . . 1 fr. 50
Comme quoi la fameuse Mélusine n'est autre chose que Geneviève
de Brabant.—In-8°. — Poitiers, 1842. . . . . 1 fr.
De la Signification du mot *leuru*, et du sens qui lui revient dans
les inscriptions votives du Vieux Poitiers, d'Alise et de Nevers.
— Poitiers, in-8°, 1859, avec 2 planches. . . . . 2 fr.
Essai de Critique littéraire, théologique, politique, historique et
grammaticale sur un *volume* de 56 pages in-8°, de M. Poupot, pas-
teur, ayant pour titre : Lettre à M. l'abbé Auber, en réponse à
trois articles sur Calvin insérés dans le *Journal de la Vienne*, etc.
— In-8°.— Poitiers, 1842. . . . . 1 fr.
Adolphe et Mélanie, ou de la Persévérance après la première communion.—1 volume in-18. - Paris et Poitiers,1835; 2° éd.,1841. 1 fr. 50
Les Trois Vocations, lettres dédiées aux mères chrétiennes. —
1 volume in-12.—Paris, Gaume, 1837. . . . . 2 fr.
Vingt Examens particuliers sur les principaux exercices de la perfection chrétienne. — 1 volume in-32. — Poitiers, 1837. . 60 c.
Aventures de Télémaque... Édition classique, réimprimée sur les
plus correctes qui ont paru jusqu'à ce jour, à l'usage des colléges,
séminaires et pensionnats des deux sexes, avec un discours sur
l'usage de ce livre dans les classes; des notes sur l'histoire, la
mythologie, la géographie comparée; la distinction, en caractères italiques, des maximes les plus importantes du texte; une

table des discours, descriptions, narrations et portraits qui peuvent servir de modèles de compositions françaises, et un résumé, au commencement de chaque livre, des principes moraux qui en découlent.— 1 volume in-12. — Paris et Lyon, 1838, 1844, et plusieurs autres éditions. . . . . **1 fr. 50**

Consolations du Sanctuaire, ou Méditations avant et après la Communion, tirées des offices de l'Église, de l'Écriture sainte et des SS. Pères, pour les prêtres et les fidèles. — Dédiées à Monseigneur de Beauregard, évêque d'Orléans. — 2 volumes in-18. — Paris et Lyon, 1839. . . . . **3 fr.**

Un Martyr, ou le Sacerdoce catholique à la Chine, poème en cinq chants, tiré des *Annales des Missions étrangères*.— 1 volume in-12. — Paris et Lyon, 1839. . . . . **2 fr.**

Dissertation sur l'*Ascia*. — In-8°.— Poitiers, 1860. . . . . **1 fr.**

Histoire et Théorie du Symbolisme religieux. — 4 vol. in-8°. . **24 fr.**

Étude sur les historiens du Poitou depuis ses origines connues jusqu'au milieu du xix° siècle. — 1 volume grand in-8°, tiré à 100 exemplaires. — Niort, Clouzot, 1871. . . . . **10 fr.**

TABLE.

DEUXIÈME PARTIE.

DU SYMBOLISME DANS LA BIBLE ET LES PÈRES DE L'ÉGLISE.

CHAPITRE PREMIER.

Considérations générales sur les causes et les développements successifs du symbolisme chrétien.

Le spiritualisme, source du symbolisme moderne, et de l'intérêt qu'il excite, 1.— L'hérésie détruit le sens artistique; la vérité religieuse le fait renaître, 3.— Caractère général du symbolisme chrétien, 4;— sa cause originelle dans le besoin d'enseigner, 6;— ses principes fondamentaux plus étudiés et mieux connus, 8;— ses sources dans la Bible, 10.— La théologie, 11,— et la liturgie, 11.— Ses premiers essais sur l'architecture, 12.— Belle expression du symbolisme architectural aux douzième et treizième siècles, 13.— Variété infinie de ses ressources pour l'instruction populaire, 14.— Cause de sa décadence, 15.— Lois du symbolisme transmises par la tradition bien plus que par des théories écrites, 16;— leurs traces positives dans l'Église, 17.— Raisons de cette absence de règles écrites, 18.— Première apparition du symbolisme ostensible, 19.— Premiers écrits didactiques sur cette matière, 20.— Application de la science symbolistique aux édifices religieux, 21.— Époques de progrès; variété raisonnée des formes qu'on y adopte, 21.— Système moderne d'opposition contre le sens trop peu étudié de ces symboles, 22.— Vanité et irréflexion de cette critique, 22.— Comment on eût embrassé plus raisonnablement le parti contraire, 23.— Causes multiples de l'affaiblissement du symbolisme avec celui de la foi, 24.— Qu'il n'en faut pas exagérer la portée ni les conséquences dans l'art chrétien, 25.— De l'emploi des légendes, et qu'elles ont toujours leur symbolisme, 26.— La chasse Gallery, 27.

CHAPITRE II.

L'Écriture sainte.

Estime des âges de foi pour l'Écriture sainte ; comment on en est sorti, comment on y revient, 30 ; —elle est la principale source de la science chrétienne, 31, — et du symbolisme de l'art, 32.— Nécessité de l'étudier sérieusement, 32. — Principes fondamentaux de cette étude, 33 : — 1° elle est la parole de Dieu inspirée ; caractères de cette inspiration, 33 ; — 2° elle ne peut être interprétée que dans le sens de l'Église, 33. — Quels sont les organes de cette interprétation ? 35. — Raisons d'étudier l'Écriture sainte ; analyse sommaire de chacun des Livres bibliques d'après S. Jérôme, 35 : — La Genèse, 36 ; — L'Exode, 36 ; — Le Lévitique, 37 ; — Les Nombres, 37 ; — Le Deutéronome, 37 ; — Josué, 37 ; — Les Juges, 37 ; — Ruth, 38 ; — Les Rois, 38 ; —Tobie, 39 ; — Job, 39 ; — Les Psaumes, 40 ; — Les Livres sapientiaux, 40.— Les grands Prophètes, 41.— Les petits Prophètes, 41.— Les Machabées, 42. — Les Évangélistes ; motif des quatre animaux qui les symbolisent, 43. — Les Actes des Apôtres, 44.— Épîtres de S. Paul, 45.— Épîtres catholiques, 45.— S. Jacques, 45 ; — S. Pierre, 45.— S. Jean l'Évangéliste, 46. — S. Jude, 46.— L'Apocalypse, 47.— Ce que l'étude du symbolisme retire de la connaissance des Livres saints, 48.

CHAPITRE III.

L'interprétation scripturaire.

Sens divers à distinguer dans l'Écriture, 50 : — le sens littéral, 50, —allégorique, 51, — moral ou tropologique, 52, — et anagogique, 53. —Sens accommodatice, 54. — Règles de prudence pour n'en pas exagérer le symbolisme, 54.—Erreurs, sur ce point, du rationalisme moderne, 55. — Utilité des écrits de Janssens et de l'abbé Duguet sur cette matière, 56. — Le sens allégorique plus généralement usité, 57. — Que tout dans l'Écriture converge à Jésus-Christ, 58.— Observation de S. Cyrille de Jérusalem à ce sujet, 58, — confirmée par le Sauveur lui-même, 58, — par Moïse, 59, — et par les Apôtres, 60. — Cet enseignement donné aux peuples dès les premiers jours du Christianisme, 62. — Les paraboles et autres allégories, 64.— Simplicité et convenance de ces enseignements, 66.— Prééminence du Nouveau Testament sur l'Ancien, 67. — Concordance de la Loi ancienne et de la Loi nouvelle, 69. — Que les paraboles ne doivent pas toujours être interprétées dans leurs moindres détails secondaires, 71. — Symbolisme des idiotismes bibliques; digression, à ce sujet, sur le mot *cornu*, 74, — et sur le mot *vas*, 76.

CHAPITRE IV.

Les faits bibliques.

Unité morale des deux Lois de Moïse et de Jésus-Christ, 78. — Restriction nécessaire à ce principe, et règles pour s'en bien servir, 78 : — 1° le sens figuré indiqué par le sens littéral lui-même, 79; — 2° le sens littéral quelquefois impossible tout seul, 79; — 3° la pompe du style fait soupçonner un objet symbolique, 80; — 4° n'adopter le sens figuré qu'à la suite des Apôtres et des Pères, 80; — 5° même règle quant à Jésus-Christ et aux figures qui l'annoncent, 80; — 6° appliquer le sens figuré et le sens littéral dans toute l'extension que donne le texte, mais point au delà, 81. — Jusqu'à quel point l'interprétation des Pères oblige la foi, 81. — S. Méliton, et sa *Clef des Écritures*, 82. — Le mariage pris comme symbole de l'union de Dieu avec l'homme, 84. — L'arc-en-ciel, symbole d'alliance et de paix, 85. — Type de Jésus-Christ dans Isaac, 86. — Signes et symboles établis de Dieu, 87. — Les songes appliqués au même but, 87. — Vision de Daniel sur l'empire d'Alexandre le Grand et sa décadence, 88. — Symbolisme des lois et cérémonies hébraïques, 90, — combattu en vain par les incrédules, 91. — Moïse levant les mains sur la montagne, 92. — L'aspersion du sang des victimes sur le peuple, 93. — Les vêtements du grand-prêtre, 93; — ils renferment des symboles, 95, — qui facilitent l'intelligence des choses de Dieu, 96. — Exagération des rabbins, 96. — Le Lévitique expliqué par S. Augustin, 96. — Symbolisme de l'ancien Tabernacle, 97; — des sacrifices sanglants, 98; — de la consécration des hosties anciennes, 98. — Figures bibliques du Sauveur sacrifié, 99. — Animaux bibliques sculptés ou peints dans nos églises, 100, — expliqués par un passage d'Ézéchiel, 101. — Examen des Prophètes, 101. — Ézéchiel et les symboles tirés de sa propre personne, 103; — ceux des autres Prophètes, 103. — Élisée et les flèches de Joas, 104. — Résurrection opérée par Élie et Élisée, 105. — Jésus-Christ est sous toutes ces allégories, 106. — Aveux des protestants à cet égard, 107, — soutenus de l'autorité de l'historien Josèphe, 108. — Remarques curieuses sur la prophétie de Jacob mourant, 108. — Symbolisme appliqué aux douze noms de ses enfants, 109. — Les zodiaques

du moyen âge trouvent dans ce fait une de leurs explications, 110.
—Parallélisme des deux Testaments en beaucoup d'objets, 111.

CHAPITRE V.

Cantique des cantiques.

Caractère exclusivement symbolique de cette composition, 115 ; — son objet, 116.— Unanimité des Pères à cet égard, 116,—contredite de mauvaise foi par l'incrédulité, 117.— Preuves du spiritualisme de ce poème, 118 ; — sa valeur littéraire, 118 ; — ses personnages, 119, — figures de Jésus-Christ et de l'Église, 120.— Symbolisme d'une verrière de Bourges, 121.— Vivacité du style oriental dans celui du *Cantique*, 121 ; — elle en explique certaines singularités apparentes, 122.—La *Vierge noire* de l'iconographie chrétienne, 123.— Autres métaphores, toutes symboliques, 124.—Plan et division du *Cantique*, 125.— Les mœurs qui y sont décrites, encore conservées en Orient, 126 ; — on ne s'en étonne que faute de les comparer à d'autres notions acceptées de tous, 127.— Mauvaise foi de certains critiques à fausse pudeur, 128. — Dans quel esprit on doit juger de ce livre, et de ce qu'il y faut voir avec l'Église, 128.— Imitation allemande du Cantique par Henri Frauenlob, 129. —Naïve simplicité du moyen âge littéraire, 130, —dans ses œuvres religieuses, 130.—Le poème de Salomon n'a rien de plus profane, 131.— Les Juifs en jugeaient ainsi que nous, 131. — Idée du Commentaire de Bossuet, 131,—et de celui de S. Bernard, 132.—Époque et occasion du travail de ce dernier, 132. — Dans quel esprit les Saints ont lu le texte sacré et les commentaires, 134.—Analyse et esprit de cette *Exposition* de l'abbé de Clairvaux, 135.— Symbolisation du mot *cédar* par le saint Docteur, 138.— Explication du Cantique par une religieuse napolitaine, 139.— S. Bernard mal jugé de nos jours à propos du symbolisme, 139.

CHAPITRE VI.

L'Apocalypse.

(Du 1er au ive chapitre.)

Origine de ce livre, 141 ; — son but moral, 142.— Multiplicité de ses commentaires, 142, — la plupart erronés, 143 ; — celui d'Holzozer, 143.— Fausses interprétations des protestants, 144.—Opinion fondamentale de S. Augustin, 145, — et de Bossuet, 145.— Combien ce livre a servi à l'art chrétien, 146; — sa division en trois parties, 146; — son plan général, 147. — Jésus-Christ A et Ω ; origine du *Chrisme*, et son histoire dans les temps chrétiens, 147. — Les sept Églises de l'Asie, et les sept chandeliers, 149.— Jésus-Christ et son image symbolique, 150. — Étoiles à huit branches, 152.— L'Église d'Éphèse, et son chandelier, 153; — celle de Smyrne, et les adversaires de S. Polycarpe, 153. — Démonologie : Église de Pergame; ses pierres *blanches* et son *nom inconnu*, 154.— L'Église de Thyatire, et son *Étoile du matin*, 155. — L'Église de Sardes, et ses fidèles vêtus de *robes blanches*, 156. — L'Église de Philadelphie, et la *Clef de la Maison de David*, 157. — La porte mystérieuse, 158, — et la colonne du temple, 158. —L'Église de Laodicée, 159. — L'or *pur* et les vêtements *blancs*, 160. — Sens général de cette première partie, 161; — son explication mystique par une religieuse napolitaine de notre temps, 161.

CHAPITRE VII.

Première suite de l'Apocalypse.

(Du chapitre IV au chapitre VIII.)

Plan de la deuxième partie, toute prophétique, 162. — Le Juge suprême; nombreux symboles qui l'environnent, 163. — Rapports entre le temple de Jérusalem et le ciel de l'Apocalypse, 164.— Le jaspe et la sardoine du trône divin, 165.— Les vingt-quatre Vieillards : mystère de ce *nombre*, 166. — La mer de verre: applications diverses de ce type à l'art chrétien, 167.—Symbolisme de la harpe dans la musique céleste, 169. — Le jugement apocalyptique ciselé dans la sculpture des églises, 169. — Encore le nombre *sept*, 170. — L'Agneau égorgé, 171. — Autres rapprochements entre le temple ancien et le ciel de l'Apocalypse, 172. — Les sept attributs donnés à l'Agneau, 173.— Ouverture des sept sceaux, 174. — Les cavaliers et leurs chevaux de diverses couleurs; les quatre animaux évangéliques, et d'abord le lion, 174. — L'un des cavaliers, symbole de Jésus-Christ, 174.—Sens du cavalier sculpté dans les tympans des églises du douzième siècle, 175.— Le bœuf et le deuxième sceau, 176.— L'Ange ou l'homme de S. Matthieu; le troisième sceau et le cheval noir, 176.—L'aigle et le quatrième sceau, 177.— Cheval pâle, 178. — Rôles symboliques donnés au cheval, 178.— Les martyrs; l'autel et les reliques de sa consécration, 179.— Fausse interprétation d'un chapiteau de Fleury-sur-Loire, 180.— Les robes blanches; leur nombre selon le rang des personnes dans l'antiquité et au moyen âge, 180;— sens mystique de ce fait, 181.—Jugement dernier dans les anciens Prophètes et dans celui de la nouvelle Loi, 182. — Rapports entre cette description et les faits historiques de l'Église primitive, 184. — Les quatre Anges vengeurs de la Justice divine, 185. — La croix, signe du Dieu vivant, 185.—Les cent quarante-quatre mille Élus, 186. — Symboles variés des récompenses célestes, 186. — Beauté de ces symboles de la paix éternelle, 188.

CHAPITRE VIII.

Deuxième suite de l'Apocalypse.

(Du chapitre VIII au chapitre XII.)

Ouverture du septième sceau, 190.— Prières des Justes présentées à Dieu par des Anges et symbolisées par l'encens, 190.—Réminiscence de ce symbole au Saint Sacrifice, 191. — Autres circonstances du jugement dernier, 191.— L'herbe, symbole de la jeunesse de la vie, 192. — Persécution d'Adrien; images vives de ces malheurs, 192.— L'étoile *Absinthe*; la troisième partie des créatures, 193.— Le faux prophète Barcochébas figuré par cette étoile; symbolisme de cet astre, 194, — type lui-même de Satan, 194.— Origine du Talmud des Juifs, 195.— L'aigle, symbole du démon ou du Sauveur, 196.— Toute la liturgie des assemblées chrétiennes imitée de l'Apocalypse, 196.— L'hérétique Théodote de Byzance, autre étoile déchue, 197. — Encore l'étoile symbolique, 198. — Caractère des hérésies, nées de l'enfer, confondant l'erreur et la vérité, 198. — Les sauterelles, symbole de l'hérésie, 199.— Le même sens donné au scorpion, 201.— Origine du signe de croix des chrétiens, 201. — Abjection morale du monde romain de l'an 180 à l'an 312 de l'ère chrétienne, 202, — très-bien dépeinte par ses traits de ressemblance avec les ravages des sauterelles, 202.— L'ange Abaddon, roi de ce peuple mystérieux, et son pouvoir de tromper les âmes, 204. — Sauterelles d'un chapiteau de Chauvigny-sur-Vienne, sculptées d'après le type ici expliqué, 204.— Symbolisme de la chevelure différent dans l'homme et dans la femme, 205.— L'Ange de l'Euphrate, et ses offices symboliques, 206. — Ministère des quatre Anges de l'Euphrate, 207.—Défaite de Valérien par Sapor 1er; nombreux symboles de ce fait, 207.— Chevaux mystérieux, portant la mort devant et derrière eux, 208.— Livre ouvert; Ange symbolisé par les caractères de la toute-puissance de Jésus-Christ, 209.— Ce même livre doux à la bouche et amer au cœur, 211. — L'Ère des martyrs sous Dioclétien, 212.—Mesures mystérieuses du temple, 212.—Exclusion des infidèles, 213. — L'Église figurée sous ces deux symboles, 213. — Preuves historiques de cette interprétation, 214. — Les deux Prophètes *témoins* du Seigneur, 215. — Méchanceté des tyrans; énergie des justes et des martyrs pendant la persécution de Dioclétien, 215. — Famines matérielles et spirituelles, 216. — Rome païenne sous les traits de la bête sortie de l'abîme, 217. — Les jours pris pour des années, 219. — Les colombes, symbole de résurrection, 220. — Nouveaux rapprochements entre la prophétie et l'histoire de l'avenir, 221.

CHAPITRE IX.

Troisième suite de l'Apocalypse.

(Du chapitre XII au chapitre XIV.)

Continuation des combats de l'Église, 224. — symbolisée par la femme aux douze étoiles, 224. — Les mêmes traits symbolisent la Sainte Vierge, 225. — Développement de ce double type, 226. — Le dragon *roux*, à sept têtes, personnification de Satan, 227. — Le nombre *sept* appliqué au démon, 228. — Les étoiles entraînées par le dragon; symbolisme multiple de ces astres, 229. — Antagonisme de la bête et de Jésus-Christ, 231. — Origine de la vie érémitique, 232. — Lutte de S. Michel et de Satan, 234. — Chant de victoire pour l'Archange, 235. — Étonnante précision de la chronologie apocalyptique, 237. — Les eaux et leur symbolisme, 237. — Sens superhistorique de quelques détails du texte sacré, 238. — Autre application de ce chapitre à la Sainte Vierge, par S. Bernard, 240. — Fresque de S. Pierre-des-Églises reproduisant au douzième siècle la naissance de Jésus-Christ et le combat de S. Michel, 241. — Autre bête sortie de la mer, et ses attributs, 242. — Rome aux sept montagnes, 244. — Le léopard et ses formes hybrides, 244. — Caractère de Maximin Hercule, 245. — Julien l'Apostolat, 247. — La bête à dix têtes dans une miniature du treizième siècle, 248. — L'Église persécutée par la philosophie humaine, 249. — Agneau hypocrite, 249. — Symboles d'idolâtrie porté sur soi par les païens, 251. — Nombre de la bête, et nom de Dioclétien, 252.

CHAPITRE X.

Quatrième suite de l'Apocalypse.

(Du chapitre XIV au chapitre XVIII.)

Triomphe de l'Église, 256. — L'Agneau vainqueur, 256. — Les cent quarante-quatre mille vierges épouses de l'Agneau, 257. — Renversement de la Babylone spirituelle, 258.— L'enfer destiné à ses adeptes, 258.— Nouvelle image du jugement dernier, 260.— Invasion d'Alaric et d'Attila, 261.— Sept Anges, sept fléaux; encore le nombre *sept*, 262.— La harpe, 263; — les robes blanches, 263; — le tétramorphe, 263. — Mystère de la justice de Dieu, 264.— Dernières sévérités de la Providence sur l'empire romain; les sept coupes mystérieuses, symboles de ces rigueurs, 264.— Et 1° la peste, 265. — La mer et les fleuves, symboles de Rome et des provinces, 265. — 2° La mer de sang, ou la guerre, 266. — 3° Extension de ce fléau, 266.— 4° Sécheresse et famine, 267.— 5° Épaisses ténèbres de l'ordre moral, 268.— Le blasphème symbolisé par des langues sculptées aux modillons de nos temples, 269. — 6° Invasion des barbares, 269.— Plaie des grenouilles; symbolisme de ces animaux, 270.— Crapauds et serpents dévorant le sein d'une femme, 272.— Emblèmes des péchés capitaux, 272.— Sculpture de l'église de Moissac, 274.— Pratique de la magie à Rome, 274. — Armagédon, lieu symbolique par son nom; singulière explication des sectaires anglais du docteur Cunning, 275. — Mort des empereurs Valérien et Julien l'Apostat, 277.— Supplices divers des devins de l'empire prédits par S. Jean, 277.— 7° Fléau: tremblements de terre et orages, 278.— Les barbares se partagent l'Empire, 279.— La ruine de Rome comparée à celle de Tyr, 280.— Les îles et la mer, symboles des âmes mondaines, 281.— Les montagnes, âmes contemplatives; les orgueilleux et les humbles, 281.— Calamités de ce temps; origine du livre de *La Cité de Dieu*, 282.— Clef et explication de toute l'Apocalypse, 283.— Symboles des villes dans l'antiquité, 283.— Les grandes eaux sont les peuples, 284.— Caractères de la Rome des païens, 284, — à la fois bête à dix cornes et femme prostituée, 284. — La robe rouge et la bête de même couleur, 284. — Rome appelée Babylone; ses attributs mystérieux, 285. — Images inspirées par ce passage de Saint-Pierre de Chauvigny-sur-Vienne, 287. — Parallélisme de l'Ancien et du Nouveau Testament, 287.— Fin des persécutions; extinction du paganisme, 288. — Les sept têtes de la bête, les sept montagnes de Rome, 289.— Maximien Hercule symbolisé, 289. — Sens des *cornes* de la bête, 290.— Alliance des barbares contre la Ville éternelle, 291, — et contre le nom chrétien, 291.— Encore les eaux pour les peuples, 292.— Chairs dévorées, 294.— Action de la Providence sur les choses humaines, 294.

CHAPITRE XI.

Cinquième suite de l'Apocalypse.

(Du chapitre XVIII au chapitre XX.)

Rome toujours sous les traits symboliques de Babylone, 297. — Lumière symbolique du Christ; origine du Nimbe, 297. — Causes morales de la chute de Rome, 298.—Lieux déserts aimés du démon, 299. — Satan symbolisé par les oiseaux de proie, 300.— Le hibou, 301.—Dogme catholique ainsi expliqué, 302. — Détails de la ruine providentielle de Rome, 302.— La cendre, 305.— La meule jetée dans la mer, 306.— Les Prophètes et les Saints pris pour les simples fidèles, 307.— Jésus-Christ, vainqueur de la cité, s'en empare et y règne, 308. — Par là, l'Antechrist soumis à la Croix dans un tableau de Constantin, 309.— La meule et ses divers symboles, 309. — L'Alleluia, cantique des Cieux, 310.— Le lin et les robes blanches, figure des bonnes œuvres et de l'innocence, 311.— Les noces de l'Agneau, 312.— Les morts et les âmes peints et sculptés au moyen âge dans l'état d'innocence primitive, 313.— Divinité du Christ, 314, — revenant sous la figure du cheval blanc, 314.— Cette même couleur donnée au cheval du Samaritain, 314; — son importance dans le symbolisme catholique, 314. — Devoirs des peintres à cet égard, 314.— Autres caractères mystérieux du Christ vainqueur, 315.— Autres explications de cette même couleur, 316, — donnée aux Élus, 316.— Encore les deux tranchants de l'épée divine, 317. — La verge de fer, 317.— Le pressoir et le vin, images de la Passion du Sauveur, 318.— Ses vêtements, — son nom écrit sur sa cuisse; souvenirs bibliques à ce sujet, 318.— L'Église triomphant du paganisme par la lumière de la prédication, 320.— Beau manuscrit *de Poitiers*, du treizième siècle, et ses miniatures symboliques, 320. — Oiseaux appelés à dévorer les ennemis de l'Église, 321.— Sens allégorique donné aux oiseaux en général, et ici en particulier, 321.— Ce sont ici des images des démons, 322.— Richesse de l'iconographie chrétienne sur ce point, 323.— Opposition de la bête à l'action du Dieu triomphateur, 323.— Figure de la guerre faite par le monde à l'Église de Jésus-Christ, 323.— Le diable et l'hypocrisie en habit vert et rose, 324.— Nouvelle victoire du Christ, 324. — L'enfer, étang de feu et de soufre, et gueule béante remplie de flammes, 324.— Couleur *bleue* donnée au démon, et pourquoi, 325.— Sens historique de toutes ces allégories, 325.— Rage des oiseaux malfaiteurs, action du démon sur les réprouvés, 326; — leurs types dans beaucoup de sculptures des églises, 326.

CHAPITRE XII.

Sixième suite de l'Apocalypse.

(Du chapitre xx au chapitre xxi.)

La clef de l'abîme; symbolisme de cet instrument, 327.—Tradition des clefs à S. Pierre, 327. — Encore le dragon roux enchaîné pour *mille* ans, 328. — Comment entendre ce chiffre? 328. — Le démon précipité dans l'abîme, 330.— Quel dogme est exprimé par ce fait symbolique, 330.—Gloire des Élus délivrés de cet ennemi, 330. —Symbolisme des trônes ou siéges dans l'Écriture, 331.— Caractère supérieur du martyre dans l'Église, 331.—Deux sortes de mort : la première et la seconde, 332.—Satan déchaîné de nouveau vers la fin du monde, 332. — Gog et Magog, 333. — Derniers combats de l'Église contre ces nouveaux ennemis, 334, — qui pourraient être les Russes? 335. — Juste application des idées précédentes aux monstres sculptés des édifices chrétiens, 3 6.— Punition de la *bête* ou de l'idolâtrie débarrassée, et du *faux prophète*, ou de l'hérésie acharnée contre l'Église, 336. — Ces faits peints avec un remarquable génie par les coloristes du moyen âge, 337.— Le Christ vainqueur de l'enfer, et ses attributs *coloriés*, 338.—Le démon vaincu, et sa gueule infernale, 338.—Encore Abraham et les Élus dans son sein, 338.— Variétés observées dans l'iconographie sculpturale ou peinte de la gueule diabolique, 339.— Jésus-Christ, juge suprême, environné de lumière *blanche*, 340. — Représentation iconographique de ce sujet par l'art du moyen âge, 341.—Le dessin de cette époque donnant souvent une idée de l'ensemble par un détail principal, 341. — Résurrection des morts; livres de vie et de perdition, 342.— Cette scène et ses détails figuratifs aux tympans des églises, 343. — Description archéologique de ces magnifiques travaux, 344.— Les sarcophages et leurs formes diverses, 344. — Les Élus et les réprouvés, 345.— Iconographie du Christ, juge suprême, 346.— Marie et S. Jean agenouillés à ses côtés, 346. — Unité symbolique des pensées du moyen âge sur ce sujet, 347. — Nouvelle preuve du symbolisme des couleurs, 348.—L'enfer et ses diverses figures emblématiques, 348.

CHAPITRE XIII.

Septième suite de l'Apocalypse.

(Du chapitre XXI à la fin.)

Le ciel et la gloire de ses habitants, 350. — L'Église, Épouse symbolique du Christ, et cette union, symbole du mariage chrétien, 351. — Autre image de l'Église chrétienne dans la Jérusalem céleste, 351. — Dieu régnant au Ciel sur les âmes sauvées, 352. — Pourquoi la Cité sainte semble *descendre* du Ciel, 352. — Bonheur des Saints dans l'Éternité; images sensibles que l'art chrétien nous en a faites, 353. — Les Élus *dans le sein* de Dieu ou d'Abraham; distinction à faire entre ces deux personnalités symboliques, 354. — Comment Dieu y essuie les larmes de ses Saints, 355. — Origine des conopées des tabernacles et des baldaquins de l'autel; condition des uns et des autres; abus à éviter dans leur emploi, 355. — L'*alpha* et l'*oméga* accompagnant le chrisme dans les monuments primitifs, 357. — Les sources du Sauveur, fontaine de vie, image de la limpidité et de la paix des jours éternels, 358. — Relations mystiques entre ces eaux et celles de beaucoup d'autres types bibliques, 359. — Les méchants exclus de toute participation à ce rafraîchissement, 361. — Ministère des Anges près des hommes, 361. — Les extases des Saints, contestées par le rationalisme, expliquées et justifiées par celles de S. Jean, 362. — L'Église symbolisée par l'élévation de la Cité, Épouse de l'Agneau, 363. — Symbolisme des montagnes dans l'Écriture, 363; — elles sont tantôt le Sauveur, 363. — tantôt le démon, 364. — L'âme participant dans le ciel de la nature de Dieu, 364. — Principes de la théologie catholique sur ce sujet, 364. — Les pierres précieuses, symboles des attributs divers de l'Église triomphante, 365. — Hautes raisons qui autorisent ce symbolisme, 366. — Préjugés populaires du moyen âge sur les gemmes, fondés la plupart sur des notions transmises par les auteurs de l'antiquité, 366. — Propriétés du jaspe, 367. — Application des attributs des pierres précieuses à la Sainte Vierge par un anonyme du moyen âge, 368. — Description de la cité mystique, dont le jaspe est le principe lumineux, 368. — L'Église militante a aussi son image dans tous ces détails; comment tout cela est admirablement compris dans la Rome des Papes, 369. — Les douze Apôtres symbolisés par douze pierres précieuses; première pierre des églises, et leur dédicace, 370. — La règle d'or et les mesures du temple, 371. — L'or, symbole de la sagesse et de la charité, 371. — La règle, emblème de la justice distributive, des récompenses éternelles, 372, — et de la foi, principe des bonnes œuvres, 372.— Le *carré*, symbole de Dieu par sa forme égale de tous côtés, 372, — et de l'immutabilité, par son défaut de mouvement propre, 373.— Cette forme plus fréquemment employée dans l'architecture des forteresses; et pourquoi, 373.— Le nombre *douze* et ses mystères, 374.— Mysticisme des dimensions de la Cité, d'après les Pères, 374; — ses matériaux, 376.—Autre symbolisme du jaspe et de l'or, 376; — ses fondements et leur solidité, 377.— Les vingt-quatre Vieillards, les douze Patriarches et les douze Apôtres, figures des deux Alliances, 378.— Analyse de chaque pierre précieuse, et son symbolisme, 378: — le jaspe ou la foi : c'est S. Pierre, 378; — le saphir, contemplation et joie céleste : S. André et Nephtali, 378; — la chalcédoine, charité: S. Jacques le Majeur et le patriarche Joseph, 379; — l'émeraude est Juda et S. Jean l'Évangéliste, 379; — la sardoine : S. Philippe et Manassé ou Lévi, 379; — la sarde : Ruben et S. Barthélemy, 380; — la chrysolithe : S. Matthieu et Éphraïm, 380; — l'aigue-marine : S. Thomas et Benjamin, 381; — la topaze : S. Jacques le Mineur et Siméon, 382; — la chrysoprase : S. Jude et Issachar, 382; — l'hyacinthe : S. Paul et Dan, 383; — l'améthyste : S. Matthias et Zabulon, 383.— Les douze portes, 384.— Les perles et leur signification, 385.— Intérieur de la cité mystique, 385.— On n'y voit pas de temple, et pourquoi, 385. — Principes de la théologie catholique sur l'existence des corps et des âmes dans la béatitude, 386.—Toutes les nations appelées à sa possession par la pratique du christianisme, 388.— Hymne de la dédicace de l'Église; beauté de cette composition, calquée sur celle de S. Jean, 389. — Fleuve d'eaux vives, symbole de la paix éternelle, 390.—Immenses ressources du symbolisme scripturaire; encore les eaux et leurs significations variées, 391.—Arbre de vie; ses propriétés figuratives, 391.— Symbolisme des arbres en général; unanimité des écrivains sur ce point, 392.—Bonheur des Saints en Dieu, 393.— Nouvelle preuve du sens historique de l'Apocalypse, 394.—Conclusion : respect pour cette prophétie, 395.— La Procession des baptisés, au jour de Pâques, 395.— Le chien, symbole d'impiété, et, par opposition, de fidélité, 396.— Divers titres donnés au Sauveur: autant de symboles, 397.— L'Étoile du matin, et son opposition, 397. — Aspirations à la jouissance des biens du ciel, 399.— Menaces aux violateurs de ce livre, 399.— Dernier souhait de l'Écrivain sacré, 400.—Œuvres grandioses du moyen âge inspirées par l'Apocalypse. 400.—Tympan de la cathédrale d'Angers; sculptures d'autres églises : Airvault, Charroux, Cherlieu, 401.— Sainte-

Praxède de Rome; son agneau mystique et ses palmiers, 401. — Vitrail de Bourges, résumé des scènes apocalyptiques, 401.— Choix expressif des couleurs dans ce chef-d'œuvre du treizième siècle, 402. — Autres étoiles symboliques, 402. — Baptême par infusion, 403. — L'arc-en-ciel; suprématie de S. Pierre, 403.— Jésus-Christ glorifiant les Élus dans sa propre gloire, 404.— Anges, et leurs couleurs choisies, 404.— Riche multiplicité d'autres symboles, 404.— Hautes leçons qui découlent de ce livre pour la religion et pour l'art, 405.

CHAPITRE XIV.

L'Église.

L'Église, source de tous nos renseignements ultérieurs, 407.— Sens multiple du mot *Église*, 408. — Maternité universelle de l'Église chrétienne, épouse de Jésus-Christ, 409.— Figures bibliques de l'Église dans la Synagogue et quelques femmes de l'ancienne Loi, 410.— Les Juifs sourds à ces avertissements; mystère du voile qui leur obscurcit la vérité, 411.— La Synagogue n'en reste pas moins la *servante* de la vraie *Mère*, 412.— Rapprochements symboliques entre l'Église et la première femme, 413.— Son action providentielle indiquée dans le Cantique de Tobie, et magnifiquement rendue par Racine, 414.— Tous les Prophètes d'accord sur ce point, et par conséquent sur le symbolisme religieux, 416.— L'Église symbolisée par Jérusalem dans Tobie, 416,— dans S. Paul, 417,— dans S. Méliton, 418. — Elle est une vigne féconde, 418,— et une Épouse Mère, 419, — considérée par les Pères sous les mêmes symboles que Marie, 419.— Richesse de pensées de S. Augustin à cet égard, 421. — Paraboles du Nouveau Testament, où l'Église est clairement désignée, 422.— Emploi fréquent de ce moyen en Syrie, 422. — L'aire purifiée, 423.— Festin où tous sont conviés, 423.— Poissons choisis ou rejetés, 424.— Distinction des brebis et des boucs, 424.— Champ de blé mêlé d'ivraie, 425.— S. Pierre et l'Église identifiés par le Sauveur, 425.— Sens symbolique du mot *Céphas*, 425.— Multiplicité des monuments chrétiens du nom de S. Pierre, 426.— Tympans de la cathédrale de Poitiers, 426,— et de Bougy (Calvados), 427.— Le manipule et sa signification, 428.— Sens superhistorique à examiner souvent, comme ici, 428.— Principes et théorie à en tirer, 428,— surtout quant à l'intervention du clergé dans l'art du moyen âge, 430.— La barque de S. Pierre, 430.— L'huile des lampes d'église, 431.— Allusion de la barque divine développée par S. Hippolyte d'Ostie, 431. — Église symbolique de

S. Hermas, 431.—La tour de Salomon, 432.—L'Église, née du côté percé de Jésus-Christ, 433. — L'eau et le sang du Sauveur, images du Baptême et de l'Eucharistie, 434.—De quel côté de la croix les peintres doivent placer Longin frappant le Sauveur de sa lance, 436.—La lune, autre figure de l'Église, 436.— Autres rôles symboliques donnés à la lune par *opposition*, 438. — Elle figure aussi la Synagogue, 439. — Histoire des transformations de la croix et du crucifix, 439. — Pourquoi le soleil et la lune à droite et à gauche de la croix, 441.— Orientation de Notre-Seigneur crucifié, 442.—Le Nord, côté des pécheurs et du démon, 442.— Déchéance de la Synagogue, 444,— figurée aussi par la lune dans sa décroissance, 444.— Iconographie consacrée à ce sujet, 445,— et rôle que le soleil y reçoit, 445.—La Synagogue a cependant ses côtés favorables, 445.— Combien les juifs méprisés des peuples chrétiens, détestés de tous et traités avec indulgence par les Papes, 446;— que ce n'est guère que depuis le treizième siècle que cette haine a diminué, 447.—La Synagogue au pied de la croix; à ce propos, caractère à respecter du dessin religieux de cette époque, 447.—L'Église placée parallèlement à la droite du Christ; attributs qui l'y distinguent, 447. — La Sainte Vierge, figure de l'Église, 449, — accompagnée de S. Jean au pied de la croix; comment ce Saint y est représenté, 450.— Livre symbolique des Apôtres, Docteurs et autres Saints, 450. — S. Pierre et S. Paul au pied de la croix avant le onzième siècle; ils y figurent encore l'Église et la Synagogue, 451.—Pourquoi la droite est souvent donnée à S. Paul auprès du Christ, 452.— De la bénédiction de Jacob donnée, par une raison symbolique, plutôt à Éphraïm qu'à Manassé, 452.— Crucifixion, d'après un manuscrit de l'abbesse Herrade, 454.—Beaux détails symboliques de ce tableau, 456, — et d'abord, le tétramorphe d'Ézéchiel, 457,— puis Longin ou le Centurion, 458,— et les deux larrons, 459; — et la Synagogue personnifiée par ses caractères symboliques, 460,— et sa monture suspecte, 461.—Idées dont l'âne est le symbole dans l'iconographie, 462.— Stéphaton, le porteur d'éponge, 463.— La gauche et la droite du Christ symbolisées par les actions différentes qui s'y accomplissent, 464.— Fécondité de l'art chrétien dans ses allégories sur l'Église, 465.

CHAPITRE XV.

Les Pères du premier au sixième siècle.

Le Nouveau Testament contenu en germe dans l'Ancien, 466. — L'enseignement nouveau est donc fondé sur la doctrine qui en était la figure, 466.—Le symbolisme ne peut donc s'en séparer, 467. — C'est l'origine du mysticisme des Pères, 468. — Différence entre les Pères et les Docteurs, 469.—En quoi l'autorité des Pères est ou n'est pas obligatoire pour les fidèles, 469.—Sentiment du pape Célestin Ier et de S. Augustin à cet égard, 469.—Caractère moral et littéraire des Pères de l'Église, 471;—comment ils adoptèrent le symbolisme chrétien, 471.—L'ignorance de leurs écrits et de leur méthode, cause de beaucoup de faux jugements, 472.—Originalité de leur littérature, 473. — Leur étude indispensable à la science archéologique, 473.—Examen chronologique des Pères et auteurs ecclésiastiques de chaque siècle, depuis le premier jusqu'au treizième, 474. — Ier SIÈCLE : Hermas, et son livre *Du Pasteur*, 475.— S. Denys l'Aréopagite, et ses *Traités des Noms divins*, 475,—. et *De la Hiérarchie*, 476.—IIe SIÈCLE : S. Irénée de Lyon, 477.—S. Justin et son *Apologie*, 477.—S. Hippolyte, 478.—S. Méliton, évêque de Sardes, et sa *Clef des Écritures*, 479,—savamment éditée par dom Pitra, 480. —Analyse de ce livre et de sa méthode, 481.— S. Clément d'Alexandrie, et son *Pédagogue*, 482. — Tatien, et son *Physiologue*, 483.— IIIe SIÈCLE : S. Cyprien de Carthage, et ses divers livres, 484.—Origène, et ses *Homélies*, 485.— Extension des bras pendant la messe, 486.— S. Victorin de Poitiers, et ses *Commentaires*, 486.—IVe SIÈCLE : beaucoup d'écrivains de cette époque, 487.— Tableau symbolique de Constantin, vainqueur du paganisme par la croix ; relations de ce fait avec le cavalier des tympans d'églises, 488.— S. Jérôme, et sa fécondité symbolistique, 489.—Les cierges allumés pendant le chant de l'Évangile, 489. — S. Hilaire de Poitiers ; son *Commentaire sur S. Matthieu*, 490 ;—son livre *De la Trinité*, 491 ;—ses *Psaumes*, 491 ;— sa lettre à sa fille Ste Abre, 492.—S. Paulin, évêque de Nole, 492. — S. Martin, évêque de Tours, et ses allusions mystiques, 493.— Prudence et S. Prosper, et leurs *Poèmes*, 494.— Ve SIÈCLE : S. Augustin, et sa *Doctrine chrétienne*, 494.— S. Pierre Chrysologue, évêque de Ravenne, et ses *Expositions* de l'Écriture, 497.— S. Cyrille d'Alexandrie, et ses *Commentaires*, 498.—S. Léon le Grand et le Concile général de Chalcédoine, 499. — Peintures des catacombes, encore multipliées à cette époque, 499. — Le pape S. Célestin Ier, et sa *Lettre aux évêques des Gaules*, 500. — S. Nil, préfet de Constantinople, et sa Lettre à Olympiodore, 501.— Objections qu'on en veut tirer contre le symbolisme iconographique, 504. — Réponse à ces objections, tirée de l'état du symbolisme antérieurement à S. Nil ; 505,—et de la connaissance qu'il en avait, 505 ;— il n'exprime qu'une préférence pour d'autres sujets, 506.—Symbolisme de la chasse et de la pêche, d'ailleurs bien usité avant lui, 506.— Tombeau de Jovinus à Saint-Agricole de Reims, 509. — L'action du démon symbolisée par la chasse, 510.—Système symbolistique d'Olympiodore très-bien caractérisé, et parfaitement compris de S. Nil, 511.— Celui-ci est donc moins un adversaire du symbolisme qu'un particulier disant son avis sur la convenance de tels ou tels symboles, 512.— Progrès de la peinture chrétienne au cinquième siècle, 514.

CHAPITRE XVI.

Les Pères du sixième au onzième siècle.

Le sixième siècle profite des données précédentes, 515.—S. Césaire d'Arles, et ses *Sermons*, 515. — L'Église symbolisée dans la Sunamite d'Élisée, 516, — et dans la veuve de Sarepta consolée par Élie, 517.— S. Grégoire, et ses *Morales*; sa méthode d'interprétation biblique, 518, — adoptée par tous les interprètes à sa suite, 519. — S. Fortunat de Poitiers; ses *Poésies* et ses *Sermons*, 520.— VIIe SIÈCLE : son caractère moins littéraire n'en est pas moins imbu du symbolisme, 522.— Le V. Bède, et ses travaux encyclopédiques, 523. — S. Isidore de Séville; ses *Commentaires* et ses *Origines*, 524.— Explication des chapiteaux à têtes diaboliques, 527.— VIIIe SIÈCLE : Paul Diacre, et son *Homiliaire*, 528.— S. Boniface de Mayence; ses *Poésies* et ses *Lettres*, 529. — Autpert, et ses *Sermons monastiques*, 530. — Causes de la stérilité littéraire de ce siècle, 532.— IXe SIÈCLE : influence de Charlemagne, 533.— Héric d'Auxerre, et son poème *De la Vie de S. Germain*, 533.— Isaac, évêque de Langres, et ses *Canons de discipline*, 534.— S. Adon, archevêque de Vienne, et son *Martyrologe*, 534.— Raban-Maur, évêque de Mayence; ses *Traités* encyclopédiques et ses *Allégories bibliques*, 535.—Walafride Strabon, et sa *Glose ordinaire*, 536. — Autres écrivains de ce siècle : Alcuin; Loup de Ferrières; Agobard; Paschase Ratbert; Hincmar de Reims, et son *Festin de Salomon*, 537.— Xe SIÈCLE : commencement de la langue française; études de ce temps, 538.— S. Mayeul de Cluny; Remi d'Auxerre, et sa méthode, 539.— Le B. Notker, et son *Traité des interprètes de l'Écriture*, 539.— Rastier, évêque de Vérone, et ses *Sermons*, 539.—Origines du blason, 540; — ses premiers essais, 541. — Les tournois en déterminent les règles, 542.— Premier emploi des *émaux* du blason, 542. — Sujets symboliques chargeant les écussons, 543, — mais encore peu arrêtés dans le cours du treizième siècle, 543, — quoique certaines armoiries se soient fixées dès l'époque des croisades, 544.— Pièces honorables, et leur importance, 545.— Sens de quelques-unes d'elles, 545.— Toutes les figures principales réduites à sept, 545. — Modifications de leur sens primitif, 546. — Les supports, et leur signification variée, 546. — Les *émaux* ou couleurs symboliques, 546. — Les hachures, 548.— Les métaux, 548. — Significations et étymologies des couleurs, 548. — Les fourrures, 549.— Les couronnes, 549.—Pièces *meublantes*, 549. — Armoiries des villes, 550, — des communautés et des corporations, 550,— toutes utiles au point de vue social, 550. — Ordres de chevalerie, 550.— Sens général donné aux diverses pièces du blason, 551.— Les plus simples indiquent souvent une plus haute ancienneté, 551.— Exception à cette règle pour les Montmorency, 551. — Pièces récentes qui indiquent une noblesse nouvelle, 552. — Traité à faire sur le langage des armoiries, 552.

CHAPITRE XVII.

Les Pères du onzième au treizième siècle.

XIe SIÈCLE : progrès dans la science esthétique, 553. — Lanfranc, abbé du Bec, 553.— Le B. Pierre Damien, évêque d'Ostie, et ses *Sermons*, 553.— S. Anselme de Cantorbéry, et son *Elucidarium*, 554. — S. Brunon d'Asti, et ses *Écrits liturgiques*, 556.— L'hymne de S*te* Florence de Poitiers, 556.—XIIe SIÈCLE : les commentateurs de S. Méliton, 557.— Épitaphe de Frédéric, évêque de Liége, 558.— Expansion du symbolisme dans l'art et jusque dans la grammaire, 558. — Sens *superhistorique*, justifié par ses résultats doctrinaux, 559; — comment l'iconographie s'en empare, 560. — Pierre Alfonsi; ses *Traités philosophiques* et son *Physiologue*, 561.— Bérengose, et ses livres sur les *Mystères de la Croix*, 562.— Le symbolisme des deux Testaments plus sensible que jamais, 563. — Honorius d'Autun; sa *Perle de l'âme*; valeur de ses autres écrits, 564.— Le B. Rupert, abbé de Deutz; ses *Divins Offices*, 565.—Hugues de Saint-Victor, et ses *Traités spéciaux*, 566.—La colombe et le corbeau, 566. — Importance des travaux de cet auteur, 568.— Adam de Saint-Victor, et ses *Proses*, 569. — Beauté de la poésie du moyen âge, 569. — Suger, abbé de Saint-Denis, et son livre relatif à *Son administration* de l'abbaye, 571.— Richesse du symbolisme appliqué par lui à l'architecture de son église, 571; — ses vitraux, et leur parallélisme des deux Testaments, 572.— S. Paul moulant du blé que lui apportent les Prophètes, 573.— Manuscrits à miniatures, 574. — L'*Ortus deliciarum* de l'abbesse Herrade, 574.— Jean Béleth; son *Rational de l'Office divin*, et ses autres livres, 579; — son traité des *Sibylles*, 580; — ce qu'il dit des cloches et des sept heures canoniales, 581.—S. Bernard; son beau caractère, 582; — ses nombreux écrits, 583, — et son symbolisme, 583.—Ce symbolisme attaqué et nié par quelques archéologues modernes, 588,—qui vont jusqu'à nier le symbolisme lui-même, 589.— Comment l'auteur de ce livre combattait un des premiers ces prétentions erronées, 590. — Comment S. Bernard s'opposait moins aux symboles qu'à l'abus qu'en pouvaient faire des religieux, 591.—Magnificence des églises de l'ordre de Cluny au douzième siècle, 592; — simplicité de celles de Cîteaux, 592.—Occasion de la lettre apologétique de S. Bernard à Guillaume, abbé de Saint-Thierry de Reims, 592. — Mauvaises raisons tirées de cet écrit pour nier le symbolisme des sculptures du douzième siècle, 593.— Examen de ces raisons, 593.—Texte de S. Bernard, 594.— Fausses conséquences qu'on en voudrait tirer, 597, — réfutées par les termes mêmes du saint Docteur, 597, — qui amplifie ses griefs et omet à dessein ce qui pourrait les affaiblir, 599.— Il y parle plus en faveur de la pauvreté religieuse que contre le sens mystique de ces images, 600, dont il sait bien d'ailleurs la vraie signification, 601,— comme le prouvent ses propres écrits, 601.—Réforme dans l'ornementation des églises de Cluny et de Cîteaux, d'après les idées de S. Bernard, 603.—Exemples antérieurs de cette même rigidité, encore vivante dans les monastères de la Trappe, 603.

CHAPITRE XVIII.

Des auteurs ecclésiastiques du treizième siècle.

Caractères du treizième siècle héritant des traditions sacrées et les mettant en œuvre, 606.— Développements de l'art, 607,—et de la sainteté, 607. — Injustes attaques de la science moderne contre cette brillante période du moyen âge, 607.— Pierre de Capoue, et sa *Rose alphabétique*, 608. — Symbolisme de la rose, 609. — Autres ouvrages de ce savant homme, 610. — Meilleures tendances littéraires de ce siècle, 610.— Le pape Innocent III, et ses *Traités* divers, 611.— Son symbolisme accusé à tort d'exagération, 612. — Valeur littéraire de ses livres, et en particulier de son traité *Du Mépris du monde*, 613; — sa manière exégétique sur l'Écriture sainte, 614. — Symbolisme de l'encensement de l'autel au commencement de la messe, 615.— Les quatre anneaux d'or envoyés à Richard Cœur-de-Lion, 616. — Popularité de ce genre de symbolisme, prouvée encore par l'intronisation du Pontife, 617.— Le paon, symbole de la vigilance, 618. — Origine symbolique de l'ordre de la Rédemption-des-Captifs, 618.— Allégorie des deux Glaives, et distinction des deux Puissances dans la double personnalité du Pape et de l'Empereur, 619. — Vincent de Beauvais, et son *Miroir universel*, 621.— Supériorité de son génie, 622.— Son *Miroir naturel*, 622.—Cet auteur, trop peu connu, résume tout le symbolisme iconographique du moyen âge, 625.—Comment il adopte dans ce but les données populaires des savants, 625; — sa description de l'oiseau du Paradis, 626.—Reproches injustes faits à son style prétendu barbare, 628. — Beauté méthodique de son plan, 628. — L'anonyme du *Livre de Clergie*, autre encyclopédie moins vaste, mais tout aussi symboliste, 629.— S. Thomas d'Aquin, et sa théologie, 630.—Il associe la philosophie à la théologie, qui la domine cependant, 630; — mais il réduit Platon et Aristote à un rôle plus acceptable à la religion, 631.— Dangers de la philosophie d'Aristote, signalés par Tertullien, 631.— Supériorité de la méthode scolastique, 632.— Le symbolisme pratiqué par S. Thomas, 633.— Les *cornes* ou les *rayons* de Moïse, 633.— Office du Saint-Sacrement; mérite de cette magnifique composition, 634.— Malabranca, et la *Prose des Morts*, 636.—S. Bonaventure, et ses *Opuscules moraux*, 638.—Durant, évêque de Mende, et son *Rational*, 639; —il y résume des principes déjà publiés par ses devanciers, 640; —analyse de ce livre, 640. — La droite et la gauche attribuées à S. Paul et à S. Pierre, par Durant, 645.— Naïveté de ses légendes, 646.— Le B. Jacques de Varaze; analyse de sa *Légende dorée*, 647. —Attaques systématiques de Baillet et de Fleury contre cet écrivain, 648; — éloges qu'il mérita cependant, 649; — comment s'explique son caractère de simplicité, 649.— Défense des miracles contre les attaques du philosophisme, 651.— Valeur peu solide des premiers critiques de la *Légende dorée*, 652.— Il peut y avoir beaucoup de symboles sous ces récits, moins réels peut-être qu'allégoriques, 653, — comme l'histoire des *Sept Dormants*, 653.— Le symbolisme déchoit de sa gravité dès le commencement du quatorzième siècle, 655.—Tolérance de l'Église à l'égard des miracles purement historiques, 656,— dont les auteurs les plus graves ne doutent pas, 657, — et qu'elle n'admet qu'avec la plus grande circonspection, 658.— L'histoire profane a d'ailleurs beaucoup de ces exemples, qu'on lui pardonne volontiers, 660.— Beaucoup de faits racontés dans les légendes peuvent bien être des visions de Saints, 660, —beaucoup plus fréquentes dans les âges d'une foi plus vive, 661,— et dont certains détails étaient de véritables symboles, 662.— Dante, et sa *Divine Comédie*, 663.— Plan tout symbolique du livre, 664. — Patriotisme erroné de l'auteur, 665.— La théologie et le symbolisme jugés par

Boccace, 666.—Erreur de Balbo sur le rôle et le caractère de Béatrice, 667.—Songe symbolique de la mère de Dante, 668; —comment il s'est réalisé dans la vie du poète, 668. — Symbolisme du paon, 668.—Chacun des personnages de *La Divine Comédie* allégorisé par le poète, 669.—Dante s'est inspiré aussi de l'iconographie architecturale, 670.—La première allégorie empruntée à Brunetto Latini, 671.— Partie philosophique et politique du poème, 671.— Réminiscence du symbolisme des Pères; S. Pierre, S. Jacques et S. Jean, 673, —Autres poèmes du treizième siècle; romans de chevalerie, 674, — et entre autres le *Roman de la Rose*, 675.— Le caractère chrétien s'y révèle surtout par ses tendances symbolistiques, 675,—et particulièrement dans les Saints, 676. — Ste Claire, 677.— S. François d'Assise, 677. — Conséquence à tirer de cette revue des siècles chrétiens contre le philosophisme de nos jours, 678.— Elle conduit naturellement à l'étude de l'art catholique, 679.—L'Église, maîtresse suprême de cet enseignement pratique, 679.—Marche ultérieure de cet ouvrage, 679; — on y appliquera le symbolisme à l'art chrétien et aux splendeurs du culte catholique, 680.

FIN DE LA TABLE DU TOME II.

Poitiers. — Typ. de A. DUPRÉ.

www.ingramcontent.com/pod-product-compliance
Lightning Source LLC
Chambersburg PA
CBHW071707300426
44115CB00010B/1334